清陽湖洪氏本春秋左傳詁

第一册

清 洪亮吉撰

中國國家圖書館藏清嘉慶十八年陽湖洪氏刻本

山東人民出版社·濟南

圖書在版編目（CIP）數據

清陽湖洪氏本春秋左傳詁 /（清）洪亮吉撰 .— 濟南：山東人民出版社，2024.3
（儒典）
ISBN 978-7-209-14275-5

Ⅰ.①清… Ⅱ.①洪… Ⅲ.①《左傳》- 注釋 Ⅳ.① K225.04

中國國家版本館 CIP 數據核字 (2024) 第 035966 號

項目統籌：胡長青
責任編輯：劉一星
裝幀設計：武　斌
項目完成：文化藝術編輯室

清陽湖洪氏本春秋左傳詁
〔清〕洪亮吉撰

主管單位　山東出版傳媒股份有限公司
出版發行　山東人民出版社
出 版 人　胡長青
社　　址　濟南市市中區舜耕路517號
郵　　編　250003
電　　話　總編室（0531）82098914
　　　　　市場部（0531）82098027
網　　址　http://www.sd-book.com.cn
印　　裝　山東華立印務有限公司
經　　銷　新華書店

規　　格　16開（160mm×240mm）
印　　張　134.25
字　　數　1074千字
版　　次　2024年3月第1版
印　　次　2024年3月第1次
ISBN 978-7-209-14275-5
定　　價　388.00圓（全七册）

《儒典》選刊工作團隊

學術顧問　杜澤遜　李振聚　徐　泳

項目統籌　胡長青

責任編輯　劉　晨　劉嬌嬌　張艷艷

　　　　　吕士遠　趙　菲　劉一星

前言

中國是一個文明古國、文化大國，中華文化源遠流長，博大精深。在中國歷史上影響較大的是孔子創立的儒家思想，因此整理儒家經典、注解儒家經典，爲儒家經典的現代化闡釋提供权威、典范、精粹的典籍文本，是推進中華優秀傳統文化創造性轉化、創新性發展的奠基性工作和重要任務。

中國經學史是中國學術史的核心，歷史上創造的文本方面和經解方面的輝煌成果，大量失傳了。西漢是經學的第一個興盛期，除了當時非主流的《詩經》毛傳以外，其他經師的注釋後來全部失傳了。東漢的經解衹有鄭玄、何休等少數人的著作留存下來，其餘也大都失傳了。南北朝至隋朝興盛的義疏之學，其成果僅有皇侃《論語疏》幸存於日本。五代時期精心校刻的《九經》、北宋時期國子監重刻的《九經》以及校刻的單疏本，也全部失傳。南宋國子監刻的單疏本，我國僅存《周易正義》、《爾雅疏》、《春秋公羊疏》（三十卷殘存七卷）、《春秋穀梁疏》（十二卷殘存七卷），日本保存了《尚書正義》、《毛詩正義》、《禮記正義》（七十卷殘存八卷）、《周禮疏》（日本傳抄本）、《春秋公羊疏》（日本傳抄本）、《春秋正義》（日本傳抄本）。南宋兩浙東路茶鹽司刻八行本，我國保存下來的有《周禮疏》、《禮記正義》、《春秋左傳正義》（紹興府刻）、《論語注疏解經》（二十卷殘存十卷）、《孟子注疏解經》（存臺北『故宫』），日本保存有《周易注疏》《尚書正義》（凡兩部，其中一部被清楊守敬購歸）。南宋福建刻十行本，我國僅存《春秋穀梁注疏》、《春秋左傳注疏》（六十卷，一半在大陸，一半在臺灣），日本保存有《毛詩注疏》《春秋左傳注疏》。從這些情况可以看出，經書代表性的早期注釋和早期版本國内失傳嚴重，有的僅保存在東鄰日本。

鑒於這樣的現實，一百多年來我國學術界、出版界努力搜集影印了多種珍貴版本，但是在系統性、全面性和準確性方面都還存在一定的差距。例如唐代開成石經共十二部經典，石碑在明代嘉靖年間地震中受到損害，明代萬曆初年西安府學等學校師生曾把損失的文字補刻在另外的小石上，立於唐碑之旁。近年影印出版唐石經拓本多次，都是以唐代石刻與明代補刻割裂配補的裱本爲底本。由於明代補刻采用的是唐碑的字形，這種配補本難以區分唐刻與明代補刻，不便使用，亟需單獨影印唐碑拓本。

爲把幸存於世的、具有代表性的早期經解成果以及早期經典文本收集起來，系統地影印出版，我們規劃了《儒典》編纂出版項目。

《儒典》出版後受到文化學術界廣泛關注和好評，爲了滿足廣大讀者的需求，現陸續出版平裝單行本。共收録一百十一種元典，共計三百九十七册，收録底本大體可分爲八個系列：經注本（以開成石經、宋刊本爲主。開成石經僅有經文，無注，但它是用經注本删去注文形成的）、經注附釋文本、纂圖互注本、單疏本、八行本、十行本、宋元人經注系列、明清人經注系列。

《儒典》是王志民、杜澤遜先生主編的。本次出版單行本，特請杜澤遜、李振聚、徐泳先生幫助酌定選目。特此説明。

二〇二四年二月二十八日

目録

第一册

第二册

第三册

第四册

第五册

第六册

第七册

春秋左傳詁序

余少從師受春秋左氏傳即覽杜元凱于訓詁地理之學殊疎及長博覽漢儒說經諸書而益覺元凱之注其望文生義不據古訓者十居五六未嘗不歎漢儒專家之學至孫炎辥夏韋昭唐固之後法已盡亡自魏受禪至晉平吳之歲不及百年戎馬倥傯著書者漸少輔嗣既啓空疎之習子雍復閒飾僞之門而孔門之弟子門人一綫相承不絕如縷者至此始斷而不克續矣然又竊怪元凱雖無師承然其時精輿地之學者裴秀京相璠司馬彪之儔尚布列中外即以訓詁論左氏一經陳元鄭衆賈逵馬融延篤

服虔彭汪許淑潁容諸人之說俱在倘精心搜采參酌得中何至師心自用若此豈平吳之後位望旣顯心跡較麤又一時諸儒學淺位下不復能駮難故耶自此書盛行千六百年雖有樂遜序義劉炫規過之書不能敵也況今日去劉炫等又復千載其敢明目張膽起而與之爭乎然以後人證前人之失人或不信之以前人以前之人正前人之失則庶可釐然服矣於是冥心搜錄以他經證此經以別傳校此傳寒暑不輟者又十年分經爲四卷傳爲十六卷遵漢藝文志例也訓詁則以賈許鄭服爲主以三家固專門許則親問業於賈者也搬及通俗文者服子愼之所

注與李虔所續者截然而兩徐堅初學記等所引可證也地理則以班固應劭京相璠司馬彪等爲主輔而晉以前輿地圖經可信者亦酌取焉又舊經多古字古音半亡於杜氏而俗字之無從鈎校者又半出此書因一一依本經與二傳暨漢唐石經陸氏釋文與先儒之說信而可徵者逐件校正疑者闕之大旨則以前古之人正中古之失雖旁證曲引惟求申古人之旨而已無預焉者也卷中凡用賈服舊注者曰杜取此用漢魏諸儒訓詁者曰杜本此用京相馬彪諸人之說者曰杜同此以別之書成合爲二十卷藏諸家塾以教子弟焉名爲春秋左傳詁者詁古故字

通欲存春秋左傳之古學耳時嘉慶十二年歲在丁卯立
夏日也

卷二十

傳哀公

金陵劉文奎模局鋟

春秋左傳詁卷一

陽湖洪亮吉學

春秋經一 隱公

元年春王正月

易子夏傳元始也釋文賈逵左傳義云公羊以魯隱公爲受命王黜周爲二王後名不正則言不順言不順則事不成今隱公人臣而虛稱以王周天子見在上而黜公侯是非正名而言順也如此何以笑子路率爾何以爲忠信何以爲事上何以爲法何以全身公羊疏二服虔云孔子作春秋於春每月書王以統三王之正本疏

三月公及邾儀父盟于蔑

賈服以爲儀父嘉隱公有至孝謙讓之義而與結好故貴而字之善其慕賢悅讓本疏汲郡古文作魯隱公及邾莊公盟于姑蔑公羊經穀梁經皆作盟于眛公羊又作邾婁儀父公羊凡邾字下皆有婁字陸氏音義云邾人語聲後曰婁故曰邾婁禮記同漢書鄒陽傳作義父顏師古曰義讀曰儀按文七年先蔑公羊作先眛史記楚世家及屈賈列傳殺其將唐眛正義眛莫葛反呂氏春秋作唐蔑與此正同知古文眛蔑通也劉熙釋名盟明也告其事於神明也詩鄭箋盟歃血盟劉昭郡國志注魯國卞縣南有姑城杜同此

夏五月鄭伯克段于鄢

馬融尚書注克勝也漢書地理志陳留郡傿應劭曰鄭伯克段於傿是也按趙匡集傳云鄢當作鄔鄭地在緱氏縣西南至十一年乃屬周左氏云王取鄔劉蔿邘之田于鄭是也傳寫誤爲鄢字今考杜注潁川鄢陵縣旣非趙匡以爲當作鄔一無確據又係改字亦非也惟應劭之說最足依據傿縣前漢屬陳留後漢屬梁國作鄢陳留郡在春秋時大半屬鄭且傳上云至於廩延杜注廩延鄭邑陳留酸棗縣北有延津廩延至鄢旣屬順道又渡河至共亦便明克段之地爲陳留鄢縣無疑

秋七月天王使宰咺來歸惠公仲子之賵

賈逵云畿內稱王諸夏稱天王夷狄稱天子（穀梁疏賈逵春秋三家經訓詁）服虔云咺天子宰夫（周禮疏）又云賵覆也天王所以覆被臣子（本疏）春秋說題詞賵之爲言覆也（御覽）張揖廣疋釋詁歸死者曰賵按服氏訓當與何休說合觀休云賵猶覆也蓋謂覆被亡者耳

九月及宋人盟于宿

司馬彪續漢書郡國志東平國無鹽本宿國任姓（杜同此）

按司馬彪傳彪撰續漢書在武帝太始中而預作經傳集解則在太康時預所採地理諸說多與京相璠司馬

彪同預雖與二人同時或其書先出且學又專門故采

用之也

冬十有二月祭伯來

穆天子傳作鄒云鄒鄒公邑按僖二十四年傳胙祭郇

此韋昭國語注祭畿內國名爲王卿士杜本此

公子謚師卒

許慎說文解字大夫死曰𣨛从歺卒聲按經典皆作卒

蓋古文省

二年春公會戎于潛

夏五月莒人入向

世本莒己姓今誤紀漢書地理志城陽國莒故國沛郡向故國春秋曰莒人入向姜姓炎帝後京相璠云水經注按下引京相璠並同向沛國縣今幷屬譙國龍亢也杜同此

無駭帥師入極穀梁駭作侅後同古今人表無作亡

賈逵云極戎邑也本疏穀梁傳云極國也按唐十二分野圖極國在費西南又高誘淮南子注展無侅柳下惠之父也侅駭古字同穀梁卽作侅

秋八月庚辰公及戎盟于唐

郡國志山陽郡方與有武唐亭杜同此

九月紀裂繻來逆女

公羊穀梁竝作肥履緰按肥紀字近履緰裂繻音同

冬十月伯姬歸于紀

紀子帛莒子盟于密公穀竝作紀子伯

郡國志北海國淳于有密鄉杜同此

十有二月乙卯夫人子氏薨

劉賈許潁云日月詳者弔贈備日月略者弔有闕釋例說

文薨公侯卒也白虎通薨之言奄也奄然亡也釋名諸

侯曰薨薨壞之聲也按小君得從君例故亦曰薨

鄭人伐衛

傳文及詩鄭箋有鐘鼓曰伐杜本此

三年春王二月己巳日有食之釋文食本或作蝕

說文有不宜有也春秋傳曰日月有食之按有字从月故說文云日月有食之錢詹事大昕又云日食者月食之也故說文連言日月

三月庚戌天王崩

曲禮天子死曰崩說文崩山壞也釋名天子曰崩崩壞之形也崩硼聲

夏四月辛卯君氏卒公穀皆作尹氏

秋武氏子來求賻

八月庚辰宋公和卒

冬十有二月齊侯鄭伯盟于石門

京相璠云石門齊地今濟北盧縣故城西南六十里有故石門去水三百步水經注　按濟北盧縣春秋時卽齊地故京相璠云云杜注分爲二地殊誤

癸未葬宋穆公公穀皆作繆史記漢書亦同

按穆繆古字通禮喪服小記序以昭繆鄭氏注云繆讀爲穆諡法布德執義曰穆又中情見貌曰穆

四年春王二月莒人伐杞取牟婁

地理志陳留郡雍丘故杞國也杜本此　世本杞姒姓本疏

戊申衛州吁弒其君完穀梁作祝吁下同

賈逵云弑君取國故以國言之本疏按此二條亦春秋之始例正義言諸弑君者莊公以上皆不書氏閔公以下皆書氏足申明賈義

夏公及宋公遇于清別本作宋人誤

劉賈以遇者用冬遇之禮本疏京相璠云今濟北東阿東北四十里有故清亭即春秋所謂清者也水經注郡國志東阿有清亭杜同此

宋公陳侯蔡人衛人伐鄭

秋翬帥師會宋公陳侯蔡人衛人伐鄭

九月衛人殺州吁于濮

賈逵云濮陳地（史記索隱杜取此）漢書地理志東郡濮陽應劭曰濮水東入鉅野（杜本此）

冬十有二月衛人立晉

五年春公矢魚于棠

詩毛傳矢陳也賈逵云棠魯地陳魚而觀之（史記魯世家集解）按毛傳及賈並本爾疋釋詁文公穀作觀魚史記漢書五行志並作觀魚於棠（杜取賈說）郡國志山陽郡方與有武唐亭魯侯觀魚臺（杜同此）

夏四月葬衛桓公

秋衛師入郕（公羊郕作盛後同）

郡國志濟北國成本國劉昭注左傳衞師入郕卽此按前漢濟北國并泰山後漢和帝永元二年復置地理志泰山郡有肥成縣應劭曰肥子國別無所謂成縣也疑郡國志成上脫一肥字昭遂誤以爲春秋時郕國耳水經注所稱京相璠云東郡廩丘縣南三十里有成都故城魏王泰括地志郕城在兖州泗水縣西北五十里山東圖經郕國城在汶上縣北三十里春秋時郕子國若成後漢時作縣則杜注不當云東平剛父縣西南有郕鄉矣然杜以爲郕郕鄉在剛父縣西南亦微誤

九月考仲子之宫初獻六羽

服虔云宮廟初成祭之名爲考將納仲子之主故考成以致其五祀之神以堅之本疏

邾人鄭人伐宋

螟

爾雅釋蟲食苗心螟舍人云食苗心者名螟言冥冥然難知也李巡云食禾心爲螟言其姦冥冥難知也杜本此

按說文螟蟲食穀葉者與此微不同

冬十有二月辛巳公子彄卒

宋人伐鄭圍長葛

京地名云長社北有長葛鄉水經注郡國志潁川郡長社

有長葛城杜同此

六年春鄭人來渝平

公穀竝作輸按廣雅輸更也輸渝古通用爾疋及虞翻易注渝變也釋文本此桓元年杜註亦同

夏五月辛酉公會齊侯盟于艾

秋七月

冬宋人取長葛

賈服以爲長葛不繫鄭者刺不能撫有其邑本疏

七年春王三月叔姬歸于紀

賈逵云書之者刺紀貴叔姬本疏

滕侯卒

世本滕姬姓文王子錯叔繡之後本疏地理志沛郡公丘故滕國周懿王子錯叔繡所封三十一世爲齊所滅郡國志沛國公丘本滕國杜本此按世本錯叔繡文王子左傳亦云郜雍曹滕文之昭也古今人表滕叔繡在中上注文王子獨此志謂出懿王蓋傳寫誤一字

夏城中丘

齊侯使其弟年來聘

秋公伐邾

冬天王使凡伯來聘

郡國志河内郡共有汎亭劉昭注凡伯國按凡汎古字通杜同此

戎伐凡伯于楚丘以歸

地理志山陽郡成武有楚丘亭杜本此

八年春宋公衞侯遇于垂

京相璠云今濟陰句陽縣小城陽東五里有故垂亭者也郡國志濟陰郡句陽有垂亭杜同此

三月鄭伯使宛來歸祊庚寅我入祊公穀皆作邴下同漢書五行志亦作邴

郡國志泰山郡費有祊亭杜同此

夏六月己亥蔡侯考父卒

五經異義稱古春秋左氏說諸侯薨赴於鄰國稱名則書名稱卒卒者終也取其終身又以尊不出其國

辛亥宿男卒

秋七月庚午宋公齊侯衞侯盟于瓦屋

八月葬蔡宣公

九月辛卯公及莒人盟于浮來公穀皆作包來按浮包音同

郡國志琅邪郡東莞有邳鄉有公來山或曰古浮來杜同此

螟

冬十有二月無駭卒

九年春天王使南季來聘天王諸本誤作天子今從石經宋本改正

三月癸酉大雨震電庚辰大雨雪

挾卒公穀皆作俠

夏城郎

秋七月

冬公會齊侯于防公羊防作邴

十年春王二月公會齊侯鄭伯于中丘

夏翬帥師會齊人鄭人伐宋

六月壬戌公敗宋師于菅辛未取郜

郡國志濟陰郡成武有郜城杜同此

辛巳取防

秋宋人衛人入鄭宋人蔡人衛人伐戴鄭伯伐取之公穀皆作載釋文此亦作伐載音再

按說文𢦏字注云𢦏故國在陳畱从邑𢦏聲杜本此地理志云梁國甾縣故戴國應劭曰章帝改曰考城古者甾載聲相近故鄭康成詩箋讀俶載爲熾菑是其音大同故漢於戴國立甾縣漢書五行志引作戴師古曰戴國今外黃縣東南戴城是也讀者多誤爲載故隋室置載州焉

冬十月壬午齊人鄭人入郕

十有一年春滕侯薛侯來朝

干寶曰十盈則更始以奇從盈數故言有也本疏地理志魯國薛夏車正奚仲所國杜本此世本薛任姓

夏公會鄭伯于時來公穀皆作夏五月公羊時來作祁黎

按來釐音同河南圖經釐城在滎澤縣東

秋七月壬午公及齊侯鄭伯入許

地理志潁川郡許故國姜姓四岳後太叔所封二十四世爲楚所滅杜本此

冬十有一月壬辰公薨

桓公

元年春王正月公卽位

古文春秋經公卽位爲公卽立云古位立同字周禮注按周禮小宗伯之職掌建國之神位鄭注故書位作立鄭司農云立讀爲位惠棟云古鼎銘位皆作立

三月公會鄭伯于垂鄭伯以璧假許田

麋信云鄭以祊不足當許田故復加璧史記集解

夏四月丁未公及鄭伯盟于越

秋大水

冬十月

二年春王正月戊申宋督弒其君與夷

賈氏以爲督有無君之心故去氏本疏

及其大夫孔父

惠棟云孔父孔氏之先也傳曰孔父嘉爲司馬是嘉名孔父字古人稱名字皆先字而後名祭仲足是也鄭有子孔名嘉說文曰孔从乙从子乙請子之鳥也乙至而得子嘉美之也古人名嘉字子孔說文此訓蓋指宋鄭兩大夫故先儒皆謂善孔父而書字杜注輒爲異說不可從也

滕子來朝

三月公會齊侯陳侯鄭伯于稷以成宋亂

鄭衆服虔皆以成宋亂爲成就宋亂本疏詩毛傳成平也

杜本此

夏四月取郜大鼎于宋戊申納于太廟

秋七月杞侯來朝公穀皆作紀侯

蔡侯鄭伯會于鄧

賈服以鄧爲國言蔡鄭會於鄧之國都本疏地理志南陽郡鄧故國應劭曰鄧侯國

九月入杞

公及戎盟于唐冬公至自唐

三年春正月公會齊侯于嬴

賈逵云不書王弒君易祊田成宋亂無王也元年治桓二年治督十年正曹伯十八年終始治桓本疏地理志泰山郡嬴杜本此

夏齊侯衞侯胥命于蒲

郡國志陳畱郡長垣侯國有蒲城杜同此按徐堅初學記引左傳文并註云蒲甯殖邑也或當是賈服舊註

六月公會杞侯于郕公羊杞作紀郕作盛

秋七月壬辰朔日有食之既

詩鄭箋既盡也杜本此

公子翬如齊逆女

賈逵云使翬逆女兼修艾之盟釋例

九月齊侯送姜氏于讙

郡國志濟北國蛇丘有下讙亭杜同此　按水經註引此即

作下讙

公會齊侯于讙

夫人姜氏至自齊

冬齊侯使其弟年來聘

有年

賈逵云桓惡而有年豐異之也言有非其所宜有本疏　穀

梁宣十六年傳五穀皆熟爲有年杜取此

四年春正月公狩于郎

爾雅釋天冬獵曰狩杜本此

夏天王使宰渠伯糾來聘

膏肓何休以爲左氏宰渠伯糾父在故名仍叔之子何以不名又仍叔之子以爲父在稱子伯糾父在何以不稱子鄭箴之曰仍叔之子者譏其幼弱故略言子不名之至於伯糾能堪聘事私覿又不失子道故名且字也杜略取此

惠棟云渠周邑昭二十六年傳劉子以王出次於渠註云周地然則伯糾蓋氏於邑者

五年春正月甲戌己丑陳侯鮑卒

夏齊侯鄭伯如紀

天王使仍叔之子來聘穀梁作任叔

葬陳桓公

城祝丘

地理志東海郡即丘孟康曰古祝丘郡國志琅邪國即丘侯國故屬東海春秋曰祝丘

秋蔡人衛人陳人從王伐鄭

服虔云言人者時陳亂無君則三國皆大夫也詩疏

大雩

賈逵云言大別山川之雩蓋以諸侯雩山川魯得雩上

帝故稱大本疏服虔註左傳云大雩夏祭天名雩遠也遠爲百穀求膏雨也續漢書志注又云雩遠也遠爲百穀祈膏雨言大別山川之雩也禮記疏

螽公羊凡螽字皆作蝝

爾雅釋蟲蜤螽蜙蝑杜本此

冬州公如曹

世本州國姜姓曹國姬姓文王子叔振鐸之後也本疏服虔云春秋前以黜陟之法進爵爲公本疏地理志濟陰郡定陶故曹國周武王弟叔振鐸所封杜本此

六年春正月寔來

惠棟云孔頴達曰凡言寔者已有其事可後實之今也方說所爲不宜爲實故轉而爲寔訓之爲是也春秋桓六年州公寔來而左傳作實來是由燕趙之間實寔同音故字有異也按註及孔疏寔當作實石經傳文作寔北宋本同誤也陳樹華云傳解經不容立異且公穀二家皆作寔來寔訓爲是杜註乃云寔實也猶之隱六年經渝平傳曰更成杜獨訓渝爲變顯與傳違於義爲短又按禮記大學引尚書秦誓是能容之是不能容是並作寔蓋文異而音義同也孔氏壘守杜說非是儀禮覲禮註云今文實作寔故變文言寔來淳化本此寔字作

實非按詩小星寔命不同毛傳寔是也韓詩作實命不同

夏四月公會紀侯于成穀梁成作郕

陸氏穀梁音義曰左氏作杞侯按三年書公會杞侯于郕則此處亦當作杞侯疑傳寫誤也

秋八月壬午大閱

賈註經曰簡車馬於廟也公羊疏杜取此廣雅閱數也

蔡人殺陳佗

九月丁卯子同生

惠士奇云穀梁子曰疑故志之按桓公三年夫人姜氏

至自齊十八年公與夫人姜氏遂如齊始與齊侯亂中間文姜未有如齊之事而於六年始書子同生明同爲桓公子此聖人筆削之微意莊四年冬公及齊人狩於禚齊有猗嗟之詩爲莊公狩而作也其詩曰展我甥兮亦嫌文姜之亂而證其爲齊之甥夫子删詩存之與書子同生一例公羊傳曰同非吾子齊侯之子也名教大閑聖人於此安得而不愼乎知此則知聖人删定六經之意矣三傳惟穀梁得聖人之旨其眞子夏之門人與

冬紀侯來朝

七年春二月己亥焚咸丘

公羊傳焚者何樵之也樵之者何以火攻也杜略本此按孟子弟子有咸丘蒙當即以地爲氏山東圖經咸丘在鉅野縣南

夏穀伯綏來朝

地理志南陽郡筑陽故穀伯國杜本此劉昭引博物志穀國今穀亭

鄧侯吾離來朝

八年春正月己卯烝

天王使家父來聘

夏五月丁丑烝

秋伐邾

冬十月雨雪

祭公來遂逆王后于紀

韋昭國語註祭畿內之國周公之後圖經祭城在鄭州城東北一十五里周公第五子所封五經異義稱左氏說王者至尊無敵體之義故不親迎使上卿迎之諸侯有故若疾病則使上大夫迎之上卿臨之按隱元年有祭伯而此云祭公蓋伯係本爵入爲天子三公故又得稱公也

九年春紀季姜歸于京師

夏四月

秋七月

冬曹伯使其世子射姑來朝

十年春王正月庚申曹伯終生卒

夏五月葬曹桓公

秋公會衛侯于桃丘弗遇

郡國志東郡燕有桃城杜同此

冬十有二月丙午齊侯衛侯鄭伯來戰于郎

十有一年春正月齊人衛人鄭人盟于惡曹

夏五月癸未鄭伯寤生卒

秋七月葬鄭莊公

九月宋人執鄭祭仲

賈逵長義云公羊曰祭仲之權是也若令臣子得行則閉君臣之道啓篡弑之路（公羊疏）

突歸于鄭鄭忽出奔衛

柔會宋公陳侯蔡叔盟于折

公會宋公于夫鍾（公羊作夫童）

冬十有二月公會宋公于闞

郡國志東平國東平陸有闞亭（杜同此）

十有二年春正月

夏六月壬寅公會杞侯莒子盟于曲池公穀杞侯皆作紀侯公羊曲池作毆蛇

秋七月丁亥公會宋公燕人盟于穀丘

八月壬辰陳侯躍卒

世本躍爲厲公杜本此

公會宋公于虛公羊虛作郯

冬十有一月公會宋公于龜

丙戌公會鄭伯盟于武父

丙戌衛侯晉卒

十有二月及鄭師伐宋丁未戰於宋

十有三年春二月公會紀侯鄭伯己巳及齊侯宋公衛侯燕人戰齊師宋師衛師燕師敗績

賈服註譏衛侯不稱子禮記疏　尚書序大奔曰敗杜本此

三月葬衛宣公

夏大水

秋七月

冬十月

十有四年春正月公會鄭伯于曹

無冰

夏五

鄭伯使其弟語來盟穀梁語作禦

秋八月壬申御廩災

古微書引春秋考異郵天火爲災此杜本

乙亥嘗

服虔云魯以壬申被災至乙亥而嘗不以災害爲恐本疏

冬十有二月丁巳齊侯禄父卒

宋人以齊人蔡人衞人陳人伐鄭公羊衞人在蔡人上

十有五年春二月天王使家父來求車鄭康成儀禮士冠註禮作嘉甫

三月乙未天王崩

夏四月己巳葬齊僖公

五月鄭伯突出奔蔡鄭世子忽復歸于鄭

許叔入于許

公會齊侯于艾公羊艾作鄗穀梁作蒿

邾人牟人葛人來朝

地理志泰山郡牟故國應劭曰魯附庸也陳留郡寧陵

孟康曰故葛伯國今葛鄉是杜本此

秋九月鄭伯突入于櫟

冬十有一月公會宋公衞侯陳侯于袲伐鄭公羊宋公上有齊侯袲作侈

按說文移字注云春秋傳曰公會齊侯於移蓋袲移本

一字文之變耳又據說文則宋公上當有齊侯二字

十有六年春正月公會宋公蔡侯衛侯于曹

夏四月公會宋公衛侯陳侯蔡侯伐鄭

秋七月公至自伐鄭

冬城向

十有一月衛侯朔出奔齊

十有七年春正月丙辰公會齊侯紀侯盟于黃

按地理志東萊郡黃縣春秋時屬齊此盟於黃疑卽是

二月丙午公會邾儀父盟于趡

說文趡動也春秋傳曰盟於趡趡地名杜本此

夏五月丙午及齊師戰于奚公羊及石經本無夏字奚穀梁作郎

賈服之義若登臺而不視朔則書時不書月若視朔而不登臺則書月不書時若雖無事視朔登臺則書時書月禮記正義

六月丁丑蔡侯封人卒

秋八月蔡季自陳歸于蔡

癸巳葬蔡桓侯

劉賈許曰桓卒而季歸無臣子之辭也蔡侯無子以弟承位羣臣無廢主社稷不乏祀故傳稱蔡人嘉之非貶所也本疏

及宋人衛人伐邾

冬十月朔日有食之

十有八年春王正月公會齊侯于濼

說文濼齊魯閒水也春秋傳曰公會齊侯于濼按宋陸友仁云濟水自王莽時不能至河西而濼水之所入者清河也杜註失之

公與夫人姜氏遂如齊公羊無與字

夏四月丙子公薨于齊丁酉公之喪至自齊

秋七月

冬十有二月己丑葬我君桓公

莊公

元年春王正月

三月夫人孫于齊釋文作遜

賈逵服虔皆以爲桓公之薨至是年三月期而小祥公憂思少殺念及于母以其罪重不可以反之故書孫于齊耳其實先在齊本未歸也詩疏服云蓋桓公之喪從齊來同上按杜注以夫人此時始出奔非是當以賈義爲長爾雅孫遁也廣雅孫去也杜本此

夏單伯送王姬公穀送皆作逆

秋築王姬之館于外白虎通引作築王姬觀於外觀館古字通

冬十月乙亥陳侯林卒

王使榮叔來錫桓公命

爾雅錫賜也杜本此

王姬歸于齊

齊師遷紀郱鄑郚

地理志琅邪郡缾梧城水經注作郚城地理風俗記曰朱虛縣東四十里有郚亭城故縣也應劭曰臨朐有伯氏駢邑按駢卽缾也郱缾駢古字同郡國志齊國臨朐有三亭古郱邑杜竝本此說文郚宋衛閒地按杜注北海都昌縣西有訾城卽此鄑訾音同厓於都昌縣鄑城置訾

亭縣以此

二年春王二月葬陳莊公

夏公子慶父帥師伐於徐丘

秋七月齊王姬卒

冬十有二月夫人姜氏會齊侯于禚公羊禚作郜下四年公穀竝同

按論衡書虛篇亦引作郜禚郜音同據此則禚當郈郜國說文所云周文王子所封國也與南郜北郜本別劉炫難杜亦然

乙酉宋公馮卒

三年春王正月溺會齊師伐衛

夏四月葬宋莊公

五月葬桓王

秋紀季以酅入于齊

劉賈謂紀季以酅奔齊不言叛不能專酅也本疏賈逵以爲紀季不能兄弟同心以守國乃背兄歸讐書以譏之後漢書注按說文酅東海之邑杜注云紀邑蓋取穀梁傳說地理志甾川國東安平孟康曰紀季以酅入於齊今酅亭是也杜本此

冬公次于滑公穀滑皆作郎

郡國志陳畱郡襄邑有滑亭杜同此

四年春王二月夫人姜氏享齊侯于祝丘公穀皆作饗釋文又云本或作會

三月紀伯姬卒

夏齊侯陳侯鄭伯遇于垂

紀侯大去其國

六月乙丑齊侯葬紀伯姬

秋七月

冬公及齊人狩于禚

五年春王正月

夏夫人姜氏如齊師

秋郳犂來來朝公羊作倪犂

世本邾顔居邾肥徙郳宋忠注云邾顔别封小子肥於郳爲小邾子

冬公會齊人宋人陳人蔡人伐衛

六年春王正月王人子突救衛公穀皆作三月

夏六月衛侯朔入于衛

秋公至自伐衛

螟

冬齊人來歸衛俘

釋例云齊人來歸衛寶公羊穀梁經傳及左氏傳皆同

惟左氏經獨言衛俘考三家經傳有六而五皆言寶此必左氏經之獨誤也按說文保从人㇓省聲古文保不省然則古字通用寶或保字與俘相似故誤作俘耳本疏顏師古曰經書齊人來歸衛俘傳言衛寶公羊穀梁經竝爲寶杜預注云疑左氏傳經誤按爾雅云俘取也書序曰遂伐三朡俘厥寶玉然則所取于衛之寶而來獻之經傳相會義無乖爽豈必俘卽是人杜氏之說爲不通矣惠棟云周書顧命陳寶赤刀說文引作保李氏鏡銘明如日月世之保與寶同

七年春夫人姜氏會齊侯于防

夏四月辛卯夜恒星不見穀梁夜作昔

詩鄭箋恒常也杜本此

夜中星隕如雨公羊隕竝作霣

服虔注如而也本疏見隱七年杜取此　按周禮大司樂正義引左傳作星霣而雨五行志曰如而也　論衡執增篇及說日篇兩引春秋竝作夏四月辛卯夜中恒星百見星霣如雨

秋大水

無麥苗

冬夫人姜氏會齊侯于穀

郡國志東郡穀城杜同此　按晉移屬濟北國

八年春王正月師次于郎以俟陳人蔡人

賈逵及說穀梁者皆云陳蔡欲伐魯故待之何休服虔云欲共伐郕杜取服說按杜注云期共伐郕今考此年夏師及齊師圍郕郕降于齊師經文及傳皆不及陳蔡知魯無期陳蔡共伐郕之事當以賈說爲長正義申杜又云陳蔡與魯境絕路遥無緣伐魯按旣云境絕路遥則魯無容約遠國伐近國若云二國可共約伐郕則郕與魯接境何爲獨不可伐魯乎正義之說可謂進退失據矣

甲午治兵公羊作祠兵

夏師及齊師圍郕郕降于齊師公羊郕竝作成

秋師還

冬十有一月癸未齊無知弑其君諸兒別本弑作殺今定从宋本

賈逵以爲弑君取國故以國言之本疏在隱四年

九年春齊人殺無知

公及齊大夫盟于蔇公穀蔇皆作暨

郡國志琅邪國繒有槪亭杜本此蔇槪同

夏公伐齊納子糾公穀皆作納糾無子字

賈逵云不言公子次正也按正義則知賈氏本無子字

與公穀合管子作子糺劉向新序淮南子竝同

齊小白入于齊

賈服以爲齊大夫來迎子糾公不亟遣而盟以要之齊人歸逆小白本疏按賈服蓋尋繹經文得之使齊大夫樂從于盟并有成約則公納子糾不須言伐且下言齊小白入于齊從國逆之文明齊大夫不樂魯君要盟因變計逆小白也若如杜云二公子各有黨迎小白者又非盟蔇之人則小白之入與者半不與者半又何得泛引國逆而立之曰入例乎又自矛盾矣

秋七月丁酉葬齊襄公

八月庚申及齊師戰于乾時我師敗績

地理志千乘郡博昌時水東北至鉅定入馬車瀆幽州

寖京相璠云今樂安博昌縣南界有時水西通濟其源上出盤陽北至高苑下有死時中無水爲春秋之乾時也水經注杜同此

九月齊人取子糾殺之

賈逵云俩子者愍之本疏按上經一本無子字此始有之故以爲愍劉炫説與賈同正義譏賈非是

冬浚洙

京相服虔竝言洙水在魯城北浚深之爲齊備也水經注

按此則京杜皆用服説

十年春王正月公敗齊師于長勺

二月公侵宋

三月宋人遷宿

夏六月齊師宋師次于郎公敗宋師于乘丘

地理志濟陰郡乘氏應劭曰春秋敗宋師于乘丘是也按張華博物志亦云濟陰乘氏侯國古乘丘杜注以爲泰山郡乘丘恐非小顏注地理志亦取杜說誤

秋九月荆敗蔡師于莘以蔡侯獻舞歸（穀梁舞作武）

冬十月齊師滅譚譚子奔莒

說文䣝國也齊桓公之所滅按史記作郯（徐廣曰一作譚）蓋音同而誤郡國志濟南郡東平陵有譚城（杜同此）

十有一年春王正月

夏五月戊寅公敗宋師于鄑

按鄑莊元年郱鄑郚之鄑說文云宋魯間地杜直云魯地亦誤

秋宋大水

冬王姬歸于齊

十有二年春王三月紀叔姬歸于酅

夏四月

秋八月甲午宋萬弒其君捷及其大夫仇牧

賈氏以爲宋萬未賜族本疏又賈氏云公羊穀梁曰接公羊

疏惠棟曰捷與接古字通易晉卦曰晝日三接鄭注曰接勝也禮內則接以太牢注云接讀爲捷捷勝也音義竝同今按正義譏賈云傳曰南宮長萬則爲已氏南宮不得爲未賜族今考春秋時族有不由君賜者如士會之孥處秦者爲劉氏伍員之子在齊爲王孫氏外傳知果自別其族爲輔氏則南宮之族或因所居之地以自稱非由君賜亦未可知卽如襄仲居東門故曰東門氏亦非君賜是其一證又賈於前年乘丘之役南宮長萬下卽注云南宮氏萬名是非不知萬氏南宮而此云未賜族者蓋以南宮實非君所賜氏故耳正義每申杜駁

賈竝無義理均所不取

冬十月宋萬出奔陳

十有三年春齊侯宋人陳人蔡人邾人會于北杏穀梁齊侯作齊人

賈服說北杏之會邾時已得王命本疏二按經書邾人始此故賈服云然十六年邾子克卒杜注云邾子者蓋齊桓請王命以爲諸侯再同盟亦用賈服說也

夏六月齊人滅遂

世本遂嬀姓地理志泰山郡蛇丘隧鄉故隧國杜同此京相璠曰遂在蛇丘東北十里水經注按蛇丘東北無城以

擬之東北當作西北杜注承京相之誤也

秋七月

冬𠚤公會齊侯盟于柯

十有四年春齊人陳人曹人伐宋

夏單伯會伐宋

秋七月荆入蔡

冬單伯會齊侯宋公衛侯鄭伯于鄄史記齊世家鄄作甄

䒼昭齊語注引作會于鄄舊音云內傳作甄水經注亦作甄地理志濟陰郡有鄄城杜同此按三國魏時鄄城始移屬東郡

十有五年春齊侯宋公陳侯衛侯鄭伯會于鄄

夏夫人姜氏如齊

秋宋人齊人邾人伐郳公羊郳作兒

說文云郳齊地春秋傳曰齊高厚定郳田按郳後爲齊所丼故云齊地

鄭人侵宋

冬十月

十有六年春王正月

夏宋人齊人衞人伐鄭

秋荆伐鄭

冬十有二月會齊侯宋公陳侯衞侯鄭伯許男滑伯滕子

同盟于幽公穀許男下皆有曹伯二字

按成公十三年殄滅我費滑即此故杜注言滑國都費也

邾子克卒

十有七年春齊人執鄭詹公羊詹作瞻下同

夏齊人殲于遂公羊殲作瀸

說文殲微盡也春秋傳曰齊人殲于遂此杜本地理志隧鄉故隧國春秋曰齊人殲于隧也

秋鄭詹自齊逃來

冬多麋

十有八年春王三月日有食之

夏公追戎于濟西

服氏云桓公爲好莊公獨不能修而見侵濟西曹地周禮

疏

京相璠曰濟水自鉅野至濟北水經注

秋有蜮

說文蜮短狐也似鼈三足以气射害从蟲或聲或又从

國按諸本狐又作弧與漢書五行志同師古注即射工

也亦呼水弩尋文義是當作弧矢之弧又按漢舊儀云

蜮鬼也魊與蜮古字通釋文本短狐又作斷弧

冬十月

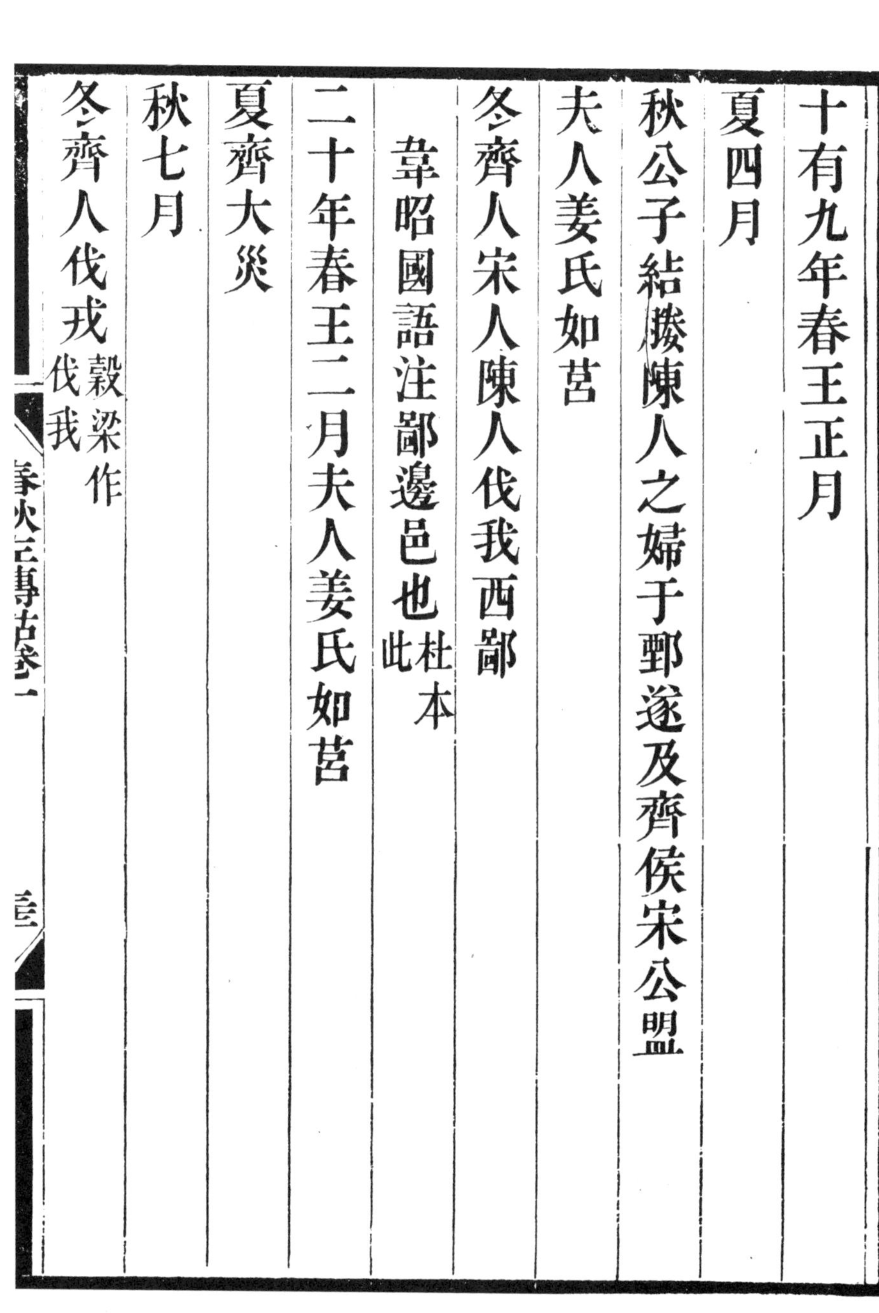
十有九年春王正月
夏四月
秋公子結媵陳人之婦于鄄遂及齊侯宋公盟
夫人姜氏如莒
冬齊人宋人陳人伐我西鄙
韋昭國語注鄙邊邑也杜本此
二十年春王二月夫人姜氏如莒
夏齊大災
秋七月
冬齊人伐戎穀梁作伐我

二十有一年春王正月

夏五月辛酉鄭伯突卒

秋七月戊戌夫人姜氏薨

冬十有二月葬鄭厲公

二十二年春王正月肆大眚公羊眚作省

賈逵以文姜爲有罪故赦而後葬以説臣子也魯大赦國中罪過欲令文姜之過因是得除以葬文姜本疏按賈依文爲訓文姜薨在去年七月至十一月卽當葬乃遲至七月之久此數月中國又無大事明文姜得罪先君國人所知非因肆赦不可蕩滌故賈云然耳正義説非

癸丑葬我小君文姜

陳人殺其公子御寇 公穀皆作御禦史記世家同

夏五月

秋七月丙申及齊高傒盟于防

冬公如齊納幣

二十有三年春公至自齊

祭叔來聘

夏公如齊觀社

公至自齊

荆人來聘

公及齊侯遇于穀

蕭叔朝公

地理志沛郡蕭故蕭叔國宋別封附庸也按蕭宋附庸

杜注似以爲魯附庸非

秋丹桓宮楹

說文楹柱也春秋傳曰丹桓宮楹杜本此

冬十有一月曹伯射姑卒

十有二月甲寅公會齊侯盟于扈

郡國志河南尹卷有扈城杜同此

二十有四年春王三月刻桓宮桷

說文桷榱也椽方曰桷又齊魯謂之桷春秋傳曰刻桓宮桷服虔注曰桷謂之榱榱椽也按國語注唐固云桷榱頭也韋昭謂桷一名榱杜曰桷椽也蓋亦取說文椽方曰桷之義

葬曹莊公

夏公如齊逆女

秋公至自齊

八月丁丑夫人姜氏入

戊寅大夫宗婦覿用幣

賈云宗婦同姓大夫之婦詩疏杜取此

大水

冬戎侵曹

曹羈出奔陳

赤歸于曹

賈逵以爲羈是曹君赤是戎之外孫故戎侵曹逐羈而立赤本疏公穀以爲赤蓋郭公以赤歸于曹郭公連爲一句又穀梁言郭公名赤失國而歸于曹同上

郭公

按郭國不見於春秋考僖二年晉伐虢虢公羊傳作郭戰國策亦同又昭元年會于虢穀梁亦作郭周書王會解

郭叔掌爲天子菜幣焉孔晁注郭叔虢叔是虢郭音近義通此郭公即虢公虢爲公爵書法亦合虢公下必繫以事而史闕之否則虢公林父或於是年卒也又按士蔿使殺羣公子而城聚都之即在此後一年考之史記晉世家於此年書羣公子既亡奔虢夫云既亡則亡在此年之前可知又云虢以其故再伐晉不克下二十六年傳秋虢人侵晉冬虢人又侵晉是此數年中虢晉正交兵非無事可書又甚明但不敢懸斷故附記於此史記索隱曰虢後改稱郭非是李善稱高誘戰國策注郭古文虢字也姓纂周文王季弟虢叔受封於虢或曰郭公因以爲氏公羊傳

曰虢謂之郭聲之轉也又其顯證

二十有五年春陳侯使女叔來聘

夏五月癸丑衞侯朔卒

六月辛未朔日有食之鼓用牲于社

春秋大傳曰天子之國有泰社東方青南方赤西方白北方黑上方黃故將封於東方者取青土封於南者取赤土封於西者取白土封於北者取黑土各取其方土裹以白茅封以爲社此始受封於天子者也此之謂主土主土者大社以奉之也胡三省通鑑注

伯姬歸于杞

秋大水鼓用牲于社于門

冬公子友如陳

二十有六年春公伐戎公羊無春字

夏公至自伐戎

曹殺其大夫

秋公會宋人齊人伐徐

地理志臨淮郡徐故國盈姓至春秋時徐子章禹爲楚所滅

冬十有二月癸亥朔日有食之

二十有七年春公會杞伯姬于洮

夏六月公會齊侯宋公陳侯鄭伯同盟于幽

秋公子友如陳葬原仲

冬杞伯姬來

莒慶來逆叔姬

杞伯來朝

公會齊侯于城濮

賈逵云城濮衞地杜取此

二十有八年春王三月甲寅齊人伐衞衞人及齊人戰衞人敗績

夏四月丁未邾子瑣卒

秋荊伐鄭

公會齊人宋人救鄭

冬築郿公穀皆作築微

水經濟水逕微鄉東注云卽春秋之郿京相璠曰公羊傳謂之微在東平壽張西北三十里有故微鄉魯邑也杜本此璠曰微子國路史按水經注引杜注云有微子冢今注無之惠棟云公羊釋文云築微左氏作麋麋古文眉眉與微古今字特牲饋食禮眉壽萬年鄭注古文眉爲微

大無麥禾

服虔云陰陽不和土氣不養故禾麥不成也傳言饑而經不書者得齊之糴救民之急不至於饑也本疏

臧孫辰告糴于齊

何休公羊傳注買穀曰糴服虔云不言如重穀急辭以其情急於糴故不言如齊告糴乞師則情緩於糴故云如楚乞師本疏服又云無庭實也聘禮疏

二十有九年春新延廄

劉賈云言新有故木言作有新木延廄不書作所用之木非公命也本疏按據此則經文缺作字可知

夏鄭人侵許

秋有蜚

冬十有二月紀叔姬卒

城諸及防

賈逵云言及先後之辭本疏地理志琅邪郡諸杜本此

三十年春王正月

夏次于成公穀皆作師次于成

秋七月齊人降鄣

劉賈依二傳以爲鄣紀之遺邑按說文鄣紀邑也與賈說同杜注鄣紀附庸國今考紀在春秋時甚微疑不得有附庸又紀侯去國至此已二十七年不得有附庸獨

存杜注蓋非也郡國志東平國無鹽有章城杜同此

八月癸亥葬紀叔姬

九月庚午朔日有食之鼓用牲于社

冬公及齊侯遇于魯濟

齊人伐山戎

服虔云山戎北狄蓋今鮮卑也史記集解

三十有一年春築臺于郎

夏四月薛伯卒

築臺于薛

六月齊侯來獻戎捷

說文捷獵也軍獲得也春秋傳曰齊人來獻戎捷

秋築臺于秦

郡國志東平國范有秦亭杜同此

冬不雨

三十有二年春城小穀

穀梁云魯邑范甯注小穀魯地也賈逵云不繫齊者世其祿本疏郡國志東郡穀城春秋時小穀杜同此圖經曲阜西北有小穀城桂馥云水經注所稱小城正在曲阜西北漢以項羽頭示魯人而葬羽於小穀其地去魯城當不遠

夏宋公齊侯遇于梁丘
郡國志山陽郡昌邑有梁丘城杜同此
秋七月癸巳公子牙卒
八月癸亥公薨于路寢
冬十月己未子般卒公穀皆作乙未子般史記作子班師古漢書注般與班同
公子慶父如齊
狄伐邢
地理志趙國襄國故邢杜本此

春秋左傳詁卷二

陽湖洪亮吉學

春秋經二

閔公

元年春王正月

齊人救邢

夏六月辛酉葬我君莊公

秋八月公及齊侯盟于落姑公穀皆作洛姑

季子來歸

冬，齊仲孫來

二年春王正月齊人遷陽

地理志東海郡都陽應劭曰春秋齊人遷陽是城陽國陽都應劭曰齊人遷陽故陽關是按城陽國陽都故城在今沂州府沂水縣西南都陽故城後漢書注云在承縣南則亦在今嶧縣西南矣二縣相去實不過二百里郡國志琅邪國有陽都云故屬城陽而東海之都陽已省疑兩縣已并作一地故應劭云然錢大昕考異亦疑都陽侯國係城陽戴王之子當日或即割陽都之鄉爲侯國本非兩地也今考都陽陽都爲一爲二尚未可知而爲齊人遷陽之陽則無疑義杜既不注所在而正義

又云世本無有陽國不知何姓按禮記坊記陽侯殺繆侯而竊其夫人淮南王書氾論訓繆侯作蓼侯高誘注蓼侯皐陶之後偃姓之國鄭康成注既云陽繆同姓國則陽侯亦偃姓可知正義云不知何姓實亦未深攷也

夏五月乙酉吉禘于莊公

賈逵云禘者遞也審諦昭穆遷主遞位孫居王父之處宋本禮記疏

按王肅聖證論引賈逵說竝同此杜取

秋八月辛丑公薨

九月夫人姜氏孫于邾

賈服之説皆以爲文姜殺夫罪重故去姜氏哀姜殺子罪輕故不去姜氏本疏

公子慶父出奔莒

冬齊高子來盟

十有二月狄入衛

賈逵云不與夷狄得志于中國詩疏

鄭棄其師

僖公史記漢書皆作釐公師古曰釐讀曰僖

元年春王正月

齊師宋師曹師別本誤作曹伯惟石經作曹師與公穀合今據改次于聶北救邢

說文嵒多言也从品相連春秋傳曰次于嵒北讀與聶同按今本作聶因聲近而轉賈服以爲此言次于聶北救邢與襄二十三年叔孫豹救晉次于雍榆二事相反此是君也進止自由彼是臣也先通君命本疏郡國志東郡聊城有夷儀聚有聶戯按夷儀聚即下文邢所遷聶戯即此聶北也

夏六月邢遷于夷儀公羊作陳儀

齊師宋師曹師城邢

秋七月戊辰夫人姜氏薨于夷齊人以歸按唐石經作齊人以尸歸尸字是後人增入不足據

楚人伐鄭

八月公會齊侯宋公鄭伯曹伯邾人于檉 公羊檉作朾

九月公敗邾師于偃 公羊偃作纓

冬十月壬午公子友帥師敗莒師于酈 公羊酈作犁 穀梁作麗 獲莒挐 諸本竝誤作拏 今改正傳亦同

十有二月丁巳夫人氏之喪至自齊

賈逵云殺子輕故但貶姜 本疏

二年春王正月城楚丘

賈逵云楚丘衛地 史記索隱

夏五月辛巳葬我小君哀姜

虞師晉師滅下陽公穀皆作夏陽汲郡古文作下陽

郡國志河東郡大陽有下陽城杜同此

秋九月齊侯宋公江人黃人盟于貫公羊作盟于貫澤劉向新序亦引作貫澤

賈逵云江黃稱人刺不度德善鄰恃齊背楚終爲楚所滅本疏

地理志汝南郡安陽應劭曰故江國今江亭是杜本此

酈道元云貫城在蒙縣西北杜預以爲貰也云貰貫字相似

冬十月不雨

楚人侵鄭

三年春王正月不雨夏四月不雨

賈逵取穀梁以爲說曰歷時而言不雨文不憂雨也不
憂雨者無志于民也言僖有憂民之志故每時一書文
無憂民之志是以歷時總書本疏

徐人取舒

地理志臨淮郡徐故國盈姓廬江郡舒故國杜本此按玉
篇引傳文及注並作郐說文郐地名从邑舍聲不言所
在知郐舒古字同也

六月雨

秋齊侯宋公江人黃人會于陽穀

郡國志東平國須昌有陽穀城杜同此

冬公子友如齊涖盟（穀梁作公子季友 公穀涖皆作蒞）

按涖從說文當作𨽻玉篇莅與涖同儀禮鄭注涖臨也（杜本此）

楚人伐鄭

四年春王正月公會齊侯宋公陳侯衛侯鄭伯許男曹伯侵蔡蔡潰遂伐楚次于陘

賈逵云民逃其上爲潰也（史記集解 杜取此）郡國志汝南郡召陵有陘亭（杜同此）

夏許男新臣卒

賈逵云不言卒于師善會主加禮若卒于國（本疏）

楚屈完來盟于師盟于召陵

公羊傳曰屈完者何楚大夫也何以不稱使尊屈完也曷爲尊屈完以當桓公也服虔取以爲說本疏服又云來者外楚也嫌楚無罪言來以外之同上地理志汝南郡召陵師古曰召讀曰邵按水經注引此即作邵陵杜本此

齊人執陳轅濤塗公穀轅皆作袁釋文袁本多作轅

按襄二年傳陳成公使轅僑如會求成注云轅僑濤塗四世孫史記齊世家作袁陳世家作轅漢國三老袁良碑周之興滿爲陳侯至元孫濤塗以字立姓曰袁法言曰齊桓公欲徑陳陳不果納執轅濤塗後漢書袁術傳

袁氏出陳爲舜後注云陳大夫轅濤塗袁氏其後也袁轅古字同

秋及江人黄人伐陳

八月公至自伐楚

葬許穆公公羊穆作繆

冬十有二月公孫茲帥師會齊人宋人衛人鄭人許人曹人侵陳公羊茲作慈下同

五年春晉侯殺其世子申生

杞伯姬來朝其子釋文杞伯姬來絶句云來歸寧朝其子猶言其子朝

按公羊傳曰其言來朝子何內辭也注云據微者不當

書朝連來者內辭也是公羊作一句讀

夏公孫茲如牟

公及齊侯宋公陳侯衞侯鄭伯許男曹伯會王世子于首止公穀皆作首戴下同

秋八月諸侯盟于首止

鄭伯逃歸不盟

楚人滅弦弦子奔黃

地理志江夏郡軑本弦子國杜本此

九月戊申朔日有食之

冬晉人執虞公

六年春王正月

夏公會齊侯宋公陳侯衛侯曹伯伐鄭圍新城

地理志河南郡密杜本此師古曰即春秋僖六年圍新密者也

秋楚人圍許

諸侯遂救許

冬公至自伐鄭

七年春齊人伐鄭

夏小邾子來朝

鄭殺其大夫申侯

秋七月公會齊侯宋公陳世子款鄭世子華盟于甯母穀梁甯作寧釋文甯母如字又音無公羊穀梁亦兩音按石經作毋當從之

郡國志山陽郡方與有泥母亭或曰古甯母杜同此

曹伯班卒公羊作般

公子友如齊

冬葬曹昭公

八年春王正月公會王人齊侯宋公衛侯許男曹伯陳世子款盟于洮公羊陳世子款下有鄭世子華四字非

按莊十七年杜注洮魯地此注又云曹地今攷下三十一年傳分曹地自洮以南是洮水在曹魯之界洮水南

屬曹洮水北屬魯也

鄭伯乞盟

夏狄伐晉

秋七月禘于大廟用致夫人

冬十有二月丁未天王崩

九年春王三月丁丑宋公御說卒公穀皆作禦

夏公會宰周公齊侯宋子衛侯鄭伯許男曹伯于葵丘

春秋古地記云葵丘地名今鄴三臺是也水經注案傳云西爲此會當以此說爲是杜注外黃縣東有葵丘則與司馬彪郡國志同杜于莊八年注又云葵丘齊地臨

淄縣西有地名葵丘此則别一葵丘也

秋七月乙酉伯姬卒

九月戊辰諸侯盟于葵丘

甲子晉侯佹諸卒公羊作甲戌誤公穀佹皆作詭

惠士奇曰鄭固碑云造膝佹辭是佹與詭通也按陸氏穀梁音義云左傳作佹今石經淳化本並作佹因從之

冬晉里克殺其君之子奚齊公羊作弑按公羊音義仍作殺音弑

十年春王正月公如齊

狄滅溫溫子奔衛

晉里克弑其君卓及其大夫荀息公羊作卓子

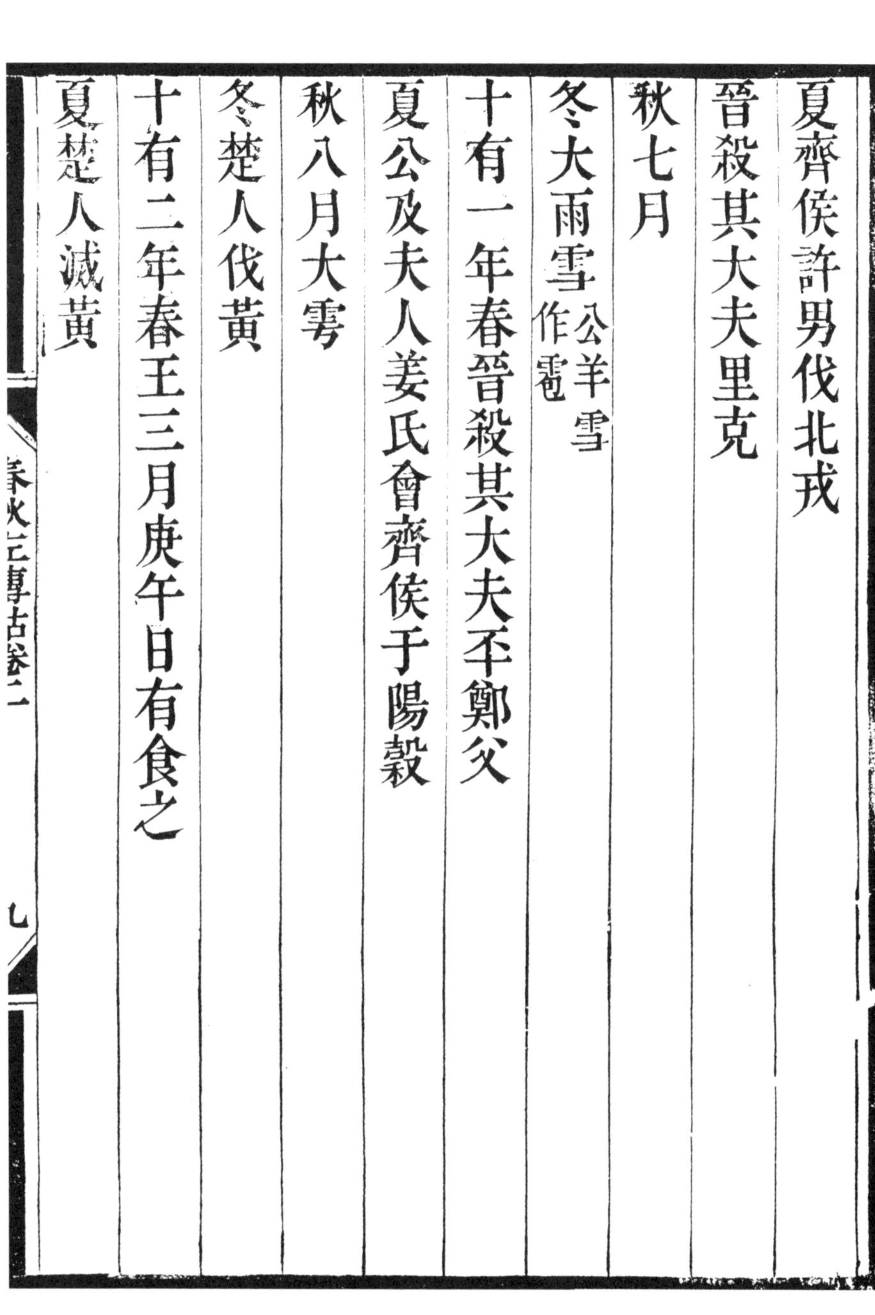

夏齊侯許男伐北戎

晉殺其大夫里克

秋七月

冬大雨雪公羊雪作雹

十有一年春晉殺其大夫丕鄭父

夏公及夫人姜氏會齊侯于陽穀

秋八月大雩

冬楚人伐黄

十有二年春王三月庚午日有食之

夏楚人滅黄

秋七月

冬十有二月丁丑陳侯杵臼卒公羊作處臼

十有三年春狄侵衛

夏四月葬陳宣公

公會齊侯宋公陳侯衛侯鄭伯許男曹伯于鹹

郡國志東郡濮陽有鹹城杜同此

秋九月大雩

冬公子友如齊

十有四年春諸侯城緣陵

地理志北海郡營陵辥瓚曰營陵春秋時謂之緣陵

夏六月季姬及鄫子遇于防使鄫子來朝穀梁作繒下同釋文云本或作繒

地理志東海郡繒故國禹後杜本此世本鄫姒姓

秋八月辛卯沙鹿崩

說文麓守山林吏也一曰林屬于山爲麓春秋傳曰沙鹿崩服虔云沙山名麓山足林屬于山曰麓按麓鹿古字通漢書元后傳亦作沙麓劉熙釋名山足曰麓麓陸也言水流順陸燥也與穀梁說微異杜注取公羊說郡國志魏郡元城墟故沙鹿杜同此

狄侵鄭

冬蔡侯肸卒

十有五年春王正月公如齊

楚人伐徐

三月公會齊侯宋公陳侯衛侯鄭伯許男曹伯盟于牡丘

遂次于匡

地理志陳留郡長垣孟康曰春秋會于匡今匡城是郡國志長垣侯國有匡城杜本此

公孫敖帥師及諸侯之大夫救徐

夏五月日有食之

秋七月齊師曹師伐厲

地理志南陽郡隨有厲鄉故厲國也師古曰厲讀曰賴杜本此　按厲鄉在今隨州北今名厲山店太平寰宇記厲山在隨縣北一百里又引荆州記曰隨地有厲鄉村有厲山下有一穴是神農所生穴也神農號厲山氏葢卽以此賴爲楚與國當以在此者爲是惟司馬彪郡國志于汝南郡褒信侯國下云有賴亭故國今攷後漢褒信卽前漢郾縣屬潁川郡春秋時爲楚召陵邑非賴國地且桓十三年楚屈瑕伐羅楚子使賴人追之羅又在賴國西北故就近使追若汝南之褒信則去羅益遠非事實矣明褒信雖有賴亭實非賴國彪説誤也惠棟曰桓

十三年傳云楚子使賴人追之杜注與此略同昭四年經云楚伐吳遂滅賴公羊傳于此年賴作厲釋文云厲如字又音賴公羊傳十五年釋文云厲舊音賴則知厲與賴本一國古音通故或作厲或作賴也今按厲賴與郭虢歸蘷竝同聲字又古字通

八月螽公羊作螺後同釋文云本亦作螺

九月公至自會

季姬歸于鄫穀梁作繒

己卯晦震夷伯之廟

說文震劈歷震物者春秋傳曰震夷伯之廟

冬宋人伐曹

楚人敗徐于婁林

郡國志下邳國徐本國有婁亭或曰古婁林杜同此

十有一月壬戌晉侯及秦伯戰于韓獲晉侯

十有六年春王正月戊申朔隕石于宋五

爾雅隕落也說文作磒訓同云春秋傳曰磒石于宋五杜本此

按今本作隕杜注同公羊作霣

是月六鶂退飛過宋都

說文鶂鳥也春秋傳曰六鶃退飛按今本作鷁說文無

鷁字當作鶂爲是穀梁作鶂劉向傳終軍傳亦作六鶂

史記宋世家作霣星如雨與雨偕下六鶂退蜚史記十二諸侯年表作六鷁退飛過我都董子春秋繁露王道篇應劭風俗通亦作六鷁皆傳寫之誤

三月壬申公子季友卒

夏四月丙申鄫季姬卒

秋七月甲子公孫玆卒公羊作慈

冬十有二月公會齊侯宋公陳侯衛侯鄭伯許男邢侯曹伯于淮

地理志臨淮郡有淮浦淮陰淮陵諸縣杜本此

十有七年春齊人徐人伐英氏

按古英氏城在今六安州英山縣東北英山縣即春秋時英氏地也張守節正義又云英後改爲蓼漢書地理志蓼屬六安國

夏滅項

釋名項國名魯滅之也二傳以爲齊滅地理志汝南郡項故國杜本此

秋夫人姜氏會齊侯于卞

地理志魯國卞杜本此

九月公至自會

冬十有二月乙亥齊侯小白卒

十有八年春王正月宋公曹伯衞人邾人伐齊（公羊宋公下有會字）

夏師救齊

五月戊寅宋師及齊師戰于甗齊師敗績

狄救齊

秋八月丁亥葬齊桓公

冬邢人狄人伐衞

十有九年春王三月宋人執滕子嬰齊

夏六月宋公曹人邾人盟于曹南（公羊作宋人）

鄫子會盟于邾（公羊作鄫人會于邾婁）

己酉邾人執鄫子用之

秋宋人圍曹衛人伐邢

冬會陳人蔡人楚人鄭人盟于齊公羊會上有公字

梁亡

二十年春新作南門

劉賈先儒皆云言新有故在言作有新在故爲此言以異之本疏

夏郜子來朝

說文郜周文王子所封國

五月乙巳西宮災

鄭人入滑

秋齊人狄人盟于邢

冬楚人伐隨

二十有一年春狄侵衛

宋人齊人楚人盟于鹿上

水經注濮水又東北逕鹿城南郡國志曰濟陰郡乘氏有鹿城鄉春秋僖公二十一年盟于鹿上京杜竝謂此亭也按道元蓋誤記今攷杜注云鹿上宋地汝陰郡有原鹿縣則與乘氏鹿城鄉非一地可知劉昭補注是其證蓋以爲在乘氏鹿城鄉者苐京相璠司馬彪之說耳究當以杜說爲長

夏大旱

秋宋公楚子陳侯蔡侯鄭伯許男曹伯會于盂公羊盂作霍穀梁作雩

按盂雩音同古字亦通公羊作霍又以雩字近而誤也

執宋公以伐宋

冬公伐邾

楚人使宜申來獻捷

十有二月癸丑公會諸侯盟于薄釋宋公

二十有二年春公伐邾取須句公羊作須朐漢書五行志水經注竝同

夏宋公衞侯許男滕子伐鄭

秋八月丁未及邾人戰于升陘

玉篇鄄胡經切鄉名在高密左氏傳曰戰于升陘按鄄陘古字通玉篇蓋采舊說釋文本又作登陘

冬十有一月己巳朔宋公及楚人戰于泓宋師敗績

二十有三年春齊侯伐宋圍緡穀梁緡作閔後同

按史記田齊世家宣王卒子湣王地立湣王戰國策皆作閔王與此正同郡國志山陽郡東緡春秋時曰緡水經注引十三州志同此杜同

夏五月庚寅宋公茲父卒公羊作慈父

秋楚人伐陳

冬十有一月杞早卒

二十有四年春王正月

夏狄伐鄭

秋七月

冬天王出居于鄭

晉侯夷吾卒

顧炎武云疑此錯簡當在二十三年之冬左傳曰九月

晉惠公卒晉之九月周之冬也

二十有五年春王正月丙午衛侯燬滅邢

說文燬火也春秋傳衛侯燬

夏四月癸酉衛侯燬卒

宋蕩伯姬來逆婦

釋例稱賈氏以爲經不書歸者適世子故也

宋殺其大夫

秋楚人圍陳納頓子于頓

地理志汝南郡南頓故頓子國

葬衛文公

冬十有二月癸亥公會衛子莒慶盟于洮

服虔云明不失子道

二十有六年春王正月已未公會莒子衛甯速盟于向公羊

速作邀

齊侯侵我西鄙公追齊師至酅弗及釋文酅本又作巂按公羊穀梁並作巂

夏齊人伐我北鄙

衞人伐齊

公子遂如楚乞師

秋楚人滅夔以夔子歸公羊夔作隗

地理志南郡秭歸歸鄉故歸國水經江水注樂緯曰昔歸典叶聲律宋忠曰歸卽夔歸鄉葢夔鄉矣古楚之嫡嗣有熊摯者以廢疾不立而居于夔爲楚附庸後王命爲夔子按夔歸隗音近字可通假夔是古文正字

冬楚人伐宋圍緡公以楚師伐齊取穀公至自伐齊

二十有七年春杞子來朝

夏六月庚寅齊侯昭卒穀梁音義昭或作照非

齊世家孝公卒孝公弟潘因衞公子開方殺孝公子而立潘是爲昭公

秋八月乙未葬齊孝公

乙巳公子遂帥師入杞

冬楚人陳侯蔡侯鄭伯許男圍宋

十有二月甲戌公會諸侯盟于宋

二十有八年晉侯侵曹晉侯伐衞

公子買戍衞不卒戍刺之

經言買傳言叢葢名買字叢本疏說文買市也从网貝孟子曰登壟斷而网市利又叢聚也从丵取聲按取非聲當作从丵聚省市買聚天下之貨故買以叢爲字周禮司刺掌三刺之法一刺曰訊羣臣再刺曰訊羣吏三刺曰訊萬民鄭元云刺殺也訊而有罪則殺之訊言也內殺大夫此及成十六年刺公子偃皆書刺者用三刺之法問臣吏萬民皆言合殺乃始殺之亦不枉濫

楚人救衞

三月丙午晉侯入曹執曹伯畀宋人

夏四月己巳晉侯齊師宋師秦師及楚人戰于城濮楚師敗績楚殺其大夫得臣衛侯出奔楚

五月癸丑公會晉侯齊侯宋公蔡侯鄭伯衛子莒子盟于踐土陳侯如會公朝于王所

六月衛侯鄭自楚復歸于衛衛元咺出奔晉

陳侯款卒

秋杞伯姬來

公子遂如齊

冬公會晉侯齊侯宋公蔡侯鄭伯陳子莒子邾子秦人于溫今本邾子作邾人唐石經岳本並作邾子是公羊作邾婁子

天王狩于河陽釋文狩本又作守公羊亦作狩穀梁作守音同

穀梁傳曰水北爲陽山南爲陽溫河陽也水經河水註曰服虔賈逵曰河陽溫也郭緣生述征記曰踐土今冶坂城是河陽城故縣也在冶坂西北蓋晉之溫地今考冶坂城其下爲冶坂津在今孟縣西南而踐土在今滎澤縣西北王宫城之內故道元辨其非

壬申公朝于王所

晉人執衛侯歸之于京師衛元咺自晉復歸于衛

諸侯遂圍許

曹伯襄復歸于曹遂會諸侯圍許

二十有九年春介葛盧來

地理志琅邪郡黔陬故介國也

公至自圍許

夏六月會王人晉人宋人齊人陳人蔡人秦人盟于翟泉

後漢志註引作狄泉公羊本作狄泉

郡國志河南雒陽周時號成周有狄泉在城中注曰蓋本在城外定元年城成周乃繞之

狄大雨雹

冬介葛盧來

三十年春王正月

夏狄侵齊
秋衞殺其大夫元咺及公子瑕衞矦鄭歸于衞
晉人秦人圍鄭
介人侵蕭
冬天王使宰周公來聘
公子遂如京師遂如晉
三十有一年春取濟西田
公子遂如晉
夏四月四卜郊不從乃免牲猶三望
周禮大宰祀五帝前期十日帥執事而卜日然則將祭

必十日之前豫卜之也言四卜郊者葢三月毎旬一卜至四月上旬更一卜乃成爲四卜也此言四卜郊不從襄七年三卜郊不從公羊傳曰曷爲或言三卜或言四卜三卜禮也四卜非禮也三卜何以禮求吉之道三今左傳以爲禮不卜常祀則一卜亦非不云四非而三是異於公羊說四時迎氣冬至夏至郊天等雖有常時常日猶須審慎仍卜日故表記云不犯日月不違卜筮註日月謂冬夏至正月及四時所不違者日與牲尸也假令不吉改卜後日故箴膏肓云天子郊以夏正上旬之日魯之卜三正下旬之日是雖有常時常日猶卜日也

本疏及周禮疏杜取此

秋七月

冬杞伯姬來求婦

狄圍衛十有二月衛遷于帝丘

地理志東郡濮陽衛成公自楚丘徙此故帝丘顓頊墟杜本此

三十有二年春王正月

夏四月己丑鄭伯捷卒公羊捷作接捷接古字同

按古今人表作捷蓋傳寫誤

衛人侵狄

秋衛人及狄盟

冬十有二月己卯晉侯重耳卒

三十有三年春王二月秦人入滑

齊侯使國歸父來聘

夏四月辛巳晉人及姜戎敗秦師于殽公羊無師字穀梁初刊本亦無師字

癸巳葬晉文公

狄侵齊

公伐邾取訾婁公羊傳作取叢穀梁作訾樓

秋公子遂帥師伐邾

晉人敗狄于箕

郡國志太原郡陽邑有箕城杜同此

冬十月公如齊十有二月公至自齊

乙巳公薨于小寢

隕霜不殺草李梅實

晉人陳人鄭人伐許

文公

元年春王正月公卽位

二月癸亥日有食之公羊作癸亥朔

天王使叔服來會葬

夏四月丁巳葬我君僖公

天王使毛伯來錫公命

晉侯伐衛

叔孫得臣如京師

世本桓公生僖叔牙牙生戴伯茲茲生莊叔得臣得臣生穆叔豹

衛人伐晉

秋公孫敖會晉侯于戚

冬十月丁未楚世子商臣弒其君頵穀梁頵作髡史記楚世家作惲漢書年表人表同

公孫敖如齊

二年春王二月甲子晉侯及秦師戰于彭衙秦師敗績

丁丑作僖公主

三月乙巳及晉處父盟

夏六月公孫敖會宋公陳侯鄭伯晉士縠盟于垂隴穀梁作士縠公穀垂隴皆作垂斂

京相璠曰垂隴鄭地今滎陽東二十里有故垂隴城水經注郡國志滎陽有隴城杜同此

自十有二月不雨至于秋七月

八月丁卯大事于大廟躋僖公

冬晉人宋人陳人鄭人伐秦

公子遂如齊納幣

三年春王正月叔孫得臣會晉人宋人陳人衛人鄭人伐沈沈潰

郡國志汝南郡平輿有沈亭故國姬姓杜同此

夏五月王子虎卒

秦人伐晉

秋楚人圍江

雨螽于宋

冬公如晉十有二月己巳公及晉侯盟

晉陽處父帥師伐楚以救江公穀皆無以字

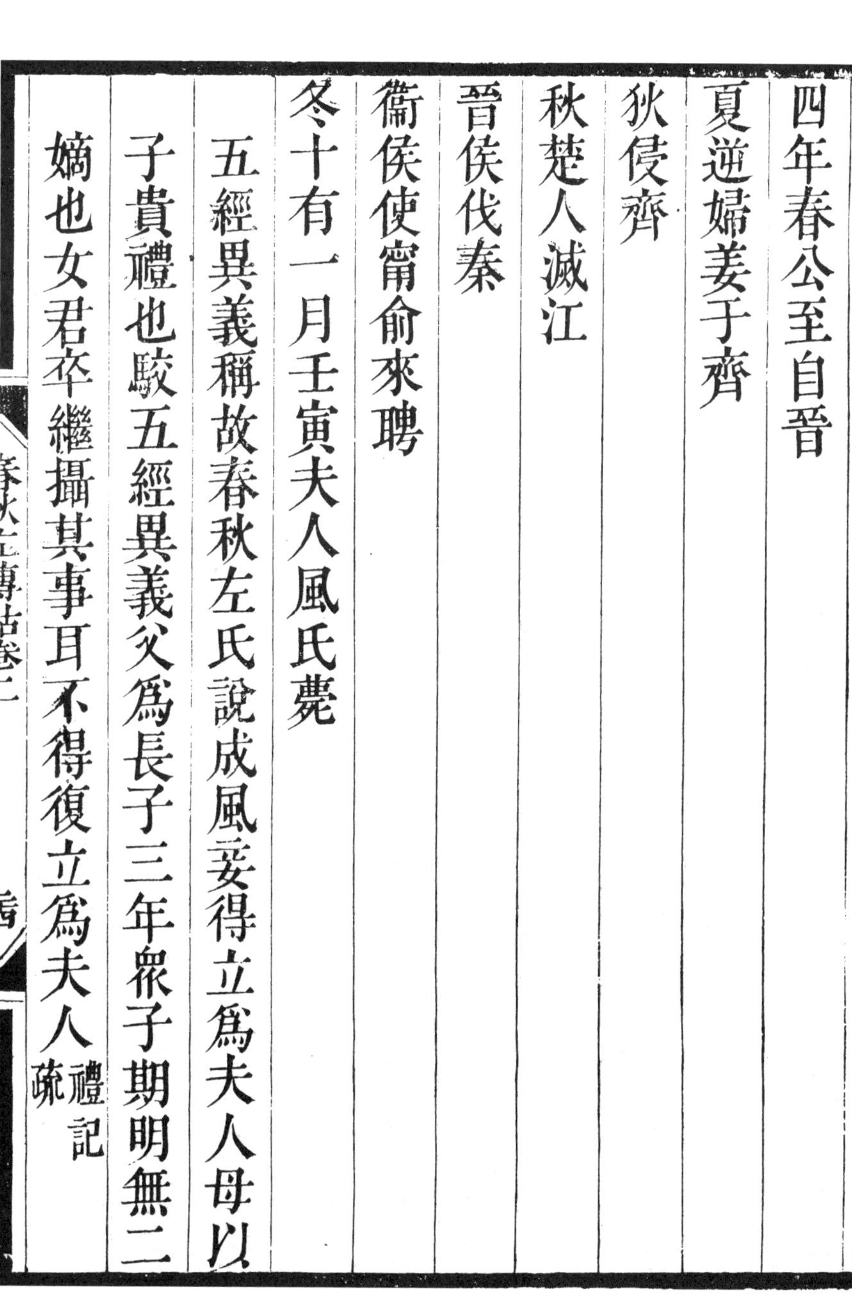

四年春公至自晉

夏逆婦姜于齊

狄侵齊

秋楚人滅江

晉侯伐秦

衞侯使甯俞來聘

冬十有一月壬寅夫人風氏薨

五經異義稱故春秋左氏說成風妾得立爲夫人母以子貴禮也駮五經異義父爲長子三年衆子期明無二嫡也女君卒繼攝其事耳不得復立爲夫人禮記疏

五年春王正月王使榮叔歸含且賵釋文含本又作唅文唅送終口中玉

賈服云含賵當異人今一人兼兩使故書且以譏之按鄭康成箴膏肓云禮天子二王後之喪含爲先襚次之賵次之賻次之于諸侯含之賵之小君亦如之含之下既有先後次第則每事遣一使可知卽如正義譏賈云春秋之世風教淩遲吉凶賀弔罕能如禮王之崩葬魯多不行魯之有喪寧能盡至及備禮云云此依時勢立言非制禮本意公羊及賈服竝據常禮爲說又經文著且字顯有禮文不備之意正義以此譏賈非也

三月辛亥葬我小君成風王使召伯來會葬穀梁作毛伯范甯云疑誤

夏公孫敖如晉

秦人入鄀

地理志南郡若郡國志作鄀侯國按舊注亦不言鄀所在今攷傳云鄀叛楚即秦是鄀國在秦楚之閒地理志南陽郡若本秦縣故城在今宜城縣東南去武關不遠正秦楚兩國界也玉篇亦云鄀秦楚界小國

秋楚人滅六

地理志六安國六故國臯陶後偃姓爲楚所滅杜本此

冬十月甲申許男業卒

六年春葬許僖公

夏季孫行父如陳

世本公子友生齊仲齊仲生無逸無逸生行父按穀梁疏引世本又云季友生仲無佚無佚生行父范甯注行父季友生生卽孫也與杜注同今本杜注作季孫友子大誤

秋季孫行父如晉

八月乙亥晉侯驩卒公羊作讙晉語同

冬十月公子遂如晉葬晉襄公

晉殺其大夫陽處父

晉狐射姑出奔狄穀梁作狐夜姑

閏月不告月猶朝于廟

七年春公伐邾

三月甲戌取須句公羊傳作須朐五行志亦同

遂城郚

說文郚東海縣故紀侯之邑也郡國志魯國卞有郚鄉城杜同此

夏四月宋公王臣卒穀梁作王臣

宋人殺其大夫

戊子晉人及秦人戰于令狐

晉先蔑奔秦公羊作晉先眛以師奔秦石經同穀梁石經作蔑

狄侵我西鄙

秋八月公會諸侯晉大夫盟于扈

郡國志河南郡卷有扈城亭杜同此酈道元云竹書紀年晉出公十二年河絕于扈卽此

冬徐伐莒

公孫敖如莒涖盟

八年春王正月

夏四月

秋八月戊申天王崩

冬十月壬午公子遂會晉趙盾盟于衡雍

乙酉公子遂會洛戎盟于暴公羊作伊雒戎釋文本或作伊雒之戎此後人妄取傳文增耳

公孫敖如京師不至而復丙戌奔莒公羊無而字石經穀梁亦同

螽

宋人殺其大夫司馬宋司城來奔

九年春毛伯來求金

夫人姜氏如齊

二月叔孫得臣如京師辛丑葬襄王

晉人殺其大夫先都

三月夫人姜氏至自齊

晉人殺其大夫士穀及箕鄭父

賈逵云箕鄭稱及非首謀本疏　按箕鄭上軍將士穀下軍將傳文亦先箕鄭而後士穀今顧于士穀下言及箕鄭明非首謀故書法如此正義糾賈非也襄二十三年陳殺其大夫慶虎及慶寅亦同此例

楚人伐鄭

公子遂會晉人宋人衞人許人救鄭

夏狄侵齊

秋八月曹伯襄卒

九月癸酉地震

冬楚子使椒來聘穀梁椒作荻

秦人來歸僖公成風之禭

公羊傳曰衣被曰禭杜本此按釋文曰說文作裞云贈終者衣被曰裞爲衣死人衣

葬曹共公

十年春王三月辛卯臧孫辰卒

夏秦伐晉

楚殺其大夫宜申

自正月不雨至于秋七月

及蘇子盟于女栗

冬狄侵宋

楚子蔡侯次于厥貉公羊作屈貉

十有一年春楚子伐麇公羊麇作圈潁容作𪊨

潁容釋例云𪊨在當陽縣境

夏叔彭生會晉郤缺于承匡匡諸本誤作筐今從岳本訂正

服虔云叔仲惠伯史記集解按經文叔字下衍一仲字今從石經及淳化本削去與公穀亦合漢書志及水經注亦作叔彭生今攷衍仲字蓋因傳文而誤京相璠曰今陳留襄邑西三十里有故承匡城水經注郡國志同杜同此

秋曹伯來朝

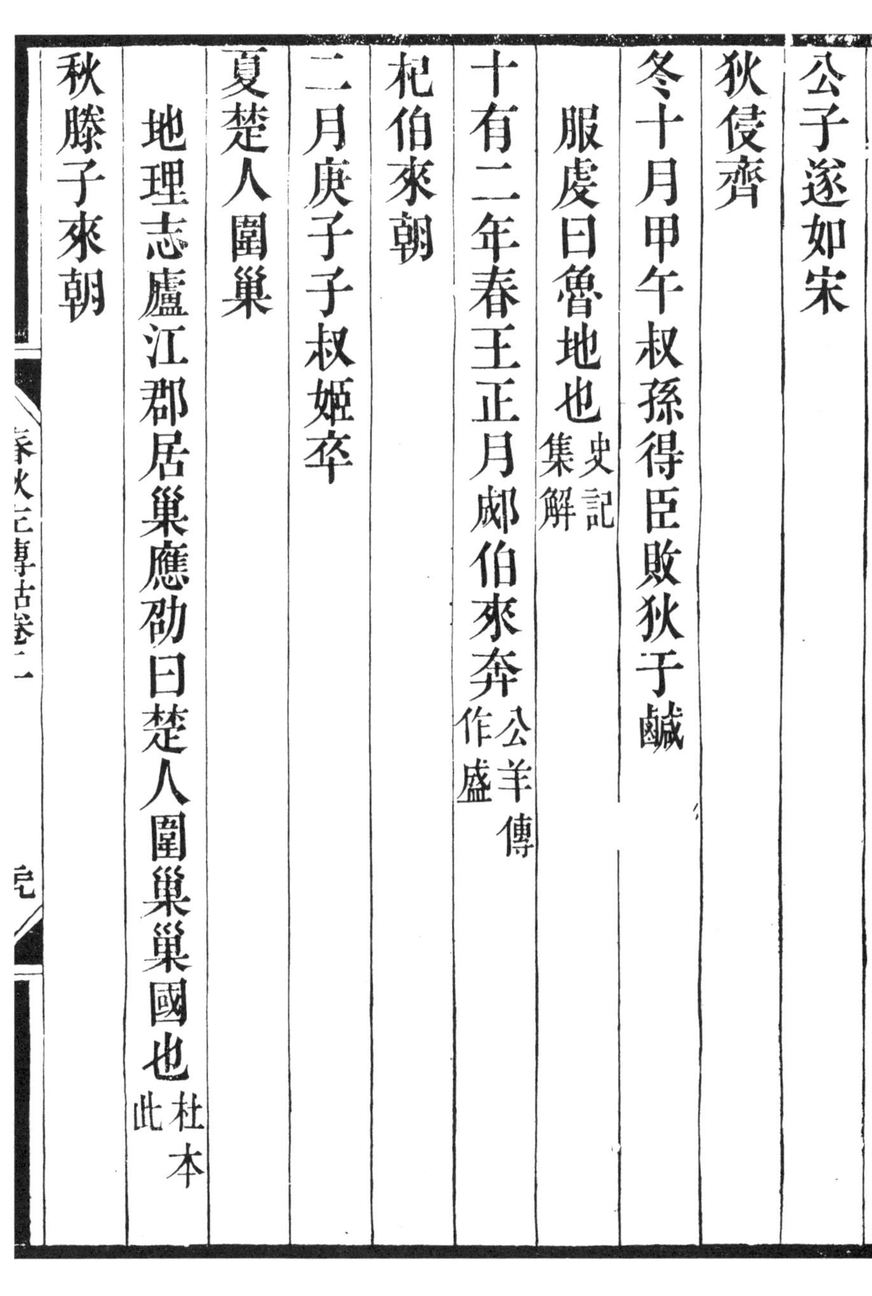

公子遂如宋

狄侵齊

冬十月甲午叔孫得臣敗狄于鹹

服虔曰魯地也史記集解

十有二年春王正月郕伯來奔公羊傳作盛

杞伯來朝

二月庚子子叔姬卒

夏楚人圍巢

地理志廬江郡居巢應劭曰楚人圍巢巢國也杜本此

秋滕子來朝

秦伯使術來聘公羊術作遂古字通

冬十有二月戊午晉人秦人戰于河曲

服虔云河曲晉地史記集解

季孫行父帥師城諸及鄆公羊鄆作運

地理志琅邪郡諸師古曰春秋城諸及鄆者郡國志琅

邪國東莞有鄆亭杜同此

十有三年春王正月

夏五月壬午陳侯朔卒

邾子蘧蒢卒公穀本皆作籧篨

自正月不雨至于秋七月

大室屋壞公羊作世室

賈服等皆以爲太廟之室也本疏服虔云太室太廟之上屋也北史傳

冬公如晉

衛侯會公于沓公羊無公字

狄侵衛

十有二月己丑公及晉侯盟

公還自晉公穀皆無公字

鄭伯會公于棐公羊作斐

按郡國志河南菀陵縣有棐林劉昭注左傳宣元年諸

侯會于棐林杜預曰縣東有林鄉杜春秋地名作林亭據此則棐即棐林或菀陵縣更有棐鄉矣

十有四年春王正月公至自晉

邾人伐我南鄙叔彭生帥師伐邾

夏五月乙亥齊侯潘卒

六月公會宋公陳侯衛侯鄭伯許男曹伯晉趙盾癸酉同盟于新城

郡國志梁國穀孰有新城杜同此道元云睢水又逕新城北即宋之新城亭也

秋七月有星孛入于北斗釋文引稽康孛音渤

何休公羊傳孛者何彗星也杜本此

公至自會

晉人納捷菑于邾弗克納公羊作接菑

按晉人左傳以爲趙盾公羊以爲郤缺穀梁以爲郤克

今攷郤克乃傳寫之誤

九月甲申公孫敖卒于齊

齊公子商人弑其君舍

宋子哀來奔

冬單伯如齊

齊人執單伯

齊人執子叔姬

服虔云子殺身執閔之故言子爲在室辭本疏

十有五年春季孫行父如晉

三月宋司馬華孫來盟

夏曹伯來朝

齊人歸公孫敖之喪

六月辛丑朔日有食之鼓用牲于社

單伯至自齊

晉郤缺帥師伐蔡戊申入蔡

秋齊人侵我西鄙諸本皆脫秋字今據宋本增入

季孫行父如晉

冬十有一月諸侯盟于扈

十有二月齊人來歸子叔姬

齊侯侵我西鄙遂伐曹入其郛

十有六年春季孫行父會齊侯于陽穀齊侯弗及盟（石經本脫春字後旁增）

夏五月公四不視朔

六月戊辰公子遂及齊侯盟于郪丘（公羊作菑丘穀梁作師丘）

惠棟曰今公羊作犀丘郪本有西音釋文是毛詩衡門曰可以棲遲前發碑作西遲此其證也

秋八月辛未夫人姜氏薨

毁泉臺

楚人秦人巴人滅庸

冬十有一月宋人弑其君杵臼公羊作處臼

十有七年春晉人衛人陳人鄭人伐宋

夏四月癸亥葬我小君聲姜公羊作聖姜

齊侯伐我西鄙

服虔以爲再來伐魯西鄙書北鄙不書諱仍見伐本疏

六月癸未公及齊侯盟于穀

諸侯會于扈

秋公至自穀

冬公子遂如齊

十有八年春王二月丁丑公薨于臺下

秦伯罃卒

夏五月戊戌齊人弒其君商人

六月癸酉葬我君文公

秋公子遂叔孫得臣如齊

冬十月子卒

夫人姜氏歸于齊

季孫行父如齊

莒弑其君庶其
劉賈許潁以爲君惡及國朝則稱國以弑君惡及國人則稱人以弑本疏

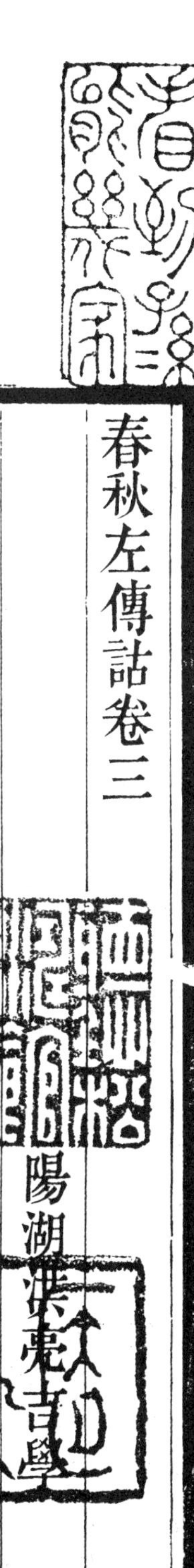

春秋左傳詁卷三

春秋經三

宣公

元年春王正月公卽位

公子遂如齊逆女三月遂以夫人婦姜至自齊

服虔曰古者一禮不備貞女不從故詩云雖速我訟亦不女從宣公旣以喪娶夫人從亦非禮故不稱氏見略賤之也本疏

夏季孫行父如齊

晉放其大夫胥甲父于衛

公會齊侯于平州

公子遂如齊

六月齊人取濟西田

秋邾子來朝別本子誤人今从宋本改正

楚子鄭人侵陳遂侵宋晉趙盾帥師救陳

服虔云趙盾既救陳而楚師侵宋趙盾欲救宋而楚師解去本疏

宋公陳侯衛侯曹伯會晉師于棐林伐鄭公羊作斐

冬晉趙穿帥師侵崇公羊崇作柳

晉人宋人伐鄭

二年春王二月壬子宋華元帥師及鄭公子歸生帥師戰于大棘宋師敗績獲宋華元

水經注大棘後其地爲楚莊所幷故圈稱曰大棘楚地也郡國志陳留郡己吾有大棘鄉 杜同此

秦師伐晉

夏晉人宋人衛人陳人侵鄭

秋九月乙丑晉趙盾弑其君夷皋 公羊作夷獋

冬十月乙亥天王崩

三年春王正月郊牛之口傷改卜牛牛死乃不郊猶三望

葬匡王

楚子伐陸渾之戎公羊作賁渾戎公穀戎上皆無之字

服虔云陸渾在洛西南史記集解

夏楚人侵鄭

秋赤狄侵齊

宋師圍曹

冬十月丙戌鄭伯蘭卒

葬鄭穆公

四年春王正月公及齊侯平莒及郯莒人不肯公伐莒取向

秦伯稻卒

夏六月乙酉鄭公子歸生弒其君夷

赤狄侵齊

秋公如齊

公至自齊

冬楚子伐鄭

五年春公如齊

夏公至自齊

秋九月齊高固來逆叔姬公羊作子叔姬

按以下經校之此亦當有子字疑傳寫時脫也

叔孫得臣卒

冬齊高固及子叔姬來

楚人伐鄭

六年春晉趙盾衛孫免侵陳

夏四月

秋八月螽

冬十月

七年春衛侯使孫良夫來盟

夏公會齊侯伐萊

地理志東萊郡黃按東萊即古萊子國也杜本此

秋公至自伐萊

大旱

冬公會晉侯宋公衛侯鄭伯曹伯于黑壤

八年春公至自會

夏六月公子遂如齊至黄乃復

辛巳有事于大廟仲遂卒于垂

地理志東萊郡腄㮇腄黄二縣皆齊地遂自黄復故卒于垂也腄垂同

壬午猶繹萬入去籥

爾雅繹陳也孫炎曰祭之明日尋繹復祭也杜本此

戊子夫人嬴氏薨公穀皆作熊氏

晉師白狄伐秦

楚人滅舒蓼穀梁作鄝

秋七月甲子日有食之既

冬十月已丑葬我小君敬嬴公穀皆作頃熊

雨不克葬庚寅日中而克葬

城平陽

地理志泰山郡東平陽杜本此

楚師伐陳

九年春王正月公如齊

公至自齊

夏仲孫蔑如京師

齊侯伐萊

秋取根牟

郡國志琅邪國陽都有牟臺杜同此

八月滕子卒

九月晉侯宋公衛侯鄭伯曹伯會于扈

晉荀林父帥師伐陳

辛酉晉侯黑臀卒于扈

冬十月癸酉衛侯鄭卒

宋人圍滕

楚子伐鄭

晉郤缺帥師救鄭

陳殺其大夫泄冶公穀本及家語大戴禮記史記漢書並作泄賈公彥周禮疏亦同今據改校此葢唐時避諱所改玉篇以洩同泄然玉篇亦唐宋人所增改非原本也下泄紲字皆同此

十年春公如齊

公至自齊

齊人歸我濟西田

夏四月丙辰日有食之

己巳齊侯元卒

齊崔氏出奔衛

公如齊

五月公至自齊

鄭賈許曰不書奔喪諱過也釋例

癸巳陳夏徵舒弒其君平國

六月宋師伐滕

公孫歸父如齊葬齊惠公

服虔云歸父襄仲之子史記集解

晉人宋人衛人曹人伐鄭

秋天王使王季子來聘

公孫歸父帥師伐邾取繹公羊作取蘱

地理志魯國騶繹山在北杜本此

大水

季孫行父如齊

冬公孫歸父如齊齊侯使國佐來聘

饑

楚子伐鄭

十有一年春王正月

夏楚子陳侯鄭伯盟于辰陵

京相璠曰潁川長平有故辰亭道元云此亭在長平城

西北而杜氏言東南謬桉杜蓋取京相璠之說至西北東南或傳寫之誤耳又辰陵穀梁作夷陵桉史記楚世家頃襄王二十一年秦將白起遂拔我郢燒先王墓夷陵索隱曰夷陵陵名後爲縣屬南郡夷辰聲相近京杜以長平縣辰亭當之不若从穀梁作夷陵爲諦也或疑較長平道稍回遠然桉夷陵今宜昌府治與當陽荆門緊接二邑所屬之宛城爲春秋時會盟之地何獨夷陵即以爲遠耶

公孫歸父會齊人伐莒

秋晉侯會狄于欑函

冬十月楚人殺陳夏徵舒

丁亥楚子入陳

納公孫寧儀行父于陳

賈逵云二子不繫之陳絕于陳也惡其與君淫故絕之善楚有禮也本疏又賈氏依放穀梁云稱納者內難之辭釋例按左氏之意賈爲得之杜說非也

十有二年春葬陳靈公

楚子圍鄭

夏六月乙卯晉荀林父帥師及楚子戰于邲晉師敗績

說文邲晉邑也春秋傳曰晉楚戰于邲按公羊傳獨以

爲郯水今考水經注濟水于此又兼郯目春秋宣公十二年晉楚之戰楚軍于郯即是水也音卞據此則郯有卞音可補陸氏之鈌道元又引京相璠曰郯在敖北

秋七月

冬十有二月戊寅楚子滅蕭

地理志沛郡蕭故蕭叔國宋別封附庸也

晉人宋人衛人曹人同盟于清丘

賈氏許氏曰盟載詳者日月備易者日月略釋例京相璠曰今東郡僕陽縣東南三十里水經注郡國志東郡濮陽有清丘杜同此

宋師伐陳衛人救陳

十有三年春齊師伐莒公羊作伐衛

夏楚子伐宋

秋螽

冬晉殺其大夫先縠縠梁作縠陸氏縠梁音義曰一本作縠

十有四年春衛殺其大夫孔達

夏五月壬申曹伯壽卒

晉侯伐鄭

秋九月楚子圍宋

葬曹文公

冬公孫歸父會齊侯于穀

十有五年春公孫歸父會楚子于宋

夏五月宋人及楚人平

賈逵云稱人衆辭善其與衆同欲本疏

六月癸卯晉師滅赤狄潞氏以潞子嬰兒歸漢書作路劉寬碑陰同

秦人伐晉

王札子殺召伯毛伯

秋螽

仲孫蔑會齊高固于無婁公羊作牟婁

初稅畝

冬螽生

釋文云劉歆曰蚍蜉子也董仲舒曰蝗子說文螽復陶也劉歆說螽蚍蜉子桉賈義或同杜注用李巡說

饑

十有六年春王正月晉人滅赤狄甲氏及留吁

夏成周宣榭火北宋公羊本作謝桉釋文榭本又作謝公羊火皆作災

服虔曰宣揚威武之處惠棟曰周邾敦銘云王格于宣射古文榭字作射劉逵注吳都賦引國語曰射不過講軍實今本作榭知射即榭也說文無榭字後人妄增

秋郯伯姬來歸

冬大有年

說文秊穀孰也从禾千聲春秋傳曰大有秊孔廟碑亦

作秊

十有七年春王正月庚子許男錫我卒

丁未蔡侯申卒

夏葬許昭公

葬蔡文公

六月癸卯日有食之

己未公會晉侯衛侯曹伯邾子同盟于斷道

秋公至自會

冬十有一月壬午公弟叔肸卒

十有八年春晉侯衛世子臧伐齊

公伐杞

夏四月

秋七月邾人戕鄫子于鄫穀梁作繒

賈逵云使大夫往殘賊之本疏杜取此

甲戌楚子旅卒穀梁作呂史記年表世家並作侶

公孫歸父如晉

冬十月壬戌公薨于路寢

歸父還自晉至笙遂奔齊公穀皆作檉釋文笙本又作檉又作朾

成公

元年春王正月公卽位

二月辛酉葬我君宣公

無氷

三月作丘甲

服虔云司馬法云四邑爲丘有戎馬一匹牛三頭是曰匹馬丘牛四丘爲甸甸六十四井出長轂一乘馬四匹牛十二頭甲士三人步卒七十二人戈楯具備爲之乘馬詩疏又云司馬法九夫爲井四井爲邑四邑爲丘馬一匹牛三頭四丘爲甸出轂一乘甲士三人步卒七十二

人馬四匹牛十二頭禮記疏杜取此

夏臧孫許及晉侯盟于赤棘

秋王師敗績于茅戎公穀皆作貿戎晉敗之五行志云晉敗天子之師于貿戎劉向傳同

冬十月范寗穀梁注疑冬十月下脱季孫行父如齊六字

二年春齊侯伐我北鄙

夏四月丙戌衛孫良夫帥師及齊師戰于新築衛師敗績

六月癸酉季孫行父臧孫許叔孫僑如公孫嬰齊帥師會晉郤克衛孫良夫曹公子首及齊侯戰于鞌齊師敗績公穀皆作曹公子手公羊音義云一本作午

秋七月齊侯使國佐如師己酉及國佐盟于袁婁公穀作爰婁

八月壬午宋公鮑卒

庚寅衛侯遬卒公羊作遬

取汶陽田

冬楚師鄭師侵衛

十有一月公會楚公子嬰齊于蜀

丙申公及楚人秦人宋人陳人衛人鄭人齊人曹人邾人薛人鄫人盟于蜀

三年春王正月公會晉侯宋公衛侯曹伯伐鄭

賈服皆云宋公衛侯先君未葬而稱爵譏其不稱子禮記疏校疏作

十三年

辛亥葬衛穆公公羊作繆

二月公至自伐鄭

甲子新宫災三日哭

乙亥葬宋文公

夏公如晉

鄭公子去疾帥師伐許公羊作率師下同

公至自晉

秋叔孫僑如帥師圍棘

大雩

晉郤克衛孫良夫伐廧咎如公羊廧作將穀梁作牆

冬十有一月晉侯使荀庚來聘

衛侯使孫良夫來聘

丙午及荀庚盟丁未及孫良夫盟

鄭伐許

賈逵云鄭小國與大國爭諸侯仍伐許不稱將帥夷狄之剌無知也本疏

四年春宋公使華元來聘

三月壬申鄭伯堅卒

陸氏公羊音義曰伯堅何休解曰左氏作堅字穀梁作賢字今定本作堅字惠士奇曰棪說文臤古文賢字漢

校官碑曰優臤之寵今文尚書大誓曰優臤揚歷是古
皆以臤爲賢今桉惠說是釋文作古刃反誤又玉篇堅
又作鉅云古千古兩二切今考說文臤緊同部疑鉅字
又从緊字傳寫而譌云古兩切亦非也

杞伯來朝

夏四月甲寅臧孫許卒

公如晉

葬鄭襄公

秋公至自晉

冬城鄆

鄭伯伐許

五年春王正月杞叔姬來歸

仲孫蔑如宋

夏叔孫僑如會晉荀首于穀公羊作荀秀

梁山崩

穀梁傳梁山崩遏河三日不流桉水經注亦同

秋大水

冬十有一月己酉天王崩

十有二月己丑公會晉侯齊侯宋公衛侯鄭伯曹伯邾子杞伯同盟于蟲牢春秋繁露蟲作蠱

郡國志陳留郡封丘有桐牢亭或曰古蟲牢杜同此

六年春王正月公至自會

二月辛巳立武宮

服虔云鞌之戰禱武宮以求勝故立其宮本疏

取鄟

棪玉篇字書並云鄟邾婁邑杜云魯附庸恐誤

衛孫良夫帥師侵宋

夏六月邾子來朝

公孫嬰齊如晉

壬申鄭伯費卒史記世家費作濆索隱曰濆音秘鄒本一作沸一作弗

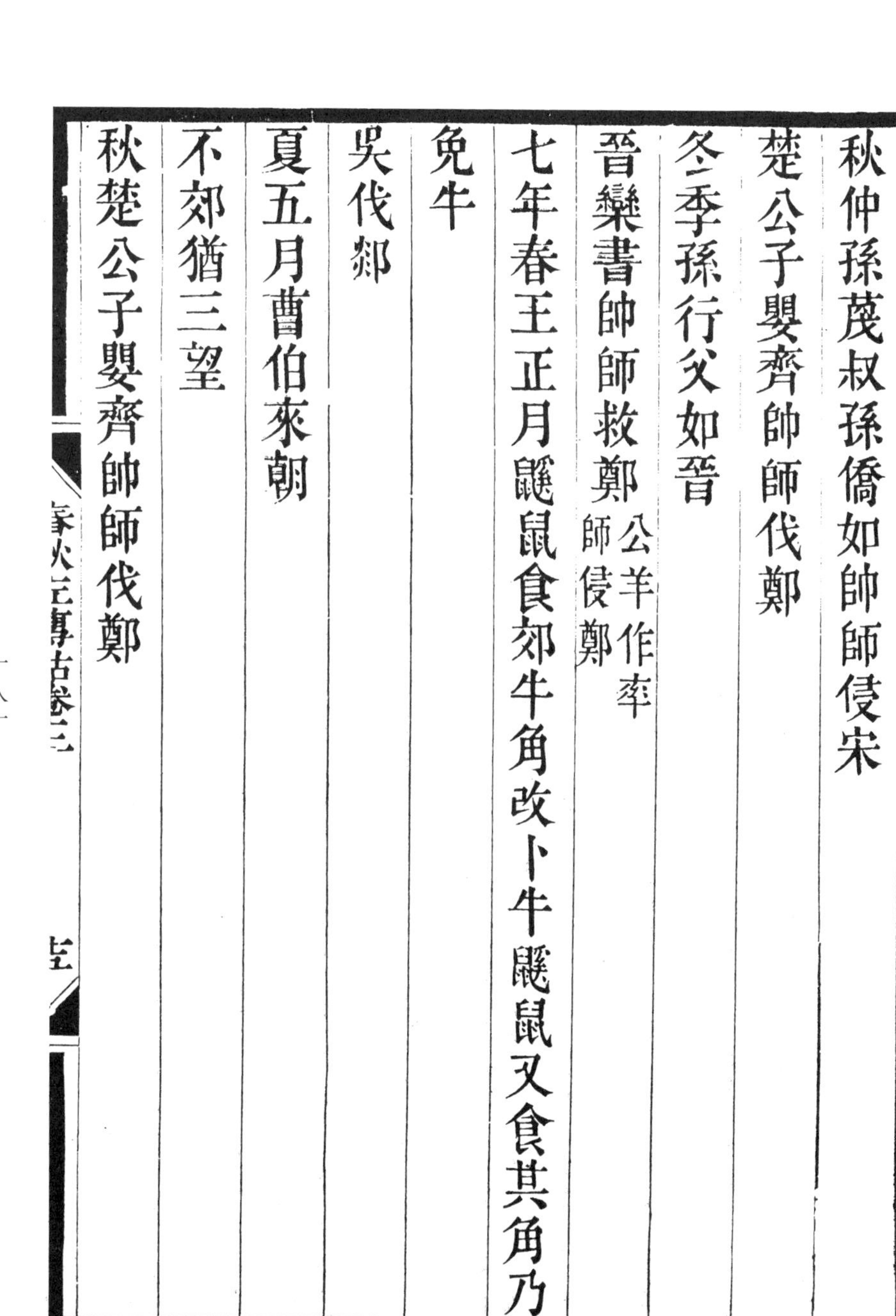

秋仲孫蔑叔孫僑如帥師侵宋

楚公子嬰齊帥師伐鄭

冬季孫行父如晉

晉欒書帥師救鄭公羊作率師侵鄭

七年春王正月鼷鼠食郊牛角改卜牛鼷鼠又食其角乃

免牛

吳伐郯

夏五月曹伯來朝

不郊猶三望

秋楚公子嬰齊帥師伐鄭

公會晉侯齊侯宋公衛侯曹伯莒子邾子杞伯救鄭八月

戊辰同盟于馬陵

史記魏世家太子與齊人戰敗于馬陵徐廣曰在元城

公至自會

吳入州來

地理志沛郡下蔡故州來國杜本此

冬大雩

衛孫林父出奔晉

八年春晉侯使韓穿來言汶陽之田歸之于齊

晉欒書帥師侵蔡

公孫嬰齊如莒

宋公使華元來聘

夏宋公使公孫壽來納幣

服虔云不稱主人母命不通故稱使婦人無外事儀禮疏

晉殺其大夫趙同趙括

秋七月天子使召伯來賜公命公穀皆作錫曲禮孔疏引經作來錫公命

賈逵云諸夏稱天王畿内稱王夷狄曰天子王使榮叔歸含且賵以恩深加禮妾母恩同畿内故稱王成公八年乃得賜命與夷狄同故稱天子本疏服虔曰夷狄曰天子禮記疏

冬十月癸卯杞叔姬卒

晉侯使士燮來聘

叔孫僑如會晉士燮齊人邾人伐郯

衛人來媵

九年春王正月杞伯來逆叔姬之喪以歸

公會晉侯齊侯宋公衛侯鄭伯曹伯莒子杞伯同盟于蒲

郡國志陳畱郡長垣有蒲城杜同此

公至自會

二月伯姬歸于宋

夏季孫行父如宋致女

服虔云謂成婚禮記疏

晉人來媵

秋七月丙子齊侯無野卒

晉人執鄭伯

晉欒書帥師伐鄭

冬十有一月葬齊頃公

楚公子嬰齊帥師伐莒庚申莒潰

楚人入鄆

秦人白狄伐晉

鄭人圍許

城中城

十年春衛侯之弟黑背帥師侵鄭公羊帥作率

夏四月五卜郊不從乃不郊

五月公會晉侯齊侯宋公衛侯曹伯伐鄭

齊人來媵

丙午晉侯獳卒

秋七月公如晉

冬十月

棪禮記中庸疏成十年不書冬十月此有者當是後人增入今棪公羊經文無此三字

十有一年春王三月公至自晉

晉侯使郤犨來聘己丑及郤犨盟公羊作郤州下同

服虔以爲郤犨郤克從祖昆弟桉杜注則云從父兄今考世本郤豹生冀芮及義芮生缺義生步揚缺生克揚生州州卽犨據此則犨與克共曾祖故服云從祖昆弟杜改云從父誤矣

夏季孫行父如晉

秋叔孫僑如如齊

冬十月

十有二年春周公出奔晉

夏公會晉侯衛侯于瑣澤釋文云瑣澤校石經及諸本並作瑣澤公羊作沙澤

秋晉人敗狄于交剛

冬十月

十有三年春晉侯使郤錡來乞師

三月公如京師

夏五月公自京師遂會晉侯齊侯宋公衛侯鄭伯曹伯邾人滕人伐秦

賈氏以晉直秦曲無辭不得敵有辭故不書戰釋文

曹伯盧卒于師公穀皆作廬史記作彊

秋七月公至自伐秦

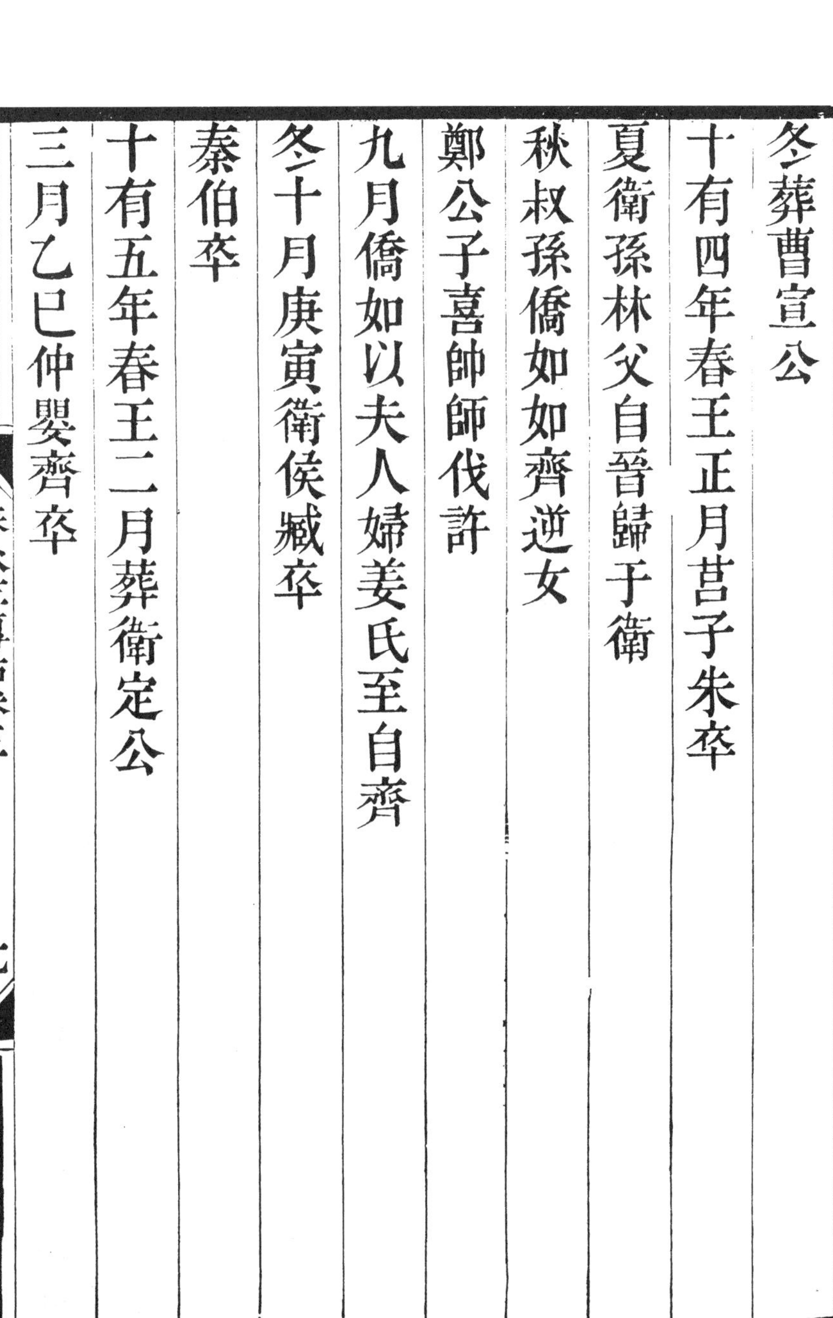

冬葬曹宣公

十有四年春王正月莒子朱卒

夏衛孫林父自晉歸于衛

秋叔孫僑如如齊逆女

鄭公子喜帥師伐許

九月僑如以夫人婦姜氏至自齊

冬十月庚寅衛侯臧卒

秦伯卒

十有五年春王二月葬衛定公

三月乙巳仲嬰齊卒

癸丑公會晉侯衛侯鄭伯曹伯宋世子成齊國佐邾人同盟于戚公羊戚作戍

晉侯執曹伯歸于京師公羊歸下有之字

公至自會

夏六月宋公固卒

楚子伐鄭

秋八月庚辰葬宋共公

宋華元出奔晉宋華元自晉歸于宋

宋殺其大夫山

宋魚石出奔楚

冬十有一月叔孫僑如會晉士燮齊高無咎宋華元衛孫林父鄭公子鰌邾人會吳于鍾離

許遷于葉

十有六年春王正月雨木氷

夏四月辛未滕子卒

鄭公子喜帥師侵宋

六月丙寅朔日有食之

晉侯使欒黶來乞師

甲午晦晉侯及楚子鄭伯戰于鄢陵楚子鄭師敗績

服虔云鄢陵鄭之東南地也史記集解地理志潁川郡鄢陵

五行志晉有隱陵之戰鄢作隱此杜本 梭晉楚戰之鄢陵
與克段之鄢本屬兩地杜注失于彼而得于此若劉昭
注司馬彪志合兩地爲一非也
楚殺其大夫公子側
秋公會晉侯齊侯衛侯宋華元邾人于沙隨不見公
鄎道元云泒水又東逕寧陵縣之沙陽亭故沙隨國矣
公至自會
公會尹子晉侯齊國佐邾人伐鄭
曹伯歸自京師
九月晉人執季孫行父舍之于苕丘公羊作招丘

賈氏以爲書孰行父舍于苕丘言失其所不書至者刺晉聽讒執之是已無罪也本疏

冬十月乙亥叔孫僑如出奔齊五行志作喬如

十有二月乙丑季孫行父及晉郤犨盟于扈

公至自會

乙酉刺公子偃

十有七年春衛北宮括帥師侵鄭公羊作北宮結

夏公會尹子單子晉侯齊侯宋公衛侯曹伯邾人伐鄭

六月乙酉同盟于柯陵淮南人間訓作嘉陵柯嘉音同

秋公至自會

齊高無咎出奔莒

九月辛丑用郊

賈逵以二傳爲說諸書用者不宜用也本疏劉賈以爲諸言用皆不宜用反于禮者也同上棪賈義本二傳較杜注爲長

晉侯使荀罃來乞師

冬公會單子晉侯宋公衛侯曹伯齊人邾人伐鄭

十有一月公至自伐鄭

壬申公孫嬰齊卒于貍脤公羊作貍軫穀梁作貍蜃

杜稱舊說云壬申十月十五日貍脤魯地也本疏

十有二月丁巳朔日有食之

邾子貜且卒

晉殺其大夫郤錡郤犨郤至

楚人滅舒庸

十有八年春王正月晉殺其大夫胥童

晉語作胥之昧韋昭注胥之昧胥童也桉晉語童昏不可使謀是童有昧義故胥童字之昧也

庚申晉弑其君州蒲

齊殺其大夫國佐

公如晉

夏楚子鄭伯伐宋宋魚石復入于彭城

地理志楚國彭城杜本此

公至自晉

晉侯使士匄來聘

秋杞伯來朝

八月邾子來朝

築鹿囿

己丑公薨于路寢

冬楚人鄭人侵宋

晉侯使士魴來乞師公羊作士彭何休解云考諸正本皆作士魴字若作士彭者誤矣

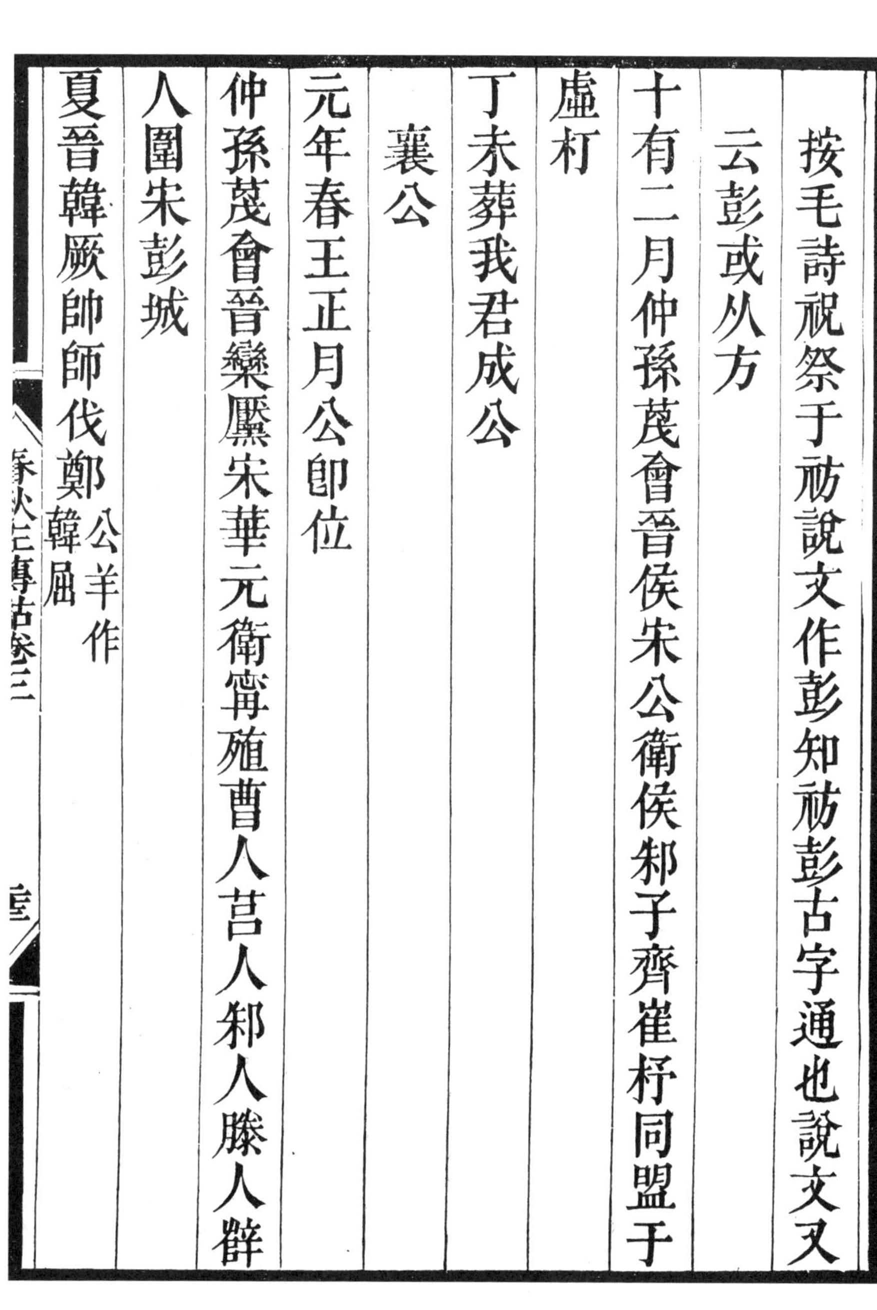

按毛詩祊祭于祊說文作彭知祊彭古字通也說文又云彭或从方

十有二月仲孫蔑會晉侯宋公衛侯邾子齊崔杼同盟于虛朾

丁未葬我君成公

襄公

元年春王正月公即位

仲孫蔑會晉欒黶宋華元衛甯殖曹人莒人邾人滕人薛人圍宋彭城

夏晉韓厥帥師伐鄭公羊作韓屈

仲孫蔑會齊崔杼曹人邾人杞人次于鄫公羊鄫作合

秋楚公子壬夫帥師侵宋古今人表作任夫顏師古匡謬正俗以爲當作王夫誤

九月辛酉天王崩

邾子來朝

冬衛侯使公孫剽來聘

晉侯使荀罃來聘

二年春王正月葬簡王

鄭師伐宋

夏五月庚寅夫人姜氏薨

六月庚辰鄭伯睔卒

說文睔目大也春秋傳鄭伯睔古今人表作綸

晉師宋師衛甯殖侵鄭

秋七月仲孫蔑會晉荀罃宋華元衛孫林父曹人邾人于戚

己丑葬我小君齊姜

叔孫豹如宋

冬仲孫蔑會晉荀罃齊崔杼宋華元衛孫林父曹人邾人滕人薛人小邾人于戚遂城虎牢

楚殺其大夫公子申

三年春楚公子嬰齊帥師伐吴

公如晉

夏四月壬戌公及晉侯盟于長樗

公至自晉

六月公會單子晉侯宋公衛侯鄭伯莒子邾子齊世子光

己未同盟于雞澤

郡國志魏郡曲梁侯國有雞澤杜同此

陳侯使袁僑如會

戊寅叔孫豹及諸侯之大夫及陳袁僑盟

秋公至自會

冬晉荀罃帥師伐許

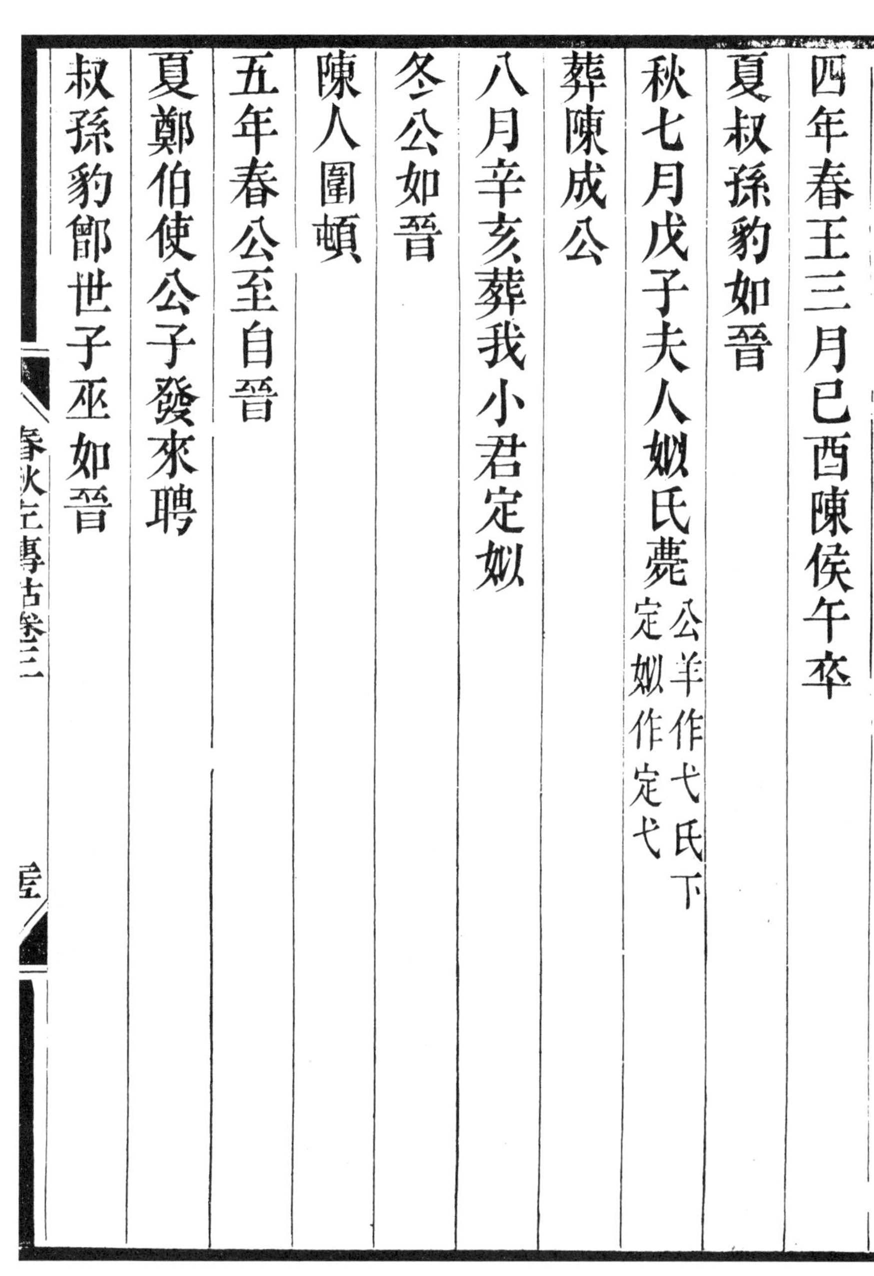

四年春王三月己酉陳侯午卒

夏叔孫豹如晉

秋七月戊子夫人姒氏薨公羊作弋氏下定姒作定弋

葬陳成公

八月辛亥葬我小君定姒

冬公如晉

陳人圍頓

五年春公至自晉

夏鄭伯使公子發來聘

叔孫豹鄫世子巫如晉

仲別本誤作叔孫蔑衛孫林父會吳于善道公穀皆作善稻

御覽引南兗州記盱眙本春秋時善道也

秋大雩

楚殺其大夫公子壬夫

公會晉侯宋公陳侯衛侯鄭伯曹伯莒子邾子滕子薛伯齊世子光吳人鄫人于戚

公至自會

冬戍陳

楚公子貞帥師伐陳公會晉侯宋公衛侯鄭伯曹伯齊世子光救陳十有二月公至自救陳公穀曹伯下有莒子邾子公羊作邾婁子滕子

伯辥

辛未季孫行父卒

六年春王三月壬午杞伯姑容卒

夏宋華弱來奔

秋葬杞桓公

滕子來朝

莒人滅鄫

冬叔孫豹如邾

季孫宿如晉外傳作夙檀弓鄭注亦同

十有二月齊侯滅萊

七年春郯子來朝

夏四月三卜郊不從乃免牲

小邾子來朝

城費

秋季孫宿如衛

八月螽公羊作蝝

冬十月衛侯使孫林父來聘壬戌及孫林父盟

楚公子貞帥師圍陳

十有二月公會晉侯宋公陳侯衛侯曹伯莒子邾子于鄬

玉篇鄬字注引春秋及杜注云亦作為餘詳見傳文下

鄭伯髡頑如會未見諸侯丙戌卒于鄵公穀髡頑皆作髡原鄵皆作操

玉篇鄵鄭地左氏傳曰鄭伯卒于鄵

陳侯逃歸

八年春王正月公如晉

夏葬鄭僖公

鄭人侵蔡獲蔡公子燮穀梁作公子溼陸氏穀梁音義曰溼本又作隰又音燮二十年同左氏作燮

季孫宿會晉侯鄭伯齊人宋人衛人邾人于邢丘

公至自晉

莒人伐我東鄙

秋九月大雩
冬楚公子貞帥師伐鄭
晉侯使士匄來聘
九年春宋災宋火公羊作
夏季孫宿如晉
五月辛酉夫人姜氏薨
秋八月癸未葬我小君穆姜繆姜公羊作
冬公會晉侯宋公衛侯曹伯莒子邾子滕子薛伯杞伯小邾子齊世子光伐鄭十有二月己亥同盟于戲
楚子伐鄭

十年春公會晉侯宋公衛侯曹伯莒子邾子滕子薛伯杞伯小邾子齊世子光會吳于柤

水經注柤作𢿱校說文𢿱沛國縣漢書地理志作𨟴應劭曰音嗟師古曰此縣本爲𢿱應音是也中古以來借𨟴字爲之耳讀皆爲𢿱今考𢿱春秋時爲楚地昭四年吳伐楚入棘杜注𨟴縣東北有棘亭是也哀六年經叔還會吳于柤亦是此地葢是地近吳故皆就近會之耳惠士奇云柤乃宋地非楚地晉楚方爭而與諸侯會于其地必無是理惠楝又引京相璠曰柤宋地今彭城偪陽縣西北有泹水溝去偪陽八十里司馬彪郡國志云

彭城傅陽縣有沮水今按京相璠土地名葢因下傳偪陽生文故以柤水當之究不若鄫縣爲得其實也至云晉楚方爭不當與諸侯會其地定四年傳劉文公合諸侯于召陵謀伐楚也謀伐楚國尚會于其地則此會更何嫌乎尤可証者柤會之前先會于鍾離鍾離即楚地則惠說又不待辯矣又按昭六年傳鄭伯勞楚公子棄疾于柤當亦此地鄭畏楚强又知當取道于鄭故出境勞之耳杜注云鄭地葢亦約畧之詞惟此年經下注云楚地則較京相璠說爲得耳道元亦云柤水出自楚之柤地亦一證也

夏五月甲午遂滅偪陽

地理志楚國傅陽故偪陽國莽曰輔陽師古曰偪音福左傳所謂偪陽妘姓者也按古今人表有福陽子注云妘姓師古曰卽偪陽釋文徐仙民曰甫目反是矣偪福傅輔音之轉耳

公至自會

楚公子貞鄭公孫輒帥師伐宋

晉師伐秦

秋莒人伐我東鄙

公會晉侯宋公衛侯曹伯莒子邾子齊世子光滕子薛伯

杞伯小邾子伐鄭

冬盜殺鄭公子騑公子發公孫輒公穀騑皆作斐

戍鄭虎牢

楚公子貞帥師救鄭

公至自伐鄭

十有一年春王正月作三軍

夏四月四卜郊不從乃不郊

鄭公孫舍之帥師侵宋

公會晉侯宋公衛侯曹伯齊世子光莒子邾子滕子薛伯

杞伯小邾子伐鄭

秋七月己未同盟于亳城北（公穀皆作京城北公羊疏云穀梁與此同左氏經作亳城北服氏之經亦作京城北乃與此傳同之也）

惠棟云亳城當从服氏作京城京城鄭地在滎陽隱元年謂之京城是也今桉此當以字近而誤

公至自伐鄭

楚子鄭伯伐宋

公會晉侯宋公衛侯曹伯齊世子光莒子邾子滕子薛伯杞伯小邾子伐鄭

會于蕭魚

公至自會

楚人執鄭行人良霄

冬，秦人伐晉

十有二年春王三月，莒人伐我東鄙，圍台，季孫宿帥師救台，遂入鄆穀梁台作邰，下同

夏，晉侯使士魴來聘

秋九月，吳子乘卒

冬，楚公子貞帥師侵宋

公如晉

十有三年春，公至自晉

夏，取邿公羊傳邿作詩，水經注同

說文郙附庸國在東平亢父郙亭春秋傳曰取郙杜本此

秋九月庚辰楚子審卒

按楚語莊王使士亹傅太子葴韋昭曰葴恭王名今左傳作審史記同審與葴音之轉也

冬城防

十有四年春王正月季孫宿叔老會晉士匄齊人宋人衛人鄭公孫蠆曹人莒人邾人滕人薛人杞人小邾人會吳于向公羊蠆作囆下同

二月乙未朔日有食之

夏四月叔孫豹會晉荀偃齊人宋人衛北宮括鄭公孫蠆

曹人莒人邾人滕人薛人杞人小邾人伐秦公羊作北宮結

己未衛侯出奔齊公羊作衛侯衎

不修春秋云孫林父甯殖出其君仲尼修之曰衛侯衎出奔齊本疏二十年　惠棟云臣逐君不可以訓猶名君也杜注謬諸侯失國名公穀皆有衎字左傳脫也今按穀梁本亦無衎字惠氏誤記

莒人侵我東鄙

秋楚公子貞帥師伐吳

冬季孫宿會晉士匄宋華閱衛孫林父鄭公孫蠆莒人邾人于戚

十有五年春宋公使向戌來聘二月己亥及向戌盟于劉

劉夏逆王后于齊

夏齊侯伐我北鄙圍成公救成至遇

季孫宿叔孫豹帥師城成郛

秋八月丁巳日有食之

隋志云推合丁巳朔

邾人伐我南鄙

冬十有一月癸亥晉侯周卒　公羊釋文云周一本作雕

十有六年春王正月葬晉悼公

三月公會晉侯宋公衛侯鄭伯曹伯莒子邾子薛伯杞伯

小邾子于溴梁陸氏公羊音義云臭本作溴案今公羊本亦作溴陸氏所見或古本也

郡國志河內郡軹有溴梁杜同此

戊寅大夫盟

賈服皆以爲惡大夫專而君失權本疏

晉人執莒子邾子以歸

齊侯伐我北鄙

夏公至自會

五月甲子地震

叔老會鄭伯晉荀偃衛寗殖宋人伐許

秋齊侯伐我北鄙圍郕公穀皆作成

大雩

冬叔孫豹如晉

十有七年春王二月庚午邾子牼卒公穀牼皆作瞷

按孟子宋牼荀卿子作宋鈃此牼作瞷亦以音同而轉

宋人伐陳

夏衛石買帥師伐曹

秋齊侯伐我北鄙圍桃公羊作洮

按此卽昭七年傳季孫與孟氏之桃桃近成邑當在今

兗州府寧陽縣左近

高厚帥師伐我北鄙圍防公穀皆作齊高厚疑左氏經脫齊字

九月大雩
宋華臣出奔陳
冬邾人伐我南鄙
十有八年春白狄來
夏晉人執衞行人石買
秋齊師伐我北鄙穀梁作齊侯
冬十月公會晉侯宋公衞侯鄭伯曹伯莒子邾子滕子薛
伯杞伯小邾子同圍齊
曹伯負芻卒于師
楚公子午帥師伐鄭

十有九年春王正月諸侯盟于祝柯公羊作祝阿水經注引左傳亦作祝阿

地理志平原郡祝阿杜本此

晉人執邾子

公至自伐齊

賈逵曰圍齊而致伐以策伐勳也本疏

取邾田自漷水

說文漷水在魯京相璠曰䢸縣漷水首受蕃縣西注山陽湖陸水經注

季孫宿如晉

葬曹成公

夏衛孫林父帥師伐齊

秋七月辛卯齊侯環卒公羊環作瑗

晉士匄帥師侵齊至穀聞齊侯卒乃還白虎通引匄作丐還作旋

八月丙辰仲孫蔑卒

齊殺其大夫高厚

鄭殺其大夫公子嘉公羊嘉作喜

冬葬齊靈公

城西郛

叔孫豹會晉士匄于柯

城武城

京相璠曰今泰山南武城縣有澹臺子羽冢縣人也水經注杜同此

二十年春王正月辛亥仲孫速會莒人盟于向

夏六月庚申公會晉侯齊侯宋公衛侯鄭伯曹伯莒子邾子滕子薛伯杞伯小邾子盟于澶淵

張晏曰繁陽縣有繁淵春秋襄二十年經書盟于澶淵即繁淵也水經注杜本此應邵漢書注繁陽在繁水之陽按繁陽晉屬頓丘郡

秋公至自會

仲孫速帥師伐邾

蔡殺其大夫公子燮穀梁燮作溼

蔡公子履出奔楚

陳侯之弟黃出奔楚公穀黃皆作光

賈逵以爲稱名罪其逼本疏按杜注稱弟明無罪也正義申杜云杜以鄭段有罪去弟以罪段今此存弟非是罪黃之文言此以排賈氏也今考春秋兼罪鄭莊故段不稱弟觀傳文如二君之言自明此傳于陳侯無譏不當引此例又襄三十年天王殺其弟佞夫釋例曰佞夫稱弟不聞反謀也鄭段去弟身爲謀首也佞夫以不聞反謀尚得稱弟今賈義雖罪公子黃不過罪其逼究非鄭

段身爲謀首可比則稱弟而罪之義固兩不相妨杜注

及正義蓋非也

叔老如齊

冬十月丙辰朔日有食之

季孫宿如宋

春秋左傳詁卷四

陽湖洪亮吉學

春秋經四

襄公

二十有一年春王正月公如晉

賈逵云此年仲尼生哀十六年夏四月己丑卒七十二年三十六年本疏公羊于經文後書十有一月庚子孔子生穀梁無十有一月四字

邾庶其以漆閭丘來奔

劉賈說三叛人以地來奔不書叛謂不能專也二十六年本疏

郡國志山陽郡有漆亭有閭丘亭杜同此按水經注洙水下引從征記曰杜謂顯閭閭丘也今按漆鄉在縣東北漆鄉東北十里見有閭丘鄉顯閭非也應劭十三州記亦云漆鄉邾邑見泗水下

夏公至自晉穀梁作至自會

按公如晉後未嘗有會當以左氏及公羊爲長

秋晉欒盈出奔楚

九月庚戌朔日有食之

冬十月庚辰朔日有食之

曹伯來朝

公會晉侯齊侯宋公衛侯鄭伯曹伯莒子邾子于商任

二十有二年春王正月公至自會

夏四月

秋七月辛酉叔老卒

冬公會晉侯齊侯宋公衛侯鄭伯曹伯莒子邾子薛伯杞伯小邾子于沙隨公至自會公穀薛伯上皆有滕子二字疑左氏經脱去

楚殺其大夫公子追舒

二十有三年春王二月癸酉朔日有食之

三月己巳杞伯匄卒

夏邾畀我來奔石經作卑我宋本亦同按二十一年庶其非卿也正義引作邾卑我昭二十年經曹

公孫會自鄸出奔宋昭二十七年經邾快來奔正義皆引作卑是卑昇二字音同字近公羊作鼻陸氏音義曰二傳作昇我石經穀梁作卑我鼻昇亦音同左穀以鼻爲昇或古文省

賈逵以爲庶其之黨同有竊邑叛君之罪本疏按以昇我爲庶其之黨賈必有據劉炫譏之非是

葬杞孝公

陳殺其大夫慶虎及慶寅

陳侯之弟黃自楚歸于陳

晉欒盈復入于晉入于曲沃

秋齊侯伐衛遂伐晉

八月叔孫豹帥師救晉次于雍楡公穀皆作雍喩外傳作雝俞水經注引作淇水

又東北流逕雍
榆城城字疑衍
己卯仲孫速卒
冬十月乙亥臧孫紇出奔邾
晉人殺欒盈
齊侯襲莒
二十有四年春叔孫豹如晉
仲孫羯帥師侵齊公羊釋文云仲孫偈本作𥜽亦作羯同居謁反按公羊石經及諸刻本並作羯
刻本多改竄釋文本字不可不察
夏楚子伐吳
秋七月甲子朔日有食之既

齊崔杼帥師伐莒

大水

八月癸巳朔日有食之

公會晉侯宋公衛侯鄭伯曹伯莒子邾子滕子薛伯杞伯小邾子于夷儀公羊作陳儀五行志同下經同

冬楚子蔡侯陳侯許男伐鄭

公至自會

陳鍼宜咎出奔楚按昭四年傳作葴君宜臼公羊釋文作咸其廉反今考公羊石經及諸刻本並作鍼

叔孫豹如京師

大饑

二十有五年春齊崔杼帥師伐我北鄙

夏五月乙亥齊崔杼弑其君光

公會晉侯宋公衛侯鄭伯曹伯莒子邾子滕子薛伯杞伯小邾子于夷儀

六月壬子鄭公孫舍之帥師入陳

秋八月己巳諸侯同盟于重丘

地理志平原郡重丘按郡國志無重丘縣蓋建武時所省應劭曰安德縣北五十里有重丘鄉故縣也水經注

公至自會

衛侯入于夷儀

楚屈建帥師滅舒鳩

冬鄭公孫夏帥師伐陳公羊作公孫蠆

十有二月吳子遏伐楚門于巢卒公穀皆作吳子謁

地理志廬江郡居巢應劭曰春秋楚人圍巢巢國也

二十有六年春王二月辛卯衛甯喜弒其君剽

衛孫林父入于戚以叛

甲午衛侯衎復歸于衛陸氏穀梁音義曰衎一本作衍

夏晉侯使荀吳來聘

公會晉人鄭良霄宋人曹人于澶淵

秋宋公殺其世子痤 穀梁作座

晉人執衛甯喜

八月壬午許男甯卒于楚

冬楚子蔡侯陳侯伐鄭

葬許靈公

二十有七年春齊侯使慶封來聘

夏叔孫豹會晉趙武楚屈建蔡公孫歸生衛石惡陳孔奐

鄭良霄許人曹人于宋 公羊作孔瑗

衛殺其大夫甯喜

衛侯之弟鱄出奔晉 穀梁作專

陸賈新語明誡篇春秋書衛侯之弟鱄出奔晉書鱄絶骨肉之親弃大夫之位越先人之境附他人之域窮涉寒饑織履而食不明之效也與三傳説並不同

秋七月辛巳豹及諸侯之大夫盟于宋

膏肓難左氏云叔孫喬如舍族爲尊夫人按襄二十七年豹及諸侯之大夫盟復何所尊而亦舍族春秋之例一事再見者亦从省文耳左氏爲短鄭箴曰左氏以豹違命故貶之而去族成十五年本疏

冬十有二月乙亥朔日有食之

二十有八年春無冰

夏衛石惡出奔晉

邾子來朝

秋八月大雩

仲孫羯如晉

冬齊慶封來奔

十有一月公如楚

十有二月甲寅天王崩

乙未楚子昭卒 史記作招論衡同

二十有九年春王正月公在楚

夏五月公至自楚

庚午衛侯衎卒

閽弑吳子餘祭

仲孫羯會晉荀盈齊高止宋華定衛世叔儀鄭公孫段曹人莒人滕人薛人小邾人城杞公羊作衛世叔齊又莒人下滕人上公羊有邾婁人穀梁有邾人疑左氏經脫去

說文碬礪石也春秋傳曰鄭公孫碬字子石按左傳公孫段字伯石印段字子石說文所引疑有誤且字从段不从叚

晉侯使士鞅來聘

杞子來盟

吳子使札來聘

賈逵服虔皆以爲夷末新卽位使來通聘

秋九月葬衛獻公

齊高止出奔北燕

冬仲孫羯如晉

三十年春王正月楚子使薳罷來聘公羊作薳頗

夏四月蔡世子般弒其君固白虎通作世子班

五月甲午宋災

宋伯姬卒公穀伯姬上皆無宋字亦不另行按疑因傳文而誤

天王殺其弟佞夫公羊作年夫年佞音同

王子瑕奔晉

秋七月叔弓如宋葬宋共姬（穀梁下無宋字）

按上既有如宋二字則下宋字亦疑衍

鄭良霄出奔許自許入于鄭

鄭人殺良霄

冬十月葬蔡景公

晉人齊人宋人衛人鄭人曹人莒人邾人滕人薛人杞人

小邾人會于澶淵宋災故（公穀皆同石經故字下後人妄增也字）

按此澶淵宋地與二十年二十六年盟會之地不同許

氏說文澶淵水在宋即此司馬彪郡國志沛國杼秋故

屬梁有澶淵聚劉昭注顧引襄二十年盟于澶淵之文以當之非也

三十有一年春王正月

夏六月辛巳公薨于楚宫

秋九月癸巳子野卒

己亥仲孫羯卒

冬十月滕子來會葬

癸酉葬我君襄公

十有一月莒人弑其君密州

昭公

元年春王正月公卽位

叔孫豹會晉趙武楚公子圍齊國弱宋向戌衛齊惡陳公子招蔡公孫歸生鄭罕虎許人曹人于虢公羊國弱作國酌齊惡作石惡罕虎作軒虎虢作漷穀梁又作郭

潁氏曰臣無竟外之交故去弟以貶季友子招樂憂故去弟以懲過鄭段去弟惟以名通故謂之貶今公子圍公子招皆書公子公子者名號之美稱非貶詞也本疏引釋例

三月取鄆

說文魯有鄆地京相璠曰琅邪姑幕縣南四十里有員

亭故魯鄆邑郡國志琅邪東莞有鄆亭杜同此賈逵云楚以伐莒來討故諱伐不諱取本疏按劉氏規杜以賈說爲是

夏秦伯之弟鍼出奔晉

六月丁巳邾子華卒

晉荀吳帥師敗狄于大鹵公穀皆作大原穀梁傳云中國曰大原夷狄曰大鹵

地理志大原郡晉陽杜注大鹵大原晉陽縣也本此

秋莒去疾自齊入于莒

莒展輿出奔吳公穀皆無輿字釋文一本作莒展出奔吳

叔弓帥師疆鄆田

葬邾悼公

冬十有一月己酉楚子麇卒公穀麇皆作卷史記世家作員索隱曰左傳作麕按麇與麕古字通

楚公子比出奔晉公穀公子上皆有楚字

二年春晉侯使韓起來聘

夏叔弓如晉

秋鄭殺其大夫公孫黑

冬公如晉至河乃復

季孫宿如晉

三年春王正月丁未滕子原卒公羊作泉

夏叔弓如滕

五月葬滕成公

秋小邾子來朝

八月大雩

冬大雨雹

北燕伯欵出奔齊

四年春王正月大雨雹公穀雹皆作雪

夏楚子蔡侯陳侯鄭伯許男徐子滕子頓子胡子沈子小邾子宋世子佐淮夷會于申

地理志汝南郡汝陰本胡子國杜本此

楚人執徐子

秋七月楚子蔡侯陳侯許男頓子胡子沈子淮夷伐吳

執齊慶封殺之

遂滅賴公穀賴皆作厲

九月取鄫

冬十有二月乙卯叔孫豹卒

五年春王正月舍中軍

楚殺其大夫屈申

公如晉

夏莒牟夷以牟婁及防茲來奔

郡國志北海郡平昌有蔞鄉

秋七月公至自晉

戊辰叔弓帥師敗莒師于蚡泉公羊蚡作濆穀梁作賁

按爾雅濆大出尾下郭璞注曰今河東汾縣有水如車輪許濆沸湧出其深無限名之爲瀵廣雅濆泉直泉也直泉湧泉也濆瀵蚡皆古字通用沸聲之轉

秦伯卒

冬楚子蔡侯陳侯許男頓子沈子徐人越人伐吳

六年春王正月杞伯益姑卒

葬秦景公

夏季孫宿如晉

葬杞文公

宋華合比出奔衛

秋九月大雩

楚薳罷帥師伐吳

冬叔弓如楚

齊侯伐北燕

七年春王正月暨齊平

賈逵何休亦以爲魯與齊平許惠卿以爲燕與齊平服

虔云襄二十四年仲孫羯侵齊二十五年崔杼伐我自

爾以來齊魯不相侵伐且齊是大國何爲求與魯平此六年冬齊侯伐北燕將納簡公齊侯貪賄而與之平故傳言齊求之也本疏按賈用穀梁傳以外及內曰暨義最諦又經下云叔孫婼如齊涖盟明既平之後故往涖盟也杜注用許惠卿說曰燕及齊平非也

三月公如楚

叔孫婼如齊涖盟公羊婼作舍

說文婼不順也春秋傳曰叔孫婼

夏四月甲辰朔日有食之

秋八月戊辰衛侯惡卒

九月公至自楚

冬十有一月癸未季孫宿卒

十有二月癸亥葬衛襄公

八年春陳侯之弟招殺陳世子偃師

夏四月辛丑陳侯溺卒

叔弓如晉

楚人執陳行人于徵師殺之

陳公子留出奔鄭

秋蒐于紅

劉賈穎曰蒐于紅不言大者言公大失權在三家也十

一年蒐于比蒲經書大蒐復書大蒐者言大衆盡在三家疏本

按劉昭補注紅亭在泰山郡奉高縣西北左傳昭八年大蒐于紅杜注以爲在沛國蕭縣誤今从劉昭說葢沛國之紅亭水經注以爲卽地理志之虹縣王莽改名曰貢師古曰虹亦音貢音義竝異此傳釋文云紅日東反則陸亦不以爲沛國之紅也

陳人殺其大夫公子過

大雩

冬十月壬午楚師滅陳執陳公子招放之于越殺陳孔奐公羊作孔瑗

葬陳哀公

賈服以葬哀公之文在殺孔奐之下以爲楚葬哀公本疏

按魯往會葬則爲楚葬哀公可知杜注云嬖人袁克葬之又自亂其例矣

九年春叔弓會楚子于陳

許遷于夷

夏四月陳災

公穀皆作陳火公羊傳曰陳已滅矣其言陳火何存陳也穀梁傳曰國曰災邑曰火火不志此何以志閔陳而存之也賈服取彼爲說言閔陳不與楚故存陳而書之

言陳尚爲國也本疏

秋仲孫貜如齊

冬築郎囿

十年春王正月

夏齊欒施來奔公羊齊作晉誤

說文欒施字子旗知施者旗也

秋七月季孫意如叔弓仲孫貜帥師伐莒公羊作隱如下同

戊子晉侯彪卒

九月叔孫婼如晉葬晉平公

十有二月甲子

賈逵服虔竝云無冬冬刺不登臺觀氣公羊疏 按杜注此條及蒐于紅等皆云史闕文恐非是

宋公成卒公羊成作戌

按公羊釋文云宋戌讀左傳者音城何云向戌與君同名則宜音恤

十有一年春王二月叔弓如宋葬宋平公

夏四月丁巳楚子虔誘蔡侯般殺之于申

楚公子弃疾帥師圍蔡

五月甲申夫人歸氏薨

大蒐于比蒲

仲孫貜會邾子盟于祲祥公羊作祲羊解曰穀梁傳作侵祥字服虔注引者直作詳無侵字皆是所見異也

按穀梁作祲祥釋文曰祲子鴆反解引作侵當是傳寫有異

秋季孫意如會晉韓起齊國弱宋華亥衛北宮佗鄭罕虎曹人杞人于厥慭公羊意如作隱如國弱作國酌罕虎作軒虎厥慭作屈銀釋文北宮佗作佗他慭魚靳反徐五巾反

惠棟曰公羊作屈銀是慭讀爲銀徐音是也說文慭从心猌聲又犬部猌从犬來聲讀又若銀是古音皆以慭爲銀

九月己亥葬我小君齊歸

冬十有一月丁酉楚師滅蔡執蔡世子有以歸用之穀梁有作友

十有二年春齊高偃帥師納北燕伯于陽

地理志中山國唐杜本此 正義言經言于陽傳言于唐知陽卽唐也賈氏云時陽守距難故稱納釋例按說文唐古文作啺从口昜故讀陽爲唐與公穀異此與齊人來歸衛俘皆左氏古字古音之僅存者

三月壬申鄭伯嘉卒

夏宋公使華定來聘

公如晉至河乃復

五月葬鄭簡公

楚殺其大夫成熊公羊作成然穀梁作成虎按左氏傳亦作成虎解見正義

秋七月

冬十月公子慭出奔齊公羊作公子整

楚子伐徐

晉伐鮮虞

穀梁傳曰其曰晉狄之也不正其與夷狄交伐中國故狄稱之也賈服取以爲說本疏

十有三年春叔弓帥師圍費

夏四月楚公子比自晉歸于楚弑其君虔于乾谿穀梁谿作溪

楚公子弃疾殺公子比公羊殺作弑

秋公會劉子晉侯齊侯宋公衛侯鄭伯曹伯莒子邾子滕子薛伯杞伯小邾子于平丘

地理志陳畱郡平丘杜本此

八月甲戌同盟于平丘公不與盟

晉人執季孫意如以歸公至自會

蔡侯廬歸于蔡

陳侯吳歸于陳

冬十月葬蔡靈公

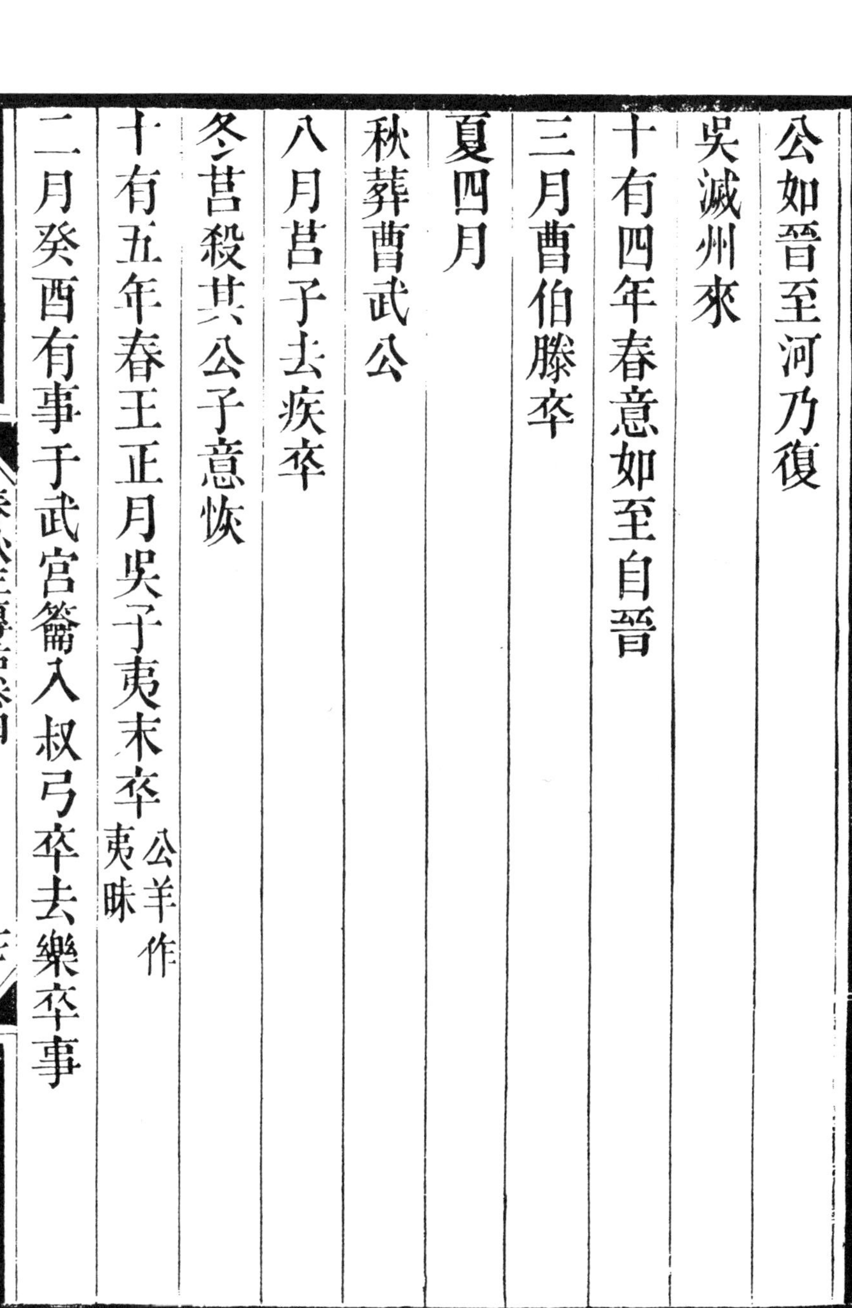
公如晉至河乃復

吳滅州來

十有四年春意如至自晉

三月曹伯滕卒

夏四月

秋葬曹武公

八月莒子去疾卒

冬莒殺其公子意恢

十有五年春王正月吳子夷末卒公羊作夷昧

二月癸酉有事于武宮籥入叔弓卒去樂卒事

夏蔡朝吳出奔鄭 公羊作昭吳無出字

六月丁巳朔日有食之

秋晉荀吳帥師伐鮮虞

冬公如晉

十有六年春齊侯伐徐

楚子誘戎蠻子殺之 公羊作戎曼子郡國志引左傳作鄤子

賈逵云楚子不名以立其子 本疏

夏公至自晉

秋八月己亥晉侯夷卒

九月大雩

季孫意如如晉

冬十月葬晉昭公

十有七年春小邾子來朝

夏六月甲戌朔日有食之

秋郯子來朝

　說文郯東海縣帝少昊之後

八月晉荀吳帥師滅陸渾之戎公羊作賁渾穀梁與左氏同無之字

冬有星孛于大辰

楚人及吳戰于長岸

十有八年春王三月曹伯須卒

夏五月壬午宋衛陳鄭災

六月邾人入鄅

地理志東海郡開陽故鄅國杜本此

秋葬曹平公

冬許遷于白羽

十有九年春宋公伐邾

夏五月戊辰許世子止弑其君買

己卯地震

秋齊高發帥師伐莒

冬葬許悼公

二十年春王正月

夏曹公孫會自鄸出奔宋穀梁作夢陸氏穀梁音義曰本或作莧按此則音同而轉

賈逵云前此以鄸叛也叛便從鄸而出叛不告故不書本疏賈又云所以華亥向寧射姑等不見有玉帛來聘者以其時未爲卿也同上按寰宇記濟陰乘氏縣有大饗城故老言古曹之鄸邑也或作大鄉

秋盜殺衛侯之兄縶按公羊縶作輒今考出公名輒卽靈公之孫與孟縶服尚近必不同名當以左傳爲是

冬十月宋華亥向寧華定出奔陳公羊作向甯後同

十有一月辛卯蔡侯盧卒盧字从石經宋本改定

二十有一年春王三月葬蔡平公

夏晉侯使士鞅來聘

宋華亥向寧華定自陳入于宋南里以叛

賈逵云書入華貙兄弟作亂召而逆之本疏又云南里穀梁曰南鄙公羊疏

秋七月壬午朔日有食之

八月乙亥叔輒卒

冬蔡侯朱出奔楚穀梁作蔡侯東今考蓋因東國而誤

公如晉至河乃復

二十有二年春齊侯伐莒

宋華亥向寧華定自宋南里出奔楚

大蒐于昌閒公羊作昌姦

夏四月乙丑天王崩六月叔鞅如京師葬景王王室亂

劉子單子以王猛居于皇

郡國志河南郡鞏有皇亭劉昭注引左傳作喤杜同此

秋劉子單子以王猛入于王城

地理志河南郡河南故郟鄏也周成王遷九鼎周公致太平是爲王城杜本此

冬十月王子猛卒

十有二月癸酉朔日有食之

二十有三年春王正月叔孫婼如晉

癸丑叔鞅卒

晉人執我行人叔孫婼

晉人圍郊

夏六月蔡侯東國卒于楚

秋七月莒子庚輿來奔

戊辰吴敗頓胡沈蔡陳許之師于雞父穀梁作雞甫水經注決水从雩婁縣逕雞備亭

賈逵云不國國書師惡其同役不同心本疏按賈據桓十三年齊師宋師衛師燕師敗績又傳言七國同役而不

同心故本此立論正義譏之妄矣服虔云不書楚楚諱

敗不告同上

胡子髡沈子逞滅獲陳夏齧公羊逞作隱穀梁作盈

天王居于狄泉

京相璠春秋地名言今大倉西南池水名翟泉舊說言

翟泉本自在洛陽北芒宏城成周乃繞之水經注 郡國志

河南尹洛陽有翟泉在城中杜本此

尹氏立王子朝

八月乙未地震

冬公如晉至河有疾乃復公穀皆作公有疾乃復

二十四年春王二月丙戌仲孫貜卒

賈逵云仲尼時年三十五矣史記索隱

婼至自晉公羊作叔孫舍至自晉

夏五月乙未朔日有食之

秋八月大雩

丁酉杞伯郁釐卒公羊作鬱釐

冬吳滅巢

葬杞平公

二十有五年春叔孫婼如宋

夏叔詣會晉趙鞅宋樂大心衛北宮喜鄭游吉曹人邾人

滕人薛人小邾人于黃父公穀皆作叔倪公羊樂大心作樂世心

按公羊疏云左氏經賈注者作叔詣

有鸜鵒來巢

說文古者鸜鵒不踰泲釋文鸜嵇康音權又作鴝音劬

公羊傳作鸛音權郭璞注山海經曰鸜鵒鴝鵒也高誘

淮南王書注引作鴝

秋七月上辛大雩季辛又雩

九月己亥公孫于齊次于陽州

齊侯唁公于野井

郡國志濟南郡祝阿有野井亭杜同此

冬十月戊辰叔孫婼卒

十有一月己亥宋公佐卒于曲棘

郡國志陳留郡外黄城中有曲棘亭杜同此

十有二月齊侯取鄆

二十有六年春王正月葬宋元公

三月公至自齊居于鄆

賈逵云季氏示欲爲臣故以告廟本疏

夏公圍成

秋公會齊侯莒子邾子杞伯盟于鄟陵

公至自會居于鄆

九月庚申楚子居卒

冬十月天王入于成周

尹氏召伯毛伯以王子朝奔楚

二十有七年春公如齊

公至自齊居于鄆

夏四月吳弑其君僚

楚殺其大夫郤宛穀梁郤作郄石經同

按呂覽愼行篇郤尹光唐之子今穀梁本郤亦作郄徐廣誤會史記楚世家文遂以郤宛爲伯州犂之子非是辯已見集中

秋晉士鞅宋樂祁犂衛北宮喜曹人邾人滕人會于扈

冬十月曹伯午卒

邾快來奔

公如齊

公至自齊居于鄆

二十有八年春王三月葬曹悼公

公如晉次于乾侯

臣瓚漢書注乾侯在魏郡斥丘縣元和郡縣志斥丘故城在成安縣南三十里春秋時乾侯邑

夏四月丙戌鄭伯寧卒

六月葬鄭定公

秋七月癸巳滕子寧卒 公羊與上鄭伯寧竝作甯

冬葬滕悼公

二十有九年春公至自乾侯居于鄆齊侯使高張來唁公

公如晉次于乾侯

夏四月庚子叔詣卒

秋七月

冬十月鄆潰

三十年春王正月公在乾侯

夏六月庚辰晉侯去疾卒

秋八月葬晉頃公

冬十有二月吳滅徐徐子章羽奔楚公羊作禹漢書古今人表地理志竝同今依宋本

按經作羽傳作禹蓋經與傳不必盡合如定十五年齊侯衛侯次于蘧蒢傳作蘧挐哀四年經公孫霍傳作公孫盱可類推也

三十有一年春王正月公在乾侯

季孫意如會晉荀躒于適歷公穀皆作荀櫟下同

夏四月丁巳薛伯穀卒

晉侯使荀躒唁公于乾侯

秋葬薛獻公

冬黑肱以濫來奔公羊作黑弓

郡國志濫作藍云東海郡昌慮有藍鄉杜同此　服虔云公

羊五分之然後受之邾婁本附庸三十里而言五分之

爲六里國也公羊疏

十有二月辛亥朔日有食之

三十有二年春王正月公在乾侯取闞

賈逵云昭公得闞季氏奪之不用師徒謂此取闞爲季

氏取于公也本疏　按詳上書法當以賈義爲長

夏吳伐越

秋七月

冬仲孫何忌會晉韓不信齊高張宋仲幾衛世叔申鄭國參曹人莒人薛人杞人小邾人城成周穀梁世叔作大叔公穀莒人下皆有邾人或左氏經失之公羊作邾婁人

賈逵云魯有昭公難故會而不盟本疏

十有二月己未公甍于乾侯

定公

元年春王

三月晉人執宋仲幾于京師

夏六月癸亥公之喪至自乾侯

戊辰公卽位

秋七月癸巳葬我君昭公

九月大雩

立煬宫

冬十月隕霜殺菽公羊作霣釋文云菽本又作叔

二年春王正月

夏五月壬辰雉門及兩觀災周禮鄭康成注引作雉門災及兩觀

秋楚人伐吳

冬十月新作雉門及兩觀

三年春王正月公如晉至河乃復

賈逵云刺緩朝見辭失所不諱罪已本疏

二月辛卯邾子穿卒公穀皆作三月

夏四月

秋葬邾莊公

冬仲孫何忌及邾子盟于拔公羊拔作枝

四年春王二月癸巳陳侯吳卒

三月公會劉子晉侯宋公蔡侯衛侯陳子鄭伯許男曹伯莒子桉自此以後莒不見于經水經注沭水下引尸子云莒君好鬼巫而國亡或當在春秋之後邾子頓子胡子滕子薛伯杞伯小邾子齊國夏于召陵侵楚

夏四月庚辰蔡公孫姓帥師滅沈以沈子嘉歸殺之五月

公及諸侯盟于皋鼬（公羊作公孫歸姓後同釋文云公孫生本又作姓音生皋鼬公羊作浩油）

杞伯成卒于會（公羊作杞伯戊）

六月葬陳惠公

許遷于容城

地理志南郡華容應劭曰春秋許遷于容城是按水經注亦同

秋七月公至自會

劉卷卒

葬杞悼公

楚人圍蔡

晉士鞅衛孔圉帥師伐鮮虞公羊作孔圄

葬劉文公

冬十有一月庚午蔡侯以吳子及楚人戰于柏舉楚師敗績公羊作伯莒穀梁作伯舉淮南王書作柏莒古字竝通

惠棟曰高誘呂覽注柏舉楚鄙邑京相璠曰柏舉漢東地江夏有柜亦或作舉疑卽此也今按舉水出今麻城縣東龜頭山西南流至黃岡縣入江與水經注同于漢爲西陵縣地唐李吉甫亦云龜頭山卽春秋時柏舉也若江夏之洰水距此較遠疑京說非也

楚囊瓦出奔鄭庚辰吳入郢公穀郢皆作楚

五年春王三月辛亥朔日有食之公羊作正月

夏歸粟于蔡

賈逵取穀梁爲説云不書所會後也本疏

於越入吴

漢書貨殖傳辟猶戎狄之與于越不相入矣吴都賦包括于越注引春秋曰于越入吴杜注于越人發語聲按于於字雖同既爲發語聲則作於爲近於字宜作烏音讀也

六月丙申季孫意如卒

秋七月壬子叔孫不敢卒

冬晉士鞅帥師圍鮮虞

六年春王正月癸亥鄭遊速帥師滅許以許男斯歸公羊作游遬

二月公侵鄭公至自侵鄭

夏季孫斯仲孫何忌如晉

范甯穀梁傳注曰仲孫忌而云仲孫何忌甯所未詳公羊傳曰譏二名按范氏因下文仲孫忌兼泥公羊之說故云然

秋晉人執宋行人樂祁犂

冬城中城

季孫斯仲孫忌帥師圍鄆

公羊傳曰此仲孫何忌也曷爲謂之仲孫忌譏二名二名非禮也公羊疏云解曰古本無何字有者誤也穀梁及賈注皆無何字又哀十三年經云晉魏多帥師侵衛傳云此晉魏曼多也曷爲之晉魏多譏二名二名非禮也以此言之則此經無何明矣而賈氏云公羊曰仲孫何忌者蓋誤今按昭三十二年定三年六年十二年哀元年二年五年六年經文凡十二書仲孫何忌左氏公穀竝同何以不去何字以譏之杜注云何忌不言何闕文其說是也古本此無何字有則後人所加故公羊疏云有者

誤也但疏墨守公羊之說復引哀十三年魏曼多以例之則非當春秋時人臣二名者多矣聖人褒貶豈在名之一字二字亦斷無一書再書之後方去一字以示譏也且哀十三年經左氏及穀梁皆作晉魏曼多公羊譏二名之說甚鑿

七年春王正月

夏四月

秋齊侯鄭伯盟于鹹

齊人執衛行人北宮結以侵衛齊侯衛侯盟于沙公羊作沙澤

郡國志魏郡元城有沙亭杜同此

大雩

齊國夏帥師伐我西鄙

九月大雩

賈逵云旱也本疏

冬十月諸本皆脫此三字今从石經及宋本增入

八年春王正月公侵齊

公至自侵齊

二月公侵齊

賈逵云還至不月爲曹伯卒月公羊疏

三月公至自侵齊

曹伯露卒

夏齊國夏帥師伐我西鄙

公會晉師于瓦

郡國志東郡燕有瓦亭杜本此

公至自瓦

秋七月戊辰陳侯柳卒

晉士鞅帥師侵鄭遂侵衛公羊作晉趙鞅

葬曹靖公陸氏公羊音義曰曹竫公

九月葬陳懷公

季孫斯仲孫何忌帥師侵衛

冬衛侯鄭伯盟于曲濮

從祀先公

服虔云自躋僖公以來昭穆皆逆禮記疏

盜竊寶玉大弓

劉歆以來說左氏者皆以爲夏后氏之璜封父之繁弱

成王所以封魯公也本疏

九年春王正月

夏四月戊申鄭伯蠆卒公羊作鄭囆卒

得寶玉大弓

六月葬鄭獻公

秋齊侯衛侯次于五氏

秦伯卒

冬葬秦哀公

十年春王三月及齊平

夏公會齊侯于夾谷公至自夾谷公穀皆作頰谷

服虔云東海祝期縣史記集解又云地二名水經注郡國志東海郡祝期春秋時曰祝其夾谷地杜本此

晉趙鞅帥師圍衛

齊人來歸鄆讙龜陰田穀梁田上多一之字

說文鄆魯下邑春秋傳曰齊人來歸鄆

叔孫州仇仲孫何忌帥師圍郈

公羊作圍費公羊疏云解曰左氏穀梁此費字皆爲郈但公羊曰本作費字與二家異賈氏不言公羊作費者葢文不備或所見異也

秋叔孫州仇仲孫何忌帥師圍郈

宋樂大心出奔曹 公羊作樂世心後同公羊疏云宋樂世心者世字亦作泄故賈氏言焉左氏穀梁作大字

宋公子地出奔陳 公羊作公子池後同

冬齊侯衛侯鄭游速會于安甫 公羊作會于牽穀梁經甫亦作浦

叔孫州仇如齊

宋公之弟辰暨仲佗石彄出奔陳公穀皆作暨宋仲佗何休云復出宋者惡仲佗悉欲帥國人去故舉國言之

十有一年春宋公之弟辰及仲佗石彄公子地自陳入于蕭以叛

夏四月

秋宋樂大心自曹入于蕭

冬及鄭平

叔還如鄭涖盟

世本叔弓生定伯閱閱生西巷敬叔叔生成子還還爲叔弓曾孫本疏按杜注還叔詣曾孫恐誤

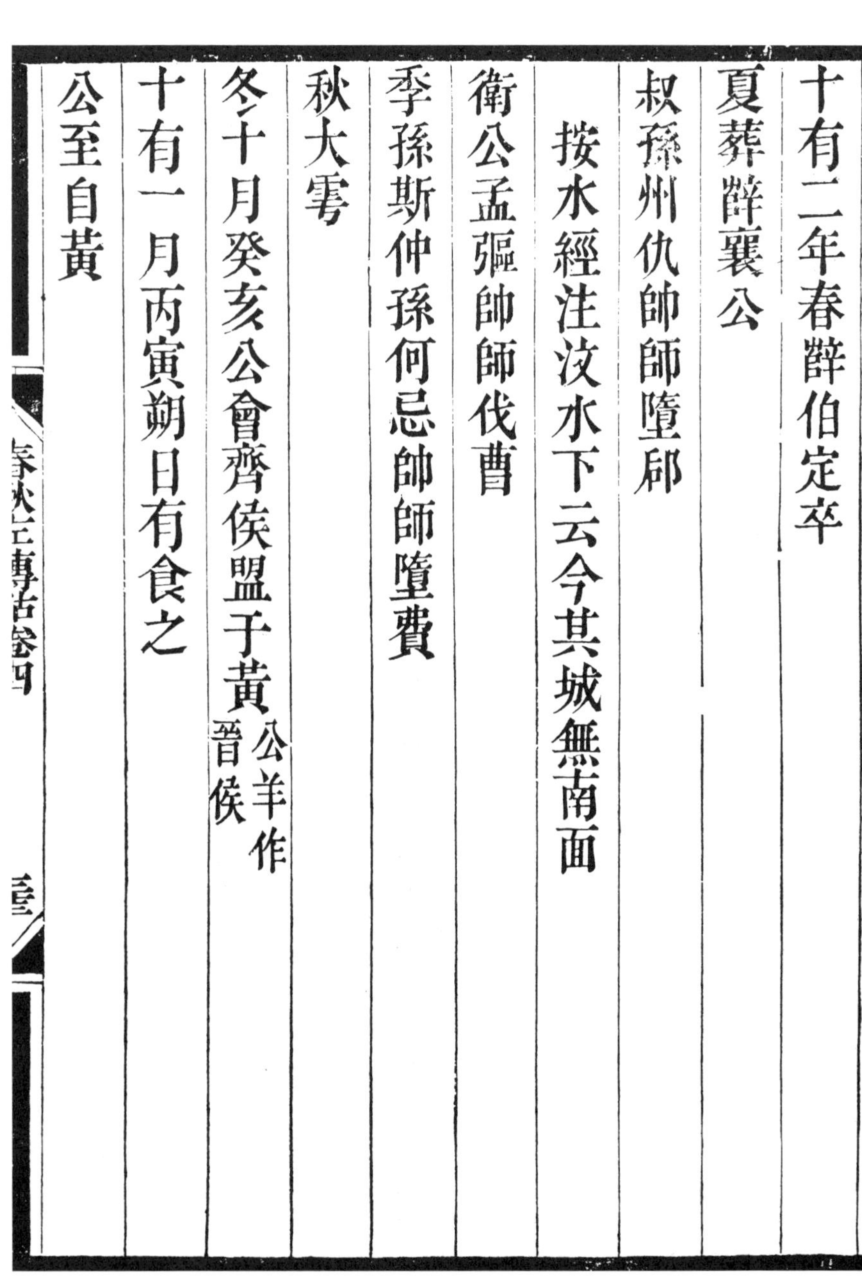

十有二年春薛伯定卒

夏葬薛襄公

叔孫州仇帥師墮郈

按水經注汶水下云今其城無南面

衛公孟彄帥師伐曹

季孫斯仲孫何忌帥師墮費

秋大雩

冬十月癸亥公會齊侯盟于黃公羊作晉侯

十有一月丙寅朔日有食之

公至自黃

十有二月公圍成

公至自圍成

十有三年春齊侯衛侯次于垂葭穀梁無衛侯二字公羊作垂瑕

夏築蛇淵囿

京相璠曰今濟北有蛇丘城城下有水魯囿也俗謂之濁須水水經注

大蒐于比蒲

衛公孟彄帥師伐曹

秋晉趙鞅入于晉陽以叛

冬晉荀寅士吉射入于朝歌以叛

晉趙鞅歸于晉

薛弒其君比

十有四年春衛公叔戍來奔

衛趙陽出奔宋公穀皆作晉趙陽

二月辛巳楚公子結陳公孫佗人帥師滅頓以頓子牂歸公羊作公子佗人頓子牂作頓子搶

夏衛北宮結來奔

五月於越敗吳于檇李公羊作醉李地理志作雋李又作就李會稽郡由拳下注柴辟故就李鄉吳越戰地應劭曰由拳古之雋李也按檇雋醉就皆以音同而轉

說文檇以木有所擣也从木雋聲春秋傳曰越敗吳檇

李貢逵云檇李越地史記集解又王存九域志引作檇里

吳子光卒

公會齊侯衛侯于牽公羊作堅釋文云本又作掔音牽

公至自會

秋齊侯宋公會于洮

天王使石尚來歸脤

說文脤社肉盛以蜃故謂之脤天子所以親遺同姓春秋傳曰石尚來歸脤按五經異義春秋左氏說同今春秋公羊穀梁說生居俎上曰祳今本作脤杜注取此鄭康成周禮注引作天王使石尚來歸蜃

衛世子蒯聵出奔宋

衛公孟彄出奔鄭

宋公之弟辰自蕭來奔

大蒐于比蒲

邾子來會公

城莒父及霄

十有五年春王正月邾子來朝

鼷鼠食郊牛牛死改卜牛

二月辛丑楚子滅胡以胡子豹歸

夏五月辛亥郊

壬申公薨于高寢

鄭罕達帥師伐宋公羊作軒達後同

齊侯衛侯次于渠蒢公羊作蘧蒢公羊疏解云左氏作蘧篨按今傳作蘧篨與經文異

賈逵云欲救宋蓋恤鄰也公羊疏

邾子來奔喪

秋七月壬申姒氏卒穀梁作弋氏卒

八月庚辰朔日有食之

九月滕子來會葬

丁巳葬我君定公雨不克葬戊午日下昃乃克葬辛巳葬

定姒穀梁作日下稷

冬城漆

穎容曰漆有邾之舊廟本疏

哀公

元年春王正月公卽位

楚子陳侯隨侯許男圍蔡

鼷鼠食郊牛改卜牛穀梁牛下多角字

夏四月辛巳郊

秋齊侯衛侯伐晉

冬仲孫何忌帥師伐邾

二年春王二月季孫斯叔孫州仇仲孫何忌帥師伐邾取

漷東田及沂西田

說文漷水在魯沂水出東海費東西入泗

癸巳叔孫州仇仲孫何忌及邾子盟于句繹

服虔云季孫尊卿敵服先歸使二子與之盟本疏又云季孫斯尊卿與仲孫氏伐敵服而使二子盟也公羊疏

夏四月丙子衛侯元卒

滕子來朝

晉趙鞅帥師納衛世子蒯聵于戚

秋八月甲戌晉趙鞅帥師及鄭罕達帥師戰于鐵鄭師敗績

公羊鐵作粟服引經罕達下無帥師二字見公羊疏

冬十月葬衛靈公
十有一月蔡遷于州來
蔡殺其大夫公子駟
三年春齊國夏衛石曼姑帥師圍戚
夏四月甲午地震
五月辛卯桓宮僖宮災
服虔云季氏出桓公又爲僖公所立故不毀其廟又云
俱在迭毀故不言及本疏
季孫斯叔孫州仇帥師城啓陽
地理志東海郡開陽杜本此按漢避諱改開陽

宋樂髡帥師伐曹

秋七月丙子季孫斯卒

蔡人放其大夫公孫獵于吳

冬十月癸卯秦伯卒

叔孫州仇仲孫何忌帥師圍邾

四年春王二月庚戌盜殺蔡侯申公羊作三月公穀殺皆作弒石經亦作弒按諸刻本皆作殺與釋文合石經失于刊正

蔡公孫辰出奔吳

葬秦惠公

宋人執小邾子

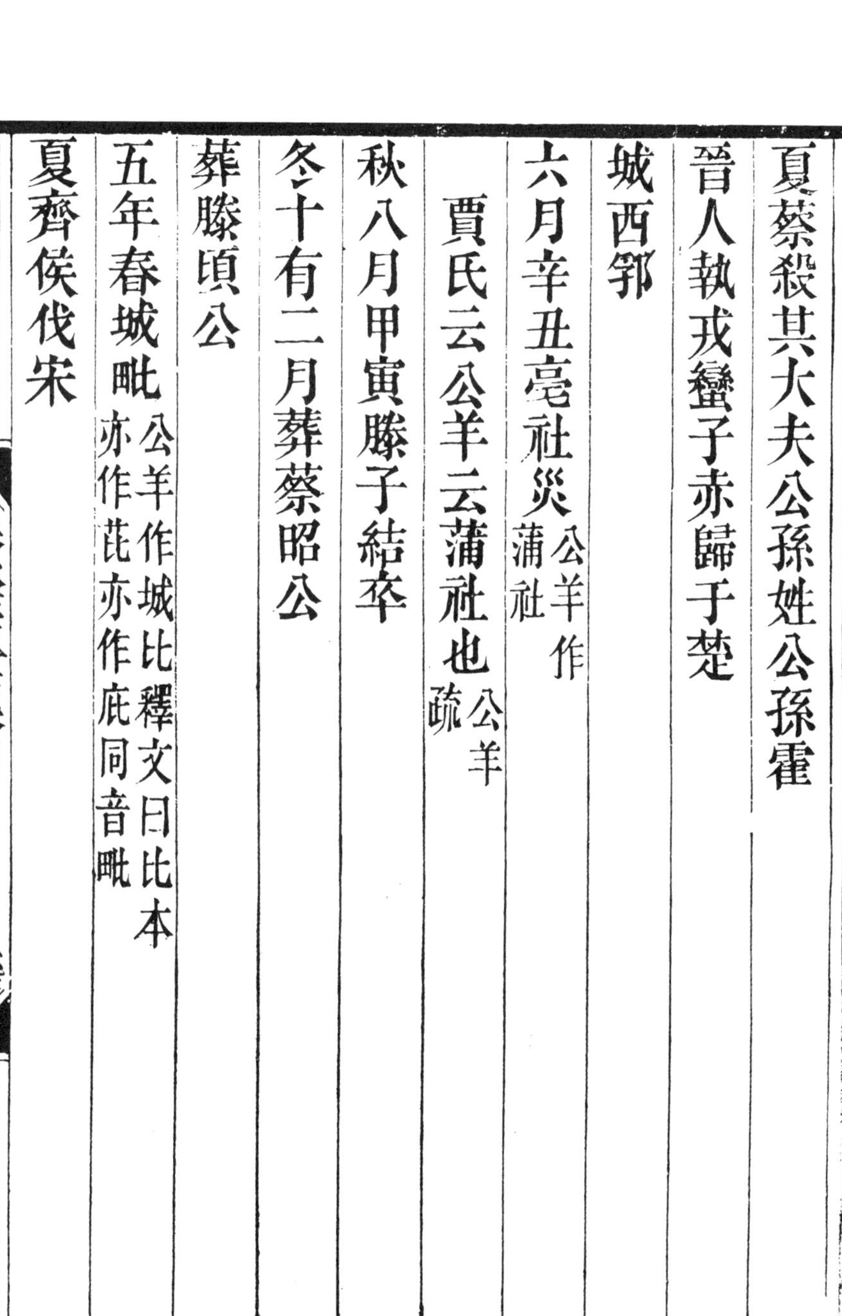

夏蔡殺其大夫公孫姓公孫霍

晉人執戎蠻子赤歸于楚

城西郛

六月辛丑亳社災公羊作蒲社

賈氏云公羊云蒲社也公羊疏

秋八月甲寅滕子結卒

冬十有二月葬蔡昭公

葬滕頃公

五年春城毗公羊作城比釋文曰比本亦作芘亦作庇同音毗

夏齊侯伐宋

晉趙鞅帥師伐衛

秋九月癸酉齊侯杵臼卒 公羊作處臼

冬叔還如齊

閏月葬齊景公

六年春城邾瑕 公羊作城邾婁葭

晉趙鞅帥師伐鮮虞

吳伐陳

夏齊國夏及高張來奔

叔還會吳于柤

秋七月庚寅楚子軫卒 史記作珍

齊陽生入于齊齊陳乞弒其君荼史記作田乞公羊荼作舍

冬仲孫何忌帥師伐邾

宋向巢帥師伐曹

七年春宋皇瑗帥師侵鄭

晉魏曼多帥師侵衛

夏公會吳于鄫穀梁鄫作繒公羊作鄫史記世家竝作繒

地理志東海郡繒故國杜本此

秋公伐邾八月己酉入邾以邾子益來

宋人圍曹

冬鄭駟宏帥師救曹

八年春王正月宋公入曹以曹伯陽歸

吳伐我

夏齊人取讙及闡公羊作僤下同公羊音義曰字林作墠

地理志泰山郡剛故闡應劭曰春秋取讙及闡今闡亭是也京相璠曰剛縣西四十里有闡亭水經注

歸邾子益于邾

秋七月

冬十有二月癸亥杞伯過卒

齊人歸讙及闡

九年春王二月葬杞僖公

宋皇瑗帥師取鄭師于雍丘

地理志陳留郡雍丘故杞國也杜本此

夏楚人伐陳

秋宋公伐鄭

冬十月

十年春王二月

邾子益來奔

公會吳伐齊

三月戊戌齊侯陽生卒

夏宋人伐鄭

晉趙鞅帥師侵齊

五月公至自伐齊

葬齊悼公

衛公孟彄自齊歸于衛

薛伯夷卒公羊夷作寅夷音同古字通

秋葬薛惠公

冬楚公子結帥師伐陳

吳救陳

十有一年春齊國書帥師伐我

夏陳轅頗出奔鄭

五月公會吳伐齊
甲戌齊國書帥師及吳戰于艾陵齊師敗績獲齊國書
秋七月辛酉滕子虞母卒
冬十有一月葬滕隱公
衛世叔齊出奔宋
十有二年春用田賦
夏五月甲辰孟子卒
買以爲言孟子若言吳之長女也春秋傳文疏
公會吳于橐皋
服虔云橐皋地名也史記集解地理志九江郡橐皋杜本此

秋公會衛侯宋皇瑗于鄖公羊作運

按杜注廣陵郡海陵有發繇亭今考云廣陵郡海陵亦誤海陵縣前漢屬臨淮後漢已廢至晉大康中復立屬廣陵則已名海陽矣

宋向巢帥師伐鄭

冬十有二月螽

十有三年春鄭罕達帥師取宋師于嵒

夏許男成卒公羊作戍

公會晉侯及吳子于黄池

郡國志陳留郡平丘有黄池亭杜同此

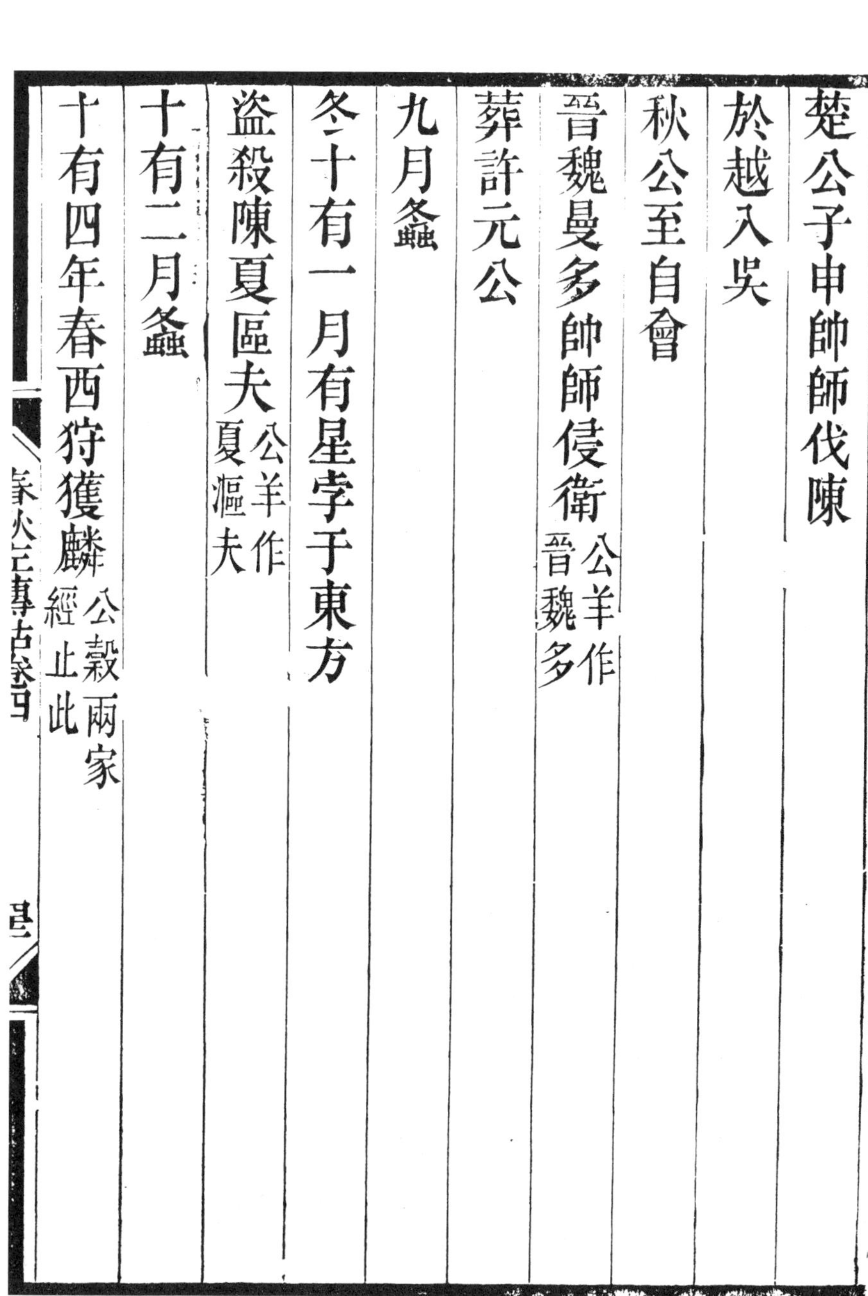

楚公子申帥師伐陳

於越入吳

秋公至自會

晉魏曼多帥師侵衛公羊作晉魏多

葬許元公

九月螽

冬十有一月有星孛于東方

盜殺陳夏區夫公羊作夏漚夫

十有二月螽

十有四年春西狩獲麟公穀兩家經止此

說文云騏仁獸麟大牝鹿也說左氏者云麟生于火而遊于土中央軒轅大角之獸孔子作春秋春秋者禮也修火德以致其子故麟來而爲孔子瑞也奉德侯陳欽說麟西方毛蟲金精也孔子作春秋有立言西方兌爲口故麟來許慎稱劉向楊雄皆以爲吉凶不竝瑞災不兼今麟爲周異不得復爲漢瑞知麟應孔子而至鄭元以爲修母致子不如立言之說密也賈逵服虔潁容等皆以爲孔子自衛反魯考正禮修春秋約以周禮三年文成致麟麟感而至取龍爲水物故以爲修母致子之應本疏服虔云麟中央土獸子爲信信禮之子修其母致

其子視明禮修而麟至思睿信立而虎擾言從人成而神龜在沼聽聰知正則名川出龍貌恭性仁則鳳凰來儀禮記疏

小邾射以句繹來奔

賈逵亦云此下弟子所記服虔云春秋終于獲麟故小邾射不在三叛人中也弟子欲明夫子作春秋以顯其師故書小邾射以下至孔子卒本疏杜取此

夏四月齊陳恒執其君寘于舒州

史記齊世家田常執簡公于徐州索隱曰徐音舒其字從人左氏作舒舒陳氏邑說文作郐郐在辥田敬仲世

家同惠士奇曰戰國策齊一篇曰楚威王勝于徐州高誘曰徐州或作舒州是時屬齊棟按徐舒古音通易困之九四曰來徐徐釋文云子夏易傳作荼荼鄭康成考工記注曰荼古文舒假借字鄭司農云荼讀爲預預字是徐與舒同說文作郐讀若塗易釋文云荼音圖然則舒亦有塗音與非也司馬貞得之今考禮記玉藻篇諸侯荼鄭康成注云荼讀爲舒遲之舒是又一證

庚戌叔還卒

五月庚申朔日有食之

陳宗豎出奔楚

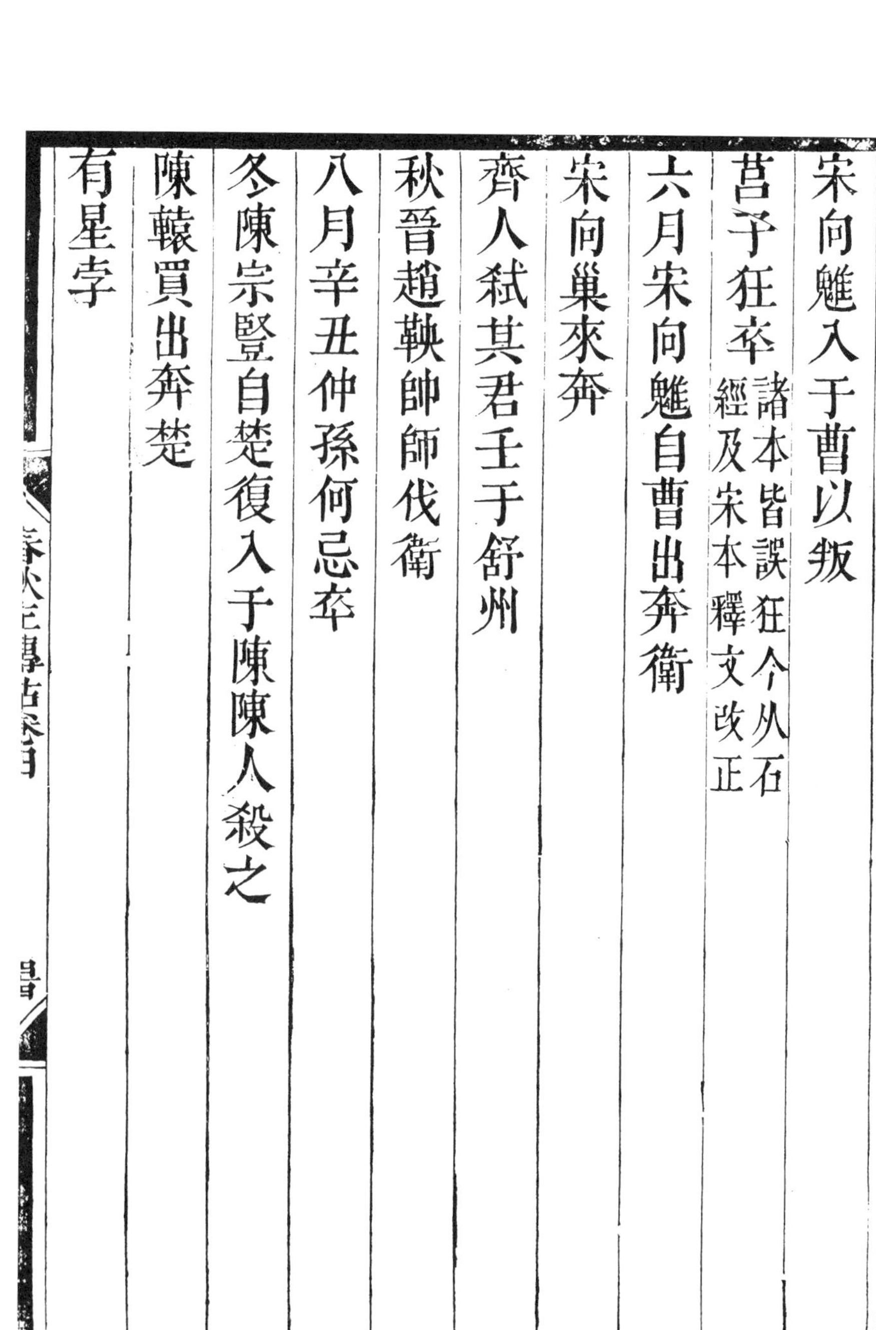

宋向魋入于曹以叛

莒子狂卒 諸本皆誤狂今从石經及宋本釋文改正

六月宋向魋自曹出奔衛

宋向巢來奔

齊人弑其君壬于舒州

秋晉趙鞅帥師伐衛

八月辛丑仲孫何忌卒

冬陳宗豎自楚復入于陳陳人殺之

陳轅買出奔楚

有星孛

儀

十有五年春王正月成叛

夏五月齊高無平出奔北燕

鄭伯伐宋

秋八月大雩

晉趙鞅帥師伐衛

冬晉侯伐鄭

及齊平

衛公孟彄出奔齊

十有六年春王正月己卯衛世子蒯聵自戚入于衛

衛侯輒來奔

二月衛子還成出奔宋

夏四月己丑孔丘卒

清陽湖洪氏本春秋左傳詁

第二册

清 洪亮吉撰

中國國家圖書館藏清嘉慶十八年陽湖洪氏刻本

山東人民出版社·濟南

春秋左傳詁卷五

陽湖洪亮吉學

傳

惠公元妃孟子

謚法愛人好與曰惠又曰柔質慈民曰惠史記魯世家惠公名弗湟世本作弗皇陸德明釋文作不皇春秋元命包元首也詩閟宮建爾元子毛傳亦同傳曰嘉耦曰妃爾雅釋詁孟長也張揖廣雅釋詁孟始也世本宋子姓杜本此

孟子卒

服虔云重言孟子者嫌與惠公俱卒故重言之本疏鄭元

禮記注卒終也劉熙釋名卒竟也

繼室以聲子

呂覽上德篇高誘注繼續也王逸楚辭注同禮記三十

壯有室鄭元注有室有妻稱室也諡法不生其國曰聲

服虔云聲子之諡非禮也杜佑通典引

生隱公

諡法隱拂不成曰隱又不顯尸國曰隱又見美堅長曰

隱世本隱公名息姑史記止作息

宋武公生仲子

史記宋世家乃命微子開代殷後國于宋世本宋更名睢陽謚法剛強直理曰武又威強敵德曰武又克定禍亂曰武又刑民克服曰武又夸志多窮曰武鄭元禮記注仲中也一切經音義引韓詩同言位在中也

仲子生而有文在其手

王充論衡雷虛篇紀妖篇並作有文在其掌自然篇仍作手字桉古掌字本作爪說文爪从反爪孟子母仉氏仉即爪之誤也

曰爲魯夫人

史記周本紀封弟周公旦于曲阜曰魯應劭曰曲阜在

魯城中委曲長七八里曲禮曰諸侯曰夫人鄭元注夫之言扶釋名諸侯之妃曰夫人夫扶也扶助其君也

故仲子歸于我

詩毛傳婦人謂嫁曰歸鄭元禮記注歸謂歸夫家也虞翻易注歸嫁也杜本此

生桓公而惠公薨

謚法辟土服遠曰桓又克敬勤民曰桓又辟上兼國曰桓

是以隱公立而奉之

賈逵云隱立桓爲太子奉以爲君本疏稱賈逵解詁鄭衆以爲

隱公攝立爲君奉桓爲太子同上桉杜注亦本賈義惟正義以奉以爲君爲賈之妄不知賈實依經爲訓使國人知桓有君道而奉之非隱以君禮奉桓也周禮鄭注奉猶進也廣雅奉持也又云奉獻也是奉皆有尊崇之義故賈云奉以爲君耳

隱公元年春王周正月不書卽位攝也

說文攝引持也鄭元周禮注攝訓爲代或云攝假也杜本此

賈服之徒以爲四公皆實卽位孔子修經乃有不書本疏劉賈潁爲傳文生例云恩深不忍則傳言不稱恩淺可忍則傳言不書同上賈氏云不書隱卽位所以惡桓之

纂釋例

三月公及邾儀父盟于蔑邾子克也未王命故不書爵曰儀父貴之也釋文一本無故字賈服以爲北杏之會時已得王命本疏服虔云爵者醮也所以醮盡其材也同上公攝位而欲求好於邾故爲蔑之盟　夏四月費伯帥師城郎

說文郎魯亭也杜本此

不書非公命也　初鄭武公娶于申曰武姜

地理志南陽郡宛故申伯國杜本此賈逵云凡言初者隔

其年後有禍福將終之乃言初也本疏白虎通娶者取也

桉釋文本娶多作取

生莊公

謚法嚴通克服曰莊又兵甲亟作曰莊又勝敵志彊曰莊

及其叔段

賈服以共爲謚謚法敬長事上曰共桉以共爲謚賈服之義爲長正義云見殺出奔無人與之爲謚今攷曾之穆伯晉之欒懷子皆出奔見殺得有謚叔段莊公母弟雖出奔得追謚可知杜云段出奔共故云共叔則虞公

出奔其池亦當謂之共乎明當以賈服爲長也

莊公寤生

案應劭風俗通不舉寤生子俗說兒墮地未可開目便能視者謂寤生是寤生始生卽開目者又南涼錄慕容德傳德母晝寢而生德父皝曰此兒易生如鄭莊公則又以易生爲寤生今考杜注以莊公因寤寐而生則與慕容德正同故注義亦與德父皝之言相似

驚姜氏故名曰寤生遂惡之愛共叔段欲立之亟請於武公公弗許及莊公卽位爲之請制

京相璠曰制鄭邑注水經地理志河南郡成皐故虎牢或

曰制杜本此　桉杜注地理多取京相璠說

公曰制巖邑也釋文巖本又作嚴

爾雅釋山巖巉巖山貌也桉成皐四面皆山故曰巖邑

虢叔死焉

地理志河南郡滎陽應劭曰故虢國今虢亭是也杜本此

桉地理志又云子男之國虢會爲大恃勢與險鄭語史

伯亦云虢叔恃險此即虢叔恃巖邑之證

佗邑惟命請京

賈逵云京鄭都邑史記集解　地理志河南郡京師古曰即鄭

共叔段所居也杜取此

使居之謂之京城大叔祭仲曰都城過百雉國之害也

賈逵馬融鄭元王肅以爲古學者皆云雉長三丈本疏古春秋左氏說云百雉爲長三百丈方五百步禮記疏左氏說一丈爲板板廣二尺五板爲堵一堵之牆長丈高丈三堵爲雉一雉之牆長三丈高一丈以度其長者用其長以度其高者用其高也本疏引五經異義案諸說不同杜蓋取賈說

先王之制大都不過參國之一中五之一小九之一

周書作雒解大縣城方王城三之一小縣立城方王城九之一不舉中從可知案與祭仲之言適合所謂先王

之制也
今京不度
說文度法制也杜本此
非制也君將不堪公曰姜氏欲之焉辟害對曰姜氏何厭
之有不如早爲之所無使滋蔓
服虔云滋益也蔓延也謂無使其益延長也衆經音義
蔓難圖也蔓草
說文蔓葛屬桉葛屬皆延藤故上云滋蔓
猶不可除況君之寵弟乎公曰多行不義必自斃
說文獘頓仆也斃或从死韋昭國語注斃踣也杜本此

子姑待之

詩毛傳姑且也杜本此

既而大叔命西鄙北鄙貳於已

案周語百姓擕貳韋昭注貳二心也此貳于已義亦當然杜注云兩屬蓋望文生訓非本義

公子呂曰國不堪貳君將若之何欲與大叔臣請事之若弗與則請除之無生民心公曰無庸將自及大叔又收貳以爲已邑至于廩延

說文郔鄭地今本作延案下傳晉侯伐鄭及郔唐開成石經本卽作郔三國魏志袁紹渡延津追擊魏武卽此

道元云河水自酸棗縣又東北通謂之延津杜亦同

子封曰可矣厚將得衆公曰不義不暱厚將崩

說文𪏊黏也春秋傳曰不義不𪏊按今本作暱暱與𪏊音同又假借字今考不𪏊之義正與將崩相屬自當以𪏊黏爲長杜訓親暱失之又桉考工記凡昵之類不能方鄭司農云故書昵或作樴杜子春云樴讀爲不義不昵之昵或爲䵒䵒黏也賈公彦引左傳亦作昵李善文選注引左傳同吾友陳樹華云唐元度九經字様𪏊字注音相黏也見春秋則知唐時向有作𪏊者

大叔完聚

服虔以聚爲聚禾黍也本疏桉完聚以服說爲長杜云城郭人民失之

繕甲兵具卒乘

說文繕補也廣雅繕治也三倉同高誘呂覽注步曰卒衆經音義引三蒼載曰乘此杜本

將襲鄭

白虎通德論襲者何謂也行不假塗掩人不備也

夫人將啟之

說文启開也此杜本

公聞其期曰可矣命子封帥車二百乘以伐京

司馬法兵車一乘甲士三人步卒七十二人杜本此炊家子十人固守衣裝五人廄養五人樵汲五人輕車七十五人重車二十五人故二乘兼一百人爲一隊

京叛大叔段段入于鄢公伐諸鄢五月辛丑大叔出奔共

賈逵曰共國名史記集解地理志河内郡共故國杜本此

書曰鄭伯克段于鄢段不弟故不言弟如二君故曰克稱鄭伯譏失敎也謂之鄭志不言出奔難之也

服虔云公本欲養成其惡而加誅使不得生出此鄭伯之志意也本疏杜取此

遂寘姜氏于城潁

虞翻易注寘置也釋文同賈逵云鄭地杜取此桉水經注洧水南有鄭莊公望母臺

而誓之曰不及黃泉

服虔云天元地黃泉在地中故曰黃泉史記集解杜本此一曰泉注地中故曰黃泉也李善文選注

無相見也既而悔之潁考叔爲潁谷封人

賈逵云潁谷鄭地同上水經潁水出潁川陽城縣西北少室山酈道元云潁水有三源奇發右水出陽乾山之潁谷春秋潁考叔爲其封人桉廣韻穎禾末也穗也又姓左傳有穎考叔今攷潁考叔以潁谷得名謂作穎誤

聞之有獻於公公賜之食食舍肉公問之對曰小人有母皆嘗小人之食矣未嘗君之羹請以遺之

爾雅肉謂之羹字林臛肉有汁也

公曰爾有母遺繄我獨無

棭僖五年服虔注繄發聲也則此亦當同杜注云語助卽取此義

潁考叔曰敢問何謂也公語之故且告之悔對曰君何患焉若闕地及泉

詩蜉蝣掘閱鄭箋掘地解閱謂其始生也管子山權發篇北郭有掘闕而得龜者尹知章注掘穿也求物及穿

地至泉曰闕吾友桂馥云掘閱掘闕卽左氏闕地之義

隧而相見

賈逵國語注闕地通路曰隧鄭元禮記注隧延道也杜本

此聲類埏墓隧也文選注後漢書陳蕃傳不閉埏隧

其誰曰不然公從之公入而賦大隧之中其樂也融融

惠棟補注曰融古文作肜張衡思元賦展洩洩以肜肜

李善注引左傳鄭莊公入而賦大隧之中其樂也肜肜

融與肜古字通梭殺阮碑亦以肜爲融

姜出而賦大隧之外其樂也泄泄

服虔云入言公出言姜明俱出入互相見本疏思元賦舊

注泄泄形形皆和貌桉泄諸本皆作洩因避唐諱今訂正下同

遂爲母子如初君子曰頴考叔純孝也

爾雅純大也詩毛傳同

愛其母施及莊公詩曰孝子不匱

鄭元禮記注匱乏也

永錫爾類

王逸楚辭章句類法也詩云永錫爾類

其是之謂乎　秋七月天王使宰咺來歸惠公仲子之賵

緩且子氏未薨故名天子七月而葬同軌畢至

鄭元服虔皆以軌爲車轍也本疏說文同

諸侯五月同盟至大夫三月同位至士踰月外姻至

說文姻婿家也女之所因婚婦家也桉散言之則竝通

故詩曰懷婚姻也周禮睦婣鄭注姻親於外親也婣姻

古字通杜注姻猶親也本此

贈死不及尸弔生不及哀豫凶事諸本或作預从宋本改

高誘淮南王書注韋昭國語注竝云豫備也

非禮也　八月紀人伐夷

應劭漢書注劇縣故紀侯國今紀亭是杜本此

夷不告故不書　有蜚不爲災亦不書

說文蜚臭蟲負蠜也杜本此

惠公之季年敗宋師于黄

地理志陳留郡外黄臣瓚曰縣有黄溝故氏之也杜亦同

公立而求成焉九月及宋人盟于宿始通也　冬十月庚

申改葬惠公

賈逵云改備禮也太平御覽

公弗臨

賈逵云葬嗣君之事公弗臨言無恩禮曰改葬緦也同上

故不書惠公之薨也有宋師大子少

服虔以爲宋師卽黄之師也是時宋來伐魯公自與戰

本

葬故有闕

賈逵云言是以禮闕故御覽

是以改葬　衛侯來會葬不見公亦不書

地理志河內郡朝歌紂所都周武王弟康叔所封更名

衞杜本此

鄭共叔之亂公孫滑出奔衛衛人爲之伐鄭取廩延鄭人

以王師虢師伐衛南鄙

地理志宏農郡陝故虢國北虢在大陽東虢在滎陽西

虢在雒杜本此

請師于邾邾子使私于公子豫豫請往公弗許遂行及邾人鄭人盟于翼不書非公命也　新作南門不書亦非公命也　十二月祭伯來非王命也　衆父卒公不與小斂故不書日

賈逵云不與大斂則不書卒本疏

二年春公會戎于潛修惠公之好也戎請盟公辭　莒子娶于向向姜不安莒而歸夏莒人入向以姜氏還　司空無駭入極費庈父勝之諸本誤作庈字今从釋文改正　戎請盟秋盟于唐復修戎好也　九月紀裂繻來逆女卿爲君逆也　冬紀子帛莒子盟于密魯故也　鄭人伐衛討公孫滑之亂

也

三年春王三月壬戌平王崩赴以庚戌故書之　夏君氏卒聲子也不赴于諸侯不反哭于寢不祔于此上三于字諸本皆誤於今从石經宋本訂正姑故不曰薨不稱夫人故不言葬不書姓爲公故曰君氏　鄭武公莊公爲平王卿士

賈逵云卿士之有事者六卿也御覽

王貳于虢鄭伯怨王王曰無之故周鄭交質

韋昭國語注質信也

王子狐

賈逵云周平王之子同上杜取此

爲質於鄭鄭公子忽

賈逵云鄭莊公太子忽也同上說文曶出氣詞也从曰象气出春秋傳曰鄭太子曶楼古今人表仲忽作中曶揚雄傳于時人皆曶之漢樊敏碑奄曶滅形曶乃古忽字

爲質於周王崩周人將畀虢公政

詩毛傳畀與也釋文同

四月鄭祭足帥師取温之麥

賈逵云温周地名蘇氏邑也同上漢書地理志河内郡温故國已姓蘇忿生所封也楼云四月云秋皆舉夏時而言杜注非也

秋又取成周之禾

地理志河南郡洛陽是爲成周杜本此

周鄭交惡君子曰信不由中質無益也明恕而行要之以禮雖無有質誰能間之苟有明信詩古義采蘩引傳作明德澗谿沼沚之毛

爾雅山夾水澗山續無所通谿說文同桉杜注云谿亦澗誤詩毛傳沼池也沚渚也廣雅毛草也詩采蘩傳引此毛卽作草杜本此

蘋蘩薀藻之菜

詩毛傳蘋大蓱也蘩皤蒿也藻聚藻也桉杜注薀藻聚

藻也是訓薀爲聚非毛傳意今攷顔氏家訓書證篇引郭注三倉云薀藻之類也則薀亦水草不可空訓作聚且尋上下文義澗谿沼沚筐筥錡釜皆四者並舉況薀字从草何得空訓作聚杜氏之說疎矣

筐筥錡釜之器

詩毛傳方曰筐員曰筥有足曰錡無足曰釜杜並本此

潢汙行潦之水

服虔云畜小水謂之潢水不流謂之汙行潦道路之水是也本疏一云水不泄謂之汙文選注

可薦於鬼神可羞於王公

鄭元周禮注薦羞皆進也未食未飲曰薦既食既飲曰

羞桉此傳于鬼神言薦于王公言羞葢卽此意杜羞字

注本此

而況君子結二國之信行之以禮又焉用質風有采蘩采

蘋雅有行葦泂酌昭忠信也　武氏子來求賻王未葬也

宋穆公疾召大司馬孔父而屬殤公焉

謚法短折不成曰殤

曰先君舍與夷而立寡人寡人弗敢忘若以大夫之靈

薛綜東京賦注靈明也

得保首領以沒

說文㫚終也从冄勿聲㪅字注云㫚或从旻

先君若問與夷其將何辭以對請子奉之以主社稷寡人雖死亦無悔焉對曰羣臣願奉馮也公曰不可先君以寡人爲賢使主社稷若弃德不讓是廢先君之舉也豈曰能賢光昭先君之令德可不務乎吾子其無廢先君之功使公子馮出居于鄭八月庚辰宋穆公卒殤公卽位君子曰宋宣公

謚法聖善周聞曰宣

可謂知人矣立穆公其子饗之命以義夫商頌曰殷受命咸宜百祿是何石經及諸本作荷今从詩頌及釋文改正其是之謂乎　冬齊

鄭盟于石門尋盧之盟也

桉哀十二年傳服虔注尋之言重也温也義當同此地理志泰山郡盧郡國志屬濟北國杜本此

庚戌鄭伯之車僨于濟

服虔云僨仆也漢書注桉釋文取服說水經濟水出河東垣縣東王屋山爲沇水至鞏縣北入于河

衞莊公娶于齊東宫得臣之妹

服虔云得臣齊世子名居東宫詩疏杜取此

曰莊姜美而無子衞人所爲賦碩人也又娶于陳

地理志淮陽國陳故國舜後胡公所封杜本此

曰厲嬀

諡法暴慢無親曰厲世本陳嬀姓

生孝伯早死其娣戴嬀生桓公

諡法典禮無愆曰戴

莊姜以爲己子公子州吁嬖人之子也

說文嬖便嬖愛也

有寵而好兵公弗禁

廣雅禁止也

莊姜惡之石碏諫曰

賈逵云衞上卿史記集解桉說文無碏字當作唶說文諎大

聲也譜或从唶今本碏字當屬唶傳寫之譌又熹平石

經作踖廣韻踖敬也桉莊十九年敗黃師于踖陵石唶

字或从此今定从唶

臣聞愛子教之以義方

廣雅方義也何晏論語注方義方也

弗納于邪驕奢淫佚

說文泆水所蕩泆也桉此喻人性蕩泆如水

所自邪也四者之來

服虔云言此四者過從邪起本疏

寵祿過也將立州吁乃定之矣若猶未也階之爲禍夫寵

而不驕驕而能降降而不感感而能眕者鮮矣

鄭元禮記注感恨也釋文本此校感字下已从心再加心旁非是今諸刊本皆誤作憾此从石經宣十一年二感往矣成二年釋感等字向皆作感因據改下並同說文眕目有所恨而止也校爾雅釋言眕重也釋文本此

且夫賤妨貴少陵長遠間親新間舊小加大淫破義所謂六逆也君義臣行父慈子孝兄愛弟敬所謂六順也去順效逆所以速禍也君人者將禍是務去而速之無乃不可乎弗聽其子厚與州吁游禁之不可桓公立乃老

四年春衛州吁弒桓公而立公與宋公爲會將尋宿之盟

未及期衞人來告亂　夏公及宋公遇于清　宋殤公之即位也公子馮出奔鄭鄭人欲納之及衞州吁立將修先君之怨於鄭

服虔以先君爲莊公本疏一云隱二年鄭人伐衞先君莊公詩疏桉州吁弑桓公必不更爲之修怨此先君服説指莊公最是杜注非也

而求寵於諸侯以和其民使告於宋曰君若伐鄭以除君害

服虔云公子馮將爲君之害詩疏

君爲主敝邑以賦

服虔云賦兵也以田賦出兵故謂之賦同上

與陳蔡從則衛國之願也宋人許之於是陳蔡方睦於衛

地理志汝南郡上蔡故蔡國杜本此

故宋公陳侯蔡人衛人伐鄭

服虔云衛使宋爲主使大夫將故叙衛于陳蔡下同上

序使公孫文仲將而平陳與宋棫詩序蓋本毛傳孫子

仲謂公孫文仲也

圍其東門五日而還公問於衆仲曰衛州吁其成乎對曰

臣聞以德和民不聞以亂以亂猶治絲而棼之也

廣雅棼棼亂也棼棼古字通釋文亦云棼亂也

夫州吁阻兵而安忍

文選注引此傳文并杜注云阻恃也今杜注無之則此三字或係服注

阻兵無衆安忍無親衆叛親離難以濟矣夫兵猶火也弗戢

詩鄭箋戢歛也

將自焚也夫州吁弑其君而虐用其民於是乎不務令德而欲以亂成必不免矣　秋諸侯復伐鄭宋公使來乞師公辭之羽父請以師會之公弗許固請而行故書曰翬帥師疾之也諸侯之師敗鄭徒兵取其禾而還　州吁未能

和其民厚問定君於石子石子曰王覲爲可曰何以得覲曰陳桓公方有寵於王陳衛方睦若朝陳使請必可得也厚從州呼如陳石唶使告於陳曰衛國褊小

王逸楚辭章句褊狹也

老夫耄矣

說文年九十曰𦒱从老从高省玉篇收𦒱耄二字耄字下注與上同亦作耄五經文字耄字从老省从毛今从釋文及石經作耄後同校經典通作旄周禮再赦曰老旄禮記旄期稱道不亂者孟子反其旄倪是也又作眊漢書武帝紀哀夫老眊孤寡鰥獨平帝紀及眊悼之人

師古曰眊古耄字八十日眊是薹耄老旄眊本一字古通

無能爲也此二人者實弒寡君敢卽圖之陳人執之而請涖于衞

鄭元儀禮注涖臨也下並同

九月衞人使右宰醜涖殺州吁于濮

服虔云右宰醜衞大夫濮陳地史記集解

石碏使其宰獳羊肩涖殺石厚于陳君子曰石碏純臣也惡州吁而厚與焉大義滅親其是之謂乎　衞人逆公子晉于邢

賈逵云邢周公之允姬姓國同上

冬十二月宣公卽位書曰衛人立晉衆也

五年春公將如棠觀魚者

釋文本亦作漁者

臧僖漢書作釐伯諫曰

世本臧僖伯彄孝公之子孝公生僖伯彄彄生哀伯達

達生伯氏瓶瓶生文仲辰本疏及莊二十八年疏

凡物不足以講大事其材不足以備器用則君不舉焉君

將納民於軌物者也

廣雅軌道也高誘淮南王書注軌者法度之名

故講事以度軌量謂之軌取材以章物采謂之物不軌不物謂之亂政亂政亟行所以敗也故春蒐釋文云本亦作廋音蒐齊語春以獀振旅亦作獀李善文選注蒐與獀古字通漢書多作獀

爾雅春獵爲蒐夏獵爲苗秋獵爲獮冬獵爲狩桉蒐亦作獀鄭元禮記注曰春獵爲獀

夏苗秋獮

釋文曰獮說文作獮殺也桉今說文作獮秋田也从犬璽聲

冬狩皆於農隙以講事也三年而治兵入而振旅

國語蒐于農隙韋昭注隙間也薛綜西京賦注振整理

也爾雅旅衆也杜並本此

歸而飲至以數軍實

鄭氏云軍所以討獲曰實文選注

昭文章

服虔解此亦引司馬職文明是旌旗所建用秋辨旗物之法本疏

明貴賤辨等列

小爾雅列次也

順少長習威儀也鳥獸之肉不登於俎釋文之肉一本作其肉

服虔以上登爲升下登爲成本疏廣雅俎几也

皮革齒牙骨角毛羽不登于器則公不射公當作君古之制也若夫山林川澤之實器用之資皁隸之事官司之守非君所及也公曰吾將畧地焉

說文畧經畧土地也

遂往陳魚而觀之僖伯稱疾不從書曰公矢魚于棠非禮也且言遠地也　曲沃莊伯以鄭人邢人伐翼

地理志河東郡聞喜故曲沃晉武公自晉陽徙此趙國襄國故邢國又河東郡絳晉武公自曲沃徙此郡國志河東郡絳邑有翼城杜並本此

王使尹氏武氏助之翼侯奔隨

韋昭國語注隨晉邑杜本此桉山西圖經隨城在今介休縣東

夏葬衞桓公衞亂是以緩　四月鄭人侵衞牧

桉爾雅郊外謂之牧非邑名與下伐宋入其郛同前年伐鄭圍其東門故鄭亦侵其牧地以報之又衞地無名牧者若云朝歌之牧野則亦不可僅名爲牧明杜注非也

以報東門之役衞人以燕師伐鄭

地理志東郡南燕本南燕國姞姓黄帝後杜本此

鄭祭足原繁泄駕以三軍軍其前使曼伯與子元潛軍軍

其後燕人畏鄭三軍而不虞制人

詩鄭箋虞度也

六月鄭二公子以制人敗燕師于北制君子曰不備不虞不可以師　曲沃叛王秋王命虢公伐曲沃而立哀侯于翼　衛之亂也郕人侵衛故衛師入郕　九月考仲子之宮將萬焉

初學記稱韓詩萬大舞杜本此

公問羽數於衆仲對曰天子用八諸侯用六大夫四士二

服虔云天子八八諸侯六八大夫四八士二八宋書及通志服以用六爲六八四十八人大夫四爲四八三十二士

二爲二八十六本疏桉宋傳隆之云若如杜注至士祇餘四人豈復成樂參詳以服說爲是

夫舞所以節八音而行八風

賈逵云兌爲金爲閶闔風也乾爲石爲不周風也坎爲革爲廣莫風也艮爲匏爲融風也震爲竹爲明庶風也巽爲木爲清明風也離爲絲爲景風也坤爲土爲涼風也本疏四十九杜畧取此桉賈依易緯通卦驗文相配服虔以爲八卦之風乾音石其風不周坎音革其風廣莫艮音匏其風融震音竹其風明庶巽音木其風清明離音絲其風景坤音土其風涼兌音金其風閶闔本疏

故自八以下公從之於是初獻六羽始用六佾也　宋人取邾田邾人告於鄭曰請君釋憾於宋敝邑爲道鄭人以王師會之伐宋入其郛

韋昭國語注郛郭也杜本此

以報東門之役宋人使來告命公聞其入郛也將救之問於使者曰師何及對曰未及國公怒乃止辭使者曰君命寡人同恤社稷之難今問諸使者曰師未及國非寡人之所敢知也　冬十二月辛巳臧僖伯卒公曰叔父有憾於寡人寡人弗敢忘葬之加一等　宋人伐鄭圍長葛以報入郛之役也

六年春鄭人來渝平更成也

服虔云公爲鄭所獲釋而不結平於是更爲約束以結之故曰渝平本疏桉經書渝平傳曰更成今服注更爲約束云云是服亦訓渝爲更與張揖同

翼九宗五正頃父之子嘉父逆晉侯于隨納諸鄂

世本居篇云唐叔虞居鄂宋忠曰晉地今在大夏

晉人謂之鄂侯　夏盟于艾始平于齊也　五月庚申鄭伯侵陳大獲往歲鄭伯請成于陳陳侯不許五父諫曰親仁善鄰國之寶也君其許鄭陳侯曰宋衛實難鄭何能爲遂不許君子曰善不可失惡不可長其陳桓公之謂乎長

惡不悛從自及也

韋昭國語注悛止也詩鄭箋從隨也杜本此

雖欲救之其將能乎商書曰惡之易也如火之燎于原不可鄉邇

桉莊十五年傳引商書亦有惡之易也四字今盤庚無之

其猶可撲滅周任有言曰爲國家者見惡如農夫之務去草焉芟夷薀崇之

說文癹以足蹋夷草春秋傳曰癹夷薀崇之桉鄭司農周禮稻人注已作芟夷薀崇之與說文異詩毛傳除草

曰芟廣雅曰夷滅也薀積也崇聚也杜本此

絶其本根勿使能殖

韋昭國語注殖長也

則善者信矣　秋宋人取長葛　冬京師來告饑公爲之請糴

廣雅糴買也

於宋衛齊鄭禮也　鄭伯如周始朝桓王也王不禮焉周桓公言於王曰我周之東遷晉鄭焉依善鄭以勸來者猶懼不蔇

說文蔇草多皃桉玉篇廣韻旣已也盡也古蔇旣字通

杜注𣪘至也亦屬同義

況不禮焉鄭不來矣

七年春滕侯卒不書名未同盟也凡諸侯同盟於是稱名故薨則赴以名告終稱嗣也以繼好息民謂之禮經　夏城中丘書不時也　齊侯使夷仲年來聘結艾之盟也

秋宋及鄭平七月庚申盟于宿公伐邾爲宋討也　初戎朝于周發幣于公卿

鄭元禮記注幣帛也

凡伯弗賓

服注云戎以朝禮及公卿大夫發陳其幣凡伯以諸侯

爲王卿士不修賓主之禮敬報于戎是以冬天王使凡伯來聘還戎伐之于楚丘以歸儀禮疏

冬王使凡伯來聘還戎伐之于楚丘以歸　陳及鄭平十二月陳五父如鄭涖盟王申及鄭伯盟歃如忘

服虔云如而也臨歃而忘其盟載之辭言不精也本疏說文引作歃而忘

泄伯曰五父必不免不賴盟矣鄭良佐如陳涖盟辛巳及陳侯盟亦知陳之將亂也　鄭公子忽在王所故陳侯請妻之鄭伯許之乃成昏

鄭元儀禮昏禮目錄士娶妻之禮以昏爲期故以名焉

八年春齊侯將平宋衛有會期宋公以幣請於衛請先相見衛侯許之故遇于犬丘　鄭伯請釋泰山之祀而祀周公以泰山之祊易許田三月鄭伯使宛來歸祊公羊祊皆作邴下同不祀泰山也　夏虢公忌父始作卿士于周　四月甲辰鄭公子忽如陳逆婦嬀辛亥以嬀氏歸甲寅入于鄭陳鍼子送女先配而後祖

賈逵云以配爲成夫婦也禮齊而未配三月廟見然後配本疏鄭衆以配爲同牢食也先食而後祭祖無敬神之心故曰誣其祖也同上鄭康成以祖爲祓道之祭也先爲配匹而後祖道言未去而行配同上賈服之義大夫以上

無問舅姑在否皆三月見祖廟之後乃始成昏故譏鄭公子忽先爲配匹乃見祖廟禮記疏

鍼子曰是不爲夫婦誣其祖矣非禮也何以能育　齊人卒平宋衞于鄭秋會于温盟于瓦屋以釋東門之役禮也

八月丙戌鄭伯以齊人朝王禮也　公及莒人盟于浮來以成紀好也　冬齊侯使來告成三國公使衆仲對曰君釋三國之圖以鳩其民

爾雅鳩聚也

君之惠也寡君聞命矣敢不承受君之明德　無駭卒羽父請謚與族公問族於衆仲衆仲對曰天子建德因生以

賜姓

王充論衡因其所生賜之姓也若夏吞薏苡而生則姓苡氏商吞燕子而生則姓子氏周履大人跡則姓姬氏

胙之土

薛綜東京賦注胙報也杜本此

而命之氏諸侯以字爲謚

服虔云公之母弟則以長幼爲氏貴適統伯仲叔季是也庶公子則以配字爲氏尊公族展氏臧氏是也本疏鄭康成駁許慎五經異義引此傳文諸侯以字爲氏惠棟云今此以氏作謚者傳寫誤也杜考之不詳乃妄斷其

句而強解之桉據服注及五經駁義則謚爲氏字之誤甚明茅承譌已久未敢更定今不以字字絕句而以謚字爲句讀者詳之

因以爲族官有世功則有官族邑亦如之

服虔止謂異姓又引宋司成韓魏爲證本疏

公命以字爲展氏

九年春王三月癸酉大雨霖以震書始也庚辰大雨雪亦如之書時失也凡雨自三日以往爲霖鄭元禮記注作三日以上

爾雅久雨謂之淫淫雨謂之霖

平地尺爲大雪　夏城郎書不時也　宋公不王鄭伯爲

王左卿士以王命討之伐宋宋以入郛之役怨公不告命公怒絕宋使　秋鄭人以王命來告伐宋　冬公會齊侯于防謀伐宋也　北戎侵鄭鄭伯禦之患戎師曰彼徒我車懼其侵軼我也

高誘淮南王書注自後過前曰軼

公子突曰使勇而無剛者嘗寇

鄭元禮記注嘗猶試也杜本此

而速去之君爲三覆以待之戎輕而不整

鄭元禮記注整正列也

貪而無親勝不相讓敗不相救先者見獲必務進

服虔云先者見獲言必不往相救各自務進言其貪利也本疏

進而遇覆必速奔後者不救則無繼矣乃可以逞

方言逞解也廣雅呈解也呈與逞通杜本此

從之戎人之前遇覆者奔祝明逐之諸本作聃今从釋文石經訂正衷戎師

韋昭國語注衷中也校謂貫其中也

前後擊之盡殪

說文殪死也杜本此

戎師大奔十一月甲寅鄭人大敗戎師

十年春王正月公會齊侯鄭伯于中丘癸丑盟于鄧爲師期　夏五月羽父先會齊侯鄭伯伐宋　六月戊申公會齊侯鄭伯于老桃壬戌公敗宋師于菅庚午鄭師入郜辛未歸于我庚辰鄭師入防辛巳歸于我君子謂鄭莊公於是乎可謂正矣以王命討不庭

爾雅庭直也桉謂諸侯之不直者杜注殊屬曲說韋昭周語注郎云庭直也不直謂不道也

不貪其土以勞王爵

爾雅勞勤也杜本此

正之體也　蔡人衛人郕人不會王命　秋七月庚寅鄭

師入郊猶在郊宋人衛人入鄭蔡人從之伐戴公穀皆作載釋文曰伐載音再八月壬戌鄭伯圍戴癸亥克之取三師焉宋衛既入鄭而以伐戴召蔡人蔡人怒故不和而敗　九月戊寅鄭伯入宋　冬齊人鄭人入郕討違王命也

十一年春滕侯薛侯來朝爭長

服虔云爭長先登授玉儀禮疏

薛侯曰我先封滕侯曰我周之卜正也薛庶姓也我不可以後之公使羽父請於薛侯曰君與滕君辱在寡人周諺有之曰

鄭元禮記注諺俗語也釋文本此

山有木工則度之

爾雅木謂之度亦作劇廣雅云劇分也按郭璞引此傳文卽云山有木工則劇之

賓有禮主則擇之周之宗盟

賈逵以宗爲尊本疏服虔以宗盟爲同宗之盟同上孫毓以爲宗伯屬官掌作盟詛之載辭故曰宗盟同上

異姓爲後寡人若朝于薛不敢與諸任齒

世本姓氏篇任姓謝章薛呂舒祝終泉畢過此十國皆任姓高誘呂覽注齒列也杜本此

君若辱貺寡人

詩毛傳貺賜也

則願以滕君爲請薛侯許之乃長滕侯　夏公會鄭伯于郲

水經注引此傳郲作釐京相璠曰今滎陽縣東四十里有故釐城也杜本此　桉唐石經初刻作于時郲後刊去時字

謀伐許也鄭伯將伐許五月甲辰授兵于大宮公孫閼與潁考叔爭車潁考叔挾輈以走

服虔云考叔挾車轅箠馬而走本疏鄭元儀禮注輈轅也杜本此

子都拔棘以逐之

詩鄭箋棘戟也杜本此

及大逵

爾雅九達謂之逵桉杜注道方九軌葢本考工記然以軌訓逵殊誤下桓十四年傳等並同

弗及子都怒　秋七月公會齊侯鄭伯伐許庚辰傅于許

晉灼漢書注傅著也

潁考叔取鄭伯之旗蝥弧以先登子都自下射之顛

詩毛傳顛仆也

瑕叔盈又以蝥弧登周麾而呼曰

詩鄭箋周徧也王逸楚辭章句擧手曰麾杜本此

君登矣鄭師畢登壬午遂入許許莊公奔衛齊侯以許讓公公曰君謂許不共故從君討之許既伏其罪矣雖君有命寡人弗敢與聞乃與鄭人鄭伯使許大夫百里奉許叔以居許東偏曰天禍許國鬼神實不逞于許君而假手于我寡人寡人惟是一二父兄不能共億

鄭元周禮注共猶給也韋昭國語注億安也杜本此

其敢以許自爲功乎寡人有弟不能和協

爾雅協和也

而使餬其口於四方

說文餬寄食也方言寄食爲餬廣雅餬寄也

其況能久有許乎吾子其奉許叔以撫柔此民也吾將使獲也佐吾子若寡人得没于地天其以禮悔禍于許無寧茲許公復奉其社稷惟我鄭國之有請謁焉

爾雅謁告也杜本此

如舊昏媾

爾雅婦之父曰昏賈逵國語注重昏曰媾一切經音義杜本此

其能降以相從也無滋他族實偪處此以與我鄭國爭此土也吾子孫其覆亡之不暇而況能禋祀許乎

爾雅禋祀也孫炎曰禋絜敬之祭杜注畧同

寡人之使吾子處此不惟許國之爲亦聊以固吾圉也

爾雅圉垂也舍人曰圉拒邊垂也杜本此

乃使公孫獲處許西偏曰凡而器用財賄無寘於許我死

乃亟去之吾先君新邑於此

地理志河南郡新鄭詩鄭國桓公之子武公所國應劭

曰國語云鄭桓公爲周司徒王室將亂寄孥與賄于虢

會之間幽王敗桓公死之其子武公與平王東遷洛邑

遂伐虢會并其地而邑于此杜本此

王室而既卑矣周之子孫日失其序夫許大岳之允也

爾雅允繼也舍人曰允繼世也杜本此

天而既厭周德矣吾其能與許爭乎君子謂鄭莊公於是乎有禮禮經國家定社稷序民人利後嗣者也許無刑

詩毛傳刑法也杜本此

而伐之服而舍之度德而處之量力而行之相時而動無累後人可謂知禮矣　鄭伯使卒出豭

司馬法百人爲卒說文豭牡豕也廣雅豭豕也

行出犬雞以詛射潁考叔者

韋昭國語注行行列也鄭元周禮注詛謂祝之使沮敗也

君子謂鄭莊公失政刑矣政以治民刑以正邪既無德政

又無威刑是以及邪邪而詛之將何益矣　王取鄔劉

地理志河南郡緱氏劉聚周大夫劉子邑郡國志河南尹緱氏有鄔聚杜本此

蔿

吾友邵學士晉涵云周大夫有蔿國蓋食邑于蔿

邘石經作邘誤

說文邘周武王子所封在河內野王是也从邑于聲又讀若區郡國志河內郡野王有邘城水經注邘城故邘國也

之田于鄭而與鄭人蘇忿生之田溫原

地理志河內郡溫故國己姓蘇忿生所封也杜本此郡國志河內郡軹有原鄉杜同此

絺

說文作郗地理志河內郡波孟康曰今有絺城郡國志同杜本此

樊

郡國志河內郡修武有陽樊攢茅田服虔云樊仲山之所居故名陽樊杜取此校圖經引舊說文云仲山甫所封之樊在今南陽疑在修武者仲山甫所居在南陽者則其封國也

隰郕

郡國志河内郡懷有隰城杜同此　桉僖廿五年傳作隰城

劉昭引此傳亦作城

攢茅向石經本作欑誤

京相璠曰或云今河内軹西有城名向上闞駰十三州

志曰軹縣南山西曲有故向城卽周向國也水經注杜注同此

盟

書禹貢導河又東至于孟津盟孟古字通盟卽孟津也

杜本此　桉唐武德四年于孟津置盟州以此

州

地理志河内郡州酈道元云周以賜鄭昭公按昭當作莊杜本此

陘

按元和郡縣志太行陘在河内縣西北三十里連山中斷曰陘述征記曰太行山首始于河内自河内北至幽州凡有八陘第一曰軹關陘第二曰太行陘第三曰白陘今攷此上三陘皆在河内左近疑此傳之陘即指太行陘等而言然未敢以爲是姑附記于此或又以密縣陘山當之今攷密在河以南非是

隤

京相璠曰河內修武縣北有故隤城實中水經注郡國志河內郡修武縣有隤城杜同此

懷

地理志河內郡懷杜本此

君子是以知桓王之失鄭也恕而行之德之則也禮之經也已弗能有而以與人人之不至不亦宜乎鄭息有違言

世本息國姬姓說文鄎姬姓之國在淮北今汝南新鄎地理志汝南郡新息孟康曰故息國其後徙東故加新焉杜本此

息侯伐鄭鄭伯與戰于竟息師大敗而還君子是以知息之將亾也不度德不量力不親親不徵辭不察有罪犯五不韙

倉頡篇釋文及廣雅韙是也杜本此

而以伐人其喪師也不亦宜乎　冬十月鄭伯以虢師伐宋壬戌大敗宋師以報其入鄭也宋不告命故不書凡諸侯有命告則書不然則否師出臧否亦如之雖及滅國滅不告敗勝不告克不書于策　羽父請殺桓公將以求太宰公曰爲其少故也吾將授之矣使營菟裘公羊傳作塗裘吾將老焉

服虔云菟裘魯邑也營菟裘以作宮室欲居之以終老也史記集解郡國志泰山郡梁父有菟裘聚杜同此

羽父懼反譖公于桓公而請弑之公之爲公子也與鄭人戰于狐壤止焉鄭人囚諸尹氏賂尹氏

詩毛傳賂遺也

而禱于其主鍾巫

鄭元周禮注求福曰禱賈逵云鍾巫祭名也史記集解

遂與尹氏歸而立其主十一月公祭鍾巫齊于社圃館于寪氏

服虔云館舍也寪氏魯大夫同上杜取此

壬辰羽父使賊弑公于寪氏立桓公而討寪氏有死者不書葬不成喪也

賈穎云君弑不書葬賊不討也釋例

桓公元年春公卽位修好于鄭鄭人請復祀周公卒易祊田公許之三月鄭伯以壁假許田爲周公祊故也　夏四月丁未公及鄭伯盟于越結祊成也盟曰渝盟無享國

秋大水凡平原出水爲大水

爾雅廣平曰原杜本此

冬鄭伯拜盟　宋華父督

世本華父督宋戴公之孫好父說之子本疏服虔云督戴

公之孫史記集解

見孔父之妻

鄭元儀禮注作孔甫云甫字或作父又士相見禮注今文父爲甫

于路目逆而送之曰美而豔

詩毛傳色美曰豔杜本此

二年春宋督攻孔氏殺孔父而取其妻公怒督懼遂弒殤公君子以督爲有無君之心而後動於惡故先書弒其君會于稷以成宋亂爲賂故立華氏也宋殤公立十年十一戰

服虔云與夷隱四年卽位一戰伐鄭圍其東門再戰取其禾皆在隱四年三戰取邾田四戰邾鄭入其郛五戰伐鄭圍長葛皆在隱五年六戰鄭伯以王命伐宋在隱九年七戰公敗宋師于菅八戰宋衞入鄭九戰宋人蔡人衞人伐戴十戰戊寅鄭伯入宋皆在隱十年十一戰鄭伯以虢師大敗宋師在隱十一年本疏又史記宋世家集解作賈逵注說同

民不堪命孔父嘉爲司馬督爲大宰故因民之不堪命先宣言曰司馬則然已殺孔父而弒殤公召莊公子鄭而立之以親鄭以郜大鼎賂公

郡國志濟陰郡成武有郜城杜同此

齊陳鄭皆有賂故遂相宋公　夏四月取郜大鼎于宋戊申納于太廟非禮也臧哀伯諫曰君人者將昭德塞違

高誘呂覽注塞遏也

以臨照百官猶懼或失之故昭令德以示子孫是以清廟茅屋

賈逵云肅然清靜謂之清廟詩疏杜取此

大路越席

服虔云大路祀天車也越席結括草以爲席也史記集解桜家語郎作趏席　又云大路總名也如今駕駟高車矣尊卑俱乘

之其朶色有差續漢書注又云大路木路本疏王肅云不緣也

史記集解杜注取服說

大羹不致淮南王書作大羹不和粢食不鑿

釋文云字林作毇子沃反云糲米一斛舂爲八斗玉篇毇許委切米一斛舂爲八斗也鑿子各切左氏傳云粢食不鑿鑿精也一斛舂爲九斗也桉淮南王書作粢食不毇高誘注毇細也鑿爲鑿古字假借

昭其儉也袞冕黻珽

鄭司農周禮注袞卷龍衣也釋名畫卷龍于衣也杜注畫衣本此書孔傳冕冠也正義黻或作韍或作芾音義

同白虎通韍蔽厀也廣雅珽笏也皆杜注所本

帶裳幅舄

玉藻革帶博二寸白虎通云男子有鞶帶者示有金革之事詩毛傳在下曰裳所以配衣也鄭箋幅斜幅如今行縢也釋名複其下曰舄

衡紞紘綖

鄭司農周禮注衡維持冠者字林紞冠之垂者詩毛傳紘纓之無緌者從下仰屬于冠綖冕上覆也杜本此桉張衡東京賦衡作珩李善注引此傳亦同思元賦注云珩與衡音義同也

昭其度也藻率鞞鞛

服虔以藻爲畫藻率爲刷巾本疏鄭元禮記注藻所以藉玉詩毛傳下曰鞞上曰琫桉琫與鞛音義同杜注鞞鞛正與毛傳上下相反疑誤又桉東京賦作藻繂李善注同傳遜云桉禮經率帶諸侯大夫皆五采士二采率與繂同

鞶厲游纓

服虔云鞶大帶厲是大帶之垂者禮疏桉詩毛傳厲帶之垂者游或作斿或作旒旌旗之垂者也又云纓如索帬今乘輿大駕有之本疏桉疏云賈服等說鞶厲皆與杜同是杜取賈服說

昭其數也火龍黼黻

鄭司農考工記注火謂圜形似火也鄭元云龍水物畫水者并畫龍考工記白與黑謂之黼黑與青謂之黻書孔傳黼若斧形黻謂兩已相背杜並本此

昭其文也五色比象昭其物也鍚鸞和鈴

服虔云鸞在鑣和在衡史記集解鄭元周禮注鍚馬面當盧詩毛傳鈴在旂杜取服說又本此

昭其聲也三辰旂旗

服虔云三辰日月星也杜取此謂之辰者辰時也日以昭晝月以昭夜星則運行于天民得取其時節故謂之辰

也詩疏服氏注云九斿之總名儀禮注

昭其明也夫德儉而有度登降有數文物以紀之聲明以

發之以臨照諸本誤作照臨今訂正百官百官於是乎戒懼而不敢

易紀律今滅德立違而寘其賂器於大廟以明示百官百

官象之其又何誅焉國家之敗由官邪也官之失德寵賂

章也郜鼎在廟章孰甚焉武王克商遷九鼎于洛邑

服虔云今河南有鼎中觀書疏釋文云雒音洛本亦作洛

書孔傳引此作洛按地理志河南郡有雒陽師古引魚

豢曰漢火行忌水故去洛水而加佳如魚氏説則光武

以後始改爲雒邑今諸刊本並皆作雒此從孔傳及宋

本改正下並同

義士猶或非之而況將昭違亂之賂器於大廟其若之何公不聽周內史聞之曰臧孫達其有後於魯乎君違不忘諫之以德　秋月杞侯來朝不敬杞侯歸乃謀伐之

蔡侯鄭伯會于鄧始懼楚也

地理志南郡江陵故楚郢都楚王自丹陽徙此杜本此

九月入杞討不敬也　公及戎盟于唐修舊好也　冬公至自唐告于廟也凡公行告于宗廟反行飲至舍爵

高誘呂覽注爵飲爵

策勳焉禮也特相會往來稱地讓事也自參以上則往稱

地來稱會成事也　初晉穆侯之夫人姜氏以條之役生大子命之曰仇

高誘呂覽注晉國名也音晉今爲晉字之誤也此說未詳然古人或有依據附此存攷廣雅命名也案說文名自命也

其弟以千畝之戰生

郡國志太原郡界休有千畝聚杜同此

命之曰成師漢書志二命字皆作名　師服曰

賈逵云晉大夫史記集解杜取此

異哉君之名子也

桉史記名作命名與命古字通

夫名以制義義以出禮禮以體政政以正民是以政成而民聽易則生亂嘉耦曰妃怨耦曰仇古之命也

桉說文引虞書云怨匹曰仇然則此二語古書之辭故杜注亦以爲自古有此言陳樹華云禮記緇衣引詩云君子好仇鄭氏注云仇匹也詩國風君子好逑鄭氏箋云怨耦曰仇陸氏音義云逑音仇本又作仇是仇與逑通但此言怨耦則義自不同

今君命大子曰仇弟曰成師始兆亂矣兄其替乎

詩毛傳替廢也釋文本此惠士奇曰三體石經作暜桉

晉乃隸省依說文當作㬪今从石經定作晉

惠之二十四年

石經凡經傳文二十皆作廿字三十皆作卅惟四十仍作四十

晉始亂故封桓叔于曲沃靖侯

謚法柔德安衆曰靖又恭己鮮言曰靖又寬樂令終曰靖

之孫欒賓傳之師服曰吾聞國家之立也本大而末小是以能固故天子建國諸侯立家卿置側室大夫有貳宗士有隸子弟

服虔云士卑自以其子弟爲僕隸祿不足以及宗是其有隸子弟也儀禮疏杜取此

庶人工商各有分親皆有等衰是以民服事其上而下無覬覦

說文覦欲也服虔覬作窺云窺謂舉足而視也一切經音義

吾友王給事念孫曰漢書武五子傳廣陵王胥見上年少無子有覬欲心卽覬覦也

今晉甸侯也而建國本旣弱矣其能久乎惠之三十年晉潘父弑昭侯而納桓叔

謚法容儀恭美曰昭又昭德有勞曰昭又聖聞周達曰

昭

不克晉人立孝侯

謚法五宗安之曰孝又慈惠愛親曰孝又秉德不回曰孝又協時肇厚曰孝

惠之四十五年曲沃莊伯伐翼弒孝侯翼人立其弟鄂侯

鄂侯生哀侯哀侯侵陘庭之田庭史記作廷

賈逵云翼南鄙邑名史記集解杜取此

陘庭南鄙啟曲沃伐翼

三年春曲沃武公伐翼次于陘庭韓萬御戎梁宏爲右

世本武公莊伯子韓萬莊伯弟本疏服虔云韓萬晉大夫

曲沃桓叔之子莊伯之弟晉大夫以韓爲氏詩疏史記集解作賈注說同杜取此

逐翼侯于汾隰

水經汾水出太原汾陽縣北管涔山東南過晉陽縣爾雅下溼曰隰杜本此

驂絓而止

鄭元儀禮注騑馬曰驂廣雅絓縣也杜本此

夜獲之及欒共叔　會于嬴成昏于齊也　夏齊侯衛侯胥命于蒲不盟也　公會杞侯于郕杞求成也　秋公子翬如齊逆女修先君之好故曰公子齊侯送姜氏

釋文本或作送姜氏于讙水經注引傳文又作齊侯送姜氏于下讙

非禮也凡公女嫁于敵國姊妹則上卿送之以禮於先君公子則下卿送之於大國雖公子亦上卿送之於天子則諸卿皆行公不自送於小國則上大夫送之　冬齊仲年來聘致夫人也　芮伯萬之母芮姜惡芮伯之多寵人也故逐之出居于魏

地理志在馮翊臨晉芮鄉故芮國河東郡河北詩魏國世本芮魏皆姬姓本疏杜本此

四年春正月公狩于郎書時禮也　夏周宰渠伯糾來聘

父在故名　秋秦師侵芮敗焉小之也　冬王師秦師圍魏執芮伯以歸

汲郡古文云取芮伯萬而東之

五年春正月甲戌己丑陳侯鮑卒再赴也於是陳亂文公子佗殺大子免而代之公病疾

鄭元論語注病謂疾困也本疏桉白虎通巡狩篇傳曰甲戌之日亾己丑之日死而得有狂易之病蜚亾而死由不絕也據此則鮑之病蓋狂易甲戌日已亾尚未絕已丑日始盡死耳

而亂作國人分散故再赴　夏齊侯鄭伯朝于紀欲以襲

之紀人知之　王奪鄭伯政鄭伯不朝　秋王以諸侯伐鄭鄭伯禦之王爲中軍虢公林父將右軍蔡人衛人屬焉周公黑肩將左軍

賈逵云黑肩莊王弟子儀也史記周本紀集解

陳人屬焉鄭子元請爲左拒以當蔡人衛人爲右拒以當陳人曰陳亂民莫有鬬心若先犯之必奔王卒顧之必亂蔡衛不枝

高誘戰國策注支猶拒也支枝字同韋昭國語注枝拄也

固將先奔既而萃于王卒可以集事從之

易象下傳萃聚也詩鄭箋集猶成也杜本此

曼伯爲右拒祭仲足爲左拒原繁高渠彌史記作高渠眯以中軍

奉公爲魚麗之陳先偏後伍

司馬法車戰二十五乘爲偏周禮司馬五人爲伍杜本此

伍承彌縫

廣雅釋詁縫合也

戰于繻葛命二拒曰旝動而鼓

賈逵以旝爲發石一曰飛石范蠡兵法云飛石重二十斤爲機發行二百步本疏說文旝建大木置石其上發以機以磓敵釋文云旝說文作檜桉今刻本說文仍作旝

又按三國志太祖爲發石車擊袁紹注引魏氏春秋曰以古有矢石又傳言旝動而鼓說曰旝發石也于是造發石車惠棟云說者卽賈侍中說也杜以旝爲旃蓋本馬融今按新唐書李密傳造雲旝三百具以機發石爲攻城具號將軍礮益可證賈氏之說杜注雖本馬融然究不若賈說之信而有徵也

蔡衞陳皆奔王卒亂鄭師合以攻之王卒大敗祝聃射王中肩史記作祝瞻射王中臂王亦能軍祝聃請從之公曰君子不欲多上人況敢陵天子乎今本作淩非是从文選注改正苟自救也社稷無隕多矣夜鄭伯使祭足勞王且問左右　仍叔之子弱也

秋大雩書不時也凡祀啟蟄而郊

服虔注左傳曰一說郊祀天祈農事雩祭山川而祈雨也續漢書注 服虔注魯祭天以孟月祭宗廟以仲月釋例

龍見而雩

服虔云龍角亢也謂四月昏龍星體見萬物始盛待雨而大故雩祭以求雨也續漢書注 潁氏以爲龍見五月釋例

始殺而嘗

賈服始殺惟據孟春不通建酉之月本疏 桉杜注亦從賈服以雩爲遠

閉蟄而烝過則書 冬淳于公如曹度其國危遂不復

地理志北海郡淳于應劭曰春秋州公如曹左氏傳曰淳于公如曹臣瓚曰州國名也淳于公國之所都杜注同

六年春自曹來朝書曰寔來不復其國也　楚武王侵隨

賈逵云隨姬姓史記集解世本同地理志南陽郡隨故國杜本此

使薳章求成焉

王符潛夫論蚡冒生蔿章者王子無鉤也令尹孫叔敖者蔿章之孫也薳與蔿同按見僖二十七年傳注

軍於瑕以待之隨人使少師董成

爾雅董正也杜本此

鬬伯比言於楚子曰吾不得志于漢東也我則使然我張吾三軍而被吾甲兵

詩毛傳張大也杜本此

以武臨之彼則懼而協以謀我故難間也漢東之國隨爲大隨張必弃小國小國離楚之利也少師侈請羸師以張之

韋昭國語注羸弱也杜本此

熊率且比曰季梁水經注引作李良在何益鬬伯比曰以爲後圖少師得其君王毀軍而納少師少師歸請追楚師隨侯將許之季梁止之曰天方授楚楚之羸其誘我也君何急焉

臣聞小之能敵大也小道大淫所謂道忠於民而信於神也上思利民忠也祝史正辭信也今民餒而君逞欲餒當作餧

祝史矯舉以祭

方言廣雅逞快也何休公羊傳詐稱曰矯杜本此

臣不知其可也公曰吾牲牷肥腯

服虔曰牛羊曰肥豕曰腯本疏書孔傳牛羊豕曰牲鄭司農周禮注牷純也杜取服義兼本此

粢盛豐備

何休公羊傳黍稷曰粢在器曰盛惠士奇曰禹廟殘碑作資盛說文作齋云稷也从禾齊聲或作粢从次桉石

經宋本皆作粢鄭注周禮云齍讀爲粢

何則不信對曰夫民神之主也是以聖王先成民今本誤作名詩正義引作先成於民多一於字而後致力於神故奉牲以告曰博碩肥腯

鄭元儀禮注博廣也詩毛傳碩大也杜本此謂民力之普存也詩正義引此謂下多其字校以下二句例之似當有其字謂其畜之碩大蕃滋也謂其不疾瘯蠡也

釋文稱說文蠡作瘰桉說文無瘰字痤字下注云小腫也从疒坐聲一曰族絫臣鉉等曰今别作瘯蠡非是今攷玉篇瘯蠡皮膚病左傳曰不疾瘯蠡也一作瘰桉釋文所引說文疑屬玉篇之誤又桉說文痤字注既云小

腫而陸氏所引說文亦云皮肥是族荼不過皮毛肥腫之病故玉篇云然杜注以疥癬當之考說文疥搔也癬乾瘍也恐非其義

謂其備腯咸有也奉盛以告曰絜粢豐盛謂其三時不害而民和年豐也奉酒醴以告曰嘉栗旨酒

爾雅嘉善也何休公羊傳栗猶戰栗謹敬貌杜本此

謂其上下皆有嘉德而無違心也所謂馨香無讒慝也故務其三時修其五教親其九族

古尚書說九族者從高祖至元孫凡九桉杜注九族雖用戴歐陽等說然諸侯絕旁親況下云致其禋祀則非

施于他姓可知究當以孔鄭說爲是

以致其禋祀

說文禋敬也杜本此

於是乎民和而神降之福文選注引此而下有後字故動則有成今民各有心而鬼神乏主君雖獨豐其何福之有君姑修政而親兄弟之國庶免於難隨侯懼而修政楚不敢伐　夏會于成紀來諮謀齊難也　北戎伐齊齊侯使乞師于鄭鄭太子忽帥師救齊六月大敗戎師獲其二帥大良少良甲首三百以獻於齊於是諸侯之大夫戍齊齊人饋之餼

論語集解引鄭注牲生曰餼杜本此　陳樹華云說文氣字

下引春秋傳云齊人來氣諸侯槩字下云氣或从旣餼字下云氣或从食餼之爲氣槩之爲旣皆古文也杜子春云字當爲餼失之

使魯爲其班

鄭元儀禮注班次也杜本此

後鄭鄭忽以其有功也怒故有郎之師公之未昏於齊也齊侯欲以文姜妻鄭大子忽大子忽辭人問其故大子曰人各有耦齊大非吾耦也詩云自求多福在我而已大國何爲君子曰善自爲謀及其敗戎師也齊侯又請妻之固辭人問其故大子曰無事於齊吾猶不敢今以君命奔齊

之急而受室以歸是以師昏也民其謂我何遂辭諸鄭伯

秋大閱簡車馬也　九月丁卯子同生以大子生之禮舉之接以大牢接鄭注禮記作捷

服虔云桓公之大子莊公同御覽唐呂才陰陽雜書序以長歷檢之莊公生當乙亥之歲建申之月賈注云不稱大子者書始生禮疏服虔云接者子初生接見于父御覽

卜士負之士妻食之公與文姜宗婦命之公問名於申繻

賈逵云申繻魯大夫史記集解杜取此

對曰名有五有信有義有象有假有類以名生爲信

論衡作生名下德命作德名類命作類名

以德命爲義

服虔云謂若大王度德命文王曰昌命武王曰發本疏

以類命爲象取於物爲假取於父爲類不以國不以官不

以山川

大戴禮及賈誼新書胎教篇名無取于名山通谷

不以隱疾不以畜牲

鄭衆服虔皆以六畜爲馬牛羊豕犬雞本疏

不以器幣

服虔以爲俎豆罍彝犧象之屬皆不可以爲名也本疏

周人以諱事神名終將諱之釋文以名字絶句

淮南王書曰祝則名君高誘注周人以諱事神敬之至也

故以國則廢名以官則廢職以山川則廢主以畜牲則廢祀以器幣則廢禮晉以僖侯廢司徒宋以武公廢司空

服虔云武公名司空廢司空爲司城禮疏杜取此

先君獻武廢二山

謚法聰明睿知曰獻又知質有聖曰獻

是以大物不可以命公曰是其生也與吾同物

惠棟云物謂六物歲時日月星辰是也與桓公同日故曰同物古稱六物唐稱六命

命之曰同　冬紀侯來朝請王命以求成于齊公告不能

七年春穀伯鄧侯來朝名賤之也

服虔云穀鄧密邇于楚不親仁善鄰以自固卒爲楚所滅無同好之救桓又有弒賢兄之惡故賤而名之本疏

夏盟向求成于鄭既而背之　秋鄭人齊人衛人伐盟向王遷盟向之民于郟

地理志河南郡河南故郟鄏也玉篇郟洛陽北地杜本此

冬曲沃伯誘晉小子侯殺之

八年春滅翼　隨少師有寵楚鬬伯比曰可矣讎有釁

韋昭國語注釁瑕也薛綜東京賦注釁隙也杜本此

不可失也夏楚子合諸侯于沈鹿黃隨不會使薳章讓黃

地理志南郡弋陽縣應劭曰故黃國杜本此

楚子伐隨軍于漢淮之間季梁請下之弗許而後戰所以怒我而怠寇也少師謂隨侯曰必速戰不然將失楚師隨侯御之望楚師季梁曰楚人上左君必左無與王遇且攻其右右無良焉必敗偏敗衆乃攜矣少師曰不當王非敵也弗從戰于速杞隨師敗績隨侯逸

韋昭國語注逸奔也

鬬丹獲其戎車與其戎右少師秋隨及楚平楚子將不許鬬伯比曰天去其疾矣隨未可免也乃盟而還　冬王命

虢仲立晉哀侯之弟緡于晉　祭公來遂逆王后于紀禮也

九年春紀季姜歸于京師凡諸侯之女行惟王后書　巴子使韓服告于楚

地理志巴郡應劭曰左氏傳巴子使韓服告楚杜本此

請與鄧爲好楚子使道朔將巴客以聘於鄧鄧南鄙鄾人

說文鄧曼姓之國鄾鄧國地也春秋傳曰鄧南鄙鄾人攻之桉此卽哀十八年巴人伐楚圍鄾之鄾杜注云楚邑蓋楚滅鄧之後鄾又爲楚邑也郡國志南陽郡有鄾聚晉書地理志襄陽郡鄾縣桉縣蓋晉置後省圖經襄

陽縣北有鄾城

攻而奪之幣殺道朔及巴行人楚子使薳章讓于鄧鄧人弗受夏楚使鬬廉帥師及巴師圍鄾鄧養甥聃甥帥師救鄾三逐巴師不克鬬廉衡陳其師於巴師之中

廣雅衡橫也杜本此

以戰而北

釋文云稽康北音背韋昭國語注軍敗奔走曰北北古之背字也杜本此

鄧人逐之背巴師而夾攻之鄧師大敗鄾人宵潰

詩毛傳宵夜也杜本此

秋虢仲芮伯梁伯

地理志左馮翊夏陽故少梁杜本此 正義據僖十七年傳

知梁爲嬴姓

荀侯

説文郇周武王子所封國在晉地桉應劭北征賦注引

此作郇侯地理志注亦同郇荀古字同

賈伯

劉昭引博物志臨汾有賈鄉賈伯邑

伐曲沃 冬曹大子來朝賓之以上卿禮也

服虔云大子桓公子莊公射姑御覽又云曹伯有故使其

大子攝而朝曲禮曰諸侯之嫡子攝其君來誓于天子則以皮帛繼子男諸侯之上卿之禮也上卿出入三食三牢牽二牢一享一食宴之也同上杜取此

享曹大子初獻樂奏而歎

服虔云初獻酒如獻爵樂奏人上堂也初獻爵樂奏大子歎而哀樂也同上

施父曰

服虔云施父魯大夫同上杜取此

曹大子其有憂乎非歎所也

服虔云古之爲享食所以觀威儀省禍福無喪而慼憂

必讐焉今大子臨樂而嘆是父將死而兆先見也本疏

十年春曹桓公卒　虢仲譖其大夫詹父于王詹父有辭以王師伐虢　夏虢公出奔虞

地理志河東郡大陽吳山在西上有吳城周武王封大伯後于此是爲虞公爲晉所滅杜本此

秋秦人納芮伯萬于芮　初虞叔有玉虞公求旃

詩毛傳旃之也杜本此

弗獻既而悔之曰周諺有之李善文選注引作周任　匹夫無罪懷璧其罪吾焉用此其以賈害也

爾雅賈市也

乃獻之又求其寶劍叔曰是無厭也無厭將及我遂伐虞公故虞公出奔共池

圖經共城在解州平陸縣西四十里

冬齊衛鄭來戰于郎我有辭也初北戎病齊諸侯救之鄭公子忽有功焉齊人餼諸侯使魯次之魯以周班後鄭鄭人怒請師于齊齊人以衛師助之故不稱侵伐先書齊衛王爵也

十一年春齊衛鄭宋盟于惡曹

服虔以爲不書宋宋後盟本疏

楚屈瑕

王逸楚辭章句楚武王生子瑕受屈爲客卿因以爲氏

將盟貳軫

國名記貳匽姓在隨州南楚滅之軫亦匽姓在楚東南亦楚所滅地理志江夏郡雲杜應劭曰左傳若敖取于䢵今䢵亭是也䢵釋文本亦作涓涓䢵音義並同

鄖人軍于蒲騷

桉通典應城縣有古蒲騷城今攷安陸應城本春秋䢵子之國䢵人蓋軍于已境也

將與隨絞州蓼

春秋地圖攷在漢水之北說文鄝地名从邑翏聲釋文

云蓼或作鄝鄭氏詩箋亦引作鄝地理志南陽郡湖陽故蓼國郡國志南陽郡棘陽有湖陽邑杜同此圖經監利縣東三十里有州陵城春秋時州國

伐楚師莫敖患之漢書志敖作囂鬬廉曰鄖人軍其郊必不誡且日虞四邑之至也

廣雅虞望也桉言日望四邑之至也較杜義爲長

君次于郊郢以禦四邑我以銳師宵加于鄖鄖有虞心而恃其城莫有鬬志若敗鄖師四邑必離莫敖曰盍請濟師於王

鄭元禮記注盍何不也杜本此

對曰師克在和不在衆商周之不敵君之所聞也成軍以出又何濟焉莫敖曰卜之對曰卜以決疑不疑何卜遂敗鄖師于蒲騷卒盟而還　鄭昭公之敗北戎也齊人將妻之昭公辭祭仲曰必取之君多內寵

服虔云言庶子有寵者多史記集解

子無大援將不立三公子皆君也弗從　夏鄭莊公卒初祭封人

郡國志陳留郡長垣古祭城杜同此

仲足有寵於莊公莊公使爲卿爲公娶鄧曼生昭公故祭仲立之宋雍氏女於鄭莊公曰雍姞生厲公

賈逵云雍氏黄帝之孫姞姓之後爲宋大夫杜取此

雍氏宗有寵於宋莊公

服虔云爲宋正卿故曰有寵同上桉春秋之世宋未嘗以異姓爲正卿不知服何據

故誘祭仲而執之曰不立突將死亦執厲公而求賂焉祭仲與宋人盟以厲公歸而立之　秋九月丁亥昭公奔衛己亥厲公立

十二年夏盟于曲池平杞莒也　公欲平宋鄭秋公及宋公盟于句瀆之丘宋成未可知也故又會于虚冬又會于龜宋公辭平故與鄭伯盟于武父遂帥師而伐宋戰焉宋

無信也君子曰苟信不繼盟無益也詩云君子婁盟諸本作屢今从釋文改正亂是用長無信也　楚伐絞軍其南門莫敖屈瑕曰絞小而輕輕則寡謀請無扞采樵者以誘之

高誘戰國策注扞禦也廣雅樵薪也杜本此

從之絞人獲三十人明日絞人爭出驅楚役徒于山中楚人坐其北門

廣雅坐止也惠棟云按兵法有立陳坐陳見尉繚子立陳所以行也坐陳所以止也傳曰裹糧坐甲又云王使甲坐于道又云士皆坐列司馬法云徒以坐固荀子曰庶士介而坐道及此傳坐其北門皆坐陳也按此則坐

字當從廣雅訓爲止杜注坐猶守也于訓詁爲不合矣

而覆諸山下大敗之爲城下之盟而還伐絞之役楚師分

涉於彭

水經漢水過筑陽縣東鄀水出自房陵縣東過其縣南流注之梭道元云杜預謂之彭水今攷楚附庸臨彭水

當卽絞

羅人欲伐之

地理志南郡枝江故羅國世本羅熊姓杜本此

使伯嘉謀之三巡數之

韋昭國語注諜候也鄭氏周禮注巡徧也杜本此

十三年春楚屈瑕伐羅鬬伯比送之還謂其御曰漢志御作馭莫敖必敗舉趾高

桉漢書五行志引傳趾作止高誘呂覽注止足也鄭注士昏禮古文止作趾易虞翻注亦云趾足也杜本此

心不固矣遂見楚子曰必濟師楚子辭焉入告夫人鄧曼鄧曼曰大夫其非衆之謂其謂君撫小民以信

說文撫安也廣雅同

訓諸司以德而威莫敖以刑也莫敖狃於蒲騷之役

說文狃犬性驕也玉篇狃狎習也桉杜訓狃爲忕本小爾

將自用也必小羅君若不鎮撫

廣雅鎮安也

其不設備乎夫固謂君訓衆而好鎮撫之

服虔云夫謂鬭伯比本疏襄二十三年

召諸司而勸之以令德見莫敖而告諸天之不假易也不然夫豈不知楚師之盡行也楚子使賴人追之

地理志南陽郡隨有厲鄉故厲國杜本此師古曰厲讀曰賴郡國志汝南郡褒信有賴亭故國桉此賴國所在當以地理志爲是

不及莫敖使徇于師曰

說文㣙行示也从彳勻聲司馬法斬以㣙廣雅徇巡也

杜注徇宣令也義亦本此玉篇徇同㣙

諫者有刑及鄢亂次以濟淇水

釋文本或作亂次以濟其水桉水經注引傳作亂次以濟淇水攷派水與夷水亂流東出謂之淇水派淇同後傳寫誤耳巡蠻城南城在宜城南三十里杜預釋例羅在宜城縣西山中後在南郡枝江縣自楚及羅須渡此水杜本因脫淇水二字故注析不清釋文其字又誤脫水旁今從酈注及釋文增入二字又桉杜注以此傳之鄢爲水名亦誤攷鄢楚縣名昭十三年王沿夏將欲入鄢服虔云

鄢别都也此傳文鄢字亦指楚縣而言不指鄢水杜注及正義皆誤

遂無次且不設備及羅羅與盧戎兩軍之

釋文盧或作廬廬盧古字同梫文十六年楚使盧侵庸書牧誓微盧彭濮人皆卽指此史記作纑亦通括地志金州有石盧國

大敗之莫敖縊于荒谷羣帥囚于冶父

水經注沔水下白湖等三湖合爲一水東通巟谷東岸有冶父城梫皆當在今江陵又梫說文荒谷字當作巟釋文亦云本或作巟荒後傳寫誤耳

以聽刑楚子曰孤之罪也皆免之　宋多責賂於鄭鄭不堪命故以紀魯及齊與宋衞燕戰不書所戰後也

服虔云不日者公至而後定戰日地之與日當同時設期公既不及期地安得及期日也本疏杜亦取此

鄭人來請修好

十四年春會于曹曹人致餼禮也　夏鄭子人來尋盟且修曹之會　秋八月壬申御廩災乙亥嘗書不害也　冬宋人以諸侯伐鄭報宋之戰也焚渠門入及大逵伐東郊取牛首

水經注沙水又東南逕牛首亭東左傳伐東郊取牛首

者也俗謂之車牛城矣桉道元當本舊說

以大宮之椽歸爲盧門之椽

説文周謂之椽齊魯謂之桷

十五年春天王使家父來求車非禮也諸侯不貢車服天子不私求財

祭仲專鄭伯患之使其壻雍糾殺之

賈逵云雍糾鄭大夫史記集解爾雅女子之夫爲壻

將享諸郊雍姬知之謂其母曰父與夫孰親其母曰人盡夫也父一而已胡可比也遂告祭仲曰雍氏舍其室而將享子於郊吾惑之以告祭仲殺雍糾尸諸周氏之汪

服虔通俗文亭水曰汪一切經音義桉高誘淮南王書注作

矢謂周氏之汪今孜尸矢皆陳也義並通

公載以出曰謀及婦人宜其死也夏厲公出奔蔡　六月乙亥昭公入　許叔入于許　公會齊侯于艾謀定許也

秋鄭伯因櫟人殺檀伯史記作單伯服虔云鄭守櫟大夫水經注又云櫟鄭之大都同上又史記集解杜取此而遂居櫟　冬會于袲謀伐鄭將納厲公也弗克而還

十六年春正月會于曹謀伐鄭也　夏伐鄭秋七月公至自伐鄭以飲至之禮也　冬城向書時也　初衛宣公烝於夷姜生急子史記漢書人表並作伋釋文云急詩作伋

服虔云上淫曰烝詩疏杜取此

屬諸右公子爲之娶於齊而美公取之生壽及朔屬壽于

左公子夷姜縊

說文縊經也春秋傳曰夷姜縊

宣姜與公子朔構急子

服虔云構會其過惡詩疏杜取此

公使諸齊使盜待諸莘

服虔云莘衞東地同上京相璠曰今平原陽平縣北十里

有故莘亭阸限蹊要自衞適齊之道也水經注郡國志陽

平侯國有莘亭杜同此

壽子告之使行不可曰棄父之命惡用子矣

高誘呂覽注惡安也杜本此

有無父之國則可也及行飲以酒壽子載其旌以先盜殺之急子至曰我之求也此何罪請殺我乎又殺之二公子故怨惠公十一月左公子泄諸本作洩今从古今人表改正右公子職立公子黔牟惠公奔齊

十七年春盟于黃平齊紀且謀衞故也　及邾儀父盟于趡尋蔑之盟也　夏及齊師戰于奚疆事也於是齊人侵魯疆疆吏來告公曰疆場之事

說文畺界也从畕三其界畫也或从彊土惠棟曰古文

作壘易周禮有壘地易地楊統碑云疆易不爭張公神道碑云壘界家靜呂君碑云愼守壘易蓋用此文

愼守其一而備其不虞姑盡所備焉事至而戰又何謁焉

蔡桓侯卒蔡人召蔡季于陳　秋蔡季自陳歸于蔡蔡人嘉之也　伐邾宋志也　冬十月朔日有食之不書日官失之也天子有日官諸侯有日御

服虔云日官日御典歷數者也周禮疏杜取此

日官居卿

服虔云是居卿者卿居其官以主之重歷數也本疏

以底日

顧炎武云五經無底字皆是底字惟左傳襄二十九年處而不底昭元年勿使有壅閉湫底乃章禮反耳今說文本底字下有一畫誤也字當从氐桉底與抵古字通廣雅釋詁抵推也此抵日猶言推日耳杜注平也似未諦

禮也日御不失日以授百官于朝　初鄭伯將以高渠彌爲卿昭公惡之固諫不聽昭公立懼其殺己也辛卯弒昭公而立公子亹韓非子作子亹君子謂昭公知所惡矣公子達曰韓非子作公子圉高伯其爲戮乎復惡已甚矣韓非子復作報

桉據韓非子則復當訓報復之復鄭康成周禮注復猶

報也杜注重也失之陳樹華校本同

十八年春公將有行遂與姜氏如齊申繻管子作申俞曰女有家男有室無相瀆也謂之有禮易此必敗公會齊侯于濼遂及文姜如齊齊侯通焉

服虔云旁淫曰通詩疏

公謫之

韋昭漢書注謫譴也杜本此

以告夏四月丙子享公

服虔云爲公設享讌之禮史記集解杜取此

使公子彭生乘公

蔡邕獨斷乘猶載也

公薨于車

史記魯世家使公子彭生抱魯桓公因命彭生折其脅公死于車桉玉篇骼字下引左氏傳云拉公骼而殺之云以手拉折其骼今攷玉篇誤以公羊爲左氏傳下句即何休注也詩毛傳又云搚殺之說文搚捉也與拉字義亦通

魯人告于齊曰寡君畏君之威不敢寧居來修舊好禮成而不反無所歸咎惡於諸侯請以彭生除之齊人殺彭生

秋齊侯師于首止

服虔云首止近鄭之地史記集解郡國志陳留郡己吾有首鄉杜同此

子亹會之高渠彌相七月戊戌齊人殺子亹而轘高渠彌

鄭元周禮注轘車裂也杜本此

祭仲逆鄭子于陳而立之

服虔云鄭子昭公弟子儀也詩疏梫史記作召公子亹弟公子嬰于陳而立之是爲鄭子梫小司馬云左傳以鄭子名子儀此云蓋必有所見杜取服說

是行也祭仲知之故稱疾不往人曰祭仲以知免仲曰信也

周公欲弑莊王而立王子克

賈逵云莊王弟子儀也史記集解杜取此

辛伯告王

賈逵云辛伯周大夫也同上杜取此

遂與王殺周公黑肩王子克奔燕初子儀有寵於桓王桓王屬諸周公辛伯諫曰竝后匹嫡兩政耦國亂之本也周公弗從故及

春秋左傳詁卷六

陽湖洪亮吉學

傳

莊公元年春不稱卽位文姜出故也

魏書引服虔注云文姜通于兄齊襄與殺公而不反父殺母出隱痛深諱期而中練思慕少殺念至于母故經書三月夫人孫于齊旣有念母深諱之文明無讐疾告列之理

三月夫人孫于齊不稱姜氏絕不爲親禮也

魏書引注云夫人有與殺桓之罪絕不爲親得尊父之

義善莊公思大義絶有罪故曰禮也按說苑亦云絶文姜之屬而不爲不愛其母正可與服說相發明杜注似非

秋築王姬之館于外爲外禮也

二年冬夫人姜氏會齊侯于禚書姦也

三年春溺會齊師伐衞疾之也　夏五月葬桓王緩也

秋紀季以酅入于齊紀於是乎始判

說文判分也杜本此

冬公次于滑將會鄭伯謀紀故也鄭伯辭以難凡師一宿爲舍再宿爲信過信爲次

賈逵云若魯公次乾侯之比本疏詩毛傳一宿曰宿再宿曰信

四年春王三月楚武王荊尸

爾雅尸陳也杜本此

授師孑焉以伐隨

注云孑句孑考工記疏方言楚謂戟爲孑杜本此

將齊入告夫人鄧曼曰

服虔云鄧曼姓史記集解

余心蕩

賈逵云蕩搖也同上

鄧曼歎曰王祿盡矣盈而蕩天之道也先君其知之矣故臨武事將發大命而蕩王心焉若師徒無虧王薨於行國之福也王遂行卒於樠木之下

說文樠松心木按杜注止云木名故宋說文補之或說文本賈氏說也高誘淮南王書注樠讀姓樠氏之樠釋文及正義俱云有曼朗二音疑非正義又疑樠木爲朗榆亦不見說文之故余以歲己未遣戍伊犂道過天山樹如松者萬株土人尚呼爲樠驗之皆松心木與說文無異又考竟陵縣武來山一名樠木山樂史稱郡國志左傳楚武王卒於樠木之下卽此山

令尹鬭祁莫敖屈重

按此屈重當係屈瑕之子

除道梁溠

說文溠水在漢南荆州浸也春秋傳曰修除梁溠按今本修涂作除道然考杜注則杜時本已與漢異又按說文溠荆州浸本周禮職方而釋例以爲義陽縣西溠水亦誤溠釋文引高貴鄉公音側稼反云水名字林壯加反

營軍臨隨隨人懼行成莫敖以王命入盟隨侯且請爲會於漢汭而還

鄭元尚書注汭之言内也杜本此
濟漢而後發喪　紀侯不能下齊以與紀季夏紀侯大去
其國違齊難也
韋昭國語注違避也杜本此
五年秋郳犂來來朝名未王命也　冬伐衛納惠公也
六年春王人救衛　夏衛侯入放公子黔牟于周放甯跪
于秦
說文放逐也
殺左公子泄右公子職乃即位君子以二公子之立黔牟
爲不度矣夫能固位者必度其本末而後立衷焉不知其

本不謀知本之不枝弗强詩云本枝百世詩大雅作支冬齊人來歸衛寶文姜請之也　楚文王伐申過鄧鄧祁侯曰

謚法治典不殺曰祁

吾甥也

爾雅謂我舅者吾謂之甥釋名舅謂姊妹之子曰甥杜本此

止而享之騅甥古今人表作騅聃甥養甥請殺楚子鄧侯弗許三甥曰亡鄧國者必此人也若不早圖後君噬齊

按玉篇引左傳作臍臍俗字當作齊釋名臍劑也臈端之所限制也說文噬啗也喙也齧字下注云齧噬也杜本

此

其及圖之乎圖之此爲時矣鄧侯曰人將不食吾餘對曰若不從三臣抑社稷實不血食而君焉取餘弗從還年楚子伐鄧十六年楚復伐鄧滅之

七年春文姜會齊侯于防齊志也　夏恒星不見夜明也

星隕如雨與雨偕也

詩毛傳偕俱也杜本此

秋無麥苗不害嘉穀也

八年春治兵于廟禮也公羊作祠兵

按周禮大司馬之職賈公彥正義引此傳治兵于廟禮

也又引注云三年而治兵與秋同名兵將出故曰治兵

今杜注無之則公彥所引當係服說

夏師及齊師圍郕郕降于齊師仲慶父請伐齊師公曰不可我實不德齊師何罪罪我之由夏書曰皋陶邁種德

孔安國尚書傳邁行也說文邁遠行也按書傳及爾雅等皆訓邁爲行杜注邁勉也邁字無勉義恐非

德乃降姑務修德以待時乎秋師還君子是以善魯莊公

齊侯使連稱管至父戍葵丘

賈逵云連稱管至父皆齊大夫（史記集解）京相璠曰齊西五十里有葵丘（水經注杜同此）

瓜時而往曰及瓜而代

服虔云瓜時七月及瓜爲後年瓜時

期戍公問不至

說文問訊也按杜注問命也恐非

請代弗許

尉繚子曰兵戍過一歲遂亡不候代者法比亡軍

故謀作亂僖公之母弟曰夷仲年生公孫無知古今人表作公子无知

有寵於僖公衣服禮秩如適

按說文秩字下云積也詩云稽之秩秩豑字下注云爵之次第也虞書曰平豑東作是二字文義俱別經典从

省借秩爲豑耳

襄公絀之

說文黜貶下也廣韻黜亦作絀按絀黜古字同文元年

傳黜乃亂也史記卽作絀

二人因之以作亂連稱有從妹在公宮

服虔云爲妾在宫也史記集解

無寵使間公

王肅云候公之間隙廣雅間覗也杜本此

曰捷

詩毛傳捷勝也

吾以女爲夫人冬十二月齊侯游于姑棼

賈逵云姑棼齊地也（史記集解）

遂田于貝丘（史記作沛丘）

京相璠曰博昌縣南近澠水有地名貝丘在齊城西北四十里（水經注杜同此）按地理志清河郡貝丘應劭曰左氏傳齊襄公田于貝丘是酈元以應說爲疏今考貝丘縣故城在今廣平府清河縣界春秋時屬齊國雖較博昌爲遠然齊侯出田本無定地景公欲觀轉附朝儛遵海而南又豈得以遠疑之乎應說或當有據也

見大豕（史記豕作彘）從者曰公子彭生也公怒曰彭生敢見射

之

服虔云公見彘從者乃見彭生鬼改形爲豕也史記集解杜取此

豕人立而啼

服虔云啼呼也文選注

公懼隊于車傷足喪屨反誅屨

孔安國論語注誅責也杜本此

於徒人費史記作茀

按古今人表有寺人費師古曰卽徒人費也據此則費

葢宦者

弗得鞭之見血走出遇賊于門劫而束之

鄭元禮記注劫劫脅也

費曰我奚御哉袒而示之背

廣雅袒解也

信之費請先入伏公而出鬭宛于門中石之紛如宛于堦

下遂入殺孟陽于牀

說文牀安身之坐也

曰非君也不類見公之足于戶下遂弑之而立無知初襄

公立無常鮑叔牙曰君使民慢亂將作矣奉公子小白出

奔莒亂作管夷吾召忽奉公子糾來奔　初公孫無知虐

于雍廩史記作雍林

賈逵云葵丘大夫史記集解史記齊世家齊君無知游于雍林雍林人嘗有怨無知及其往游雍林人襲殺無知按梁元帝金樓子亦與史記同古今人表又作雍禀人禀廩古字通水經注作雝禀今考若據史記金樓子則雍林地名據賈逵注及檢古今人表則雍廩人名今細繹經傳上云虐于雍廩下經云齊人殺無知傳又云雍廩殺無知則當以人名爲是杜注亦取賈說

九年春雍廩殺無知　公及齊大夫盟于蔇齊無君也

夏公伐齊納子糾桓公自莒先入秋師及齊師戰于乾時

我師敗績公喪戎路傳乘而歸

按漢書宣帝紀得毋用傳集注傳謂傳舍今考此傳乘亦謂乘驛傳以歸杜注云乘他車恐誤

秦子梁子以公旗辟于下道是以皆止

韋昭國語注止獲也杜本此

鮑叔帥師來言曰子糾親也請君討之管召讐也請受而甘心焉乃殺子糾于生竇史記作笙瀆

賈逵云生竇魯地句竇史記索隱杜取此地理志濟陰郡句陽應劭曰左氏傳句瀆之丘也

召忽死之

按論語自經于溝瀆卽指召忽襄十九年齊莊公執公子牙于句瀆之丘句竇溝瀆音同據此則召忽之死蓋自經也後漢書應劭傳載劭議亦云昔召忽死子糾之難而孔子曰經于溝瀆人莫之知是也

管仲請囚鮑叔受之及堂阜而稅之

賈逵云堂阜魯北境史記集解按文十五年傳飾棺置諸堂阜明堂阜爲齊魯交界旣至齊境故卽釋其縛也

歸而以告曰管夷吾治於高傒

賈逵云齊正卿高敬仲也同上秘笈新書齊太公六代孫文公子高孫傒以王父字爲氏

使相可也公從之

十年春齊師伐我公將戰曹劌請見戰國策劌作沫呂覽又作劌竝音同其鄉人曰肉食者謀之又何間焉劌曰肉食者鄙未能遠謀乃入見問何以戰公曰衣食所安弗敢專也必以分人對曰小惠未徧民弗從也公曰犧牲玉帛弗敢加也必以信對曰小信未孚

虞翻易注孚信也按杜隨文生訓故加大字

神弗福也公曰小大之獄雖不能察必以情對曰忠之屬也可以一戰戰則請從公與之乘戰于長勺公將鼓之劌曰未可齊人三鼓劌曰可矣齊師敗績公將馳之劌曰未

可下視其轍

說文轍車迹也

登軾而望之曰可矣遂逐齊師既克公問其故對曰夫戰勇氣也一鼓作氣再而衰三而竭彼竭我盈故克之夫大國難測也懼有伏焉吾視其轍亂望其旗靡

說文靡披靡也

故逐之　夏六月齊師宋師次于郎公子偃曰宋師不整可敗也宋敗齊必還請擊之公弗許自雩門竊出

廣雅竊私也

蒙皋比而先犯之

樂記曰倒載干戈蒙之以虎皮名之曰建櫜鄭元以爲兵甲之衣曰櫜櫜韜也而其字或作建皋故服虔引以解此本疏杜取此

公從之大敗宋師于乘丘齊師乃還　蔡哀侯娶于陳息侯亦娶焉息嬀將歸過蔡蔡侯曰吾姨也李善文選注引此傳作是吾姨也

爾雅妻之姊妹同出爲姨釋名妻之姊妹曰姨姨弟也言與己妻相長弟也杜本此

止而見之弗賓息侯聞之怒使謂楚文王曰伐我吾求救於蔡而伐之楚子從之秋九月楚敗蔡師于莘以蔡侯獻

舞歸　齊侯之出也過譚譚不禮焉及其入也諸侯皆賀譚又不至冬齊師滅譚譚無禮也譚子奔莒同盟故也

十一年夏宋爲乘丘之役故侵我公禦之宋師未陳而薄之

高誘淮南王書注薄迫也廣雅同

敗諸鄑凡師敵未陳曰敗某師皆陳曰戰大崩曰敗績得儁曰克

釋文本或作俊按漢書顔師古陳湯傳注引此作得俊曰克玉篇云儁同俊也

覆而敗之曰取某師

服虔云覆隱也設伏而敗之謂攻其無備出其不意敵人不知敗之易故曰取本疏

京師敗曰王師敗績于某釋文本或作京師敗績者非

秋宋大水公使弔焉

賈逵云問凶曰弔史記集解

曰天作淫雨害於粢盛若之何不弔鄭元周禮注引作如何不弔

對曰孤實不敬天降之災又以爲君憂拜命之辱臧文仲曰宋其興乎禹湯罪己其興也悖焉釋文本一作勃今按爾雅釋詁作浡正義引作其興也浡然韓詩外傳引作其興也勃然呂覽當染篇引傳作勃焉陳蕃傳同

廣雅浡盛也杜本此

桀紂罪人其亡也忽焉

廣雅忽疾也杜本此

且列國有凶稱孤禮也言懼而名禮其庶乎旣而聞之曰公子御說之辭也史記御作禦古今人表同

史記宋世家此言乃公子魚發湣公也與左傳異按子魚卽公子目夷至僖八年始見左傳距此尚三十餘年史記說非也當以左傳爲是

臧孫達曰

世本孝公生僖伯彄彄生哀伯達達生伯氏瓶瓶生文仲辰惠棟曰此傳先載文仲之言不應後錄哀伯之語

達當爲辰字之誤也桓二年傳先稱臧哀伯後云臧孫達與此一例今按哀伯此時當已久卒故文仲世其職明達爲辰字之誤

是宜爲君有恤民之心　冬齊侯來逆共姬

按此則王姬後謚爲共與衛共姬同是齊侯之妃有兩共姬矣衛共姬見僖十七年傳

乘丘之役公以金僕姑

玉篇作鏷鍏云春秋僕姑

射南宮長萬

賈逵云南宮氏萬名宋卿史記集解按下年經書宋萬弒其

君則萬本宋卿可知杜注云宋大夫又云不書獲萬時未爲卿則杜意以萬歸宋後始爲卿也無論見獲歸宋爲時甚暫未必以此時爲卿且下年傳書萬殺大宰督于東宮之西督爲宋正卿經亦不書則此年不書獲萬亦經文簡略終當以賈說爲是

公右歂孫生搏之宋人請之宋公靳之

服虔云恥而惡之曰靳本疏玉篇釋文戲而相媿曰靳杜同此

曰始吾敬子今子魯囚也吾弗敬子矣病之

十二年秋宋萬弒閔公于蒙澤

諡法在國遭憂曰愍又在國逢難曰愍又禍亂方作曰愍按史記作湣漢書五行志作愍閔愍湣音義竝同賈逵云蒙澤宋澤名也史記集解郡國志梁國蒙縣有蒙澤杜同此十三州志蒙澤在蒙縣東水經注

遇仇牧于門批而殺之

按一切經音義引此傳作𢪛而殺之今考說文𢪛反手擊也今本作批非是公羊傳萬臂摋仇牧碎其首何休云側手曰摋則義與說文反手擊亦同玉篇作𢪛云手擊也字林廣雅皆作批云批擊也相沿已久姑承之

遇大宰督于東宮之西又殺之立子游羣公子奔蕭公子

御說奔亳

服虔云蕭亳宋邑也同上地理志沛郡蕭故蕭叔國杜本此山陽郡薄臣瓚曰湯所都郡國志薄屬梁國按亳薄古字通杜預注薄城中有成湯冢亦本皇覽

南宮牛猛獲帥師圍亳冬十月蕭叔大心及戴武宣穆莊之族以曹師伐之殺南宮牛于師殺子游于宋立桓公猛獲奔衛南宮萬奔陳以乘車輦其母

高誘呂覽注人引車曰輦杜本此

一日而至宋人請猛獲于衛衛人欲勿與石祁子曰不可天下之惡一也惡於宋而保於我保之何補得一夫而失

一國與惡而棄好非謀也衛人歸之亦請南宮萬于陳以賂陳人使婦人飲之酒

服虔云宋萬多力勇不可執故先使婦人誘而飲之酒醉而縛之史記集解

而以犀革裹之比及宋手足皆見宋人皆醢之

服虔云醢肉醬同上杜本此

十三年春會于北杏以平宋亂遂人不至　夏齊人滅遂而戍之　冬盟于柯始及齊平也　宋人背北杏之會

十四年春諸侯伐宋齊請師于周夏單伯會之取成于宋而還　鄭厲公自櫟侵鄭及大陵

京相璠曰潁川臨潁縣東北二十五里有故巨陵亭古

大陵也水經注

獲傳瑕史記作甫瑕傳瑕曰苟舍我吾請納君與之盟而赦之

六月甲子傳瑕殺鄭子及其二子而納厲公初內蛇與外

蛇鬭於鄭南門中內蛇死六年而厲公入

服虔云蛇北方水物水成數六故六年而厲公入本疏

公聞之問於申繻曰猶有妖乎對曰人之所忌其氣炎以

取之

釋文石經本竝作炎後人妄改燄按漢書五行志引傳

作炎師古曰炎音弋贍反蓺文志亦作炎師古曰炎謂

火之光始燄燄也炎讀與燄同王符潛夫論引此亦作其氣炎以取之今从諸家改定

妖由人興也人無釁焉妖不自作漢書蓺文志妖竝作訞按大戴禮易本命訞蘖數起漢書文帝紀除訞言之罪師古曰訞同妖人弃常則妖興故有妖漢書蓺文志此二句在人無釁焉句上弃一作失

厲公入遂殺傅瑕使謂原繁曰史記作而讓其伯父原無繁字傅瑕貳周有常刑既伏其罪矣納我而無二心者吾皆許之上大夫之事吾願與伯父圖之且寡人出伯父無裏言入又不念寡人寡人憾焉對曰先君桓公命我先人典司宗祏

說文祏宗廟主也周禮有郊宗石室杜本此

社稷有主而外其心其何貳如之苟主社稷國內之民其誰不爲臣臣無二心天之制也子儀在位十四年矣而謀召君者庸非貳乎莊公之子猶有八人若皆以官爵行賂勸貳而可以濟事君其若之何臣聞命矣乃縊而死　蔡哀侯爲莘故繩息嬀

按釋文稱說文作譝今說文本闕廣雅云譝譽也周書皇門解云是陽是繩繩譝古字同呂覽周公旦作詩以繩文王之德孔鮒曰譝之譽之也表記曰君子不以口譽人鄭注譽繩也杜本此

以語楚子楚子如息以食入享遂滅息以息嬀歸生堵敖

及成王焉

史記作杜敖。按史記楚世家曰：子熊囏立，是爲杜敖。索隱曰：杜音側壯反。十二諸侯年表作堵敖，索隱曰：世家作莊敖，劉音壯，此作杜敖，劉氏云亦作杜。杜、堵聲相近，又與世家乖，未識誰是。古今人表又作杜敖，師古曰：即堵敖。今考索隱云云，則楚世家杜敖當作莊敖，莊作杜，傳寫誤也。

未言楚子問之，對曰：吾一婦人而事二夫，縱弗能死，其又奚言。楚子以蔡侯滅息，遂伐蔡。秋七月，楚入蔡。君子曰：商書所謂惡之易也，如火之燎于原，不可鄉邇，其猶可撲滅

者其如蔡哀侯乎　冬會于鄄宋服故也
十五年春復會焉齊始霸也　秋諸侯爲宋伐郳　鄭人
閒之而侵宋
十六年夏諸侯伐鄭宋故也釋文本或作爲宋故　鄭伯自櫟入緩
告于楚秋楚伐鄭及櫟爲不禮故也鄭伯治與於雍糾之
亂者九月殺公子閼刖强鉏古今人表强作彊
釋文隱十一年鄭有公孫閼距此三十五年不容復有
公子閼若非閼字誤則子當爲孫
公父定叔出奔衛三年而復之曰不可使共叔無後於鄭
使以十月入曰良月也就盈數焉

服虔云：定叔之祖公叔段有伐君之罪，宜世不長，而云不可使共叔無後於鄭，言其刑之偏頗。鄭厲公以逆篡適，同惡相恤，故黨於共叔，欲令其後不絶。傳所以惡厲公也。本疏

君子謂强鉏不能衛其足。　冬，同盟于幽，鄭成也。　王使虢公命曲沃伯以一軍爲晉侯。初，晉武公伐夷，執夷詭諸。蔿國請而免之。既而弗報，故子國作亂，謂晉人曰：「與我伐夷而取其地。」遂以晉師伐夷，殺夷詭諸。周公忌父出奔虢。惠王立而復之。

十七年春，齊人執鄭詹，鄭不朝也。　夏，遂因氏、頜氏、工婁

氏須遂氏饗齊戌醉而殺之齊人殲焉

十八年春虢公晉侯朝王王饗醴命之宥皆賜玉五瑴

釋文引倉頡篇瑴作珏雙玉爲瑴故字从兩玉按說文瑴字下云珏或从㱿

馬三匹非禮也王命諸侯名位不同禮亦異數隋書經籍志引作節文異數不以禮假人

虢公晉侯鄭伯使原莊公逆王后于陳陳嬀歸于京師實惠后

夏公追戎于濟西不言其來諱之也

秋有蜮爲災也

服虔云短狐南方盛暑所生其狀如鼈古無今有含沙射人入皮肌中其瘡如疥徧身濩濩或或故爲災周禮疏

初楚武王克權使鬬緡尹之以叛圍而殺之遷權于那處

按史記管蔡世家曰封季載于冉索隱曰冉或作郍國語曰冉季鄭姬賈逵云文王子聃季之國也莊十八年楚武王克權遷于那處郍與那皆音奴甘反

使閻敖尹之及文王卽位與巴人伐申而驚其師巴人叛楚而伐那處取之遂門于楚閻敖游涌而逸

水經江水又東南當華容縣南涌水入焉杜本此春秋所謂閻敖游涌而逸者也道元注

楚子殺之其族爲亂冬巴人因之以伐楚

十九年春楚子禦之大敗于津水經注引作大敗于津鄉

應劭曰南郡江陵縣有津鄉水經注杜本此郡國志同杜本此

還鬻拳弗納古今人表作粥拳

鄭元箴膏肓曰鬻拳楚同姓

遂伐黃

郡國志汝南郡弋陽侯國有黃亭故黃國嬴姓杜同此

敗黃師于踖陵還及湫有疾夏六月庚申卒鬻拳葬諸夕室亦自殺也而葬於經皇

按宣十四年傳屨及於窒皇經與窒通正義云窒皇當是寢門闕此經皇或是冢前闕也

初鬻拳强諫楚子楚子弗從臨之以兵懼而從之鬻拳曰

吾懼君以兵罪莫大焉遂自刖也楚人以爲大閽謂之大伯使其後掌之君子曰鬻拳可謂愛君矣諫以自納於刑刑猶不忘納君於善　初王姚嬖于莊王生子頹釋文及別本作頹誤按石經及宋本並作頹舊本外傳亦作頹並與說文合今从改正下並同子頹有寵蔿國爲之師及惠王卽位取蔿國之圃以爲囿

說文種菜曰圃囿園有垣也按哀十五年服虔注圃園也又鄭注周禮囿今之苑杜取此

邊伯之宮近於王宮王取之王奪子禽祝跪與詹父田而收膳夫之秩

鄭元周禮注秩祿廩也杜本此

故蔿國邊伯石速外傳速作遫按說文遫籒文速漢書宣帝紀注師古曰遫古速字詹父子禽祝跪作亂因蘇氏　秋五大夫奉子頹以伐王不克出奔溫蘇子奉子頹以奔衛衛師燕師伐周　冬立子頹

二十年春鄭伯和王室不克執燕仲父

服虔云南燕伯爵杜取此

夏鄭伯遂以王歸王處于櫟

服虔云櫟鄭大都史記集解

秋王及鄭伯入于鄔遂入成周取其寶器而還冬王子頹享五大夫樂及徧舞

賈逵云徧舞皆舞六代之樂史記集解杜取此

鄭伯聞之見虢叔曰寡人聞之哀樂失時殃咎必至今王子頽歌舞不倦樂禍也夫司寇行戮君爲之不舉而況敢樂禍乎姦王之位禍孰大焉臨禍忘憂憂必及之盍納王乎虢公曰寡人之願也

二十一年春胥命于弭夏同伐王城鄭伯將王自圉門入虢叔自北門入殺王子頽及五大夫鄭伯享王于闕西辟服虔云西辟西偏也當爲兩觀之内道之西也本疏頴容云闕者上有所失下得書之于闕水經注廣雅象魏闕也杜本此

樂備王與之武公之略自虎牢以東

地理志河南郡成皋故虎牢穆天子傳七萃之士生捕虎卽獻天子天子畜之東虢號曰虎牢

原伯曰鄭伯效尤其亦將有咎五月鄭厲公卒王巡虢守釋文本或作狩虢公爲王宮于玤王與之酒泉鄭伯之享王也王以后之鞶鑑予之虢公請器王予之爵

史記鄭世家云惠王不賜厲公爵祿索隱曰此言爵祿與左氏說異

鄭伯由是始惡于王

服虔云鞶鑑王后婦人之物非所以賜有功爵飲酒器王爵也一升曰爵爵人之所貴也言鄭伯以其父得賜

不如虢公爲是始惡于王積而成怨本疏

冬王歸自虢

二十二年春陳人殺其大子御寇公穀釋文御皆作禦陳公子完與顓孫奔齊顓孫自齊來奔齊侯使敬仲爲卿辭曰羇旅之臣

賈逵云羇寄旅客也史記集解杜取此

幸若獲宥

何休公羊傳宥赦也杜本此

及於寬政赦其不閑於敎訓而免於罪戾風俗通於作諸弛於負儋

鄭元周禮注弛釋下之按杜注弛去離也義轉屈曲說文儋何也从人詹聲按漢書貨殖傳漿千儋師古曰儋人儋之也一儋兩甖漢碑凡負儋字皆作儋諸刊本竝作擔非是今據改

君之惠也所獲多矣敢辱高位以速官謗請以死告詩云翹翹車乘

服虔云翹翹遠貌詩疏杜取此

招我以弓豈不欲往畏我友朋使爲工正

賈逵云掌百工史記集解杜取此漢大府陳球碑云公子完適齊爲桓公公正按古公工通惠士奇亦同

飲桓公酒樂公曰以火繼之辭曰臣卜其晝

服虔云臣將享君必卜之示戒慎也本疏按詩湛露疏引此又云示敬慎也

未卜其夜不敢君子曰酒以成禮不繼以淫風俗通義不作弗也

以君成禮弗納於淫仁也初懿氏卜妻敬仲

曲禮龜曰卜杜本此按傳上云臣卜其晝杜舍前而注後亦誤

其妻占之曰吉是謂鳳皇于飛和鳴鏘鏘有媯之後

潁容釋例云舜居西域本曰媯汭御覽

將育于姜五世其昌並于正卿

服虔云言完後五世與卿竝列史記集解

八世之後莫之與京

賈逵云京大也同上杜取此　按與下文物莫能兩大同

陳厲公蔡出也

爾雅姊妹之子曰出杜本此

故蔡人殺五父而立之生敬仲其少也周史有以周易見陳侯者陳侯使筮之

曲禮著曰筮杜本此

遇觀☴☷

王充曰卜曰逢筮曰遇

之否䷋

賈逵云坤下巽上觀坤下乾上否同上又云觀爻在六四

變而之否漢上易叢談正義云服說亦同杜取此

曰是謂觀國之光利用賓于王此其代陳有國乎不在此

其在異國周禮疏引此國下有乎字非此其身在其子孫光遠而自他

有燿者也石經刊本竝作耀今改正坤土也巽風也乾天也風爲天於

土上山也有山之材而照之以天光於是乎居土上故曰

觀國之光利用賓于王劉用熙以此上五字爲衍文庭實旅百

韋昭云庭實庭中之實百舉成數也爾雅旅陳也杜本此

奉之以玉帛天地之美具焉故曰利用賓于王猶有觀焉

故曰其在後乎風行而著於土

服虔云巽在坤上故爲著土也一曰巽爲風復爲木風吹木實落去更生他土而長育是爲在異國本疏

故曰其在異國乎若在異國必姜姓也姜大嶽之後也

周語云堯命禹治水共之從孫四嶽佐之賈逵注共共工也從孫同姓末嗣之孫四岳官名太岳也主四岳之祭焉本疏

山嶽則配天物莫能兩大陳衰此其昌乎及陳之初亡也

陳桓子始大於齊其後亡也成子得政

二十三年夏公如齊觀社非禮也曹劌諫曰不可夫禮所

以整民也故會以訓上下之則制財用之節朝以正班爵之義師長幼之序征伐以討其不然諸侯有王

按賈公彦周禮疏引此傳文幷引注云有王朝于王疑是服注

王有巡守以大習之

管子幼官篇曰千里之外二千里之内諸侯三年而朝習命二千里之外三千里之内諸侯五年而會至習命

惠棟曰此所云大習者葢習會朝之教命也

非是君不舉矣君舉必書書而不法後嗣何觀　晉桓莊之族偪獻公患之士蔿曰

賈逵云晉大夫史記集解杜取此

去富子則羣公子可謀也已

按尋繹上下文義疑富子爲羣公子之一非强族卽係

多知術能爲羣公子謀畫者譖而去之則羣公子失謀

主矣杜以富强解之恐誤

公曰爾試其事士蔿與羣公子謀譖富子而去之　秋丹

桓公之楹

二十四年春刻其桷皆非禮也御孫諫曰古今人表作禦釋文云本亦作

禦外傳作匠師慶韋昭曰掌匠大夫御孫

之名也下御孫曰外傳作宗人夏父展曰臣聞之儉德之

共也侈惡之大也先君有共德而君納諸大惡無乃不可

乎　秋哀姜至公使宗婦覿用幣非禮也御孫曰男贄大者玉帛小者禽鳥以章物也女贄不過榛栗棗脩

說文亲果實如小栗春秋傳曰女贄不過亲栗廣雅亲枲也按榛說文木也一曰菆也高誘淮南王書注叢木曰榛此女贄之亲當以說文廣雅爲是先儒以爲栗取其戰栗也棗取其早起也脩取其自修也惟榛無說惠棟云正義以爲榛聲近虔失之外傳魯語曰夫婦贄不過棗栗以告虔也不及榛脩明榛不訓虔唐元度九經字樣引傳作亲以榛爲亲經典相承隸變

以告虔也

詩毛傳虔敬也杜本此

今男女同贄是無別也男女之別國之大節也而由夫人亂之無乃不可乎　晉士蔿又與羣公子謀使殺游氏之二子士蔿告晉侯曰可矣不過二年君必無患

二十五年春陳女叔來聘始結陳好也嘉之故不名　夏六月辛未朔日有食之鼓用牲于社非常也唯正月之朔慝未作

鄭元周禮注慝陰姦也杜畧本此

日有食之於是乎用幣于社伐鼓于朝　秋大水鼓用牲于社于門亦非常也凡天災有幣無牲非日月之眚不鼓

韋昭國語注眚猶災也此杜本

晉士蔿使羣公子盡殺游氏之族乃城聚

賈逵云聚晉邑史記集解杜取此

而處之冬晉侯圍聚盡殺羣公子

二十六年春晉士蔿爲大司空夏士蔿城絳

地理志河東郡絳晉武公自曲沃徙此此杜本

以深其宮　秋虢人侵晉冬虢人又侵晉

二十七年春公會杞伯姬于洮非事也天子非展義不巡

守諸侯非民事不舉卿非君命不越竟　夏同盟于幽陳

鄭服也　秋公子友如陳葬原仲非禮也原仲季友之舊

也　冬杞伯姬來歸寧也凡諸侯之女歸寧曰來出曰來歸夫人歸寧曰如某出曰歸于某　晉侯將伐虢士蔿曰不可虢公驕若驟得勝於我必弃其民無衆而後伐之欲禦我誰與夫禮樂慈愛戰所畜也夫民讓事樂和愛親哀喪而後可用也虢弗畜也亟戰將饑　王使召伯廖賜齊侯命且請伐衛以其立子頹也

二十八年春齊侯伐衛戰敗衛師數之以王命取賂而還

晉獻公娶于賈無子烝於齊姜生秦穆夫人及大子申生又娶二女于戎大戎狐姬生重耳小戎子生夷吾

晉語狐氏出自唐叔狐伯行之子實生重耳按史記又

云夷吾母重耳母女弟又云秦穆夫人爲太子申生同母女弟皆與此傳顯違竝不足據他倣此

晉伐驪戎驪戎男女以驪姬淮南王書作孋姬呂覽又作麗云亦作驪歸生奚齊

地理志京兆尹新豐驪山在南故驪戎國杜本此按莊子齊物論麗之姬艾封人之子也麗艾聲相近

其娣生卓子

史記晉世家曰驪姬女弟生悼子索隱曰左傳作卓子徐廣曰一作倬按悼倬字形相近傳寫誤耳

驪姬嬖欲立其子賂外嬖梁五與東關嬖五使言於公曰

曲沃君之宗也蒲與二屈

地理志河東郡有蒲子北屈二縣杜本此按韋昭漢書注又云蒲今蒲坂按有南北二屈故云二水經注稱汲郡古文云翟章救鄭次于南屈應劭曰有南故稱北是二屈之證杜注二二當爲北誤

君之疆也不可以無主宗邑無主則民不威疆埸無主則啓戎心戎之生心民慢其政國之患也若使大子主曲沃而重耳夷吾主蒲與屈則可以威民而懼戎且旌君伐

按史記晉世家集解引賈逵云旌表也則賈注此傳當亦同廣雅亦云旌表也杜云旌章也葢用韋昭國語注

下伐功亦同

使俱曰狄之廣莫於晉爲都晉之啓土不亦宜乎晉侯說之夏使大子居曲沃重耳居蒲城夷吾居屈羣公子皆鄙唯二姬之子在絳二五卒與驪姬譖羣公子而立奚齊晉人謂之二五耦

考工記耦廣五寸二耜爲耦杜本此

楚令尹子元欲蠱文夫人

伏曼容易注蠱惑亂也杜注及釋文本此

爲館於其宮側而振萬焉

鄭元禮記注振動也何休公羊傳萬者何干舞也杜本此

夫人聞之泣曰先君以是舞也習戎備也今令尹不尋諸
仇讐

小爾雅尋用也杜本此

而於未亡人之側不亦異乎御人以告子元子元曰婦人
不忘襲讐我反忘之秋子元以車六百乘伐鄭入于桔柣
之門

玉篇閅閔鄭城門左傳作桔柣

子元鬬御彊鬬梧耿之不比爲旆

爾雅緇廣充幅長尋曰旐繼旐曰旆杜本此

鬬班王孫游王孫喜殿衆車入自純門及逵市縣門不發

楚言而出子元曰鄭有人焉諸侯救鄭楚師夜遁鄭人將奔桐丘

京相璠曰桐丘鄭地也今圖無而城見存西南去許昌故城可三十五里俗名之曰隄其城南郎長堤固洧水之北防也西南桐丘其城邪長而不方蓋憑丘之稱郎城之名矣（水經注）按杜注許昌縣東北有桐丘城與道元說畧同

諜告曰

鄭元周禮注諜閒也（杜本此）

楚幕有烏

廣雅幕帳也杜本此

乃止　冬饑臧孫辰告糴于齊禮也　築郿非都也凡邑有宗廟先君之主曰都詩疏引此作邑有先君之廟曰都　無曰邑邑曰築都曰城

二十九年春新作延廄書不時也凡馬日中而出日中而入　夏鄭人侵許凡師有鍾鼓曰伐無曰侵輕曰襲　秋有蜚爲災也凡物不爲災不書　冬十二月城諸及防書時也凡土功龍見而畢務

韋昭國語注辰角大辰蒼龍之角角者星名也見者朝見東方寒露節也杜本此

戒事也火見而致用水昏正而栽

蔡邕月令章句引傳曰水昏正而栽築惠棟曰水卽營室也昏正者昏中也栽築者栽木而始築也

日至而畢　樊皮叛王

三十年春王命虢公討樊皮夏四月丙辰虢公入樊執樊仲皮歸于京師

郡國志河內郡修武有陽樊服虔云樊仲山之所居故名陽樊按漢鄧縣地亦有古樊城樂史引郭仲產摯虞等記云樊本仲山甫之國卽今襄陽縣樊城也與南虢相去亦近

楚公子元歸自伐鄭而處王宮鬬射師諫則執而梏之

服虔云射師若敖之子鬬班也本疏鄭元周禮注在手曰梏在足曰桎杜本此

秋申公鬬班殺子元鬬穀於菟漢書敘傳作穀於檡釋文云鬬穀漢書作㱿按據陸氏所引則舊本作穀也今通志堂刊本釋文穀作㱿汲古閣本亦作㱿皆誤爲令尹自毀其家

廣雅毀虧也按杜注訓滅義亦同俗本譌作滅非

以紓楚國之難

詩毛傳紓緩也杜本此

冬遇于魯濟謀山戎也以其病燕故也

地理志廣陽國薊故燕國杜本此

三十一年夏六月齊侯來獻戎捷非禮也凡諸侯有四夷之功則獻于王王以警于夷中國則否諸侯不相遺俘

三十二年春城小穀爲管仲也　齊侯爲楚伐鄭之故請會于諸侯宋公請先見于齊侯夏遇于梁丘　秋七月有神降于莘惠王問諸內史過曰是何故也對曰國之將興明神降之監其德也將亡神又降之觀其惡也故有得神以興亦有以亡虞夏商周皆有之

服虔云虞舜祖考來格鳳凰來儀百獸率舞本疏

王曰若之何對曰以其物享焉

馬融易傳享祭也杜本此

其至之日亦其物也王從之內史過往聞虢請命反曰虢必亡矣虐而聽於神神居莘六月虢公使祝應宗區史嚚享焉神賜之土田史嚚曰虢其亡乎吾聞之國將興聽於民將亡聽於神神聰明正直而壹者也依人而行虢多涼德

說文𣄴字下云爾雅𣄴薄也从旡京聲廣雅同曹憲注曰𣄴良音世人作𣄴薄之𣄴水傍著京訓薄容古字假借今仍之杜本此

其何土之能得　初公築臺臨黨氏

賈逵云黨氏魯大夫任姓史記集解杜取此

見孟任史記作孟女

賈逵云黨氏女同上杜取此　史記索隱云孟長任字也非姓

從之

服虔云從之言欲與通也本疏

閟

說文閟閉門也春秋傳曰閟門而與之言

而以夫人言許之割臂盟公

服虔云割其臂以與公盟史記集解

生子般焉雩講于梁氏女公子觀之

鄭元禮記注雩祭天也杜本此　按史記曰班長悅梁氏女

往觀圉人犖自牆外與梁氏女戲班怒鞭犖左傳女公子句疑有脫文杜注云女公子子般妹亦屬臆解史記所載似近情理且女公子之稱别無所見也

圉人犖公羊傳僕人鄧扈樂自牆外與之戲

服虔云圉人掌養馬者犖其名也史記集解

子般怒使鞭之公曰不如殺之是不可鞭犖有力焉能投蓋于稷門

服虔云能投千金之重過門之上也水經注按杜注以爲走而自投接其屋之桷反覆門上殊屬臆說劉炫規之是也又按水經注稷門亦曰雩門門南隔水有雩壇壇

高三丈梁氏居蓋近此門故於此講肄也

公疾問後於叔牙對曰慶父材問於季友對曰臣以死奉般公曰鄉者牙曰慶父材成季使以君命命僖叔待于鍼巫氏使鍼季酖之

服虔云鴆鳥一名運日鳥史記集解

曰飲此則有後於魯國不然死且無後飲之歸及逵泉而卒立叔孫氏　八月癸亥公薨于路寢子般即位次于黨氏　冬十月己未共仲使圉人犖賊子般于黨氏

孔安國尚書傳賊殺也高誘呂覽注同

成季奔陳

服虔云季友　慶父之情力不能討故避其難出奔
同上
立閔公閔公記作湣漢書志竝作愍
服虔云閔公於是年九歲閔二年本疏
閔公元年春不書卽位亂故也　狄人伐邢管敬仲言於
齊侯曰戎狄豺狼不可厭也諸夏親暱
爾雅暱近也杜本此
不可弃也宴安酖毒不可懷也詩云豈不懷歸畏此簡書
簡書同惡相恤之謂也請救邢以從簡書齊人救邢　夏
六月葬莊公亂故是以緩　秋八月公及齊侯盟于落姑

請復季友也齊侯許之使召諸陳公次于郎以待之季子來歸嘉之也　冬齊仲孫湫來省難書曰仲孫亦嘉之也仲孫歸曰不去慶父魯難未已公曰若之何而去之對曰難不已將自斃

爾雅斃踣也（杜本此）

君其待之公曰魯可取乎對曰不可猶秉周禮周禮所以本也臣聞之國將亡本必先顛而後枝葉從之魯不弃周禮未可動也君其務寧魯難而親之親有禮因重固

服虔云重不可動因其不可動而堅固之（本疏）說文因就也从口大按惠棟稱說文種有禮因重固固就也从口

大能大者衆圍就之今考此係徐鍇說惠氏以爲說文誤也凡說文稱傳文皆云春秋傳無云左傳者其誤無疑杜注能重能固則當就成之義亦畧同

閒攜貳覆昏亂霸王之器也　晉侯作二軍公將上軍大子申生將下軍趙夙御戎

晉語趙衰先君之戎御趙夙之弟也史記趙世家夙生共孟孟生趙衰杜注本晉語　按世本公明生孟及趙夙夙生成季衰史記以衰爲夙孫旣誤晉語又以爲夙弟亦非當以世本爲正惠棟曰晉語無繆戾至此必傳寫之誤

畢萬爲右

世本畢萬生芒季芒季生武仲州按州即魏犨杜本此

以滅耿滅霍滅魏

服虔云三國皆姬姓魏在晉之蒲坂河東也史記集解地理志河東郡皮氏耿鄉故耿國彘霍大山在東杜本此

還爲大子城曲沃賜趙夙耿賜畢萬魏以爲大夫士蔿曰大子不得立矣分之都城

服虔云邑有先君之主曰都史記集解

而位以卿

賈逵云謂將下軍同上杜取此

先爲之極

服虔云言其祿位極盡於此同上

又焉得立不如逃之無使罪至爲吳大伯不亦可乎

王肅云大伯知天命在王季奔吳不反同上

猶有令名與其及也

王肅云雖去猶可有令名何與其坐而及禍也同上廣雅與如也襄二十六年傳亦同

且諺曰心苟無瑕何恤乎無家天若祚大子

按左傳凡祚字皆當作胙此及僖廿八年宣三年昭十一年卅年凡六處皆作祚石經亦同以古字尚可通故不追改

其無晉乎卜偃曰畢萬之後必大

賈逵云卜偃晉掌卜大夫郭偃同上杜取此

萬盈數也魏大名也

服虔云數起一至萬爲滿魏喻巍巍高大也同上

以是始賞天啓之矣

服虔云以魏賞畢萬是爲天開其福同上

天子曰兆民諸侯曰萬民今名之大以從盈數其必有衆

初畢萬筮仕於晉

服氏以爲畢萬在周筮仕于晉本疏

遇屯☳☵之比☷☵

賈逵云震下坎上屯坤下坎上比屯初九變之比史記集解

辛廖占之曰吉

賈逵云辛廖晉大夫同上杜取此

屯固比入吉孰大焉其必蕃昌震爲土車從馬足居之兄長之母覆之衆歸之六體不易合而能固安而能殺公侯之卦也公侯之子孫必復其始

馬融云畢毛文王庶子史記魏世家魏之先畢公高之後也杜取此　按史記云畢公高與周同姓而左傳富辰說文王之子十六國有畢原豐郇小司馬亦言畢公是文王之子與史記說不同

二年春虢公敗犬戎于渭汭

水經注引作渭隊服虔云隊謂汭也據此則服本作隊

水經注又曰杜本作汭按鄭元尚書注汭隈曲中也王

肅云汭入也杜蓋本鄭說

舟之僑曰無德而祿殃也殃將至矣遂奔晉　夏吉禘于

莊公速也　初公傅奪卜齮田公不禁

賈逵云卜齮魯大夫史記集解

秋八月辛丑共仲使卜齮賊公于武闈

賈逵云宮中之門謂之闈同上按賈注用爾雅釋宮文釋

宮又云其小者謂之閨今按杜注于門上增一小字是

合二句爲一于詁訓之道爲不通矣

成季以僖公適邾共仲奔莒乃入立之以賂求共仲于莒莒人歸之及密使公子魚請不許哭而往共仲曰奚斯之聲也乃縊閔公哀姜之娣叔姜之子也故齊人立之共仲通於哀姜哀姜欲立之閔公之死也哀姜與知之故孫于邾齊人取而殺之于夷以其尸歸僖公請而葬之　成季之將生也桓公使卜楚丘之父卜之曰男也其名曰友在公之右間于兩社

賈逵云兩社周社亳社也兩社之間朝廷執政之臣所在同上杜取此

爲公室輔季氏亡則魯不昌

服虔云謂季友出奔魯弒二君本疏

又筮之遇大有䷍之乾䷀曰同復于父敬如君所及生有文在其手曰友遂以命之　冬十二月狄人伐衛衛懿公好鶴鶴有乘軒者

服虔云車有藩曰軒本疏說文軒曲輈藩車也

將戰國人受甲者皆曰使鶴鶴實有祿位余焉能戰公與石祁子玦與甯莊子矢使守曰以此贊國

鄭司農周禮注贊助也杜本此

擇利而爲之與夫人繡衣曰聽於二子渠孔御戎子伯爲

右黄夷前驅孔嬰齊殿及狄人戰于熒澤

書禹貢熒波既豬師古曰熒沇水泆出所爲即今熒澤是也京相璠曰熒澤在熒陽縣西南按竹書紀年作洞澤洞當作泂泂熒音同

衛師敗績遂滅衛

詩載馳序云衛懿公爲狄人所滅滅者懿公死也君死于位曰滅

衛侯不去其旗是以甚敗狄人囚史華龍滑與禮孔以逐衛人二人曰我大史也實掌其祭不先國不可得也乃先之至則告守曰不可待也夜與國人出狄入衛遂從之又

敗諸河初惠公之卽位也少齊人使昭伯烝於宣姜不可强之

服虔云昭伯衛宣公之長庶伋之兄宣姜宣公夫人惠公之母詩疏

生齊子戴公文公宋桓夫人許穆夫人文公爲衛之多患也先適齊及敗宋桓公逆諸河宵濟衛之遺民男女七百有三十人益之以共滕之民爲五千人立戴公以廬于曹

詩序及鄭箋曹竝作漕釋文云音同按漕作曹古文省說文廬寄也詩毛傳亦同釋文寄止曰廬按管子中匡篇狄人攻衛衛人出旅于曹則廬字從本訓爲得韋昭

注外傳亦同

許穆夫人賦載馳齊侯使公子無虧帥車三百乘甲士三千人以戍曹歸公乘馬祭服五稱牛羊豕雞狗皆三百與門材歸夫人魚軒

服虔云魚獸名詩疏

重錦三十兩

服虔云重牢也本疏

鄭人惡高克使帥師次于河上久而弗召師潰而歸高克奔陳鄭人爲之賦清人　晉侯使大子申生伐東山皋落氏

賈逵云東山赤狄別種史記集解服虔云赤狄之都也水經注

劉昭郡國志注引上黨記東山在壺關城東南晉申生所伐今名平泉

里克諫曰高誘呂覽注引作李古

賈逵云里克晉卿里季也史記集解

大子奉冢祀社稷之粢盛以朝夕視君膳者也

服虔云廚膳飲食同上杜取此

故曰冢子君行則守有守則從

服虔云有代大子守則從之同上

從曰撫軍

服虔云助君撫循軍士同上

守曰監國古之制也夫帥師專行謀誓軍旅君與國政之所圖也

賈逵云國政正卿也同上杜取此

非大子之事也師在制命而已稟命則不威專命則不孝故君之嗣適不可以帥師君失其官帥師不威將焉用之且臣聞皋落氏將戰君其舍之

服虔云舍之置申生弗使將兵也御覽

公曰寡人有子未知其誰立焉不對而退

服虔云里克不對同上

見大子。大子曰：吾其廢乎？對曰：告之以臨民，教之以軍旅，

賈逵云：將下軍。同上。杜取此。

不共是懼，何故廢乎？且子懼不孝，無懼弗得立。

服虔云：不得立已。同上。

修已而不責人，則免於難。大子帥師，公衣之偏衣，外傳作衣之偏裻之衣。

服虔云：偏衣，偏裻之衣，異色駮不純，裻在中，左右各異，故曰偏衣。同上。高誘呂覽注：偏，半也。杜取此。

佩之金玦。

服虔云：金玦，以金爲玦也。同上。

狐突御戎先友爲右梁餘子養御罕夷先丹木爲右羊舌大夫爲尉先友曰衣身之偏握兵之要在此行也子其勉之偏躬無慝兵要遠災親以無災又何患焉狐突歎曰時事之徵也衣身之章也佩衷之旗也

韋昭國語注衷中也杜本此

故敬其事則命以始服其身則衣之純用其衷則佩之度今命以時卒閟其事也衣之尨服

鄭司農考工記注尨雜也杜本此

遠其躬也佩以金玦弃其衷也服以遠之時以閟之尨涼

說文牻白黑雜毛牛𤚩厖牛也春秋傳曰牻𤚩惠棟曰

牛之雜色者不中爲犧牲衣之不純者不得爲大子若以尨爲椋義無所取古文省少或借涼爲椋

冬殺金寒玦離胡可恃也雖欲勉之狄可盡乎梁餘子養曰帥師者受命於廟受脤於社

韋昭國語注脤宜社之肉盛以蜃器杜本此

有常服矣不獲而尨命可知也死而不孝不如逃之罕夷曰尨奇無常金玦不復

應劭曰復反也荀卿子曰絶人以玦

雖復何爲君有心矣先丹木曰外傳作僕人贊語是服也狂夫阻之

服虔云阻止也方相之士蒙元衣朱裳主索室中毆疫

號之爲狂夫止此服言君與大子以狂夫所止之服衣

之本疏韋昭云狂夫方相氏之士也阻古詛字杜注殊非

曰盡敵而反敵可盡乎雖盡敵猶有內讒不如違之

詩毛傳違去也杜本此

狐突欲行羊舌大夫曰不可違命不孝弃事不忠雖知其

寒惡不可取子其死之大子將戰狐突諫曰不可昔辛伯

諗周桓公

說文諗深諫也春秋傳曰辛伯諗周桓公按桓十八年

傳本曰辛伯諫曰則諗訓說文爲長杜注諗告也雖本

詩鄭箋究當以說文爲是

云內寵竝后外寵二政孽子配適大都耦國亂之本也周公弗從故及於難今亂本成矣立可必乎孝而安民子其圖之與其危身以速罪也

服虔云速召也疾也言大子不去自必危疾召罪狐突知其難本既成而大子拘于一節不達至孝之義與臯落雖戰勝而歸猶不能免乎難而使父有悖惑殺子之罪故傳備載衆賢之言以迹大子所以死也經在僖公五年晉侯殺其太子申生 御覽

成風聞成季之繇

服虔云繇抽也抽出吉凶也易釋文按說文卜詞本作籀繇字作䌛徐鉉等曰今俗从䍃遂借作搖謠猶游猷陶悠等字只此繇字別無分別漢書文帝紀注師古曰繇音文救反本作籀籀書也今考釋文石經竝作繇姑仍之詩鄭箋繇卦兆之辭也杜本此

乃事之而屬僖公焉故成季立之　僖之元年齊桓公遷邢于夷儀

水經注引應劭曰邢侯自襄國徙此當齊桓公時衞人伐邢邢遷于夷儀其地屬晉號曰邢丘臣瓚注漢書曰春秋狄人伐邢邢遷夷儀不至此也今襄國西有夷儀

去襄國百餘里

二年封衞于楚丘邢遷如歸衞國忘亡

衞文公

服虔云戴公卒在於此年詩疏

大布之衣大帛之冠

鄭元禮記注大白冠太古之布冠也春秋傳曰衞文公大布之衣大白之冠正義引傳亦作大白

務材訓農通商惠工敬敎勸學授方任能元年革車三十乘季年乃三百乘

春秋左傳詁卷七

傳　陽湖洪亮吉學

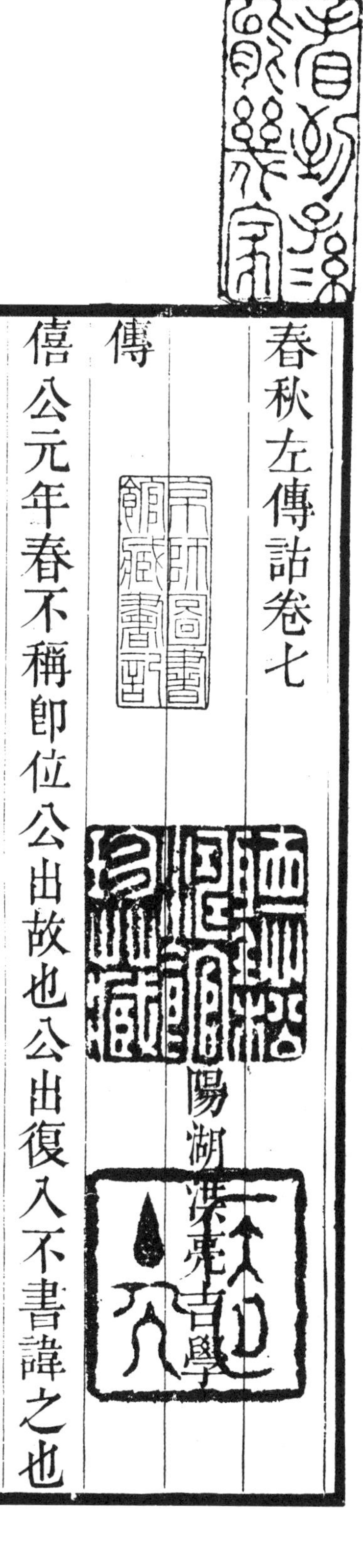

僖公元年春不稱即位公出故也公出復入不書諱之也諱國惡禮也　諸侯救邢邢人潰出奔師師遂逐狄人具邢器用而遷之師無私焉　夏邢遷于夷儀諸侯城之救患也凡侯伯救患分災討罪禮也　秋楚人伐鄭鄭即齊故也盟于犖謀救鄭也　九月公敗邾師于偃虛丘之戍將歸者也

服虔云虛丘魯邑魯有亂邾使兵戍虛丘魯與邾無怨

因兵將還襲而敗之所以惡僖公也

冬莒人來求賂公子友敗諸酈獲莒子之弟挐非卿也嘉獲之也公賜季友汶陽之田及費

賈逵云汶陽鄪魯二邑史記集解按此則賈逵左傳本作鄪與史記同索隱曰鄪今作費音秘水經汶水出泰山萊蕪縣西南入濟杜本此

夫人氏之喪至自齊君子以齊人之殺哀姜也爲已甚矣女子從人者也

二年春諸侯城楚丘而封衛焉不書所會後也　晉荀息

王符潛夫論作郇息按此則息蓋晉大夫食采于郇因

以爲氏說文郇周武王子所封國在晉地郇荀古字通水經注汾水下古水又西逕荀城東古荀國也汲郡古文晉武公滅荀以賜大夫原氏竹書紀年下有黯字又竹書紀年莊伯以曲沃叛伐翼公子萬救翼荀叔軫追之此荀叔軫豈息之宗耶

請以屈產之乘

服氏謂產爲產生也公羊疏

與垂棘之璧假道於虞以伐虢公羊虢作郭戰國策同

賈逵云虞在晉南虢在虞南史記集解

公曰是吾寶也對曰若得道於虞猶外府也公曰宮之奇

存焉對曰宮之奇之爲人也懦而不能強諫宋本及穀梁傳強並作彊

廣雅懦弱也杜本此

且少長於君君暱之雖諫將不聽乃使荀息假道於虞曰

冀爲不道入自顛軨水經注顛作巔

郡國志河東郡皮氏有冀亭大陽有顛軨坂杜同此酈道元云傳巖東北十餘里卽顛軨坂也

伐鄍三門

說文鄍晉邑春秋傳曰伐鄍三門服虔云鄍晉別都郡國志注又云謂冀伐晉也本疏水經河水又東過砥柱間道元注亦謂之三門矣

冀之既病則亦惟君故

服虔謂虞助晋也將欲假道稱前恩以誘之同上

今虢爲不道保於逆旅

荀子作御旅按御與迓同尚書迓字皆作御御迓也迎即逆也

以侵敝邑之南鄙敢請假道以請罪于虢虞公許之且請先伐虢宮之奇諫不聽遂起師夏晋里克荀息帥師會虞師伐虢滅下陽

服虔云下陽虢邑在大陽東北三十里史記集解水經注同惟無北字

先書虞賄故也　秋盟于貫服江黄也　齊寺人貂始漏

師于多魚國語及管子呂覽劉向說苑竝作豎刁漢書作豎貂　虢公敗戎于桑田晉卜偃曰虢必亡矣亡下陽不懼而又有功是天奪之鑒而益其疾也必易晉而不撫其民矣不可以五稔

韋昭國語注稔熟也杜本此

冬楚人伐鄭鬬章囚鄭聃伯

三年春不雨夏六月雨自十月不雨至于五月不曰旱不爲災也　秋會于陽穀謀伐楚也　齊侯爲陽穀之會來尋盟冬公子友如齊涖盟　楚人伐鄭鄭伯欲成孔叔不可曰齊方勤我棄德不祥

爾雅祥善也杜本此

齊侯與蔡姬乘舟于囿

王逸楚辭注囿苑也杜本此

蕩公

賈逵云蕩搖也史記集解杜取此

公懼變色禁之不可公怒辭之未之絕也諸本竝誤作未絕之也今从石經及宋本改正蔡人嫁之

四年春齊侯以諸侯之師侵蔡蔡潰遂伐楚楚子使與師言曰史記齊世家作楚成王師問曰君處北海寡人處南海惟是風馬牛不相及

賈逵云風放也牝牡相誘曰風書疏服虔同本疏按廣雅釋

名並同賈服又呂覽乃合纍牛騰馬游牝于牧高誘注纍牛父牛也騰馬父馬皆將羣游從牝于牧之野風合也

不虞君之涉吾地也何故管仲對曰昔召康公命我先君大公

服虔云召公奭史記集解京相璠曰召亭在周城南十五里水經注杜取此

曰五侯九伯

賈逵云五等諸侯九州之伯周禮疏杜取此服虔云五侯公侯伯子男九伯九州之長大公爲王官之長掌司馬職以

九伐之法征討邦國故得征之詩疏

女實征之以夾輔周室賜我先君履東至于海西至于河

服虔云是皆大公始受封土彊界所至也史記集解

南至于穆陵

春秋大事表穆陵關在青州臨朐縣東南一百五里

北至于無棣

水經注淸河又東北無棣溝出焉淇水下又引京相璠

曰舊說無棣在遼西孤竹縣通典鹽山春秋之無棣邑

也酈道元云管仲以責楚無棣在北方之爲近

爾貢包茅不入高誘呂覽注引傳包茅作苞茆顏師古漢書注亦同

韓非子外儲說曰是時楚之菁茅不貢於天子三年矣

賈逵云包茅菁茅包匭之也以供祭祀史記集解

王祭不共說文引傳共作供釋文云本亦作供按共供古字通無以縮酒

說文莤禮祭束茅加于祼圭而灌鬯酒是爲莤象神歆之也春秋傳曰爾貢包茅不入王祭不供無以莤酒按今本作縮周禮鄭興注莤讀爲縮

寡人是徵昭王南征而不復

服虔云周昭王南巡狩涉漢未濟船解而溺昭王王室諱之不以赴諸侯不知故桓公以爲辭責問楚也史記集解

按高誘呂覽注引此傳作沒而不復蓋一本有沒字唐

石經于而字上亦旁增一没字又正義引舊說皆云漢濱之人以膠膠船故得水而壞昭王溺焉不知本出何書

寡人是問對曰貢之不入寡君之罪也敢不共給呂覽注作敢不共乎昭王之不復君其問諸水濱

宋忠云丹陽南郡枝江縣也枝江去漢其路甚遥昭王時漢非楚境故不受罪也本疏杜本此說文瀕水厓人所賓附頻蹙不前而止从頁从涉廣雅云濵厓也頻頻比也徐鉉曰今俗作水濵非是按詩大雅池之竭矣不云自瀕毛傳瀕厓也鄭箋云瀕當作濵殊誤今濵又別作濱

或省作浜要皆顯之或字也

師進次于陘夏楚子使屈完如師師退次于召陵齊侯陳諸侯之師與屈完乘而觀之齊侯曰豈不穀是爲先君之好是繼與不穀同好如何對曰君惠徼福於敝邑之社稷

說文徼循也儌幸也按玉篇儌字始要求遮二訓今尋傳義則說文循幸二義竝通古字徼儌同釋文作儌非也杜注宣十二年傳作要福義亦同玉篇

辱收寡君寡君之願也齊侯曰以此衆戰誰能禦之以此攻城何城不克對曰君若以德綏諸侯誰敢不服君若以力楚國方城以爲城漢水以爲池釋文本或作漢以爲池衍水字

服虔云方城山在漢南史記集解又云方城山也漢水名皆楚之隘塞耳詩疏地理志隴西郡氐道禹貢養水所出東至武都爲漢水經沔水出武都沮縣至江夏沙羡縣入江水經注汝水又東得醴水醴水又屈而東南流逕葉縣故城北春秋昭公十五年許遷于葉是也楚盛周衰控霸南土欲爭强中國多築列城于北方以逼華夏故號此城爲萬城或作万字舊本譌方唐勒奏土論曰我是楚也世霸南土自越以至葉垂境萬里故號曰萬城也按此則方城當作萬城或作万以字近又譌作方矣臧琳經義雜記亦云萬城與內傳大城之說合杜方城取服說漢水本水

經地理志

雖衆無所用之屈完及諸侯盟　陳轅濤塗謂鄭申侯曰師出於陳鄭之間國必甚病若出於東方觀兵於東夷循海而歸其可也申侯曰善濤塗以告齊侯許之當以齊申侯絕句申侯見曰師老矣若出於東方而遇敵懼不可用也若出於陳鄭之間共其資糧屝屨

方言屝屨麤履也廣雅屝屨也釋名齊人謂草履曰屝杜本此

其可也齊侯說與之虎牢執轅濤塗　秋伐陳討不忠也

許穆公卒于師葬之以侯禮也凡諸侯薨于朝會加一

等夘王事加二等

賈逵云謂朝天子以命用師御覽

於是有以衮斂

賈逵云衮斂上公九命服衮也同上

冬叔孫戴伯帥師會諸侯之師侵陳陳成歸轅濤塗　初

晉獻公欲以驪姬爲夫人卜之不吉筮之吉公曰從筮卜

人曰筮短龜長不如從長

馬融云筮史短龜史長周禮疏

且其繇曰專之渝攘公之羭

說文渝變也攘除也虞翻易注王逸楚辭章句竝同杜本

此

一薰一蕕

廣雅薰草蕙草也王逸楚辭章句蕙香草也杜本此按漢書龔勝傳薰以香自燒是矣禮記內則牛夜鳴則庮鄭元注庮惡臭也春秋傳曰一薰一蕕庮蕕古通

十年尚猶有臭必不可弗聽立之生奚齊其娣生卓子及將立奚齊既與中大夫成謀姬謂大子曰君夢齊姜必速祭之大子祭于曲沃

服虔云齊姜廟所在史記集解

歸胙于公穀梁作致福于君史記作歸釐于君

韋昭國語注胙祭肉也按胙止可訓肉杜注云胙祭之酒肉則干訓詁不通矣下八年賜齊侯胙卽云祭肉與韋注同

公田姬寘諸宮六日公至毒而獻之

晉語驪姬受胙寘酖于酒寘堇于肉賈逵云堇烏頭也

公祭之地地墳穀梁墳作賁賁墳古今字與犬犬斃

說文獘頓仆也春秋傳曰與犬犬獘从犬敝聲或作斃按五經文字注云獘字見春秋傳又作斃足知唐本又多作獘字也

與小臣小臣亦斃姬泣曰賊由大子大子奔新城公殺其

傳杜原款或謂大子子辭君必辯焉大子曰君非姬氏居不安食不飽我辭姬必有罪君老矣吾又不樂曰子其行乎大子曰君實不察其罪被此名也以出人誰納我十二月戊申縊于新城

呂覽上德篇大子遂以劍死韋昭國語注新城曲沃也新爲大子城

姬遂譖二公子曰皆知之重耳奔蒲

酈道元云蒲川水出石樓山南逕蒲城東即重耳所奔之處羊求水出羊求川西逕北屈縣故城南城即夷吾所奔邑

夷吾奔屈

五年春王正月辛亥朔日南至公既視朔遂登觀臺以望

左氏說天子靈臺在太廟之中雍之靈沼謂之辟雍諸侯有觀臺亦在廟中皆以望嘉祥也（五經異議）服氏云人君入太廟視朔告朔天子曰靈臺諸侯曰觀臺在明堂之中（禮疏及通典）

而書禮也凡分至啓閉必書雲物爲備故也

服虔云分爲春秋分至爲冬夏至啓立春夏也陽氣用事爲啓閉立秋冬也陰氣用事爲閉雲五雲也風氣日月星辰也分至啓閉天地之大節陰陽之分也故遂登

觀臺望氣以審妖祥變亂之氣先見于八節審其雲物之形言其所致務爲之備也御覽鄭衆云以二至二分觀雲色青爲蟲白爲喪赤爲兵荒黑爲水黃爲豐本疏

晉侯使以殺大子申生之故來告初晉侯使士蔿爲二公子築蒲與屈不愼寘薪焉夷吾訴之公使讓之士蔿稽首而對曰臣聞之無喪而戚憂必讐焉無戎而城讐必保焉寇讐之保又何愼焉守官廢命不敬固讐之保不忠失忠與敬何以事君詩云懷德惟寧宗子惟城君其修德而固宗子何城如之三年將尋師焉焉用愼退而賦曰狐裘尨茸一國三公吾遂適從

服虔云蒙茸以言亂皃三公言君與二公子將敵故不知所從史記集解

及難公使寺人披伐蒲

史記晉世家曰獻公使宦者履鞮趣殺重耳韋昭國語注曰伯楚寺人勃之字也索隱曰卽左傳之勃鞮亦曰寺人披按披勃同音履鞮急讀卽爲披

重耳曰君父之命不校詩本或作挍今定作校乃徇曰校者吾讐也

踰垣而走披斬其袪

服虔云袪袂也同上按說文袪衣袂也袪尺二寸春秋傳曰披斬其袪杜取服說

遂出奔翟

酈道元云晉公子重耳出亡及柏谷卜適齊楚狐偃曰不如之翟水經注

夏公孫茲如牟娶焉釋文娶本又作取　會于首止會王大子鄭

服虔云惠王以惠后故將廢大子鄭而立王子帶故齊桓帥諸侯會王大子以定其位御覽

謀寧周也　陳轅宣仲怨鄭申侯之反己於召陵故勸之城其賜邑曰美城之大名也子孫不忘吾助子請乃爲之請於諸侯而城之美遂譖諸鄭伯曰美城其賜邑將以叛也申侯由是得罪　秋諸侯盟王使周公召鄭伯曰吾撫

女以從楚輔之以晉可以少安鄭伯喜於王命而懼其不朝於齊也故逃歸不盟孔叔止之曰國君不可以輕輕則失親失親患必至病而乞盟所喪多矣君必悔之弗聽逃其師而歸　楚鬬穀於菟滅弦弦子奔黃於是江黃道柏諸本作栢今从善本定作柏

地理志汝南郡陽安應劭曰故道國又西平應劭曰故柏子國也杜本此　按杜本陽安今作安陽蓋傳寫誤汝南郡別有安陽縣應劭曰故江國也

方睦於齊皆弦姻也弦子恃之而不事楚又不設備故亡

晉侯復假道於虞以伐虢宮之奇諫曰虢虞之表也虢

亡虞必從之晉不可啓寇不可翫

廣雅翫習也杜本此

一之謂甚其可再乎諺所謂輔車相依諸本謂誤爲今改正

服虔云輔上頷車也與牙相依詩疏按玉篇引說文酺頰也左氏傳曰酺車相依亦作輔今考說文輔字下引春秋傳曰輔車相依徐鍇本有此八字徐鉉本無从車甫聲人頰車也酺字云頰也从面甫聲不引春秋傳是許君所見左氏本作輔字無疑玉篇引說文作酺當別有所本要之古酺輔本通故傳寫亦不一服虔注頷當作頜說文頜顋也是服義與許君同

脣亡齒寒者其虞虢之謂也公曰晉吾宗也豈害我哉對曰大伯虞仲大王之昭也大伯不從（史記作大伯亡去）是以不嗣

虢仲虢叔

賈逵云虢仲封東虢制是也虢叔封西虢虢公是也馬融曰虢叔同母弟虢仲異母弟虢仲封下陽虢叔封上陽（本疏）按虢有三晉太康地記扶風郡雍西虢地也平王東遷虢叔自此之上陽爲南虢矣又下陽亦名北虢水經注下陽地理志所謂北虢也

王季之穆也爲文王卿士勳在王室藏於盟府將虢是滅何愛於虞且虞能親於桓莊乎其愛之也

服虔其作甚注云愛之甚當爲愛桓莊之族甚也本疏按服所據當係古本必非妄改正義譏之非是

桓莊之族何罪而以爲戮不惟偪乎親以寵偪猶尚害之況以國乎公曰吾享祀豐絜神必據我

詩毛傳據依也按玉篇等亦同蓋言神所據依較杜訓安爲近

對曰臣聞之鬼神非人實親惟德是依故周書曰皇天無親惟德是輔又曰黍稷非馨明德惟馨

說文香芳也春秋傳曰黍稷馨香按杜本馨香之遠聞亦用說文

又曰民不易物惟德繄物

服虔云繄發聲也言黍稷牲玉不易無德薦之則不見饗有德則言饗詩疏

如是則非德民不和神不享矣神所馮依將在德矣若晉取虞而明德以薦馨香神其吐之乎弗聽許晉使宮之奇以其族行

鄭元禮記注行去也杜本此

曰虞不臘矣

獨斷臘歲終大祭縱吏民宴飲非迎氣故但送不迎應劭風俗通云案禮夏曰嘉平殷曰清祀周曰大蜡漢改

日臘御覽引舊注云臘祭名也日月會于龍尾百物備合因于是祭羣神也今按合之禮記月令孟冬臘門閭及先祖五祀是臘祭三代有之故宮之奇亦云然宋儒朱子云秦時始有臘祭余一言以斷之曰史記秦本紀惠王十二年初臘始皇三十一年改臘曰嘉平如謂臘始于秦則秦改臘爲嘉平亦云嘉平始于秦可乎又不待辨而明矣

在此行也晉不更舉矣八月甲午晉侯圍上陽

地理志宏農郡陜故虢國杜本此酈道元云昔周召分伯以陜城爲東西之别東城卽虢之上陽也

問於卜偃曰吾其濟乎對曰克之公曰何時對曰童謠云丙之晨漢書律歷志作丙子之辰龍尾伏辰均服振振

注賈服等皆爲均均同也周禮疏服虔又云袀服黑服也文選注惠棟云古戎服尚黑戰國策顧令補黑衣之數注云黑衣戎服漢書五行志引傳作袀劉逵吳都賦注引亦同儀禮士冠禮曰兄弟畢袗玄鄭注袗同也古文袗爲均司馬彪輿服志曰郊祀之服皆以袀元淮南子曰尸祝袀袨高誘曰袀純服袨墨齊衣也袀袨猶袗元上下皆元故謂之黑服謂均服爲黑服失之袀古文皆作均杜氏謂戎事上下同服是也管子大匡篇四年修兵同甲十萬同

甲者均服之謂也今按周禮司几筵設莞筵紛純鄭注云純讀爲均服之均李善閒居賦注引傳作袀廣疋云袀戎衣也左傳袀服振振呂覽悔過篇今袀服四建高誘注袀同也兵服上下無别故曰袀服今服虔注尚作袀是漢時左氏本作袀服也釋文亦云字書袀音同劉逵吳都賦注引傳亦作袀

取虢之旂鶉之賁賁天策焞焞火中成軍虢公其奔漢書五行志作犇其九月十月之交乎丙子旦五行志引此上多十月朔三字日在尾月在策鶉火中必是時也冬十二月丙子朔晉滅虢虢公醜奔京師師還館于虞遂襲虞滅之執虞公及其大夫井

伯、

史記晉世家曰及其大夫井伯百里奚正義曰南雍州記云百里奚字井伯宛人也梁劉峻世說新語注百里奚字井伯按古今人表百里奚列上之下井伯列中之下則非一人也

以媵秦穆姬

孫炎爾雅注送女曰媵杜本此

而修虞祀

服虔云虞所祭祀命祀也史記集解

且歸其職貢於王故書曰晉人執虞公罪虞且言易也言上

一本無且字

六年春晉侯使賈華伐屈

賈逵云晉右行大夫同上 按賈據僖十年傳文爲說

夷吾不能守盟而行將奔狄郤芮曰

聲類郤鄉在河內一切經音義 按此則芮食采于郤後因以爲氏也

後出同走罪也不如之梁梁近秦而幸焉乃之梁 夏諸侯伐鄭以其逃首止之盟故也圍新密鄭所以不時城也

秋楚子圍許以救鄭諸侯救許乃還 冬蔡穆侯將許僖公以見楚子於武城

郡國志南陽郡宛有東武亭杜同此

許男面縛

廣雅偭偝也漢書賈誼傳偭蟂獺以隱處兮王逸應劭注竝云偭背也項籍傳馬童面之張宴曰背之也師古亦云面謂背之不面向也偭面古字同按杜注云但見其面可爲臆說

銜璧大夫衰絰士輿櫬

說文櫬棺也春秋傳曰士輿櫬杜本此下襄二年亦同

楚子問諸逢伯對曰昔武王克殷微子啟如是武王親釋其縛受其璧而祓之

說文祓除惡之祭也杜本此

焚其襯禮而命之使復其所楚子從之

七年春齊人伐鄭孔叔言於鄭伯曰諺有之曰心則不競

則風俗通作苟

詩毛傳競强也杜本此

何憚於病

詩鄭箋憚難也杜本此

既不能彊又不能弱所以斃也國危矣請下齊以救國公

曰吾知其所由來矣姑少待我對曰朝不及夕何以待君

夏鄭殺申侯以說于齊且用陳轅濤塗之譖也初申侯

申出也有寵於楚文王文王將死與之璧使行曰惟我知女女專利而不厭予取予求不女疵瑕也呂覽注疵作玼

說文疵病也鄭元禮記注瑕玉之病也陸德明釋文瑕疵過也

後之人將求多於女女必不免我死女必速行無適小國將不女容焉旣葬出奔鄭又有寵於厲公子文聞其死也曰古人有言曰知臣莫若君弗可改也已　秋盟于甯母謀鄭故也管仲言於齊侯曰臣聞之招攜以禮

韋昭國語注攜離也杜本此

懷遠以德德禮不易無人不懷齊侯修禮於諸侯諸侯官

受方物鄭伯使大子華聽命於會言於齊侯曰泄氏孔氏子人氏三族實違君命君若去之諸本作若君今从石經宋本改正以爲成我以鄭爲內臣君亦無所不利焉齊侯將許之管仲曰君以禮與信屬諸侯而以姦終之無乃不可乎子父不奸之謂禮守命共時之謂信違此二者姦莫大焉公曰諸侯有討於鄭未捷今苟有釁從之不亦可乎對曰君若綏之以德加之以訓辭而帥諸侯以討鄭鄭將覆亡之不暇豈敢不懼若總其罪人以臨之鄭有辭矣何懼且夫合諸侯以崇德也會而列姦何以示後嗣夫諸侯之會其德刑禮義無國不記記姦之位君盟替矣三禮石經作朁今从唐石經定作替字

詩毛傳替廢也杜本此

作而不記非盛德也君其勿許鄭必受盟夫子華旣爲大子而求介於大國

索隱稱志林介者因也杜本此

以弱其國亦必不免鄭有叔詹堵叔師叔三良爲政未可閒也齊侯辭焉子華由是得罪於鄭

服虔云鄭伯罪之也御覽

冬鄭伯使請盟于齊　閏月惠王崩襄王惡太叔帶之難

釋文叔作州

懼不立不發喪而告難于齊

八年春盟于洮謀王室也鄭伯乞盟請服也襄王定位而

後發喪　晉里克師師梁由靡御虢射爲右以敗狄于采桑史記作齧桑

服虔云狄地也史記集解郡國志河東郡北屈有采桑津杜同此

梁由靡曰狄無恥從之必大克里克曰懼之而已無速衆狄虢射曰期年狄必至示之弱矣　夏狄伐晉報采桑之役也復期月　秋禘而致哀姜焉非禮也凡夫人不薨于寢不殯于廟

服氏云不薨于寢寢謂小寢杜取此不殯于廟廟謂殯宮鬼神所在謂之廟禮記疏

不赴于同不祔于姑則弗致也　冬王人來告喪難故也

是以緩　宋公疾大子茲父史記作茲甫固請曰目夷長且仁

君其立之公命子魚子魚辭曰能以國讓仁孰大焉臣不

及也且又不順遂走而退

九年春宋桓公卒未葬而襄公會諸侯故曰子凡在喪王

曰小童公侯曰子　夏會于葵丘尋盟且修好禮也王使

宰孔賜齊侯胙

周禮大行人正義引傳文并引注云周禮脤膰之禮親

兄弟之國不以賜異姓尊齊侯客之若先代之後按此

當是服注杜亦本此立說

曰天子有事于文武使孔賜伯舅胙齊侯將下拜孔曰且有後命天子使孔曰以伯舅耋老

馬融易注七十曰耋服虔同詩疏杜取此

加勞賜一級

鄭元禮記注級等也杜本此

無下拜對曰天威不違顏咫尺

方言云顏額爲頞也中夏謂之額東齊謂之顙河潁淮泗之間謂之顏賈逵國語注八尺曰咫說文周禮寸尺咫尋皆以人之體爲法中婦人手長八寸謂咫杜取此

小白余敢貪天子之命無下拜

爾雅余身舍人曰余卑謙之身也杜本此按岳氏本以白字絶句今考釋詁文朕余躬身也邢昺疏引此傳云齊侯曰小白余是當以余字爲句

恐隕越于下以遺天子羞敢不下拜下拜登受　秋齊侯盟諸侯于葵丘曰凡我同盟之人既盟之後言歸于好宰孔先歸遇晉侯曰可無會也齊侯不務德水經注引作不務修德而勤遠略故北伐山戎南伐楚西爲此會也東略之不知西則否矣其在亂乎在水經注作有

鄭元儀禮注在存也杜本此

君務靖亂無勤於行晉侯乃還　九月晉獻公卒里克平

鄭外傳作丕史記晉世家作邳

賈逵云晉大夫史記集解

欲納文公故以三公子之徒作亂

賈逵云三公子申生重耳夷吾同上杜取此

初獻公使荀息傅奚齊公疾召之曰以是藐諸孤

方言眇小也眇藐古字通按惠氏議顧氏炎武訓藐爲小爲未當不知實本方言呂諶字林又云藐小兒笑也

辱在大夫其若之何稽首而對曰臣竭其股肱之力加之以忠貞其濟君之靈也不濟則以死繼之公曰何謂忠貞對曰公家之利知無不爲忠也送往事居耦俱無猜貞也

廣雅耦二也猜疑也按杜注訓耦爲兩亦此意

及里克將殺奚齊先告荀息曰三怨將作秦晉輔之子將何如荀息曰將死之里克曰無益也荀叔曰吾與先君言矣不可以貳能欲復言而愛身乎雖無益也將焉辟之且人之欲善誰不如我我欲無貳而能謂人已乎冬十月里克殺奚齊于次書曰殺其君之子未葬也荀息將死之人曰不如立卓子而輔之荀息立公子卓以葬十一月里克殺公子卓于朝荀息死之君子曰詩所謂白圭之玷尚可磨也史記圭作珪尚作猶

詩毛傳玷缺也杜本此按說文引詩玷作列

斯言之玷不可爲也茍息有焉　齊侯以諸侯之師伐晉及高粱而還

服虔云晉地也史記集解郡國志河東郡楊有高粱亭杜同此

討晉亂也令不及魯故不書釋文令本又作命　晉郤芮使夷吾重賂秦以求入曰人實有國我何愛焉入而能民土於何有從之齊隰朋

王符潛夫論隰氏姜姓

帥師會秦師納晉惠公秦伯謂郤芮曰公子誰恃對曰臣聞亡人無黨有黨必有讎夷吾弱不好弄

爾雅弄玩也

能鬬不過長亦不改不識其他公謂公孫枝曰史記作支

服虔云秦大夫公孫子桑史記集解

夷吾其定乎對曰臣聞之惟則定國

爾雅則法也杜本此　按呂覽稽勳篇赤章曼支曰詩曰惟則定國則此四字乃逸詩也

詩曰不識不知順帝之則文王之謂也又曰不僭不賊鮮不爲則

廣雅僭差也高誘呂覽注賊害也杜本此

無好無惡不忌不克之謂也今其言多忌克難哉公曰忌則多怨又焉能克是吾利也　宋襄公即位以公子目夷

爲仁使爲左師以聽政於是宋治故魚氏世爲左師

十年春狄滅溫蘇子無信也蘇子叛王卽狄又不能於狄狄人伐之王不救故滅蘇子奔衛

賈逵云周卿士史記集解杜取此

夏四月周公忌父王子黨會齊隰朋立晉侯晉侯殺里克以說將殺里克公使謂之曰微子則不及此雖然子弒二君與一大夫文選注引傳作二公

服虔云奚齊卓子荀息也同上

爲子君者不亦難乎

按公羊傳作不亦病乎廣雅病難也

對曰不有廢也君何以興欲加之罪其無辭乎臣聞命矣伏劍而死於是丕鄭聘于秦且謝緩賂故不及　晉侯改葬共大子外傳大作世檀弓史記漢書共竝作恭　秋狐突適下國

服虔云晉所滅國以爲下邑一曰曲沃有宗廟故謂之國在絳下故曰下國也同上按說苑立節篇獻公卒突卽辭歸自殺蓋屬虛語

遇大子大子使登僕

論衡死僞篇引作大子趨登僕車而告之曰

而告之曰夷吾無禮

賈逵云烝於獻公夫人賈君故曰無禮馬融云申生不

自明而尗夷吾改葬之章父之過故曰無禮本疏

余得請於帝矣

服虔云帝天帝謂罰有罪史記集解

將以晉畀秦秦將祀余對曰臣聞之神不歆非類

賈逵國語注歆貪也按說文歆神食气也義亦與賈同

杜注歆饗也本詩毛傳

民不祀非族君祀毋乃殄乎

詩毛傳殄絶也杜本此

且民何罪失刑乏祀君其圖之君曰諾吾將復請七日史記作後十日新城西偏將有巫者而見我焉許之遂不見及期而

往告之曰帝許我罰有罪矣敝於韓史記作獘論衡敝下多一之字

賈逵云敝敗也韓晉韓原史記集解

丕鄭之如秦也言於秦伯曰呂甥史記作呂省

按呂甥先又嘗食邑于虢竹書紀年晉獻公十有九年伐虢滅下陽命瑕父呂甥邑于虢水經注云地理志所謂北虢也

郤稱冀芮實爲不從若重問以召之臣出晉君君納重耳蔑不濟矣

詩毛傳蔑無也杜本此

冬秦伯使泠至報問且召三子郤芮曰幣重而言甘誘我

也遂殺丕鄭祁舉及七輿大夫

服虔云下軍之輿帥七人屬申生者襄二十三年下軍輿帥七人往前申生將下軍今七輿大夫爲申生報怨欒盈將下軍故七輿大夫與欒氏本疏按劉炫亦爲服言是不取杜說

左行共華右行賈華叔堅騅歂纍虎特宮山祁

按此上七人即七輿大夫之名

皆里丕之黨也丕豹奔秦李斯書丕作邳言於秦伯曰晉侯背大主而忌小怨民弗與也伐之必出公曰失衆焉能殺違禍誰能出君

十一年春晉侯使以平鄭之亂來告　天王使召武公內史過賜晉侯命受玉惰

說文惰不敬也从心隋省春秋傳曰受玉惰或省𠥓

過歸告王曰晉侯其無後乎王賜之命而惰於受瑞先自棄也已其何繼之有禮國之幹也敬禮之輿也不敬則禮不行禮不行則上下昏何以長世　夏揚拒泉皋

郡國志河南郡雒陽有前亭按泉前古字通此杜同

伊洛之戎同伐京師入王城焚東門王子帶召之也秦晉伐戎以救周秋晉侯平戎于王　黃人不歸楚貢冬楚人伐黃

十二年春諸侯城衞楚丘之郛懼狄難也

韋昭國語注郛郭也杜本此

黃人恃諸侯之睦于齊也不共楚職曰自郢及我九百里焉能害我夏楚滅黃

史記楚世家作滅英徐廣曰年表及他本皆作英一本作黃正義曰英國在淮南蓼國也不知改名時今按滅蓼在魯文公三年時爲楚穆王四年非此一時事

王以戎難故討王子帶秋王子帶奔齊　冬齊侯使管夷吾平戎于王使隰朋平戎于晉

韋昭國語注平和也服虔云戎伐周晉伐戎救周故和

也史記集解杜本此

王以上卿之禮饗管仲管仲辭曰臣賤有司也有天子之

二守國高在若節春秋

賈逵云節時也同上杜取此　王肅云春秋聘享之節也同上

來承王命何以禮焉陪臣敢辭

服虔云陪重也諸侯之臣于天子故曰陪臣同上

王曰舅氏

賈逵云舅氏言伯舅之使也同上杜取此

余嘉乃勳應乃懿德

惠棟曰應讀爲膺言膺受女美德也古文皆以應爲膺

謂督不忘

爾雅督正也

往踐乃職無逆朕命管仲受下卿之禮而還君子曰管氏之世祀也宜哉讓不忘其上詩云愷悌君子

爾雅愷樂也悌易也杜本此

神所勞矣

十三年春齊侯使仲孫湫聘于周且言王子帶事畢不與王言歸復命曰未可王怒未怠其十年乎不十年王弗召也 夏會于鹹淮夷病杞故且謀王室也 秋爲戎難故諸侯戍周

詩毛傳戍守也杜本此

齊仲孫湫致之　冬晉薦饑

按文選注引傳作晉洊饑字書曰洊仍也爾雅穀不熟爲饑仍饑爲薦李巡曰連歲不熟曰薦杜注麥禾皆不熟葢亦本此

使乞糴于秦秦伯謂子桑與諸乎曰重施而報君將何求重施而不報其民必攜攜而討焉無衆必敗謂百里與諸乎

服虔云百里奚秦大夫史記集解

對曰天災流行史記作菑下同國家代有救災恤鄰道也行道有

丕鄭之子豹在秦請伐晉秦伯曰其君是惡其民何罪

秦於是乎輸粟于晉自雍及絳

服虔云雍秦國都絳晉國都 同上杜取此

相繼命之曰汎舟之役

按雍近渭絳近河以舟輸粟故云汎舟之役也

十四年春諸侯城緣陵而遷杞焉不書其人有闕也 鄫季姬來寧公怒止之以鄫子之不朝也夏遇于防而使來朝 秋八月辛卯沙鹿崩晉卜偃曰期年將有大咎幾亡國 冬秦饑使乞糴于晉晉人弗與慶鄭曰背施無親幸災不仁貪愛不祥怒鄰不義四德皆失何以守國虢射曰

皮之不存毛將安傅慶鄭曰棄信背鄰患孰恤之無信患作失援必斃是則然矣虢射曰無損於怨而厚於寇不如弗與慶鄭曰背施幸災民所棄也近猶讎之況怨敵乎弗聽退曰君其悔是哉

十五年春楚人伐徐徐卽諸夏故也三月盟于牡丘尋葵丘之盟且救徐也孟穆伯帥師及諸侯之師救徐諸侯次于匡（諸本竝作匡蓋相沿避宋諱今皆改正下同）以待之　夏五月日有食之不書朔與日官失之也　秋伐厲以救徐也　晉侯之入也秦穆姬屬賈君焉

按杜注賈君晉獻公次妃既無明文惟左傳云獻公娶

于賈則賈乃正妃獻公即位二十六年而卒若係正妃則惠公即位年齒已高無由更爲所烝唐固説賈君爲申生之妃情事較合故申生有夷吾無禮之言惠棟左傳補注所見亦同

且云盡納羣公子晉侯烝於賈君又不納羣公子是以穆姬怨之晉侯許賂中大夫既而皆背之賂秦伯以河外列城五東盡虢畧南及華山内及解梁城

郡國志宏農郡陸渾西有虢畧地華陰有太華山河東郡解有解城此杜同

既而不與晉饑秦輸之粟秦饑晉閉之糴故秦伯伐晉卜

徒父筮之吉涉河侯車敗

爾雅敗覆也

詰之對曰乃大吉也三敗必獲晉君其卦遇蠱䷑曰千乘三去

惠棟云上林賦曰江河爲阹注云遮禽獸爲阹阹卽去實一字

三去之餘獲其雄狐夫狐蠱必其君也蠱之貞風也其悔山也歲云秋矣我落其實而取其材所以克也實落材亡不敗何待三敗及韓晉侯謂慶鄭曰寇深矣若之何對曰君實深之可若何公曰不孫

服虔云孫順也史記集解

卜右慶鄭吉弗使步揚御戎家僕徒爲右史記揚作陽

服虔云二子晉大夫也同上

乘小駟鄭入也慶鄭曰古者大事必乘其產生其水土而知其人心安其教訓而服習其道惟所納之無不如志今乘異產以從戎事及懼而變將與人易亂氣狡憤

賈逵國語注憤盛也一切經音義按賈注此傳亦當作盛滿解鄭元樂記注賁讀爲憤怒氣充實也春秋傳血氣狡憤王粲登樓賦氣交憤于胸臆李善注引杜云交戾也是交狡賁憤古字竝通

陰血周作張脈僨興

說文衇血理之分袤行體中者从𠂢从血衇或从肉籀文作𧖴按此則今本作脈不誤釋文石經竝同張有復古編以爲俗作脈非過矣僨當作賁或作濆禮記射義賁軍之將鄭元注賁讀爲僨穀梁僖十年傳地賁范甯注賁沸起也又管子勢以待天下之濆作也尹知章云動亂也陸氏附注以爲僨無動義譏杜失之是矣

外彊中乾進退不可周旋不能君必悔之弗聽九月晉侯逆秦師使韓簡視師復曰師少於我鬭士倍我公曰何故對曰出因其資入用其寵饑食其粟三施而無報是以來

也今叉擊之我怠秦奮倍猶未也公曰一夫不可狃

爾雅狃復也孫炎注狃忕前事復爲也按杜注狃忕也卽本此

況國乎遂使請戰曰寡人不佞能合其衆而不能離也君若不還無所逃命秦伯使公孫枝對曰君之未入寡人懼之入而未定列猶吾憂也苟列定矣敢不承命韓簡退曰吾幸而得囚壬戌戰于韓原晉戎馬還濘而止

鄭元禮記注還言便也廣雅濘泥也杜本此

公號慶鄭慶鄭曰愎諫違卜

高誘呂覽注愎戾也杜本此

固敗是求又何逃焉遂去之梁由靡御韓簡史記由作繇虢射爲右

服虔云虢射惠公舅史記集解

輅秦伯

服虔云輅迎也同上杜取此

將止之

韋昭國語注止獲也杜本此

鄭以救公誤之遂失秦伯秦獲晉侯以歸晉大夫反首拔舍從之詩疏拔作茇

周禮夏官司馬中夏敎茇舍鄭注云茇讀如萊沛之沛

茇舍草止也軍有草止之法說文废舍也从广犮聲詩曰召伯所废按此則字當作废跋拔茇古字通

秦伯使辭焉曰二三子何其慼也寡人之從君而西也亦晉之妖夢是踐豈敢以至晉大夫三拜稽首曰君履后土而戴皇天周禮禮記疏竝引作戴皇天而履后土皇天后土實聞君之言羣臣敢在下風穆姬聞晉侯將至以大子罃弘與女簡璧登臺而履薪焉使以免服衰絰逆且告

按此下傳文或有上天降災使我兩君匪以玉帛相見而以興戎若晉君朝以入則婢子夕以死夕以入則朝以死惟君裁之釋文曰自上天降災至此凡四十七字

檢古文皆無尋杜注亦不得有有是後人妄加也今按釋文四十七字七當作二葢誤井乃舍諸靈臺五字數之耳此後人校勘之疎孔疏亦云服虔解誼其文甚煩傳本若有此文服虔必應多解何由四十餘字不解一言亦至二十三年始解婢子明是本無之也據此則服杜本尚皆不誤服杜以後人妄增今據削去

乃舍諸靈臺

詩含神霧云作邑于豐起靈臺易乾鑿度云伐崇作靈臺孔穎達疏云是靈臺在豐邑之都內也水經注豐水又北逕靈臺西括地志雍州長安縣有靈臺高二丈周

回百二十步今按杜注云所以杜絶令不得通外內或

即以此

大夫請以入公曰獲晉侯以厚歸也旣而喪歸焉用之大

夫其何有焉且晉人感憂以重我天地以要我不圖晉憂

重其怒也我食吾言背天地也重怒難任

韋昭國語注任當也杜本此

背天不祥必歸晉君公子縶曰

韋昭國語注據禮記云縶字子顯盧植曰古者名字相

配顯當爲韅

不如殺之無聚慝焉子桑曰歸之而質其大子必得大成

晉未可滅而殺其君祇以成惡祇刊本多誤作祗

說文緹从糸是聲緹或从氏詩毛傳祇適也玉篇祇之移切適也又音岐漢書竇嬰傳祇皆䛒是明揚主上之過師古曰祇音　其字从衹今从石經定作祇字

且史佚有言曰無始禍無怙亂無重怒重怒難任陵人不祥乃許晉平晉侯使郤乞告瑕呂飴甥

按竹書紀年作瑕父呂甥今考呂甥先食采于瑕故稱曰瑕父郡國志河東郡解有瑕城是也後又食采于呂故又稱瑕呂劉昭補注引張華博物志河東郡永安有呂鄉呂甥邑也是瑕呂皆所食采地杜注云姓瑕呂名

飴甥非矣下傳云陰飴甥陰亦采邑名

且召之子金教之言曰朝國人而以君命賞且告之曰孤

雖歸辱社稷矣其卜貳圉也鄭元禮記注貳作二

鄭司農周禮注貳副也按杜訓貳爲代非

衆皆哭晉於是乎作爰田

服虔孔晁皆云爰易也賞衆以田易其疆畔本疏按外傳

作轅田賈逵注轅車也以田出車賦說文云爰引也籀

文以爲車轅字又按⿺走亘田易居也徐鍇繫傳云爰轅皆

假借此乃正字謂以田相換易也孟康地理志注轅爰

同今考爰田當以賈義爲長杜注取服虔說

呂甥曰君亡之不恤而羣臣是憂惠之至也將若君何衆曰何爲而可對曰征繕以輔孺子

韋昭國語注征賦也廣雅繕治也杜本此

諸侯聞之喪君有君羣臣輯睦甲兵益多好我者勸惡我者懼庶有益乎衆說晉於是乎作州兵

按作州兵葢亦改易兵制或使二千五百家畧增兵額故上云甲兵益多非僅修繕兵甲而已杜注似非

初晉獻公筮嫁伯姬於秦遇歸妹☳☱之睽☲☱史蘇占之曰不吉其繇曰士刲羊亦無衁也

說文衁血也春秋傳曰士刲羊亦無衁也廣雅同杜本此

女承筐亦無貺也釋文貺本亦作況

詩毛傳貺賜也杜本此服虔以離爲戈兵兌爲羊震變爲離是用兵刺羊之象也三至五有坎象坎爲血血在羊上故刺無血也震爲竹竹爲筐震變爲離離爲火火動而上其施不下故筐無實也同上

西鄰責言不可償也

服虔以爲三至五爲坎坎爲月月生西方故爲西鄰坎爲水兌爲澤澤聚水故坎責之澤澤償水則竭故責言不可償同上

歸妹之睽猶無相也

服虔云兌爲金離爲火金火相遇而相害故無助也同上

應劭漢書注相助也杜本此

震之離亦離之震爲雷爲火爲嬴敗姬

服虔云離爲日爲火秦嬴姓水位一至五有坎象水勝火故爲嬴敗姬同上

車說其輹

說文輹車軸縛也馬融易注輹車下縛也杜本此

火焚其旗不利行師敗于宗丘

服虔云五至三有坎爲水象震爲車車得水而脫其輹也震爲龍龍爲諸侯旗離之震故火焚其旗也震東方

木兌西方金木遇金必敗韓有先君之宗廟故曰宗丘同上

說文四邑爲丘杜本此 鄭元禮記注丘與區同

歸妹睽孤寇張之弧

服虔云坎爲寇爲弓故曰寇張之弧同上

姪其從姑

爾雅父之姊妹爲姑女子謂昆弟之子爲姪杜本此

六年其逋

廣雅逋亡也杜本此

逃歸其國而棄其家明年其死于高梁之虛

郡國志河東郡楊有高梁亭杜同此

及惠公在秦曰先君若從史蘇之占吾不及此夫韓簡侍曰龜象也筮數也物生而後有象象而後有滋滋而後有數先君之敗德及可數乎釋文以先君之敗德及絕句

按及可數乎猶數可及乎葢倒字法也今仍以及字屬下讀

史蘇是占勿從何益詩曰下民之孽匪降自天僔沓背憎職競由人

詩作噂按說文噂聚語也僔聚也竝引詩小雅僔噂古字同

震夷伯之廟罪之也於是展氏有隱慝焉　冬宋人伐曹

討舊怨也　楚敗徐于婁林徐恃救也　十月晉陰飴甥

會秦伯盟于王城

郡國志左馮翊臨晉有王城杜本此

秦伯曰晉國和乎對曰不和小人恥失其君而悼喪其親不憚征繕以立圉也曰必報讎寧事戎狄君子愛其君而知其罪不憚征繕以待秦命曰必報德有死無二以此不和秦伯曰國謂君何對曰小人慼謂之不免君子恕以為必歸小人曰我毒秦秦豈歸君君子曰我知罪矣秦必歸君貳而執之服而舍之德莫厚焉刑莫威焉服者懷德貳者畏刑此一役也

服虔云一役者謂韓戰之役（同上）

秦可以霸納而不定廢而不立以德爲怨秦不其然秦伯曰是吾心也改館晉侯饋七牢焉（史記作餽）

賈逵云諸侯雍餼七牢牛一羊一豕一爲一牢也（史記集解）

杜取此

蛾析（外傳作蛾晳）謂慶鄭曰

釋文曰蛾本或作蟻惠棟云婁壽曰蛾與蟻通漢書白蛾羣飛扶服蛾伏陳球後碑聚蛾蜂動仲秋下旬碑蛾附皆與蟻同今按禮記蛾子時術之後漢書皇甫嵩傳時人謂之黃巾亦名爲蛾賊注蛾音魚綺反卽蟻字也

今釋文有五何反廣韻于歌部列晉大夫蛾析似誤

盍行乎對曰陷君於敗敗而不死又使失刑非人臣也臣

而不臣行將焉入十一月晉侯歸丁丑殺慶鄭而後入是

歲晉又饑秦伯又餼之粟曰吾怨其君而矜其民且吾聞

唐叔之封也箕子曰

馬融王肅皆以箕子爲紂諸父史記集解鄭元王肅皆以爲

諸父服杜以爲紂之庶兄本疏按此則杜取服說

其後必大晉其庸可冀乎姑樹德焉以待能者於是秦始

征晉河東置官司焉

十六年春隕石于宋五隕星也

按御覽引水經注云睢陽有隕石水一名滐溝左傳曰隕石于宋五隕星也故老云此水有時涸竭五石存焉故名隕石水墜處爲津

六鷁退飛過宋都風也

賈逵云風起于遠至宋都高而疾故鷁逢風卻退史記集解

周內史叔興聘于宋宋襄公問焉曰是何祥也吉凶焉在漢書五行志作何在對曰今茲魯多大喪明年齊有亂君將得諸侯而不終

賈逵云石山岳之物齊大岳之允而五石隕宋象齊桓卒而五公子作亂宋將得諸侯而治五公子之亂鷁退

不成之象後六年霸業退也鶂水鳥陽中之陰象君臣之訟鬩也穀梁疏

退而告人曰君失問是陰陽之事非吉凶所生也漢書所字上有之字

服虔云鶂退風咎君行所致非吉凶所從生襄公不問已有所失而致此變但問吉凶焉在以爲石隕鶂退吉凶所從而生故云君失問本疏

吉凶由人漢書由作繇

按由字當是古甹字說文甹木生條也又別有邎云邎徑也假借作由古字多通

吾不敢逆君故也　夏齊伐厲不克救徐而還　秋狄侵晉取狐厨受鐸涉汾及昆都

按狐卽狐突食邑厨卽厨武子食邑鐸卽鐸遏寇食邑水經汾水出太原汾陽縣北至汾陰縣入河杜本此因晉敗也　王以戎難告于齊齊徵諸侯戍周諸本戍上衍而字今从石經删　冬十一月乙卯鄭殺子華　十二月會于淮謀鄫且東略也城鄫役人病有夜登丘而呼曰齊有亂不果城而還

十七年春齊人爲徐伐英氏以報婁林之役也　夏晉大子圉爲質于秦秦歸河東而妻之惠公之在梁也梁伯妻

之梁嬴孕過期

說文孕懷子也杜本此

卜招父與其子卜之其子曰將生一男一女招曰然男爲人臣女爲人妾故名男曰圉女曰妾

服虔云圉人掌養馬官之賤者不聘曰妾史記集解說文春秋云女爲妾妾不聘也杜取此

及子圉西質妾爲宦女焉　師滅項淮之會公有諸侯之事未歸而取項齊人以爲討而止公　秋聲姜以公故會齊侯于卞九月公至書曰至自會猶有諸侯之事焉且諱之也　齊侯之夫人三王姬徐嬴史記作徐姬蔡姬皆無子齊

侯好內

服虔云內婦官也史記集解

多內寵按漢書顏師古注文選李善注引此傳皆無內字今考此內字葢因後內寵之文而衍且服杜皆舍此句而注下句其意自明但石經宋本皆有此字姑仍之內嬖如夫人者六人長衛姬生武孟少衛姬生惠公鄭姬生孝公葛嬴生昭公密姬生懿公宋華子生公子雍

賈逵云宋華氏之女子同上杜取此

公與管仲屬孝公於宋襄公以爲大子雍巫有寵於衛共姬

賈逵云雍巫雍人名巫易牙字同上杜取此按管子有棠巫

與此或係一人

因寺人貂以薦羞於公亦有寵公許之立武孟管仲卒五公子皆求立冬十月乙亥齊桓公卒易牙入賈誼新書作狄牙大戴禮記淮南王書竝同稽康琴賦云狄牙喪味與寺人貂因內寵以殺羣吏服虔云內寵如夫人者六人羣吏諸大夫也同上而立公子無虧史記漢書人表作無詭孝公奔宋十二月乙亥赴辛巳夜殯

十八年春宋襄公以諸侯伐齊三月齊人殺無虧　鄭伯始朝于楚楚子賜之金既而悔之與之盟曰無以鑄兵故以鑄三鐘　齊人將立孝公不勝四公子之徒遂與宋人

戰夏五月宋敗齊師于甗立孝公而還　秋八月葬齊桓公　冬邢人狄人伐衛圍菟圃衛侯以國讓父兄子弟及朝衆曰苟能治之燬請從焉

賈誼新書衛侯朝于周周行人問其名荅曰衛侯辟疆周行人還之曰啓疆辟疆天子之號諸侯弗得用衛侯更其名曰燬然後受之

衆不可而後師于訾婁別本後作從誤　狄師還　梁伯益其國而不能實也命曰新里秦取之

十九年春遂城而居之　宋人執滕宣公　夏宋公使邾文公用鄫子于次睢之社

水經睢水出梁郡鄢縣東流當蕭縣南入于陂張華博物志琅邪臨沂縣東界次睢有大叢社民謂之食人社即此郡國志琅邪沂有叢亭

欲以屬東夷司馬子魚曰古者六畜不相爲用小事不用大牲而況敢用人乎祭祀以爲人也風俗通引此無祀字下句引傳作民人神之主也民神之主也用人其誰饗之齊桓公存三亡國以屬諸侯義士猶曰薄德今一會而虐二國之君又用諸淫昏之鬼將以求霸不亦難乎得死爲幸　秋衛人伐邢以報菟圃之役於是衛大旱卜有事于山川不吉甯莊子曰昔周饑克殷而年豐今邢方無道諸侯無伯

爾雅伯長也杜本此

天其或者欲使衛討邢乎從之師興而雨　宋人圍曹討不服也子魚言於宋公曰文王聞崇德亂而伐之軍三旬而不降退修敎而復伐之釋文云伐衍字按石經宋本竝有今仍之因壘而降

詩曰刑于寡妻

詩毛傳刑法也杜本此

至于兄弟以御于家邦今君德毋乃猶有所闕而以伐人若之何盍姑內省德乎無闕而後動　陳穆公請修好於諸侯以無忘齊桓之德冬盟于齊修齊桓之好也　梁亡不書其主自取之也初梁伯好土功亟城而弗處民罷而

弗堪則曰某寇將至乃溝公宮

賈逵云溝塹也史記集解杜取此

秦將襲我民懼而潰秦遂取梁

二十年春新作南門書不時也凡啓塞從時

服虔云闔扇所以閉鍵閉所以塞月令仲春修闔扇孟

冬修鍵閉從時從此時也本疏

滑人叛鄭而服於衛

賈逵云滑姬姓之國史記集解

夏鄭公子士泄堵寇帥師入滑　秋齊狄盟于邢爲邢謀

衛難也於是衛方病邢　隨以漢東諸侯叛楚冬楚鬭穀

於蒐師師伐隨取成而還君子曰隨之見伐不量力也量力而動其過鮮矣善敗由已而由人乎哉詩曰豈不夙夜謂行多露　宋襄公欲合諸侯臧文仲聞之曰以欲從人則可以人從欲鮮濟

二十一年春宋人爲鹿上之盟以求諸侯于楚楚人許之公子目夷曰小國爭盟禍也宋其亡乎幸而後敗　夏大旱公欲焚巫尫臧文仲曰非旱備也修城郭

服虔云國家凶荒則無道之國乘而加兵故修城郭爲守備也本疏

貶食省用務穡論衡引作嗇勸分

鄭元儀禮注收歛曰穡按杜注穡儉也疑字近而誤此其務也巫尫何爲天欲殺之則如勿生若能爲旱焚之滋甚公從之是歲也饑而不害　秋諸侯會宋公于盂子魚曰禍其在此乎君欲已甚其何以堪之於是楚執宋公以伐宋冬會于薄以釋之子魚曰禍猶未也未足以懲君

任宿須句顓臾

郡國志東平國無鹽本宿國任姓杜同此　京相璠曰須朐一國二名蓋遷都須昌朐是其本杜注在東平須昌縣西北道元云杜注非也地理志曰壽張西北有朐城者是也郡國志泰山郡南武陽有顓臾城杜同此

風姓也釋文本或作皆風姓實司大皞與有濟之祀

詩毛傳司主也杜本此按皞與昊通禮記月令其帝大皞釋文皞亦作昊昭十七年郯子來朝篇少皞大皞漢書律歷五行等志引作少昊大昊孔子世家家語竝同說文作皞又漢書鄭崇傳欲報之德皞天罔極師古曰皞字與昊同今从石經及善本定作皞字又按水經濟水與河合流至乘氏縣又分爲二其一又東北過壽張縣西界又北過須昌縣西是此上四國皆近濟水必當有濟水之祠故世守其祀也杜注畧同

以服事諸夏邾人滅須句須句子來奔因成風也

賈氏曰但因成風來不見公故來奔及反不書于經釋例

成風爲之言於公曰崇明祀保小寡周禮也

詩毛傳保安也杜本此

蠻夷猾夏周禍也若封須句是崇皞濟而修祀紓禍也

二十二年春伐邾取須句反其君焉禮也　三月鄭伯如楚　夏宋公伐鄭子魚曰所謂禍在此矣　初平王之東遷也辛有適伊川見被髮而祭於野者曰不及百年此其戎乎其禮先亡矣秋秦晉遷陸渾之戎于伊川　晉大子圉爲質於秦將逃歸謂嬴氏曰與子歸乎對曰子晉大子而辱於秦子之欲歸不亦宜乎寡君之使婢子

服虔云曲禮曰世婦以下自稱婢子婢子婦人之卑稱史記集解杜取此

侍執巾櫛以固子也從子而歸弃君命也不敢從亦不敢言遂逃歸　富辰言於王曰

服虔云富辰周大夫同上杜取此

請召大叔詩曰協比其鄰昏姻孔云

詩毛傳鄰近也孔甚也云旋也杜本此

吾兄弟之不協焉能怨諸侯之不睦王說王子帶自齊復歸于京師王召之也　邾人以須句故出師公卑邾不設備而禦之釋文本亦作御臧文仲曰國無小不可易也無備雖衆

不可恃也詩曰戰戰兢兢如臨深淵如履薄冰又曰敬之敬之天惟顯思命不易哉

詩鄭箋顯明也毛傳思辭也杜本此

先王之明德猶無不難也無不懼也況我小國乎君其無謂邾小蠭蠆有毒

說文蠭飛蟲螫人者也蠆毒蟲也通俗文云蠆長尾謂之蠍蠍毒傷人曰蛆按近人疑通俗文出李虔不知李虔所作係續通俗文唐藝文志分晰甚清辯已見更生齋集中故此書凡服虔通俗文悉皆錄入以補服注之缺又按蠆當从說文作蠤惠棟云李翊夫人碑亦作蠭

蠆

而況國乎弗聽八月丁未公及邾師戰于升陘我師敗績

邾人獲公冑縣諸魚門

說文冑兜鍪首鎧也杜本此郡國志梁國睢陽有魚門劉昭注引此傳

楚人伐宋以救鄭宋公將戰大司馬固諫曰

晉語晉公子重耳過宋與司馬公孫固相善韋昭注固宋莊公之孫大司馬固也杜本此

天之棄商久矣君將興之弗可赦也已弗聽　冬十一月己巳朔宋公及楚人戰于泓宋人既成列楚人未既濟司

馬曰彼衆我寡及其未旣濟也請擊之公曰不可旣濟而未成列又以告公曰未可旣陳而後擊之宋師敗績公傷股門官殲焉

詩毛傳殲盡也杜本此

國人皆咎公公曰君子不重傷

說文傷創也鄭元禮記注創之淺者曰傷

不禽二毛古之爲軍也不以阻隘也寡人雖亡國之餘不鼓不成列子魚曰君未知戰勍敵之人

說文勍彊也春秋傳曰勍敵之人廣雅勍勍武也

隘而不列文選注引作隘而不成列天贊我也阻而鼓之不亦可乎

有懼焉且今之勍者皆吾敵也雖及胡耇

周書諡法解彌年壽考曰胡胡大也爾雅耇壽也

獲則取之何有於二毛明恥教戰求殺敵也傷未及死如何勿重若愛重傷則如弗傷愛其二毛則如服焉三軍以利用也金鼓以聲氣也利而用之阻隘可也聲盛致志鼓儳可也

說文儳儳互不齊也蓋謂及其成列不齊鼓之

丙子晨鄭文夫人芊氏姜氏勞楚子于柯澤楚子使師縉示之俘馘

爾雅俘取也李巡曰囚敵曰俘詩毛傳殺而獻其耳曰

馘說文作俘馘云軍戰斷耳也从耳或聲或从首字林云截耳則从耳旁獻首則作首旁杜注云馘所截耳明當以耳旁爲是

君子曰非禮也婦人送迎不出門見兄弟不踰閾

爾雅柣謂之閾孫炎曰柣門限也

戎事不邇女器

詩毛傳邇近也高誘淮南王書注器物用也（杜本此）

丁丑楚子入饗（石經及宋本竝作享）于鄭九獻庭實旅百加籩豆六品饗畢夜出文芊送于軍取鄭二姬以歸叔詹曰（史記作瞻呂覽作被瞻）楚王其不沒乎爲禮卒於無別無別不可謂禮將何

以沒諸侯是以知其不遂霸也

二十三年春齊侯伐宋圍緡以討其不與盟于齊也穀梁緡作閔下同

服虔云魯僖公十九年諸侯盟于齊以無忘桓公之德宋襄欲行霸道不與盟故伐之史記集解杜取此

夏五月宋襄公卒傷於泓故也　秋楚成得臣帥師伐陳討其貳於宋也遂取焦夷城頓而還水經注焦引作醮

地理志沛郡譙郡國志汝南郡城父故屬沛春秋時曰夷南頓本頓國此杜本此

子文以爲之功使爲令尹叔伯曰子若國何對曰吾以靖

國也夫有大功而無貴仕其人能靖者與有幾　九月晉惠公卒懷公命無從亡人期期而不至無赦狐突之子毛及偃從重耳在秦弗召冬懷公執狐突曰子來則免對曰子之能仕父教之忠古之制也策名委質

服虔注云古者必先書其名于策委死之質于君然後爲臣示必死節也史記索隱按此則服訓質爲責責質古字通晉語臣委質于翟之鼓韋昭注質贄也士贄以雉是韋訓質爲贄正義申杜質形體也是杜訓質爲形質之質合數家之訓則服義得之矣

貳乃辟也

爾雅辟辠也

今臣之子名在重耳有年數矣若又召之教之貳也父教子貳何以事君刑之不濫君之明也臣之願也淫刑以逞誰則無罪臣聞命矣乃殺之卜偃稱疾不出曰周書有之乃大明服已則不明而殺人以逞釋文本亦作呈之不亦難乎民不見德而惟戮是聞其何後之有　十一月杞成公卒

譙周古史考云惠公生成公及桓公

書曰子杞夷也不書名未同盟也凡諸侯同盟死則赴以名禮也赴以名則亦書之不然則否辟不敏也

爾雅釋樂商謂之敏釋文敏審也高誘呂覽注審實也

按辟不敏蓋辟不實耳杜同此

晉公子重耳之及於難也晉人伐諸蒲城蒲城人欲戰重耳不可曰保君父之命而享其生祿於是乎得人有人而校罪莫大焉

李奇漢書注保恃也包咸論語注校報也杜本此

吾其奔也遂奔狄從者狐偃趙衰顛頡魏武子司空季子

服虔云胥臣曰季也史記集解杜取此

狄人伐廧咎如

賈逵云赤狄之別種隗姓同上杜取此按玉篇廧同墻戰國策趙皆以狄蒿苫楚廧之漢書鄒陽傳牽帷廧之制李

善文選注引韓非子曰董閼于爲上地守行石邑山中深澗峭加廧深百仞蔡邕石經論語凡宮牆字从土从嗇今从唐石經作廧字

獲其二女叔隗季隗納諸公子公子取季隗生伯儵釋文儵作儵叔劉以叔隗妻趙衰生盾將適齊謂季隗曰待我二十五年不來而後嫁對曰我二十五年矣又如是而嫁則就木焉請待子處狄十二年而行過衞衞文公不禮焉出於五鹿

賈逵云衞地同上京相璠曰今衞縣西北三十里有五鹿城今屬頓丘縣水經注杜同此穆天子傳白鹿一牾棨逸出走

天子乘渠黃之乘□焉五子𤣥之是曰五鹿按此則五鹿之名蓋起于此

乞食於野人野人與之塊外傳作野人舉塊以與之史記晉世家作野人盛土器中進之漢書律歷志作乞食于埜人野人舉甴而與之按說文甴墣也从土从一屈象形或从鬼是塊當依漢書作甴爲正但釋文石經等竝作塊今姑仍之公子怒欲鞭之子犯史記作趙衰曰曰天賜也

稽首受而載之及齊齊桓公妻之有馬二十乘

服虔云八十匹史記集解杜取此

公子安之從者以爲不可將行謀於桑下蠶妾在其上以告姜氏姜氏殺之

服虔云懼孝公怒故殺之以滅口同上杜取此

而謂公子曰子有四方之志其聞之者吾殺之矣公子曰無之姜曰行也禮記疏引此姜下有氏字下亦同懷與安實敗名公子不可姜與子犯謀醉而遣之石經醉上有飲之酒三字後人所增醒以戈逐子犯及曹曹共公

高誘呂覽注共公名襄昭公之子

聞其駢脅駢應作骿說文骿并脅也晉文公骿脅論衡作比肋按晉語作骿與說文合金樓子作胼脇

廣雅脅幹謂之肋通俗文掖下謂之脅

欲觀其裸釋文本一讀至裸字絕句

說文廣雅羸袒也羸裸字同

浴薄而觀之

外傳諜其將浴設微薄而觀之按微薄卽帷薄也音義竝同韋昭訓微爲蔽訓薄爲廹義較迂曲又按釋文引國語云薄簾也當係賈逵注國語下脫注字耳高誘淮南王書注云使袒而捕魚設薄而觀之義亦同杜注本韋昭說亦訓爲廹然究不若簾字解有實據韓非子十過篇又作袒裼而觀之

僖負羈之妻曰韓非子作釐負羈史記漢書竝同吾觀晉公子之從者皆足以相國若以相夫子

顧炎武云當以此絶句按晉語說此事云其從者皆相國也以相一人必得晉國用彼文相方其義益明

必反其國反其國必得志於諸侯得志於諸侯而誅無禮曹其首也子盍蚤自貳焉乃饋盤飧寘璧焉公子受飧反璧及宋宋襄公贈之以馬二十乘及鄭鄭文公亦不禮焉叔詹諫曰臣聞天之所啓人弗及也晉公子有三焉天其或者將建諸君其禮焉男女同姓其生不蕃

鄭元周禮注蕃蕃息也杜本此

晉公子姬出也而至于今一也離外之患而天不靖晉國殆將啓之二也有三士足以上人而從之三也晉鄭同儕

一切經音義引舊說儕猶輩類也左傳晉鄭同儕是也

按鄭元注樂記亦同杜此注用鄭曲禮注

其過子弟固將禮焉況天之所啓乎弗聽及楚楚子饗之曰公子若反晉國則何以報不穀對曰子女玉帛則君有之羽毛齒革則君地生焉其波及晉國者君之餘也其何以報君曰雖然何以報我呂覽注引作則何以報我對曰若以君之靈得反晉國晉楚治兵遇於中原其辟君三舍

賈逵云司馬法從遯不過三舍三舍九十里也史記集解

若不獲命其左執鞭弭右屬櫜鞬以與君周旋呂覽注引作周還

爾雅弓無緣者謂之弭韋昭國語注櫜矢房通俗文弓櫜謂之鞬鄭元禮記注屬猶著也杜本此

子玉請殺之楚子曰晉公子廣而儉高誘引作廉而儉文而有禮

其從者肅而能力晉侯無親外內惡之吾聞姬姓唐叔之後其後衰者也其將由晉公子乎高誘引公子下多重耳二字

按此衰字當作興字解如古訓亂爲治同與下天將興之興字互文古人往往有此文法

天將興之誰能廢之違天必有大咎乃送諸秦秦伯納女五人懷嬴與焉奉匜沃盥旣而揮之

說文盥澡手也春秋傳曰奉匜沃盥鄭元儀禮注匜沃盥器也杜本此

按晉語韋昭注揮灑也何承天亦云振去爲揮菑懷嬴不欲故以手揮灑此水杜注湔也義轉迂曲

怒曰秦晉匹也何以卑我

晉語公子欲辭司空季子子犯子餘勸取之乃歸女而納幣且逆孔晁曰歸懷嬴更以貴妾迎之也

公子懼降服而囚

服虔云申意於楚王伸於知己降服於懷嬴屈於不知己本疏

他日公享之子犯曰吾不如衰之文也請使衰從公子賦河水

韋昭國語注云河當作沔字相似誤也按杜云逸詩誤劉炫規之是矣

公賦六月趙衰曰重耳拜賜公子降拜稽首公降一級而
辭焉衰曰君稱所以佐天子者命重耳重耳敢不拜

清陽湖洪氏本春秋左傳詁

第三册

清 洪亮吉撰

中國國家圖書館藏清嘉慶十八年陽湖洪氏刻本

山東人民出版社·濟南

春秋左傳詁卷八

陽湖洪亮吉學

傳

二十四年春王正月秦伯納之不書不告入也及河子犯以璧授公子曰臣負羈紲

說文羈馬絡頭也从网从馽二馬絆也羈或从革紲系也春秋傳臣負羈紲應劭漢官儀亦云馬曰羈服虔云一云犬繮曰紲古者行則有犬少儀曰犬則執紲按此則紲爲犬繮之證韋昭國語注從者爲羈紲之僕亦云犬曰紲是矣杜注必改曰馬韁非是

從君巡於天下臣之罪甚多矣臣猶知之而況君乎請由此亡公子曰所不與舅氏同心者禮記疏引作及國不與舅氏同心者有如白水投其璧于河濟河圍令狐入桑泉取臼衰

京相璠曰春秋土地名桑泉臼衰竝在解東南水經注郡國志河東郡解有桑泉城臼城按杜注云桑泉在解縣西解縣東南有臼城張華博物記曰臼季邑解縣西北今考解州西北三十里已至臨晉縣界解故城在臨晉東南則距解州界當不甚遠臼城在州西北雖不言里數然尚在故縣東南可知京杜言臼城在解縣東南之說爲諦博物記非也

二月甲午晉師軍于廬柳秦伯使公子縶如晉師師退軍于郇

說文郇周武王子所封國在晉地从邑旬聲讀若泓按索隱云周文王子又云郇音荀又音環疑有誤服虔云郇國在解縣東郇瑕氏之墟也水經注　按蒲州圖經郇城在猗氏縣西南正漢解縣之東杜注云在西北非也

辛丑狐偃及秦晉之大夫盟于郇壬寅公子入于晉師丙午入于曲沃丁未朝于武宮

賈逵云文公之祖武公廟史記集解杜取此

戊申使殺懷公于高粱不書亦不告也吕郤畏偪將焚公

宮而弑晉侯寺人披寺本又作侍請見公使讓之且辭焉曰蒲城之役君命一宿女卽至其後余從狄君以田渭濱韓非子作惠竇女爲惠公來求殺余命女三宿女中宿至雖有君命何其速也夫袪猶在女其行乎對曰臣謂君之入也其知之矣若猶未也又將及難君命無二古之制也除君之惡惟力是視蒲人狄人余何有焉今君卽位其無蒲狄乎齊桓公置射鉤而使管仲相君若易之何辱命焉行者甚衆釋文一本作其豈惟刑臣公見之以難告三月晉侯潛會秦伯于王城

郡國志左馮翊臨晉有王城杜同此按今本杜注脫去惟

史記索隱引左傳有之

己丑晦公宫火瑕甥郤芮不獲公

按吕甥蓋食采于瑕故又稱瑕甥郡國志河東郡解有

瑕城

乃如河上秦伯誘而殺之晉侯逆夫人嬴氏以歸

服虔云繆公女史記集解

秦伯送衛於晉三千人

高誘淮南王書注衛猶護助也韓非子云穆公以疇騎

三千輔公子重耳入之于晉即指此事

實紀綱之僕初晉侯之豎頭須守臧者也

顏師古禮樂志注古書懷藏之事本皆作臧徐鉉曰漢書通用臧字从草後人所加今諸刊本並作藏此依釋文石經改正下並同

其出也竊臧以逃

韓詩外傳晉文公亡過曹里須鳧從因盜重耳貣而亡

按杜注頭須一曰里鳧須即本此

盡用以求納之及入求見公辭焉以沐謂僕人曰沐則心覆心覆則圖反宜吾不得見也居者爲社稷之守行者爲羈紲之僕其亦可也何必罪居者國君而讎匹夫懼者甚衆矣釋文甚本或作其僕人以告公遽見之　狄人歸季隗于晉

而請其二子文公妻趙衰生原同屏括樓嬰趙姬請逆盾與其母子餘辭姬曰得寵而忘舊何以使人必逆之固請許之來以盾爲才固請于公以爲嫡子而使其三子下之以叔隗爲內子而己下之

晉侯賞從亡者介之推大戴禮作介山之推不言祿祿亦弗及推曰獻公之子九人惟君在矣惠懷無親外內棄之天未絕晉必將有主主晉祀者非君而誰天實置之史記置作開而二三子以爲己力不亦誣乎竊人之財猶謂之盜況貪天之功以爲己力乎下義史記作目其罪上賞其姦上下相蒙

服虔云蒙欺也史記集解杜取此

難與處矣其母曰盍亦求之以死誰懟對曰尤而效之罪又甚焉且出怨言不食其食史記作祿其母曰亦使知之若何對曰言身之文也身將隱焉用文之史記下重文之二字是求顯也其母曰能如是乎與女偕隱

詩毛傳偕俱也杜本此

遂隱而死晉侯求之不獲以緜上爲之田

賈逵云緜上晉地同上郡國志太原郡界休有緜上聚杜同此

曰以志吾過且旌善人

賈逵云旌表也同上杜取此

鄭之入滑也滑人聽命師還又卽衛鄭公子士泄堵俞彌帥師伐滑

按岳本以公子士絶句二十年注公子士鄭文公子泄堵寇鄭大夫此注云堵俞彌鄭大夫者泄姓見前不須更舉也从岳本爲是

王使伯服游孫伯如鄭請滑

賈逵云二子周大夫同上杜取此 按史記鄭世家作伯犕索隱云犕音服今攷後漢書皇甫嵩傳董卓謂嵩曰義眞犕未乎注云犕音服説文曰犕牛乘馬

鄭伯怨惠王之入而不與厲公爵也

服虔云惠王以后之鞶鑑與鄭厲公而獨與虢公王爵同上

又怨襄王之與衛滑也

賈逵云滑小國近鄭世世服而更違叛鄭師伐之聽命後自愬于王王以與衛同上

故不聽王命而執二子釋文一本二字上有其字乃衍文王怒將以狄伐鄭富辰諫曰不可臣聞之大上以德撫民其次親親以相及也

鄭元禮記注以太上爲帝皇之世其次謂三王以來按此亦當同

昔周公弔二叔之不咸

鄭衆賈逵皆以二叔爲管叔蔡叔傷其不和睦而流言作亂故封建親戚鄭元詩箋亦然（本疏）賈逵云二叔管蔡（詩疏）詩毛傳弔傷也鄭箋咸同也按二叔馬融以爲夏殷叔世杜注蓋用馬說今攷晉書秦秀傳周公弔二季之陵遲秀與杜預同時蓋亦主馬說然究以鄭賈義爲長

故封建親戚

小爾雅廣詁咸近也

以蕃屏周管蔡郕霍（王符論引作成）魯衛毛聃郜雍

京相璠曰今河內山陽西有故雍城（水經注）郡國志山陽

邑有雍城杜同此

曹滕畢原酆郇

說文酆周文王所都在京兆杜陵西南郇周武王子所封國在晉地地理志郇作栒按周武王子武字葢文字之誤

文之昭也邘

京相璠曰今野王西北三十里有故邘城邘臺是也水經注

郡國志河內郡野王有邘城杜同此

晉應韓

郡國志河東郡河北有韓城潁川郡父城有應鄉杜同此

武之穆也凡蔣邢茅胙祭

郡國志汝南郡期思有蔣鄉故蔣國高平侯國有茅鄉城東郡燕有胙城故胙國王符論作茆祚京相璠曰今高平縣西三十里有故茅鄉者也杜並本此

周公之允也召穆公思周德之不類

服虔云穆公召康公十六世孫然康公與成王同時穆公與厲王並世而世數不同者生子有早晚壽命有短長故也詩疏同上又云召穆公王卿士爾雅類善也杜本此

故糾合宗族于成周而作詩

韋昭國語注糾收也杜本此

曰常棣之華鄂不韡韡凡今之人莫如兄弟其四章曰兄弟鬩于墻外禦其侮

詩毛傳鬩很也按杜注云訟爭皃乃隨文生訓究當從毛傳本訓爲是

如是則兄弟雖有小忿不廢懿親

爾雅懿美也杜本此

今天子不忍小忿以棄鄭親其若之何庸勳親親暱近尊賢德之大者也

詩毛傳庸用也孫炎爾雅注暱親近也杜本此

即聾從昧與頑用嚚姦之大者也弃德崇姦禍之大者也

廣雅崇聚也杜本此

鄭有平惠之勲又有厲宣之親

服虔云母弟詩疏杜取此

棄嬖寵而用三良於諸姬爲近四德具矣耳不聽五聲之和爲聾目不别五色之章爲昧心不則德義之經爲頑口不道忠信之言爲嚚狄皆則之四姦具矣周之有懿德也猶曰莫如兄弟故封建之其懷柔天下也猶懼有外侮扞禦侮者莫如親親故以親屏周召穆公亦云今周德既衰於是乎又渝周召以從諸姦無乃不可乎民未忘禍王又興之其若文武何王弗聽使頽叔桃子釋文本或作姚出狄師

夏狄伐鄭取櫟王德狄人將以其女爲后富辰諫曰不可

臣聞之曰報者倦矣施者未厭狄固貪惏文選注作婪

釋文引方言殺人取財曰惏說文云内之北謂貪爲惏

又曰婪貪也从女林聲杜林說卜者黨相詐驗爲婪讀

若潭

王又啟之女德無極婦怨無終狄必爲患王又弗聽初甘

昭公有寵于惠后

洛陽記河南縣西南二十五里有水出焉北流入洛山

上有甘城卽甘公采邑史記正義水經注甘水出宏農宜陽

縣鹿蹏山東北至河南縣南北入洛京相璠曰甘水西

山上夷汙而平有故甘城在河南城西二十五里又云河南縣西有甘水北入洛杜本此

惠后將立之未及而卒昭公奔齊王復之又通于隗氏王替隗氏穨叔桃子曰我實使狄狄其怨我遂奉太叔以狄師攻王王御士將禦之王曰先后其謂我何寧使諸侯圖之王遂出及坎欿

京相璠曰鞏東地名坎欿在洞水東服虔以爲鞏東邑名也水經注郡國志作坎埳注引左傳同按水經注稱晉書地道記晉太康地志云坎埳聚在鞏西按杜注云在縣東蓋承京服之舊實則聚在縣西南也

國人納之秋頹叔桃子奉大叔以狄師伐周大敗周師獲周公忌父原伯毛伯富辰王出適鄭處于氾

郡國志潁川郡襄城有氾城杜同此　按史記高祖本紀度兵氾水正義云氾音祀在成皋故城東今土人尚呼爲氾祀水與此自別

太叔以隗后居于溫　鄭子華之弟子臧出奔宋好聚鷸冠

惠棟曰鷸一作述知天文者冠之述或作鵕顔師古以爲子臧好與術士游然按下文服之不衷則不必如顔說也

鄭伯聞而惡之使盜誘之八月盜殺之于陳宋之閒君子曰服之不衷身之災也詩曰彼其之子不稱其服子臧之服釋文之服一本作之及不稱也夫詩曰自詒伊慼

爾雅詒遺也廣雅慼憂也杜本此

其子臧之謂矣夏書曰地平天成稱也　宋及楚平宋成公如楚還入於鄭鄭伯將享之問禮於皇武子對曰宋先代之後也於周爲客天子有事膰焉

五經異義宗廟之肉名曰膰釋文周禮又作鐇字音義同按說文鐇宗廟火熟肉从肉从炙番聲廣雅鐇肉也春秋傳曰天子有事膰焉以饋諸侯同姓今攷異姓惟

二王後得與賜

有喪拜焉豐厚可也鄭伯從之享宋公有加禮也　冬王使來告難曰不穀不德得罪于母之寵子帶鄙在鄭地氾敢告叔父

按淳化本無弟字今从删去按五年會于首止傳文孔氏正義引此作得罪于母氏則弟字當爲氏字之誤也

臧文仲對曰天子蒙塵于外敢不奔問官守王使簡師父告于晉使左鄢父告于秦天子無出書曰天王出居于鄭辟母弟之難也天子凶服降名禮也鄭伯與孔將鉏石甲父侯宣多

廣韻引作甲石父按甲在石上此傳寫之誤何焯以爲古本如是惠氏校本輒據之非也

省視官具于汜而後聽其私政禮也

戰國策曰天子巡守諸侯辟舍納筦鍵攝衽抱几視膳于堂下天子已食而退聽朝也按鄭伯蓋行是禮

衛人將伐邢禮至曰不得其守國不可得也我請昆弟仕焉乃往得仕

二十五年春衛人伐邢二禮從國子巡城掖以赴水殺之

說文掖以手持人臂投地也按杜無注故采說文補之釋文稱許慎作以手持人臂曰掖無投地二字今本說

文有之今考掖無投地之義惟此傳掖以赴外可從此訓疑說文本因春秋傳此文爲訓也詩衡門正義引傳作持以赴外謂持其臂而投之城外也

正月丙午衛侯燬滅邢同姓也故名禮至爲銘曰余掖殺國子莫余敢止　秦伯師于河上將納王狐偃言於晉侯曰求諸侯莫如勤王諸侯信之且大義也繼文之業而信宣於諸侯今爲可矣使卜偃卜之曰吉遇黄帝戰于阪泉之兆

服虔云阪泉地名史記集解

公曰吾不堪也對曰周禮未改今之王古之帝也公曰筮

之筮之遇大有䷍之睽䷥曰吉遇公用享于天子之卦戰克而王饗吉孰大焉且是卦也天爲澤以當日天子降心以逆公不亦可乎大有去睽而復亦其所也晉侯辭秦師而下三月甲辰次于陽樊

服虔云陽樊周地陽邑名也樊仲山之所居故曰陽樊 同上

右師圍温左師逆王　夏四月丁巳王入于王城取大叔于温殺之于隰城

京相璠曰隰城在懷縣西南 水經注 郡國志河內郡懷有隰城

戊午晉侯朝王王享醴釋文及石經饗作享宋本亦同今从之命之宥晉語作侑

按宥與右同說文及字書右助也鄭元周禮注右讀爲侑侑勸尸食而拜是右亦有勸意杜蓋本此下二十八年傳即作侑知右宥侑古字皆通也

請隧弗許

說文隧兩阜之間也賈逵周語注闕地通路曰隧杜取此曰王章也

周官冢人以度爲丘隧鄭元注隧羨道也正義云天子有隧道諸侯以下有羨道隧道則上有負土羨道則無負土按隧則闕地通路惟天子始克爲之故云王章若

羨即不過築墓道使通間隙何以知之鄭注考工記玉人云羨猶延也爾雅延間也郭璞注以爲間隙是矣羨道亦可容人史記衛世家共伯入釐侯羨自殺可知諸侯有羨道矣葢隧道寬羨道窄一有負土一無負土鄭注訓隧羨道爲一似誤

未有代德而有二王

周書芮良夫曰觀天下有土之君厥德不遠罔有代德

按代德二字始見此

亦叔父之所惡也與之陽樊溫原欑茅之田欑諸刊本从才旁誤

郡國志河內郡軹有原鄉修武故南陽有陽樊欑茅田

晉於是始啟南陽

馬融曰晉地自朝歌以北至中山爲東陽朝歌以南至軹爲南陽水經注杜本此

陽樊不服圍之倉葛呼曰德以柔中國刑以威四夷宜吾不敢服也此誰非王之親姻其俘之也乃出其民

秋秦晉伐鄀

按鄀在秦楚界上與晉地縣隔且晉文方啟南陽圍樊圍原何暇會秦遠伐小國傳中無一語及晉可見晉字爲衍文杜注云不復言晉秦爲兵主此亦曲爲之解

楚鬭克屈禦寇以申息之師戍商密秦人過析隈

郡國志南陽郡丹水有章密鄉析故楚白羽邑杜本說此

文限水曲高誘淮南王書注限曲深處也杜注畧同

入而係輿人以圍商密昏而傳焉宵坎血加書僞與子儀子邊盟者商密人懼曰秦取析矣戍人反矣乃降秦師秦師囚諸本皆誤作因今从石經改正申公子儀息公子邊以歸楚令尹子玉追秦師弗及遂圍陳納頓子于頓　冬晉侯圍原命三日之糧原不降命去之諜出

說文諜軍中反間也杜本此

曰原將降矣軍吏曰請待之公曰信國之寶也民之所庇也得原失信何以庇之所亾滋多退一舍而原降遷原伯

貰于冀趙衰爲原大夫狐溱爲温大夫　衛人平莒于我十二月盟于洮修衛文公之好且及莒平也　晉侯問原守於寺人勃鞮

後漢書宦者傳曰其能者則勃貂管蘇有功于楚晉注云勃貂卽寺人披一名勃鞮字伯楚李善文選注以勃鞮爲履鞮

對曰昔趙衰以壺飧從徑釋文以從字絶句蓋从劉炫規過

高誘淮南王書注徑行也杜本此韓非子曰箕鄭挈壺飧而從

餒而弗食故使處原

二十六年春王正月公會莒茲丕公甯莊子盟于向尋洮之盟也　齊師侵我西鄙討是二盟也　夏齊孝公伐我北鄙衛人伐齊洮之盟故也公使展喜犒師

外傳作禽乙喜以膏沐犒服虔云以師枯槁故餽之飲食勞苦謂之勞也水經注　說文無犒字惠棟云謹按禮記犒非古字古文作槀或作槁張揖撰廣雅始从牛旁高洪氏隸續載漢碑有勞䣊之語䣊與犒同公羊注云牛酒曰犒故其字一从牛一从酉漢隸皆然非古文也周禮小行人云若國師役則令槁禬之注云故書槁爲槀鄭司農云槀當爲槁謂犒師也先鄭不言字誤明古犒

字本作藁或作槁與服子愼枯槁之說合張有復古編云犒餉也从金高別作犒非五經文字注勞師借犒字爲之按說文鎬溫器也以鎬爲犒勞字無據

使受命于展禽

高誘淮南注柳下惠魯大夫展無侅之子名獲字禽家有大柳樹因號柳下惠藝文類聚作許愼注侅即駭古字同

齊侯未入竟展喜從之曰寡君聞君親舉玉趾將辱於敝邑使下臣犒執事齊侯曰魯人恐乎對曰小人恐矣文選注作小人則恐君子則否齊侯曰室如縣罄

服虔云言宮室皆發撤榱椽在如縣罄孔晁曰縣罄但

有柄無覆本疏按韋昭國語注卽用服義

野無靑草何恃而不恐對曰恃先王之命昔周公大公股肱周室夾輔成王成王勞之而賜之盟曰世世子孫無相害也載在盟府大師職之

爾雅職主也杜本此按吾友武進士億云師當作史聲之誤也杜注非

桓公是以糾合諸侯而謀其不協彌縫其闕而匡救其災昭舊職也及君卽位諸侯之望曰其率桓之功

爾雅率循也杜本此

我敝邑用不敢保聚石經用下增是字曰豈其嗣世九年而弃命

廢職其若先君何君必不然恃此以不恐齊侯乃還　東門襄仲臧文仲如楚乞師臧孫見子玉而道之伐齊宋以其不臣也　夔子不祀祝融與鬻熊潛夫論作粥熊

服虔云夔楚熊渠之孫熊摯之後夔在巫山之陽秭歸鄉史記集解

楚人讓之對曰我先王熊摯有疾鬼神弗赦而自竄于夔吾是以失楚又何祀焉

譙周古史考熊渠卒子熊翔立卒長子摯有疾少子熊延立史記索隱按熊延卽楚之先也故夔子以爲失楚

秋楚成得臣鬬宜申帥師滅夔以夔子歸　宋以其善於

晉侯也貮楚即晉冬楚令尹子玉司馬子西帥師伐宋圍緡公以楚師伐齊取穀凡師能左右之曰以

正義以之於言所涉甚多劉賈許潁既不守例爲斷又不能盡通諸以惟雜取晉人執季孫以歸劉子單子以王猛居于皇尹氏毛伯以王子朝奔楚隨示以義數事而已又云諸稱以皆小以大下以上非其宜也本疏

寘桓公子雍於穀易牙奉之以爲魯援楚申公叔侯戍之桓公之子七人爲七大夫於楚

二十七年春杞桓公來朝用夷禮故曰子公卑杞杞不共也　夏齊孝公卒有齊怨不廢喪紀禮也　秋入杞責禮

也釋文責禮本或作責無禮非按淳化本已下皆作責無禮今从釋文石經刪定　楚子將圍宋使子文治兵於睽終朝而畢不戮一人子玉復治兵於蔿終日而畢鞭七人貫三人耳

按說文聅字云軍法以矢貫耳也从耳从矢司馬法曰小罪聅中罪刵大罪剄正義所解非是

國老皆賀子文子文飲之酒蔿賈尚幼

按高誘淮南王書注云孫叔敖楚大夫蒍賈伯盈子今攷下傳作伯嬴還蔿盈嬴古字通廣雅幼少也杜本又此

按賈蒍食邑于蔿故以爲氏傳上云治兵于蔿杜注蔿楚地是也

後至不賀子文問之對曰不知所賀子之傳政於子玉曰以靖國也靖諸內而敗諸外所獲幾何子玉之敗子之舉也舉以敗國將何賀焉子玉剛而無禮不可以治民過三百乘其不能以入矣苟入而賀何後之有　冬楚子及諸侯圍宋宋公孫固如晉告急先軫曰報施救患取威定霸於是乎在矣狐偃曰楚始得曹而新婚於衛若伐曹衛楚必救之則齊宋免矣於是乎蒐于被廬作三軍

王肅云始復成國之禮半周軍也史記集解杜本此

謀元帥趙衰曰郤縠可臣亟聞其言矣說禮樂而敦詩書詩書義之府也禮樂德之則也德義利之本也夏書曰賦

納以言明試以功車服以庸君其試之

古本作敷納以言明庶以功敷作賦庶作試師授不同古字改易耳此杜本　馬融尚書注庸功也疏本此

乃使郤縠將中軍郤溱佐之使狐偃將上軍讓於狐毛而佐之命趙衰爲卿讓於欒枝先軫使欒枝將下軍先軫佐之

賈逵云欒枝欒賓之孫韋昭國語注欒共子之子同上杜取此

荀林父御戎

世本晉大夫逝遨生桓伯林父

魏犨爲右

按說文有犨字無犫字張有復古編云俗作犫非五經文字反云作犨訛非矣

晉侯始入而教其民二年欲用之子犯曰民未知義未安其居於是乎出定襄王入務利民民懷生矣將用之子犯曰民未知信未宣其用於是乎伐原以示之信民易資者不求豐焉明徵其辭公曰可矣乎子犯曰民未知禮未生其共於是乎大蒐以示之禮作執秩以正其官民聽不惑而後用之出穀戍釋宋圍一戰而霸文之教也

二十八年春晉侯將伐曹假道於衞衞人弗許還自南河

濟

服虔云南河濟南之東南流河也史記集解水經注河水又逕東燕縣故城河水于是有棘津之名又謂之石濟故南津也春秋僖公二十八年還自南河濟即此

侵曹伐衛正月戊申取五鹿二月晉郤縠卒原軫將中軍胥臣佐下軍

服虔云胥臣曰季也同上杜取此

上德也晉侯齊侯盟于斂盂衛侯請盟晉人弗許衛侯欲與楚國人不欲故出其君以說于晉衛侯出居于襄牛

服虔云襄牛衛地也同上杜取此

公子買戍衛楚人救衛不克公懼於晉殺子叢以說焉

按上言公子買下言子叢則子叢自係買之字正義以爲或字相近而謬非也說文說說釋也

謂楚人曰（石經宋本並無曰字今从岳本）不卒戍也　晉侯圍曹門焉多死曹人尸諸城上晉侯患之聽輿人之謀曰稱舍於墓（正義謀字或作誦）

鄭元周禮注輿衆也（杜本此）

師還焉曹人兇懼

說文兇擾恐也春秋傳曰曹人兇懼按荀子天論篇君子不爲小人匈匈也輟行楊倞注曰匈匈喧譁之聲

爲其所得者棺而出之因其兇也而攻之三月丙午入曹數之以其不用僖負羈而乘軒者三百人也且曰獻狀

按外傳云文公誅觀狀獻狀觀狀也

令無入僖負羈之宮而免其族報施也魏犫顛頡怒曰勞之不圖報於何有爇僖負羈氏

說文爇燒也春秋傳曰爇僖負羈

魏犫傷於匈

說文匈膺也从勹凶聲又作胷復古編云俗作胸胷非

按唐石經昭二十七年傳鈹交于胷初刻正作匈字今據改

公欲殺之而愛其材使問且視之病將殺之魏犨束匈見使者曰以君之靈不有寧也

惠棟云劉炫規過以傷爲寧不有寧謂不有損傷古人多反語如甘爲苦治爲亂皆是以傷爲寧亦有理

距躍三百曲踊三百

廣雅躍踊皆跳也按杜注百猶勵也無此義訓今攷百迫古字通廣雅迫急也葢皆言其急遽無序耳又應邵風俗通涉始於足足卒長十寸十寸則尺躍三尺法天地人再躍則涉三百或當作三尺古人跳躍之法如此耳

乃舍之殺顛頡以徇于師

商子賞刑篇晉文公將欲明刑顛頡後至請其罪君曰用事焉吏遂斷顛頡之脊以殉晉國之士稽焉皆懼曰顛頡之有寵也斷以殉況於我乎

立舟之僑以爲戎右宋人使門尹般如晉師告急外傳般作班公曰宋人告急舍之則絶告楚不許我欲戰矣齊秦未可若之何先軫曰使宋舍我而賂齊秦藉之告楚我執曹君而分曹衛之田以賜宋人楚愛曹衛必不許也喜賂怒頑能無戰乎公説執曹伯分曹衛之田以畀宋人楚子入居于申使申叔去穀使子玉去宋曰無從晉師晉侯在外十

九年矣

按史記晉世家重耳出亡時年四十三凡十九歲而得入年六十二而杜注則本晉語言晉侯生十七年而亡十九年而反凡二十六年至此四十矣今攷夷吾爲重耳之弟夷吾之子圉以僖十七年出質于秦秦即妻之至小亦當年十五六自僖十七年至二十八年又及十二年則懷公此時若在亦當年近三十安得重耳爲其伯父年止四十也明重耳之年當以晉世家爲實晉語及杜並非也況昭十三年叔向言文公生十七年有士五人是文公生十七年即能得士非即以是年出亡也

杜又確指戰城濮之年謂文公年正四十可云釁而妄而果得晉國險阻艱難備嘗之矣民之情僞盡知之矣天假之年

按云天假之年益可知文公此時年齒必非壯盛而除其害天之所置其可廢乎軍志曰允當則歸又曰知難而退又曰有德不可敵此三志者晉之謂矣子玉使伯棼請戰曰非敢必有功也願以間執讒慝之口

服虔云子玉非敢求有大功但欲執蔿賈讒慝之口謂子玉過三百乘不能入上同按釋文引韓詩執服也此間執義亦同杜注非也

王怒少與之師惟西廣東宮與若敖之六卒實從之子玉使宛春告於晉師曰唐石經初刻師作侯後改師从定本

賈逵云楚大夫上同

請復衛侯而封曹臣亦釋宋之圍子犯曰子玉無禮哉君取一臣取二不可失矣先軫曰子與之定人之謂禮楚一言而定三國我一言而亾之我則無禮何以戰乎不許楚言是弃宋也救而弃之謂諸侯何楚有三施我有三怨怨讎已多將何以戰不如私許復曹衛以攜之

韋昭國語注攜離也杜本此

執宛春以怒楚既戰而後圖之公說乃拘宛春於衛且私

許復曹衛，曹衛告絶於楚。子玉怒，從晉師。晉師退。軍吏曰：以君辟臣，辱也。且楚師老矣，何故退？子犯曰：師直爲壯，曲爲老，豈在久乎？微楚之惠不及此，退三舍辟之，所以報也。背惠食言，

孫炎爾雅注：食言之僞也。書疏下成十六年等並同

以亢其讎，

廣雅：亢，當也。杜本此

我曲楚直。其衆素飽，不可謂老。我退而楚還，我將何求？若其不還，君退臣犯，曲在彼矣。退三舍。楚衆欲止，子玉不可。

夏四月戊辰，晉侯、宋公、齊國歸父、崔夭、秦小子憖次于城

濮楚師背酅而舍晉侯患之聽輿人之誦曰原田每每

說文每草盛上出也徐鉉等按左傳原田每每今別作莓非廣雅腜腜肥也腜通作每按每每亦當謂田之肥美杜注似采說文而以爲喻晉君之美盛則失之

舍其舊而新是謀公疑焉子犯曰戰也戰而捷必得諸侯若其不捷表裏山河必無害也公曰若楚惠何欒貞子曰漢陽諸姬楚實盡之思小惠而忘大耻不如戰也晉侯夢與楚子搏楚子伏己而盬其腦

服虔云如俗語相駡云啑汝腦本疏杜取此說文𡿺頭𩪿也从匕匕相匕者也考工記工人𠤕于𠟆𠟆同移匕字在

右耳俗作腦非論衡卜筮篇云晉文公與楚子戰夢與成王搏成王在上而盬其腦占曰凶咎犯曰吉君得天楚伏其罪盬君之腦者柔之也按或以伏字絕句者非是以懼子犯曰吉我得天楚伏其罪吾且柔之矣子玉使鬬勃請戰曰請與君之士戲君馮軾而觀之得臣與寓目焉

鄭元禮記注寓寄也杜本此

晉侯使欒枝對曰寡君聞命矣楚君之惠未之敢忘是以在此為大夫退其敢當君乎既不獲命矣敢煩大夫謂二三子戒爾車乘敬爾君事詰朝將見晉車七百乘韅靷鞅

靽

說文韅著掖鞥也靷引軸也鞅頸靼也廣雅馬鞅謂之脅說文絆馬縶也釋文靽一云縶也毛傳縶絆也靽絆字同按陸德明引說文云靷軸也鞅頸皮也皆與今本說文小異惠棟云㬎古文以爲顯故傳作韅从古文省

晉侯登有莘之虛以觀師曰少長有禮其可用也遂伐其木以益其兵已巳晉師陳于莘北胥臣以下軍之佐當陳蔡子玉以若敖之六卒將中軍曰今日必無晉矣子西將左子上將右胥臣蒙馬以虎皮先犯陳蔡陳蔡奔楚右師潰狐毛設二旆而退之欒枝使輿曳柴而僞遁楚師馳之

原軫郤溱以中軍公族橫擊之狐毛狐偃以上軍夾攻子西楚左師潰楚師敗績子玉收其卒而止故不敗晉師三日館穀及癸酉而還甲午至于衡雍外傳作衡雝水經注同

郡國志河南郡卷有垣雍城道元云史記所記韓獻秦垣雍是也杜本此

作王宮于踐土

服虔云既敗楚師襄王自往臨踐土賜命晉侯晉侯聞而爲之作宮史記集解

鄉役之三月

說文鄉不久也春秋傳曰鄉役之三月按今鄉作鄉杜

注猶屬也義並通釋文云鄉亦作嚮

鄭伯如楚致其師爲楚師既敗而懼使子人九行成于晉

晉欒枝入盟鄭伯五月丙午晉侯及鄭伯盟于衡雍丁未

獻楚俘于王駟介百乘徒兵千鄭伯傅王用平禮也

服虔云駟介駟馬被甲也徒兵步卒也同上廣雅傅相也

杜取此

己酉王享醴命晉侯宥王命尹氏及王子虎

賈逵云周大夫同上

內史叔興父鄭衆周禮內史注引春秋傳作內史興父策命晉侯爲侯伯

鄭司農云策謂以簡策書王命同上

賜之大輅之服戎輅之服彤弓一彤矢古玈弓矢千

賈逵云大輅金輅彤弓赤玈弓黑也諸侯賜弓矢然後征伐同上服虔云矢千則弓十詩疏韋昭國語注及袁紹傳注引左傳並作玈弓十玈矢千按石經玈弓弓字下旁增十字玈字當是別本有之後人據以增入然攷服注云云則是本無十玈二字矣今仍從舊本不敢據增

秬鬯一卣虎賁三百人

賈逵云秬黑黍鬯香酒也所以降神卣器名諸侯賜圭瓚然後爲鬯天子卒曰虎賁史記集解

曰王謂叔父敬服王命以綏四國糾逖王慝

孔安國書傳逖遠也杜本此 衛彈碑云糾剔王慝惠棟曰按魯頌狄彼東南鄭箋云狄當爲剔剔治也逖與狄同古文作逷又與剔通故或訓爲遠或訓爲治此傳當從古文作逷訓爲治

晉侯三辭從命曰重耳敢再拜稽首奉揚天子之丕顯休命

賈逵云稽首首至地同上孔安國書傳丕大也休美也杜取此

受策以出出入三覲 衛侯聞楚師敗懼出奔楚遂適陳使元咺奉叔武以受盟癸亥王子虎盟諸侯于王庭

服虔云王庭踐土也同上杜取此

要言曰皆獎王室無相害也有渝此盟明神殛之

韋昭國語注獎成也虞翻易注渝變也爾雅殛誅也杜本此

俾隊其師無克祚國

詩毛傳俾使也高誘淮南王書注隊隕也爾雅克能也杜本此

及而元孫諸刊本而誤作其今改正無有老幼君子謂是盟也信謂晉於是役也能以德攻　初楚子玉自爲瓊弁玉纓

釋文弁本又作玣說文璿美玉也春秋傳曰璿弁玉纓

按說文璿美玉也瓊赤玉也毛傳云瓊玉之美者則瓊亦玉之總名故左傳亦轉作瓊張衡集引作璿弁玉纓與說文同辥綜曰弁馬冠也又髦以璿玉作之纓馬鞅以玉飾之服虔云謂馬飾禮記疏

未之服也先戰夢河神謂己曰畀余余賜女孟諸之麋地理志梁國睢陽盟諸澤在東北青州藪按禹貢作孟豬正義曰左傳爾雅作孟諸周禮作望諸聲轉字異正是一地也詩毛傳水草交謂之麋杜本此

弗致也大心與子西使榮黄諫弗聽榮季曰死而利國猶或爲之況瓊玉乎是糞土也而可以濟師將何愛焉弗聽

出告二子曰非神敗令尹令尹其不勤民實自敗也既敗王使謂之曰大夫若入其若申息之老何子西孫伯曰得臣將死二臣止之曰君其將以爲戮及連穀而死晉侯聞之而後喜可知也曰莫余毒也已蔿呂臣實爲令尹奉己而已不在民矣　或訴元咺於衛侯曰

姓纂其先食采于元因氏焉今元城是也

立叔武矣其子角從公公使殺之咺不廢命奉夷叔以入守

謚法克殺秉政曰夷又安心好靜曰夷

六月晉人復衛侯甯武子與衛人盟于宛濮水經注作莞濮

京相璠曰衛地也水經注　地理志陳留郡封丘濮渠水首受泲東北至都關入羊里水道元云濮渠側有漆城或亦謂之宛濮亭

曰天禍衛國君臣不協以及此憂也今天誘其衷

韋昭國語注衷中也杜本此

使皆降心以相從也不有居者誰守社稷不有行者誰扞牧圉

高誘淮南王書注牧圉養馬者杜本此

不協之故用昭乞盟于爾大神以誘天衷自今日以往既盟之後行者無保其力居者無懼其罪有渝此盟以相及

也明神先君是糾是殛國人聞此盟也而後不貳衛侯先期入甯子先長牂守門以爲使也與之乘而入公子歂犬華仲前驅叔武將沐聞君至諸刊本君誤作公今改正喜捉髮走出

說文捉搤也一曰握也廣雅捉持也

前驅射而殺之公知其無罪也枕之股而哭之歂犬走出公使殺之元咺出奔晉　城濮之戰晉中軍風于澤亾大旆之左旃

爾雅繼旐曰旆周禮通帛爲旜杜本此

祁瞞奸命司馬殺之以徇于諸侯使茅茷代之師還壬午濟河舟之僑先歸士會攝右秋七月丙申振旅愷以入于

晉

按釋文曰旅凱劉逵吳都賦注引此正作旅凱今石經及諸刊本並作愷蓋一本作愷也周禮王師大獻則令奏凱樂鄭注引傳振旅愷以入于晉正義愷樂獻功之樂者則晉之振旅愷是也夏官愷樂獻于社鄭司農引春秋傳曰振旅愷以入于晉是作愷相承已久今仍之

獻俘受馘飲至大賞徵會討貳殺舟之僑以徇于國民於是大服君子謂文公其能刑矣三罪而民服詩云惠此中國以綏四方不失賞刑之謂也　冬會于溫討不服也衛侯與元咺訟甯武子爲輔鍼莊子爲坐

按廣韻箴字注引風俗通曰有衛大夫箴莊子今攷宣四年箴尹克黃定四年鍼尹固是箴鍼古字通李善文選注箴古針字

士榮爲大士鄭元周禮注引作大理

鄭衆云士謂主斷刑之官周禮注

衞侯不勝殺士榮刖鍼莊子謂甯俞忠而免之執衞侯歸之于京師寘諸深室

惠棟曰荀卿子云公侯失禮則幽故置諸深室

甯子職納槖饘焉

爾雅槖囊也說文方言饘糜也杜本此　按槖之祇可置食物

杜增一字曰衣囊恐非
元咺歸于衛立公子瑕　是會也晉侯召王以諸侯見且使王狩仲尼曰以臣召君不可以訓故書曰天王狩于河陽言非其地也且明德也壬申公朝于王所　丁丑諸侯圍許晉侯有疾曹伯之豎侯獳貨筮史使曰以曹爲解齊桓公爲會而封異姓今君爲會而滅同姓曹叔振鐸文之昭也先君唐叔武之穆也且合諸侯而滅兄弟非禮也與衛偕命而不與偕復非信也同罪異罰非刑也禮以行義信以守禮刑以正邪舍此三者君將若之何公說復曹伯遂會諸侯于許晉侯作三行以禦狄

服虔云辟天子六軍故謂之三行史記集解

荀林父將中行屠擊將右行先蔑將左行

史記作先穀將右行按獻公時已有左右行至此復立中行

二十九年春介葛盧來朝舍于昌衍之上

史記孔子生魯昌平鄉陬邑索隱云昌平鄉號杜本此

公在會饋之芻米禮也　夏公會王子虎晉狐偃宋公孫固齊國歸父陳轅濤塗秦小子慭盟于翟泉尋踐土之盟且謀伐鄭也卿不書罪之也在禮卿不會公侯會伯子男可也　秋大雨雹爲災也　冬介葛盧來以未見公故復

來朝禮之加燕好介葛盧聞牛鳴曰是生三犧皆用之矣張湛列子注引傳云是生四子盡爲犧矣鄭司農周禮注又引作是生三犧皆用矣其音云問之而信

賈逵云言八律之音聽鳥獸之鳴則知其嗜欲生死可知伯益明是術故堯舜使掌朕虞周失其道又官在四夷周禮疏

三十年春晉人侵鄭以觀其可攻與否狄閒晉之有鄭虞也夏狄侵齊　晉侯使醫衍酖衛侯甯俞貨醫使薄其酖不死公爲之請納玉于王與晉侯皆十瑴

爾雅雙玉曰玨玨說文二玉相合爲一玨玨或从瑴杜本此

王許之秋乃釋衛侯　衛侯使賂周歂冶厪曰

說文歂讀若車輇古今字詁曰厪古勤字也俗本誤作厪

苟能納我吾使爾爲卿周冶殺元咺及子適子儀公入祀先君周冶旣服將命周歂先入及門遇疾而死冶厪辭卿

九月甲午晉侯秦伯圍鄭以其無禮於晉且貳於楚也晉軍函陵

按函陵在今河南新鄭縣北十三里與東氾水甚近歲壬子及丙辰余出使兩過其地狹長如土衖且旋轉屈曲若行書函中與闅鄉函谷關無異益信古人命名之

諦也

秦軍氾南

水經注所謂東氾者也

佚之狐言於鄭伯曰國危矣若使燭之武見秦君

水經注洧水下七里溝水又南歷燭城西即鄭大夫燭之武之邑也按此以邑名爲氏然春秋時氏燭者實不止一人齊景公時有燭雛見說苑吳有燭庸晉有燭過

見子華子

師必退公從之辭曰臣之壯也猶不如人今老矣無能爲也已公曰吾不能早用子今急而求子是寡人之過也然

鄭亡子亦有不利焉許之夜縋而出

廣雅縋索也餘見襄十九年傳

見秦伯曰秦晉圍鄭鄭既知亡矣若亡鄭而有益於君敢以煩執事越國以鄙遠君知其難也焉用亡鄭以陪鄰諸刊本誤倍今从石經宋本改正

廣雅陪益也杜本此按新序引傳亦作陪

鄰之厚君之薄也若舍鄭以爲東道主史記作東道交行李之往來

賈逵云理吏也小行人也本疏按今本作李古字同杜此注及襄八年昭十三年注並取賈說

共其乏困君亦無所害且君嘗爲晉君賜矣許君焦瑕

京相璠曰今河東解縣西南五里有故瑕城按焦城在今陝州南瑕城在今閿鄉縣西酈道元云陝城中有小城故焦國也武王以封神農之後于此

朝濟而夕設版焉君之所知也夫晉何厭之有既東封鄭又欲肆其西

廣雅肆伸也申與伸同杜本此

不闕秦焉取之

石經作不闕秦焉取之後人于不字上旁增若字焉字上旁增將字孔疏摘傳文作不闕秦秦焉取之正義并引沈文何云不闕秦家更何處取之則古文無此二字可知今从石經孔疏及宋本删定

闕秦以利晉惟君圖之秦伯說與鄭人盟使杞子逢孫楊

孫戍之乃還子犯請擊之公曰不可微夫人之力不及此因人之力而敝之不仁失其所與不知以亂易整不武吾其還也亦去之　初鄭公子蘭出奔晉

服虔云公子蘭鄭文公賤妾燕姞之子穆公鄭逐羣公子故奔晉也御覽

從於晉侯伐鄭請無與圍鄭

服虔云蘭不忘本國故也同上

許之使待命于東

服虔云待命于鄭東也同上

鄭石甲父侯宣多逆以爲大子以求成于晉晉人許之

冬王使周公閲來聘饗有昌歜

服虔云昌歜昌本之菹周禮疏　韓非子難篇文王嗜昌蒲菹杜本此　按說文𣤶字注云歍𣤶也从欠亶聲玉篇𣤶子合才六二切嗚𣤶也亦作蹴又徂敢切菖蒲菹也蓋本作𣤶傳寫譌作歜耳故釋文亦作在感反正義云昌蒲草無此別名殊未深考今承寫己久姑仍之

白黑形鹽辭曰國君文足昭也武可畏也則有備物之饗以象其德薦五味羞嘉穀鹽虎形

服虔云剋形同上　鄭司農云築鹽以爲虎形周禮注

以獻其功吾何以堪之　東門襄仲將聘于周遂初聘于

晋

賈服謂先聘晋後聘周本疏

三十一年春取濟西田分曹地也使臧文仲往宿於重館

韋昭國語注重魯地館候館也

重館人告曰晋新得諸侯必親其共不速行將無及也從之分曹地自洮以南東傅于濟盡曹地也

水經注今甄城西南五十里有姚城或謂之洮也按春秋莊十八年公追戎于濟西服氏注云濟西曹地京相璠云濟水自鉅野至濟北是魯與曹當以濟爲界此云東傅于濟是也

襄仲如晉拜曹田也　夏四月四卜郊不從乃免牲非禮也猶三望亦非禮也禮不卜常祀而卜其牲日牛卜日曰牲牲成而卜郊上怠慢也望郊之細也不郊亦無望可也

秋晉蒐于清原作五軍以禦狄趙衰爲卿　冬狄圍衛

衛遷于帝丘卜曰三百年衛成公夢康叔曰相奪予享

馬融易注享祭也（杜本此）

公命祀相甯武子不可曰鬼神非其族類不歆其祀

詩毛傳歆饗也（杜本此）

杞鄫何事相之不享於此久矣非衛之罪也不可以間成王周公之命祀請改祀命　鄭泄駕惡公子瑕鄭伯亦惡

之故公子瑕出奔楚

三十二年春楚鬬章請平于晉晉陽處父報之晉楚始通　夏狄有亂衛人侵狄狄請平焉　秋衛人及狄盟　冬晉文公卒庚辰將殯于曲沃

說文殯死在棺將遷葬柩賓遇之从歺从賓賓亦聲

出絳柩有聲如牛

廣雅柩棺也

卜偃使大夫拜曰君命大事將有西師過軼我擊之

高誘淮南王書注自後過前曰軼

必大捷焉杞子自鄭使告于秦曰

高士傳作祀子蓋字近而誤按史記鄭世家賁鄭者乃鄭司城繒賀與此傳異

鄭人使我掌其北門之管

鄭元禮記注管鍵也按杜注云鑰也義亦同

若潛師以來國可得也穆公訪諸蹇叔蹇叔曰

史記秦本紀曰穆公問蹇叔百里奚史記列傳蹇叔語皆作二老曰公穀皆作百里子蹇叔子

勞師以襲遠非所聞也師勞力竭遠主備之無乃不可乎師知所爲鄭必知之勤而無所必有悖心且行千里其誰不知公辭焉召孟明西乞白乙

呂覽先識篇云蹇叔有子曰申與視高誘注申白乙丙也視孟明視也史記曰使百里傒子孟明視蹇叔子西乞術白乙丙將南史亦云一明百里奚子下傳云卽明云百里孟明視

使出師於東門之外蹇叔哭之曰孟子

按呂覽以孟明視爲蹇叔子今蹇叔哭孟子之後始云其子與師哭而送之且稱爲孟子明視非蹇叔子可知史記以蹇叔子爲西乞白乙正義非之今攷三師同出蹇叔先哭孟子不及二人次乃云蹇叔之子與師哭而送之則西乞白乙或卽爲蹇叔子以其爲子故哭有次

第又改而稱爾文法甚明至變文言蹇叔之子乃行文互見之法正義譏之非也釋文孟子本或作孟兮

吾見師之出而不見其入也公使謂之曰爾何知中壽三體石經作者

按正義言上壽中壽下壽年歲亦非攷李善文選注引養生經黄帝曰中壽百年又莊子盜跖篇中壽八十呂覽安死篇中壽不過六十淮南原道訓凡人中壽七十歲此云中壽亦當在八十以下六十以上也

爾墓之木拱矣

爾雅兩手持爲拱杜本此

蹇叔之子與師哭而送之曰晉人禦師必於殽

郡國志宏農郡黽池有二崤新安澗水出按高誘淮南王書注及廣韻引傳並作郩後漢書龐參傳作崤釋文殽本又作崤

殽有二陵焉其南陵夏后皋之墓也

史記夏本紀孔甲崩子帝皋立竹書紀年作帝昊沈約注昊一作皋

其北陵文王之所辟風雨也

爾雅大阜曰陵此杜本按呂覽先識篇作南岸北岸義亦同詩所云高岸爲谷深谷爲陵也

必死是間余收爾骨焉秦師遂東

三十三年春秦師過周北門左右免胄而下超乘三百

乘王孫滿尚幼觀之言於王曰秦師輕而無禮

服虔云無禮謂過天子門不櫜甲束兵而但免胄本疏

必敗輕則寡謀無禮則脫按鄭元喪服小記注引傳脫作說說脫古字通

韋昭國語注脫簡脫也

入險而脫又不能謀能無敗乎及滑鄭商人弦高將市於

周

呂覽作鄭賈人弦高奚施將西市于周遽使奚施歸告

淮南王書奚施作蹇他

遇之以乘韋先牛十二犒師

按古無犒字張揖廣雅始有之蓋從此傳生義

曰寡君聞吾子將步師出於敝邑敢犒從者不腆敝邑爲從者之淹

方言腆厚也爾雅淹久也杜本此

居則具一日之積行則備一夕之衛且使遽告于鄭

爾雅遽傳也杜本此

鄭穆公使視客館則束載厲兵秣馬矣

說文秣食馬穀也按今本秣誤作䬴

使皇武子辭焉曰吾子淹久於敝邑惟是脯資餼牽竭矣

韋昭國語注資稟也按杜注資糧也義亦同服虔云腥

曰餼儀禮疏又云死曰餼禮記疏鄭司農云牽牲可牽而行

者周禮注

爲吾子之將行也鄭之有原圃猶秦之有具圃也呂覽淮南水經注初學記並作具圃圃後訛爲囿今訂正

穆天子傳祭父自圃鄭來謁天子地理志河南郡中牟圃田澤在西豫州藪水經注濟水又東逕原武縣故城南春秋之原圃也淮南墬形訓秦之楊紆高誘注楊紆在馮翊池陽一名具圃按爾雅十藪秦有陽陓郭璞注又云在扶風汧縣西今攷地理志扶風郡汧吳山在西

古文以爲汧山雍州山北有蒲谷鄉弦中谷以地形按之是周之焦護即秦之楊紆前後異名耳池陽縣漢屬馮翊晉初屬扶風故郭注與高誘異也淮南墜形訓藪止有九無周之焦護明焦護即楊紆也周禮雍州澤藪曰弦蒲亦即此楊陓陓蒲紆瓠音並同

吾子取其麋鹿以閒敝邑若何杞子奔齊逢孫揚孫奔宋孟明曰鄭有備矣不可冀也攻之不克圍之不繼吾其還也滅滑而還　齊國莊子來聘自郊勞至于贈賄禮成而加之以敏臧文仲言於公曰國子爲政齊猶有禮君其朝焉臣聞之服於有禮社稷之衛也　晉原軫曰

按先軫僖二十八年傳及此傳皆别云原軫當係食采于原故云杜預釋例云河内沁水縣西北有原城是矣至先且居則稱霍伯當亦以采地名郡國志河東永安縣有霍大山水經注山側有霍城是也然韋昭國語注又云先且居先軫之子蒲城伯也後受霍爲霍伯則先且居前又食采蒲城蒲城卽重耳所居在漢河東郡蒲子縣大率晉大夫皆以采地爲氏除趙韓魏之外如吕郤荀欒胥覈狐輔虢范祁邢屏樓楊鄔賈杜陽臼隨苗温冀知閻瑕疇銅鞮邯鄲等並是

秦違蹇叔而以貪勤民天奉我也

高誘淮南王書注：「奉，助也。」杜義亦同。

奉不可失，敵不可縱。縱敵患生，違天不祥，必伐秦師。」欒枝曰：「未報秦施而伐其師，其爲死君乎？」先軫曰：「秦不哀吾喪而伐吾同姓，秦則無禮，何施之爲？吾聞之，一日縱敵，數世之患也。謀及子孫，可謂死君乎？」遂發命，遽興姜戎。子墨衰絰，

賈逵云：「墨，變凶。」史記集解

梁宏御戎，萊駒爲右。夏四月辛巳，敗秦師于殽，獲百里孟明視、西乞術、史記作秫白乙丙以歸。遂墨以葬文公，

服虔云：「非禮也。」同上

晉於是始墨文嬴請三帥曰彼實構吾二君構字从石經改寡君

若得而食之不厭君何辱討焉使歸就戮于秦以逞寡君

之志若何公許之先軫朝問秦囚公曰夫人請之吾舍之

矣先軫怒曰武夫力而拘諸原婦人暫而免諸國墮軍實

而長寇讎

廣雅暫卒也爾雅墮毁也杜本此

亡無日矣不顧而唾

說文唾口液也

公使陽處父追之及諸河則在舟中矣釋左驂以公命贈

孟明孟明稽首曰君之惠不以纍臣釁鼓

賈逵曰殺而以血塗鼓謂之釁鼓詩疏廣雅釁拘也

使歸就戮于秦寡君之以爲戮死且不朽若從君惠而免之三年將拜君賜秦伯素服郊次鄉師而哭曰孤違蹇叔以辱二三子孤之罪也不替孟明文選注引作不廢孤之過也大夫何罪且吾不以一眚掩大德

馬融書傳眚過也杜本此

狄侵齊因晉喪也　公伐邾取訾婁以報升陘之役邾人不設備秋襄仲復伐邾　狄伐晉及箕八月戊子晉侯敗狄于箕

京相璠土地名箕城在陽邑南水北卽陽邑縣故城也

水經注

郤缺獲白狄子先軫曰匹夫逞志於君而無討敢不自討乎免冑入狄師死焉狄人歸其元面如生初臼季使過冀

京相璠曰今河東皮氏縣有冀亭古之冀國所都也同上

見冀缺耨其妻饁之

馬融易注耨鉏也易釋文說文饁餉也孫炎爾雅注饁野之餽也韋昭國語注同杜皆本此

敬相待如賓與之歸言諸文公曰敬德之聚也能敬必有德德以治民君請用之臣聞之出門如賓承事如祭仁之則也公曰其父有罪可乎對曰舜之罪也殛鯀其舉也興

禹管敬仲桓之賊也實相以濟康誥曰父不慈子不祗

說文祗敬也杜本此

兄不友弟不共不相及也

惠棟曰昭廿年傳在康誥曰父子兄弟罪不相及孔氏謂非康誥之全文引其意而言之棟謂此康誥之闕文也法言曰酒誥之篇俄空焉伏生引酒誥曰王曰封惟曰若圭璧今酒誥無此文故漢藝文志云酒誥脫簡一梓材今王惟曰以下文義不屬蓋康誥三篇皆有脫誤孔以爲引其意而言之非也

詩曰采葑采菲無以下體君取節焉可也文公以爲下軍

大夫反自箕襄公以三命命先且居將中軍以再命命先茅之縣賞胥臣曰舉郤缺子之功也以一命命郤缺爲卿復與之冀亦未有軍行　冬公如齊朝且弔有狄師也反薨于小寢卽安也　晉陳鄭伐許討其貳於楚也楚令尹子上侵陳蔡陳蔡成遂伐鄭將納公子瑕門于桔柣之門瑕覆于周氏之汪

通俗文亭水曰汪一切經音義

外僕髡屯禽之以獻

崔憬易注曰禽古擒字擒猶獲也

文夫人斂而葬之鄶城之下

服虔云鄐城故鄐國之墟詩疏杜取此

晉陽處父侵蔡楚子上救之與晉師夾泜而軍

水經注汝水又東南逕定陵縣故城北水右則滍水左入焉按地理志南陽郡魯陽堯山滍水所出東北至定陵入汝杜本此師古曰滍音時又音雉滍泜同音卽泜水也

陽子患之使謂子上曰吾聞之文不犯順武不違敵子若欲戰則吾退舍子濟而陳遲速惟命不然紓我

詩毛傳紓緩也杜本此

老師費財亦無益也乃駕以待子上欲涉大孫伯曰不可

晉人無信半涉而薄我悔敗何及不如紓之乃退舍陽子

宣言曰

爾雅宣徧也高誘注戰國策亦同

楚師遁矣遂歸楚師亦歸大子商臣譖子上曰受晉賂而辟之楚之恥也罪莫大焉王殺子上　葬僖公緩作主

按劉敞云杜讀緩以上爲句非也僖公以十二月薨明年四月葬凡五月不得云緩今从劉氏讀又繹下釋例所引賈氏說則緩字亦當連下讀爲是

非禮也

賈氏以爲僖公始不順祀生則致哀姜終則小寢以慢

典常故其子文公緣事生邪志作主陵遲于是文公復有夫人歸嗣子罹咎傳故上係此文于僖公篇

凡君薨卒哭而祔祔而作主特祀於主烝嘗禘於廟服虞云特祀於主謂在寢烝嘗禘於廟者三年喪畢遭烝嘗則行祭皆於廟焉儀禮禮記疏

春秋左傳詁卷八

春秋左傳詁卷九

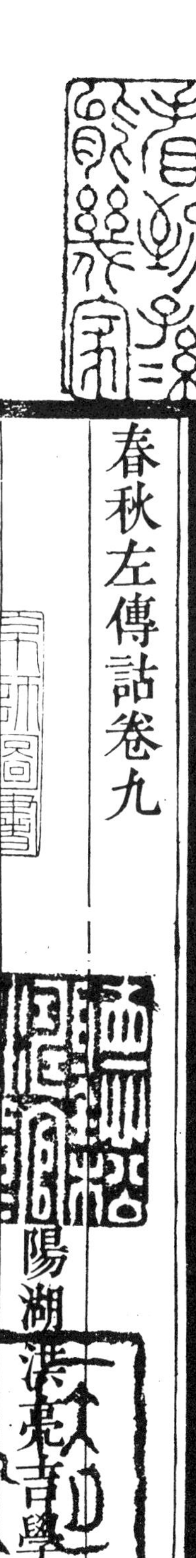

陽湖洪亮吉學

傳

文公元年春王使內史叔服來會葬公孫敖聞其能相人也見其二子焉叔服曰穀也食子難也收子穀也豐下必有後於魯國　於是閏三月非禮也先王之正時也履端於始舉正於中歸餘於終（史記歷書餘作邪注云邪音餘）履端於始序則不愆舉正於中民則不惑歸餘於終事則不悖（漢書志引作誖）

夏四月丁巳葬僖公　王使毛伯衛來賜公命（从石經宋本改錫作賜）

按顧炎武以石經爲非誤經傳文往往不盡同如五年經王使榮叔歸含且賵傳作來含是也又公羊傳云錫者何賜也左氏作賜正以釋經今據改

叔孫得臣如周拜　晉文公之季年諸侯朝晉衛成公不朝使孔達侵鄭伐緜訾及匡

酈道元云扶溝縣匡亭在匡城鄉春秋孔達侵鄭伐緜訾及匡即此邑也

晉襄公既祥使告于諸侯而伐衛及南陽先且居曰效尤禍也請君朝王臣從師晉侯朝王于温先且居胥臣伐衛五月辛酉朔晉師圍戚六月戊戌取之獲孫昭子衛人使

告于陳陳共公曰更伐之我辭之衛孔達帥師伐晉君子以爲古古者越國而謀　秋晉侯疆戚田故公孫敖會之初楚子將以商臣爲大子訪諸令尹子上子上曰君之齒未也

鄭元禮記注齒年也杜本此

而又多愛黜乃亂也楚國之舉

賈逵云舉立也史記集解杜取此

恒在少者且是人也蠭目而豺聲忍人也

釋文蠭本又作蜂服虔云言忍忍爲不義同上杜取此

不可立也弗聽既又欲立王子職而黜大子商臣

賈逵云職商臣庶弟同上杜取此

商臣聞之而未察告其師潘崇曰若之何而察之潘崇曰享江芊而勿敬也桉史記作饗王之寵芊而弗敬也索隱云姬當作妹從之江芊怒曰呼役夫宜君王之欲殺女而立職也

桉韓非子作廢女而立職傳上云黜商臣似作廢字爲允唐劉知幾史通言語篇亦引作廢女況既作殺字則潘崇下可無能事諸乎一語

告潘崇曰信矣潘崇曰能事諸乎

服虔云若立職子能事之同上

曰不能能行乎曰不能能行大事乎

服虔云謂弒君同上杜取此　桉高誘戰國策注云大事兵事

傳所云國之大事在祀與戎也惠氏說亦同

曰能冬十月以宮甲圍成王

韓非子內儲篇于是乃起宿營之甲而攻成王

王請食熊蹯而死

說文熊獸似豕山居冬蟄爾雅釋獸其足蹯鄭元周禮注蹯掌也孟子熊掌我所欲也桉服虔注熊蹯見宣公

二年傳下

弗聽丁未王縊

史記成王自絞死

謚之曰靈不瞑曰成乃瞑穆王立以其爲大子之室與潘崇使爲大師且掌環列之尹　穆伯如齊始聘焉禮也凡君卽位卿出並聘踐修舊好

鄭元禮記注踐猶履也杜本此

要結外援文選注引作大援　好事鄰國以衞社稷忠信卑讓之道也忠德之正也信德之固也卑讓德之基也　殽之役晉人既歸秦師秦大夫及左右皆言於秦伯曰是敗也孟明之罪也必殺之秦伯曰是孤之罪也周芮良夫之詩曰大風有隧

詩毛傳隧道也釋文同

貪人敗類聽言則對誦言如醉匪用其良覆俾我悖是貪故也孤之謂矣孤實貪以禍夫子夫子何罪復使爲政

二年春秦孟明視帥師伐晉以報殽之役二月晉侯禦之先且居將中軍趙衰佐之王官無地御戎狐鞫居爲右甲子及秦師戰于彭衙秦師敗績晉人謂秦拜賜之師戰于殽也晉梁宏御戎萊駒爲右戰之明日晉襄公縛秦囚使萊駒以戈斬之囚呼萊駒失戈狼瞫取戈以斬囚禽之以從公乘遂以爲右箕之役先軫黜之而立續簡伯狼瞫怒其友曰盍死之瞫曰吾未獲死所其友曰吾與女爲難瞫曰周志有之

鄭司農云志謂記也周禮注

勇則害上不登於明堂

桉二語今見汲冢周書大匡解云勇如害上則不登于明堂五經異誼布政之堂故稱明堂明堂盛貌也南齊書潁容云告朔行政謂之明堂藝文類聚引五經釋例又云明堂太廟凡有八名其體一也舊唐書引潁容例又云凡有七名文苑英華左氏舊說及賈逵盧植蔡邕服虔等皆以祖廟與明堂爲一本疏服虔云明堂祖廟通典杜取此

死而不義非勇也共用之爲勇吾以勇求右無勇而黜亦其所也謂上不我知黜而宜乃知我矣子姑代之及彭衙

旣陳以其屬馳秦師死焉晉師從之大敗秦師君子謂狼瞫於是乎君子詩曰君子如怒亂庶遄沮

爾雅遄疾也詩毛傳沮止也杜本此

又曰王赫斯怒爰整其旅怒不作亂而以從師可謂君子矣

秦伯猶用孟明孟明增修國政重施於民趙成子言於諸大夫曰秦師又至將必辟之懼而增德不可當也詩曰毋念爾祖聿修厥德孟明念之矣念德不怠其可敵乎

丁丑作僖公主書不時也

晉人以公不朝來討公如晉夏四月已巳晉人使陽處父盟公以恥之書曰及晉處父盟以厭之也

鄭元儀禮注厭伏也桉杜注厭猶損也今攷漢書集注辛慶忌傳厭抑也與杜注相近然究不若鄭義爲長

適晉不書諱之也　公未至六月穆伯會諸侯及晉司空士縠盟于垂隴晉討衛故也書士縠堪其事也陳侯爲衛請成于晉執孔達以說　秋八月丁卯大事于大廟躋僖公逆祀也

惠棟曰古文左氏說云太廟周公之廟饗有禮義者也祀國之大事也惡其亂國之大事于太廟故云大事也

躋登也登僖公主于閔公上逆祀也

於是夏父弗忌爲宗伯鄭司農周禮注引作宗人

禮記云夏父弗綦校鄭詩大叔于田云叔善射忌又良御忌鄭箋云忌讀如彼已之子之已曹詩候人彼已之子之已作其惠棟云其可讀爲記則忌亦可讀作其古綦字期字皆省作其與綦同音今校家語亦作綦古今人表作不忌

尊僖公且明見曰吾見新鬼大故鬼小

服虔注云閔公死時年九歲本疏

先大後小順也躋聖賢明也明順禮也君子以爲失禮禮無不順祀國之大事也而逆之可謂禮乎子雖齊聖不先父食久矣故禹不先鯀湯不先契文武不先不窋

服虔云周家祖后稷以配天明不可先也故言不先不窋禹湯異代之王故言不先鯀契也本疏宋祖帝乙鄭祖厲王猶上祖也是以魯頌曰春秋匪解享祀不忒

廣雅忒差也杜本此

皇皇后帝皇祖后稷君子曰禮謂其后稷親而先帝也詩曰問我諸姑遂及伯姊君子曰禮謂其姊親而先姑也仲尼曰臧文仲其不仁者三不知者三下展禽廢六關

家語云置六關王肅曰六關關名魯本無此關文仲置之以稅行者故云不仁惠棟曰廢與置古字通公羊傳

云去其有聲者廢其無聲者鄭志荅張逸曰廢置也以廢爲置猶以亂爲治徂爲存故爲今曩爲曏苦爲快臭爲香藏爲去郭璞詁訓義有反覆旁通美惡不嫌同名也杜氏云六關所以禁絶末遊而廢之杜此說昧于義矣小尔疋亦以廢爲置杜集解頗用孔鮒之說獨不及此何也今攷莊子徐無鬼篇于是調瑟廢一於堂廢一於室是古多訓廢爲置

妾織蒲三不仁也作虛器家語作字作設縱逆祀祀爰居三不知也

冬晉先且居宋公子成陳轅選鄭公子歸生伐秦取汪及彭衙而還以報彭衙之役卿不書爲穆公故尊秦也

謂之崇德　襄仲如齊納幣禮也凡君卽位好舅甥修昏姻娶元妃以奉粢盛孝也孝禮之始也

三年春莊叔會諸侯之師伐沈以其服於楚也沈潰凡民逃其上曰潰在上曰逃

賈穎以爲舉國曰潰一邑曰叛本疏挍賈義本公羊傳國曰潰邑曰叛文正義糾之非也

衛侯如陳拜晉成也　夏四月乙亥王叔文公卒來赴弔如同盟禮也　秦伯伐晉濟河焚舟取王官及郊史記秦本記作及鄗正義曰鄗音郊本傳作郊晉人不出挍上年傳趙成子曰將必辟之故今用其言不出師遂自茅津濟

史記秦本紀穆公元年自將伐茅津劉伯莊曰戎號也

郡國志河東郡大陽有茅津杜同此

封殽尸而還水經注引作崤尸

賈逵云封識之同上

遂霸西戎用孟明也君子是以知秦穆公之爲君也石經無公字

舉人之周也

服虔曰周備也同上按一切經音義稱賈逵國語注亦云

周備也杜取此

與人之壹也孟明之臣也其不解也能懼思也子桑之忠

也其知人也能舉善也詩曰于以釆蘩于沼于沚于以用

之公侯之事秦穆有焉夙夜匪解以事一人孟明有焉詒厥孫謀以燕翼子

爾雅詒遺也詩毛傳燕安也韋昭國語注翼成也杜本此

子桑有焉　秋雨螽于宋隊而死也　楚師圍江晉先僕伐楚以救江　冬晉以江故告于周王叔桓公晉陽處父伐楚以救江門于方城遇息公子朱而還　晉人懼其無禮於公也請改盟公如晉及晉侯盟晉侯饗公賦菁菁者莪莊叔以公降拜曰小國受命於大國敢不慎儀君貺之以大禮何樂如之抑小國之樂大國之惠也晉侯降辭登成拜公賦嘉樂

四年春晉人歸孔達于衛以爲衛之良也故免之　夏衛侯如晉拜　曹伯如晉會正　逆婦姜于齊卿不行非禮也君子是以知出姜之不允於魯也

爾雅允信也杜本此

曰貴聘而賤逆之君而卑之立而廢之棄信而壞其主在國必亂在家必亡不允宜哉詩曰畏天之威于時保之敬主之謂也　秋晉侯伐秦圍邧新城

說文邧鄭邑服虔云秦所築城也杜取此

以報王官之役　楚人滅江秦伯爲之降服出次不舉過數大夫諫公曰同盟滅雖不能救敢不矜乎吾自懼也君

子曰詩云

正義徧檢諸本君子曰下皆無詩云則傳文本自略也

梭石經及諸刻本皆有此二字今姑仍之

惟彼二國其政不獲惟此四國爰究爰度其秦穆之謂矣

衛甯武子來聘公與之宴爲賦湛露及彤弓不辭又不答賦使行人私焉對曰臣以爲肄業及之也

說文𦘔習也篆文作肄梭詩子寧不嗣音毛傳嗣習也古者教以詩樂誦之歌之絃之舞之嗣與肄聲近義同

韓詩嗣作詒周禮肄儀爲位鄭注云肄習也故書肄爲肆儀爲義杜子春讀肆爲肄義爲儀若今時肄司徒府

是也賈逵國語注亦同杜注本鄭賈義

昔諸侯朝正于王王宴樂之於是乎賦湛露則天子當陽諸侯用命也諸侯敵王所愾而獻其功

說文鎎怒戰也春秋傳曰諸侯敵王所鎎桉今本作愾非說文愾太息也杜注愾恨怒也當从說文轉訓

王於是乎賜之彤弓一彤矢百玈弓矢千石經弓下旁增十玈二字御覽同今从宋本刪以覺報宴

惠棟云覺讀爲較何邵公云古者諸侯有較德也

今陪臣來繼舊好君辱貺之其敢干大禮以自取戾

詩毛傳貺賜也戾罪也薛綜西京賦注干犯也杜本此

冬成風薨

五年春王使榮叔來含且賵召昭公來會葬禮也　初鄀叛楚即秦又貳于楚夏秦人入鄀　六人叛楚即東夷秋楚成大心仲歸帥師滅六　冬楚公子燮滅蓼諸刊本脫公字今增人

地理志六安國蓼故國皐陶後爲楚所滅杜本此

臧文仲聞六與蓼滅曰皐陶庭堅漢書作咎繇孫叔敖碑作雹堅不祀忽諸

服虔云諸辭詩疏

德之不建水經注引作逮民之無援哀哉　晉陽處父聘於衛反

過甯甯嬴從之

賈逵孔晁皆以甯嬴爲掌逆旅之大夫本疏取此杜韋昭國語注甯晉邑今河內修武是也杜本此

及溫而還其妻問之嬴曰以剛商書曰沈漸剛克校漸尚書作潛史記及劉寬碑並作漸谷永傳曰意豈將軍忘湛漸之義師古曰湛讀曰沈漸讀曰潛高明柔克夫子壹之其不沒乎天爲剛德猶不干時況在人乎且華而不實怨之所聚也犯而聚怨不可以定身余懼不獲其利而離其難是以去之

晉趙成子欒貞子霍伯

賈逵曰欒貞子欒枝也霍伯先且居也史記集解

臼季皆卒

按曰季胥臣也曰亦以采地名郡國志河東郡解有臼城劉昭注引博物志曰臼季邑在縣西北

六年春晉蒐于夷舍二軍使狐射姑將中軍趙盾佐之服虔云使射姑代先且居趙盾代趙衰也箕鄭將上軍林父佐也先蔑將下軍先都佐也改蒐于董趙盾將中軍射姑奔狄先克代佐中軍本疏陽處父至自溫改蒐于董

水經注引作蒐于董澤郡國志河東郡臨汾有董亭杜同此按郡國志董澤在聞喜邑與董亭自屬兩地劉昭注兩處皆引此傳雖本杜酈二說然非也今攷董澤當以

涑水所經者爲是杜注反舍此而從彼失之
易中軍陽子成季之屬也
桉處父蓋嘗爲趙衰屬大夫說苑師曠對晉平公曰陽
處父欲臣文公因咎犯三年不達因趙衰三日而達是
處父由趙衰方得進用杜注作趙盾蓋傳寫之誤成季
趙衰謚成八年傳韓厥言于晉侯曰成季之勳宣孟之
忠而無後爲善者其懼矣杜注卽云趙衰故知此注傳
寫失也
故黨於趙氏且謂趙盾能曰使能國之利也是以上之宣
子於是乎始爲國政

謚法聖善周聞曰宣

制事典正法罪辟獄刑諸刊本誤作刑獄　董逋逃由質要

鄭元周禮注典常也孔安國書傳董督也詩毛傳由用

也杜本此

治舊洿釋文本又作汙　本秩禮續常職出滯淹既成以授大傅陽

子與太師賈佗

桉賈佗與賈季是屬兩人韋昭國語注賈佗卽賈季恐

非

使行諸晉國以爲常法　臧文仲以陳衛之睦也欲求好

于陳夏季文子聘于陳且娶焉　秦伯任好卒以子車氏

之三子

服虔云子車秦大夫氏也詩疏杜取此　桉詩黄鳥云子車奄息正義曰左傳作子輿輿車字異義同今傳仍作車當是轉寫之譌孔氏所據乃古本也史記秦本紀亦作子輿氏

奄息仲行鍼虎爲殉皆秦之良也國人哀之爲之賦黄鳥

服虔云殺人以葬璇環其左右曰殉同上

君子曰秦穆之不爲盟主也宜哉

史記蒙恬列傳秦穆公殺三良而死罪百里奚而非其罪也故立號曰繆王充論衡儒家之徒董無心墨家之

徒纏子相見請道纏子稱墨家右鬼神是引秦穆公有明德上帝賜之九年董子難以堯舜不賜年桀紂不夭死近而秦穆晉文言之夫謬者誤亂之名文者德惠之表又云晉文之謚美于繆公云云桉此則穆當讀曰繆所謂名與實爽曰繆也

死而棄民先王違世猶詒之法而況奪之善人乎詩曰人之云亡邦國殄瘁無善人之謂若之何奪之古之王者知命之不長是以並建聖哲樹之風聲

廣雅風聲也文選注引

分之采物著之話言

廣雅詁善也杜本此

爲之律度

服虔云鳧氏爲鍾各自計律倍而半之黃鍾之管長九寸則黃鍾之鍾長二尺二寸半餘鍾亦各自計律倍而半之度量衡其本俱出于律本疏

文穎漢書注所射準的爲藝詩毛傳極中也杜本此

陳之藝極六經正誤引傳文作埶

引之表儀

廣雅引道也杜本此

予之法制告之訓典教之防利委之常秩

文選注引倉頡篇委任也杜本此

道之禮則諸刊本禮上有以字是後人妄加今據石經刪使毋失其土宜衆隸賴之而後即命

詩毛傳即就也杜本此

聖王同之今縱無法以遺後嗣而又收其良以死難以在上矣君子是以知秦之不復東征也　秋季文子將聘于晉使求遭喪之禮以行其人曰將焉用之文子曰備豫不虞古之善教也求而無之實難過求何害　八月乙亥晉襄公卒靈公少

謚法不勤成名曰靈又好祭鬼怪曰靈又亂而不損曰

靈

晉人以難故

服虔曰晉國數有患難史記集解

欲立長君趙孟曰立公子雍好善而長先君愛之且近於秦秦舊好也置善則固事長則順立愛則孝結舊則安爲難故故欲立長君有此四德者難必抒矣

服虔作紓紓緩也本疏說文同棱杜注抒除也是隨文生訓

賈季曰不如立公子樂辰嬴嬖於二君

服虔云辰嬴懷嬴也二君懷公文公史記集解

立其子民必安之趙孟曰辰嬴賤班在九人

服虔云班次也同上

其子何震之有

服虔云震威也同上杜取此

且爲二嬖淫也爲先君子不能求大而出在小國辟也母淫子辟無威陳小而遠無援將何安焉杜祁

按雍杜祁子史記以爲秦出誤

以君故讓偪姞而上之以狄故讓季隗而己次之故班在四先君是以愛其子而仕諸秦爲亞卿焉

鄭元儀禮注亞次也杜本此

秦大而近足以爲援毋義子愛足以威民立之不亦可乎

使先蔑士會如秦

世本范氏晉大夫隰叔之子士蔿之後蔿生成伯缺缺

生武子會會生文子燮燮生宣叔匄匄生獻子鞅鞅生

吉射惠棟云范氏本陶唐氏之後襄廿四年傳范宣子

曰昔匄之祖在夏爲御龍氏注云謂劉累也又云在周

爲唐杜氏汲郡古文云成王八年王師滅唐遷其民于

杜杜伯之子隰叔違難奔于晉生子輿卽士蔿也士蔿

生士縠士缺缺生會食采于范是爲范武子宣子曰晉

主夏盟爲范氏焦竑曰士縠士會士皆當作土傳僞讀

爲杜土姓杜伯之後土即古杜字棟桉古土字皆作土見牧敦史記曰有邦有士今呂刑作土周頌曰保有厥士正義作土呂覽任地云后稷曰子能使吾士靖而甽浴士乎高誘曰士當作土周牧敦亦以士爲土焦氏以爲傳譌非也土本古杜字鄭康成周禮注云世本云相土作乘馬荀卿子曰杜作乘馬楊倞桉世本相土作乘馬毛詩自土沮漆齊詩作自杜又云徹彼桑土韓詩作桑杜毛詩左氏傳皆出孔壁中故多古文今桉晉語訾祏曰隰叔子違周難于晉生子輿爲理韋昭曰理士官也班固亦云晉主夏盟爲范氏范氏爲晉士師是范氏又

似以官爲氏存攷

逆公子雍賈季亦使召公子樂于陳趙孟使殺諸郫邵

桉劉昭郡國志注垣縣下引此傳文賈季逆公子樂于陳趙孟殺諸郫邵據此則今左傳本脫邵字襄二十三年傳戍郫邵劉昭垣縣下注復引博物志云縣東九十里有郫邵之阸皆連言郫邵則係晉之一邑可知傳既脫邵字而杜注遂泛言郫晉地可云䟽而不察矣今據補

賈季怨陽子之易其班也而知其無援於晉也九月賈季使續鞫居

姓纂晉大夫狐鞫居食采于續又姓續氏

殺陽處父書曰晉殺其大夫侵官也　冬十月襄仲如晉葬襄公　十一月丙寅晉殺續簡伯賈季奔狄宣子使臾駢送其帑

說文帑帑金幣所藏字書帑从子經傳妻帑亦从巾杜注帑妻子也蓋本韋昭國語注

夷之蒐賈季戮臾駢臾駢之人欲盡殺賈氏以報焉臾駢曰不可吾聞前志有之曰敵惠敵怨

爾雅敵當也史記衛世家注引服虔同

不在後嗣忠之道也夫子禮於賈季我以其寵報私怨無

乃不可乎介人之寵

索隱稱志林介因也杜本此

非勇也損怨益仇非知也以私害公非忠也釋此三者何以事夫子盡具其帑與其器用財賄親帥扞之送致諸竟

閏月不告朔非禮也閏以正時時以作事隋書經籍志引作時以序事事以厚生生民之道鄭元周禮注引作生民之本於是乎在矣不告閏朔棄時政也何以爲民

七年春公伐邾間晉難也　三月甲戌取須句寘文公子焉非禮也　夏四月宋成公卒於是公子成爲右師公孫友爲左師樂豫爲司馬鱗矔爲司徒公子蕩爲司城華御

事爲司寇昭公將去羣公子樂豫曰不可公族公室之枝葉也若去之則本根無所庇廕矣葛藟猶能庇其本根故君子以爲比況國君乎此諺所謂庇焉而縱尋斧焉者也

高誘淮南王書注縱放也杜本此

必不可君其圖之親之以德皆股肱也誰敢攜貳若之何去之不聽穆襄之族率國人以攻公殺公孫固公孫鄭于公宮六卿和公室樂豫舍司馬以讓公子卬昭公卽位而葬書曰宋人殺其大夫不稱名衆也且言非其罪也　秦康公送公子雍于晉

服虔云康公秦穆公之子嚳晉出也御覽

曰文公之入也無衛故有呂郤之難

服虔云呂甥郤芮欲焚公宮也同上

乃多與之徒衛

服虔云衛從兵也同上

穆嬴

服虔云襄公夫人同上杜取此

日抱太子以啼于朝曰先君何罪其嗣亦何罪舍嫡嗣不立而外求君將焉寘此

服虔云寘置也同上此大子史記集解御覽

出朝則抱以適趙氏頓首於宣子曰先君奉此子也而屬

諸子曰此子也才吾受子之賜

服虔云如子善爲教誨此子使之有賢才如人君之道也則吾受之賜賜猶惠同上

不才吾惟子之怨

服虔云才而受賜美其教也不才怨子怨其教不至也同上王肅云怨其教導不至集解

今君雖終言猶在耳

服虔云君沒未久其言聲氣尚在耳御覽

而棄之若何宣子與諸大夫皆患穆嬴且畏

服虔云言諸大夫患穆嬴以君顧命之言責己也畏偪

迫無置大子一云畏他公子相偪迫也同上

乃背先蔑而立靈公以禦秦師箕鄭居守趙盾將中軍先克佐之荀林父佐上軍先蔑將下軍先都佐之步招禦戎戎津爲右及堇陰宣子曰我若受秦秦則賓也不受寇也既不受矣而復緩師秦將生心先人有奪人之心軍之善謀也逐寇如追逃軍之善政也訓卒厲兵秣馬蓐食

桉漢書韓信傳亭長妻晨炊蓐食張晏注云未起而牀蓐中食杜注取此吾友王給事念孫廣雅疏證又云蓐厚也蓐食者厚食也不得云牀蓐中食今知不然者此傳下云潛師夜起則夜食可知成十六年蓐食申禱其

時楚軍亦曰雞鳴而起襄二十六年秣馬蓐食下亦有楚軍宵潰之文是張宴云牀蓐中食而杜從之不爲無據且蓐字當从本訓說文蓐陳草復生也人所藉薦蓐取其豐厚亦如草之復生故名爲蓐耳

潛師夜起戊子敗秦師于令狐至于刳首

水經注引闞駰云令狐卽猗氏刳首在西三十里顧炎武云後漢衛敬侯碑陰文城惟解梁地卽刳首山對靈足谷當猗口刳字作郀玉篇郀口瓜切秦地在河東對刳首

乙丑先蔑奔秦士會從之先蔑之使也荀林父止之曰夫

人大子猶在而外求君此必不行子以疾辭若何不然將
及攝卿以往可也何必子同官爲寮釋文本又作僚吾嘗同寮敢
不盡心乎弗聽爲賦板之三章又弗聽及亡荀伯盡送其
帑及其器用財賄於秦曰爲同寮故也士會在秦三年不
見士伯其人曰能亡人於國不能見於此焉用之士季曰
吾與之同罪非義之也將何見焉及歸遂不見　狄侵我
西鄙公使告于晉趙宣子使因賈季問酆舒且讓之酆舒
問於賈季曰趙衰趙盾孰賢對曰趙衰冬日之日也趙盾
夏日之日也　秋八月齊侯宋公衛侯陳侯鄭伯許男曹
伯會晉趙盾盟于扈晉侯立故也公後至故不書所會凡

會諸侯不書所會後也後至不書其國辟不敏也　穆伯娶于莒曰戴己生文伯其娣聲己生惠叔戴己卒又聘于莒莒人以聲己辭則爲襄仲聘焉冬徐伐莒莒人來請盟穆伯如莒涖盟且爲仲逆及鄢陵登城見之美自爲娶之仲請攻之公將許之叔仲惠伯諫

世本桓公生僖叔牙叔牙生武仲休休生惠伯彭彭生皮爲叔仲氏

曰臣聞之兵作於内爲亂於外爲寇寇猶及人亂自及也今臣作亂而君不禁以啓寇讎若之何公止之惠伯成之使仲舍之公孫敖反之復爲兄弟如初從之　晉郤缺言

于趙宣子曰日衛不睦故取其地今已睦矣可以歸之叛而不討何以示威服而不柔何以示懷非威非懷何以示德無德何以主盟子爲正卿以主諸侯而不務德將若之何夏書曰戒之用休董之用威勸之以九歌勿使壞尚書作俾勿壞九功之德皆可歌也謂之九歌六府三事謂之九功水火金木土穀謂之六府正德利用厚生

賈逵云正德人德利用地德厚生天德易疏

謂之三事義而行之謂之德禮無禮不樂所由叛也若吾子之德莫可歌也其誰來之盍使睦者歌吾子乎宣子說之

八年春晉侯使解揚

服虔云解揚晉大夫史記集解

歸匡戚之田于衛且復致公壻池之封自申至于虎牢之境

服虔以爲致之于鄭本疏校杜注既言申鄭地則服說云致之于鄭方得事實寧有以鄭地轉致于衛者乎劉炫以服說規杜得之

夏秦人伐晉取武城以報令狐之役　秋襄王崩　晉人以扈之盟來討　冬襄仲會晉趙孟盟于衡雍報扈之盟也遂會伊洛之戎書曰公子遂珍之也

薛綜東京賦注珍貴也杜本此

穆伯如周弔喪不至以幣奔莒從已氏焉　宋襄夫人襄王之姊也昭公不禮焉夫人因戴氏之族以殺襄公之孫孔叔公孫鍾離及大司馬公子卬皆昭公之黨也司馬握節以死故書以官司城蕩意諸來奔效節於府人而出

高誘淮南王書注效致也杜本此

公以其官逆之皆復之亦書以官皆貴之也　夷之蒐晉侯將登箕鄭父先都而使士縠梁益耳

東觀漢記其先與秦同祖出于伯益別封于梁

將中軍先克曰狐趙之勳不可廢也從之先克奪蒯得田

于堇陰故箕鄭父先都士穀梁益耳蒯得作亂

九年春王正月己酉使賊殺先克乙丑晉人殺先都梁益耳　毛伯衛來求金非禮也不書王命未葬也　二月莊叔如周葬襄王　三月甲戌晉人殺箕鄭父士穀蒯得

范山言於楚子曰晉君少不在諸侯北方可圖也楚子師于狼淵以伐鄭囚公子堅公子尨及樂耳鄭及楚平　公子遂會晉趙盾宋華耦衛孔達許大夫救鄭不及楚師卿不書緩也以懲不恪　夏楚侵陳克壺丘

水經注汝水又東南逕壺丘城北故陳地春秋左傳文公九年楚侵陳克壺丘是也

以其服於晉也　秋楚公子朱自東夷伐陳陳人敗之獲公子茷陳懼乃及楚平　冬楚子越椒來聘執幣傲叔仲惠伯曰是必滅若敖氏之宗傲其先君神勿福也　秦人來歸僖公成風之襚禮也諸侯相弔賀也雖不當事苟有禮焉書也以無忘舊好

十年春晉人伐秦取少梁

地理志左馮翊夏陽故少梁杜本此

夏秦伯伐晉取北徵

地理志左馮翊徵師古曰左傳所云取北徵謂此桉史記晉世家作秦亦取晉之殽

初楚范巫矞似謂成王與子玉子西曰三君皆將強死城濮之役王思之故使止子玉曰毋死不及止子西子西縊而懸絕王使適至遂止之使爲商公

地理志宏農郡商杜本此

沿漢泝江將入郢王在渚宮

爾雅小洲曰渚杜本此 桉鄭元禮記注渚作陼陼渚古字同說文如渚者陼丘

下見之懼而辭曰臣免於死又有讒言謂臣將逃臣歸死於司敗也王使爲工尹又與子家謀弒穆王穆王聞之五月殺鬭宜申及仲歸 秋七月及蘇子盟于女栗頃王立

故也

謚法敏以敬愼曰頃

陳侯鄭伯會楚子于息冬遂及蔡侯次于厥貉將以伐宋

宋華御事曰楚欲弱我也先爲之弱乎何必使誘我我實不能民何罪乃逆楚子勞且聽命遂道以田孟諸

地理志梁國睢陽禹貢盟諸澤在東杜本此

宋公爲右盂鄭伯爲左盂期思公復遂爲右司馬

地理志汝南郡期思杜本此

子朱及文之無畏爲左司馬命夙駕載燧釋文本又作[illegible]

鄭元禮記注金燧可取火于日杜本此

宋公違命無畏抶其僕以徇

廣疋抶擊也

或謂子舟曰國君不可戮也子舟曰當官而行何彊之有

詩曰剛亦不吐柔亦不茹毋縱詭隨以謹罔極

詩鄭箋謹猶慎也罔無也杜本此

是亦非辟彊也敢愛死以亂官乎　厥貉之會麇子逃歸

公羊麇作圄

桉字亦作麏麇麏字近音同惠士奇引盛宏之荆州記

云當陽本楚之舊麏在當陽境也

十一年春楚子伐麇成大心敗麇師于防渚潘崇復伐麇

至于錫穴諸刊本並誤作鍚今从兩漢志及岳本改作錫

桉防即漢中郡之房陵房防本一字防渚蓋房陵縣之渚也錫即漢中郡之錫郡國志錫有錫春秋時曰錫穴是也應劭漢書注錫音陽陸德明云或作鍚星歷反非

闞駰十三州志防陵即春秋防渚也

夏叔仲惠伯會晉郤缺于承匡謀諸侯之從於楚者　秋

曹文公來朝即位而來見也　襄仲聘于宋且言司城蕩

意諸而復之

服虔云反不書者施而不德衞冀隆亦同服義本疏

因賀楚師之不害也　郪瞞侵齊

說文鄋北方長狄國也在夏爲防風氏在殷爲汪芒氏春秋傳曰鄋瞞侵齊桉此則鄋爲國號瞞或其君之稱如酋稱豪之類服杜注並云鄋瞞狄國名疑非也

遂伐我

服虔云伐我不書諱之本疏

公卜使叔孫得臣追之吉侯叔夏御莊叔緜房甥爲右富父終甥

服虔云魯大夫也史記集解

駟乘冬十月甲午敗狄于鹹獲長狄僑如釋文本又作喬富父終甥舂其喉

服虔云春猶衝同上杜取此　桉說文無摏字史記作春鄭元禮記注待其從容云從讀如富父春戈之春合以服注是古本皆作春今从改正

以戈殺之埋其首於子駒之門

賈逵云子駒魯郭門名同上杜本此　王符潛夫論魯之公族有子駒氏

以命宣伯

服虔云宣伯叔孫得臣子喬如也得臣獲僑如以名其子使後世識其功同上杜取此

初宋武公之世鄋瞞伐宋

服虔云武公周平王時春秋前二十五年鄋瞞長狄國名同上

司徒皇父帥師禦之耏班諸刊本作斑非今改正御皇父充石公子穀甥爲右司寇牛父駟乘以敗狄于長丘

張華博物志云陳留封丘有狄溝春秋之長丘也

獲長狄緣斯

賈逵云僑如之祖同上杜取此服虔云不言所埋埋其身首同處于戰地可知本疏

皇父之二子死焉

賈逵云皇父與穀甥牛父三子皆死鄭衆以爲穀甥牛父

二八亦耳皇父不亦馬融以爲皇父之二子從父在軍爲狄所殺名不見者方道二子亦故得勝之如今皆亦誰殺緣斯服虔云殺緣斯者未必三子之手士卒獲之耳下言宋公以門賞耏班班爲皇父御而有賞三子不見賞疑皆亦賈君爲近之本疏桉耏班獨見賞或殺緣斯者卽耏班也故以門爲耏門所以旌其功亦可備一說又服杜皆取賈義

宋公於是以門賞耏班使食其征謂之耏門晉之滅潞也獲僑如之弟焚如史記潞作路焚如作棼如齊襄公之二年

桉史記魯世家引此傳文作齊惠公之二年又齊世家

惠公二年長狄來王子成父攻殺之十二諸侯表亦于齊惠公二年書王子城父敗長翟三處史文並同攷齊惠公二年卽魯宣公二年在晉滅潞之前僅十三年耳以惠公爲襄公蓋傳寫之譌杜因有旣長且壽之說失之不攷也

鄋瞞伐齊齊王子成父

賈逵云齊大夫史記集解

獲其弟榮如埋其首於周首之北門

京相璠曰今濟北所治盧子城故齊周首邑也水經注杜同此

衛人獲其季弟簡如

服虔云獲與僑如同時同上

鄋瞞由是遂亡　郕大子朱儒自安於夫鍾國人弗徇

服虔云自安猶處也夫鍾邑名徇服虔作循曰循順也

御覽杜取此

十二年春郕伯卒郕人立君

服虔云立君改立君不用大子也同上

大子以夫鍾與郕邽來奔

服虔云郕邽亦邑名也一曰郕邦之家寶圭大子及身

而自安於夫鍾國人以爲不順故郕伯卒而更立君大

子以其國寶來奔也同上惠士奇云然則邽不當从邑

公以諸侯逆之非禮也故書曰郕伯來奔不書地尊諸侯也　杞桓公來朝始朝公也且請絕叔姬而無絕昏公許之

顧炎武云啖叔佐曰左氏事蹟倒錯者甚多此文當在成四年杞伯來歸叔姬故也之下誤書于此

二月叔姬卒不言杞絕也書叔姬言非女也　楚令尹大孫伯卒成嘉爲令尹羣舒叛楚

世本偃姓舒庸舒蓼舒鳩舒龍舒鮑舒龔郡國志廬江郡有舒及龍舒侯國　杜本此

夏子孔執舒子平及宗子遂圍巢　秋滕昭公來朝亦始

朝公也　秦伯使西乞術來聘且言將伐晉襄仲辭玉曰君不忘先君之好照臨魯國鎮撫其社稷重之以大器寡君敢辭玉對曰不腆敝器不足辭也主人三辭賓荅曰寡君願徼福于周公魯公以事君不腆先君之敝器使下臣致諸執事以爲瑞節要結好命所以藉寡君之命結二國之好是以敢致之襄仲曰不有君子其能國乎國無陋矣厚賄之　秦爲令狐之役故冬秦伯伐晉取羈馬

服虔云晉地也史記集解杜取此　圖經羈馬城在今郃陽縣東

晉人禦之趙盾將中軍荀林父佐之郤缺將上軍臾駢佐之欒盾將下軍胥甲佐之范無恤御戎以從秦師于河曲

臾駢曰秦不能久請深壘固軍以待之從之秦人欲戰秦伯謂士會曰若何而戰對曰趙氏新出其屬曰臾駢必實爲此謀將以老我師也趙有側室曰穿晉君之壻也有寵而弱不在軍事好勇而狂且惡臾駢之佐上軍也若使輕者肆焉其可

服虔云肆突言使輕銳之兵往驅突晉軍周禮疏　惠棟曰詩云是伐是肆鄭箋云肆犯突也杜謂肆爲暫往而退此釋輕非釋肆也

秦伯以璧祈戰于河十二月戊午秦軍掩晉上軍趙穿追之不及反怒曰裹糧坐甲

荀卿子曰庶士介而坐道卽坐甲也

固敵是求敵至不擊將何俟焉軍吏曰將有待也穿曰我

不知謀將獨出乃以其屬出宣子曰秦獲穿也獲一卿矣

秦以勝歸我何以報乃皆出戰交綏

舊說綏卻也本疏

秦行人夜戒晉師曰兩君之士皆未憖也

說文憖問也謹敬也一曰說也一曰且也春秋傳曰兩

君之士皆未憖按今本問誤問且誤甘从玉篇廣韻校

改哀十六年旻天不憖杜注憖且也正用說文此注憖

缺也未知何據余桉此憖當與間同義故說苑載此事

云三軍之士皆未息息間義並通又釋文云憖爾雅願也強也且也韓詩曰憖闇也昭二十八年傳憖使吾君聞勝與臧之死也以爲快此憖字亦當訓且杜注憖發語之聲非惠氏補注訓作願亦失語意又按方言廣雅訓憖爲傷與此傳義亦通

明日請相見也臾駢曰使者目動而言肆

服虔通俗文云目動曰眴一切經音義說文旬目搖也

懼我也將遁矣薄諸河

高誘淮南王書注薄迫也杜本此

必敗之胥甲趙穿當軍門呼曰死傷未收而棄之不惠也

不待期而薄人於險無勇也乃止秦師夜遁復侵晉入瑕

郡國志河東郡解有瑕城劉昭注秦侵晉及瑕卽此桉

此陝州西南之瑕昭注以爲解縣之瑕非也因爲秦所

侵故明年春卽使詹嘉處瑕以守桃林之塞耳桃林及

瑕皆屬漢宏農縣地

城諸及鄆書時也

十三年春晉侯使詹嘉處瑕以守桃林之塞

郡國志宏農郡宏農有桃丘聚故桃林杜同此

晉人患秦之用士會也夏六卿相見於諸浮趙宣子曰隨

會在秦賈季在狄難日至矣若之何中行桓子曰請復賈

季能外事且由舊勳郤成子曰賈季亂且罪大不如隨會能賤而有恥柔而不犯

服虔云謂能處賤且又知恥言不可汙辱本疏

其知足使也且無罪乃使魏壽餘僞以魏叛者史記秦本紀作魏讎餘正義曰讎音受亦作讎音同

服虔云晉之魏邑大夫史記集解

以誘士會執其帑於晉

校趙岐孟子注帑妻子也韋昭國語注妻子曰帑則此執其帑當亦兼妻子而言杜注止云壽餘子恐轚觀下傳士會云妻子爲戮而秦伯卽答云所不歸爾帑是帑

兼妻子之一證

使夜逸請自歸于秦秦伯許之履士會之足於朝秦伯師于河西魏人在東壽餘曰請東人之能與夫二三有司言者吾與之先使士會士會辭曰晉人虎狼也若背其言臣死妻子爲戮無益於君不可悔也秦伯曰若背其言所不歸爾帑者有如河乃行繞朝贈之以策

服虔云繞朝以策書贈士會本疏白氏六帖引舊注云以有策而不用也

曰子無謂秦無人吾謀適不用也

韓非說難曰繞朝之言當矣其爲聖人于晉而爲戮于

秦也元何犿注云後秦竟以言戮之桉非之說必非無據或卽出秦史也

旣濟魏人譟而還秦人歸其帑其處者爲劉氏

後漢書賈逵傳逵上疏云五經皆無證圖讖明劉氏爲堯後者而左氏獨有明文桉范蔚宗後漢書賈逵傳贊言逵能附會文致最差貴顯後儒因并疑傳文此語爲賈氏所增益今攷左傳襄二十四年昭二十九年士匄之語叔孫蔡墨之對獻子其言范氏爲陶唐氏之後劉累之裔固已甚明不必藉此語爲之佐證也則疑賈氏增益傳文者蓋習而不察耳惠棟曰處者爲留謂留于

秦者遂以爲氏漢人因改留爲劉以合卯金刀之說此語或尚得事實然惠氏每喜引唐書宰相世系表等以證經竊所不取

邾文公卜遷于繹

地理志魯國騶嶧山在北應劭曰邾文公卜遷于嶧者也棭繹嶧字同京相璠曰嶧山在鄒縣北繹邑之所依爲名也水經注杜本此

史曰利於民而不利於君邾子曰苟利於民孤之利也天生民而樹之君以利之也民旣利矣孤必與焉左右曰命可長也君何弗爲邾子曰命在養民死之短長時也民苟

利矣遷也吉莫如之遂遷于繹五月邾文公卒君子曰知命　秋七月大室之屋壞書不共也　冬公如晉朝且尋盟衛侯會公于沓請平于晉公還鄭伯會公于棐亦請平于晉公皆成之鄭伯與公宴于棐子家賦鴻鴈季文子曰寡君未免於此文子賦四月子家賦載馳之四章

服虔云載馳五章屬鄘風許穆夫人閔衛滅戴公失國欲馳驅而唁之故作以自痛國小力不能救在禮婦人父母既沒不得寧兄弟於是許人不嘉故賦二章以喻思不遠也許人尤之遂賦三章以卒章非許人不聽遂賦四章言我遂往無我有尤也詩疏

文子賦采薇之四章鄭伯拜公答拜
十四年春頃王崩周公閱與王孫蘇爭政故不赴凡崩薨不赴則不書禍福不告亦不書懲不敬也　邾文公之卒也公使弔焉不敬邾人來討伐我南鄙故惠伯伐邾　子叔姬妃齊昭公生舍叔姬無寵舍無威公子商人驟施于國

宣三年服虔注驟數也杜本此

而多聚士盡其家貸於公有司以繼之夏五月昭公卒舍即位　邾文公元妃齊姜生定公二妃晉姬生捷菑文公卒邾人立定公捷菑奔晉　六月同盟于新城從於楚者

服且謀邾也　秋七月乙卯夜齊商人弒舍而讓元元曰爾求之久矣我能事爾爾不可使多蓄憾釋文蓄本又作畜憾本又作感今並从石經釋文訂正將免我乎爾爲之　有星孛入于北斗周內史叔服曰不出七年宋齊晉之君皆將死亂　晉趙盾以諸侯之師八百乘納捷菑于邾邾人辭曰齊出貜且長宣子曰辭順而弗從不祥乃還　周公將與王孫蘇訟于晉王叛王孫蘇

王逸楚辭章句叛倍也

而使尹氏與聃啓訟周公于晉趙宣子平王室而復之

楚莊王立子孔潘崇將襲羣舒使公子燮與子儀守而伐

舒蓼二子作亂城郢而使賊殺子孔不克而還八月二子以楚子出將如商密廬戢棃

郡國志南郡中廬侯國襄陽耆舊傳故廬戎也 杜同此

及叔麇誘之遂殺鬭克及公子燮初鬭克囚于秦秦有殽之敗而使歸求成成而不得志公子燮求令尹而不得故二子作亂 穆伯之從己氏也魯人立文伯穆伯生二子於莒而求復文伯以爲請襄仲使無朝聽命復而不出三年而盡室以復適莒文伯疾而請曰穀之子弱請立難也許之文伯卒立惠叔穆伯請重賂以求復惠叔以爲請許之將來九月卒於齊告喪請葬弗許 宋高哀爲蕭封人

以爲卿不義宋公而出遂來奔書曰宋子哀來奔貴之也

齊人定懿公使來告難故書以九月齊公子元不順懿公之爲政也終不曰公曰夫己氏

吾友孔檢討廣森云桓公如夫人者六人懿公母氏位次在弟六故以甲乙之數名之

襄仲使告于王請以王寵求昭姬于齊曰殺其子焉用其母請受而罪之冬單伯如齊請子叔姬齊人執之又執子叔姬

十五年春季文子如晉爲單伯與子叔姬故也　三月宋華耦來盟其官皆從之書曰宋司馬華孫貴之也

服虔曰華耦爲卿侈而不度以君命修好結盟舉其官屬從之空官廢職魯人不知其非反尊貴之其意以爲貴者魯人貴之非君子貴之也本疏

公與之宴辭曰君之先臣督得罪于宋殤公名在諸侯之策臣承其祀其敢辱君請承命於亞旅魯人以爲敏　夏曹伯來朝禮也諸侯五年再相朝以修王命古之制也

齊人或爲孟氏謀曰魯爾親也飾棺寘諸堂阜魯必取之從之卞人以告惠叔猶毀以爲請立於朝以待命許之取而殯之齊人送之書曰齊人歸公孫敖之喪爲孟氏且國故也葬視共仲聲己不視帷堂而哭襄仲欲弗哭惠伯曰

喪親之終也雖不能始善終可也史佚有言曰

服虔云史佚周成王太史禮記疏

兄弟致美救乏賀善弔災祭敬喪哀情雖不同毋絕其愛親之道也子無失道何怨於人襄仲說帥兄弟以哭之他年其二子來孟獻子愛之聞於國或譖之曰將殺子獻子以告季文子二子曰夫子以愛我聞我以將殺子聞不亦遠於禮乎遠禮不如死一人門于句鼆釋文鼆又作黽

服虔云魯國中小寇非異國攻伐故不書也本疏

一人門于戾丘皆死　六月辛丑朔日有食之鼓用牲于社非禮也日有食之天子不舉伐鼓于社諸侯用幣于社

伐鼓于朝以昭事神訓民事君示有等我行之道也　齊人許單伯請而赦之使來致命書曰單伯至自齊貴之也

新城之盟蔡人不與晉郤缺以上軍下軍伐蔡曰君弱不可以怠

高誘呂覽注怠懈也杜本此

戊申入蔡以城下之盟而還凡勝國曰滅之獲大城焉曰入之　秋齊人侵我西鄙故季文子告于晉　冬十一月晉侯宋公衞侯蔡侯陳侯鄭伯許男曹伯盟於扈尋新城之盟且謀伐齊也齊人賂晉侯故不克而還於是有齊難是以公不會書曰諸侯盟于扈無能爲故也凡諸侯會公

不與不書諱君惡也與而不書後也　齊人來歸子叔姬王故也　齊侯侵我西鄙謂諸侯不能也遂伐曹入其郛討其來朝也季文子曰齊侯其不免乎已則無禮而討于有禮者曰女何故行禮禮以順天天之道也已則反天而又以討人難以免矣詩曰胡不相畏不畏于天君子之不虐幼賤畏于天也在周頌曰畏天之威于時保之不畏于天將何能保以亂取國奉禮以守猶懼不終多行無禮弗能在矣

十六年春王正月及齊平公有疾使季文子會齊侯于陽穀請盟齊侯不肯曰請俟君間　夏五月公四不視朔疾

也公使襄仲納賂于齊侯故盟于郪丘　有蛇自泉宮出入于國如先君之數秋八月辛未聲姜薨毀泉臺　楚大饑戎伐其西南至于阜山師于大林

伍瑞休江陵記曰城西北六十里有林城春秋至于阜山師于大林卽此城也御覽鄖陽圖經阜山在房縣南一百五十里左傳戎伐其西南至于阜山是也

又伐其東南至于陽丘以侵訾枝庸人

說文鄘南夷郡國志漢中郡上庸本庸國杜同此

帥羣蠻以叛楚麇人帥百濮

通鑑注引潁容釋例曰麇當陽也劉伯莊史記地名曰

濮在楚西南周書王會篇曰伊尹爲四方獻令正南曰百濮爾雅南至于濮鉛

聚于選將伐楚於是申息之北門不啓楚人謀徙于阪高

桉蜀志張飛傳曹公追先主一日一夜及于當陽之長阪今長阪在當陽南北去江陵城百五十里地形高險或即楚人所欲遷也荆州記亦云當陽縣東有櫟林長阪

蔿賈曰不可我能往寇亦能往不如伐庸夫麇與百濮謂我饑不能師故伐我也若我出師必懼而歸百濮離居將各走其邑誰暇謀人乃出師旬有五日百濮乃罷自廬以

往

桉此廬當卽南郡中廬

振廩同食次于句澨使廬戢黎侵庸及庸方城

圖經竹山縣古庸國方城山在縣東南三十里

庸人逐之囚子揚窗三宿而逸曰庸師衆羣蠻聚焉不如

復大師且起王卒合而後進師叔曰不可姑又與之遇以

驕之彼驕我怒而後可克先君蚡冒

史記楚世家蚡冒十七年卒蚡冒弟熊通弑蚡冒子而

立是謂楚武王索隱曰古本蚡作羒音憤冒音亡北反

或亡報反古今人表作衾王符潛夫論亦作衾冒桉杜

注與史記異

所以服陘隰也又與之遇七遇皆北

孔安國書傳軍走曰北杜本此

惟裨鯈魚人實逐之

郡國志巴郡魚復古庸國劉昭注文十六年魚人逐楚師是也案庸國庸字當作魚水經注江水下魚復故魚國也杜同此

庸人曰楚不足與戰矣遂不設備楚子乘驛會師于臨品分爲二隊

服虔云隊部也杜取此

子越自石谿子貝自仞以伐庸秦人巴人從楚師羣蠻從楚子盟遂滅庸　宋公子鮑

史記昭公弟鮑革徐廣曰一本無革字

禮於國人宋饑竭其粟而貸之

說文貸施也

年自七十以上無不饋詒也時加羞珍異無日不數于六卿之門國之材人無不事也親自桓以下無不恤也公子鮑美而豔襄夫人欲通之而不可

服虔云襄夫人周襄王之姊王姬也不可鮑不肯也史記集解

乃助之施諸本乃字誤作夫人今改正昭公無道國人奉公子鮑以因夫人於是華元爲右師公孫友爲左師華耦爲司馬鱗矔爲司徒蕩意諸爲司城公子朝爲司寇初司城蕩卒公孫壽辭司城請使意諸爲之既而告人曰君無道吾官近懼及焉棄官則族無所庇子身之貳也姑紓死焉雖亡子猶不亡族

詩毛傳姑且也紓緩也杜本此

既夫人將使公田孟諸而殺之公知之盡以寶行蕩意諸曰盍適諸侯公曰不能其大夫至于君祖母以及國人諸侯誰納我且既爲人君而又爲人臣不如死盡以其寶賜

左右而使行

廣雅行去也杜本此

夫人使謂司城去公對曰臣之而逃其難若後君何冬十一月甲寅宋昭公將田孟諸未至夫人王姬使帥甸禮記疏引此帥甸作甸師攻而殺之蕩意諸死之書曰宋人弒其君杵臼君無道也文公即位使母弟須爲司城華耦卒而使蕩虺爲司馬

十七年春晉荀林父衛孔達陳公孫寧鄭石楚伐宋討曰何故弒君猶立文公而還卿不書失其所也　夏四月癸亥葬聲姜有齊難是以緩　齊侯伐我北鄙襄仲請盟六

月盟于穀　晉侯蒐于黄父遂復合諸侯于扈平宋也公不與會齊難故也書曰諸侯無功也於是晉侯不見鄭伯以爲貳於楚也鄭子家使執訊而與之書以告趙宣子曰寡君卽位三年召蔡侯而與之事君九月蔡侯入于敝邑以行敝邑以侯宣多之難寡君是以不得與蔡侯偕十一月克減侯宣多

揚雄太元經減曰省也杜本此

而隨蔡侯以朝于執事十二年六月歸生佐寡君之嫡夷以請陳侯于楚而朝諸君十四年七月寡君又朝以蕆鄭事

賈逵云葤敕也本疏十二賈服皆云葤敹也本疏韋昭國語注箴猶敕也桉晉以後諸本皆作藏徧檢字書並無藏字方言廣疋藏字亦後人追改今攷字當爲葤通作葴形相近而誤也說文葤自急敕也正用賈義方言葤備也葡字從葤亦是一證今據改又服杜皆取賈義

十五年五月陳侯自敝邑往朝于君往年正月燭之武往朝夷也八月寡君又往朝以陳蔡之密邇於楚而不敢貳焉則敝邑之故也雖敝邑之事君何以不免在位之中一朝于襄而再見于君夷與孤之二三臣相及於絳雖我小國則蔑以過之矣今大國曰爾未逞吾志敝邑有亡無以

加焉古人有言曰畏首畏尾身其餘幾

高誘淮南王書注畏始畏終中身不畏凡有幾何言常畏也杜本此

又曰鹿死不擇音

服虔云鹿得美草呦呦相呼至于困迫將死不暇復擇善音急之至也椄莊子人間世獸死不擇音郭象注譬之野獸蹴之窮地意急情迫則和聲不至劉逵吳都賦注凡間暇則有好音遍急不擇音凡獸皆然非惟鹿也皆主音聲而言杜注以音作蔭義轉迂曲而無所承劉炫規之最得正義非也

小國之事大國也德則其人也不德則其鹿也鋌而走險

說文鋌銅鐵扑也挺拔也桉此似當从手廷高誘呂覽

注猶動也葢云動而走險耳杜注非義訓

急何能擇命之罔極亦知亡矣將悉敝賦以待于儵惟執

事命之文公二年六月壬申朝于齊四年二月壬戌爲齊

侵蔡亦獲成於楚居大國之間而從於疆令豈其罪也大

國若弗圖無所逃命晉鞏朔行成於鄭趙穿公壻池爲質

焉　秋周甘歜敗戎于邥垂

桉說文無邥字廣韻邥沈字古文國名亦姓本自周文

王第十子聃季食采于沈卽汝南平輿沈亭是也服虔

云邥垂在高都南水經注桉服說最諦郡國志亦云新城縣有高都城今亭在城南七里京相璠亦引舊說言沈垂在高都南而又以爲上黨有高都縣此回遠之至宜其爲道元所嗤矣

乘其飲酒也　冬十月鄭大子夷石楚爲質于晉　襄仲如齊拜穀之盟復曰臣聞齊人將食魯之麥以臣觀之將不能齊君之語偷臧文仲有言曰民主偷必死

十八年春齊侯戒師期而有疾醫曰不及秋將死公聞之卜曰尚無及期惠伯令龜卜楚丘占之曰齊侯不及期非疾也君亦不聞令龜有咎二月丁丑公薨　齊懿公之爲

公子也與邴歜之父爭田弗勝

桉史記齊世家曰與邴戎之父獵爭獲不勝則田乃田獵或以爲田邑誤漢書古今人表作邴歜水經注亦作邴戎廣韻丙字注引風俗通云齊有大夫邴歜

及卽位乃掘而刖之說文掘作搰而使歜僕

賈逵云僕御也史記集解杜本此

納閻職之妻史記作庸職說苑引作庸織而使職驂乘　夏五月公遊于申池二人浴于池歜以扑抶職

鄭元儀禮注扑擊也廣雅抶擊也杜本此

職怒歜曰人奪女妻而不怒一抶女庸何傷職曰與刖其

父而弗能病者何如乃謀弑懿公納諸竹中歸舍爵而行

齊人立公子元　六月葬文公　秋襄仲莊叔如齊惠公

立故且拜葬也　文公二妃敬嬴生宣公敬嬴嬖而私事

襄仲

服虔云襄仲公子遂史記集解

宣公長而屬諸襄仲襄仲欲立之叔仲不可

服虔云叔仲惠伯上同

仲見于齊侯而請之齊侯新立而欲親魯許之　冬十月

仲殺惡及視而立宣公書曰子卒諱之也仲以君命召惠

伯其宰公冉務人止之曰入必死叔仲曰死君命可也公

冉務人曰若君命可死非君命何聽弗聽乃入殺而埋之馬矢之中公冉務人奉其帑以奔蔡既而復叔仲氏　夫人姜氏歸于齊大歸也將行哭而過市曰天乎仲爲不道殺適立庶市人皆哭魯人謂之哀姜　莒紀公生大子僕又生季佗韋昭國語注引作李它　愛季佗而黜僕且多行無禮於國僕因國人以弒紀公以其寶玉來奔納諸宣公公命與之邑曰今日必授季文子使司寇出諸竟曰今日必達公問其故季文子使大史克魯語作里克　對曰先大夫臧文仲教行父事君之禮行父奉以周旋弗敢失隊曰見有禮於其君者事之如孝子之養父母也見無禮於其君者誅之如鷹

鸇之逐鳥雀也先君周公制周禮曰則以觀德

爾雅則法也杜本此

德以處事事以度功

鄭元禮記注度量也杜本此

功以食民作誓命曰

鄭元禮記注約信曰誓杜本此

毀則爲賊掩則爲藏

韋昭國語注掩匿也杜本此

竊賄爲盜盜器爲姦主藏之名賴姦之用爲大凶德有常

無赦在九刑不忘

賈逵云正刑一加之以八議周禮疏服虔云正刑一議刑八本疏

行父還觀莒僕莫可則也孝敬忠信爲吉德盜賊藏姦爲凶德夫莒僕則其孝敬則弑君父矣則其忠信則竊寶玉矣其八則盜賊也其器則姦兆也

爾雅兆域也杜本此

保而利之則主藏也以訓則昏民無則焉不度於善

詩毛傳度居也杜本此

而皆在於凶德是以去之昔高陽氏有才子八人

服虔云八人禹垂之屬也本疏按史記索隱引賈逵亦以

左傳高陽才子八人謂其後代子孫而稱爲子枝此則

杜取賈義

蒼舒隤敳索隱作隤皚王符潛夫論作隤凱檮戭王符作擣演古今人表作檮敳

說文戭長槍也春秋傳有濤戭

大臨尨降王符作龍降庭堅仲容叔達齊聖廣淵

馬融尚書注齊中也詩毛傳淵深也杜本此

明允篤誠

爾雅允信也詩毛傳篤厚也杜本此

天下之民謂之八愷

賈逵云愷和也史記集解杜取此

高辛氏有才子八人伯奮古今人表作柏奮仲堪叔獻季仲伯虎人表作柏虎仲熊王符作仲雄人表作季熊叔豹季貍忠肅共懿

詩毛傳肅敬也懿美也杜本此

宣慈惠和

爾雅宣徧也杜本此

天下之民謂之八元

賈逵云元善也同上杜取此

此十六族也世濟其美不隕其名以至於堯堯不能舉舜

臣堯舉八愷使主后土

王肅云君治九土之宜同上

以揆百事

詩毛傳揆度也杜本

莫不時序地平天成

詩毛傳成平也杜本此

舉八元使布五教于四方父義母慈兄友弟共子孝內平外成昔帝鴻氏有不才子

賈逵云帝鴻黃帝也不才子其苗裔驩兜也

掩義隱賊好行凶德醜類惡物

詩毛傳醜惡也杜本此

頑嚚不友是與比周

廣雅比近也韋昭國語注周密也杜本此

天下之民謂之渾敦史記作渾沌莊子作倱伅

服虔用山海經以爲驩兜人面馬喙渾敦亦爲獸名本疏

又服虔通俗文大而無形曰倱伅一切經音義

少皞氏有不才子

服虔云金天氏帝號同上杜取此

毀信廢忠崇飾惡言靖譖庸回

廣雅崇聚也靖安也詩毛傳庸用也回邪也杜本此

服讒蒐慝

服虔亦以蒐爲隱陰慝謂陰隱爲惡也本疏高誘呂覽注

服行也孔安國書傳慝惡也杜取服說餘皆杜所本

以誣盛德

服虔以成德爲成就之德故爲賢人也定本成德爲盛德同上按成盛古字通公羊皆以盛爲成

天下之民謂之窮奇

服虔云謂共工氏也其行窮而好奇史記集解杜取此

顓頊氏有不才子不可教訓不知話言

小爾雅話善也杜本此

告之則頑舍之則嚚傲很明德以亂天常天下之民謂之檮杌

賈逵云檮杌凶頑無疇匹之貌謂鯀也同上服虔梜神異經云檮杌狀似虎毫長二尺人面虎足豬牙尾長丈八尺能鬥不退本疏說文檮斷木也从木𠷎聲春秋傳曰檮柮梜說文無杌字當以作柮爲是

此三族也世濟其凶增其惡名以至于堯堯不能去縉雲氏有不才子

賈逵曰縉雲氏姜姓也炎帝之苗裔當黃帝時爲縉雲之官同上服虔云夏官爲縉雲氏杜取此說文縉帛赤色也春秋傳曰縉雲氏禮有縉緣从糸晉聲

貪于飲食冒于貨賄

桉賈子道述篇厚人自薄謂之讓反讓爲冐正可作此冐字訓解杜注冐亦貪也乃隨文生義耳

侵欲崇侈不可盈厭聚斂積實

高誘淮南王書注實財也杜本此

不知紀極不分孤寡不恤窮匱天下之民以比三凶謂之饕餮

賈服並云貪財爲饕貪食爲餮本疏杜取此　服虔桉神異經饕餮獸名身如牛人面目在腋下食人同上說文飻貪也春秋傳曰謂之饕飻桉飻字本从殄省故亦可作餮玉篇亦云餮與飻同高誘淮南注帝鴻氏之裔子渾敦少

昊氏之裔子窮奇縉雲氏之裔子饕餮三族之苗裔故謂之三危今攷孟子舜流共工于幽州賈逵云窮奇共工也放驩兜于崇山賈逵云渾敦驩兜也音亦相近殛鯀于羽山賈逵云檮杌鯀以此傳及孟子證之不當如高氏之說矣然四凶獨缺饕餮四裔復闕西裔則竄三危者當即指饕餮也書傳三危西裔之山水經注三危山在敦煌南圖經云三危山西極要路是矣

舜臣堯賓于四門流四凶族渾敦窮奇檮杌饕餮投諸四裔

賈逵云四裔之地去王城四千里史記集解詩毛傳投棄也

方言同廣雅裔遠也杜本此

以禦螭魅

賈逵云螭山神獸形或曰如虎而噉虎或曰魅人面獸聲而四足服注同並周禮疏　按說文作彲云老精物也與賈注微異服虔云螭魅人面獸身四足好惑人山林異氣所生以爲人害史記集解　按服所引當亦神異經之文杜取服說

是以堯崩而天下如一同心戴舜以爲天子以其舉十六相去四凶也故虞書數舜之功曰慎徽五典

詩毛傳徽美也鄭元周禮注典常也杜本此

五典克從無違教也曰納于百揆百揆時序無廢事也曰

賓于四門四門穆穆無凶人也舜有大功二十而爲天子今行父雖未獲一吉人去一凶矣於舜之功二十之一也庶幾免於戾乎　宋武氏之族道昭公子將奉司城須以作亂十二月宋公殺母弟須及昭公子使戴莊桓之族攻武氏于司馬子伯之館遂出武穆之族

賈逵云出逐也同上

使公孫師爲司城公子朝卒使樂呂爲司寇以靖國人

春秋左傳詁卷九

春秋左傳詁卷十

陽湖洪亮吉學

傳　宣公

元年春王正月公子遂如齊逆女尊君命也三月遂以夫人婦姜至自齊尊夫人也　夏季文子如齊納賂以請會

晉人討不用命者放胥甲父于衛而立胥克先辛奔齊

會于平州以定公位　東門襄仲如齊拜成　六月齊人取濟西之田爲立公故以賂齊也　宋人之弒昭公也

晉荀林父以諸侯之師伐宋宋及晉平宋文公受盟于晉又會諸侯于扈將爲魯討齊皆取賂而還鄭穆公曰晉不

足與也遂受盟于楚陳共公之卒楚人不禮焉陳靈公受盟于晉秋楚子侵陳遂侵宋晉趙盾帥師救陳宋會于棐林以伐鄭也楚蔿賈救鄭遇于北林

服虔云北林鄭南地也京相璠曰今滎陽苑陵縣有故陵鄉在新鄭北故曰北林也水經注　桉道元主杜說以京服說爲疏

囚晉解揚晉人乃還　晉欲求成于秦趙穿曰我侵崇秦急崇必救之吾以求成焉冬趙穿侵崇秦弗與成　晉人伐鄭以報北林之役於是晉侯侈趙宣子爲政驟諫而不入故不競於楚

詩毛傳競強也杜本此

二年春鄭公子歸生受命于楚伐宋釋文受命于楚本或作命于楚今按杜注不當有受字似可刪宋華元樂呂御之二月壬子戰于大棘宋師敗績四華元獲樂呂及甲車四百六十乘俘二百五十人馘百人諸本百下人字釋文所無狂狡輅鄭人

服虔云輅迎也見僖十五年杜取此膏肓狂狡近于古道箴膏肓狂狡臨敵拘于小仁忘在軍之禮識之義合于讖詩疏

倒戟而出之獲狂狡君子曰失禮違命宜其爲禽也戎昭果毅以聽之之謂禮

大戴禮論四代之政刑云祭祀昭有神明燕食昭有慈

惠宗廟之事昭有義率禮朝廷昭有五官無廢甲冑之戒（當作戎）昭果毅以聽惠棟云據此則戎爲句昭果毅以聽古語也下四句乃左氏益之耳杜注殊不的

殺敵爲果致果爲毅易之戮也將戰華元殺羊食士其御羊斟不與及戰曰疇昔之羊子爲政今日之事我爲政呂覽作昨日之事子爲制今日之事我爲制高誘注今日之事御事也校正作制蓋因秦始皇名正而改也與入鄭師故敗君子謂羊斟非人也以其私憾

釋文憾本又作感今定作感

敗國殄民於是刑孰大焉詩所謂人之無良者其羊斟之

謂乎殘民以逞　宋人以兵車百乘文馬百駟

賈逵云文貍文也王肅云畫馬也史記注　說文駁馬赤鬣縞身目若黃金名曰媽从馬从文文亦聲春秋傳曰媽馬百駟畫馬也西伯獻紂以全其身王與杜並取此　周書王會曰犬戎文馬桉丘光庭曰文馬馬之毛色有文采者蓋取賈義今攷叔重既言駁馬赤鬣縞身目若黃金又云畫馬也則意亦言馬之文采似畫耳漢書王莽傳注晉灼曰許慎說文媽馬縞身金精周成王時西戎獻之晉所引與今本說文異

以贖華元于鄭半入華元逃歸立于門外告而入見叔牂

曰子之馬然也對曰非馬也其人也既合而來奔

服虔載三說皆以子之馬然爲叔牂之言對曰以下爲

華元之言賈逵云叔牂宋守門大夫華元既見叔牂牂

謂華元曰子見獲于鄭者是由子之馬使然也華元對

曰非馬自奔也其人爲之也謂羊斟驅入鄭也奔走也

言宋人贖我之事既和合而我即來奔耳鄭衆曰叔牂

即羊斟也在先得歸華元見叔牂牂即誣之曰奔入鄭

軍者子之馬然也非我也華元曰非馬也其人也言是

汝驅之耳叔牂既與華元合語而即來奔魯又一說叔

牂宋人見宋以馬贖華元謂元以贖得歸謂元曰子之

得來當以馬贖故然華元曰非馬也其人也言已不由馬贖自以人事來耳贖事既合而我卽來奔本疏桉以叔牂爲羊斟始于鄭衆而杜用之又無別據苐云羊斟與叔牂當是名字相配今攷羊當是氏無緣作字與氏相配又羊斟既明言今日之事我爲政則不得更以子之馬然面誣華元鄭衆之說非也斟前既有言則元亦不必反爲飾辭杜說亦非賈以叔牂爲宋守門大夫其義最確服虔稱或一說亦云叔牂宋人與賈注合也又既合而來奔句正義欲申杜乃不引爾雅釋詁文合對也而云合是聚合言語亦可謂進退失據又桉淮南繆稱

訓羊羹不斟而宋國危是斟又訓斟酌之斟其御羊斟不與謂御不與食羊羹也高誘注亦不以羊斟爲人姓名得之

宋城華元爲植巡功

鄭司農云植爲部曲將吏本疏及周禮疏杜本此

城者謳曰睅其目

說文睅大目也从目旱聲字林同

皤其腹棄甲而復于思于思

賈逵云白頭貌本疏服虔同詩疏惠士奇曰桉毛詩瓠葉云有兎斯首鄭箋云斯白也今俗語斯白之字作鮮

之間聲近斯正義云服虔以于思爲白頭貌字雖異蓋亦以斯聲近鮮故爲白頭也後漢書朱儁傳賊多髭者號于氏根注引杜注爲證桉此則于爲須斯爲白于斯爲白須也今桉杜注以于思爲多鬚貌恐非當以賈義爲長

棄甲復來使其驂乘謂之曰牛則有皮犀兕尚多棄甲則那

廣雅奈那也桉那猶言奈何也

役人曰從其有皮丹漆若何華元曰去之夫其口衆我寡

秦師伐晉以報崇也遂圍焦夏晉趙盾救焦遂自陰地

及諸侯之師侵鄭以報大棘之役楚鬬椒救鄭曰能欲諸侯而惡其難乎遂次于鄭以待晉師趙盾曰彼宗競于楚殆將斃矣始益其疾乃去之　晉靈公不君厚斂以雕牆

賈逵云雕畫也史記集解杜取此

從臺上彈人而觀其辟丸也

高誘呂覽注從高臺上引彈觀其走而辟丸以爲樂也

宰夫胹熊蹯不孰諸本孰作熟從宋本改正

說文胹爛也方言廣雅胹熟也正義引字書曰過熟曰胹桉杜無注故采衆說補之服虔云蹯熊掌其肉難熟史記集解說文獸足謂之番从采田象其掌

殺之寘諸畚

說文畚蒲器可以盛糧

使婦人載以過朝趙盾士季見其手釋文一本作其首問其故而患之將諫士季曰諫而不入則莫之繼也會請先不入則子繼之三進及溜而後視之

說文霤屋水漏也釋文霤當今之棟下直室之中古者霤下之處也桉溜與霤同

曰吾知所過矣將改之稽首而對曰人誰無過過而能改善莫大焉詩曰靡不有初鮮克有終夫如是則能補過者鮮矣君能有終則社稷之固也豈惟羣臣賴之又曰袞職

有闕惟仲山甫補之能補過也君能補過袞不廢矣猶不改宣子驟諫

賈逵云驟疾也衆經音義引國語注

公患之使鉏麑賊之呂覽作沮麑古今人表作鉏麛說苑作鉏之彌按鉏之彌急讀卽作鉏麑

賈逵云鉏麑晉力士史記集解杜取此

晨往寢門闢矣盛服將朝尚早坐而假寐

鄭詩箋不脫冠衣而寐曰假寐杜本此

麑退歎而言曰不忘恭敬民之主也

高誘呂覽注大夫稱主因曰民之主

賊民之主不忠棄君之命不信有一於此不如死也觸槐

而欻

呂覽觸庭槐而欻外傳曰觸庭之槐而欻韋昭注庭外朝之庭也周禮王之外朝三槐三公位焉則諸侯之朝三槐三卿位焉桉惠氏云麑退而觸靈公之廷槐明歸欻于君其說得之杜注以爲趙盾庭樹非也

秋九月晉侯飲趙盾酒伏甲將攻之其右提彌明知之公羊傳作祁彌明史記作示眯明古今人表與公羊同趨登曰臣侍君宴過三爵非禮

遂跣以下

服虔本扶作跣注云趙盾徒跣而下走本疏釋文同桉禮見君解襪哀二十五年褚師聲子襪而登席衞侯怒此其

證也

公嗾夫獒焉

說文嗾使犬聲春秋傳曰公嗾夫獒獒犬知人心可使者釋文嗾服本作㖩尙書傳獒大犬也尒疋狗四尺爲獒服虔云嗾㖩也夫語辭獒犬名公乃嗾夫獒使之噬盾也本疏桉服讀嗾爲㖩非改字

明搏而殺之盾曰棄人用犬雖猛何爲鬭且出提彌明死

之初宣子田于首山

地理志河東郡蒲反雷首山在南杜本此馬融曰在蒲坂華山之北河曲之中劉昭補注酈道元云昔趙盾田首山食

祁彌明醫桑之下即此水經注

舍於翳桑見靈輒餓問其病曰不食三日矣食之舍其半問之曰宦三年矣

服虔云宦宦學士也史記集解又禮疏引服注云宦學也杜取此

未知母之存否今近焉請以遺之使盡之而爲之簞食與肉寘諸槖以與之既而與爲公介倒戟以禦公徒而免之問何故對曰翳桑之餓人也問其名居不告而退

服虔云不望報也史記集解杜取此

遂自亡也乙丑趙穿攻靈公于桃園

虞翻曰圜名也同上

宣子未出山而復大史書曰趙盾弒其君以示於朝

石經及宋本視皆作示惠棟曰毛詩鹿鳴曰視民不恌鄭箋曰視古示字士昏禮曰視諸衿鞶注云視乃正字今文作示俗誤行之郭忠恕曰鄭君此說大與說文石經相乘郭氏不識古文其說非也今桉鄭康成曲禮幼子常視無誑注曰視今之示字漢書趙充國傳非所以視蠻夷也師古曰視讀曰示又云漢書多以視爲示古通用字且說文列作部首則非俗字可知郭說固非惠氏之說亦祇見其一也

宣子曰不然對曰子爲正卿亾不越竟反不討賊非子而誰宣子曰烏乎我之懷矣自貽伊慼

王肅曰此邶風雄雉之詩惠棟云今詩慼作阻惟小明作慼而上句又異王子雍或見三家之詩據以爲衞詩

三家惟齊詩亾于魏代自餘杜氏猶及見之

孔子曰董狐古之良史也書法不隱趙宣子古之良大夫也爲法受惡

服虔云聞義則服史記集解

惜也越竟乃免宣子使趙穿逆公子黑臀于周而立之

說文屌髀也从尸下丌居几屌或從肉或從骨殿聲今

作臂蓋叉臂之省文也

壬申朝于武宮　初驪姬之亂詛無畜羣公子

服虔云驪姬與獻公及諸大夫詛無畜羣公子欲令其二子專國本疏

自是晉無公族及成公卽位乃宦卿之適諸本適下有子字桉釋文曰之適昭十八年正義引作宦卿之適以爲公族詩魏風正義引傳同是古文無子字宋本亦無今削去又一切經音義引左傳作嫡釋文適本又作嫡當屬元應所據本適嫡古字同

鄭康成禮記注宦仕也杜本此

而爲之田以爲公族

服虔云公族大夫史記集解

又宦其餘子亦爲餘子其庶子爲公行晉于是有公族餘子公行趙盾請以括爲公族曰君姬氏之愛子也微君姬氏則臣狄人也公許之冬趙盾爲旄車之族

服虔云旄車戎車之倅詩鄭箋及疏引此傳旄並作軞

使屏季以其故族爲公族大夫

三年春不郊而望皆非禮也望郊之屬也不郊亦無望可也　晉侯伐鄭及郔

校補刻石經及淳化本郔作延顧氏以石經爲非今攷郔卽鄭廩延地隱元年傳卽作延顧說非也

鄭及晉平士會入盟　楚子伐陸渾之戎遂至于洛

地理志宏農郡上洛禹貢洛水出冢嶺山南北至鞏入河杜本此

觀兵于周疆

服虔云陸渾戎在洛西南觀兵陳兵示周也史記集解

定王使王孫滿勞楚子

賈逵云王孫滿周大夫也史記集解杜取此服虔云以郊勞禮迎之也同上

楚子問鼎之大小輕重焉對曰在德不在鼎昔夏之方有德也

吾友孫兵備星衍曰夏之方有德謂啟之世杜注云禹

非也啟鑄鼎事見墨子明鬼篇云九鼎既成遷于三國是此鼎無疑後人誤傳爲禹鑄今山海經海内大荒等篇卽後人錄夏鼎之文也

遠方圖物貢金九牧

服虔云使九州之牧貢同上杜取此

鑄鼎象物

賈逵云象所圖物鑄之于鼎同上杜取此

百物而爲之備使民知神姦故民入川澤山林劉逵引傳作使入山澤林藪禁禦不若

惠棟云張衡東京賦云禁禦不若以知神姦螭魅魍魎

莫能逢旃尒疋釋詁云若善也郭璞注左傳云禁禦不若今左傳作不逢不若案下傳云莫能逢之杜氏曰逢遇也既云不逢又云莫逢文既重出且杜氏不應舍上句注下句此晉以後傳寫之譌今從張衡郭璞本訂正

螭魅罔兩

說文作螭魅蛧蜽鄭康成周禮注作螭彲魍魎云百物之神曰彲通俗文山澤怪謂之螭魅木石怪謂之魍魎

莫能逢之張衡東京賦作逢旃毛萇詩傳曰旃之也用能協于上下以承天休

桀有昬德鼎遷于商載祀六百

賈逵云載辭也祀年也商曰祀史記集解

商紂暴虐鼎遷于周德之休明雖小重也其姦回昏亂雖大輕也天祚明德有所底止

爾雅底致也

成王定鼎于郟鄏

說文鄏河南縣直城門官陌地也春秋傳曰成王定鼎于郟鄏京相璠曰郟山名鄏地邑也水經注

卜世三十卜年七百天所命也周德雖衰天命未改鼎之輕重未可問也　夏楚人侵鄭鄭卽晉故也　宋文公卽位三年殺母弟須及昭公子武氏之謀也使戴桓之族攻武氏于司馬子伯之館盡逐武穆之族武穆之族以曹師

伐宋秋宋師圍曹報武氏之亂也　冬鄭穆公卒初鄭文公有賤妾曰燕姞

賈逵云姞南燕姓　史記集解杜取此

夢天使與己蘭

賈逵云蘭香草也　同上杜取此

曰余爲伯儵

說文作百鯈云黄帝之後姞姓桉儵即鯈但移偏傍居上耳惠氏譏釋文誤字非也

余而祖也

賈逵云伯儵南燕祖　同上杜取此

以是爲而子

王肅云以是蘭也爲汝子之名同上杜取此

以蘭有國香人服媚之如是旣而文公見之與之蘭而御之辭曰妾不才幸而有子將不信敢徵蘭乎公曰諾生穆公名之曰蘭文公報鄭子之妃

服虔云鄭子文公之叔父子儀也報復也淫親族之妻曰報漢律淫季父之妻曰報詩疏杜取此

曰陳嬀生子華子臧子臧得罪而出誘子華而殺之使盜殺子臧於陳宋之間又娶于江生公子士朝于楚楚人酖之及葉而死

地理志南陽郡葉楚葉公邑也杜本此

又娶于蘇生子瑕

史記瑕作溉徐廣曰一作瑕索隱曰音旣左傳作瑕

子俞彌俞彌早卒泄駕惡瑕文公亦惡之故不立也公逐羣公子公子蘭奔晉從晉文公伐鄭石癸曰吾聞姬姞偶其子孫必蕃姞吉人也

丘光庭曰石癸所言是論佶字之義字當从人从吉後代改之从女安得吉人之語乎

后稷之元妃也今公子蘭姞甥也天或啓之必將爲君其後必蕃先納之可以亢寵

廣雅亢極也（杜本此）

與孔將鉏侯宣多納之盟于大宮而立之以與晉平穆公有疾曰蘭死吾其死乎吾所以生也刈蘭而卒

韋昭國語注芟草曰刈又云刈鎌也

四年春公及齊侯平莒及郯莒人不肯公伐莒取向非禮也平國以禮不以亂伐而不治亂也以亂平亂何治之有無治何以行禮　楚人獻黿于鄭靈公

說文黿大鼈也

公子宋與子家將見子公之食指動

服虔云第二指（史記集解杜取此）俗所謂啑鹽指也（本疏）

以示子家曰他日我如此必嘗異味及入宰夫將解黿相視而笑公問之子家以告及食大夫黿召子公而勿與也子公怒染指于鼎嘗之而出公怒欲殺子公子公與子家謀先子家曰畜老猶憚殺之而況君乎反譖子家子家懼而從之夏弒靈公書曰鄭公子歸生弒其君夷權不足也君子曰仁而不武無能達也凡弒君稱君君無道也稱臣臣之罪也

桉劉賈許頻說已見前文公十六年

鄭人立子良辭曰以賢則去疾不足以順則公子堅長

尒疋順敘也

乃立襄公襄公將去穆氏而舍子良子良不可曰穆氏宜存則固願也若將亾之則亦皆亾去疾何爲乃舍之皆爲大夫　初楚司馬子良生子越椒子文曰必殺之是子也熊虎之狀而豺狼之聲弗殺必滅若敖氏矣諺曰狼子野心是乃狼也其可畜乎子良不可子文以爲大慼及將死聚其族曰椒也知政乃速行矣無及於難且泣曰鬼猶求食若敖氏之鬼不其餒而及令尹子文卒鬭般爲令尹子越爲司馬蔿賈爲工正譖子揚而殺之子越爲令尹已爲司馬子越又惡之乃以若敖氏之族圄伯嬴

鄭元禮記注圄所以禁守繫者若今別獄也

於轑陽而殺之遂處烝野將攻王王以三王之子爲質焉

弗受師于漳澨秋七月戊戌楚子與若敖氏戰于皐滸伯

棼射王汏輈

說文泰滑也从廾从水大聲臣鉉等曰本音他達切今

左傳作汏舟非是說文又有夳字云古文泰說文大字

解云天大地大人亦大故大象人形據此則汏从水大

聲爲古泰字之省文音義亦通徐說似非別本又作汰

誤

及鼓跗著于丁寧又射汏輈以貫笠轂

服虔云笠轂轂之蓋如笠所以蔽轂上以禦矢也一曰

車轂上鐵也或曰兵車旁幔輪謂之笠轂本疏桉著當从竹

師懼退王使巡師曰

廣雅徇巡也桉巡師卽徇師也字詁云徇今巡字尒疋釋文

吾先君文王克息獲三矢焉伯棼竊其二盡於是矣鼓而進之遂滅若敖氏初若敖娶於䢵

釋文䢵本又作鄖說文鄖漢南之國漢中有鄖關地理志江夏郡雲杜應劭曰左傳若敖娶於䢵今䢵亭是也

生鬭伯比若敖卒從其母畜於䢵

詩毛傳畜養也杜本此

淫於䢵子之女生子文焉

王逸天問章句子文之母鄖公之女旋穿閭社通于丘陵以淫而生子文

䢵夫人使弃諸夢中班固序傳作瞢中周禮荆州其澤藪曰雲瞢虎乳之䢵子田見之懼而歸夫人以告遂使收之楚人謂乳穀謂虎於菟故命之曰鬭穀於菟

說文云楚人謂虎爲烏䖘今桉䖘字係徐鉉新附惠氏補注以爲說文誤也又惠氏引唐石經楚人謂乳爲穀謂虎爲於菟疑今本脫一爲字不知此亦朱梁補刻石經非唐石經也又桉王逸章句楚人謂乳爲鬭穀今攷

闘乃伯比之姓章句闘字恐後人妄增
以其女妻伯比實爲令尹子文其孫箴尹克黃
高誘呂覽注楚有箴尹之官諫臣也
使於齊還及宋聞亂其人曰不可以入矣箴尹曰弃君之
命獨誰受之君天也天可逃乎遂歸復命而自拘于司敗
王思子文之治楚國也曰子文無後何以勸善使復其所
改名曰生　冬楚子伐鄭鄭未服也
五年春公如齊高固使齊侯止公請叔姬焉　夏公至自
齊書過也　秋九月齊高固來逆女自爲也故書曰逆叔
姬卿自逆也　冬來反馬也　楚子伐鄭陳及楚平晉荀

林父救鄭伐陳

六年春晉衛侵陳陳卽楚故也　夏定王使子服求后于齊　秋赤狄伐晉圍懷及邢丘

地理志懷平臯皆河內郡屬縣應劭曰邢侯自襄國徙平臯當齊桓時衛人伐邢邢遷于夷儀其地屬晉名曰邢丘杜本此

晉侯欲伐之中行桓子曰使疾其民以盈其貫

惠棟云劉光伯據梅賾泰誓商罪貫盈以爲紂之爲惡如物在繩索之貫不得爲習其說是也而所引之書非也桉韓非子曰有與悍者鄰欲賣宅而避之人曰是其

貫將滿也或曰子姑待之答曰吾恐其以我滿貫也遂

去之此說與劉合可以規杜過矣

將可殪也

爾雅殪死也說文同

周書曰殪戎殷此類之謂也　冬召桓公逆王后于齊

楚人伐鄭取成而還　鄭公子曼滿與王子伯廖語欲爲

卿伯廖告人曰無德而貪其在周易豐☳☲之離☲☲弗

過之矣間一歲鄭人殺之

七年春衛孫桓子來盟始通且謀會晉也　夏公會齊侯

伐萊不與謀也凡師出與謀曰及不與謀曰會

劉賈許潁皆以經諸及字爲義本疏

赤狄侵晉取向陰之禾　鄭及晉平公子宋之謀也故相鄭伯以會冬盟于黑壤王叔桓公臨之以謀不睦　晉侯之立也公不朝焉又不使大夫聘晉人止公于會盟于黃父公不與盟以賂免故黑壤之盟不書諱之也

八年春白狄及晉平夏會晉伐秦晉人獲秦諜

史記晉世家伐秦虜秦將赤索隱曰赤曰斥謂斥堠之人也椄宣八年左傳晉伐秦獲諜殺諸絳市諜卽此斥也晉成公六年爲魯宣八年故知然也

殺諸絳市六日而蘇　有事于大廟襄仲卒而繹非禮也

楚爲衆舒叛故伐舒蓼滅之楚子疆之及滑汭盟吳越而還

地理志會稽郡吳故國山陰越王句踐本國杜本此

晉胥克有蠱疾郤缺爲政秋廢胥克使趙朔佐下軍　冬葬敬嬴旱無麻始用葛茀雨不克葬禮也禮卜葬先遠日辟不懷也

爾雅懷思也杜本此

城平陽書時也　陳及晉平楚師伐陳取成而還

九年春王使來徵聘

鄭元周禮注徵召也杜本此

夏孟獻子聘于周王以爲有禮厚賄之　秋取根牟言易也　滕昭公卒　會于扈討不睦也陳侯不會晉荀林父以諸侯之師伐陳晉侯卒于扈乃還　冬宋人圍滕因其喪也　陳靈公與孔寧儀行父鄭元禮記注引作孔甯又儀高誘引作義通于夏姬皆衷其衵服

說文衷裏褻衣春秋傳曰皆衷其衵服衵日日所常衣字林同又曰婦人近身內衣也杜本此

以戲於朝泄冶諫曰公卿宣淫民無效焉

詩毛傳宣示也杜本此

且聞不令君其納之公曰吾能改矣公告二子二子請殺

之公弗禁遂殺泄冶孔子曰詩云民之多辟

高誘呂覽注辟邪也杜本此

無自立辟其泄冶之謂乎　楚子爲厲之役故伐鄭　晉郤缺救鄭鄭伯敗楚師于柳棼國人皆喜惟子良憂曰是國之災也吾死無日矣

十年春公如齊齊侯以我服故歸濟西之田　夏齊惠公卒崔杼有寵于惠公高國畏其偪也公卒而逐之奔衞書曰崔氏非其罪也

正義何休膏肓以爲公羊譏世卿而難左氏蘇氏釋曰崔氏祖父名不見經傳則知非世卿云云惠棟按唐書

宰相世系表崔氏出自姜姓齊丁公伋嫡子季子讓國叔乙食采于崔遂爲崔氏濟南東朝陽西北有崔氏城是也季氏生穆伯穆伯生沃沃生野八世孫夭生杼爲齊正卿云云僖廿八年傳有齊崔夭蘇寬謂崔子祖父名不見經傳非也

且告以族不以名凡諸侯之大夫違

書孔傳違奔亾也杜本此

告於諸侯曰某氏之守臣某失守宗廟敢告所有玉帛之使者則告不然則否

公如齊奔喪　陳靈公與孔寧儀行父飲酒於夏氏公謂行父曰徵舒似女對曰亦似君徵

舒病之公出自其廐射而殺之二子奔楚　滕人恃晉而不事宋六月宋師伐滕　鄭及楚平諸侯之師伐鄭取成而還　秋劉康公來報聘　師伐邾取繹　季文子初聘于齊　冬子家如齊伐邾故也國武子來報聘　楚子伐鄭晉士會救鄭逐楚師于潁北

地理志潁川郡陽城陽乾山潁水所出東至下蔡入淮杜本此

諸侯之師戍鄭鄭子家卒鄭人討幽公之亂斲子家之棺而逐其族改葬幽公謚之曰靈

十一年春楚子伐鄭及櫟子良曰晉楚不務德而兵爭與

其來者可也晉楚無信我焉得有信乃從楚夏楚盟于辰陵陳鄭服也　楚左尹子重侵宋王待諸鄤桉說文鄤鄭地今考隱元年至于廩延杜注鄭邑陳留酸棗縣北有延津此注復云楚地至後二年楚子師次于鄤注又云鄭北地前後不同如此自當以說文爲定也

令尹蔿艾獵城沂

服虔云艾獵蔿賈之子孫叔敖也杜取此　桉世本蔿艾獵爲叔敖之兄今云艾獵卽叔敖未知何據襄十五年傳蔿子馮爲大司馬世本云子馮艾獵之子而杜亦云叔

敖從子也明艾獵非卽叔敖杜注一依世本一又取服

注可云前後失據

使封人慮事

舊注封人司徒之屬官周禮疏

以授司徒量功命日分財用平板榦

爾雅板榦楨也舍人云榦正也築牆所立兩木也杜本此

稱畚築

韋昭國語注畚土籠也杜畧同

程土物議遠邇畧基址

廣雅畧行也杜本此

具餱糧

鄭元周禮注餱乾食杜本此

度有司事三旬而成不愆于素

廣雅儴經也素儴同鄭元儀禮注刑法定爲素

晉郤成子求成于衆狄衆狄疾赤狄之役遂服于晉秋會

于欑函衆狄服也是行也諸大夫欲召狄郤成子曰吾聞

之非德莫如勤非勤何以求人能勤有繼其從之也詩曰

文王旣勤止文王猶勤況寡德乎　冬楚子爲陳夏氏亂

故伐陳謂陳人無動將討於少西氏遂入陳殺夏徵舒轘

諸栗門

說文轘車裂人也春秋傳曰轘諸栗門杜本此

因縣陳陳侯拄晉申叔時

賈逵云楚大夫史記集解

使於齊反復命而退王使讓之曰夏徵舒爲不道弑其君寡人以諸侯討而戮之諸侯縣公皆慶寡人女獨不慶寡人何故對曰猶可辭乎王曰可哉曰夏徵舒弑其君其罪大矣討而戮之君之義也抑人亦有言曰

鄭元禮記注抑辭也杜本此

牽牛以蹊人之田

史記陳世家楚世家蹊並作徑說文徯待也徯或作蹊

杜注蹊徑也葢本史記

而奪之牛牽牛以蹊者信有罪矣而奪之牛罸已重矣諸

侯之從也曰討有罪也今縣陳貪其富也以討召諸侯而

以貪歸之無乃不可乎王曰善哉吾未之聞也反之可乎

對曰可哉吾儕小人

說文儕等輩也春秋傳曰吾儕小人

所謂取諸其懷而與之也乃復封陳鄉取一人焉以歸謂

之夏州

服虔云言取封夏徵舒之州周禮疏鄭司農云二千五百

家爲州同上桉史記蘇秦列傳說楚威王曰東有夏州海

陽當卽此裒駰集解引車允撰桓溫集云夏口城上數里有洲名夏州晉書劉毅傳夏口二州之中地居形要故書曰楚子入陳納公孫寧儀行父于陳書有禮也　厲之役鄭伯逃歸自是楚未得志焉鄭既受盟于辰陵又徼事于晉

十二年春楚子圍鄭旬有七日鄭人卜行成不吉卜臨于大宮

賈逵云臨哭也御覽杜取此

且巷出車吉

賈逵云陳于街巷示雖困不降必欲戰也同上桉下言師

退鄭人修城則復欲戰之說賈說良是杜注恐非

國人大臨守陴者哭

賈逵云陴城也同上釋名城上垣曰埤堄杜本此按俾倪埤堄聛睨字並同

楚子退師鄭人修城進復圍之三月克之入自皇門

賈逵云皇門鄭城門史記集解

至于逵路

、爾雅九達謂之逵說文作馗云九達道似龜背故謂之馗逵或作馗本疏杜本此

鄭伯肉袒牽羊史記牽作掔

賈逵云服爲臣隸也同上杜取此

以逆曰孤不天

賈逵曰不爲天所祐同上杜取此

不能事君使君懷怒以及敝邑孤之罪也敢不惟命是聽

其俘諸江南以實海濵亦惟命其翦以賜諸侯

詩鄭箋翦割截也

使臣妾之亦惟命若惠顧前好徼福於厲宣桓武不泯其社稷

詩毛傳泯滅也杜本此

使改事君夷於九縣君之惠也孤之願也非所敢望也敢

布腹心君實圖之左右曰不可許也得國無赦王曰其君能下人必能信用其民矣庸可幾乎退三十里而許之平

潘尫入盟

賈逵云楚大夫師叔子也史記集解杜取此

子良出質

賈逵云鄭大夫同上

夏六月晉師救鄭荀林父將中軍先穀佐之

服虔云食采於彘本疏地理志河東郡有彘縣卽周厲王所奔地韋昭國語注彘晉地也桉傳文稱彘子而注稱彘季劉伯莊以此規杜實亦不然晉語稱士魴爲彘恭

子亦稱彘季卽其明證矣

士會將上軍郤克佐之趙朔將下軍欒書佐之趙括趙嬰齊爲中軍大夫鞏朔韓穿爲上軍大夫荀首趙同爲下軍大夫韓厥爲司馬

世本桓叔生子萬萬生求伯求伯生子輿子輿生獻子厥本疏服虔云韓厥萬元孫韋昭國語注同杜取此桉史記韓世家韓之先事晉得封韓原曰韓武子據史記所言武子蒞韓萬也後三世有韓厥與此傳正義所引世本世次相同則厥爲萬曾孫不得云元孫也時兒子飴孫方輯世本檢出小司馬所引世本一條云萬生賕伯賕

伯生定伯簡簡生輿輿生獻子厥云惟此所引與世族譜世次同則知史記及孔疏所引世本皆脫一代當以服氏所據之本爲是知必當有賕伯定伯兩世者僖十五年韓簡視師下杜注云簡晉大夫韓萬之孫韋昭國語注亦同韋杜皆當用服氏服注雖無可攷然亦必據世本可知蘇子由古史攷又以子輿爲簡之曾孫則大誤矣

及河聞鄭既及楚平桓子欲還曰無及于鄭而勦民焉用之

說文勦勞也春秋傳曰安用勦民杜本此

楚歸而動不後隨武子曰善會閩用師觀釁而動

服虔云釁閒也

德刑政事典禮不易不可敵也不爲是征楚君討鄭諸本君誤作軍以唐石經及宋本改正怒其貳而哀其卑叛而伐之服而舍之文選注引作赦之德刑成矣伐叛刑也柔服德也二者立矣昔歲入陳今茲入鄭民不罷勞君無怨讟

說文讟痛怨也春秋傳曰民無怨讟方言廣雅讟痛也桉今本作君無怨讟昭元年傳又作民無謗讟杜注此云謗也昭元年注又云誹也

政有經矣荊尸而舉

爾雅尸陳也杜本此

商農工賈不敗其業而卒乘輯睦

司馬法兵車一乘有甲士三人步卒七十二人高誘呂覽注及三倉步曰卒車曰乘杜本此

事不奸矣蔿敖爲宰擇楚國之令典軍行右轅左追蓐前茅慮無

爾雅茅明也杜本此

中權後勁百官象物而動軍政不戒而備能用典矣其君之舉也內姓選于親外姓選于舊舉不失德賞不失勞老有加惠旅有施舍君子小人物有服章貴有常尊賤有等

威禮不逆矣德立刑行政成事時典從禮順若之何敵之見可而進知難而退軍之善政也兼弱攻昧武之善經也

周書武稱解并小奪亂□强攻弱而襲不正武之善經也廣雅昧冥也蒼頡篇小爾雅並同

子姑整軍

詩毛傳姑且也杜本此

而經武乎猶有弱而昧者何必楚仲虺有言曰取亂侮亾兼弱也汋曰

桉詩正義酌左傳作汋古今字耳

於鑠王師遵養時晦者昧也

爾雅鑠美也鄭元禮記注耆至也杜本此

武曰無競惟烈

爾雅烈業也杜本此

撫弱耆昧以務烈所可也彘子曰不可晉所以霸師武臣力也今失諸侯不可謂力有敵而不從不可謂武由我失霸不如死且成師以出聞敵彊而退非夫也命爲軍帥而卒以非夫惟羣子能我弗爲也以中軍佐濟知莊子曰此師殆哉周易有之在師䷆之臨䷒

服虔云坎爲水坤爲衆又互體震震爲雷雷鼓類又爲長子長子帥衆鳴鼓巡水而行行師之象也臨兌爲澤

坤爲地居地而俯視于澤臨下之義故名爲臨本疏

曰師出以律否臧凶執事順成爲臧逆爲否衆散爲弱川雍爲澤

說文巛害也春秋傳曰川雝爲澤凶棭今本作壅非今據釋文改

有律以如已也故曰律岳本有律句故曰律句否臧且律竭也盈而以竭天且不整所以凶也不行之謂臨有帥而不從臨孰甚焉此之謂矣果遇必敗彘子尸之

爾雅尸主也服虔云主此禍也杜取此又引易師卦六五長子帥師弟子輿尸凶長子帥師以中行也弟子輿尸

使不當也佐之于元帥弟子也而專以師濟使不當也軍必破敗而輿尸本疏雖免而歸必有大咎韓獻子謂桓子曰彘子以偏師陷子罪大矣文選注引作罪孰大焉子爲元帥師不用命誰之罪也失屬亾師爲罪已重不如進也事之不捷惡有所分與其專罪六人同之不猶愈乎師遂濟楚子北師次于郔沈尹將中軍

桉呂覽當染篇曰荆莊王染于孫叔敖沈尹烝高誘注二大夫說苑沈尹名聞天下以爲令尹而讓孫叔敖桉此則沈尹孫叔敖爲二人不得如杜說又杜注沈或作

寢寢縣也桉郡國志汝南郡固始侯國故寢也杜同此

子重將左子反將右將飲馬於河而歸聞晉師既濟王欲還嬖人伍參欲戰古今人表伍作五令尹孫叔敖勿欲曰昔歲入陳今茲入鄭不無事矣戰而不捷參之肉其足食乎參曰若事之捷孫叔為無謀矣不捷參之肉將在晉軍可得食乎令尹南轅反旆伍參言於王曰晉之從政者新未能行令其佐先縠剛愎不仁

廣雅愎狠也杜本此

未肯用命其三師者專行不獲聽而無上衆誰適從此行也晉師必敗且君而逃臣若社稷何王病之告令尹改乘

轅而北之次于管以待之

郡國志河南郡中牟有管城此杜同

晉師在敖鄗之間

詩小雅搏獸于敖梭今敖山在滎澤縣西北圖經滎陽有碻磝晉書劉裕留向彌守碻磝即此梭碻磝即敖鄗也釋文鄗山名郡國志又云滎陽有敖亭劉昭注晉師在敖鄗之間秦立爲敖倉

鄭皇戌使如晉師曰鄭之從楚社稷之故也未有貳心楚師驟勝而驕其師老矣而不設備子擊之鄭師爲承

詩毛傳承繼也此杜本

楚師必敗彘子曰敗楚服鄭于此在矣必許之欒武子曰楚自克庸以來其君無日不討國人而訓之

馬融論語注討治也杜本此

于民生之不易

詩鄭箋于曰也杜本此

禍至之無日戒懼之不可以怠在軍無日不討軍實而申儆之于勝之不可保紂之百克而卒無後訓之以若敖蚡冒篳路藍縷

服虔云言其縷破藍藍然本疏方言引作襤褸說文裯謂之襤褸襤無緣也

以啟山林方言作启箴之曰民生在勤勤則不匱不可謂驕先大夫子犯有言曰師直爲壯曲爲老我則不德而徼怨于楚我曲楚直不可謂老其君之戎分爲二廣廣有一卒卒偏之兩

服虔云左右廣各十五乘百人爲卒言廣有一卒爲承也五十人爲偏二十五人曰兩廣既有一卒爲承承有偏偏有兩故曰卒偏之兩周禮疏桉杜注據司馬法與周制不合當从服說

右廣初駕數及日中左則受之以至于昏內官序當其夜釋文一本夜作次以待不虞不可謂無備子良鄭之良也師叔楚

之崇也師叔入盟子良在楚楚鄭親矣來勸我戰我克則來不克遂往以我卜也鄭不可從趙括趙同曰率師以來惟敵是求克敵得屬又何俟必從彘子知季曰原屏咎之徒也趙莊子曰欒伯善哉實其言必長晉國楚少宰如晉師曰寡君少遭閔凶不能文聞二先君之出入此行也將鄭是訓定豈敢求罪于晉二三子無淹久隨季對曰昔平王命我先君文侯曰與鄭夾輔周室毋廢王命今鄭不率寡君使羣臣問諸鄭豈敢辱候人敢拜君命之辱彘子以爲諂使趙括從而更之曰行人失辭寡君使羣臣遷大國之迹於鄭曰無辟敵羣臣無所逃命楚子又使求成于晉

晉人許之盟有日矣楚許伯御樂伯攝叔爲右以致晉師

許伯曰吾聞致師者御靡旌摩壘而還

廣雅摩近也淮南王書物類之相摩近而異門戶者杜本此

桉鄭康成云摩猶迫也義亦同

樂伯曰吾聞致師者左射以菆

服虔云凡兵車之法射者在左御者在中戈盾在右鄭元儀禮注蒲菆牡蒲莖也桉此則蒲莖之可爲矢者下傳云董澤之蒲是也杜注菆矢之善者葢望文生訓

代御執轡御下兩馬掉鞅而還

正義兩飾也掉正也皆無明訓服虔亦云是相傳爲然

也惠棟曰鄭康成周禮環人注引作㮊馬釋文引徐仙民云或作㮊桉此則兩本㮊字故服杜訓爲飾古文省故作兩郤寶以爲掉兩馬之鞅非也

攝叔曰吾聞致師者右入壘折馘執俘而還皆行其所聞而復鄭元周禮注引此傳復下有之字晉人逐之左右角之樂伯左射馬而右射人角不能進矢一而已麋興于前射麋麗龜服虔云龜背之隆高當心者杜取此廣雅麗著也杜本此晉鮑癸當其後使攝叔奉麋獻焉曰以歲之非時獻禽之未至敢膳諸從者鮑癸止之曰其左善射其右有辭君子也既免晉魏錡求公族未得

世本錡〈本同上杜疏〉犨孫服虔以爲犨子〈取此〉
而怒欲敗晉師請致師弗許請使許之遂往請戰而還楚
潘黨逐之及滎澤見六麋射一麋以顧獻曰子有軍事獸
人無乃不給於鮮
孔安國書傳鳥獸新殺曰鮮〈杜本此〉
敢獻于從者叔黨命去之趙旃求卿未得且怒於失楚之
致師者請挑戰
說文挑撓也一曰撡爭也廣雅誂嬈也史記集解引辥
瓚曰挑戰擿嬈敵求戰也挑譊撓嬈字並通
弗許請召盟許之與魏錡皆命而往郤獻子曰二憾往矣

弗備必敗彘子曰鄭人勸戰弗敢從也楚人求成弗能好也師無成命多備何爲士季曰備之善若二子怒楚楚人乘我

賈逵國語注乘陵也桉杜注似非

喪師無日矣不如備之楚之無惡除備而盟何損于好若以惡來有備不敗且雖諸侯相見軍衛不徹警也彘子不可士季使鞏朔韓穿設七覆于敖前故上軍不敗趙嬰齊使其徒先具舟于河故敗而先濟潘黨既逐魏錡趙旃夜至於楚軍席於軍門之外使其徒入之楚子爲乘廣三十乘分爲左右右廣雞鳴而駕日中而説左則受之日入而

說許偃御右廣養由基爲右淮南王書作養由其高誘注曰由其楚王之臣養姓班固東都賦作游基李善注游與由同　彭名御左廣屈蕩爲右乙卯王乘左廣以逐趙旃趙旃弃車而走林屈蕩搏之得其甲裳晉人懼二子之怒楚師也使軘車逆之

服虔曰軘車屯守之車

潘黨望其塵

孫子曰塵高而銳者車來也

使騁而告曰晉師至矣楚人亦懼王之入晉軍也遂出陳孫叔曰進之寧我薄人無人薄我詩曰元戎十乘以先啟行先人也軍志曰先人有奪人之心薄之也遂疾進師車

馳卒奔乘晉軍桓子不知所爲鼓于軍中曰先濟者有賞中軍下軍爭舟舟中之指可匊也

說文𢪙手曰匊从勹米徐鉉等曰今俗作掬非是今據杜本改正此

晉師右移上軍未動工尹齊將右拒卒以逐下軍楚子使唐狡與蔡鳩居告唐惠侯

地里志南陽郡春陵上唐鄉故唐國杜本此

曰不穀不德而貪以遇大敵不穀之罪也然楚不克君之羞也敢藉君靈

漢書服虔注藉借也杜取此

以濟楚師使潘黨率游闕四十乘鄭元周禮注引傳率作帥游作斿

惠棟云游闕游車闕車也外傳曰戎車待游車之裂周禮車僕有闕車之倅

從唐佼以爲左拒以從上軍駒伯曰

惠棟曰郤錡字駒伯克之子也大夫門子得從父于軍鄢陵之戰范匄從文子于軍此其證今案此亦不必遠引即此傳知罃知莊子之子從其父在軍爲楚所獲又逢大夫與其二子乘皆是顯證杜氏以爲郤克疏矣

待諸乎隨季曰楚師方壯若萃于我吾師必盡不如收而去之分謗生民不亦可乎殿其卒而退不敗王見右廣將

從之乘屈蕩戶之曰諸本戶字並譌作尸今從漢書注文選注及各宋本訂正

小爾雅扈止也按戶扈通用杜本此

君以此始亦必以終文選注引此亦以此終自是楚之乘廣先左晉人或以廣隊不能進楚人惎之

說文舁舉也春秋或以廣墜楚人舁之黃顯說廣車陷楚人爲舉之按此則賈本或作舁與今本異傳遂謂楚人將毒害之而晉人乃脫扃拔旆投衡而出非也詳見定四年傳又小尔疋惎教也杜本此

脫扃

服虔云扃橫木有橫木投于輪間一曰扃車前橫木本疏

少進馬還又惎之拔旆投衡乃出顧曰吾不如大國之數奔也趙旃以其良馬二濟其兄與叔父以他馬反遇敵不能去弃車而走林逢大夫與其二子乘謂其二子無顧顧曰趙傁在後

說文叜老也叜或作傁惠棟傁與叟同見漢書無極山碑

怒之使下指木曰尸女於是授趙旃綏以免明日以表尸之皆重獲在木下楚熊負羈囚知罃知莊子以其族反之

世本晉大夫逝敖生桓伯林父及莊子首劉昭引博物志河東解縣有知邑括地志故智城在蒲州虞鄉縣西

北四十里

廚武子御下軍之士多從之

桉廚當屬武子采邑僖十六年傳秋侵晉取狐廚杜注平陽臨汾縣西北有狐谷亭則廚又别一地可知彼注云狐廚受鐸昆都晉三邑亦以意定之或不止三也

每射抽矢菆

廣雅抽拔也既夕禮云御以蒲菆鄭注云古文菆作騶賈公彦云據左氏傳蒲非直得策馬亦爲矢榦漢書鼂錯傳曰材伯騶發矢道同的如淳曰騶矢也左氏傳作菆桉菆騶音同

納諸廚子之房廚子怒曰非子之求而蒲之愛董澤之蒲

郡國志河東郡聞喜有董池陂古董澤杜同此

可勝旣乎

桉塈旣古字同詩毛傳塈取也廣疋同

知季曰不以人子吾子其可得乎吾不可以苟射故也射連尹襄老獲之遂載其尸射公子穀臣囚之以二者還及昬楚師軍于邲晉之餘師不能軍宵濟亦終夜有聲丙辰楚重至于邲遂次于衡雍潘黨曰君盍築武軍而收晉尸以爲京觀臣聞克敵必示子孫以無忘武功楚子曰非爾所知也夫文止戈爲武武王克商作頌曰載戢干戈載櫜

弓矢

詩毛傳戢聚也櫜韜也杜本此

我求懿德肆于時夏

書孔傳肆遂也爾雅夏大也杜本此

允王保之又作武其卒章曰耆定爾功其三曰鋪時繹思

詩鋪作敷

廣疋鋪布也詩毛傳時是也繹陳也思辭也杜本此

我徂惟求定其六曰綏萬邦婁豐年

爾雅綏安也杜本此說文無屢字當从毛詩作婁漢書皆

以婁爲屢毛詩亦有作屢者俗所增今據說文漢書訂

正椄杜注云此三六之數與今詩頌篇次不同梁履繩云此葢未經孔子刪定似爲得之

夫武禁暴戢兵保大定功安民和衆豐財者也故使子孫無忘其章今我使二國暴骨暴矣觀兵以威諸侯兵不戢矣暴而不戢安能保大猶有晉在焉得定功所違民欲猶多民何安焉無德而強爭諸侯何以和衆利人之幾

爾雅幾危也杜本此

而安人之亂以爲己榮何以豐財武有七德我無一焉何以示子孫其爲先君宮告成事而已武非吾功也古者明王伐不敬取其鯨鯢而封之

說文鱷海大魚也春秋傳曰取其鱷鯢鱷或从京許愼淮南王書注曰鯨魚之王也衆經音義廣疋鰌鯢也以爲大戮於是乎有京觀以懲淫慝今罪無所而民皆盡忠以死君命又可以爲京觀乎

桉可與何通說文誰何之何本單作可其从人者則爲儋何之何詩何蓑何笠爾雅何鼓謂之牽牛是也此傳可字當謂作何諸本竟改作何又誤今訂正

祀于河作先君宮告成事而還是役也鄭石制實入楚師服虔云入楚師使楚師來入鄭也本疏

將以分鄭而立公子魚臣辛未鄭殺僕叔及子服君子曰

史佚所謂毋怙亂皆謂是類也詩曰亂離瘼矣爰其適歸家語爰作奚爾雅離憂也瘼病也爰於也杜本此歸於怙亂者也夫　鄭伯許男如楚　秋晉師歸桓子請死晉侯欲許之士貞子諫曰史記晉世家作隨會曰不可城濮之役晉師三日穀文公猶有憂色左右曰有喜而憂如有憂而喜乎公曰得臣猶在憂未歇也困獸猶鬬況國相乎及楚殺子玉公喜而後可知也曰莫余毒也已是晉再克而楚再敗也是晉以再世不競今天或者大警晉也而又殺林父以重楚勝其無乃久不競乎林父之事君也進思盡忠

退思補過

椄孝經有此二言當屬古語

社稷之衞也若之何殺之夫其敗也如日月之食焉何損

于明晉侯使復其位　冬楚子伐蕭宋華椒以蔡人救蕭

蕭人囚熊相宜僚及公子丙王曰弗殺吾退蕭人殺之王

怒遂圍蕭蕭潰

顧炎武云下有明日蕭潰之文此處疑衍若此云蕭潰

下便不得云遂傅于蕭也椄顧說是正義殊屬曲說

申公巫臣曰師人多寒王巡三軍拊而勉之三軍之士皆

如挾纊

說文纊絮也春秋傳曰皆如挾纊或从光作絖水經注引作皆同挾纊杜注纊綿也本三倉

遂傳于蕭還無社與司馬卯言號申叔展叔展曰有麥麴乎曰無有山鞠窮乎曰無羣經音辨引作鞠藭

正義曰麥麴鞠窮所以禦濕賈逵有此言杜取此

河魚腹疾柰何諸本作奈从宋本改正曰目於眢井而拯之

字林云眢井無水也釋文方言出休爲拼休與溺拼與拯古字並通杜本此

若爲茅絰哭井則已明日蕭潰申叔視其井則茅絰存焉號而出之

晉原縠宋華椒衞孔達曹人同盟于清丘曰

恤病討貳於是卿不書不實其言也宋爲盟故伐陳衞人救之孔達曰先君有約言焉若大國討我則死之

十三年春齊師伐莒莒恃晉而不事齊故也　夏楚子伐宋以其救蕭也君子曰清丘之盟惟宋可以免焉　秋赤狄伐晉及清先縠召之也　冬晉人討邲之敗與清之師歸罪于先縠而殺之盡滅其族君子曰惡之來也已則取之其先縠之謂乎　清丘之盟晉以衞之救陳也討焉使人弗去曰罪無所歸將加而師孔達曰苟利社稷請以我說罪我之由我則爲政而亢大國之討

鄭元周禮注亢御也此杜本

將以誰任我則死之

十四年春孔達縊而死衛人以說于晉而免遂告于諸侯曰寡君有不令之臣達構我敝邑于大國諸本構誤作搆从石經改正既伏其罪矣敢告衛人以爲成勞復室其子使復其位

世本莊叔達生得閭叔穀穀生成叔烝鉏烝鉏生頃叔羅羅生昭叔起起生文叔圉

夏晉侯伐鄭爲邲故也告于諸侯蒐焉而還中行桓子之謀也曰示之以整使謀而來鄭人懼使子張代子良于楚鄭伯如楚謀晉故也鄭以子良爲有禮故召之　楚子使申舟聘于齊曰無假道于宋亦使公子馮聘于晉不假道

于鄭申舟以孟諸之役惡宋曰鄭昭宋聾

馬融尚書注昭明也杜本此說文聾無聞也說苑上無聞則謂之聾桉杜注聾闇也非義訓

晉使不害我則必亡王曰殺女我伐之見犀而行及宋宋人止之華元曰過我而不假道鄙我也鄙我亡也殺其使者必伐我伐我亦亡也亡一也乃殺之楚子聞之投袂而起

呂覽行論篇莊王方削袂吾友孔檢討廣森云削裁也投袂投其所削之袂也較杜注爲長

屨及於窒皇

高誘呂覽注引此傳作經皇與莊十九年經皇同吾友桂進士馥云及者追而及之也楚子未納屨未帶劍未乘車急遽而走左右奉屨追及于窒皇奉劍追及于寢門御者駕車而追及于蒲胥之市此猶宋武帝往西州幸徐羨之宅便步出西掖門羽儀絡繹追隨已出西關矣枝窒皇至蒲胥之市皆由近至遠則窒皇在寢門左近可知尔疋釋言窒塞也釋詁隍虛也皇隍同是窒皇蓋卽今之擁道上實中虛今 乾清宮陛下擁道亦然莊十九年鬻拳自殺葬于經皇同蓋經皇之在墓上卽隧道羨道也正義云經皇當是寢門闕言寢門近之言

闕非也

劍及于寢門之外車及于蒲胥之市呂覽作蒲疏之市胥蔬古字通秋九月楚子圍宋　冬公孫歸父會齊侯于穀見晏桓子與之言魯樂桓子告高宣子曰子家其亾乎懷于魯矣懷必貪貪必謀人謀人人亦謀己一國謀之何以不亾　孟獻子言於公曰臣聞小國之免于大國也聘而獻物於是有庭實旅百朝而獻功於是有容貌采章嘉淑而有加貨謀其不免也誅而薦賄杜本此

爾雅薦進也

則無及也今楚在宋君其圖之公說

十五年春公孫歸父會楚子于宋　宋人使樂嬰齊告急于晉晉侯欲救之伯宗曰不可

賈逵云晉大夫史記集解杜取此　世本晉孫伯起生伯宗因氏焉元和姓纂

古人有言曰雖鞭之長不及馬腹天方授楚未可與爭雖晉之強能違天乎諺曰高下在心

失名注高下猶屈伸也御覽校左傳補注作服虔

川澤納汙山藪藏疾瑾瑜匿瑕漢書引作匿惡　國君含垢漢書作垢釋文本或作詬音同

失名注含忍也垢恥也同上杜取此　淮南王書老子曰能受

國之垢是爲社稷王

天之道也君其待之乃止使解揚如宋使無降楚曰晉師悉起將至矣

服虔云解揚晉大夫史記集解史記鄭世家曰乃求壯士得霍人解揚字子虎誆楚令宋無降說苑載此事與史記略同桉惠氏補注舍史記而反引說苑疏矣揚晉世家又作楊

鄭人四而獻諸楚楚子厚賂之使反其言不許三而許之登諸樓車

服虔云樓車所以窺望敵軍兵法所謂雲梯者同上

使呼宋人而告之遂致其君命楚子將殺之使與之言曰爾既許不穀而反之何故非我無信女則棄之速卽爾刑對曰臣聞之君能制命爲義臣能承命爲信信載義而行之爲利謀不失利以衛社稷民之主也義無二信信無二命君之賂臣不知命也受命以出有死無霣史記作隕

服虔云霣隊也杜本此

又可賂乎臣之許君以成命也死而成命臣之祿也寡君有信臣下臣獲考死又何求楚子舍之以歸　夏五月慈子將去宋申犀稽首於王之馬前曰毋畏知死而不敢廢王命王棄言焉王不能荅申叔時僕曰築室反耕者宋必

聽命從之宋人懼使華元夜入楚師登子反之牀兵法因其鄉人而用之必先知其守將左右謁者門者舍人之姓名因而利道之桉杜注三十一字皆見孫子用間篇曹公孫子注曰因敵鄉人知敵表裏虚實之情故舊而用之可使伺候守有官職者謁告也上告事者也門者守門者也舍人守舍之人也又先知爲親舊有急卽呼之則不可止亦因以之知敵情

起之曰寡君使元以病告曰敝邑易子而食析骸以爨釋文骸又作骨公羊傳作骸何休注云骸骨也爨公羊作炊史記宋世家楚世家並作析骨而炊吕覽作析骨而爨之廣雅爨炊也杜本此

雖然城下之盟有以國斃不能從也去我三十里惟命是聽子反懼與之盟

服虔曰與華元私盟許爲退師若孟任割臂與莊公盟

本疏

而告王退三十里宋及楚平華元爲質盟曰我無爾詐爾無我虞

高誘淮南王書注虞欺也廣雅同

潞子嬰兒之夫人晉景公之姊也酆舒古今人表水經注並作豐舒爲政而殺之王符引此殺作虐又傷潞子之目晉侯將伐之諸大夫皆曰不可酆舒有三儁才

趙岐孟子注俊美才出衆者也俊儁同

不如待後之人伯宗曰必伐之狄有五罪儁才雖多何補

焉不祀一也耆酒二也棄仲章而奪黎氏地

服虔云黎侯之國本疏地理志上黨郡壺關應劭曰黎侯

國也杜本此

三也虐我伯姬

惠棟曰上云殺之此云虐者桉尚書呂刑惟作五虐之

刑墨子引作五殺之刑論語不教而殺謂之虐又十八

年民自內虐其君曰弒皆以虐爲殺也

四也傷其君目五也怙其儁才

爾雅怙恃也定四年無怙富同

而不以茂德滋益罪也後之人或者將敬奉德義以事神人而申固其命若之何待之不討有罪曰將待後後有辭而討焉毋乃不可乎夫恃才與衆亡之道也商紂由之故滅天反時爲災地反物爲妖民反德爲亂亂則妖災生

說文祅字注云地反物爲祅也从示芺聲

故文反正爲乏

說文春秋傳曰反正爲乏案說文無義惟服虔云言人反正者乏絶之道也蓋亦以意釋之

盡在狄矣晉侯從之六月癸卯晉荀林父敗赤狄于曲梁

劉昭郡國志注引上黨記曰潞濁漳也縣地臨潞晉荀林父伐曲梁在城西十里今名石梁桉杜注曲梁今廣平府曲梁縣也今攷赤狄潞子國卽在潞縣晉欲伐赤狄必不反東走五六百里至廣平之曲梁況又隔太行一山杜注可云全不計道里矣

辛亥滅潞酆舒奔衛衛人歸諸晉晉人殺之　王孫蘇與召氏毛氏爭政使王子捷殺召戴公及毛伯衛卒立召襄

秋七月秦桓公伐晉次于輔氏壬午晉侯治兵于稷

郡國志河東郡聞喜邑有稷山亭杜同此　酈道元云汾水又逕稷山山上有稷祠山下稷亭晉侯治兵于稷是也

以略狄土

廣雅略取也杜本此

立黎侯而還及洛魏顆敗秦師于輔氏獲杜回論衡重杜回二字張衡傳注引左傳亦同秦之力人也初魏武子有嬖妾無子武子疾命顆曰必嫁是論衡引作必嫁是妾張衡傳注同疾病則曰必以爲殉論衡作必以是爲殉及卒顆嫁之曰疾病則亂吾從其治也及輔氏之役顆見老人結草以亢杜回

廣雅亢遮也鄭元儀禮注抗禦也椄杜注蓋本鄭義然詳此傳文義當从廣雅訓爲是

杜回躓而顛

說文蹎跲也詩毛傳顚仆也

故獲之夜夢之曰余而所嫁婦人之父也論衡而引作是文選注引作乃爾用而先人之治命諸本脫而字今从石經本增入余是以報　晉侯賞桓子狄臣千室亦賞士伯以瓜衍之縣曰吾獲狄土子之功也微子吾喪伯氏矣羊舌職說是賞也曰周書所謂庸庸祗祗者謂此物也夫士伯庸中行伯君信之亦庸士伯此之謂明德矣文王所以造周不是過也故詩曰陳錫載周

詩大雅作哉周毛傳訓哉爲載正義曰哉與載古字通

周語亦作載周

能施也率是道也其何不濟　晉侯使趙同獻狄俘于周不敬釋文一本作而傲劉康公曰不及十年原叔必有大咎天奪之魄矣　初稅畝非禮也穀出不過藉以豐財也　冬蝝生饑幸之也

十六年春晉士會帥師滅赤狄甲氏及留吁鐸辰三月獻狄俘晉侯請于王戊申以黻冕命士會將中軍且爲太傅於是晉國之盜逃奔于秦羊舌職曰吾聞之禹稱善人

玉篇引作禹偁善人偁與稱同爾雅偁舉也杜本此

不善人遠此之謂也夫詩曰戰戰兢兢釋文本兢又作矜如臨深淵如履薄冰善人在上也善人在上則國無幸民諺曰民

之多幸國之不幸也是無善人之謂也　夏成周宣榭火

人火之也凡火人火曰火天火曰災

說文烖字注曰天火烖从火𢦏聲或从宀火籒文災

秋鄭伯姬來歸出也　爲毛召之難故王室復亂王孫蘇

奔晉晉人復之　冬晉侯使士會平王室定王享之原襄

公相禮殽烝

書馬融注烝升也杜本此

武子私問其故王聞之召武子曰季氏而勿聞乎王享有

體薦宴有折俎公當享卿當宴王室之禮也武子歸而講

求典禮以修晉國之法

十七年春晉侯使郤克徵會于齊齊頃公帷婦人使觀之郤子登婦人笑于房獻子怒出而誓曰所不此報無能涉河獻子先歸使欒京廬待命于齊曰不得齊事無復命矣郤子至請伐齊晉侯弗許請以其私屬又弗許齊侯使高固晏弱蔡朝南郭偃會及斂盂高固逃歸夏會于斷道討貳也盟于卷楚辭齊人晉人執晏弱于野王執蔡朝于原執南郭偃于温苗賁皇外傳作苗棼皇說苑蘧伯云釁蚠黃生楚走之晉治七十二縣疑郎苗賁皇使見晏桓子歸言於晉侯曰夫晏子何罪昔者諸侯事吾先君皆如不逮舉言羣臣不信諸侯皆有貳志齊君恐不得禮故不出而使四子來左右或沮之

詩毛傳沮止也杜本此

曰君不出必執吾使故高子及斂盂而逃夫三子者曰若絶君好寧歸死焉爲是犯難而來吾若善逆彼以懷來者吾又執之以信齊沮吾不既過矣乎過而不改而又久之以成其悔何利之有焉使反者得辭而害來者以懼諸侯將焉用之晉人緩之逸　秋八月晉師還

桉此年晉未嘗出師而言晉師還者惠氏補注云豈斷道討貳之師與似有闕文

范武子將老召文子曰燮乎吾聞之喜怒以類者鮮易者實多詩曰君子如怒亂庶遄沮君子如祉

爾雅遄速也祉福也杜本此

亂庶遄已君子之喜怒以已亂也弗已者必益之郤子其或者欲已亂于齊乎高麗宋本作欲已于亂乎不然余懼其益之也余將老使郤子逞其志庶有豸乎唐石經本作豸後改作鳩棱羣經音辯云鳩觧也音豸春秋傳庶有鳩乎今文作豸

棱解廌字林等皆作觧豸豸觧音同故杜以解訓豸也

爾從二三子惟敬乃請老郤獻子爲政　冬公弟叔肸卒

公母弟也凡大子之母弟公在曰公子不在曰弟凡稱弟皆母弟也

先儒說母弟善惡褒貶既多相錯涉又云稱弟皆爲公

子不爲大夫者得以君爲名穎氏又云臣無竟外之交故去弟以貶季友子招樂憂故去弟以懲過鄭段去弟惟以名通故謂之貶本疏

十八年春晉侯衛大子臧伐齊至于陽穀齊侯會晉侯盟于繒以公子彊爲質于晉晉師還蔡朝南郭偃逃歸　夏公使如楚乞師欲以伐齊　秋邾人戕鄫子于鄫凡自內虐其君曰弑自外曰戕內字从唐石經增正義曰春秋諸自內虐其君者通以弑爲文也李善魏都賦注引此作凡自內害其君曰殺自外曰戕周禮大司馬之職賈公彥正義引左傳作凡自內虐其君曰弑又云自內虐其君曰殺者晉人殺其君蒲是也更是確證　楚莊王卒楚師不出旣而用晉師楚于是乎有蜀之役　公孫歸父以襄仲之立公

也有寵

服虔云襄仲之子史記集解杜取此

欲去三桓以張公室

服虔云三桓魯桓公之族仲孫叔孫季孫同上

與公謀而聘于晉欲以晉人去之冬公薨季文子言于朝

曰使我殺適立庶以失大援者仲也夫

服虔云援助也仲殺適立庶國政無常鄰國非之是失

大援助也同上

臧宣叔怒曰當其時不能治也後之人何罪子欲去之許

請去之遂逐東門氏子家還及笙壇帷復命于介既復命

袒括髪

惠棟曰士喪禮曰主人髻髮袒鄭注云古文髻爲括是括爲古文髻也

即位哭三踊而出遂奔齊書曰歸父還自晉善之也

春秋左傳詁卷十

清陽湖洪氏本春秋左傳詁

第四册

清 洪亮吉撰

中國國家圖書館藏清嘉慶十八年陽湖洪氏刻本

山東人民出版社·濟南

春秋左傳詁卷十一

陽湖洪亮吉學

傳

成公元年春晉侯使瑕嘉平戎于王周禮典瑞注引作叚嘉惠棟曰蓋古文止作叚讀爲遐也今本亦作瑕惟陸氏周禮釋文猶存古字　單襄公如晉拜成劉康公徼戎將遂伐之叔服曰背盟而欺大國此必敗背盟不祥欺大國不義神人弗助將何以勝不聽遂伐茅戎三月癸未敗績于徐吾氏　爲齊難故作丘甲　聞齊將出楚師夏盟于赤棘　秋王人來告敗　冬臧宣叔令修賦繕完具守備曰齊楚結好我新與晉盟晉楚爭盟齊師必至雖晉

人伐齊楚必救之是齊楚同我也知難而有備乃可以逞

方言逞解也杜本此

二年春齊侯伐我北鄙圍龍史記魯晋世家並作隆索隱曰劉氏云隆即龍也魯國有隆山鄒誕生及別本作偷字偷當作鄆文十二年季孫行父帥師城諸及鄆鄆即偷也字變耳

地理志云在東莞縣東按字書無偷字疑誤郡國志泰山郡博有龍鄉城杜同此

頃公之嬖人盧蒲就魁門焉水經注引作盧蒲就龍人囚之齊侯曰勿殺吾與而盟無入而封弗聽殺而膊諸城上

說文膊薄脯膊之屋上按方言廣雅膊曝也說文膊之屋上亦有曝義鄭元周禮注膊磔也蓋隨文爲訓杜本

鄭說

齊侯親鼓士陵城三日取龍遂南侵及巢丘

賈逵云殺盧蒲就魁不與齊盟以亡其邑故諱不書耳

本疏按賈義蓋因內諱不書之例推之正義譏賈乃引楚子滅蕭嬰齊入莒以例失其旨矣當以賈義爲長也

衛侯使孫良夫石稷甯相向禽將侵齊與齊師遇石子欲還孫子曰不可以師伐人遇其師而還將謂君何若知不能則如無出今旣遇矣不如戰也夏有石成子曰師敗矣子不少須衆懼盡子喪師徒何以復命皆不對又曰子國卿也隕子辱矣

說文抎有所失也春秋傳曰抎子辱矣廣雅抎失也按今本作隕說文隕從高下也易曰有隕自天高誘訓隕曰隊音同抎隕二字古通惠氏補注以抎爲古字隕爲今字似誤

子以衆退我此乃止且告車來甚衆齊師乃止次于鞫居

新築人仲叔于奚古今人表作中救孫桓子桓子是以免既衛人賞之以邑辭請曲縣

周禮小胥王宮縣諸侯軒縣卿大夫判縣士特縣鄭衆云宮縣四面軒縣去其一面判縣又去一面特縣又去一面王肅云禮天子宮縣四面諸侯軒縣軒縣闕一面

故謂之曲縣也舊注云諸侯軒縣闕南方形如車輿周禮疏杜取此

繁纓

鄭元周禮注樊讀如鞶帶之鞶謂今馬大帶也纓今馬鞅也樊繁古字同杜本此

以朝許之仲尼聞之曰惜也不如多與之邑惟器與名不可以假人君之所司也高誘呂覽注引此司作愼名以出信信以守器器以藏禮禮以行義義以生利利以平民政之大節也若以假人與人政也政亡則國家從之弗可止也已孫桓子還於新築不入遂如晉乞師臧宣叔亦如晉乞師皆主郤

獻子晉侯許之七百乘郤子曰此城濮之賦也有先君之明與先大夫之肅故捷克於先大夫無能爲役請八百乘

賈逵云六萬人史記集解杜取此

許之郤克將中軍士燮佐上軍諸本佐字誤將今改正欒書將下軍韓厥爲司馬以救魯衛臧宣叔逆晉師且道之季文子帥師會之及衛地韓獻子將斬人郤獻子馳將救之至則既斬之矣郤子使速以徇

說文㣄行示也司馬法斬以㣄按集韻云或作徇𢓊是㣄乃徇本字也

告其僕曰吾以分謗也師從齊師于莘六月壬申師至于

靡笄之下

賈逵云靡笄山名同上杜取此

齊侯使請戰曰子以君師辱於敝邑不腆敝賦詰朝請見對曰晉與魯衛兄弟也來告曰大國朝夕釋憾於敝邑之地寡君不忍使羣臣請於大國無令輿師淹於君地

鄭元周禮注輿衆也爾雅淹久也杜本此

能進不能退君無所辱命齊侯曰大夫之許寡人之願也若其不許亦將見也齊高固入晉師桀石以投人

說文桀磔也廣雅桀擔也按桀揭擔並舉也杜注本廣雅

禽之而乘其車繫桑本焉以徇齊壘曰欲勇者賈余餘勇

癸酉師陳于鞌

服虔云鞌齊地名也史記集解又作鞍按史記作戰于靡下徐廣曰靡當作歷蓋戰于歷下耳據此則鞌在歷下可知

邴夏御齊侯逢丑父爲右

賈逵云齊大夫同上

晉解張御郤克鄭丘緩爲右齊侯曰余姑翦滅此而朝食諸本衍後字今从宋本删

方言廣雅煎盡也煎翦聲近義同薛綜西京賦注亦云翦盡也杜本此

不介馬而馳之郤克傷於矢流血及屨未絶鼓音曰余病

矣張侯曰自始合而矢貫余手及肘余折以御左輪朱殷

廣雅朱赤也王逸楚辭章句朱赤色也

豈敢言病吾子忍之緩曰自始合苟有險余必下推車子

豈識之然子病矣張侯曰師之耳目在吾旗鼓

荀卿子曰將死鼓御死轡

進退從之此車一人殿之

詩毛傳殿鎮也杜本此

可以集事若之何其以病敗君之大事也擐甲

國語服兵擐甲賈逵云擐衣甲也衆經音義說文擐貫也春

秋傳曰擐甲執兵杜本此

執兵固即死也

詩鄭箋即就也杜本此

病未及死吾子勉之左并轡右援枹

說文援引也枹擊鼓杖也

而鼓馬逸不能止師從之齊師敗績逐之三周華不注

韋昭國語注華齊地不注山名按合下華泉觀之華泉葢華地之泉杜注以華不注三字合爲山名非也伏琛齊地記不讀如跗跗注與成十六年韎韋之跗注義同

韓厥夢子輿謂己曰旦辟左右石經及淳化本作旦餘刻本誤作且按韓厥夢當以

夜故子輿告厥曰旦辟左右也且字無意義今从石經宋本改正故中御而從齊侯邴夏曰射其御者君子也公曰謂之君子而射之非禮也射其左越于車下射其右斃于車中綦母張喪車從韓厥曰請寓乘

方言寓寄也杜本此

從左右皆肘之使立於後韓厥俛定其右

素問注俛仰謂屈伸也

逢丑父與公易位將及華泉

京相璠曰華泉華不注山下泉水也水經注

驂挂於木而止丑父寢於轏中

說文竹木之車曰棧字林曰臥車也按𨏥當爲棧杜注𨏥士車葢取周禮巾車士乘棧車之義非本訓也詩有棧之車傳曰棧車役車也亦與說文義通

蛇出於其下以肱擊之傷而匿之故不能推車而及韓厥

執縶馬前再拜稽首

說文馽馬絆也春秋傳曰韓厥執馽馬前一本無馬字讀若輒或从糸執聲穀梁傳曰輒者何也曰兩足不能相過齊謂之綦楚謂之䟄衛謂之縶一作輒

奉觴加璧以進

服虔引司馬法其有殞命以行禮如會所用儀也若殞

命則左結旗司馬授飲右持苞壺左承飲以進本疏

曰寡君使羣臣爲魯衛請曰無令輿師陷入君地下臣不幸屬當戎行無所逃隱

韋昭國語注屬適也杜本此

且懼奔辟而忝兩君臣辱戎士敢告不敏攝官承乏丑父使公下如華泉取飲鄭周父御佐車宛茷爲右載齊侯以免韓厥獻丑父郤獻子將戮之呼曰自今無有代其君任患者有一於此將爲戮乎郤子曰人不難以死免其君我戮之不祥赦之以勸事君者乃免之

按春秋繁露竹林篇又云獲齊頃公斮逄丑父蓋公羊

家言如此

齊侯免求丑父三入三出每出齊師以帥退入于狄卒狄卒皆抽戈楯冒之以入于衛師衛師免之遂自徐關入齊侯見保者曰勉之齊師敗矣辟女子

按辟讀作闢孟子行辟人趙岐注辟除人使卑辟尊也惠棟云下云乃奔則辟讀當爲蹕與五年伯宗辟重同杜注訓爲避非

女子曰君免乎曰免矣曰鋭司徒免乎曰免矣曰苟君與吾父免矣可若何乃奔齊侯以爲有禮既而問之辟司徒之妻也予之石窌晉師從齊師入自丘輿擊馬陘

賈逵云馬陘齊地也史記集解杜取此 史記作馬陵徐廣曰一作陘于欽齊乘馬陵一作馬陘按虞喜志林馬陵在濮州鄄城縣東北六十里今考華泉徐關並在齊州與馬陵爲近當是此矣

齊侯使賓媚人賂以紀甗玉磬與地

說文甗甑也一曰穿也鄭衆注考工記云甗無底甑按杜注甗玉甑非是正義申杜更非且竹書紀年明言紀公之甗則非玉可知

不可則聽客之所爲賓媚人致賂晉人不可曰必以蕭同叔子爲質

賈逵云蕭附庸子姓史記集解公穀皆作蕭同姪子穀梁傳曰以蕭同姪子之母爲質晉世家作蕭桐姪子帝王世紀周封子姪之別爲附庸也按今徐州蕭縣古蕭叔之國干寶曰蕭同叔子惠公之妾頃公之母

而使齊之封內盡東其畝

服虔云欲令齊隴畝東行同上杜取此

對曰蕭同叔子非他寡君之母也若以匹敵則亦晉君之母也吾子布大命於諸侯而曰必質其母以爲信其若王命何且是以不孝令也詩曰孝子不匱永錫爾類若以不孝令於諸侯其無乃非德類也乎先王疆理天下鄭元周禮注引

此先王作吾子葢涉下文而誤物土之宜而布其利故詩曰我疆我理南東其畝今吾子疆理諸侯而曰盡東其畝而已惟吾子戎車是利無顧土宜其無乃非先王之命也乎反先王則不義何以爲盟主其晉實有闕

韋昭國語注闕缺也

四王之王也樹德

方言及高誘淮南王書注樹立也杜本此

而濟同欲焉五伯之霸也

服虔云五伯謂夏伯昆吾商伯大彭豕韋周伯齊桓晉文也詩疏杜取此

勤而撫之以役王命

高誘呂覽注役事也此杜本

今吾子求合諸侯以逞無疆之欲詩曰布政優優

詩作敷政昭二十年同鄭元儀禮注云今文布作敷爾

雅優優和也此杜本

百祿是遒

詩毛傳遒聚也此杜本

子實不優而弃百祿諸侯何害焉不然寡君之命使臣則

有辭矣曰子以君師辱於敝邑不腆敝賦以犒從者畏君

之震

易序卦傳震動也

師徒橈敗

按漢書高帝紀與酈食其謀橈楚權服虔云橈弱也服虔注此傳當亦同杜訓曲似迂遠

吾子惠徼齊國之福不泯其社稷使繼舊好惟是先君之敝器土地不敢愛子又不許請收合餘燼

說文𤎅火餘也一曰薪也从火聿聲按杜注增一本字即與訓詁之義乖𤎅今刊本並作燼玉篇燼同𤎅經典相仍作燼今不改

背城借一敝邑之幸亦云從也況其不幸敢不唯命是聽

魯衛諫曰齊疾我矣其死亡者皆親暱也子若不許讐我必甚唯子則又何求子得其國寶我亦得地而紓於難其榮多矣齊晉亦唯天所授豈必晉晉人許之對曰羣臣帥賦輿以爲魯衛請若苟有以藉口

服虔云今河南俗語治生求利少有所得皆云可用藉手矣本疏按杜訓薦反回遠

而復於寡君

鄭元禮記注復白也杜本此

君之惠也敢不唯命是聽禽鄭自師逆公秋七月晉師及齊國佐盟于爰婁使齊人歸我汶陽之田公會晉師于上

鄭賜三帥先路三命之服司馬司空

高誘云軍司馬軍司空也

輿帥候正亞旅皆受一命之服諸本師誤作帥今校正　八月宋文

公卒始厚葬用蜃炭釋文作蜃　益車馬始用殉重器備椁有四

阿棺有翰檜

馬融尚書注植在前榦在兩旁按杜注翰旁飾薔本此

君子謂華元樂舉於是乎不臣

王符潛夫論曰華元樂呂厚葬文公春秋以爲不臣按

本作樂呂當以字近而誤魏志文帝紀又作樂莒又攷

宣二年傳樂呂爲鄭所獲不應尚存或其時宋贖華元

樂呂亦同歸也據此則宣二年囚華元獲樂呂囚獲義皆互通杜注似分囚爲生獲獲爲死得誤矣

臣治煩去惑者也文選注引作治煩而去惑是以伏死而爭今二子者君生則縱其惑死又益其侈是棄君於惡也何臣之爲

九月衛穆公卒晉三子自役弔焉哭於大門之外衛人逆之婦人哭於門内送亦如之遂常以葬　楚之討陳夏氏也莊王欲納夏姬申公巫臣曰不可君召諸侯以討罪也今納夏姬貪其色也貪色爲淫淫爲大罰周書曰明德慎罰文王所以造周也明德務崇之之謂也慎罰務去之之謂也若興諸侯以取大罰非慎之也君其圖之王乃止子

反欲取之巫臣曰是不祥人也是夭子蠻殺御叔
韋昭國語注云公子夏陳宣公之子御叔之父也爲御
叔娶鄭穆公少妃姚子之女夏姬也
弒靈侯戮夏南出孔儀喪陳國何不祥如是人生實難其
有不獲死乎天下多美婦人何必是子反乃止王以予連
尹襄老
按連楚地名襄老當爲此地之尹故以官稱之也楚語
有雲連徒洲漢書地理志長沙國連道縣唐時爲連州
襄老死於邲不獲其尸其子黑要烝焉巫臣使道焉曰歸
吾聘女又使自鄭召之曰尸可得也必來逆之姬以告王

王問諸屈巫對曰其信知罃之父成公之嬖也而中行伯之季弟也新佐中軍而善鄭皇戌甚愛此子其必因鄭而歸王子與襄老之尸以求之鄭人懼於邲之役而欲求媚於晉其必許之王遣夏姬歸將行謂送者曰不得尸吾不反矣巫臣聘諸鄭鄭伯許之及共王卽位將爲陽橋之役使屈巫聘于齊且告師期巫臣盡室以行申叔跪從其父將適郢遇之曰異哉夫子有三軍之懼而又有桑中之喜宜將竊妻以逃者也及鄭使介反幣而以夏姬行將奔齊齊師新敗曰吾不處不勝之國遂奔晉而因郤至

世本郤豹生冀芮芮生鈌鈌生克又云豹生義義生步

揚步揚生蒲城鵲居鵲居生至

以臣於晉晉人使爲邢大夫

賈逵云邢晉邑史記集解杜取此

子反請以重幣錮之王曰止

高誘呂覽注止禁止也

其自爲謀也則過矣其爲吾先君謀也則忠忠社稷之固

也所葢多矣

小爾雅葢覆也杜本此

且彼若能利國家雖重幣晉將可乎若無益於晉晉將弃

之何勞錮焉　晉師歸范文子後入武子曰無爲吾望爾

也乎對曰師有功國人喜以逆之先入必屬耳目焉是代師受名也故不敢武子曰吾知免矣釋文一本無知字郤伯見公曰子之力也夫對曰君之訓也二三子之力也臣何力之有焉范叔見勞之如郤伯對曰庚所命也克之制也燮何力之有焉欒伯見公亦如之對曰燮之詔也士用命也書何力之有焉

宣公使求好于楚莊王卒宣公薨不克作好公即位受盟于晉會晉伐齊衞人不行使于楚而亦受盟于晉從於伐齊故楚令尹子重爲陽橋之役以救齊將起師子重曰君弱羣臣不如先大夫師衆而後可詩曰濟濟多士文王以寧夫文王猶用衆況吾儕乎且先君莊王

屬之曰無德以及遠方莫如惠恤其民而善用之乃大戶

己責逮鰥救乏赦罪悉師王卒盡行彭名御戎蔡景公爲

左許靈公爲右二君弱皆強冠之冬楚師侵衛遂侵我師

于蜀使臧孫往辭曰楚遠而久固將退矣無功而受名臣

不敢楚侵及陽橋孟孫請往賂之以執斲執鍼織紝

服虔云織紝治繒帛者詩疏說文紝或从任作絍釋文作

絍

皆百人公衡爲質以請盟楚人許平十一月公及楚公子

嬰齊蔡侯許男秦右大夫說宋華元陳公孫寧衛孫良夫

鄭公子去疾及齊國之大夫盟于蜀卿不書匱盟也

詩毛傳匱之也高誘淮南王書注同杜本此

於是乎畏晉而竊與楚盟故曰匱盟蔡侯許男不書乘楚車也謂之失位君子曰位其不可不慎也乎蔡許之君一失其位不得列於諸侯況其下乎詩曰不解于位民之攸塈諸本作暨誤今改正

詩毛傳攸所也暨息也杜本此

其是之謂矣　楚師及宋公衡逃歸臧宣叔曰衡父不忍數年之不宴

說文宴安也

以棄魯國國將若之何誰居

惠棟曰檀弓云何居我未之前聞也注云居讀爲姬姓之姬齊魯之間語助也列子黃帝篇云關尹爲列子曰姬魚語女張湛曰姬音居魚當作吾是居姬互訓葢古音同也

後之人必有任是夫國棄矣是行也晉辟楚畏其衆也君子曰衆之不可以已也大夫爲政猶以衆克況明君而善用其衆乎大誓所謂商兆民離周十人同者衆也　晉侯使鞏朔獻齊捷于周王弗見使單襄公辭焉曰蠻夷戎狄不式王命

爾雅式用也杜本此

淫湎毀常王命伐之則有獻捷王親受而勞之所以懲不敬勸有功也兄弟甥舅侵敗王略

說文略經略土地也昭七年傳云天子經略定四年吾子欲復文武之略並同按杜注云法度失之

王命伐之告事而已不獻其功所以敬親暱禁淫慝也今叔父克

爾雅克能也杜本此

遂有功于齊而不使命卿鎮撫王室所使來撫余一人而鞏伯實來未有職司於王室又姦先王之禮余雖欲於鞏伯其敢廢舊典以忝叔父夫齊甥舅之國也而大師之後

也寧不亦淫從其欲以怒叔父抑豈不可諫誨士莊伯不能對王使委於三吏鄭元禮記注引作王命委之三吏禮之如侯伯克敵使大夫告慶之禮降於卿禮一等王以鞏伯宴而私賄之使相告之曰非禮也勿籍

說文籍簿書也杜本此

三年春諸侯伐鄭次于伯牛討邲之役也遂東侵鄭鄭公子偃帥師禦之使東鄙覆諸鄤敗諸丘輿皇戌如楚獻捷

夏公如晉拜汶陽之田

許恃楚而不事鄭鄭子良伐許

晉人歸楚公子穀臣與連尹襄老之尸于楚以求知罃於是荀首佐中軍矣故楚人許之王送知罃曰子其怨

我乎對曰二國治戎臣不才不勝其任以爲俘馘
說文俘軍所獲也春秋傳曰以爲俘馘馘軍戰斷耳也
執事不以釁鼓使歸卽戮君之惠也臣實不才又誰敢怨
王曰然則德我乎對曰二國圖其社稷而求紓其民
詩毛傳紓緩也杜本此
各懲其忿以相宥也
韋昭國語注宥赦也杜本此
兩釋纍囚以成其好
鄭元禮記注纍猶繫也杜本此
二國有好臣不與及其誰敢德王曰子歸何以報我對曰

臣不任受怨君亦不任受德無怨無德不知所報王曰雖然必告不穀對曰以君之靈纍臣得歸骨於晉寡君之以爲戮死且不朽若從君之惠而免之以賜君之外臣首首其請於寡君而以戮於宗亦死且不朽若不獲命而使嗣宗職

按宗職父職也荀首之父未嘗爲卿故罃止言嗣宗職杜注言嗣祖宗之位職疑誤

次及於事而帥偏師以修封疆雖遇執事其弗敢違其竭力致死無有二心以盡臣禮所以報也王曰晉未可與爭重爲之禮而歸之　秋叔孫僑如圍棘取汶陽之田棘不

服故圍之　晉郤克衞孫良夫伐廧咎如討赤狄之餘焉廧咎如潰上失民也　冬十一月晉侯使荀庚來聘且尋盟衞侯使孫良夫來聘且尋盟公問諸臧宣叔曰中行伯之於晉也其位在三孫子之於衞也位爲上卿將誰先對曰次國之上卿當大國之中中當其下下當其上大夫小國之上卿當大國之下卿中當其上大夫下當其下大夫上下如是古之制也衞在晉後漢書注引作衞之于晉不得爲次國晉爲盟主其將先之丙午盟晉丁未盟衞禮也　十二月甲戌晉作六軍

賈逵云初作六軍僭王也史記集解杜本此

韓厥趙括鞏朔韓穿荀騅

索隱騅謚文子按惠氏以爲出世本

趙旃皆爲卿賞鞌之功也　齊侯朝于晉將授玉

史記齊世家曰頃公十一年晉初置六卿頃公朝晉欲尊王晉景公景公不敢當晉世家云景公十二年齊頃公如晉欲上尊景公爲王景公讓不敢王劭按張衡曰禮諸侯朝天子執玉既授而反之若諸侯自相朝則不授玉齊頃公戰敗朝晉而授玉是欲爭晉侯爲王太史公採其旨而言之惠棟按古玉字皆作王左氏傳多古字古言故玉从王今按春秋時諸侯相朝亦皆授玉戚

六年鄭伯如晉拜成授玉于東楹之東定十五年邾隱公來朝子貢觀焉邾子執玉高其容仰公受玉卑其容俯皆諸侯相朝授玉之證平子之說未可信也至太史公尊王之語本不足憑正義駁之是矣

郤克趨進曰此行也君爲御人之笑辱也各本御誤作婦今从石經改寡君未之敢任晉侯享齊侯齊侯視韓厥韓厥曰君知厥也乎齊侯曰服改矣韓厥登舉爵曰臣之不敢愛死爲兩君之在此堂也　荀罃之在楚也鄭賈人有將寘諸褚中以出既謀之未行而楚人歸之賈人如晉荀罃善視之如實出己賈人曰吾無其功敢有其實乎吾小人不可以厚

誣君子遂適齊

四年春宋華元來聘通嗣君也　杞伯來朝歸叔姬故也

夏公如晉晉侯見公不敬季文子曰晉侯必不免詩曰

敬之敬之天惟顯思命不易哉夫晉侯之命在諸侯矣可

不敬乎　秋公至自晉欲求成于楚而叛晉季文子曰不

可晉雖無道未可叛也國大臣睦而邇於我諸侯聽焉未

可以貳史佚之志有之曰非我族類其心必異楚雖大非

吾族也其肯字我乎

詩毛傳字愛也杜本此

公乃止　冬十一月鄭公孫申帥師疆許田許人敗諸展

陂鄭伯伐許取鉏任泠敦之田　晉欒書將中軍荀首佐之士燮佐上軍以救許伐鄭取汜祭楚子反救鄭鄭伯與許男訟焉皇戌攝鄭伯之辭子反不能決也曰君若辱在寡君寡君與其二三臣共聽兩君之所欲成其可知也不然側不足以知二國之成　晉趙嬰通于趙莊姬

五年春原屏放諸齊嬰曰我在故欒氏不作我亡吾二昆其憂哉且人各有能有不能舍我何害弗聽嬰夢天使謂己祭余余福女使問諸士貞伯貞伯曰不識也既而告其人曰神福仁而禍淫淫而無罰福也祭其得亡乎祭之之明日而亡　孟獻子如宋報華元也　夏晉荀首如齊逆

女故宣伯餫諸穀

說文野饋曰餫杜本此

梁山崩晉侯以傳召伯宗穀梁作伯尊伯宗辟重曰辟傳重人曰待我不如捷之速也問其所曰絳人也問絳事焉曰梁山崩將召伯宗謀之問將若之何曰山有朽壤國語作朽壞韋昭注不言政失所爲而稱朽壞言遜也今按壤壞二字相近故譌說文釋崩字亦云山壞也宋槧本國語傳注並作朽壤宏治本同嘉靖本轉而爲壞坊本因之恐誤而崩可若何國主山川故山崩川竭君爲之不舉降服乘縵

說文縵繒無文也按周禮巾車卿乘夏縵此車蓋以繒爲車帷取其無文鄭元注夏縵亦五采畫無緣耳疑非

杜注蓋取說文然改繒爲車亦失本訓

徹樂出次祝幣史辭以禮焉其如此而已雖伯宗若之何

伯宗請見之不可遂以告而從之　許靈公

許史記鄭世家作鄦公惡鄭于楚徐廣曰鄦音許按說

文鄦炎帝太嶽之後甫侯所封在潁川从邑無聲讀若

許是許乃後人省文依字當作鄦字

愬鄭伯于楚六月鄭悼公如楚訟不勝楚人執皇戍及子

國故鄭伯歸使公子偃請成于晉秋八月鄭伯及晉趙同

盟于垂棘　宋公子圍龜爲質于楚而歸華元享之請鼓

譟以出鼓譟以復入曰習攻華氏宋公殺之　冬同盟于

蟲牢鄭服也諸侯謀復會宋公使向爲人辭以子靈之難

釋文一本無之難二字子靈爲辭一本無爲辭二字　十一月己酉定王崩

六年春鄭伯如晉拜成子游相授玉于東楹之東士貞伯曰鄭伯其死乎自棄也已視流而行速不安其位宜不能久　二月季文子以鞌之功立武宮非禮也聽於人以救其難不可以立武立武由己非由人也　取鄟言易也

三月晉伯宗夏陽說衛孫良夫甯相鄭人伊雒之戎陸渾蠻氏

郡國志河南郡新城有鄤聚古鄤氏今名蠻中杜同此

侵宋以其辭會也師于鍼衛人不保說欲襲衛曰雖不可

入多俘而歸有罪不及死伯宗曰不可衞惟信晉故師在其郊而不設備若襲之是弃信也雖多衞俘而晉無信何以求諸侯乃止師還衞人登陴　晉人謀去故絳諸大夫皆曰必居郇瑕氏之地

服虔云郇國在解縣東郇瑕氏之墟也水經注　說文郇周武王子所封國在晉地按卽郇瑕氏之地杜注郇瑕古國名不知郇瑕卽郇國也僖二十四年咎犯與秦晉大夫盟于郇文十二年秦侵晉及瑕郇瑕二地相接亦可作一地司馬彪郡國志解縣有瑕城杜注解縣西北有郇城水經注引京相璠曰故瑕城在解縣西南是其證

也二地連稱春秋時多有如解梁郫邵等皆取便俗耳水經注古水又西逕荀城東北古荀國也汲郡古文晉武公滅郇以賜大夫原氏

沃饒而近盬

服虔云土田而有溉曰沃盬鹽池也水經注杜取此說文盬河東鹽池袤三十一里廣七里周百十六里从鹽省古聲

按衆經音義天生曰鹵人生曰鹽

國利君樂不可失也韓獻子將新中軍且爲僕大夫公揖而入獻子從公立於寢庭謂獻子曰何如對曰不可郇瑕氏土薄水淺其惡易覯

詩毛傳構成也構遘同杜本此

易覯則民愁民愁則墊隘

說文墊下也方言司馬彪注莊子並同春秋傳曰墊隘隘陋也又說文𩆵寒也或曰早霜讀若春秋傳墊阨阨隘古字通按杜注墊隘羸困也于訓詁爲不通正義更屬曲說鄭元尚書注墊陷也陷與下義並同

於是乎有沉溺重膇之疾

按埤蒼引左傳作瘇云與膇同衆經音義引釋名云下重曰瘇今釋名無此語元應不知何本

不如新田土厚水深居之不疾有汾澮以流其惡

水經汾水出太原汾陽縣北至汾陰縣北注于河澮水

出河東絳縣東西至王澤注于汾杜本此　周書曰地有五

形不通曰惡

且民從教十世之利也夫山澤林鹽國之寶也國饒則民

驕佚近寶公室乃貧不可謂樂公說從之夏四月丁丑晉

遷于新田　六月鄭悼公卒　子叔聲伯如晉命伐宋秋

孟獻子叔孫宣伯侵宋晉命也　楚子重伐鄭鄭從晉故

也　冬季文子如晉賀遷也　晉欒書救鄭與楚師遇於

繞角楚師還晉師遂侵蔡楚公子申公子成以申息之師

救蔡禦諸桑隧趙同趙括欲戰請於武子武子將許之知

莊子范文子韓獻子諫曰不可吾來救鄭楚師去我吾遂

至於此是遷戮也戮而不已又怒楚師戰必不克雖克不令成師以出而敗楚之二縣何榮之有焉若不能敗爲辱已甚不如還也乃遂還於是軍帥之欲戰者衆或謂欒武子曰聖人與衆同欲是以濟事子盍從衆

鄭元禮記注盍何不也杜本此

子爲大政將酌於民者也子之佐十一人

服虔云是時欒書將中軍荀首佐之荀庚將上軍士爕佐之郤錡將下軍趙同佐之韓厥將新中軍趙括佐之鞏朔將新上軍韓穿佐之荀騅將新下軍趙旃佐之本疏

其不欲戰者三人而已欲戰者可謂衆矣商書曰三人占

從二人衆故也武子曰善鈞

高誘淮南王書注鈞等也杜本此

從衆夫善衆之主也三卿爲主可謂衆矣從之不亦可乎

七年春吳伐郯郯成季文子曰中國不振旅

李奇上林賦注振整也爾雅旅衆也杜本此

蠻夷入伐而莫之或恤無弔者也夫詩曰不弔昊天亂靡有定其此之謂乎有上不弔其誰不受亂吾亡無日矣君子曰知懼如是斯不亡矣　鄭子良相成公以如晉見且拜師　夏曹宣公來朝　秋楚子重伐鄭師于氾

郡國志潁川郡襄城有氾城杜同此

諸侯救鄭鄭共仲侯羽軍楚師囚鄖公鍾儀獻諸晉八月同盟于馬陵尋蟲牢之盟且莒服故也　晉人以鍾儀歸囚諸軍府　楚圍宋之役師還子重請取於申呂以爲賞田王許之申公巫臣曰不可此申呂所以邑也是以爲賦以御北方若取之是無申呂也晉鄭必至于漢王乃止子重是以怨巫臣子反欲取夏姬巫臣止之遂取以行子反亦怨之及共王卽位子重子反殺巫臣之族子閻子蕩及清尹弗忌及襄老之子黑要而分其室子重取子閻之室使沈尹與王子罷分子蕩之室子反取黑要與清尹之室巫臣自晉遺二子書曰爾以讒慝貪惏

王逸楚辭章句愛財曰貪愛食曰惏方言貪殺也楚謂之貪惏殘也殺而取其財曰惏

事君而多殺不辜余必使爾罷於奔命以死巫臣請使於吳晉侯許之吳子壽夢說之乃通吳于晉以兩之一卒適吳

司馬法百人爲卒二十五人爲兩車九乘爲小偏十五乘爲大偏杜本此

舍偏兩之一焉與其射御教吳乘車教之戰陳教之叛楚

寘其子狐庸焉使爲行人於吳

服虔云行人掌國賓客之禮籍以待四方之使賓大客

受小國之幣辭史記集解

吳始伐楚伐巢伐徐子重奔命馬陵之會吳入州來子重自鄭奔命子重子反於是乎一歲七奔命蠻夷屬於楚者吳盡取之是以始大通吳於上國　衛定公惡孫林父冬孫林父出奔晉衛侯如晉晉反戚焉

八年春晉侯使韓穿來言汶陽之田歸之于齊季文子餞之私焉

說文餞送去食也按餞字本訓當依說文杜註葢本辥鄭義文選注引韓詩辥君章句送行飲酒曰餞是因詩飲餞于禰飲字隨文爲義釋文稱毛詩箋云祖而舍軷

飲酒於其側曰餞是因顯父餞之清酒百壺句隨文爲義皆非餞字本訓也杜于訓詁之義本不精類此者極多姑附記于此

曰大國制義以爲盟主是以諸侯懷德畏討無有貳心明刊本作二誤今从宋本改正謂汶陽之田敝邑之舊也而用師於齊使歸諸敝邑今有二命曰歸諸齊信以行義義以成命小國所望而懷也信不可知義無所立四方諸侯其誰不解體詩曰女也不爽士貳其行士也罔極

詩毛傳爽差也鄭箋極中也杜本此

二三其德七年之中一與一奪二三孰甚焉士之二三猶

喪妃耦而況霸主霸主將德是以而二三之其何以長有

諸侯乎詩曰猶之未遠

詩鄭箋猶圖也杜本此

是用大簡

詩作大諫按杜訓簡爲諫古義通周禮鄭司農注亦同

行父懼晉之不遠猶而失諸侯也是以敢私言之　晉欒

書侵蔡遂侵楚獲申驪楚師之還也晉侵沈

地理志汝南郡平輿應劭曰故沈子國杜本此

獲沈子揖初從知范韓也君子曰從善如流宜哉詩曰愷

悌君子遐不作人

爾雅遐遠也荀爽易注作用也杜本此

求善也夫作人斯有功績矣是行也鄭伯將會晉師門于許東門大獲焉　聲伯如莒逆也　宋華元來聘聘共姬也夏宋公使公孫壽來納幣禮也　晉趙莊姬爲趙嬰之亡故

賈服皆以爲成公之女本疏杜取此

譖之于晉侯曰原屏將爲亂欒郤爲徵六月晉討趙同趙括武從姬氏畜于公宮

詩毛傳畜養也杜本此

以其田與祁奚

呂覽去私篇作祁黃羊高誘注祁奚高梁伯之子祁黃羊也又云黃羊祁奚字

韓厥言於晉侯曰成季之勳宣孟之忠而無後爲善者其懼矣三代之令王皆數百年保天之祿夫豈無辟王賴前哲以免也釋文作喆周書曰不敢侮鰥寡所以明德也乃立武而反其田焉　秋召桓公來賜公命　晉侯使申公巫臣如吳假道于莒與渠丘公立於池上曰城已惡莒子曰辟陋在夷其孰以我爲虞對曰夫狡焉一說狡焉當屬下爲句

高誘呂覽注狡猾也杜本此

思啟封疆以利社稷者何國蔑有唯然故多大國矣惟或

思或縱也勇夫重閉

按釋文閉一音戶旦反今攷閉字無此音當是本又作閈故有此反傳寫脫誤耳

況國乎　冬杞叔姬卒來歸自杞故書　晉士燮來聘言伐郯也以其事吳故公賂之請緩師文子不可曰君命無貳失信不立禮無加貨事無二成君後諸侯是寡君不得事君也燮將復之季孫懼使宣伯帥師會伐郯　衛人來媵共姬禮也凡諸侯嫁女同姓媵之異姓則否

箴膏肓諸侯直云備酒漿何得有異姓在內　穀梁疏

九年春杞桓公來逆叔姬之喪請之也杞叔姬卒為杞故

也逆叔姬爲我也釋文本或無爲字　爲歸汶陽之田故諸侯貳於晉晉人懼會于蒲以尋馬陵之盟季文子謂范文子曰德則不競

詩毛傳競彊也杜本此

尋盟何爲范文子曰勤以撫之寬以待之堅彊以御之明神以要之柔服而伐貳德之次也是行也將始會吳吳人不至　二月伯姬歸于宋　楚人以重賂求鄭鄭伯會楚公子成于鄧　夏季文子如宋致女復命公享之賦韓奕之五章穆姜出於房再拜曰大夫勤辱不忘先君以及嗣君施及未亡人先君猶有望也敢拜大夫之重勤又賦綠

衣之卒章而入釋文綠本又作緣

按詩鄭箋綠當爲褖故作褖轉作緣字之誤也

晉人來媵禮也　秋鄭伯如晉晉人討其貳於楚也執諸銅鞮

郡國志上黨郡銅鞮劉昭注引上黨記曰晉别宫墟關猶有北城去晉宫二十里羊舌所邑杜同此

欒書伐鄭鄭人使伯蠲行成晉人殺之非禮也兵交使在其間可也楚子重侵陳以救鄭　晉侯觀于軍府見鍾儀問之曰南冠而縶者誰也

服虔云楚冠御覽杜取此　獨斷引胡廣說曰南冠蓋楚之冠

秦滅楚以其君冠賜御史司馬彪莊子注縶拘也杜同此

有司對曰鄭人所獻楚囚也使稅之召而弔之再拜稽首問其族對曰泠人也詩疏引作伶人文選注同公曰能樂乎對曰先父之職官也敢有二事使與之琴操南音公曰君王何如對曰非小人之所得知也固問之對曰其爲太子也師保奉之以朝于嬰齊而夕于側也不知其他公語范文子文子曰楚囚君子也言稱先職不背本也樂操土風不忘舊也稱大子抑無私也名其二卿尊君也不背本仁也不忘舊信也無私忠也尊君敏也

韋昭國語注敏達也杜本此

仁以接事信以守之忠以成之敏以行之事雖大必濟君

盍歸之使合晉楚之成公從之重爲之禮使歸求成　冬

十一月楚子重自陳伐莒圍渠丘渠丘城惡衆潰奔莒戊

申楚入渠丘莒人囚楚公子平楚人曰勿殺吾歸而俘莒

人殺之楚師圍莒莒城亦惡庚申莒潰楚遂入鄆莒無備

故也君子曰恃陋而不備罪之大者也備豫不虞善之大

者也莒恃其陋而不修城郭浹辰之間而楚克其三都無

備也夫詩曰雖有絲麻無棄菅蒯

玉篇蔽苦怪切草中爲索左氏傳曰無棄菅蔽下蒯字

注云同上

雖有姬姜無棄蕉萃

詩東門之池正義引傳作憔悴淮南說林曰有榮華者必有憔悴蕉萃猶憔悴也

凡百君子莫不代匱言備之不可以已也　秦人白狄伐晉諸侯貳故也　鄭人圍許示晉不急君也是則公孫申謀之曰我出師以圍許爲將改立君者而紓晉使晉必歸君　城中城書時也　十二月楚子使公子辰如晉報鍾儀之使請修好結成

十年春晉侯使糴茷如楚

說文春秋傳曰晉糴茷

報太宰子商之使也　衛子叔黑背侵鄭晉命也　鄭公子班聞叔申之謀三月子如立公子繻史記索隱曰繻音須鄒氏曰一作纁音訓夏四月鄭人殺繻立髡頑史記鄭世家作惲索隱曰惲組粉反左傳作髡原按公穀皆作髡原今索隱云左傳本作髡原或因公穀本而誤也子如奔許欒武子曰鄭人立君我執一人焉何益不如伐鄭而歸其君以求成焉晉侯有疾五月立大子州滿

應劭作舊名諱議云昔者周穆王名滿晉厲公名州滿又有王孫滿是名同不諱正義云據此則爲州滿或作州蒲誤耳本疏按晉世家作壽曼十二諸侯年表同是州滿聲之轉其爲滿字無疑今據應劭劉知幾改正釋文

亦云本或作州滿

以爲君而會諸侯伐鄭鄭子罕賂以襄鐘子然盟于修澤子駟爲質辛巳鄭伯歸　晉侯夢大厲

服虔又以爲公明之鬼本疏　按索隱引世本云公明生共孟及趙夙夙生成季衰而宣二年左傳正義引世本又云夙爲衰祖至晉語則云趙衰趙夙之弟一人而世次不同且分作三代疑世本傳寫有誤今詳傳文及服氏所言則公明當屬括之祖與晉語合杜預世族譜次系亦同李頤莊子解曰死而無後曰厲

披髮及地搏膺而踊曰殺余孫不義余得請於帝矣壞大

門及寢門而入釋文一本無及字公懼入于室又壞戶公覺召桑田巫巫言如夢公曰何如曰不食新矣公疾病求醫于秦秦伯使醫緩爲之未至公夢疾爲二豎子曰彼良醫也懼傷我焉逃之釋文懼傷我絕句焉徐于虔反一讀如字屬上句逃之絕句按焉字屬下句爲允釋文一讀非其一曰居肓之上膏之下若我何

賈逵云肓鬲也心下爲膏本注杜取此說文肓心上鬲下也春秋傳曰病在肓之下按尋賈義及說文應云居肓之下膏之上今本上下字疑有脫亂釋文引說文作心下鬲上誤賈服何休等亦皆以爲膏雖疑者爲脂釋者爲膏其實疑者亦曰膏故內則云小切狼臅膏則此膏爲

連心脂膏也

醫至曰疾不可爲也

高誘淮南王書注爲治也廣雅爲瘉也瘉愈同

在肓之上膏之下攻之不可達之不及藥不至焉不可爲也公曰良醫也厚爲之禮而歸之六月丙午晉侯欲麥使甸人獻麥饋人爲之召桑田巫示而殺之將食張如廁

玉篇稱左氏傳云將食脹如廁云脹痛也或係舊注按脹卽張之俗字

陷而卒小臣有晨夢負公以登天及日中負晉侯出諸廁遂以爲殉　鄭伯討立君者戊申殺叔申叔禽君子曰忠

爲令德非其人猶不可况不令乎　秋公如晉晉人止公使送葬於是羅茷未反冬葬晉景公公送葬諸侯莫在魯人辱之故不書諱之也

十一年春王三月公至自晉晉人以公爲貳於楚故止公公請受盟而後使歸　郤犨來聘且涖盟　聲伯之母不聘穆姜曰吾不以妾爲姒

賈逵鄭元皆云兄弟之妻相謂爲姒本疏杜取此

生聲伯而出之嫁於齊管于奚生二子而寡以歸聲伯聲伯以其外弟爲大夫而嫁其外妹於施孝叔郤犨來聘求婦於聲伯聲伯奪施氏婦以與之婦人曰鳥獸猶不失儷

鄭元儀禮注及廣雅儷偶也杜本此

子將若何曰吾不能死亡婦人遂行生二子于郤氏郤氏亡晉人歸之施氏施氏逆諸河沈其二子婦人怒曰己不能庇其伉儷而亡之

鄭元儀禮注伉敵也杜本此

又不能字人之孤

詩毛傳字愛也杜本此

而殺之將何以終遂誓施氏　夏季文子如晉報聘且涖盟也　周公楚惡惠襄之偪也且與伯與爭政不勝怒而出及陽樊王使劉子復之盟于鄄而入三日復出奔晉

秋宣伯聘于齊以修前好　晉郤至與周爭鄇田

說文鄇晉之溫地春秋傳曰爭鄇田杜本此

王命劉康公單襄公訟諸晉郤至曰溫吾故也故不敢失

劉子單子曰昔周克商使諸侯撫封

鄭元禮記注撫猶有也廣雅同杜本此

蘇忿生以溫爲司寇與檀伯達封于河蘇氏卽狄又不能於狄而奔衛襄王勞文公而賜之溫狐氏陽氏先處之而後及子若治其故則王官之邑也子安得之晉侯使郤至勿敢爭　宋華元善於令尹子重又善於欒武子聞楚人旣許晉糴茷成而使歸復命矣冬華元如楚遂如晉合晉

楚之成　秦晉爲成將會于令狐晉侯先至焉秦伯不肯涉河次于王城使史顆盟晉侯于河東晉郤犨盟秦伯于河西范文子曰是盟也何益齊盟所以質信也

詩毛傳質成也杜本此

會所信之始也始之不從其可質乎秦伯歸而背晉成

十二年春王使以周公之難來告書曰周公出奔晉凡自周無出周公自出故也　宋華元克合晉楚之成夏五月晉士燮會楚公子罷許偃癸亥盟于宋西門之外曰凡晉楚無相加戎好惡同之同恤菑危備救凶患若有害楚則晉伐之在晉楚亦如之交贄往來

薛綜東京賦注贄禮也

道路無雍諸本皆作壅今从石經宋本改正謀其不協而討不庭有渝此盟明神殛之

爾雅庭直也殛誅也

俾隊其師

詩鄭箋俾使也韋昭國語注隊失也杜本此

無克胙國鄭伯如晉聽成

高誘國策注聽受也杜本此

會于瑣澤成故也　狄人間宋之盟以侵晉而不設備秋晉人敗狄于交剛　晉郤至如楚聘且涖盟楚子享之子

反相爲地室而縣焉郤至將登金奏作於下驚而走出子反曰日云莫矣寡君須矣

爾雅須待也

吾子其入也賓曰君不忘先君之好施及下臣貺之以大禮

韋昭國語注況賜也貺當作況杜本此

重之以備樂如天之福兩君相見何以代此下臣不敢子反曰如天之福兩君相見無亦惟是一矢以相加遺

詩毛傳遺加也

焉用樂寡君須矣吾子其入也賓曰若讓之以一矢禍之

大者其何福之爲世之治也諸侯閒於天子之事則相朝也於是乎有享宴之禮享以訓共儉宴以示慈惠共儉以行禮而慈惠以布政政以禮成民是以息百官承事朝而不夕此公侯之所以扞城其民也

漢書集注扞蔽猶言藩屏也

故詩曰赳赳武夫

爾雅赳赳武也杜本此

公侯干城及其亂也諸侯貪冒侵欲不忌爭尋常以盡其民

小爾雅四尺謂之仞倍仞謂之尋倍尋謂之常杜本此

略其武夫以爲己腹心股肱爪牙

方言略強取也廣雅略取也杜本此

故詩曰赳赳武夫公侯腹心天下有道則公侯能爲民干城而制其腹心亂則反之今吾子之言亂之道也不可以爲法然吾子主也至敢不從遂入卒事歸以語范文子文子曰無禮必食言吾死無日矣夫冬楚公子罷如晉聘且涖盟十二月晉侯及楚公子罷盟于赤棘

十三年春晉侯使郤錡來乞師將事不敬孟獻子曰郤氏其亡乎禮身之幹也敬身之基也郤子無基且先君之嗣卿也受命以求師將社稷是衞而惰棄君命也不亡何爲

三月公如京師宣伯欲賜請先使王以行人之禮禮焉孟獻子從王以爲介而重賄之公及諸侯朝王遂從劉康公成肅公會晉侯伐秦成子受脤于社

五經異義左氏說脤社祭之肉盛之以蜃宗廟之肉名曰膰周禮疏杜本此

不敬劉子曰吾聞之民受天地之中以生

按中與衷通孔安國尚書傳衷善也

所謂命也是以有動作禮義威儀之則以定命也能者養之以福不能者敗以取禍是故君子勤禮小人盡力勤禮莫如致敬盡力莫如敦篤敬在養神篤在守業國之大事

在祀與戎祀有執膰戎有受脤神之大節也今成子惰弃其命矣其不反乎　夏四月戊午晉侯使呂相絶秦

賈逵云晉大夫史記集解

曰昔逮我獻公及穆公相好勠力同心

說文勠并力也从力翏聲惠棟曰戰國策勠力同憂高誘曰勠力也勉力也其字从力今諸本作戮誤詛楚文又作繆力葢古字假借今按石經釋文宋本並作勠今據改又國語補音引嵇康云勠音留

申之以盟誓重之以昬姻天禍晉國文公如齊惠公如秦無祿獻公即世穆公不忘舊德俾我惠公用能奉祀于晉

又不能成大勳而爲韓之師亦悔于厥心用集我文公

小爾雅集成也杜本此

是穆之成也文公躬擐甲冑跋履山川

詩毛傳草行曰跋杜本此

踰越險阻征東之諸侯虞夏商周之允而朝諸秦則亦旣報舊德矣鄭人怒君之疆埸我文公帥諸侯及秦圍鄭秦大夫不詢于我寡君

爾雅詢謀也杜本此

擅及鄭盟諸侯疾之將致命于秦文公恐懼綏靜諸侯秦師克還無害則是我有大造于西也

鄭元易注造成也杜本此

無祿文公即世穆爲不弔蔑我死君釋文死我君本或以我字在死上

惠棟曰桉僖三十三年傳其爲死君乎可謂死君乎尋文義當云蔑我死君鄭康成易注云蔑輕慢也今據釋文改正

寡我襄公

高誘呂覽注寡少也

迭我殽地奸絕我好伐我保城殄滅我費滑散離我兄弟撓亂我同盟

廣雅撓亂也

傾覆我國家我襄公未忘君之舊勳而懼社稷之隕是以有殽之師猶願赦罪于穆公穆公弗聽而卽楚謀我

詩衞風來卽我謀爾雅卽尼也郭璞注尼近也

天誘其衷成王隕命穆公是以不克逞志于我穆襄卽世康靈卽位康公我之自出又欲闕翦我公室傾覆我社稷帥我蝥賊以來蕩搖我邊疆我是以有令狐之役康猶不悛

方言悛懌改也說文悛止也廣雅悛更也按義訓並通

杜注本方言

入我河曲伐我涑川俘我王官

郡國志河東郡聞喜邑有涑水杜同此

翦我羈馬我是以有河曲之戰東道之不通則是康公絕我好也及君之嗣也我君景公引領西望曰庶撫我乎君亦不惠稱盟利吾有狄難入我河縣焚我箕郜芟夷我農功

小爾雅夷傷也杜本此

虔劉我邊垂別本作陲今从石經改

方言廣雅並云虔殺也爾雅劉殺也杜本此

我是以有輔氏之聚

韋昭國語注聚衆也杜本

君亦悔禍之延

爾雅延長也杜本此

而欲徼福于先君獻穆使伯車來命我景公曰吾與女同好棄惡復修舊德以追念前勳言誓未就景公卽世我寡君是以有令狐之會

釋文寡君讀者亦作寡人按上文云我是以有令狐之役我是以有河曲之戰我是以有輔氏之聚此準上例則寡君當爲衍字

君又不祥背棄盟誓白狄及君同州君之仇讎而我昏姻也別本我下衍之字从石經刪君來賜命曰吾與女伐狄寡君不敢顧

昏姻畏君之威而受命于吏君有二心於狄曰晉將伐女狄應且憎是用告我楚人惡君之二三其德也亦來告我曰秦背令狐之盟而來求盟于我昭告昊天上帝秦三公楚三王曰余雖與晉出入余惟利是視不穀惡其無成德是用宣之以懲不壹諸侯備聞此言斯是用痛心疾首暱釋文作昵就寡人

何休公羊注疾痛也爾雅暱親近也杜本此

寡人帥以聽命惟好是求君若惠顧諸侯矜哀寡人而賜之盟則寡人之願也其承寧諸侯以退豈敢徼亂

漢書集注邀要求也

君若不施大惠寡人不佞

服虔云佞才也不才者自謙之辭也本疏

其不能以諸侯退矣敢盡布之執事俾執事實圖利之秦桓公既與晉厲公爲令狐之盟而又召狄與楚欲道以伐晉諸侯是以睦於晉晉欒書將中軍荀庚佐之士燮將上軍郤錡佐之韓厥將下軍荀罃佐之趙旃將新軍郤至佐之郤毅御戎欒鍼爲右孟獻子曰晉師乘和師必有大功五月丁亥晉師以諸侯之師及秦師戰于麻隧秦師敗績獲秦成差及不更女父曹宣公卒于師

禮記檀弓曹桓公卒于會鄭注魯成公十三年曹伯廬

卒于師是也盧諡宣言桓聲之誤也

師遂濟涇及侯麗而還

地理志安定郡涇陽幵頭山在西禹貢涇水所出東南至陽陵入渭杜本此

迓晉侯于新楚釋文迓本又作訝

爾雅迓迎也杜本此

成肅公卒于瑕　六月丁卯夜鄭公子班自訾求入于大宮不能殺子印子羽反軍于市己巳子駟帥國人盟于大宮遂從而盡焚之殺子如子駹孫叔孫知曹人使公子負芻守使公子欣時逆曹伯之喪

古今人表作曹劌時師古曰卽曹欣時也劌音許其反劉向新序作喜時按詩毛傳時善也欣時字子臧卽此義

秋負芻殺其大子而自立也諸侯乃請討之晉人以其役之勞請俟他年冬葬曹宣公旣葬子臧將亡國人皆將從之成公乃懼告罪且請焉乃反而致其邑

十四年春衛侯如晉晉侯強見孫林父焉釋本作彊定公不可夏衛侯旣歸晉侯使郤犨送孫林父而見之衛侯欲辭定姜曰不可是先君宗卿之嗣也大國又以爲請不許將亡雖惡之不猶愈於亡乎君其忍之安民而宥宗卿不亦可

乎衞侯見而復之衞侯享苦成叔

王符潛夫論曰苦城城名也在鹽池東北後人書之或爲枯齊人聞其音則書之曰車敦煌見其字呼之曰車城其在漢陽者不喜枯苦之字則更書之曰古城氏

甯惠子相苦成叔傲五行志引作敖師古曰敖讀曰傲則此字古當作敖今姑仍之甯子曰苦城家其亡乎古之爲享食也以觀威儀省禍福也故詩曰兕觥其觩旨酒思柔

說文觥兕牛角可以飲者也从角黃聲其狀觵觵故謂之觵觵俗从觥按此則石經字亦未从俗間有勝釋文處也又按詩良耜有觩其角則觩是角貌故范甯穀梁

成七年傳展斛角而知傷亦云斛觩觩然角皃杜注云

陳設之皃失之斛觩古字通

彼交匪傲萬福來求五行志引作匪儌匪敖師古曰儌爲儌幸也今夫子傲取

禍之道也　秋宣伯如齊逆女稱族尊君命也　八月鄭

子罕伐許敗焉戊戌鄭伯復伐許庚子入其郛許人平以

叔申之封　九月僑如以夫人婦姜氏至自齊舍族尊夫

人也故君子曰春秋之稱微而顯志而晦婉而成章

衆經音義引字詁識記也識志字同杜本此詩毛傳晦昧

也婉順也按杜注言晦亦微也婉曲也並非義訓

盡而不汙懲惡而勸善非聖人誰能修之　衞侯有疾使

孔成子甯惠子立敬姒之子衎以爲大子冬十月衞定公卒夫人姜氏既哭而息見大子之不哀也不内酌飲歎曰是夫也將不惟衞國之敗其必始於未亡人烏乎天禍衞國也夫吾不獲鱄也使主社稷大夫聞之無不聳懼孫文子自是不敢舍其重器於衞盡寘諸戚

詩毛傳寘置也杜本此

而甚善晉大夫

十五年春會于戚討曹成公也執而歸諸京師書曰晉侯執曹伯不及其民也凡君不道於其民諸侯討而執之則曰某人執某侯不然則否諸侯將見子臧於王而立之子

臧辭曰前志有之曰聖達節次守節下失節

按劉向新序引作下不失節誤

爲君非吾節也雖不能聖敢失守乎遂逃奔宋　夏六月宋共公卒五行志作恭　楚將北師子囊曰新與晉盟而背之無乃不可乎子反曰敵利則進何盟之有申叔時老矣在申聞之曰子反必不免信以守禮禮以庇身信禮之亡欲免得乎楚子侵鄭及暴隧遂侵衞及首止鄭子罕侵楚取新石欒武子欲報楚韓獻子曰無庸

詩毛傳庸用也杜本此

使重其罪民將叛之無民孰戰　秋八月葬宋共公於是

華元爲右師，魚石爲左師，蕩澤爲司馬，華喜爲司徒，公孫師爲司城，向爲人爲大司寇，鱗朱爲少司寇，向帶爲太宰，魚府爲少宰。蕩澤弱公室，殺公子肥。華元曰：我爲右師，君臣之訓，師所司也。今公室卑而不能正，吾罪大矣。不能正官，敢賴寵乎？乃出奔晉。二華，戴族也；司城，莊族也；六官者皆桓族也。魚石將止華元。魚府曰：右師反，必討，是無桓氏也。魚石曰：右師苟獲反，雖許之討，必不敢。且多大功，國人與之，不反，懼桓氏之無祀於宋也。右師討，猶有戌在，桓氏雖亡，必偏。魚石自止華元于河上。請討，許之，乃反。使華喜、公孫師帥國人攻蕩氏，殺子山。史記作司馬唐山。按子山蓋即蕩澤，澤爲司馬也。唐

蕩音同書曰宋殺其大夫山言背其族也魚石向爲人鱗朱向帶魚府出舍于睢上

水經睢水出梁郡鄢縣東流至蕭縣南入于陂

華元使止之不可冬十月華元自止之不可乃反魚府曰今不從不得入矣右師視速而言疾有異志焉若不我納今將馳矣登丘而望之則馳釋文馳字絶句騁而從之則決睢澨

王逸楚辭章句澨水涯也杜本此高誘呂覽注決溢也

閉門登陴矣左師二司寇二宰遂出奔楚

服虔云魚石卿故書以爲四人非卿故不書本疏

華元使向戌爲左師老佐爲司馬樂裔爲司寇以靖國人

晉三郤

賈逵云郤錡郤犨郤至史記集解害伯宗譖而殺之及欒弗忌伯州犁奔楚潛夫論作伯州黎韓獻子曰郤氏其不免乎善人天地之紀也而驟絕之不亡何待初伯宗每朝其妻必戒之曰盜憎主人民惡其上

家語載金人銘有此二語說苑作盜怨主人民害其貴

子好直言必及於難　十一月會吳于鍾離始通吳也許靈公畏偪于鄭請遷于楚辛丑楚公子申遷許于葉十六年春楚子自武城使公子城以汝陰之田求成于鄭鄭叛晉子駟從楚子盟于武城　夏四月滕文公卒　鄭

子罕伐宋宋將鉏樂懼敗諸汋陂退舍於夫渠不儆鄭人覆之敗諸汋陵獲將鉏樂懼宋恃勝也　衛侯伐鄭至于鳴雁諸本作鴈今从說文石經改定

郡國志陳留郡陳留有鳴雁亭杜同此　酈道元云汳水又東逕鳴雁亭南左傳衛侯伐鄭至于鳴雁者也

爲晉故也　晉侯將伐鄭范文子曰若逞吾願

賈逵國語注逞快也杜取此

諸侯皆叛晉可以逞若惟鄭叛晉國之憂可立俟也欒武子曰不可以當吾世而失諸侯必伐鄭乃興師欒書將中軍士燮佐之郤錡將上軍荀偃佐之韓厥將下軍郤至佐

新軍荀罃居守郤犫如衛遂如齊皆乞師焉欒黶來乞師孟獻子曰有勝矣戊寅晉師起鄭人聞有晉師使告于楚姚句耳與往楚子救鄭司馬將中軍令尹將左右尹子辛將右過申子反入見申叔時曰師其何如對曰德刑詳義

正義曰詳者祥也古字同爾雅祥善也

禮信戰之器也德以施惠刑以正邪詳以事神義以建利禮以順時信以守物民生厚而德正用利而事節時順而物成上下和睦周旋不逆求無不具各知其極故詩曰立我烝民

詩毛傳烝衆也杜本此

莫匪爾極是以神降之福時無災害民生敦厖

詩毛傳敦厚也爾雅厖大也杜本此

和同以聽莫不盡力以從上命致死以補其闕此戰之所由克也今楚內棄其民而外絕其好瀆齊盟

崔憬易注曰瀆古黷字傳皆以瀆爲黷按虞翻易注黷亂也

而食話言奸時以動而疲民以逞

服虔以外絕其好爲刑不正邪也食語言爲義不建利也疲民以逞爲信不守物也本疏

民不知信進退罪也人恤所厎

詩毛傳厎至也杜本此

其誰致死子其勉之吾不復見子矣釋文一本無復字姚句耳先歸子駟問焉對曰其行速過險而不整速則失志不整喪列志失列喪將何以戰楚懼不可用也五月晉師濟河聞楚師將至范文子欲反曰我僞逃楚可以紓憂夫合諸侯非吾所能也以遺能者我若羣臣輯睦以事君多矣武子曰不可六月晉楚遇於鄢陵

淮南氾論訓作楚恭王戰于陰陵高誘注云恭王與晉厲戰于陰陵按陰鄢聲相近

范文子不欲戰郤至曰韓之戰惠公不振旅箕之役先軫

不反命邲之師荀伯不復從皆晉之恥也子亦見先君之事矣今我辟楚又益恥也文子曰吾先君之亟戰也

爾雅亟亦數也杜本此

有故秦狄齊楚皆彊不盡力子孫將弱今三彊服矣敵楚而已惟聖人能外内無患自非聖人外寧必有内憂盍釋楚以爲外懼乎甲午晦楚晨壓晉軍而陳軍吏患之范匄趨進釋文匄本又作丐曰塞井夷竈

毛傳夷平也賈逵云夷毁也衆經音義引國語注

陳於軍一而疏行首

司馬法曰凡陳行惟疏淮南王書疏隊而擊之高誘注

疏分也

晉楚惟天所授何患焉文子執戈逐之曰國之存亡天也童子何知焉欒書曰楚師輕窕

爾雅佻偷也

固壘而待之三日必退退而擊之必獲勝焉郤至曰楚有六間不可失也其二卿相惡王卒以舊鄭陳而不整蠻軍而不陳陳不違晦在陳而囂晉語作譁

鄭元周禮注囂譁也杜本此

合而加囂各顧其後莫有鬬心舊不必良以犯天忌我必克之楚子登巢車

說文轈兵車高如巢以望敵也春秋傳曰楚子登轈車廣雅巢高也按今本作巢杜注巢車車上爲櫓今考說文櫓澤中守草樓也杜合轈櫓爲一恐非

以望晉軍子重使太宰伯州犁王符引作州黎侍于王後王曰騁而左右何也

王逸楚辭章句騁馳也杜注走也義亦同

曰召軍吏也皆聚於中軍矣曰合謀也張幕矣曰虔卜於先君也

廣雅虔敬也杜本此

徹幕矣曰將發命也甚囂且塵上矣曰將塞井夷竈而爲

行也皆乘矣左右執兵而下矣曰聽誓也戰乎曰未可知也乘而左右皆下矣曰戰禱也伯州犁以公卒告王苗賁皇說苑引作釁蚠黃在晉侯之側亦以王卒告皆曰國士在且厚不可當也

服虔以此皆曰之文在州犁賁皇之下解曰州犁賁皇皆言曰晉楚之士皆在君側且陳厚不可當以爲州犁言晉強賁皇言楚強故云皆曰也本疏

苗賁皇言於晉侯曰楚之良在其中軍王族而已請分良以擊其左右而三軍萃於王卒

詩毛傳萃集也杜本此

必大敗之公筮之史曰吉其卦遇復☷☳

服虔云復反也陰盛于上陽動于下以喻小人作亂于上聖人與道于下萬物復萌制度復理故曰復也同上

曰南國蹙

詩毛傳蹙促也鄭箋蹙蹙縮小之貌廣雅蹙縮也

射其元王中厥目

服虔以爲陽氣觸地射出爲射之象同上

國蹙王傷不敗何待公從之有淖於前

說文淖泥也衆經音義引倉頡淖深泥也杜本此

乃皆左右相違于淖

韋昭國語注違辟也杜本此

步毅御晉厲公欒鍼爲右彭名御楚莊王潘黨爲右石首御鄭成公唐苟爲右欒范以其族夾公行陷於淖欒書將載晉侯鍼曰書退國有大任焉得專之且侵官冒也失官慢也離局姦也有三罪焉不可犯也乃掀公以出於淖

說文掀舉出也春秋傳曰掀公出于淖廣雅掀舉也杜本此

癸巳潘尫之黨釋文一本作潘尫之子黨按注云黨潘尫之子也則傳文不得有子字古本此及襄二十三年中鮮虞之傳摯皆無子字與養由基蹲甲而射之

說文蹲踞也廣雅蹲聚也蹲蹲音義同杜本此鄭元音蹲

才丸切宋本羣經音辯按養葢所食采地郡國志潁川郡襄有養陰里水經注稱京相璠曰在襄城郟縣西南養水名也

徹七札焉

廣雅札甲也按徹七札言徹七重甲能陷堅也太元經元掜云比札爲甲是其證

以示王曰君有二臣如此何憂於戰王怒曰大辱國詰朝爾射死藝呂錡夢射月中之退入於泥占之曰姬姓日也異姓月也必楚王也射而中之退入於泥亦必死矣及戰射共王中目王召養由基與之兩矢使射呂錡中項伏弢

說文弢弓衣杜本此

以一矢復命郤子三遇楚子之卒見楚子必下免胄而趨

風楚子使工尹襄問之以弓

穀梁傳云聘弓鍭矢麋信曰古者以弓矢以聘問惠棟

曰故左傳云楚子問郤至以弓

曰方事之殷也

鄭元儀禮注殷盛也杜本此

有韎韋

賈逵云一染曰韎按說文韎茅蒐染韋也一入曰韎與

賈義同鄭箋亦用說文

之跗注

賈逵服虔並云跗謂足跗注屬也跨而屬于跗周禮疏杜取此

鄭元雜問志云韎韋之不注不讀如跗跗幅也惠棟曰不跗古字通見詩箋以跗注爲不注者鄭所受春秋異讀也

君子也識見不穀而趨

按識與適同外傳作屬訓爲適

無乃傷乎郤至見客免冑承命曰君之外臣至從寡君之戎事以君之靈間蒙甲冑

按杜注間近也今考莊九年昭廿六年杜注並云間與

也則此傳亦宜訓與爲是謂與于甲冑之事耳又高誘淮南注間遠也則間無近義可知

不敢拜命敢告不寧

詩毛傳不寧寧也劉炫以爲楚王云無乃傷乎恐其傷也荅云敢告不寧告其身不傷耳魏犨云不有寧也以傷爲寧此與魏犨相似規杜本疏

君命之辱爲事之故敢肅使者

周禮大祝肅拜鄭司農云肅拜但俯下手今時揖是也杜本此

三肅使者而退晉韓厥從鄭伯其御杜溷羅曰速從之其

御屨顧不在馬可及也韓厥曰不可以再辱國君乃止郤至從鄭伯

詩毛傳從逐也杜本此

其右茀翰胡曰韋昭國語注引作弗古字通諜賂之

說文諜軍中反間也

余從之乘而俘以下郤至曰傷國君有刑亦止石首曰衛懿公惟不去其旗是以敗於熒乃內旌於弢中唐苟謂石首曰子在君側敗者壹大我不如子子以君免我請止乃死楚師薄於險

小爾雅薄迫也杜本此

叔山冉古今人表作叔山舟一本仍作舟按舟當屬傳寫之誤謂養由基曰雖君有命爲國故子必射乃射再發盡殪叔山冉搏人以投中車折軾晉師乃止囚楚公子茷晉語作王子發鉤欒鍼見子重之旌請曰楚人謂夫旌子重之麾也彼其子重也日臣之使於楚也子重問晉國之勇臣對曰好以衆整曰又何如臣對曰好以暇今兩國治戎行人不使不可謂整臨事而食言不可謂暇請攝飲焉

鄭元儀禮注攝持也杜本此

公許之使行人執榼承飲

說文榼酒器也詩鄭箋承猶奉也杜本此

造於子重曰寡君乏使使鍼御持矛

廣雅御侍也杜本此

是以不得犒從者使某攝飲子重曰夫子嘗與吾言於楚

必是故也不亦識乎受而飲之免使者而復鼓

韋昭國語注免脫也杜本此

旦而戰見星未已子反命軍吏察夷傷

服虔云金創爲夷本疏

補卒乘繕甲兵

衆經音義引三蒼繕治也杜本此

展車馬

周禮司市賈逵注展之言整也

雞鳴而食惟命是聽晉人患之苗賁皇徇曰蒐乘補卒

爾雅蒐聚也

秣馬利兵修陳固列

詩毛傳固堅也杜本此

蓐食申禱

爾雅申重也杜本此

明日復戰乃逸楚囚

臣瓚漢書注逸放也

王聞之召子反謀穀陽豎獻飲於子反韓非子呂覽淮南王書史記說苑並

作豎穀陽或作豎陽穀子反醉而不能見王曰天敗楚也夫余不可以待乃宵遁晉入楚軍三日穀范文子立於戎馬之前曰君幼釋文本或作君幼弱諸臣不佞

小爾雅佞才也杜本此

何以及此君其戒之周書曰惟命不于常有德之謂楚師還及瑕

京相璠曰楚地水經注杜同此道元云瑕陂水又東南逕瑕城南左傳楚師還及瑕卽此城也

王使謂子反曰先大夫之覆師徒者君不在子無以爲過不穀之罪也子反再拜稽首曰君賜臣死死且不朽臣之

卒實奔臣之罪也子重使謂子反曰初隕師徒者而亦聞之矣盍圖之對曰雖微先大夫有之大夫命側側敢不義側亡君師敢忘其死王使止之弗及而卒

史記王怒射殺子反與左氏異呂覽又云龔王斬司馬子反以爲戮

戰之日齊國佐高無咎至于師衛侯出于衛公出于壞隤

宣伯通于穆姜

服虔云宣伯叔孫僑如史記集解

欲去季孟而取其室將行穆姜送公而使逐二子公以晉難告曰請反而聽命姜怒公子偃公子鉏趨過指之曰女

不可是皆君也公待於壞隤申宮儆備

說文儆戒也春秋傳曰儆宮文選注儆作警

設守而後行是以後使孟獻子守于公宮　秋會于沙隨謀伐鄭也宣伯使告郤犨曰魯侯待于壞隤以待勝者郤犨將新軍且爲公族大夫以主東諸侯取貨于宣伯而訴公于晉侯

馬融論語注愬譖也訴愬同杜本此

晉侯不見公　曹人請于晉曰自我先君宣公卽世國人曰若之何憂猶未弭

詩毛傳弭止也按杜注息也義亦同

而又討我寡君以亡曹國社稷之鎮公子是大泯曹也

李巡爾雅注泯沒之盡也詩疏

先君無乃有罪乎若有罪則君列諸會矣君惟不遺德刑以伯諸侯豈獨遺諸敝邑敢私布之　七月公會尹武公及諸侯伐鄭將行姜又命公如初公又申守而行諸侯之師次于鄭西我師次于督揚不敢過鄭子叔聲伯使叔孫豹請逆于晉師

服虔以爲叔孫豹先在齊矣此時從國佐在師子叔聲伯令人就齊師使豹豹不忘宗國聞白國佐爲魯請逆

本疏按豹奔齊後生二子魯乃召之則服義爲長

爲食於鄭郊師逆以至聲伯四日不食以待之食使者而後食釋文一本作聲伯而後食諸侯遷于制田知武子佐下軍以諸侯之師侵陳至于鳴鹿

河南圖經鹿邑故城在今縣西春秋陳鳴鹿地太平寰宇記鹿邑縣有鳴鹿臺在城内

遂侵蔡未反諸侯遷于潁上戊午鄭子罕宵軍之宋齊衛皆失軍

服虔以失軍爲失其軍糧本疏

曹人復請于晉晉侯謂子臧反吾歸而君子臧反曹伯歸子臧盡致其邑與卿而不出宣伯使告郤犫曰魯之有

季孟猶晉之有欒范也政令於是乎成今其謀曰晉政多門不可從也寧事齊楚有亡而已蔑從晉矣若欲得志於魯請止行父而殺之我斃蔑也而事晉蔑有貳矣魯不貳小國必睦不然歸必叛矣九月晉人執季文子于苕丘公還待于鄆

京相璠曰公羊傳作運今東郡廩丘縣東八十里有故運城卽此城也水經注杜同此

使子叔聲伯請季孫于晉郤犨曰苟去仲孫蔑而止季孫行父吾與子國親於公室對曰僑如之情子必聞之矣若去蔑與行父是大弃魯國而罪寡君也若猶不弃而惠徼

周公之福使寡君得事晉君則夫二人者魯國社稷之臣也若朝亡之魯必夕亡以魯之密邇仇讐亡而爲讐治之何及郤犨曰吾爲子請邑對曰嬰齊魯之常隸也敢介大國以求厚焉承寡君之命以請若得所請吾子之賜多矣又何求范文子謂欒武子曰季孫於魯相二君矣妾不衣帛馬不食粟可不謂忠乎信讒慝而弃忠良若諸侯何子叔嬰齊奉君命無私謀國家不貳圖其身不忘其君若虛其請是弃善人也子其圖之乃許魯平赦季孫冬十月出叔孫僑如而盟之

按此蓋言諸大夫皆盟獨出叔孫僑如使不在盟之列

也吾友莊進士述祖云襄二十三年傳盟叔孫氏也曰毋或如叔孫僑如欲廢國常蕩覆公室卽其事也故此云出僑如而盟之義亦通

僑如奔齊十二月季孫及郤犨盟于扈歸刺公子偃召叔孫豹于齊而立之　齊聲孟子通僑如使立於高國之間僑如曰不可以再罪奔衞唐石經作遂奔衞今本並脫遂字亦間於卿

晉侯使郤至獻楚捷于周與單襄公語驟稱其伐

韋昭國語注伐功也杜本此

單子語諸大夫曰溫季其亡乎位於七人之下而求掩其上怨之所聚亂之本也多怨而階亂何以在位夏書曰怨

豈在明不見是圖將慎其細也今而明之其可乎

十七年春王正月鄭子駟侵晉虛滑衞北宮括救晉侵鄭至于高氏

郡國志潁川郡陽翟有高氏亭杜同此

夏五月鄭大子髡頑侯獳爲質於楚楚公子成公子寅戍鄭　公會尹武子單襄公及諸侯伐鄭自戲童至于曲洧

水經洧水出河南密縣西南馬領山下入于潁杜本注此洧水又東逕新汲縣故城北縣置于許之汲鄉曲洧城

按卽春秋時曲洧

晉范文子反自鄢陵使其祝宗祈死曰君驕侈文選注引作君無禮

而克敵是天益其疾也難將作矣愛我者惟祝我使我速死無及於難范氏之福也六月戊辰士燮卒　乙酉同盟于柯陵尋戚之盟也　楚子重救鄭師于首止諸侯還

齊慶克通于聲孟子與婦人蒙衣乘輦而入于閎

說文閎巷門也杜本此

鮑牽見之以告國武子武子召慶克而謂之慶克久不出而告夫人曰國子讁我

韋昭國語注讁譴責也杜本此

夫人怒國子相靈公以會高鮑處守及還將至閉門而索客孟子訴之曰高鮑將不納君而立公子角國子知之秋

七月壬寅刖鮑牽而逐高無咎無咎奔莒高弱以盧叛

地理志盧屬泰山郡郡國志屬濟北國

齊人來召鮑國而立之初鮑國去鮑氏而來爲施孝叔臣施氏卜宰匡句須吉

應劭風俗通曰匡魯邑句須爲之宰其後氏焉

施氏之宰有百室之邑與匡句須邑使爲宰以讓鮑國而致邑焉施孝叔曰子實吉對曰能與忠良吉孰大焉鮑國相施氏忠故齊人取以爲鮑氏後仲尼曰鮑莊子之知不如葵

淮南王書聖人之于道猶葵之與日也雖不能與終始

哉其鄉之誠也

葵猶能衛其足　冬諸侯伐鄭十月庚午圍鄭楚公子申救鄭師于汝上十一月諸侯還　初聲伯夢涉洹

水經洹水出上黨泫氏縣至內黃縣北東入于白溝注謂之洹口也注又引許慎說文呂忱字林並云洹水出晉魯之間按杜注洹水出汲郡林慮縣東北至魏郡長樂縣入清水與郭璞山海經注同

或與己瓊瑰食之

說文瓊赤玉也瑰玫瑰一曰珠圜好　杜略同

泣而爲瓊瑰盈其懷從而歌之

廣雅從就也杜本此

曰濟洹之水贈我以瓊瑰歸乎歸乎瓊瑰盈吾懷乎懼不敢占也還自鄭壬申至于貍脤而占之曰余恐死故不敢占也

服虔云聲伯惡瓊瑰贈死之物故畏而不言也詩疏

今衆繁而從余三年矣

詩毛傳繁多也杜本此

無傷也言之之莫而卒　齊侯使崔杼爲大夫使慶克佐之帥師圍盧國佐從諸侯圍鄭以難請而歸遂如盧師殺慶克以穀叛齊侯與之盟于徐關而復之十二月盧降使

國勝告難于晉待命于清

地理志清屬東郡應劭曰章帝更名樂平杜本此

晉厲公侈多外嬖反自鄢陵釋文本作自鄢陵欲盡去羣大夫而立其左右胥童韓非子引作胥僮晉語作胥之昧以胥克之廢也怨郤氏而嬖於厲公郤錡奪夷陽五晉語作夷羊午宋本又作羊五田五亦嬖於厲公郤犨與長魚矯爭田晉語作蟜執而梏之與其父母妻子同一轅既矯亦嬖於厲公欒書怨郤至以其不從己而敗楚師也欲廢之使楚公子茷告公曰此戰也郤至實召寡君以東師之未至也與軍帥之不具也曰此必敗吾因奉孫周以事君公告欒書書曰其有焉不然豈其死之不恤

而受敵使乎君盍嘗使諸周而察之

小爾雅嘗試也杜本此

郤子聘于周欒書使孫周見之公使覘之信

說文覘窺也春秋傳曰公使覘之信

遂怨郤至厲公田與婦人先殺而飲酒後使大夫殺郤至奉豕寺人孟張奪之郤至射而殺之公曰季子欺余厲公將作難胥童曰必先三郤族大多怨去大族不偪敵多怨有庸公曰然郤氏聞之郤錡欲攻公曰雖死君必危郤至曰人所以立信知勇也信不叛君知不害民勇不作亂失茲三者其誰與我死而多怨將安用之君實有臣而殺之

其謂君何我之有罪吾亾後矣若殺不辜將失其民欲安得乎待命而已受君之祿是以聚黨有黨而爭命罪孰大焉壬午胥童夷羊五帥甲八百將攻郤氏長魚矯請無用衆公使清沸魋助之抽戈結衽

說文衽衣裣也按杜注衽裳際也本鄭康成禮記注今攷傳云結衽則訓當以說文爲是倉頡解詁亦云衽裳際或云衣襟也

而僞訟者三郤將謀於榭矯以戈殺駒伯苦成叔於其位溫季曰逃威也遂趨矯及諸其車以戈殺之皆尸諸朝胥童以甲劫欒書中行偃於朝矯曰不殺二子憂必及君公

曰一朝而尸三卿

韓非子載厲公語曰吾一朝而夷三卿予不忍盡也惠棟曰周禮淩人大喪共夷槃鄭氏曰夷之言尸也尸之槃曰夷槃古夷字作𡰥與尸相近故或从尸或从夷也

余不忍益也對曰人將忍君臣聞亂在外爲姦在内爲軌御姦以德遇軌以刑不施而殺不可謂德臣偪而不討不可謂刑德刑不立姦軌並至臣請行遂出奔狄公使辭於二子曰寡人有討於郤氏郤氏既伏其辜矣大夫無辱其復職位皆再拜稽首曰君討有罪而免臣於死君之惠也二臣雖死敢忘君德乃皆歸公使胥童爲卿公遊于匠麗

氏史記作驪大戴禮記保傅篇作匠黎外傳同明道本麗作酈按麗讀如酈食其之酈索隱麗音歷高陽聚名屬陳留可補陸音之闕

賈逵云匠麗氏公外嬖大夫在翼者史記集解

欒書中行偃遂執公焉召士匄士匄辭召韓厥韓厥辭曰

昔吾畜於趙氏孟姬之讒吾能違兵

詩毛傳違去也杜本此

古人有言曰殺老牛莫之敢尸

爾雅尸主也杜本此

而況君乎二三子不能事君焉用厥也　舒庸人以楚師之敗也道吳人圍巢伐駕圍釐虺遂恃吳而不設備楚公

子槖師襲舒庸滅之諸本槖誤作橐從石經釋文改正閏月乙卯晦欒書中行偃殺胥童民不與郤氏胥童道君爲亂故皆書曰晉殺其大夫

十八年春王正月庚申晉欒書中行偃使程滑弒厲公葬之于翼東門之外以車一乘

呂覽驕恣篇厲公遊于匠麗氏欒書中行偃劫而幽之三月而殺之按自十二月至正月內有閏月故云三月也淮南人間訓同晉語亦稱厲公三月殺賈誼書禮容篇厲公弒于東門按卽翼東門也

使荀罃士魴逆周子于京師而立之生十四年矣大夫逆

于清原周子曰孤始願不及此雖及此豈非天乎抑人之求君使出命也立而不從將安用君二三子用我今日否亦今日共而從君神之所福也對曰羣臣之願也敢不惟命是聽庚午盟而入館于伯子同氏

服虔云館舍也隱十一年疏杜取此

辛己朝于武宮

服虔本作辛未晉語亦作辛巳孔晁曰以辛未盟國入辛巳朝祖廟取其新也本疏

逐不臣者七人周子有兄而無慧不能辨菽麥

詩鄭箋菽大豆也

故不可立　齊爲慶氏之難故甲申晦齊侯使士華免以戈殺國子于内宫之朝師逃于夫人之宫書曰齊殺其大夫國佐棄命專殺以穀叛故也使清人殺國勝國弱來奔王湫奔萊慶封爲大夫慶佐爲司寇旣齊侯反國弱使嗣國氏禮也　二月乙酉朔晉悼公卽位于朝始命百官施舍已責逮鰥寡振廢滯匡乏困救災患禁淫慝薄賦斂宥罪戾

詩毛傳宥寬也杜本此

節器用

賈子道術費弗過適謂之節

時用民欲無犯時使魏相士魴

按外傳云彘恭子蓋亦以采地爲氏

魏頡趙武爲卿荀家荀會欒黶韓無忌爲公族大夫使訓卿之子弟共儉孝弟使士渥濁爲大傅使修范武子之法右行辛爲司空使修士蔿之法弁糾御戎

晉語作欒糾韋昭曰晉大夫弁糾也

校正屬焉使訓諸御知義荀賓爲右司士屬焉

服虔以爲司士主右之官謂司右也本疏

使訓勇力之士時使卿無共御立軍尉以攝之祁奚爲中軍尉羊舌職佐之史記晉世家作祁傒大戴禮記作祁徯呂覽作祈奚餘惠棟云羊舌職說苑作

羊殖殖爲舌職合聲魏絳爲司馬張老爲候奄鐸遏寇爲上軍尉籍偃爲之司馬

韋昭國語注籍偃晉大夫籍季之子籍游也按杜注偃籍談父與韋注蓋皆取世本世本見昭十五年正義知偃即籍游者孔子弟子言偃字子游是也

使訓卒乘親以聽命程鄭爲乘馬御六騶屬焉使訓羣騶知禮凡六官之長皆民譽也舉不失職官不易方爵不踰德師不陵正旅不偪師民無謗言所以復霸也　公如晉朝嗣君也　夏六月鄭伯侵宋及曹門外遂會楚子伐宋取朝郟楚子辛鄭皇辰侵城郜取幽丘同伐彭城納宋魚

石向爲人鱗朱向帶魚府焉以三百乘戍之而還書曰復入凡去其國國逆而立之曰入復其位曰復歸諸侯納之曰歸

賈氏又以爲諸歸稱所自之國所自之國有力也本疏

以惡曰復入釋文本或作以惡入曰復入

賈氏雖夫人姜氏之入皆以爲例如此甚多又依仿穀梁云稱納者內難之辭本疏

宋人患之西鉏吾曰何也若楚人與吾同惡以德於我吾固事之也不敢貳矣大國無厭鄙我猶憾不然而收吾憎使贊其政以間吾釁亦吾患也今將崇諸侯之姦

廣雅崇聚也按杜注似回曲

而披其地

說文披散也廣雅同按杜注披猶分也義略同

以塞夷庚

繁欽辨惑云吳人以江海爲夷庚陸機辨亡論云旋皇輿于夷庚惠棟曰夷庚蓋通謂車馬往來之大道今按夷平也庚道也古字庚與迒通辥綜西京賦注迒道也廣雅亦同詩序由庚萬物得由其道也是皆訓庚爲道矣此傳云以塞夷庚通謂車馬往來之平道杜注乃云吳晉往來之要道則似實有其地似非也

逞姦而攜服毒諸侯而愳吳晉吾庸多矣非吾憂也且事晉何爲晉必恤之　公至自晉晉范宣子來聘且拜朝也君子謂晉於是乎有禮　秋杞桓公來朝勞公且問晉故公以晉君語之杞伯於是驟朝於晉而請爲昏　七月宋老佐華喜圍彭城老佐卒焉　八月邾宣公來朝即位而來見也　築鹿囿書不時也　己丑公薨于路寢言道也　冬十一月楚子重救彭城伐宋宋華元如晉告急韓獻子爲政曰欲求得人必先勤之成霸安疆自宋始矣晉侯師于台谷以救宋遇楚師于靡角之谷楚師還　晉士魴來乞師季文子問師數於臧武仲對曰伐鄭之役知伯實

來下軍之佐也今彘季亦佐下軍如伐鄭可也事大國無失班爵而加敬焉禮也從之　十二月孟獻子會于虛朾謀救宋也宋人辭諸侯而請師以圍彭城孟獻子請於諸侯而先歸會葬　丁未葬我君成公書順也

春秋左傳詁卷十一

春秋左傳詁卷十二

陽湖洪亮吉學

傳

襄公元年春己亥圍宋彭城非宋地追書也於是爲宋討魚石故稱宋且不登叛人也

詩毛傳登成也杜本此

謂之宋志彭城降晉晉人以宋五大夫在彭城者歸寘諸瓠丘

郡國志河東郡垣縣有壺丘亭杜同此酈道元云清水又東南逕陽壺城東即垣縣之壺丘亭晉遷宋五大夫所

居也

齊人不會彭城晉人以爲討二月齊大子光爲質於晉

夏五月晉韓厥荀偃帥諸侯之師伐鄭入其郛

賈逵云韓厥荀偃帥諸侯之師謂帥宋衛滕薛伐鄭齊魯曹邾杞次于鄫故諸侯之師不序也入郛不書者晉人先以鄭罪令于諸侯故書伐鄭入郛既敗鄭不復告故不書本疏

敗其徒兵于洧上

服虔云洧水名史記集解水經洧水出河南密縣西南地理志東南至長平入潁杜本此

於是東諸侯之師次于鄫以待晉師晉師自鄭以鄫之師侵楚焦夷及陳晉侯衛侯次于戚以爲之援　秋楚子辛救鄭侵宋呂留

郡國志呂留二縣屬彭城國杜同此

鄭子然侵宋取犬丘

按犬丘當作犬丘傳寫誤移點在上爾雅宋有太丘漢書郊祀志周顯王四十一年宋太丘社亾是也

九月邾子來朝禮也　冬衛子叔晉知武子來聘禮也凡諸侯卽位小國朝之大國聘焉鄭元周禮注引作大國朝焉小國聘焉以繼好結信謀事補闕

韋昭國語注闕鈌也

禮之大者也

二年春鄭師（諸本誤作伯今改正）侵宋楚令也　齊侯伐萊萊人使

正輿子

荀子曰萊不用子馬而齊并楊倞注或曰正輿字子馬

賂夙沙衛以索馬牛

按杜注索柬擇好者今攷索字無柬擇之義惟說文云

擇柬選也索擇同音容古字通

皆百匹齊師乃還君子是以知齊靈公之爲靈也　夏齊

姜薨初穆姜使擇美檟（郭璞爾雅注作使擇美榎）

爾雅樹小而皮粗皵者爲榎

以自爲櫬

說文櫬棺也下四年傳同杜本此

與頌琴季文子取以葬君子曰非禮也禮無所逆婦養姑者也虧姑以成婦逆莫大焉詩曰其惟哲人告之話言順德之行季孫於是爲不哲矣釋文本作不爲哲矣且姜氏君之妣也

詩曰爲酒爲醴烝畀祖妣

詩鄭箋烝進畀與杜本此

以洽百禮降福孔偕

周頌作皆

詩毛傳皆徧也杜本此

齊侯使諸姜宗婦來送葬召萊子萊子不會故晏弱城東陽以偪之　鄭成公疾子駟請息肩於晉公曰楚君以鄭故親集矢於其目非異人任（釋文任字絶句）寡人也若背之是弃力與言（釋文云服本作棄功）其誰暱我免寡人惟二三子　秋七月庚辰鄭伯睔卒於是子罕當國子駟爲政子國爲司馬晉師侵鄭諸大夫欲從晉子駟曰官命未改會于戚（水經注引作會于咸）謀鄭故也孟獻子曰請城虎牢以偪鄭知武子曰善鄫之會吾子聞崔子之言今不來矣滕薛小邾之不至皆齊故也寡君之憂不惟鄭罃將復於寡君而請於齊得請而告吾子之功也若不得請事將在齊吾子之請諸侯之福

也豈惟寡君賴之　穆叔聘于宋通嗣君也　冬復會于戚齊崔武子及滕薛小邾之大夫皆會知武子之言故也遂城虎牢鄭人乃成　楚公子申爲右司馬多受小國之賂以偪子重子辛楚人殺之故書曰楚殺其大夫公子申

三年春楚子重伐吳爲簡之師克鳩茲至于衡山

按顧棟高春秋大事表蕪湖烏程相去太遠今太平府當塗縣東北六十里有橫山橫與衡古通用似爲近之

使鄧廖帥組甲三百被練三千

賈逵云組甲以組綴甲車士服之被練帛也以帛綴甲步卒服之凡甲所以爲固者以盈竅也帛盈竅而任力

者半卑者所服組盈竅而盡任力尊者所服馬融曰組甲以組爲甲裏公族所服被練以練爲甲裏卑者所服本疏呂覽有始篇邾之故法爲甲裳以帛高誘曰以帛綴甲即被練是也公息忌謂邾君曰不若以組甲凡甲之所以爲固以滿竅也今竅滿矣而任力者半耳且組則不然竅滿則盡任力矣邾君以爲然高誘曰組甲以組連甲按賈氏之說蓋本於此杜注以意爲之非是

以侵吳吳人要而擊之獲鄧廖其能免者組甲八十被練三百而已子重歸既飲至三日吳人伐楚取駕駕良邑也鄧廖亦楚之良也君子謂子重於是役也所獲不如所亾

楚人以是咎子重子重病之遂遇心疾而卒　公如晉始朝也　夏盟于長樗孟獻子相公稽首知武子曰天子在而君辱稽首寡君懼矣孟獻子曰以敝邑介在東表密邇仇讐寡人將君是望敢不稽首　晉爲鄭服故且欲修吳好將合諸侯使士匄告于齊曰寡君使匄以歲之不易不虞之不戒寡君願與一二兄弟相見以謀不協請君臨之使匄乞盟齊侯欲勿許而難爲不協乃盟于耏外

京相璠曰今臨淄惟有畫水西北入泲即地理志之如水矣耏如聲相似道元云時即耏水也音而水經注

祁奚請老晉侯問嗣焉稱解狐其讐也將立之而卒又問

焉對曰午也可於是羊舌職死矣晉侯曰孰可以代之對曰赤也可於是使祁午爲中軍尉羊舌赤佐之君子謂祁奚於是能舉善矣稱其讐不爲諂立其子不爲比舉其偏不爲黨商書曰無偏無黨王道蕩蕩其祁奚之謂矣解狐得舉祁午得位伯華得官建一官而三物成

服虔云所舉三賢各能成其職事本疏詩毛傳物事也杜本此

能舉善也夫釋文一讀夫爲下句首惟善故能舉其類詩云惟其有之是以似之祁奚有焉　六月公會單頃公及諸侯己未同盟于雞澤晉侯使荀會逆吳子于淮上吳子不至　楚

子辛爲令尹侵欲於小國陳成公使袁僑如會求成晉侯使和組父告于諸侯秋叔孫豹及諸侯之大夫及陳袁僑盟陳請服也　晉侯之弟揚干史記作楊亂行於曲梁

賈逵云行陳也史記集解杜取此

魏絳戮其僕

賈逵云僕御也同上杜取此　按史記魏世家魏絳僇辱楊干

晉侯怒謂羊舌赤曰合諸侯以爲榮也揚干爲戮何辱如之必殺魏絳無失也對曰絳無貳志事君不辟難

服虔云謂敢斬揚干之僕是不辟獲死之難本疏

有罪不逃刑其將來辭何辱命焉言終魏絳至授僕人書

將伏劍士魴張老止之公讀其書曰日君乏使使臣斯司馬

爾雅斯此也杜本此

臣聞師衆以順爲武軍事有死無犯爲敬

晉語韓獻子爲司馬趙孟使人以其乘車干行獻子執而戮之宣子召而禮之曰夫軍事無犯犯而不隱義也韋昭注有死其事無犯其令是爲敬命惠士奇曰韋注頗勝于杜

君合諸侯臣敢不敬君師不武執事不敬罪莫大焉臣懼其死以及揚干無所逃罪不能致訓至於用鉞

說文戉斧也从戈乚聲司馬法曰夏執元戉殷執白戚周左杖黃戉右秉白旄又說文鉞車鑾聲也从金戉聲詩曰鑾聲鉞鉞按以鉞爲斧戉之戉經典承訛已久難以改正

臣之罪重敢有不從以怒君心請歸死於司寇公跣而出曰寡人之言親愛也吾子之討軍禮也寡人有弟弗能教訓使干大命寡人之過也子無重寡人之過敢以爲請晉侯以魏絳爲能以刑左民矣反役與之禮食

韋昭國語注禮食公食大夫禮杜注略同

使佐新軍

服虔云於是魏頡卒矣使趙武將新軍代頡升魏絳佐

新軍代趙武也本疏

張老爲中軍司馬士富爲候奄

晉語曰使范獻子爲候奄韋昭注獻子范文子之族昆

弟士富也按此則范氏有兩獻子

楚司馬公子何忌侵陳陳叛故也　許靈公事楚不會于

雞澤冬〻晉知武子帥師伐許

四年春楚師爲陳叛故猶在繁陽

郡國志汝南郡宋公國有繁陽亭杜同此

韓獻子患之言於朝曰文王帥殷之叛國以事紂惟知時

也今我易之難哉三月陳成公卒楚人將伐陳聞喪乃止陳人不聽命臧武仲聞之曰陳不服於楚必亾大國行禮焉而不服在大猶有咎而況小乎夏楚彭名侵陳陳無禮故也　穆叔如晉報知武子之聘也晉侯享之金奏肆夏之三不拜工歌文王之三又不拜歌鹿鳴之三三拜韓獻子使行人子員問之曰子以君命辱於敝邑先君之禮藉之以樂

鄭元儀禮注藉猶薦杜本此

以辱吾子吾子舍其大而重拜其細敢問何禮也對曰三夏天子所以享元侯也使臣弗敢與聞文王兩君相見之

樂也臣不敢及詩疏引此臣上有使字　鹿鳴君所以嘉寡君也敢不拜嘉四牡君所以勞使臣也敢不重拜皇皇者華君教使臣曰必諮於周臣聞之訪問於善爲咨咨親爲詢咨禮爲度咨事爲諏咨難爲謀臣獲五善敢不重拜　秋定姒薨不殯于廟無櫬不虞匠慶謂季文子曰子爲正卿而小君之喪不成不終君也君長誰受其咎初季孫謂已樹六檟於蒲圃東門之外

說文檟楸也春秋傳曰樹六檟于蒲圃按襄二年杜注檟梓之屬今考郭璞爾雅注楸細葉者爲檟又云大而散楸小而散檟則檟訓楸較是

匠慶請木季孫曰略

方言略強取也杜本此

匠慶用蒲圃之檟季孫不御

高誘淮南書注御止也杜本此

君子曰志所謂多行無禮必自及也其是之謂乎　冬公如晉聽政晉侯享公公請屬鄫

地理志東海郡繒故國禹後郡國志繒屬瑯邪國杜同此

晉侯不許孟獻子曰以寡君之密邇於仇讎而願固事君無失官命鄫無賦於司馬爲執事朝夕之命敝邑敝邑褊小闕而爲罪寡君是以願借助焉晉侯許之　楚人使頓

間陳而侵伐之故陳人圍頓　無終子嘉父使孟樂如晉因魏莊子納虎豹之皮以請和諸戎晉侯曰戎狄無親而貪不如伐之魏絳曰諸侯新服陳新來和將觀於我我德則睦否則攜貳勞師於戎而楚伐陳必弗能救是弃陳也諸華必叛戎禽獸也獲戎失華無乃不可乎夏訓有之曰有窮后羿玉篇引作竆

說文竆夏后氏諸侯夷羿國也羿亦古諸侯也一曰射師按窮應作竆容古字通羿非定名善射者皆謂之羿說文一云射師本疏羿是善射之號非人之名字是矣

公曰后羿何如對曰昔有夏之方衰也后羿自鉏遷于窮

石淮南墬形訓弱水出自窮石高誘注窮石山名也在張掖北塞水也

因夏民以代夏政恃其射也

賈逵云羿之先祖世爲先王射官故帝嚳賜羿弓矢使司射本疏及書疏七

不修民事風俗通引作不循民事而淫于原獸棄武羅伯因古今人表作柏因史記正義作柏姻熊髡尨圉古今人表作厖圉王符作龍圉而用寒浞古今人表作韓浞水經注同

郡國志北海國平壽有寒亭古寒國浞封此杜同此

寒浞伯明氏之讒子弟也王符引作柏明氏伯明后寒弃之王符引作柏明氏惡而棄之夷羿收之信而使之以爲己相浞行媚于內而施賂于外愚弄其民而虞羿于田

按李善羽獵賦注虞與娛古字通

樹之詐慝以取其國家外內咸服羿猶不悛

方言悛改也杜本此

將歸自田家衆殺而亨之以食其子其子不忍食諸死于窮門靡奔有鬲氏

郡國志平原郡鬲侯國夏時有鬲君滅浞立少康杜同此

水經注引作逃于鬲氏按竹書紀年夏后相八年寒浞

殺羿二十八年伯靡出奔鬲惠氏以爲靡未嘗事羿是也

浞因羿室生澆及豷

說文春秋傳曰生敖及豷惠棟曰論語作奡尚書曰無若丹朱傲劉向引作敖管子曰若敖之在堯說文引尚書作奡界云讀若傲論語奡盪舟以上說文是敖與奡通今傳作澆者敖澆音相近師讀各異故也

恃其讒慝詐僞而不德于民使澆用師滅斟灌及斟尋氏賈逵云斟灌斟尋夏同姓也夏后相依斟灌而國故曰滅夏后相也史記集解地理志北海郡壽光應劭曰古斟灌

禹後今灌亭是平壽應劭曰古㪷尋禹後今㪷城是也

杜本此　師古曰㪷音斟廣韻㪷尋古國名玉篇作𡊨鄩

處澆于過處豷于戈

郡國志東萊郡有過鄉按戈見哀十二年傳杜同此

靡自有鬲氏收二國之燼

小爾雅燼餘也

以滅浞而立少康少康滅澆于過后杼滅豷于戈有窮由

是遂亾失人故也昔周辛甲之爲大史也命百官官箴王

闕於虞人之箴曰芒芒禹迹

高誘淮南王書注芒芒廣大之貌

畫爲九州經啟九道民有寢廟獸有茂草各有攸處釋文本或作攸家德用不擾在帝夷羿冒于原獸忘其國恤而思其麀牡文選注兩引並無兩字武不可重

服虔云重猶大也言武事不可大任本疏

用不恢于夏家文選注引此用上有是字

廣雅恢大也杜本此

獸臣司原敢告僕夫虞箴如是可不懲乎於是晉侯好田故魏絳及之公曰然則莫如和戎乎對曰和戎有五利焉戎狄荐居晉語作荐處貴貨易土

服虔云荐草也言狄人逐水草而居徙無常處同上

土可賈焉一也邊鄙不聳

韋昭國語注聳懼也杜本此

民狎其野穡人成功二也戎狄事晉四鄰振動諸侯威懷三也以德綏戎師徒不勤甲兵不頓

高誘淮南王書注頓罷也

四也鑒于后羿而用德度遠至邇安五也君其圖之公說使魏絳盟諸戎修民事田以時　冬十月邾人莒人伐鄫臧紇救鄫侵邾敗于狐駘檀弓作臺駘鄭注云臺當爲壺字之誤也春秋傳作狐駘家語亦同郡國志鄫國鄫下引作狐台狐與壺台與駘古字通

按狐駘杜注以爲番縣南之目台亭今攷目台即淮南

子之目台山淄水所出杜說非也

國人逆喪者皆髽

說文髽喪結女子髽衰弔則不髽魯臧武仲與齊戰于狐駘魯人迎喪者始髽按魯敗于邾非齊也說文徵引經典亦間有不合鄭衆以爲枲麻與髮相半結之本疏杜取此馬融以爲屈布爲巾高四寸著于頟上鄭元以爲纚而紒同上

魯於是乎始髽國人誦之曰臧之狐裘敗我於狐駘我君小子朱儒是使

韋昭國語注朱儒短人也杜本此

朱儒朱儒使我敗於邾

五年春公至自晉　王使王叔陳生愬戎于晉晉人執之士魴如京師言王叔之貳于戎也　夏鄭子國來聘通嗣君也　穆叔覿鄫大子於晉以成屬鄫書曰叔孫豹鄫大子巫如晉言比諸魯大夫也　吳子使壽越如晉辭不會于雞澤之故且請聽諸侯之好晉人將爲之合諸侯使魯衞先會吳且告會期故孟獻子孫文子會吳于善道　秋大雩旱也　楚人討陳叛故曰由令尹子辛實侵欲焉乃殺之書曰楚殺其大夫公子壬夫貪也君子謂楚共王於是不刑詩曰周道挺挺

爾雅頲直也廣雅侹直也鄭元曲禮注云脡直也按挺頲脡侹音義並同杜注葢本此

我心扃扃

按爾雅斤斤明察也斤與扃義亦同說文炯光也廣雅扃扃光也扃炯字同杜注略本爾雅

講事不令集人來定已則無信而殺人以逞不亦難乎夏書曰成允成功　九月丙午盟于戚會吳且命戍陳也穆叔以屬鄫爲不利使鄫大子聽命于會　楚子囊爲令尹范宣子曰我喪陳矣楚人討貳而立子囊必改行而疾討陳陳近于楚民朝夕急能無往乎有陳非吾事也無之而

後可冬諸侯戍陳子囊伐陳十一月甲午會于城棣以救之　季文子卒大夫入斂公在位宰庀家器

鄭衆周禮注庀具也杜本此

爲葬備無衣帛之妾無食粟之馬無藏金玉無重器備君子是以知季文子之忠於公室也相三君矣而無私積可不謂忠乎

六年春杞桓公卒始赴以名同盟故也　宋華弱與樂轡少相狎長相優又相謗也子蕩怒以弓梏華弱于朝平公見之曰司武而梏於朝難以勝矣遂逐之夏宋華弱來奔司城子罕曰同罪異罰非刑也專戮於朝罪孰大焉亦逐

子蕩子蕩射子罕之門曰幾日而不我從子罕善之如初服虔云言子罕不阿同族亦逐樂轡以正國法忠之至也及樂轡射其門畏從華弱之罰復善樂轡如初是謂茹柔吐剛喪其志矣傳故舉之明春秋之義善惡俱見

本疏

秋滕成公來朝始朝公也　莒人滅鄫鄫恃賂也　冬穆叔如邾聘且修平　晉人以鄫故來討曰何故亡鄫季武子如晉見且聽命　十一月齊侯滅萊萊恃謀也於鄭子國之來聘也四月晏弱城東陽而遂圍萊甲寅垔之

說文垔塞也尚書曰鯀垔洪水古文作𡋯或从𨸏作陻

玉篇垔土也亦作垔又陻字注同垔是古字作垔今據改按玉篇引杜注尚作垔不容轉从俗

環城傅於堞

說文堞城上女垣也今本作堞杜本此

及杞桓公卒之月乙未王湫帥師及正輿子棠人軍齊師齊師大敗之丁未入萊萊共公浮柔奔棠正輿子王湫奔莒莒人殺之四月陳無宇獻萊宗器于襄宮晏弱圍棠十一月丙辰而滅之陸氏附注云衍而字遷萊于郳釋文或作遷于郳萊衍字

說文郳齊地春秋傳曰齊高厚定郳田按春秋莊五年郳犁來來朝今說文不舉始見經傳之郳疑非也

高厚崔杼定其田

七年春郯子來朝始朝公也　夏四月三卜郊不從乃免牲孟獻子曰吾乃今而後知有卜筮夫郊祀后稷以祈農事也是故啟蟄而郊郊而後耕今旣耕而卜郊宜其不從也　南遺爲費宰叔仲昭伯爲隧正欲善季氏而求媚于南遺謂遺請城費吾多與而役故季氏城費　小邾穆公來朝亦始朝公也　秋季武子如衞報子叔之聘且辭緩報非貳也　冬十月晉韓獻子告老公族穆子有廢疾將立之辭曰詩曰豈不夙夜謂行多露又曰弗躬弗親庶民弗信無忌不才讓其可乎請立起也與田蘇遊而曰好仁

詩曰靖共爾位好是正直神之聽之介爾景福馬融尚書注靖安也詩鄭箋介助也景大也村本此按服虔漢書注介大也則注此傳當亦同又詩小明章毛傳介景皆大也則此介字當從毛服注爲得恤民爲德正直爲正正曲爲直參和爲仁如是則神聽之介福降之立之不亦可乎庚戌使宣子朝遂老晉侯謂韓無忌仁使掌公族大夫　衛孫文子來聘且拜武子之言而尋孫桓子之盟公登亦登叔孫穆子相趨進曰諸侯之會寡君未嘗後衛君今吾子不後寡君寡君未知所過吾子其少安孫子無辭亦無悛容穆叔曰孫子必亡爲臣而

君過而不悛亡之本也詩曰退食自公委蛇委蛇

詩毛傳委蛇行可從迹也按下云謂從者也則委蛇當從毛訓爲是

謂從者也衡而委蛇必折

廣雅衡橫也杜本此折曲也

楚子囊圍陳會于鄬以救之

說文隝鄭地从𨸏爲聲春秋傳曰將會鄭伯于隝而邑部仍收鄬字云地名从邑爲聲是鄬隝通也九經字樣隝字注音葦鄭地名今經典多作鄬

鄭僖公之爲大子也於成之十六年與子罕適晉不禮焉

又與子豐適楚亦不禮焉及其元年朝于晉子豐欲愬諸晉而廢之子罕止之及將會于鄬子駟相又不禮焉侍者諫不聽又諫殺之及鄵子駟使賊夜弑僖公而以瘧疾赴于諸侯

史記鄭世家曰子駟怒使厨人藥殺僖公徐廣曰年表云子駟使賊藥殺僖公

簡公生五年奉而立之　陳人患楚慶虎慶寅謂楚人曰吾使公子黃往而執之楚人從之二慶使告陳侯于會曰楚人執公子黃矣君若不來羣臣不忍社稷宗廟懼有二圖陳侯逃歸

八年春公如晉朝且聽朝聘之數　鄭羣公子以僖公之死也謀子駟子駟先之夏四月庚辰辟殺子狐子熙子侯子丁孫擊孫惡出奔衞

賈逵云二孫子狐之子本疏杜取此

庚寅鄭子國子耳侵蔡獲蔡司馬公子燮鄭人皆喜惟子產不順曰小國無文德而有武功禍莫大焉楚人來討能勿從乎從之晉師必至晉楚伐鄭自今鄭國不四五年弗得寧矣子國怒之曰爾何知國有大命而有正卿童子言焉將爲戮矣　五月甲辰會于邢丘以命朝聘之數使諸侯之大夫聽命季孫宿齊高厚宋向戌衞甯殖邾大夫會

之鄭伯獻捷于會故親聽命大夫不書尊晉侯也　莒人伐我東鄙以疆鄫田　秋九月大雩旱也　冬楚子囊伐鄭討其侵蔡也子駟子國子耳欲從楚子孔子蟜子展欲待晉子駟曰周詩有之曰俟河之清人壽幾何兆云詢多職競作羅左思魏都賦曰富人寵義職競弗羅張載引左傳亦作弗羅謀之多族

鄭司農周禮注百家爲族杜本此

民之多違事滋無城民急矣姑從楚以紓吾民晉師至吾又從之敬共幣帛以待來者小國之道也犧牲玉帛待於二竟以待彊者而庇民焉寇不爲害民不罷病不亦可乎子展曰小所以事大信也小國無信兵亂日至亡無日矣

五會之信今將背之雖楚救我將安用之親我無成鄙我是欲不可從也不如待晉晉君方明四軍無闕八卿和睦必不棄鄭楚師遼遠糧食將盡必將速歸何患焉舍之聞之杖莫如信完守以老楚杖信以待晉不亦可乎子駟曰詩云謀夫孔多是用不集發言盈庭誰敢執其咎如匪行邁謀

廣雅云匪彼也杜本此

是用不得于道請從楚騑也受其咎乃及楚平使王子伯駢告于晉曰君命敝邑修而車賦儆而司徒以討亂略蔡人不從敝邑之人不敢寧處悉索敝賦以討于蔡獲司馬

燮獻于邢丘今楚來討曰女何故稱兵于蔡焚我郊保馮陵我城郭敝邑之衆夫婦男女不皇啟處諸本作遑今从宋本改正

爾雅注李巡曰啟小跪也杜本此

以相救也翦焉傾覆無所控告

薛綜西京賦注翦盡也詩毛傳廣雅並云控引也杜本此

民死亡者非其父兄卽其子弟夫人愁痛不知所庇民知窮困而受盟于楚孤也與其二三臣不能禁止不敢不告知武子使行人子員對之曰君有楚命亦不使一介行李

釋文曰一个石經作个淳化本俱作个傳注同餘作介按古个字皆作介今从釋文讀作古賀切而不改字

告于寡君而卽安于楚君之所欲也誰敢違君寡君將帥諸

侯以見于城下惟君圖之　晉范宣子來聘且拜公之辱
告將用師于鄭公享之宣子賦摽有梅
詩毛傳摽落也杜本此
季武子曰誰敢哉今辟於草木諸本作譬今从羣經音辨改正寡君在君
君之臭味也歡以承命何時之有武子賦角弓賓將出武
子賦彤弓宣子曰城濮之役我先君文公獻功于衡雍受
彤弓于襄王以爲子孫藏匃也先君守官之嗣也敢不承
命君子以爲知禮
九年春宋災樂喜爲司城以爲政使伯氏司里火所未至
徹小屋塗大屋陳畚挶

說文畚蒲器所以盛糧也挶戟持也惠棟曰唐石經作梮正義其字从手此臆說也漢書引此傳云陳畚輂輂音菊與梮同史記河渠書曰山行則梮韋昭云梮木器如今轝牀人舉以行也然則輂與梮音義皆同故孔氏書正義以爲梮輂本一字古篆變易形字體改易說者不同未知孰是今按說文木部無梮字手部有挶字玉篇挶字注云輿食器也又土輂也此字或見字林故玉篇收入木部正義引說文云云未爲無據惠氏斥爲臆說過矣

且綆缶

說文綆汲井綆也缶瓦器本疏方言缶謂之瓿甂

備水器量輕重畜水潦

五行志引作畜師古曰畜讀作蓄知古本作畜後乃加廾也今从漢書釋文改正

積土塗巡丈城繕守備表火道使華臣具正徒漢書引作儲正徒

令隧正納郊保奔火所使華閱討右官

馬融論語注討治也杜本此

官庀其師向戌討左亦如之使樂遄庀刑器亦如之使皇鄖釋文本亦作員今校正出焉

服虔云皇鄖皇父充石之後十世宗卿爲人之子大司

馬椒也本疏杜取此世本皇父充石戴公子僖十一年疏

工正出車備甲兵庀武守使西鉏吾庀府守

賈逵云鉏吾太宰本疏杜取此

令司宮巷伯儆宮

說文儆戒也春秋傳曰儆宮孫炎曰巷舍閒道也王肅云今後宮稱永巷

二師命四鄉正敬享石經初刻作令後改命按正義此三引傳文皆作命當作命字無疑諸本作令誤今从石經改正祝宗用馬于四墉釋文墉本又作庸祀盤庚釋文盤字又作般于西門之外晉侯問于士弱曰吾聞之宋災於是乎知有天道何故對曰古之火正或食於心或食於咮以出內

火

鄭司農云以三月本時昏心星見于辰上使民出火九月本黄昏心星伏在戌上使民内火周禮疏　漢書五行志引作以出入火惠棟曰周毛伯鄭敦云毛伯内門立中庭内讀爲入立讀爲位古文春秋公即位爲公即立出入火爲出内火皆古文也尚書九江内錫大龜史記内作入是古入字皆作内徐邈音内爲納非也

是故咮爲鶉火心爲大火陶唐氏之火正閼伯居商丘

服虔云商丘地名詩疏

祀大火而火紀時焉相土因之

服虔云相土契之孫因之者代閼伯之後居商丘湯以爲號（同上）按本疏亦引服虔云相土居商丘故湯以爲天下號竹書紀年帝相九年相居于斟灌十五年商侯相土作乘馬遂遷于商丘太平御覽（百五十五）引世本相徙商丘本顓頊之墟又鄭元周禮校人注引世本相土作乘馬古文土與土通又通作杜故荀子解蔽篇云杜作乘馬也

故商主大火商人閱其禍敗之釁（五行志作舋）

說文閱具數于門中也廣雅閱數也（杜本此）

必始於火是以日知其有天道也（五行志引作是以知有天道）公曰可

必乎對曰在道國亂無象不可知也　夏季武子如晉報宣子之聘也　穆姜薨于諸本誤作於从石經改東宮始往而筮之遇艮之八䷳

賈鄭先儒皆以爲連山歸藏二易皆以七八爲占故云遇艮之八本疏杜取此服虔云爻在初六九三六四六五上九惟六二不變連山歸藏之占以不變者爲主周禮疏

史曰是謂艮之隨䷐隨其出也

虞翻注易隨卦曰隨陰隨陽謂隨卦三陰皆隨陽故卦名隨惠棟曰陰隨陽猶母隨子故隨其出也

君必速出姜曰亡是於周易曰隨元亨利貞无咎元體之

長也亨嘉之會也利義之和也貞事之幹也體仁足以長人嘉德足以合禮利物足以和義貞固足以幹事然故不可誣也是以雖隨無咎今我婦人而與於亂固在下位而有不仁不可謂元不靖國家不可謂亨作而害身不可謂利棄位而姣

服虔讀姣爲放效之效言效小人爲淫疏本

不可謂貞有四德者隨而無咎我皆無之豈隨也哉我則取惡能無咎乎必死於此弗得出矣　秦景公使士雃

說文春秋傳曰秦有士雃

乞師於楚將以伐晉楚子許之子囊曰不可當今吾不能

與晉爭晉君類能而使之舉不失選官不易方其卿讓於善其大夫不失守其士競於教其庶人力於農穡

說文穀可收曰穡詩毛傳稙之曰稼斂之曰穡按杜益本此然改稱種曰農究屬未安

商工皁隸不知遷業韓厥老矣知罃稟焉以爲政范匄少於中行偃而上之使佐中軍韓起少於欒黶而欒黶士魴上之使佐上軍魏絳多功以趙武爲賢而爲之佐君明臣忠上讓下競當是時也晉不可敵事之而後可君其圖之王曰吾旣許之矣雖不及晉必將出師秋楚子師於武城以爲秦援秦人侵晉晉饑弗能報也　冬十月諸侯伐鄭

庚午季武子齊崔杼宋皇鄖從荀罃士匄門于鄟門釋文本亦作專

廣雅門守也

衞北宮括曹人邾人從荀偃韓起門于師之梁滕人薛人從欒黶士魴門于北門杞人郳人從趙武魏絳斬行栗甲戌師于汜令於諸侯曰修器備盛餱糧歸老幼居疾于虎牢肆眚圍鄭

服虔以爲放鄭囚本疏

鄭人恐乃行成中行獻子曰遂圍之以待楚人之救也而與之戰不然無成知武子曰許之盟而還師以敝楚人吾

三分四軍

賈逵以爲三分四軍爲十二部鄭衆以爲分四軍爲三部本疏按杜從鄭説

與諸侯之鋭以逆來者於我未病楚不能矣猶愈於戰暴骨以逞不可以爭大勞未艾

小爾疋廣言艾止也按杜注艾息也義亦同

君子勞心小人勞力先王之制也諸侯皆不欲戰乃許鄭成十一月己亥同盟于戲鄭服也將盟鄭六卿公子騑公子發公子嘉公孫輒公孫蠆公孫舍之及其大夫門子皆從鄭伯晉士莊子爲載書曰自今日既盟之後鄭國而不

惟晉命是聽而或有異志者有如此盟公子騑趨進曰天禍鄭國使介居兩大國之間大國不加德音而亂以要之使其鬼神不獲歆其禋祀其民人不獲享其土利夫婦辛苦墊隘無所厎告自今日既盟之後鄭國而不惟有禮與彊可以庇民者是從而敢有異志者亦如之荀偃曰改載書公孫舍之曰昭大神要言焉若可改也大國亦可叛也知武子謂獻子曰我實不德而要人以盟豈禮也哉非禮何以主盟姑盟而退修德息師而來終必獲鄭何必今日我之不德民將棄我豈惟鄭若能休和遠人將至何恃於鄭乃盟而還　晉人不得志於鄭以諸侯復伐之十二月

癸亥門其三門閏月（釋文閏月依注讀爲門五日）戊寅濟于陰阪侵鄭次于陰口而還

服虔云參南曰陰口者水口也（水經注）水經注洧水又東逕陰阪北水有梁焉俗謂是濟爲參辰口左傳襄九年晉伐鄭濟于陰阪次于陰口而還是也參陰聲相近蓋傳呼之謬耳又晉居參之分實沈之土鄭處大辰之野閼伯之地軍師所次故濟得其名也

子孔曰晉師可擊也師老而勞且有歸志必大克之子展曰不可　公送晉侯晉侯以公宴于河上問公年季武子對曰會于沙隨之歲寡君以生晉侯曰十二年矣是謂一

終一星終也國君十五而生子冠而生子賈服說皆以爲人君禮十二而冠宋書禮志五經異義春秋傳說歲星爲年紀十二而一周於天天道備故人君子十二可以冠自夏殷天子皆十二而冠通典按說文云元氣起于子子人所生也男左行三十女右行二十俱立于巳爲夫婦褢姙于巳巳爲子十月而生男起巳至寅女起巳至申故男年始寅女年始申也今攷高誘淮南王書注云三十而娶者陰陽未分時俱生于子男從子數左行三十年立于巳女從子數右行二十年亦立于巳合夫婦故聖人因是制禮男三十而娶女二十而嫁

其男自巳數左行得寅故人十月而生于寅男子數從寅起女自巳數右行亦十月而生于申故女數從申起歲星十二歲而周天天道十二而備故國君十二歲而冠冠而娶十五生子重國嗣也故不从制按高注與說文略同疑此段淮南王書本係愼所注或宋以後本混入誘注也

禮也君可以冠矣大夫盡爲冠具武子對曰君冠必以祼享之禮行之以金石之樂節之

五經異義公冠記無樂春秋傳說君冠必以金石之樂節之謹按人君飯有舉樂而云冠無樂非禮義也政和五禮

新儀

以先君之祧處之

服虔云曾祖之廟曰祧朱本禮記疏又云祧謂曾祖之廟也

春秋疏

今寡君在行未可具也請及兄弟之國而假備焉晉侯曰

諾公還及衛冠于成公之廟

服虔云成公衛曾祖故以祧爲曾祖廟時不冠于衛之

始祖以非己廟故也

假鐘磬焉禮也　楚子伐鄭子駟將及楚平子孔子蟜曰

與大國盟口血未乾而背之可乎子駟子展曰吾盟固云

惟彊是從今楚師至晉不我救則楚彊矣盟誓之言豈敢背之且要盟無質

服虔云質誠也無忠誠之信故神弗臨也本疏廣雅質主也杜本此

神弗臨也所臨惟信信者言之瑞也善之主也是故臨之明神不蠲要盟

詩毛傳蠲潔也杜本此

背之可也乃及楚平公子罷戎入盟同盟于中分楚莊夫人卒王未能定鄭而歸　晉侯歸謀所以息民魏絳請施舍輸積聚以貸自公以下苟有積者盡出之國無滯積亦

無困人公無禁利亦無貪民祈以幣更

呂覽二月紀是日也祀不用犧牲用圭璧更皮幣高誘注更代也以圭璧代犧牲也按杜注葢本此惠棟云周禮女祝掌以時梗禬禳之事云此傳更亦當讀爲梗恐于上下文義不合今不取

賓以特牲器用不作車服從給行之期年釋文本亦作朞國乃有節三駕而楚不能與爭

十年春會于柤會吳子壽夢也

服虔云壽夢發聲吳蠻夷言多發聲數語共成一言壽夢一言也經言乘傳言壽夢欲使學者知之也本疏

三月癸丑齊高厚相大子光以先會諸侯于鍾離不敬士莊子曰高子相大子以會諸侯將社稷是衛而皆不敬棄社稷也其將不免乎

服虔云免脫也言將不脫罪禍不以壽終也傳舉此者爲十九年齊殺其大夫高厚二十五年崔杼弑其君光起本也 御覽杜取此

夏四月戊午會于柤　晉荀偃士匄請伐偪陽而封宋向戌焉荀罃曰城小而固勝之不武弗勝爲笑固請丙寅圍之弗克孟氏之臣秦堇父輦重如役偪陽人啟門諸侯之士門焉縣門發郰人紇

唐石經及釋文宋本並作聊鄘元引作郰惠棟云聚字古或省文作取說文郰魯下邑孔子鄉从邑取聲

抉之以出門者

服虔云抉撅也謂以木橛抉縣門使舉令下容人出也

門者下屬爲句（本疏）

狄虒彌（古今人表作狄斯彌）建大車之輪而蒙之以甲以爲櫓

廣雅櫓楯也鄭元禮記注櫓大楯也（杜本此）

左執之右拔戟以成一隊

國語百人爲徹行行頭爲官師賈逵云百人爲一隊也官師隊大夫也（杜取此）

孟獻子曰詩所謂有力如虎者也主人縣布堇父登之及堞而絶之隊則又縣之蘇而復上者三主人辭焉乃退帶其斷以徇於軍三日諸侯之師久於偪陽荀偃士匄請於荀罃曰水潦將降懼不能歸請班師知伯怒投之以几釋文机本又作几今據改

說文几踞几也

出於其閒曰女成二事而後告余余恐亂命以不女違女旣勤君而興諸侯牽帥老夫文選注引作牽率以至于此旣無武守而又欲易余罪曰是實班師不然克矣余羸老也

說文羸瘦也玉篇弱也病也瘦也劣也高誘淮南王書

注亦曰羸劣人也

可重任乎七日不克必爾乎取之五月庚寅荀偃士匄帥

卒攻偪陽親受矢石

服虔云古者以石爲箭鏃引國語有隼集于陳侯之庭楛矢貫之石砮以證石爲箭鏃本疏按說文旝建大木置石其上發以機以追敵也墨子云備城者積石百枝重十鈞以上者成二年傳齊高固入晉師桀石以投人是將守戰用石之證服氏以矢石爲一泥矣

甲午滅之書曰遂滅偪陽言自會也以與向戌向戌辭曰

君若猶辱鎮撫宋國而以偪陽光啓寡君羣臣安矣其何

既如之若專賜臣是臣興諸侯以自封也其何罪大焉敢以死請乃予宋公　宋公享晉侯於楚丘請以桑林

莊子湯有桑林之舞司馬彪注桑林湯樂也按宋承殷之後故得用桑林杜注殷天子之樂名葢亦取諸此皇甫謐云殷樂一名桑林

荀罃辭荀偃士匄曰諸侯宋魯於是觀禮魯有禘樂賓祭用之宋以桑林享君不亦可乎舞師題以旌夏晉侯懼而退入于房去旌卒享而還及著雍疾卜桑林見荀偃士匄欲奔請禱焉荀罃不可曰我辭禮矣彼則以之猶有鬼神於彼加之晉侯有間以偪陽子歸獻于武宮謂之夷俘偪

陽妘姓也

說文妘祝融之後姓也世本是祝融之孫陸終第四子求言之後爲晉所滅子孫因氏焉高誘淮南王書注云天子不滅姓古之政也杜本此

使周內史選其族嗣納諸霍人

案霍人卽地理志太原郡之葰人史記樊噲傳攻霍人張守節云卽葰人也古字通杜預劉炫以爲卽霍邑誤

禮也師歸孟獻子以秦堇父爲右生秦丕茲釋文一本作秦不茲家語秦商字不慈按左傳凡丕字皆作丕惟此處石經釋文並不誤事仲尼　六月楚子囊鄭子耳伐宋師于訾毋庚午圍宋門于桐門晉荀罃伐秦報

其侵也　衛侯救宋師于襄牛鄭子展曰必伐衛不然是不與楚也得罪於晉又得罪於楚國將若之何子駟曰國病矣子展曰得罪於二大國必亡病不猶愈於亡乎諸大夫皆以爲然故鄭皇耳帥師侵衛楚令也孫文子卜追之獻兆於定姜姜氏問繇曰兆如山陵有夫出征而喪其雄姜氏曰征者喪雄禦寇之利也大夫圖之衛人追之孫蒯獲鄭皇耳于犬丘　秋七月楚子囊鄭子耳侵我西鄙諸本侵誤伐今从宋本改正

服虔云不書諱從晉不能服鄭旋復爲楚鄭所伐恥而諱之也本疏

還圍蕭八月丙寅克之九月子耳侵宋北鄙孟獻子曰鄭其有災乎師競已甚

詩毛傳競彊也

周猶不堪競況鄭乎有災其執政之三士乎　莒人間諸侯之有事也故伐我東鄙　諸侯伐鄭齊崔杼使大子光先至于師故長於滕己酉師于牛首　初子駟與尉止有爭將禦諸侯之師而黜其車尉止獲又與之爭子駟抑尉止曰爾車非禮也（唐石經曰爾車多非禮也按注當有多字）遂弗使獻初子駟爲田洫司氏堵氏侯氏子師氏皆喪田焉故五族聚羣不逞之人因公子之徒以作亂於是子駟當國子國爲司馬

子耳爲司空子孔爲司徒冬十月戊辰尉止司臣侯晉堵女父子師僕帥賊以入晨攻執政于西宫之朝殺子駟子國子耳刼鄭伯以如北宫子孔知之故不死書曰盜言無大夫焉子西聞盜不儆而出尸而追盜盜入于北宫乃歸授甲臣妾多逃器用多喪子產聞盜

史記鄭世家曰子產者鄭成公之少子也葢承世本之誤韋昭國語注公孫成子子產謚鄭穆公孫子國子

爲門者庀羣司閉府庫慎閉藏完守備成列而後出兵車十七乘尸而攻盜於北宫子蟜帥國人助之殺尉止子師僕盜衆盡死侯晉奔晉堵女父司臣尉翩司齊奔宋子孔

當國爲載書以位序聽政辟

服虔云鄭舊世卿父死子代今子孔欲擅改之使以次先爲士大夫乃至卿也本疏

大夫諸司門子弗順將誅之子產止之請爲之焚書子孔不可曰爲書以定國衆怒而焚之是衆爲政也國不亦難乎子產曰衆怒難犯專欲難成合二難以安國危之道也不如焚書以安衆子得所欲衆亦得安不亦可乎專欲無成犯衆興禍子必從之乃焚書於倉門之外衆而後定

諸侯之師城虎牢而戍之晉師城梧及制士魴魏絳戍之

書曰戍鄭虎牢非鄭地也言將歸焉鄭及晉平　楚子囊

救鄭十一月諸侯之師還鄭而南

釋文還本又作環鄭元儀禮注古文環作還哀三年傳還公宮同

至於陽陵楚師不退知武子欲退曰今我逃楚楚必驕驕則可與戰矣欒黶曰逃楚晉之恥也合諸侯以益恥不如死我將獨進師遂進己亥與楚師夾潁而軍子蟜曰諸侯既有成行必不戰矣從之將退不從亦退退楚必圍我猶將退也不如從楚亦以退之宵涉潁與楚人盟欒黶欲伐鄭師荀罃不可曰我實不能禦楚又不能庇鄭鄭何罪不如致怨焉而還今伐其師楚必救之戰而不克爲諸侯笑

克不可命不如還也丁未諸侯之師還侵鄭北鄙而歸楚人亦還　王叔陳生與伯輿爭政王右伯輿

說文右助也杜本此

王叔陳生怒而出奔及河王復之殺史狡以說焉不入遂處之晉侯使士匄平王室王叔與伯輿訟焉王叔之宰與伯輿之大夫瑕禽坐獄於王庭士匄聽之王叔之宰曰篳門圭竇之人

說文篳藩落也春秋傳曰篳門圭窬窬穿木戶也按今本圭作閨窬作竇說文竇空也杜注閨竇小戶則杜時本尚作窬可知又圭字从鄭氏禮記注改正禮記儒行

正義曰左傳作竇謂門旁小戶文選注引左傳亦作篳門圭竇竇字相沿已久容傳本不同今姑仍之惠氏又引鄭氏禮記注曰篳門荆竹織門也圭窬窬與竇同物同音

而皆陵其上其難爲上矣瑕禽曰昔平王東遷吾七姓從王牲用備具王賴之而賜之騂旄之盟曰世世無失職若篳門圭竇其能來東底乎且王何賴焉今自王叔之相也政以賄成而刑放於寵官之師旅不勝其富吾能無篳門圭竇乎惟大國圖之下而無直則何謂正矣范宣子曰天子所右寡君亦右之所左亦左之使王叔氏與伯輿合要

王叔氏不能舉其契王叔奔晉不書不告也單靖公爲卿士以相王室

按竫靜靖古字通謚法解柔德考衆曰靜恭已鮮言曰靜寬樂令終曰靜

十一年春季武子將作三軍告叔孫穆子曰請爲三軍各征其軍穆子曰政將及子子必不能武子固請之穆子曰

然則盟諸乃盟諸僖閎

說文閎巷門也李巡爾雅注同

詛諸五父之衢

鄭元周禮注盟詛主于要誓

正月作三軍三分公室而各有其一二子各毁其乘季氏使其乘之人以其役邑入者無征不入者倍征孟氏使半爲臣若子若弟叔孫氏使盡爲臣不然不舍　鄭人患晉楚之故諸大夫曰不從晉國幾亾楚弱於晉晉不吾疾也晉疾楚將辟之何爲而使晉師致死於我楚弗敢敵而後可固與也子展曰與宋爲惡諸侯必至吾從之盟楚師至吾又從之則晉怒甚矣晉能驟來楚將不能吾乃固與晉大夫説之使疆埸之司惡於宋宋向戌侵鄭大獲子展曰師而伐宋可矣若我伐宋諸侯之伐我必疾吾乃聽命焉且告於楚楚師至吾又與之盟而重賂晉師乃免矣夏鄭

子展侵宋

四月諸侯伐鄭己亥齊大子光宋向戌先至于鄭門于東門其莫荀罃至于西郊東侵舊許衞孫林父侵其北鄙六月諸侯會于北林師于向

郡國志潁川郡長社有向鄉杜同此酈道元曰長明溝東逕向城北城側有向岡諸侯伐鄭師于向者也

右還次于瑣

郡國志河南郡苑陵有瑣侯亭杜同此

圍鄭觀兵于南門西濟于濟隧

京相璠曰鄭地也酈道元言濟水滎澤中北流至衡雍

西與出河之濟會出河之濟即陰溝之上源也濟隧絕焉故世亦或謂其故道爲十字溝

鄭人懼乃行成秋七月同盟于亳范宣子曰不慎必失諸侯諸侯道敝而無成能無貳乎乃盟載書曰凡我同盟毋蘊年毋壅利諸本誤作壅从釋文改正毋保姦說文廣雅宷藏也宷保字同杜本此毋留慝救災患恤禍亂同好惡獎王室或間茲命司慎司盟

服虔云二司天神司慎察不敬者司盟察盟者是爲天之司盟也禮記疏杜取此

名山大川羣神羣祀先王先公七姓十二國之祖

以上實十三國服虔云晉主盟不自數本疏

明神殛之俾失其民隊命亾氏踣其國家釋文俾本又作卑

廣雅踣敗也杜注略同

楚子囊乞旅于秦秦右大夫詹帥師從楚子將以伐鄭鄭伯逆之丙子伐宋　九月諸侯悉師以復伐鄭鄭人使良霄大宰石㚟如楚告將服于晉曰孤以社稷之故不能懷君君若能以玉帛綏晉不然則武震以攝威之孤之願也楚人執之書曰行人言使人也　諸侯之師觀兵于鄭東門鄭人使王子伯駢行成甲戌晉趙武入盟鄭伯冬十月

丁亥鄭子展出盟晉侯十二月戊寅會于蕭魚庚辰赦鄭囚皆禮而歸之納斥候禁侵掠晉侯使叔肸告于諸侯公使臧孫紇對曰凡我同盟小國有罪大國致討苟有以藉手鮮不赦宥寡君聞命矣　鄭人賂晉侯以師悝師觸師蠲

服虔云三師鐘師鎛磬師謂悝能鐘觸能鎛蠲能磬也本疏

廣車軘車

鄭元云廣車橫陳之車也服虔云軘車屯守之車也本疏

說文軘兵車也杜本此

淳十五乘

按儀禮鄉射禮二算爲純淳純古通故杜注云淳耦也

甲兵備凡兵車百乘歌鐘二肆及其鎛磬

五經要義鐘磬皆編縣之二八十六而在一簴謂之堵

鐘一堵磬一堵謂之肆春秋傳曰歌鐘二肆此之謂也

藝文類聚

杜本此

女樂二八

王逸楚辭章句曰二八二列大夫有二列之樂韋昭云

八人爲列備八音也

晉侯以樂之半賜魏絳

服虔春秋左氏膏肓釋痾云漢家郡守行大夫禮鼎俎籩豆工歌縣續漢書補注箴膏肓云大夫士無樂小胥云大夫判縣士特縣者小胥所云娛身之樂及治人之樂則有之也故鄉飲酒有工歌之樂是也說題辭云無樂者謂無祭祀之樂故特牲少牢無樂宋本禮記六

曰子敎寡人和諸戎狄以正諸華八年之中九合諸侯

服虔云八年從四年以來至十一年也九合諸侯者五年會于戚一也其年又會于城棣救陳二也七年會于鄬三也八年會于邢丘四也九年會于戲五也十五會于柤六也又戍鄭虎牢七也十一年同盟于亳城北八

也又會于蕭魚九也本疏及史記集解外傳作七合下同按韋昭注七合不數城棣及虎牢二會

如樂之和無所不諧請與子樂之辭曰夫和戎狄國之福也八年之中九合諸侯諸侯無慝君之靈也二三子之勞也臣何力之有焉抑臣願君安其樂而思其終也詩曰樂旨君子殿天子之邦樂旨君子福祿攸同便蕃左右亦是帥從

應劭漢書注攸所也杜本此便蕃詩小雅作平平正義引服虔云平平辯治不絕之皃

夫樂以安德義以處之禮以行之信以守之仁以厲之而

後可以殿邦國同福祿來遠人所謂樂也書曰居安思危

惠棟曰周書程典云於安思危於始思終於邇思備於遠思近於老思行不備無違嚴戒今按楚策虞卿謂春申君曰臣聞之春秋曰於安思危虞謂春秋卽左傳也虞卿傳左氏春秋于鐸椒轉授荀卿然則左傳居安當作於安也又按文選陳孔璋檄吳將校部曲曰於安思危以遠悔吝呂氏春秋慎大覽云故賢王於安思危蓋盡引書成句高誘淮南王書注亦作於安思危居於聲相近容古字通亦不必改从於也

思則有備有備無患敢以此規公曰子之教敢不承命抑

微子寡人無以待戎不能濟河夫賞國之典也藏在盟府不可廢也子其受之魏絳於是乎始有金石之樂禮也

秦庶長鮑庶長武帥師伐晉以救鄭鮑先入晉地士魴御之諸本作禦从釋文宋本改正少秦師而弗設備壬午武濟自輔氏與鮑交伐晉師己丑秦晉戰于櫟晉師敗績易秦故也

括地志洛州陽翟縣古櫟邑也按陽翟屬鄭即傳所云鄭京櫟杜注以爲晉地誤

十二年春莒人伐我東鄙圍台季武子救台遂入鄆取其鐘以爲公盤　夏晉士魴來聘且拜師　秋吳子壽夢卒臨於周廟禮也凡諸侯之喪異姓臨於外同姓於宗廟同

宗於祖廟同族於禰廟是故魯爲諸姬臨於周廟爲邢凡蔣茅胙祭臨於周公之廟　冬楚子囊秦庶長無地伐宋師于揚梁諸本揚誤楊从石經訂正

郡國志梁國睢陽有楊梁聚京相璠曰宋地酈道元云今睢陽南東三十里有故楊梁今曰楊亭也俗名之曰緣城非北去梁國八十里杜同此　按呂覽行論篇宋殺文無畏于楊梁之堤卽此

以報晉之取鄭也　靈王求后于齊齊侯問對於晏桓子桓子對曰先王之禮辭有之天子求后於諸侯諸侯對曰夫婦所生若而人妾婦之子若而人無女而有姊妹及姑

姊妹則曰先守某公之遺女若而人齊侯許昏王使陰里結之　公如晉朝且拜士魴之辱禮也　秦嬴歸于楚楚司馬子庚聘于秦爲夫人寧禮也

十三年春公至自晉孟獻子書勞于廟禮也　夏邿亂分爲三師救邿遂取之凡書取言易也用大師焉曰滅弗地曰入　荀罃士魴卒晉侯蒐于緜上以治兵使士匄將中軍辭曰伯游長昔臣習於知伯是以佐之非能賢也請從伯游荀偃將中軍士匄佐之使韓起將上軍辭以趙武又使欒黶辭曰臣不如韓起韓起願上趙武君其聽之使趙武將上軍韓起佐之欒黶將下軍魏絳佐之新軍無帥晉

侯難其人使其什吏

周書大聚篇十夫爲什以年爲長卽什吏也

卒其卒乘官屬以從於下軍禮也晉國之民是以大和諸侯遂睦君子曰讓禮之主也范宣子讓其下皆讓欒黶爲汏汏字从石經改定

按楊倞荀子注汏侈也李賢注後漢書亦同忕汏古字通

弗敢違也晉國以平數世賴之刑善也夫一人刑善百姓休和可不務乎書曰一人有慶兆民賴之其寧惟永其是之謂乎周之興也其詩曰儀刑文王萬邦作孚言刑善也

及其衰也其詩曰大夫不均我從事獨賢言不讓也世之治也君子尚能而讓其下小人農力以事其上

廣雅農勉也書洪範云農用八政管子大匡篇耕者下力不農有罪無赦按並與此義同宋本作展力石經初刻亦作展皆後人臆改不足據

是以上下有禮而讒慝黜遠由不爭也謂之懿德及其亂也君子稱其功以加小人小人伐其技以馮君子是以上下無禮亂虐並生由爭善也謂之昬德國家之敝恒必由之　楚子疾告大夫曰不穀不德

河上公老子注又云不穀喻不能如車轂爲衆轂所濟

少主社稷生十年而喪先君未及習師保之教訓而應受多福是以不德而亾師于鄢以辱社稷爲大夫憂其宏多矣若以大夫之靈獲保首領以沒於地惟是春秋窀穸之事

說文窀葬之厚夕春秋傳曰窀穸從先君于地下又穸字下云窀穸也晉話窀厚也杜本此惠棟曰孔宙碑作窀夕說文無穸字明不从穴也今按正義云云古字作屯夕後加穴以窀穸爲墓穴是也後漢書張奐傳云幸有前窀朝殯夕下更是一證又說文穴部穸字即在窀字之下而惠云無穸字何邪

所以從先君於禰廟者請爲靈若厲大夫擇焉莫對及五命乃許秋楚共王卒子囊謀謚大夫曰君有命矣子囊曰君命以共若之何毀之赫赫楚國而君臨之撫有蠻夷奄征南海以屬諸夏而知其過可不謂共乎請謚之共大夫從之　吳侵楚養由基奔命子庚以師繼之養叔曰吳乘我喪謂我不能師也必易我而不戒子爲三覆以待我我請誘之子庚從之戰于庸浦大敗吳師獲公子黨君子以吳爲不弔

賈逵曰問凶曰弔史記集解按杜註似迂曲賈義爲長

詩曰不弔昊天亂靡有定　冬城防書事時也於是將早

城臧武仲請俟畢農事禮也　鄭艮霄大宰石㚟猶在楚

石㚟言於子囊曰先王卜征五年而歲習其祥

國語引大誓曰朕夢協于朕卜襲于休祥禮記曰卜筮不相襲注云襲因也惠棟曰襲與習通周禮大司徒屬胥各掌其所治之政襲其不正者康成曰故書襲爲習是習爲古文襲左氏从古文故以習爲襲也哀十五年傳云卜不襲吉注云襲重也金縢云乃卜二龜一習吉又鄭注士喪禮云古文槢爲襲是襲與習通

祥習則行不習則增修德而改卜今楚實不競行人何罪止鄭一卿以除其偪使睦而疾楚以固於晉焉用之釋文本或

作何用之使歸而廢其使怨其君以疾其大夫而相牽引也不猶愈乎

服虔云愈猶病愈本疏

楚人歸之

十四年春吳告敗于晉會于向爲吳謀楚故也范宣子數吳之不德也以退吳人執莒公子務婁

徐邈云務莫侯反釋文禮說云務與牟古音同

以其通楚使也將執戎子駒支范宣子親數諸朝曰來姜戎氏

周語堯遭洪水使禹治之共之孫四岳佐之至賜姓曰

姜賈逵云共共工也從孫同姓末嗣之孫四嶽官名大嶽也主四嶽之祭焉姜炎帝之姓其後變易至于四嶽帝復賜之祖姓以紹炎帝之後本疏

昔秦人迫逐乃祖吾離于瓜州

漢書地理志敦煌郡敦煌杜林以爲古瓜州地生美瓜水經注引杜林云敦煌古瓜州也杜本此

乃祖吾離被苫蓋

說文蓋苫也苫蓋也按爾雅蓋謂之苫說文本此杜注蓋苫之别名亦用爾雅及說文義

蒙荆棘

方言蒙覆也杜注畧同

以來歸我先君我先君惠公有不腆之田

說文腆多也小爾雅腆厚也杜本此

與女剖分而食之

說文剖判也廣雅剖半也杜注畧同

今諸侯之事我寡君不如昔者蓋言語漏泄文選注引作渫从舊本改正

則職女之由詰朝之事

小爾雅詰朝明旦也

爾無與焉與將執女對曰昔秦人負恃其衆貪于土地逐

我諸戎惠公蠲其大德

爾雅蠲明也杜本此

謂我諸戎是四嶽之裔胄也

廣雅裔遠也王逸楚辭章句胄後也杜本此

毋是翦弃

高誘呂覽注翦除詩鄭箋翦割截也下同

賜我南鄙之田狐狸所居豺狼所嗥

說文嗥咆也廣雅獋鳴也按嗥獋古字通

我諸戎除翦其荆棘驅其狐狸豺狼以爲先君不侵不叛之臣至于今不貳昔文公與秦伐鄭秦人竊與鄭盟而舍戍焉於是乎有殽之師晉禦其上戎亢其下

廣雅亢當也高誘淮南王書注亢當也亢伉字同杜本此

秦師不復我諸戎實然譬如捕鹿晉人角之諸戎掎之

詩毛傳角而束之曰掎廣雅曰觕犄也

與晉踣之

說文踣僵也春秋傳曰晉人踣之杜本此

戎何以不免自是以來晉之百役與我諸戎相繼于時以

從執政猶殽志也豈敢離逷

爾雅逷遠也

今官之師旅無乃實有所闕以攜諸侯而罪我諸戎我諸

戎飲食衣服不與華同贄幣不通言語不達何惡之能爲

不與於會亦無瞢焉

說文瞢目不明也从苜从旬旬目數搖也按杜注瞢悶也或以音同借作悶字今攷廣雅小爾雅韋昭國語注皆云瞢慙也此傳瞢字亦當訓慙爲是

賦青蠅而退宣子辭焉使即事於會成愷悌也釋文愷作凱於是子叔齊子爲季武子介以會自是晉人輕魯幣而益敬其使　吳子諸樊旣除喪將立季札季札辭曰曹宣公之卒也

服虔云宣公曹伯廬也以魯成公十三年會諸侯伐秦卒于師史記集解

諸侯與曹人不義曹君

服虔云曹君公子負芻也負芻在國聞宣公卒殺大子而自立故曰不義之也同上

將立子臧

服虔云子臧負芻庶兄同上

子臧去之遂弗爲也以成曹君君子曰能守節君義嗣也

王肅云義宜也嫡子嗣國得禮之宜同上

誰敢奸君有國非吾節也札雖不才願附於子臧以無失節固立之棄其室而耕乃舍之　夏諸侯之大夫從晉侯伐秦以報櫟之役也晉侯待于竟使六卿帥諸侯之師以

進及涇不濟

地理志安定郡涇陽开頭山在西涇水所出東南至陽陵入渭杜本此

叔向見叔孫穆子穆子賦匏有苦葉

服虔云由膝以上爲厲詩疏

叔向退而具舟魯人莒人先濟鄭子蟜見衛北宮懿子曰與人而不固取惡莫甚焉若社稷何懿子說二子見諸侯之師而勸之濟濟涇而次秦人毒涇上流師人多死鄭司馬子蟜帥鄭師以進師皆從之至于棫林不獲成焉

服虔云不得成戰陳之事本疏

荀偃令曰雞鳴而駕塞井夷竈惟余馬首是瞻欒黶曰晉國之命未是有也余馬首欲東乃歸下軍從之左史謂魏莊子曰不待中行伯乎莊子曰夫子命從帥欒伯吾帥也吾將從之從帥所以待夫子也伯游曰吾令實過悔之何及多遺秦禽乃命大還晉人謂之遷延之役欒鍼曰此役也報櫟之敗也役又無功晉之恥也吾有二位於戎路敢不恥乎與士鞅馳秦師死焉士鞅反欒黶謂士匄曰余弟不欲往而子召之余弟死而子來是而子殺余之弟也弗逐余亦將殺之士鞅奔秦於是齊崔杼宋華閱仲江會伐秦不書惰也向之會亦如之衛北宮括不書於向書於伐

秦攝也秦伯問於士鞅曰晉大夫其誰先亾文選注引對無其字曰其欒氏乎秦伯曰以其汏乎對曰然欒黶汏虐已甚猶可以免其在盈乎文選注引作猶可以免其身禍在盈也秦伯曰何故對曰武子之德在民如周人之思召公焉愛其甘棠況其子乎欒黶死盈之善未能及人武子所施沒矣而黶之怨實章文選注怨作惡將於是乎在秦伯以爲知言爲之請於晉而復之

衛獻公戒孫文子甯惠子食皆服而朝日旰不召

服虔云旰晏也同上杜取此

而射鴻於囿二子從之不釋皮冠而與之言史記作不釋射服與之言

服虔云從公于囿同上杜取此

二子怒孫文子如戚

服虔云孫文子邑也同上杜取此

孫蒯入使公飲之酒使大師歌巧言之卒章大師辭師曹請爲之

賈逵云樂人史記集解杜取此

初公有嬖妾使師曹誨之琴師曹鞭之公怒鞭師曹三百故師曹欲歌之以怒孫子以報公公使歌之遂誦之蒯懼告文子文子曰君忌我矣弗先必死并帑於戚而入見蘧伯玉家語作璩淮南王書同

賈逵云伯玉衛大夫同上高誘呂覽注伯玉衛大夫蘧莊

子無咎之子瑗謚曰成子

曰君之暴虐子所知也大懼社稷之傾覆將若之何對曰君制其國臣敢奸之雖奸之庸知愈乎遂行從近關出公使子蟜子伯子皮與孫子盟于丘宮孫子皆殺之四月己未子展奔齊公如鄄使子行于孫子孫子又殺之公出奔齊孫氏追之敗公徒于阿澤

水經注引作柯澤按莊十三年公會齊侯于柯杜注此柯今濟北東阿齊之柯邑猶祝柯今爲祝阿元和郡縣志東阿春秋時齊之柯地是也杜注同

鄄人執之

服虔云執追公徒者公如鄄故鄄人爲公執之本疏

初尹公佗學射於庾公差庾公差學射於公孫丁二子追公公孫丁御公子魚曰射爲背師不射爲戮射爲禮乎釋文或一讀射而禮乎射兩軥而還

說文軥軶下曲者服虔云軥車軶也詩疏杜取此又云車軶兩邊叉馬頸者釋文及春秋疏

尹公佗曰子爲師我則遠矣乃反之公孫丁授公轡而射之貫臂子鮮從公及竟公使祝宗告亾且告無罪定姜曰無神何告若有不可誣也有罪若何告無舍大臣而與小臣謀一罪也先君有冢卿以爲保師而蔑之石經保師磨改作師保誤

今从初刻二罪也余以巾櫛事先君而暴妾使余三罪也告亾而已無告無罪公使厚成叔

釋文厚本或作郈世本曰魯孝公生惠伯革其後爲厚氏魯語魯文公欲弛郈敬子之宅韋昭注郈敬子魯大夫郈惠伯之後元孫敬伯同也昭二十五年傳云季郈之雞鬬徐廣史記注曰一本作厚惠棟曰呂氏春秋有郈成子與右宰穀同時以傳考之卽厚成叔也世本作厚內傳作郈禮記又作后左傳或作厚或作郈字異而實同高誘曰郈氏惠伯華之後以字爲氏因爲郈氏郈成子郈敬子國之子郈靑孫也古今人表有厚昭伯師

古曰卽郈昭也按世本作惠伯革鄭氏禮記注作鞏高誘又作華未詳孰是

弔于衞

賈逵云問凶曰弔下有君不弔同史記集解

曰寡君使瘠聞君不撫社稷而越在他竟文選注引作境

廣雅越遠也杜本此

若之何不弔以同盟之故使瘠敢私於執事曰有君不弔

有臣不敏

趙岐孟子章句敏達也杜本此

君不赦宥臣亦不帥職增淫發泄其若之何衞人使大叔儀對曰羣臣不佞得罪於寡君寡君不以卽刑而悼弃之

以爲君憂君不忘先君之好辱弔羣臣又重恤之敢拜君命之辱重拜大貺厚孫歸復命語臧武仲曰衞君其必歸乎有大叔儀以守有母弟鱄以出或撫其內或營其外能無歸乎齊人以郲寄衞侯及其復也以郲糧歸右宰穀從而逃歸衞人將殺之辭曰余不說初矣余狐裘而羔褎諸本作袖从釋文改正乃赦之衞人立公孫剽

按史記衞世家曰孫文子甯惠子共立定公弟秋爲衞君是爲殤公徐廣云班氏曰獻公弟焱又云衞殤公會晉平公平公執殤公與甯喜而復入衞獻公與左傳異索隱曰左傳作剽古今人表作焱蓋音相亂字改易耳今攷秋字蓋

郎焱字之誤高誘呂覽注又引作票票剽焱皆音同字也又按呂覽似順論愼小篇引此又作立公子黚玫黚乃悼公之名呂覽誤

孫林父甯殖相之以聽命於諸侯衛侯在郲臧紇如齊唁衛侯與之言虐退而告其人曰衛侯其不得入矣其言糞上也亾而不變何以復國釋文唁徐作殰音唁子展子鮮聞之見臧紇與之言道臧孫說謂其人曰衛君必入夫二子者或輓之或推之欲無入得乎　師歸自伐秦晉侯舍新軍禮也成國不過半天子之軍

高誘呂覽注成千乘之國也

周爲六軍諸侯之大者三軍可也於是知朔生盈而死盈生六年而武子卒彘裘亦幼皆未可立也新軍無帥故舍之　師曠侍於晉侯

王逸楚辭章句曰師曠聖人字子野生無目而善聽晉侯曰衛人出其君不亦甚乎對曰或者其君實甚良君將賞善而刑淫養民如子蓋之如天容之如地民奉其君愛之如父母仰之如日月釋文仰本亦作卬敬之如神明畏之如雷霆其可出乎夫君神之主而民之望也若困民之主匱神乏嗣

劉向新序及說苑皆引作困民之性乏神之祀按今刊

本主字疑生字之譌生性古字同周禮辨五土之物生杜子春讀爲性是也乏之祀釋文本或作之祀百姓絶望社稷無主將安用之弗去何爲天生民而立之君使司牧之勿使失性有君而爲之貳使師保之勿使過度是故天子有公諸侯有卿卿置側室大夫有貳宗士有朋友庶人工商皁隸牧圉皆有親暱以相輔佐也善則賞之過則匡之

爾雅匡正也杜本此

患則救之失則革之自王以下各有父兄子弟以補察其政史爲書瞽爲詩工誦箴諫大夫規誨士傳言庶人謗商

旅于市百工獻藝故夏書曰遒人以木鐸徇于路官師相規工執藝事以諫正月孟春於是乎有之諫失常也天之愛民甚矣豈其使一人肆於民上（文選注引無其字）以從其淫（釋文本或作縱）而弃天地之性（新序引此性下有乎字）必不然矣

秋楚子爲庸浦之役故子囊師于棠以伐吳

漢書地理志臨淮郡堂邑郡國志春秋時曰堂按即昭二十年棠君尚之棠棠堂古字通

吳不出而還子囊殿以吳爲不能而弗儆吳人自皐舟之隘要而擊之楚人不能相救吳人敗之獲楚公子宜穀

王使劉定公賜齊侯命曰昔伯舅太公右我先生股肱周

室師保萬民世胙大師以表東海詩疏引此作佐我先王王室之不壞繄伯舅是賴

孫毓云舊本及賈氏皆作壞本疏說文壞敗也釋文服本作懷解曰懷柔也繄蒙也賴恃也王室之不懷柔諸侯恃蒙齊桓之匡正也本疏

今余命女環兹率舅氏之典纂乃祖考無忝乃舊敬之哉無廢朕命　晉侯問衛故於中行獻子對曰不如因而定之衛有君矣伐之未可以得志而勤諸侯史佚有言曰因重而撫之仲虺有言曰亾者侮之亂者取之推亾固有國之道也君其定衛以待時乎冬會于戚謀定衛也　范宣

子假羽毛於齊

廣雅析羽爲旌杜本此

而弗歸齊人始貳　楚子囊還自伐吳卒將死遺言謂子庚必城郢

呂覽高義篇子囊伏劒而死

君子謂子囊忠君薨不忘增其名將死不忘衛社稷可不謂忠乎忠民之望也詩曰行歸于周萬民所望忠也

服虔云逸詩也都人士首章有之詩疏鄭元禮記注曰此詩毛氏有之三家則亾惠棟曰西漢毛詩不列于學宮故服氏謂之逸詩

春秋左傳詁卷十三

傳　襄公二　　陽湖洪亮吉學

十五年明刊本作十有五年誤今从宋本删有字春宋向戌來聘且尋盟見孟獻子尤其室曰子有令聞而美其室非所望也對曰我在晉吾兄爲之毁之重勞且不敢間

方言間非也按杜無注正義云間非也即本此

官師從單靖公逆王后于齊卿不行非禮也　楚公子午爲令尹公子罷戎爲右尹蔿子馮爲大司馬公子槖師爲右司馬公子成爲左司馬屈到爲莫敖公子追舒爲箴尹

屈蕩爲連尹

服虔云連尹射宮言射相連屬也本疏

養由基爲宮廐尹以靖國人君子謂楚於是乎能官人官人國之急也能官人則民無覦心

說文覦欲也

詩曰嗟我懷人寘彼周行能官人也王及公侯伯子男甸采衛大夫各居其列所謂周行也　鄭尉氏司氏之亂其餘盜在宋鄭人以子西伯有子産之故納賂于宋以馬四十乘與師茷師慧三月淳化本作二月誤　公孫黑爲質焉司城子罕以堵女父尉翩司齊與之良司臣而逸之託諸季武子

武子賓諸卞鄭人醢之三人也師慧過宋朝將私焉其相曰朝也慧曰無人焉相曰朝也何故無人慧曰必無人焉若猶有人豈其以千乘之相易淫樂之矇必無人焉故也子罕聞之固請而歸之　夏齊侯圍成貳於晉故也於是乎城成郛　秋邾人伐我南鄙使告于晉晉將爲會以討邾莒晉侯有疾乃止冬晉悼公卒

世本晉悼公子舒鮑無終

遂不克會　鄭公孫夏如晉奔喪子蟜送葬　宋人或得玉獻諸子罕子罕弗受獻玉者曰以示玉人玉人以爲寶也故敢獻之子罕曰我以不貪爲寶爾以玉爲寶若以與

我高誘淮南王書注引作若予皆喪寶也不若人有其寶稽首而告曰小人懷璧不可以越鄉納此以請死也子罕寘諸其里使玉人爲之攻之

孔安國書傳攻治也杜本此

富而後使復其所

服虔云富賣玉得富周禮疏杜取此

十二月鄭人奪堵狗之妻而歸諸范氏

十六年春葬晉悼公平公即位羊舌肸爲傅張君臣爲中軍司馬祁奚韓襄欒盈史記作欒逞年表亦同士鞅爲公族大夫虞丘書爲乘馬御改服修官烝于曲沃警守而下會于湨梁

命歸侵田以我故執邾宣公莒犂比公且曰通齊楚之使晉侯與諸侯宴于温使諸大夫舞曰歌詩必類

爾雅類善也呂覽重言篇引高宗之言余惟恐言之不類也荀子儒效篇其言有類

齊高厚之詩不類荀偃怒且曰諸侯有異志矣使諸大夫盟高厚高厚逃歸於是叔孫豹晉荀偃宋向戌衛甯殖鄭公孫蠆小邾之大夫盟曰同討不庭

爾雅庭直也按此與隱十年傳同

許男請遷于晉諸侯遂遷許許大夫不可晉人歸諸侯鄭子蟜聞將伐許遂相鄭伯以從諸侯之師穆叔從公齊子

帥師會晉荀偃書曰會鄭伯爲夷故也夏六月次于棫林
庚寅伐許次于函氏晉荀偃欒黶帥師伐楚以報宋楊梁
之役〇楚公子格帥師及晉師戰于湛阪

水經注云京相璠曰昆陽縣北有蒲城蒲城北有湛阪者是應劭曰湛水出犨縣北魚齒山西北東南流歷魚齒山下爲湛浦今水北悉枕翼山阜于父城東南湛水之北山有長阪蓋卽湛水以名阪故有湛阪之名

楚師敗績晉師遂侵方城之外

戰國策楚不守方城之外高誘曰方城楚塞也外北也

復伐許而還〇秋齊侯圍郕孟孺子速徼之 釋文速本又作遬同

廣雅邀遮也

齊侯曰是好勇去之以爲之名速遂塞海陘而還冬穆叔如晉聘且言齊故晉人曰以寡君之未禘祀與民之未息不然不敢忘穆叔曰以齊人之朝夕釋憾於敝邑之地是以大請敝邑之急朝不及夕引領西望曰庶幾乎比執事之間恐無及也見中行獻子賦圻父按詩作祈父祈圻古字通獻子曰偃知罪矣敢不從執事以同恤社稷而使魯及此見范宣子賦鴻雁之卒章宣子曰匄在此敢使魯無鳩乎

爾雅鳩聚也按杜注鳩集也義亦同

十七年春宋莊朝伐陳獲司徒卬卑宋也　衛孫蒯田于

曹隧飲馬于重丘毀其瓶重丘人閉門而詢之

說文詬謑詬恥也或从句廣雅詬駡也杜本此

曰親逐而君爾父爲厲詩鄭箋引作其父爲厲

詩毛傳及廣雅厲惡也郭象注莊子厲之人夜半生其子云厲惡人也按杜注厲惡鬼今攷此時林父尙在詬之者不過斥其惡耳不應卽謂之鬼杜注非也襄二十六年傳注亦同

是之不憂而何以田爲夏衛石買孫蒯伐曹取重丘曹人愬于晉　齊人以其未得志于我故秋齊侯伐我北鄙圍桃高厚圍臧紇于防師自陽關逆臧孫

郡國志泰山郡鉅平有陽關杜同此

至于旅松郰叔紇臧疇臧賈帥甲三百宵犯齊師送之而復齊師去之齊人獲臧堅齊侯使夙沙衛唁之

服虔云弔生曰唁以生見獲故唁之也詩疏

且曰無死堅稽首曰拜命之辱抑君賜不終

服虔云言君義已故來唁之是惠賜也謂已無死不以義望已是不終也本疏

姑又使其刑臣禮於士以杙抉其傷釋文傷本一作蕩音羊而死

說文抉挑也

冬邾人伐我南鄙爲齊故也　宋華閱卒華臣弱皐比之

室使賊殺其宰華吳賊六人以鈹

說文鈹大鍼也一曰劒如刀裝者又云鍛鈹有鐔也按此則鈹蓋劒屬杜無注故采說文補之

殺諸盧門合左師之後左師懼曰老夫無罪賊曰皐比私有討於吳遂幽其妻五行志引傳作就其妻曰畀余而大璧宋公聞之曰臣也不惟其宗室是暴大亂宋國之政必逐之五行志引作欲逐之左師曰臣也亦卿也大臣不順國之恥也不如蓋之乃舍之

服虔云蓋覆蓋之言左師無鷹鸇之志而蓋不義之人故尤之本疏

左師爲己短策苟過華臣之門必騁

服虔云策馬捶也自爲短策過華臣之門助御者擊焉而馳惡之甚也同上

十一月甲午國人逐瘈狗

說文狾狂犬也春秋傳曰狾犬入華臣氏之門按今本作瘈說文瘈小兒瘈瘲病也此非其義當從狾爲是漢書五行志及字林亦皆作狾廣雅狾狂也與說文同呂覽胥時篇鄭子陽之難猘狗潰之義亦同

入於華臣氏國人從之華臣懼遂奔陳　宋皇國父爲大宰爲平公築臺妨於農收子罕請俟農功之畢公弗許築

者謳曰澤門之晳

惠士奇曰詩大明縣正義引云皐門之晳陸氏釋文云本作皐者誤也棟桉古皐澤字相同孫叔敖碑云收九罭之利婁壽以爲澤字但臯爲白下本睪爲四下夲本一字漢碑从四下羊者誤服虔漢書注云皐澤也詩鶴鳴于九皐王仲任辥夫子皆以爲九折之澤諸侯本有臯門何獨宋不然也今按如惠氏所言臯門爲諸侯宮門外名似非人臣所居之地杜注指爲宋東城南門或非無據疑即孟子所云垤澤之門也

實興我役邑中之黔實慰我心子罕聞之親執扑以行築

者而抶其不勉者曰吾儕小人皆有闔廬以辟燥溼寒暑今君爲一臺而不速成何以爲役謳者乃止或問其故子罕曰宋國區區

廣雅區區小也

而有詛有祝禍之本也　齊晏桓子卒晏嬰麤衰斬諸本作縗據鄭注禮記及後漢書注改正苴絰帶杖菅屨食鬻後漢書注作食粥居倚廬寢苫枕草其老曰非大夫之禮也曰惟卿爲大夫

十八年春白狄始來　夏晉人執衛行人石買于長子執孫蒯于純留畱字从字書改正

地理志上黨郡領長子屯畱二縣杜本此釋文純地理志

作屯

爲曹故也　秋齊侯伐我北鄙中行獻子將伐齊夢與厲公訟弗勝公以戈擊之首隊於前跪而戴之

聲類跪跽也文選注

奉之以走見梗陽之巫皋他日見諸道與之言同巫曰今茲主必死若有事于東方則可以逞獻子許諾晉侯伐齊將濟河獻子以朱絲係玉二瑴

說文珏二玉相合爲珏或从殸杜本此

而禱曰齊環怙恃其險負其衆庶弃好背盟陵虐神主曾臣彪將率諸侯以討焉其官臣偃實先後之苟捷有功無

作神羞官臣偃無敢復濟惟爾有神裁之沈玉而濟 冬十月會于魯濟尋湨梁之言同伐齊齊侯御諸平陰塹防門而守之廣里

京相璠曰平陰齊地也在濟北盧縣故城西南十里水經注杜同此惟云在縣東北非 酈道元云平陰城南有長城東至海西至濟河道所由名防門去平陰三里齊侯塹防門即此也其水引濟故瀆尚存今防門北有光里齊人言廣音與光同卽春秋所謂守之廣里者也郡國志濟北盧縣有平陰城有防門有光里桉京相璠亦云防門北有光里杜注殊屬臆說

夙沙衛曰不能戰莫如守險弗聽諸侯之士門焉齊人多死范宣子告析文子曰吾知子敢匿情乎魯人莒人皆請以車千乘自其鄉入既許之矣若入君必失國子盍圖之子家以告公公恐晏嬰聞之曰君固無勇而又聞是弗能久矣齊侯登巫山

京相璠巫山在平陰東北水經注杜同此

以望晉師晉人使司馬斥山澤之險雖所不至必旆而疏陳之使乘車者左實右僞以旆先輿曳柴而從之齊侯見之畏其衆也乃脫歸丙寅晦齊師夜遁師曠告晉侯曰烏烏之聲樂齊師其遁邢伯告中行伯曰有班馬之聲齊師

其遁叔向告晉侯曰城上有烏齊師其

爾雅般還也郭璞注引左傳曰般馬之聲桉班般還古

字通

十一月丁卯朔入平陰遂從齊師夙沙衛連大車以塞隧

而殿

賈逵國語注闕地通路曰隧廣雅隊道也隊隧同

殖綽郭最曰子殿國師齊之辱也子姑先乎乃代之殿衛

殺馬於隘以塞道晉州綽及之射殖綽中肩兩矢夾脰

說文脰項也桉杜注脰頸也用鄭元何休說義略同

曰止將為三軍獲不止將取其衷顧曰為私誓州綽曰有

如日乃弛弓而自後縛之釋文弛本又作施音同其右具丙亦舍兵而縛郭最皆衿甲面縛坐于中軍之鼓下晉人欲逐歸者魯衛請攻險己卯荀偃士匄以中軍克京茲

郡國志濟北國盧縣有景茲山杜同此

乙酉魏絳欒盈以下軍克邿趙武韓起以上軍圍盧弗克

十二月戊戌及秦周

呂覽慎大篇云齊達子帥其餘卒以軍于秦周高誘注秦周齊城門名也惠士奇曰秦周當是齊地名杜氏以爲魯大夫失之

伐雍門之萩

戰國策孫子謂田忌曰使輕車銳騎衝雍門高誘注雍門齊西門名也說文萩蕭也桉爾雅云蕭萩卽此鄘道元引此作荻今攷玉篇音且留切蒿也並引傳文又七肖切知舊本又有作荻者

范鞅門于雍門其御追喜以戈殺犬于門中孟莊子斬其櫄以爲公琴

說文櫄杶也夏書杶榦栝柏卽此玉篇杶木似樗樗惡木也桉櫄可爲琴必非惡木蓋狀似之耳惠士奇曰琴頌琴也頌與公古字通

己亥焚雍門及西郭南郭劉難士弱率諸侯之師焚申池

之竹木壬辰焚東郭北郭范鞅門于揚門州綽門于東閭左驂迫還于門中以枚數闔

說文枚榦也可以枚校杜注枚馬撾蓋隨文爲訓爾雅闔謂之扉鄭元禮記注用木曰闔

齊侯駕將走郵棠太子與郭榮扣馬曰

說文扣牽馬也廣雅扣持也

師速而疾略也將退矣君何懼焉且社稷之主不可以輕輕則失衆君必待之將犯之大子抽劒斷鞅乃止甲辰東侵及濰南及沂釋文濰本又作維

水經濰水出琅邪箕縣濰山過都昌縣東入于海沂水

出泰山蓋縣艾山過下邳縣西南入于泗杜本此

鄭子孔欲去諸大夫將叛晉而起楚師以去之使告子庚子庚弗許楚子聞之使揚豚尹宜揚从石經宋本改告子庚曰國人謂不穀主社稷而不出師死不從禮不穀即位於今五年師徒不出人其以不穀爲自逸而忘先君之業矣大夫圖之其若之何子庚歎曰君王其謂午懷安乎吾以利社稷也見使者稽首而對曰諸侯方睦於晉臣請嘗之若可君而繼之不可收師而退可以無害君亦無辱子庚帥師治兵于汾

郡國志潁川郡襄城縣有汾丘城杜同此

於是子蟜伯有子張從鄭伯伐齊子孔子展子西守二子知子孔之謀完守入保子孔不敢會楚師楚師伐鄭次于魚陵右師城上棘

水經注潁水又逕上棘城西

遂涉潁次于旃然

郡國志河南郡城皋有旃從水水經注汳受旃然水杜同
此

蔿子馮公子格率銳師侵費滑胥靡獻于雍梁

郡國志潁川郡陽翟有雍氏城杜同此

右回梅山

郡國志河南郡密有梅山此同杜
侵鄭東北至于蟲牢而反子庚門于純門信于城下而還
涉于魚齒之下
郡國志襄城有魚齒山此同杜
甚雨及之
惠棟曰甚古文湛字見詛楚文莊子天下篇云沐甚雨
節疾風崔譔本甚作湛音淫甚雨猶久雨也或曰檀弓
云雨甚至甚當讀如字亦通今按惠說未諦檀弓雨甚
至乃二句至謂門人至也以三字連讀跡矣
楚師多凍役徒幾盡晉人聞有楚師師曠曰不害吾驟歌

北風又歌南風

服虔云北風夾鍾無射以北南風姑洗南呂以南周禮疏

又云卯酉以北律呂爲北風以南爲南風本疏

南風不競多死聲

服虔云南律氣不至故死聲多同上又云吹律而言歌風者出聲曰歌以律是候氣之管氣則風也故言歌風禮記疏

楚必無功董叔曰天道多在西北南師不時必無功叔向曰在其君之德也

十九年春諸侯還自沂上盟于督揚曰大毋侵小執邾悼

公以其伐我故遂次于泗上疆我田取邾田自漷水歸之于我

賈服並言邾魯以漷水爲竟漷水移入邾界魯隨而有之刺晉偏而魯貪本疏

晉侯先歸公享晉六卿于蒲圃賜之三命之服軍尉司馬司空輿尉候奄皆受一命之服賄荀偃束錦加璧乘馬先吳壽夢之鼎　荀偃癉疽生瘍於頭

說文癉勞病也疽癰也癰腫也瘍頭創也服虔通俗文頭創曰瘍衆經音義玉篇疸黃病也多但切左氏傳曰荀偃疸疽生瘍于頭疽疽惡創也桉惠氏曰玉篇引作疸是

誤以上一字爲下一字矣今攷玉篇本明云疸亦作癉

惠氏讀書可云疏忽

濟河及著雍病目出大夫先歸者皆反士匄請見弗內請後曰鄭甥可二月甲寅卒而視不可含宣子盥而撫之論衡盥作洗曰事吳敢不如事主猶視欒懷子曰其爲未卒事於齊故也乎乃復撫之曰主苟終所不嗣事于齊者有如河乃暝受含宣子出曰吾淺之爲丈夫也　晉欒魴帥師從衛孫文子伐齊　季武子如晉拜師晉侯享之范宣子爲政賦黍苗季武子興再拜稽首曰小國之仰大國也如百穀之仰膏雨焉若常膏之其天下輯睦豈惟敝邑賦六月

釋文輯本又作集文選注引此卽作集睦季武子以所得於齊之兵作林鍾而銘魯功焉

賈逵周語注云律爲六律六呂以均鍾大小清濁也正義云此鍾聲應林鍾故以林鍾爲名本疏字林云銘題勒也

臧武仲謂季孫曰非禮也夫銘天子令德諸侯言時計功大夫稱伐今稱伐則下等也計功則借人也言時則妨民多矣何以爲銘且夫大伐小取其所得以作彝器銘其功烈以示子孫昭明德而懲無禮也今將借人之力以救其死若之何銘之小國幸於大國而昭所獲焉以怒之亾之

道也　齊侯娶于魯曰顏懿姬無子其姪鬷聲姬

服虔云兄子曰姪懿姬所從也顏鬷皆其母姓聲懿謚也傳家從後言之故舉謚也御覽杜取此

生光以爲大子諸子仲子戎子

服虔云二子宋女同上桉史記又作仲姬戎姬則又似姬姓女矣傳遜說諸子爲內官則此仲子戎子疑亦如漢內官之七子八子也

戎子嬖仲子生牙屬諸戎子

服虔云公子牙也戎子子牙養也同上惠棟云養謂養母

戎子請以爲大子許之

服虔云齊侯許之同上杜取此

仲子曰不可廢常不祥

服虔云立長爲祥立而廢之爲不祥也同上

間諸侯難

服虔云間犯爲光已列于諸侯難成同上杜取此

光之立也列於諸侯矣

服虔云謂光數從諸侯征伐會盟同上及史記集解杜取此

今無故而廢之是專黜諸侯

服虔云專獨也光比於諸侯列於盟不可黜也御覽杜取此

而以難犯不祥也

服虔云以難成之事犯不善同上

君必悔之公曰在我而已遂東大子光

賈逵云徙之東垂也史記集解服虔云東徙之東鄙也御覽杜取此

使高厚傅牙以爲大子夙沙衛爲少傅齊侯疾崔杼微逆光

服虔云微隱匿也同上

疾病而立之

服虔云疾困也而立爲大子同上

光殺戎子尸諸朝非禮也婦人無刑

服虔云婦人從人者也故不爲制刑及犯惡從男子之刑也本疏桉劉難服云犯淫則男子割勢婦人閉宮豈得從男子乎今攷割勢閉宮皆係宮刑因人制宜耳劉難服非是如婦人從夫服重有髽箭笄之類豈得以不同夫服遂謂之非從服乎

雖有刑不在朝市夏五月壬辰晦齊靈公卒莊公卽位執公子牙於句瀆之丘史記作句竇以夙沙衛易已衛奔高唐以叛

京相璠曰高唐本平原縣也水經注

晉士匄侵齊及穀聞喪而還禮也　於四月丁未鄭公孫

薨卒赴于晉大夫范宣子言於晉侯以其善於伐秦也六月晉侯請於王王追賜之大路使以行禮也

箴膏肓云卿以上所乘車皆曰大路詩曰彼路斯何君子之車此大夫之車稱路也王制卿爲大夫詩疏

秋八月齊崔杼殺高厚於灑藍而兼其室書曰齊殺其大夫從君於昏也　鄭子孔之爲政也專國人患之乃討西宮之難與純門之師子孔當罪校當作去聲讀

鄭元云當謂值其罪音丁浪反

以其甲及子革子良氏之甲守甲辰子展子西率國人伐之殺子孔而分其室書曰鄭殺其大夫專也子然子孔宋

子之子也士子孔圭嬀之子也圭嬀之班亞宋子而相親也二子孔亦相親也二諸本誤作士从唐石經宋本改正僖之四年子然卒簡之元年士子孔卒司徒孔實相子革子良之室三室如一故及於難子革子良出奔楚子革爲右尹鄭人使子展當國子西聽政立子産爲卿　齊慶封圍高唐弗克冬十一月齊侯圍之見衛在城上號之乃下問守備焉以無備告揖之乃登

賈逵云齊侯以衛告誠揖而禮之欲生之也衛志于戰欤故不順齊侯之揖而還登城本注杜全取此服虔引彭仲博文齊欲誅衛呼而下與之言因可取之無爲揖之復令

登城仲博以爲齊侯號衛衛慙而下云問守備焉問衛之守高唐者衛無恩訓故令守者以無備告齊侯善其言故揖之乃命士卒登城服虔謂此說近之桉說文及春秋正義彭汪字仲博說先師奇說及舊注

聞師將傅食高唐人殖綽工僂會夜縋納師

說文縋以繩有所縣也春秋傳曰夜縋納師

醢衛于軍　城西郛懼齊也　齊及晉平盟于大隧故穆叔會范宣子于柯穆叔見叔向賦載馳之四章叔向曰肸敢不承命穆叔歸曰齊猶未也不可以不懼乃城武城

衛石共子卒悼子不哀孔成子曰是謂蹷其本

服虔云孔成子衛卿孔烝鉏史記集解世本衛孔莊叔達生
得閭叔穀穀生成叔烝鉏禮記疏
必不有其宗
二十年春及莒平孟莊子會莒人盟于向督揚之盟故也
夏盟于澶淵齊成故也　邾人驟至以諸侯之事弗能
報也秋孟莊子伐邾以報之　蔡公子燮欲以蔡之晉蔡
人殺之公子履其母弟也故出奔楚　陳慶虎慶寅
潛夫論慶氏嬀姓
畏公子黃之偪愬諸楚曰與蔡司馬同謀楚人以爲討公
子黃出奔楚初蔡文侯欲事晉曰先君與於踐土之盟晉

不可弃且兄弟也畏楚不能行而卒楚人使蔡無常公子燮求從先君以利蔡不能而死書曰蔡殺其大夫公子燮言不與民同欲也陳侯之弟黃出奔楚言非其罪也公子黃將出奔呼於國曰慶氏無道求專陳國暴蔑其君而去其親五年不滅是無天也　齊子初聘於齊禮也　冬季武子如宋報向戌之聘也褚師段逆之以受享賦常棣之七章以卒宋人重賄之歸復命公享之賦魚麗之卒章公賦南山有臺武子去所曰臣不堪也　衛甯惠子疾召悼子曰吾得罪於君悔而無及也名藏在諸侯之策高誘呂覽注引作名載諸侯之策曰孫林父甯殖出其君君入則掩之若能掩之

則吾子也若不能猶有鬼神吾有餒而已不來食矣悼子許諾惠子遂卒

二十一年春公如晉拜師及取邾田也　邾庶其以漆閭丘來奔季武子以公姑姊妻之

棪本疏引劉炫規過云古人謂姑爲姑姊妹此姑姊是襄公父之姊今攷成公在位十八年襄公嗣立又二十一年若指成公之姊則年已近五十安得始嫁此公姑姊者蓋襄公之從姑或再從姑觀下傳臧孫紇言以姬氏妻之益明不得如炫說也漢時以宗室女嫁單于亦名爲已女並號公主卽此類杜氏以爲蓋寡者二人亦

屬曲說

皆有賜於其從者於是魯多盜季孫謂臧武仲曰子盍詰盜

鄭元服虔皆以盍爲何不也本疏說文詰問也

武仲曰不可詰也紇又不能季孫曰我有四封而詰其盜何故不可子爲司寇將盜是務去若之何不能武仲曰子召外盜而大禮焉何以止吾盜子爲正卿而來外盜使紇去之將何以能庶其竊邑於邾以來子以姬氏妻之而與之邑其從者皆有賜焉若大盜禮焉以君之姑姊與其大邑其次皁牧輿馬其小者衣裳劍帶是賞盜也賞而去之

其或難焉紇也聞之在上位者灑濯其心壹以待人軌度其信可明徵也而後可以治人夫上之所爲民之歸也上所不爲而民或爲之是以加刑罰焉而莫敢不懲若上之所爲而民亦爲之乃其所也又可禁乎夏書曰念茲在茲釋茲在茲名言茲在茲允出茲在茲惟帝念功將謂由己壹也信由己壹而後功可念也庶其非卿也

諸儒以爲邾莒無命卿本疏

以地來雖賤必書

劉賈又云春秋之序三命以上乃書于經賴氏以爲再命稱人同上

重地也　齊侯使慶佐爲大夫復討公子牙之黨執公子買于句瀆之丘公子鉏來奔叔孫還奔燕　夏楚子庚卒楚子使薳子馮爲令尹訪於申叔豫叔豫曰國多寵而王弱國不可爲也遂以疾辭方暑闕地下冰而牀焉重繭衣裘鮮食而寢

說文襺袍衣也以絮曰襺以緼曰袍春秋傳曰盛夏重襺桉爾雅袍襺也郭璞注引春秋傳曰重襺衣裘襺作繭古文省

楚子使醫視之復曰瘠則甚矣而血氣未動乃使子南爲令尹　欒桓子娶於范宣子生懷子范鞅以其亡也怨欒

氏故與欒盈爲公族大夫而不相能桓子卒欒祁與其老州賓通幾亾室矣懷子患之祁懼其討也愬諸宣子曰盈將爲亂以范氏爲死桓主而專政矣曰吾父逐鞅也不怒而以寵報之又與吾同官而專之吾父死而益富死吾父而專於國有死而已吾蔑從之矣其謀如是懼害於主吾不敢不言范鞅爲之徵懷子好施士多歸之宣子畏其多士也信之懷子爲下卿宣子使城著而遂逐之秋欒盈出奔楚宣子殺箕遺黃淵嘉父司空靖邴豫廣韻引作邴預董叔邴師申書羊舌虎叔熊

賈逵云十子皆欒盈之黨知范氏將害欒氏故先爲之

作難討范氏不克而死（本疏）

囚伯華叔向（外傳作叔嚮呂覽同禮記又作叔譽）籍偃人謂叔向曰子離於罪其爲不知乎叔向曰與其死亡若何詩曰優哉游哉聊以卒歲

正義曰此小雅采菽之篇桉彼詩曰優哉游哉亦是戾矣與此不同者蓋師讀有異

知也樂王鮒見叔向曰吾爲子請叔向弗應出不拜其人皆咎叔向叔向曰必祁大夫室老聞之曰樂王鮒言於君無不行求赦吾子吾子不許祁大夫所不能也而曰必由之何也叔向曰樂王鮒從君者也何能行祁大夫外舉不

弃讐內舉不失親其獨遺我乎詩曰有覺德行

禮記緇衣詩引作有梏德行鄭注云梏大也桉覺梏音

同

四國順之夫子覺者也晉侯問叔向之罪於樂王鮒對曰不弃其親其有焉於是祁奚老矣聞之乘馹而見宣子曰詩曰惠我無疆子孫保之書曰聖有謩勳釋文勳如字書作訓明徵定保夫謀而鮮過惠訓不倦者叔向有焉社稷之固也猶將十世宥之以勸能者今壹不免其身以弃社稷不亦惑乎鯀殛而禹興伊尹放太甲而相之卒無怨色管蔡爲戮周公右王王符引作祐王若之何其以虎也弃社稷子爲善誰敢

不勉多殺何爲宣子說與之乘以言諸公而免之不見叔向而歸叔向亦不告免焉而朝初叔向之母妒叔虎之母美而不使論衡言毒篇引此不使下有視寢二字唐石經亦同其子皆諫其母其母曰深山大澤實生龍蛇

論衡曰妖氣生美好故美好之人多邪惡火有光燿亦有容貌龍蛇東方木含火精故美色貌麗膽附于肝故生勇力火氣猛故多勇木剛強故多力也

彼美余懼其生龍蛇以禍女女敝族也論衡引作弊桉當作敝國多大寵不仁人間之不亦難乎余何愛焉使往視寢生叔虎美而有勇力欒懷子嬖之故羊舌氏之族及於難欒盈奔

楚過於周周西鄙剠之唐石經欒盈下有奔楚二字今从增入又一本云欒盈出奔楚過于周周西鄙人掠之

服虔通俗文遮取謂之抄掠桉聲類掠作剠說文無掠字當以剠爲正下同

辭於行人曰天子陪臣盈得罪於王之守臣將逃罪罪重於郊甸

桉杜注云范宣子爲王所命故曰守臣惠士奇駁之曰守臣指晉君書㠯同爲上卿今書稱陪臣㠯稱守臣有是禮乎范氏矯君命逐盈故盈以爲得罪於晉君今桉盈自稱其祖故謙言陪臣且書㠯已久此時晉國守官

之臣實係士匄故以例稱之僖十二年管仲于周辭上卿之禮云有天子之二守國高在是大國上卿稱守臣之例襄十八年傳荀偃自稱官臣亦同注官臣守官之臣也惠說非是

無所伏竄

廣雅伏竄藏也

敢布其死昔陪臣書能輸力於王室王施惠焉其子黶不能保任其父之勞

說文廣雅並云任保也

大君若不棄書之力亾臣猶有所逃若棄書之力而思黶

之罪臣戮餘也將歸死於尉氏不敢還矣敢布四體惟大君命焉王曰尤而效之其又甚焉使司徒禁剠欒氏者歸所取焉使候出諸轘轅

鄭元周禮注引作候人桉周禮候人職曰若有方治則帥而致于朝及歸送之于竟郡國志河南郡緱氏有轘轅關杜同此

冬曹武公來朝始見也　會于商任錮欒氏也齊侯衞侯不敬叔向曰二君者必不免會朝禮之經也禮政之輿也政身之守也怠禮失政失政不立是以亂也　知起中行喜州綽邢蒯出奔齊皆欒氏之黨也樂王鮒謂范宣子曰

盍反州綽邢蒯勇士也宣子曰彼欒氏之勇也余何獲焉王鮒曰子爲彼欒氏乃亦子之勇也　齊莊公朝指殖綽郭最曰是寡人之雄也州綽曰君以爲雄誰敢不雄然臣不敏平陰之役先二子鳴莊公爵勇爵殖綽郭最欲與焉州綽曰東閭之役臣左驂迫還於門中識其枚數釋文枚本又作版其可以與於此乎公曰子爲晉君也對曰臣爲隸新然二子者譬於禽獸臣食其肉而寢處其皮矣

二十二年春臧武仲如晉

服虔云武仲非卿故不書本疏桉正義譏服云前年武仲爲司寇後年出奔書于經不得云非卿今攷魯司寇非

卿史記孔子世家嘗爲大司寇不列于卿蓋魯卽同大國之例三卿此時季孫斯叔孫豹仲孫遬並爲卿故服云然疑後年仲孫速卒後紇始代爲卿又不久卽出奔故得列於經也

雨過御叔御叔在其邑將飲酒曰焉用聖人

膏肓說左氏傳者曰春秋之志非聖人孰能修之言夫子聖人乃能修之御叔謂臧武仲爲聖人是非獨孔子箴膏肓武仲者述聖之道魯人稱之曰聖今使如晉過御叔御叔不說學見武仲而雨行儆之曰焉用聖人爲左氏傳載之者非御叔不說學不謂武仲聖與孔子同

周禮注桉聖有數等周禮大司徒以鄉三物教萬民一曰六德知仁聖義中和鄭元云聖通而先識也武仲多知時人以聖稱之當亦類此下此則呂覽所載盜跖自言盜有五德妄意室中之臧聖也此聖字蓋亦以智數多能料事而稱之耳

我將飲酒而已雨行何以聖為穆叔聞之曰不可使也而傲使人國之蠹也令倍其賦　夏晉人徵朝于鄭鄭人使少正公孫僑對曰在晉先君悼公九年我寡君於是即位即位八月而我先大夫子駟從寡君以朝于執事執事不禮於寡君寡君懼因是行也我二年六月朝于楚晉是以

有戲之役楚人猶競而申禮於敝邑敝邑欲從執事而懼爲大尤曰晉其謂我不共有禮是以不敢攜貳於楚我四年三月先大夫子蟜又從寡君以觀釁於楚晉於是乎有蕭魚之役謂我敝邑邇在晉國譬諸草木吾臭味也而何敢差池釋文池徐本作沱楚亦不競寡君盡其土實重之以宗器以受齊盟遂帥羣臣隨於執事以會歲終貳於楚者子侯石于歸而討之湨梁之明年子蟜老矣公孫夏從寡君以朝于君見于嘗酎

說文酎三重醇酒也杜亦同

與執燔焉

釋文燔又作膰惠棟曰僖廿四年傳及成十三年傳皆作膰說文曰鐇宗廟火熟肉从炙番聲春秋傳曰天子有事鐇焉以饋同姓諸侯此傳燔字當作鐇轉寫之誤今桉鐇作燔由隸省非誤也蓋省火存肉則爲膰省肉存火則爲燔也

間二年聞君將靖東夏四月又朝以聽事期不朝之間無歲不聘無役不從以大國政令之無常國家罷病不虞荐至

爾雅荐再也

無日不惕豈敢忘職大國若安定之其朝夕在庭何辱命

焉若不恤其患而以爲口實

服虔云實謂譴讓也本疏

其無乃不堪任命而翦爲仇讐敝邑是懼其敢忘君命委諸執事執事實重圖之　秋欒盈自楚適齊

史記晉世家曰晉欒逞有罪奔齊田敬仲世家曰晉之大夫欒逞作亂于晉來奔齊索隱曰逞音盈

晏平仲言於齊侯曰商任之會受命於晉今納欒氏將安用之小所以事大信也失信不立君其圖之弗聽退告陳文子曰君人執信臣人執共忠信篤敬上下同之天之道也君自弃也弗能久矣　九月鄭公孫黑肱有疾歸邑于

公召室老宗人立段

說文春秋傳曰鄭公孫碫字子石桉今本作段然字子石則當以碫字爲是徐鉉本作碬云乎加切今攷玉篇作碫都亂切礪石也則徐本从叚誤

而使黜官薄祭祭以特羊殷以少牢足以共祀盡歸其餘邑曰吾聞之生於亂世貴而能貧民無求焉可以後亾敬共事君與二三子生在敬戒不在富也已巳伯張卒君子曰善戒詩曰愼詩作謹爾侯度用戒不虞鄭子張其有焉

冬會于沙隨復錮欒氏也欒盈猶在齊晏子曰禍將作矣齊將伐晉不可以不懼

楚觀起有寵於令尹子南未益

禄而有馬數十乘楚人患之王將討焉子南之子弃疾爲王御士王每見之必泣弃疾曰君三泣臣矣敢問誰之罪也王曰令尹之不能爾所知也國將討焉爾其居乎對曰父戮子居君焉用之泄命重刑臣亦不爲王遂殺子南於朝轘觀起於四境子南之臣謂弃疾請徙子尸於朝曰君臣有禮惟二三子三日弃疾請尸

周禮掌戮曰凡殺人者肆之三日

王許之既葬其徒曰行乎曰吾與殺吾父行將焉入曰然則臣王乎曰弃父事讐吾弗忍也遂縊而死復使薳子馮爲令尹公子齮爲司馬屈建爲莫敖有寵於薳子者八人

皆無祿而多馬他日朝與申叔豫言弗應而退從之入於人中又從之遂歸退朝見之曰子三困我於朝吾懼不敢不見吾過子姑告我何疾我也對曰吾不免是懼何敢告子曰何故對曰昔觀起有寵於子南子南得罪觀起車裂何故不懼自御而歸不能當道至謂八人者曰吾見申叔夫子所謂生死而肉骨也知我者如夫子則可不然請止辭八大者而後王安之　十二月鄭游眅將如晉

說文春秋傳曰鄭游眅字子明桉說文眅多白眼也則子明蓋以疾名如黑肱黑背之類是也

未出竟遭逆妻者奪之以館于邑丁巳其夫攻子明殺之

以其妻行子展廢良而立太叔曰國卿君之貳也民之主也不可以苟請舍子明之類求亾妻者使復其所使游氏勿怨曰無昭惡也

二十三年春杞孝公卒晉悼夫人喪之平公不徹樂非禮也禮爲鄰國闕

服虔云鄰國尚爲之闕樂況甥舅之國乎禮記疏

陳侯如楚公子黃愬二慶于楚楚人召之使慶樂往殺之慶氏以陳叛夏屈建從陳侯圍陳陳人城版隊而殺人諸本作板今从僖三十年傳文改役人相命各殺其長遂殺慶虎慶寅楚人納公子黃君子謂慶氏不義不可肆也故書曰惟命不于

常

服虔云傳發此言爲不書慶氏以陳叛爲楚所圍稱國以殺不成惡人肆其志也本疏

晉將嫁女于吳齊侯使析歸父媵之以藩載欒盈及其士納諸曲沃

賈逵云欒盈之邑史記集解杜取此

欒盈夜見胥午而告之對曰不可天之所廢誰能興之子必不免吾非愛死也知不集也盈曰雖然因子而死吾無悔矣我實不天子無咎焉許諾伏之而觴曲沃人樂作午言曰今也得欒孺子何如對曰得主而爲之死猶不死也

皆歎有泣者爵行又言皆曰得主何貳之有盈出徧拜之

四月欒盈帥曲沃之甲因魏獻子以晝入絳初欒盈佐魏莊子于下軍獻子私焉故因之趙氏以原屏之難怨欒氏韓趙方睦中行氏以伐秦之役怨欒氏而固與范氏和親知悼子少而聽於中行氏程鄭嬖於公惟魏氏及七輿大夫與之

服虔云下軍輿帥七八本疏

樂王鮒侍坐於范宣子或告曰欒氏至矣宣子懼桓子曰奉君以走固宮必無害也且欒氏多怨子爲政欒氏自外子在位其利多矣既有利權又執民柄將何懼焉欒氏所

得其惟魏氏乎而可強取也夫克亂在權子無解矣諸本作懈从釋文石經改正公有姻喪王鮒使宣子墨衰諸本作縗亦从釋文改正冒經二婦人輦以如公奉公以如固宮范鞅逆魏舒則成列既乘將逆欒氏矣趨進曰欒氏帥賊以入鞅之父與二三子在君所矣使鞅逆吾子鞅請驂乘持帶遂超乘右撫劍左援帶命驅之出僕請鞅曰之公宣子逆諸階執其手賂之以曲沃初斐豹隸也著於丹書

廣韻斐姓左傳晉有斐豹是斐本又作裴也

欒氏之力臣曰督戎國人懼之斐豹謂宣子曰苟焚丹書我殺督戎宣子喜曰而殺之所不請於君焚丹書者有如

日乃出豹而閉之督戎從之踰隱而待之督戎踰入豹自後擊而殺之范氏之徒在臺後欒氏乘公門宣子謂鞅曰矢及君屋死之鞅用劍以帥卒欒氏退攝車從之遇欒樂曰樂免之死將訟女於天樂射之不中又注則乘槐本而覆或以戟鉤之斷肘而死欒魴傷

服虔云魴盈之子按世族譜以魴爲欒氏族杜本此

欒盈奔曲沃晉人圍之　秋齊侯伐衛先驅穀榮御王孫揮召揚爲右申驅成秩御莒恒申鮮虞之傅摯爲右釋文或作申鮮虞之子傅摯定本無之曹開御戎晏父戎爲右貳廣上之登御邢公盧蒲癸爲右啟

賈逵以爲左翼曰啟本疏杜取此下同

牢成釋文一本作罕成御襄罷師狼蘧疏爲右胠

賈逵以爲右翼曰胠同上司馬彪莊子注從旁開曰胠

商子車御侯朝桓跳爲右大殿

服虔引司馬法謀帥篇曰大前驅啟乘車大晨倅車屬焉大晨大殿也本疏

商子游御夏之御寇崔如爲右燭庸之越駟乘自衛將遂伐晉晏平仲曰君恃勇力以伐盟主若不濟國之福也不德而有功憂必及君崔杼諫曰不可臣聞之小國閒大國之敗而毀焉必受其咎君其圖之弗聽陳文子見崔武子

曰將如君何武子曰吾言於君君弗聽也以爲盟主而利其難羣臣若急君於何有子姑止之文子退告其人曰崔子將死乎謂君甚而又過之不得其死或以謂四字于上下文義似贅疑是杜注誤入正文過君以義猶自抑也況以惡乎齊侯遂伐晉取朝歌

賈逵云晉邑史記集解

爲二隊入孟門登大行

賈逵云孟門大行皆晉山隘同上地理志河內郡野王大行山在西北杜本此高誘淮南王書注孟門大行之限也

穆天子傳北登孟門九河之隥

張武軍於滎庭釋文庭本又作廷

服虔云張設旗鼓也本疏

戍郫邵

桉郫邵晉之一邑省文則止稱爲邵也詳見文六年下

太平寰宇記後魏獻文帝皇興四年置邵郡于垣縣陽壺舊城大統三年又置邵州皆取邵邑爲名

封少水

京相璠曰少水晉地又云少水今沁水也水經注

以報平陰之役乃還趙勝帥東陽之師

服虔云東陽爲晉邑本疏

以追之獲晏氂

釋文云氂徐遡音來惠棟云外傳作萊古字通徐音是也

八月叔孫豹帥師救晉次于雍揄禮也

賈氏以爲善次釋例又云禮者言其先救後次爲得禮也本疏

季武子無適子公彌長而愛悼子

世本魯季悼子紇生穆伯穆伯生文伯歇文伯歇生成伯成伯生頃頃爲公父氏姓纂

欲立之訪於申豐曰彌與紇吾皆愛之欲擇才焉而立之

申豐趨退歸盡室將行他日又訪焉對曰其然將具敝車而行乃止訪於臧紇臧紇曰飲我酒吾爲子立之季氏飲大夫酒臧紇爲客既獻臧孫命北面重席新尊絜之釋文云樽本或作尊又作罇

惠棟曰曹憲文字指歸云檢字無此从缶从木者說文曰酋寸酒官法度也今之尊卑從此得名故尊亦爲君父之稱今桉左傳惟昭九年公使尊尊字不加偏旁五經文字亦只收尊字今从改正

召悼子降逆之大夫皆起及旅而召公鉏使與之齒季孫失色季氏以公鉏爲馬正

賈逵云馬正家司馬御覽杜取此

愠而不出閔子馬見之曰

賈逵云魯大夫閔馬父同上杜取此

子無然禍福無門惟人所召爲人子者患不孝不患無所共敬父命何常之有若能孝敬富倍季氏可也姦回不軌禍倍下民可也公鉏然之敬共朝夕恪居官次季孫喜使飲已酒而以具往盡舍旃故公鉏氏富又出爲公左宰孟孫惡臧孫季孫愛之孟氏之御騶豐點好羯也曰從余言必爲孟孫再三云羯從之孟莊子疾豐點謂公鉏苟立羯請讐臧氏公鉏謂季孫曰孺子秩固其所也若羯立則季

氏信有力於臧氏矣弗應巳卯孟孫卒公鉏奉羯立于戶側季孫至入哭而出曰秩焉在公鉏曰羯在此矣季孫曰孺子長公鉏曰何長之有惟其才也且夫子之命也遂立羯秩奔邾臧孫入哭甚哀多涕出其御曰孟孫之惡子也而哀如是季孫若死其若之何臧孫曰季孫之愛我疾疢也高誘呂覽注引作疹下同孟孫之惡我藥石也

服虔云石砭石也南史王僧孺傳按說文砭以石刺病也戰國策曰扁鵲怒而投其石高誘注石砭所以砭彈人癰腫也

善疢不如惡石夫石猶生我

服虔云夫謂孟孫也本疏

疢之美其毒滋多孟孫死吾亾無日矣孟氏閉門告於季孫曰臧氏將爲亂不使我葬季孫不信臧孫聞之戒冬十月孟氏將辟藉除於臧氏臧孫使正夫助之除於東門甲從己而視之孟氏又告季孫季孫怒命攻臧氏乙亥臧紇斬鹿門之關以出奔邾初臧宣叔娶于鑄

樂記曰武王未及下車封帝堯之後于祝鄭元注祝或爲鑄高誘曰鑄讀作祝校祝鑄古音通故或作鑄或作祝水經注曰汶水又西逕蛇丘縣故縣治鑄鄉故城左傳臧宣叔娶于鑄是也郡國志濟北郡蛇丘有鑄鄉杜

注亦同

生賈及爲而死繼室以其姪穆姜之姨子也生紇長於公宮姜氏愛之故立之臧賈臧爲出在鑄臧武仲自邾使告臧賈且致大蔡焉曰紇不佞失守宗祧敢告不弔紇之罪不及不祀子以大蔡納請其可賈曰是家之禍也非子之過也賈聞命矣再拜受龜使爲以納請遂自爲也臧孫如防使來告曰紇非能害也知不足也非敢私請苟守先祀無廢二勳敢不辟邑乃立臧爲臧紇致防而奔齊其人曰其盟我乎臧孫曰無辭將盟臧氏季孫召外史掌惡臣而問盟首焉對曰盟東門氏也

服虔云東門遂襄仲也居東門故稱東門遂史記集解

曰毋或如東門遂不聽公命殺適立庶盟叔孫氏也曰毋或如叔孫僑如欲廢國常蕩覆公室季孫曰臧孫之罪皆不及此孟椒曰盍以其犯門斬關季孫用之乃盟臧氏曰毋或如諸本毋誤無从上傳及釋文改正臧孫紇干國之紀犯門斬關臧孫聞之曰國有人焉誰居其孟椒乎　晉人克欒盈于曲沃盡殺欒氏之族黨欒魴出奔宋書曰晉人殺欒盈不言大夫言自外也　齊侯還自晉不入遂襲莒門于且于傷股而退明日將復戰期于壽舒杞殖華還載甲夜入且于之隧宿於莒郊明日先遇莒子於蒲侯氏莒子重賂之使

無死曰請有盟華周對曰古今人表作華州說苑作華舟貪貨棄命亦君所惡也昏而受命日未中而弃之何以事君莒子親鼓之從而伐之獲杞梁莒人行成齊侯歸遇杞梁之妻於郊使弔之辭曰殖之有罪何辱命焉若免於罪猶有先人之敝廬在下

服虔以下從上讀言敝廬在下本疏

妾不得與郊弔

惠士奇曰士喪君視殮則郊弔非士禮也杜注正義並失之

齊侯弔諸其室

齊侯將爲臧紇田臧孫聞之見齊侯釋文

以齊侯絕句一讀以見字絕句案一讀是與之言伐晉對曰多則多矣抑君似鼠夫鼠晝伏夜動不穴於寢廟畏人故也今君聞晉之亂而後作焉寧將事之非鼠如何諸本誤作何如今改正乃弗與田仲尼曰知之難也有臧武仲之知而不容於魯國抑有由也作不順而施不恕也

服虔云不順謂阿季氏廢長立少也不恕謂惡孟氏立庶也本疏

夏書曰念茲在茲順事恕施也

二十四年春穆叔如晉范宣子逆之問焉曰古人有言曰死而不朽何謂也穆叔未對宣子曰昔匄之祖自虞以上

爲陶唐氏

水經注汾水下引故漢上谷長史侯相碑云侯氏出自倉頡之後踰歷殷周晉卿士蔿斯其胄也食采華陽今蒲坂北亭卽是城也據此則劉累又爲倉頡之後

在夏爲御龍氏在商爲豕韋氏

賈逵云大彭豕韋爲商伯其後世失道殷德復興而滅之本疏郡國志東郡白馬有韋鄉杜同此

在周爲唐杜氏

賈逵云宣王殺杜伯其子逃而奔晉又云子輿士蔿字武子士會也本疏賈逵國語注又云武王封堯後爲唐杜

二國同上杜取此漢書地理志京兆尹杜陵故杜伯國杜本此

晉主夏盟爲范氏其是之謂乎穆叔曰以豹所聞此之謂

世祿非不朽也魯有先大夫曰臧文仲既沒其言立釋文俗本皆作其言立于世檢元熙以前本則無于世二字其是之謂乎豹聞之太上有立

德

服以伏羲神農言如此之類乃是立德本疏

其次有立功

服以禹稷當之言如此之類乃是立功也同上杜取此

其次有立言

服以史佚周任臧文仲當之言如此之類乃是立言也

同上杜取此

雖久不廢此之謂不朽若夫保姓受氏以守宗祊

說文鬃門內祭先祖所以彷徨鬃或从方

世不絕祀無國無之祿之大者不可謂不朽　范宣子爲政諸侯之幣重鄭人病之二月鄭伯如晉子產寓書於子西以告宣子曰子爲晉國四鄰諸侯不聞令德而聞重幣僑也惑之僑聞君子長國家者非無賄之患

通俗文財帛曰賄衆經音義按上言諸侯之幣重則賄字指財帛爲是

而無令名之難夫諸侯之賄聚於公室則諸侯貳若吾子

賴之則晉國貳諸侯貳則晉國壞晉國貳則子之家壞何沒沒也將焉用賄夫令名德之輿也德國家之基也有基無壞無亦是務乎有德則樂樂則能久詩曰樂旨君子諸本旨作只今从宋本改正邦家之基有令德也夫上帝臨女無貳爾心有令名也夫恕思以明德則令名載而行之是以遠至邇安毋寧使人謂子子實生我而謂子浚我以生乎

說文浚抒也倉頡篇抒取出也詩釋文引杜本此校晉語浚民之膏澤以實之韋昭注浚煎也此浚字亦可訓煎

象有齒以焚其身

服虔云焚讀曰僨僨僵也爲生齒牙僵仆其身本疏校杜

訓獘失之

賄也宣子說乃輕幣是行也鄭伯朝晉爲重幣故且請伐陳也鄭伯稽首宣子辭子西相曰以陳國之介恃大國而凌虐於敝邑寡君是以請罪焉釋文一本作是以請請罪焉請並七井反徐上請字音精敢不稽首　孟孝伯侵齊晉故也　夏楚子爲舟師以伐吳不爲軍政無功而還　齊侯既伐晉而懼將欲見楚子楚子使薳啟疆如齊聘

匡謬正俗曰桉賈誼新書云昔者衛侯朝于周周行人問其名也衛辟疆周行人還之曰啟疆辟疆天子之號也諸侯弗得用楚有薳啟疆亦其例也桉古今人表作

蘧啟彊則此字當从居良反爲允古本彊疆二字同文陸氏恐牽混故輒加音切後人不知妄爲區别遂失古意如昭元年叔弓帥師疆鄆舊本釋文作彊居良反偏旁不加土此一證也又漢書文帝紀注師古曰辟彊言辟禦強梁者一曰辟讀曰闢彊讀曰疆辟疆言辟土地也詩鵲之彊彊亦音居良反

且請期齊社蒐軍實

注云蒐數軍實兵甲器械周禮疏

使客觀之陳文子曰齊將有寇吾聞之兵不戢必取其族秋齊侯聞將有晉師使陳無宇從蘧啟彊如楚辭且乞

師崔杼帥師送之遂伐莒侵介根

郡國志東萊郡黔陬有介亭杜同此

會于夷儀將以伐齊水不克　冬楚子伐鄭以救齊門于東門次于棘澤諸侯還救鄭晉侯使張骼輔躒致楚師

說文⿺走樂動也春秋傳有輔⿺走樂桉今本作躒釋文昭五年作輔櫟云本又作躒同

求御于鄭鄭人卜宛射犬吉

水經注潩水又東南逕宛亭西鄭大夫宛射犬之故邑也

子太叔戒之曰大國之人不可與也對曰無有衆寡其上

一也太叔曰不然部婁無松柏釋文婁本又作塿

說文附婁小土山也春秋傳曰附婁無松柏桉部附古字通應劭風俗通義李善魏都賦注引並作培塿六書正譌云俗作培塿非也服虔云喻小國無賢才知勇之人而與大國等也本疏

二子在幄

小爾雅覆帳謂之幄杜本此

坐射犬于外既食而後食之使御廣車而行已皆乘乘車將及楚師而後從之乘皆居轉而鼓琴

桉說文尸部居字注云蹲也从尸古者居从古踞字注

云俗居从足今定作居傅遜云轉字从車與衣裝何異此必軫字之譌顧炎武補正采取傅説惠棟云桉文選注引許愼淮南子注云軫轉也或是古軫字有作轉耳方言曰軫謂之枕郭璞云車後橫木邵學士晉涵云軫謂車前後兩端橫木踞之可以鼓琴杜以爲衣裝未詳所出

近不告而馳之皆取胄於櫜而胄入壘皆下搏人以投收禽挾囚弗待而出皆超乘抽弓而射既免復居轉而鼓琴曰公孫同乘兄弟也胡再不謀對曰曩者

說文曩不久也廣雅曩曩鄉也與爾雅同

志入而已今則怯也皆笑曰公孫之亟也　楚子自棘澤還使薳啟彊帥師送陳無宇　吴人爲楚舟師之役故召舒鳩人舒鳩人叛楚楚子師于荒浦使沈尹壽與師祁犂讓之舒鳩子敬逆二子而告無之且請受盟二子復命王欲伐之薳子曰不可彼告不叛且請受盟而又伐之伐無罪也姑歸息民以待其卒卒而不貳吾又何求若猶叛我無辭有庸乃還　陳人復討慶氏之黨鍼宜咎出奔楚

齊人城郟

地理志河南郡河南故郟鄏地水經穀水出宏農黽池縣穀陽谷東過河南縣北入于洛賴容春秋條例言西

城梁門枯水處世謂之死穀是也水經注桉因穀洛鬬毀王宮故城郟是以詳及穀水

穆叔如周聘且賀城王嘉其有禮也賜之大路　晉侯嬖程鄭使佐下軍鄭行人公孫揮如晉聘程鄭問焉曰敢問降階何由子羽不能對歸以語然明然明曰是將死矣不然將亡貴而知懼懼而思降乃得其階下人而已又何問焉且夫既登而求降階者知人也不在程鄭其有亡釁乎不然其有惑疾將死而憂也

二十五年春齊崔杼帥師伐我北鄙以報孝伯之師也公患之使告于晉孟公綽曰釋文綽徐本作卓

桉漢成陽令唐扶頌云朝有公卓家有參騫家文惠云公卓卽孟公綽也知古本作卓論語憲問篇釋文云公綽古文作公卓

崔子將有大志不在病我必速歸何患焉其來也不寇使民不嚴異於他日齊師徒歸　齊棠公之妻

賈逵云棠公齊棠邑大夫史記集解杜取此　桉襄六年齊人滅棠故棠遂爲齊邑

東郭偃之姊也東郭偃臣崔武子棠公死偃御武子以弔焉見棠姜而美之使偃取之釋文取本或作娶　偃曰男女辨姓今君出自丁臣出自桓

姓纂東郭齊公族桓公之後也

不可武子筮之遇困䷮之大過䷛史皆曰

服虔云皆二卦本疏

吉示陳文子文子曰夫從風風隕妻不可取也諸本作要今从釋文改正且其繇曰困于石據于蒺蔾石經作蒺蔾下同宋本亦作蔾今定从蔾字作藜誤入于其宮不見其妻凶困于石往不濟也據于蒺蔾所恃傷也入于其宮不見其妻凶無所歸也崔子曰嫠也何害

說文嫠無夫也釋文嫠本又作釐

先夫當之矣遂取之莊公通焉

服虔云凡淫曰通詩疏

驟如崔氏以崔子之冠賜人侍者曰不可公曰不爲崔子其無冠乎崔子因是又以其間伐晉也曰晉必將報欲弑公以說于晉而不獲間公鞭侍人賈舉而又近之乃爲崔子間公

服虔云伺公間隙 史記集解 杜取此

夏五月莒爲且于之役故莒子朝于齊甲戌饗諸北郭崔子稱疾不視事乙亥公問崔子遂從姜氏姜入于室與崔子自側戶出公拊楹而歌

史記作擁柱服虔云公以爲姜氏不知已在外故歌以命之也一曰公自知見欺恐不得出故歌以自悔 同上 杜取

前一說

侍人賈舉止衆從者而入閉門甲興公登臺而請弗許請盟弗許請自刃於廟弗許皆曰君之臣杼疾病不能聽命

服虔云言不能親聽公命同上杜取此

近於公宮

服虔云崔杼之宮近公宮淫者或詐稱公同上杜取此

陪臣干掫釋文服本作諏子須反謀也今傳本或作諏猶依掫音有淫者

史記作陪臣爭趣惠棟曰按左傳掫字亦有作趣者昭廿年傳曰賓將掫杜子春注周禮引此作趣史記本作干趣徐廣云後人改爲爭趣非也二字古皆从取聲說文掫夜戒

有所擊也从手取聲服虔云干扞也抵謀也言受崔子命扞禦謀淫之人也本疏不知二命公踰墻又射之

韓非子奸劫篇公踰于北牆又云崔子之徒以戈斫公而死之

中股反隊遂弑之賈舉州綽邴師公孫敖封具鐸父襄伊僂堙皆死祝佗父祭於高唐至復命不說弁而死於崔氏申蒯侍漁者退謂其宰曰爾以帑免我將死其宰曰免是反子之義也與之皆死崔氏殺鬷蔑于平陰晏子立於崔氏之門外

賈逵云聞難而來史記集解杜取此

其人曰死乎曰獨吾君也乎哉吾死也曰行乎曰吾罪也乎哉吾行也曰歸乎曰君死安歸君民者豈以陵民社稷是主臣君者豈爲其口實社稷是養故君爲社稷死則死之爲社稷亾則亾之

服虔云謂以公義爲社稷死亾也如是者臣亦隨之死亾同上杜注取上句

若爲己死而爲己亾非其私暱誰敢任之

服虔云言君以己之私欲取死亾之禍則私近之臣所當任也同上

且人有君而弑之吾焉得死之而焉得亾之將庸何歸門啟而入枕尸股而哭興三踊而出人謂崔子必殺之崔子曰民之望也舍之得民

服虔云置之所以得人心同上

盧蒲癸奔晉王何奔莒叔孫宣伯之在齊也叔孫還納其女於靈公嬖生景公丁丑崔杼立而相之慶封爲左相盟國人於大宮曰所不與崔慶者晏子釋文本或者下有有如此盟四字後人妄加也仰天歎曰

桉高誘呂覽注晏子下復有晏子二字

嬰所不惟忠於君利社稷者是與有如上帝乃歃辛巳公

與大夫及莒子盟太史書曰崔杼弒其君崔子殺之其弟嗣書而死者二人其弟又書乃舍之南史氏聞太史盡死新序曰南史氏是其族也服虔云古文篆書一簡八字禮記疏執簡以往聞既書矣乃還閭丘嬰以帷縳其妻而載之世本閭丘産生嬰嬰生歐歐生莖莖生生施姓纂廣雅縳束也桉昭二十六年縳一如瑱義同杜氏訓縳爲卷亦是此義

與申鮮虞乘而出鮮虞推而下之曰君昏不能匡危不能救死不能死而知匿其暱其誰納之行及弇中將舍嬰曰

崔慶其追我鮮虞曰一與一誰能懼我

廣雅與如也高誘戰國策注曰如當也棪此蓋言一當一耳

遂舍枕轡而寢食馬而食駕而行出弇中石經本有中字覆棪刊去棪上注云弇中狹道自當有中字哀十四年失道于弇中即此地也謂嬰曰速驅之崔慶之衆不可當也遂來奔崔氏側莊公于北郭

棪杜注則痤埋之今攷側字無此義訓鄭司農考工記注側當爲仄此傳義亦當同蓋謂不以正葬莊公也後漢書注亦云側謂凡爲不正也

丁亥葬諸士孫之里四翣

說文翣棺羽飾也天子八諸侯六大夫四士二下垂釋名齊人謂扇爲翣桉說文用禮器文杜注節取此惠棟曰周禮縫人云衣翣柳之材注云故書翣柳作接櫝鄭司農接讀曰歰櫝讀爲柳皆棺飾檀弓云周人墻置翣春秋傳曰四歰不蹕先鄭引檀弓作翣引左傳作歰明古文春秋傳本作歰杜氏改爲翣失之矣

不蹕下車七乘不以兵甲

服虔云下車遣車也本疏又云上公饔餼九牢遣車九乘禮記疏

晉侯濟自泮會于夷儀伐齊以報朝歌之役齊人以莊公

說使隰鉏請成慶封如師男女以班賂晉侯以宗器樂器

自六正五吏三十帥

董遇曰五吏謂一正有五吏爲三十帥之長本疏俗本三十帥爲三十師非是

三軍之大夫百官之正長師旅及處守者皆有賂晉侯許之使叔向告於諸侯公使子服惠伯對曰君舍有罪以靖小國君之惠也寡君聞命矣　晉侯使魏舒宛沒逆衛侯將使衛與之夷儀崔子止其帑以求五鹿　初陳侯會楚子伐鄭當陳隧者井堙木刊

說文垔塞也刊剟也栞今本作堙誤說文删字亦訓剟

是刋有刪除之義服虔云堙塞刋削也詩疏義亦同杜取

服說家語堙又作陻

鄭人怨之六月鄭子展子產帥車七百乘伐陳宵突陳城遂入之陳侯扶其大子偃師奔墓遇司馬桓子曰載余曰將巡城遇賈獲載其母妻下之而授公車公曰舍而母辭曰不祥與其妻扶其母以奔墓亦免子展命師無入公宮與子產親御諸門陳侯使司馬桓子賂以宗器陳侯免擁社

爾雅邕載也疏引謝氏曰邕字又作擁桉擁社蓋載社主

使其衆男女別而纍以待於朝子展執縶而見再拜稽首

承飲而進獻子美入數俘而出祝祓社

說文祓除惡祭也服虔以爲祝與司徒等皆是陳人各

致其所主于子產本疏桉杜注誤當從服說

司徒致民司馬致節司空致地乃還　秋七月己巳同盟

于重丘齊成故也水經注引作同盟重丘伐齊故也　趙文子爲政令薄

諸侯之幣而重其禮穆叔見之謂穆叔曰自今以往兵其

少弭矣

詩毛傳弭止也杜本此

齊崔慶新得政將求善於諸侯武也知楚令尹

服以令尹爲屈建本疏杜取此

若敬行其禮道之以文辭以靖諸侯兵可以弭　楚薳子馮卒屈建爲令尹屈蕩爲莫敖舒鳩人卒叛楚諸本楚字皆割屬下句非是今改正令尹子木伐之及離城

按杜注云離城舒鳩城殊無所據今考鍾離在吳楚之間漢鍾離縣春秋時爲鍾離子國當即此也

吳人救之子木遽以右師先子彊諸本作疆今从宋本改正息桓子捷子駢子盂帥左師以退吳人居其間七日子彊曰久將墊隘

按墊隘與成十六年傳同義隘說文亦作阸故下云隘

乃禽也杜注云塹隘慮水雨非是

隘乃禽也不如速戰請以其私卒誘之簡師陳以待我我克則進奔則亦視之乃可以免不然必爲吳禽從之五人以其私卒先擊吳師吳師奔登山以望見楚師不繼復返之傳諸其軍簡師會之吳師大敗遂圍舒鳩舒鳩潰八月楚滅舒鳩　衛獻公入于夷儀　鄭子産獻捷于晉戎服將事晉人問陳之罪對曰昔虞閼父漢陳球碑作遏高誘呂覽注閼讀曰遏止之遏桉此則閼遏同音故或作遏也爲周陶正

王應麟曰有虞氏土陶舜陶河濱器不苦窳故周陶正猶以虞閼父爲之

以服事我先王我先王賴其利器用也與其神明之後也庸以元女大姬妃胡公釋文妃音配本亦作配案諸本即誤作配非而封諸陳以備三恪

說文窓敬也从心客聲春秋傳曰以陳備三窓徐鉉等曰今俗作恪案魏封孔羨碑又作愘

則我周之自出至于今是賴桓公之亂蔡人欲立其出我先君莊公奉五父而立之蔡人殺之我又與蔡人奉戴厲公至于莊宣皆我之自立諸本于作於从石經改正夏氏之亂成公播蕩又我之自入君所知也今陳忘周之大德蔑我大惠弃我姻親介恃楚衆以馮陵我敝邑諸本作憑从釋文改正不可億逞

字林遈盡也杜同此

我是以有往年之告未獲成命則有我東門之役當陳隧者井堙木刊儆邑大懼不競而恥大姬天誘其衷啟儆邑心陳知其罪授手于我

惠棟曰手古首字士喪禮曰載魚左首進鬐注云古文首爲手成二年曹公子首公羊作手是也今校家語作授首于我攷儀禮大射儀後首內弦挎越鄭注云古文後首爲後手皆古文首手通之證

用敢獻功晉人曰何故侵小對曰先王之命惟罪所在各致其辟且昔天子之地一圻

說文垠地垠也一曰岸也垠或从斤桉杜注隨文爲訓故云圻方千里同方百里今攷周禮大司馬九近之籍鄭司農云近當言畿蓋古圻字鄭康成引此傳圻又作畿是圻近畿本一字故詩祈父尚書酒誥卽作圻父祈招馬融作圻招亦是其證此云天子之地一圻卽詩頌所云邦畿千里也

列國一同自是以衰今大國多數圻矣若無侵小何以至焉晉人曰何故戎服對曰我先君武莊爲平桓卿士城濮之役文公布命曰各復舊職命我文公戎服輔王以授楚捷不敢廢王命故也士莊伯不能詰復於趙文子文子曰

其辭順犯順不祥乃受之冬十月子展相鄭伯如晉拜陳之功子西復伐陳陳及鄭平仲尼曰志有之言以足志文以足言文選注引作言足以志文足以言不言誰知其志言之無文行而不遠晉爲伯鄭入陳非文辭不爲功愼辭哉　楚蔿掩爲司馬古今人表作蔿奄子木使庀賦數甲兵甲午蔿掩書土田度

山林

賈逵以爲賦稅差品注曰山林之地九夫爲度九度而當一井也宋本疏二十三

鳩藪澤

賈逵云藪澤之地九夫爲鳩八鳩而當一井也同上

辨京陵

賈逵云京陵之地九夫爲辨七辨而當一井也同上

表淳鹵

賈逵云淳鹹也說文鹵西鹹池也同上又云淳鹵之地九夫爲表六表而當一井也本疏

數疆潦

賈逵云疆潦之地九夫爲數五數而當一井也同上又以疆爲疆檗墝埆之地鄭衆以爲疆界內有水潦者孫毓讀爲疆潦注云沙礫之田也同上

規偃豬

賈逵云偃豬之地九夫爲規四規而當一井也同上鄭注周禮稻人云偃豬畜流水之陂也

町原防

賈逵云原防之地九夫爲町三町而當一井也同上說文町田踐處曰町防隄也急就篇頃町界畝桵杜注本說文及急就篇

牧隰皋

賈逵云隰皋之地九夫爲牧二牧而當一井同上說文隰阪下濕也

井衍沃

賈逵云衍沃之地畝百爲夫九夫爲井同上又云下平曰衍有溉曰沃本疏說文沃溉灌也桉五經異義左氏說賦法積四十九除山川坑岸三十六井定出賦者九井則千里之畿地方百萬井除山川坑岸三十六萬井定出賦者六十四萬井長轂萬乘今攷正義載賈侍中說無此五十四字又詩崧高正義引左傳舊說以衍沃之地九夫爲井隰皐之地九夫爲牧二牧而當一井

量入修賦賦車籍馬賦車兵徒兵諸本徒兵或誤徒卒今从石經宋本改正

陳樹華云顧炎武以爲石經卒誤作兵此顧氏失攷其說非也顧氏日知錄又云執兵者之稱兵自秦漢始三

代以上無之亦誤今攷隱四年諸侯之師敗鄭徒兵僖廿八年徒兵千注云徒兵步卒杜氏係用服虔舊說襄元年敗鄭徒兵于洧上昭廿年興徒兵以攻萑蒲之盜哀十年吾卜于此起兵皆謂士卒也烏得云始於秦漢

甲楯之數既成以授子木禮也　十二月吳子諸樊伐楚以報舟師之役門于巢巢牛臣曰吳王勇而輕若啟之將親門我獲射之必殪是君也死疆其少安從之吳子門焉牛臣隱於短墻以射之卒　楚子以滅舒鳩賞子木辭曰先大夫蔿子之功也以與蔿掩　晉程鄭卒子産始知然明問爲政焉對曰視民如子見不仁者誅之如鷹鸇之逐

烏雀也子產喜以語子太叔且曰他日吾見蔑之面而已今吾見其心矣子太叔問政於子產子產曰政如農功日夜思之思其始而成其終朝夕而行之行無越思如農之有畔其過鮮矣　衛獻公自夷儀使與甯喜言甯喜許之大叔文子聞之曰烏乎詩所謂我躬不說皇恤我後者甯子可謂不恤其後矣將可乎哉殆必不可君子之行思其終也思其復也書曰慎始而敬終終以不困

桉今周書常訓解作慎微以始而敬終乃不困

詩曰夙夜匪解以事一人今甯子視君不如奕棋

說文奕从其言竦兩手而執之方言圍棋謂之奕杜本此

其何以免乎奕者舉棋不定不勝其耦而況置君而弗定乎必不免矣九世之卿族一舉而滅之可哀也哉

傳會于夷儀之歲齊人城郟其五月秦晉爲成晉韓起如秦涖盟秦伯車如晉涖盟成而不結

清陽湖洪氏本春秋左傳詁

第五册

清 洪亮吉撰

中國國家圖書館藏清嘉慶十八年陽湖洪氏刻本

山東人民出版社·濟南

春秋左傳詁卷十四

陽湖洪亮吉學

傳襄公三

二十六年春秦伯之弟鍼如晉修成叔向命召行人子員行人子朱曰朱也當御

蔡邕獨斷御者進也杜本此

三云叔向不應子朱怒曰班爵同何以黜朱於朝

孔安國書傳黜退也

撫劍從之

王逸楚詞章句撫持也廣雅同

叔向曰秦晉不和久矣今日之事幸而集

小爾雅集成也

晉國賴之不集三軍暴骨子員道二國之言無私子常易之姦以事君者吾所能御也

詩毛傳御禦也

拂衣從之人救之平公曰晉其庶乎吾臣之所爭者大師曠曰公室懼卑臣不心競而力爭不務德而爭善私欲已侈能無卑乎　衛獻公使子鮮爲復辭敬姒强命之對曰君無信臣懼不免敬姒曰雖然以吾故也許諾初獻公使與甯喜言甯喜曰必子鮮在不然必敗故公使子鮮子鮮

不獲命於敬姒以公命與甯喜言曰苟反政由甯氏祭則寡人甯喜告蘧伯玉伯玉曰瑗不得聞君之出敢聞其入遂行從近關出告右宰穀右宰穀曰不可獲罪於兩君天下誰畜之悼子曰吾受命於先人不可以貳穀曰我請使焉而觀之遂見公于夷儀反曰君淹恤在外

爾雅淹久也杜本此

十二年矣而無憂色亦無寬言猶夫人也若不已死無日矣悼子曰子鮮在右宰穀曰子鮮在何益多而能亡於我何爲悼子曰雖然弗可以已孫文子在戚孫嘉聘於齊孫襄居守二月庚寅甯喜右宰穀伐孫氏不克伯國傷甯子

出舍於郊伯國外孫氏夜哭國人召甯子甯子復攻孫氏克之辛卯殺子叔及大子角

服虔云殺大子角不書舉重者本疏　棱子叔卽殤公也杜注以爲剽無謚誤

書曰甯喜弑其君剽言罪之在甯氏也孫林父以戚如晉書曰入于戚以叛罪孫氏也臣之祿君實有之義則進否則奉身而退專祿以周旋戮也

服虔云專祿謂以戚叛也旣叛衞又不臣于晉自謂若小國是爲專祿同上

甲午衞侯入書曰復歸國納之也大夫逆於竟者執其手

而與之言道逆者自車揖之逆於門者頷之而已

說文頷低頭也春秋傳曰迎于門頷之而已釋文本作頷按說文頷面黃也此頷當作頷爲是衆經音義稱說文頷揺其頭也杜注取之然音義所據未知何本疑屬服氏通俗文等義元應誤以爲說文也廣雅頷動也張湛注列子曰頷猶揺頭也皆與杜義同

公至使讓大叔文子曰寡人淹恤在外二三子皆使寡人朝夕聞衛國之言吾子獨不在寡人古人有言曰非所怨勿怨寡人怨矣對曰臣知罪矣臣不佞不能負羈紲以從扞牧圉臣之罪一也有出者有居者臣不能貳通外內之

言以事君臣之罪二也有二罪敢忘其死乃行從近關出公使止之　衛人侵戚東鄙孫氏愬於晉晉戍茅氏殖綽伐茅氏殺晉戍三百人孫蒯追之弗敢擊文子曰厲之不如遂從衛師敗之圉雍鉏獲殖綽復愬於晉　鄭伯賞入陳之功三月甲寅朔享子展賜之先路三命之服先八邑

服虔云四井爲邑史記集解

賜子產次路再命之服先六邑子產辭邑曰自上以下降殺以兩諸本降誤隆从定本改正漢書韋元成傳引春秋傳卽作降殺

廣雅孱差也孱降同按孱隆字近故誤

禮也臣之位在四且子展之功也臣不敢及賞禮請辭邑

公固予之乃受三邑公孫揮曰子產其將知政矣讓不失禮　晉人爲孫氏故召諸侯將以討衛也夏中行穆子來聘

淮南王書中行繆伯手搏虎高誘注曰中行繆伯晉臣也力能搏生虎也桉淮南所稱高氏指爲晉臣當即荀吳

召公也　楚子秦人侵吳及雩婁聞吳有備而還遂侵鄭五月至于城麇鄭皇頡戍之出與楚師戰敗穿封戌囚皇頡公子圍與之爭之正於伯州犂伯州犂曰請問於囚乃立囚伯州犂曰所爭君子也其何不知上其手曰夫子爲

王子圍寡君之貴介弟也下其手曰此子爲穿封戌方城外之縣尹也誰獲子囚曰頡遇王子弱焉

說文弱橈也杜注弱敗也義亦同

戌怒抽戈逐王子圍弗及楚人以皇頡歸印堇父與皇頡戍城麇楚人囚之以獻於秦鄭人取貨於印氏以請之子大叔爲令正以爲請子產曰不獲受楚之功而取貨於鄭不可謂國秦不其然諸本作秦其不然今从定本改正若曰拜君之勤鄭國徼君之惠楚師其猶在敝邑之城下其可弗從遂行秦人不予更幣從子產而後獲之　六月公會晉趙武宋向戌鄭良霄曹人于澶淵以討衛疆戚田取衛西鄙懿氏六

十

服虔云六十邑本疏劉炫以服說爲是

以與孫氏趙武不書尊公也向戌不書後也鄭先宋不失所也於是衛侯會之晉人執甯喜北宮遺使女齊以先歸衛侯如晉晉人執而囚之於士弱氏秋七月齊侯鄭伯爲衛侯故如晉晉侯兼享之晉侯賦嘉樂

服虔云晉侯有嘉樂愚之甚也同上

國景子相齊侯賦蓼蕭子展相鄭伯賦緇衣叔向命晉侯拜二君曰寡君敢拜齊君之安我先君之宗祧也敢拜鄭君之不貳也國子使晏平仲私於叔向曰晉君宣其明德

於諸侯恤其患而補其闕正其違而治其煩所以爲盟主也今爲臣執君若之何叔向告趙文子文子以告晉侯晉侯言衛侯之罪使叔向告二君國子賦轡之柔矣子展賦將仲子兮釋文本亦無兮字此依詩序晉侯乃許歸衛侯叔向曰鄭七穆罕氏其後亡者也子展儉而壹　初宋芮司徒生女子

服虔云芮司徒宋大夫御覽杜取此

赤而毛

服虔云其身色赤而生毛也同上

棄諸堤下五行志引作棄之堤下共姬之妾取以入

服虔云共姬宋伯姬也同上杜取此

名之曰棄長而美平公入夕

服虔云視夕也平公共姬子同上杜取此

共姬與之食公見棄也而視之尤

服虔云尤過也意說之視之過久同上

姬納諸御

服虔云納之平公之御同上

嬖生佐

服虔云嬖棄而生佐佐立爲宋元公同上

惡而婉

說文婉順也春秋傳曰大子痤婉桉今傳作佐惡而婉

大子痤美而狠此云大子痤婉疑誤也服虔亦云婉順也佐貌惡心順同上杜取此

大子痤美而狠

服虔云大子貌美而心狠狠戾不從教同上杜取此

合左師畏而惡之

服虔云合左師向戌也同上杜取此

寺人惠墻伊戾爲大子內師而無寵釋文墻或作嗇音檣

服虔云寺人宋閹惠伊皆發聲實爲墻戾以公寺人爲大子內師掌內官同上

秋楚客聘於晉過宋

服虔云楚客道過宋同上

大子知之請野享之公使往伊戾請從之公曰夫不惡女乎

服虔云夫爲大子伊戾無寵于大子故曰夫不惡女同上

對曰小人之事君子也惡之不敢遠好之不敢近敬以待命敢有貳心乎縱有共其外莫共其内

服虔云言我内師也當爲内師共内使同上

臣請往也遣之至則欿用牲加書徵之

服虔云以書爲之徵驗也書盟書也同上

而騁告公曰大子將爲亂既與楚客盟矣公曰爲我子又

何求對曰欲速

服虔云速疾也欲疾代公得位故與楚客謀弑其父也同上杜取此

公使視之則信有焉

服虔云有明徵也同上杜取此

問諸夫人

服虔云夫人佐母棄也同上杜取此

與左師則皆曰固聞之

服虔云固久也久聞大子欲爲亂同上

公囚大子大子曰唯佐也能免我召而使請曰日中不來

吾知死矣左師聞之

服虔云間太子與佐期日中同上

聒而與之語

說文聒讙語也服亦云聒讙也欲使失期於佐同上杜取此

桉服杜皆用說文

過期乃縊而死佐爲大子

服虔云經書宋公殺其世子痤平公用伊戾之譖聽夫人左師之言世子無罪而死故稱宋公殺罪之也同上

公徐聞其無罪也乃亨伊戾左師見夫人之步馬者廣韻引作⿰馬步馬云習馬孫愐桉左傳步馬字不从馬問之對曰君夫人氏也左師曰誰爲

君夫人余胡弗知圉人歸以告夫人

正義云夫人氏者氏猶家也惠棟云非也弃本芮司徒女與宋同姓故不云某氏始言君夫人氏後言君之妾弃也公羊傳曰宋三世無大夫三世內娶也

夫人使饋之錦與馬先之以玉曰君之妾棄使某獻左師改命曰君夫人而後再拜稽首受之　鄭伯歸自晉使子西如晉聘辭曰寡君來煩執事懼不免於戾使夏謝不敏君子曰善事大國　初伍參與蔡大師子朝友其子伍舉與聲子相善也伍舉娶於王子牟王子牟爲申公而亡楚人曰伍舉實送之伍舉奔鄭將遂奔晉聲子將如晉遇之

於鄭郊班荊相與食而言復故

鄭司農周禮注班布也杜本此

聲子曰子行也吾必復子及宋向戌將平晉楚聲子通使於晉還如楚令尹子木與之語問晉故焉且曰晉大夫與楚孰賢對曰晉卿不如楚其大夫則賢皆卿材也如杞梓皮革

詩毛傳杞木名說文梓楸也杜注略同

自楚往也雖楚有材晉實用之子木曰夫獨無族姻乎對曰雖有而用楚材實多歸生聞之善爲國者賞不僭而刑不濫賞僭則懼及淫人刑濫則懼及善人若不幸而過寧

僭無濫與其失善寧其利淫無善人則國從之詩曰人之云亡邦國殄瘁（漢書王莽傳引作殄顇）

詩毛傳殄盡也瘁病也（杜本此）

無善人之謂也故夏書曰與其殺不辜寧失不經懼失善也商頌有之曰不僭不濫不敢怠皇命于下國封建厥福此湯所以獲天福也古之治民者勸賞而畏刑恤民不倦賞以春夏刑以秋冬是以將賞爲之加膳加膳則飫賜

說文飫燕食也

此以知其勸賞也將刑爲之不舉不舉則徹樂此以知其畏刑也夙興夜寐朝夕臨政此以知其恤民也三者禮之

大節也有禮無敗今楚多淫刑其大夫逃死於四方而爲之謀主以害楚國不可救療

說文𤻲治也𤻲或从療方言療治也杜本此

所謂不能也子儀之亂析公奔晉晉人寘諸戎車之殿以爲謀主繞角之役晉將遁矣析公曰楚師輕窕易震蕩也若多鼓鈞聲以夜軍之

賈服並云均同也鈞均同杜取此

楚師必遁晉人從之楚師宵潰晉遂侵蔡襲沈獲其君敗申息之師於桑隧獲申麗而還鄭於是不敢南面楚失華夏則析公之爲也雍子之父兄譖雍子君與大夫諸本大夫並譌

夫人从宋本改不善是也雍子奔晉晉人與之鄐

說文鄐晉邢侯邑

以爲謀主彭城之役晉楚遇于靡角之谷諸本皆誤作晉遇楚于靡角之谷今从宋本改正晉將遁矣雍子發命於軍曰歸老幼反孤疾二人役歸一人簡兵蒐乘秣馬蓐食師陳焚次明日將戰行歸者而逸楚囚楚師宵潰晉降彭城而歸諸宋以魚石歸楚失東夷子辛死之則雍子之爲也子反與子靈爭夏姬而雍害其事子靈奔晉晉人與之邢以爲謀主扞禦北狄通吳於晉教吳叛楚教之乘車射御驅侵使其子狐庸爲吳行人焉吳於是伐巢取駕克棘入州來楚罷於奔命至

今爲忠則子靈之爲也若敖之亂伯賁之子賁皇奔晉晉人與之苗

水經注瀙水逕苗亭西亭故周之苗邑

以爲謀主鄢陵之役楚晨厭（諸本作壓今从釋文改正）晉軍而陳晉將遁矣苗賁皇曰楚師之良在其中軍王族而已若塞井夷竈

鄭衆云此范匄所言苗賁皇亦言之故聲子引以爲喻

本疏

成陳以當之欒范易行以誘之

賈逵鄭衆皆讀易爲變易之易賈以行爲道也欒爲將

范爲佐二人分中軍別將之欲使欒與范易道令范先誘楚欒以良卒從而擊之鄭謂易行中軍與下軍易卒伍也同上又云中軍之卒良故易之國語注今按楚語說此事云雍子謂欒書曰楚師可料也在中軍王族而已若易中下楚必歆之韋昭注云中下中軍之上下也賈此注蓋本國語立說正義譏之非是

中行二郤必克二穆吾乃四萃於其王族必大敗之晉人從之楚師大敗王夷師熸

小爾雅夷傷也熸滅也字林吳楚之間謂火滅爲熸

子反死之鄭叛吳興楚失諸侯則苗賁皇之爲也外傳作雝子之

爲與此異子木曰是皆然矣聲子曰今又有甚於此椒舉娶子申公子牟外傳作湫舉下椒鳴作湫鳴子牟得戾而亡君大夫謂椒舉女實遣之懼而奔鄭引領南望曰庶幾赦余亦弗圖也今在晉矣晉人將與之縣以比叔向彼若謀害楚國豈不爲患子木懼言諸王益其祿爵而復之聲子使椒鳴逆之

許靈公如楚請伐鄭曰師不興孤不歸矣八月卒于楚楚子曰不伐鄭何以求諸侯冬十月楚子伐鄭鄭人將禦之子產曰晉楚將平諸侯將和楚王是故昧於一來

劉逵吳都賦注昧冒也杜本此

不如使逞而歸乃易成也夫小人之性釁於勇

賈鄭先儒皆以釁爲動也王肅云釁爲自矜奮以夸人王延壽魯靈光殿賦云佹奮釁以軒鬐是釁爲奮動之意也本疏杜取此

嗇於禍

說文嗇愛濇也廣疋嗇貪也杜本此

以足其性而求名焉者非國家之利也若何從之子展說不御寇十二月乙酉入南里墮其城涉於樂氏門于師之梁縣門發獲九人焉涉于汜而歸

京相璠曰汜城周襄王居之故曰襄城也今置關于其下水經注

而後葬許靈公　衛人歸衛姬于晉乃釋衛侯君子是以知平公之失政也　晉韓宣子聘于周王使請事對曰晉士起曲禮疏引傳文作擯者曰晉士起將歸時事於宰旅無他事矣王聞之曰韓氏其昌阜於晉乎辭不失舊　齊人城郟之歲其夏齊烏餘以廩丘奔晉

地理志東郡廩丘縣杜本此

襲衛羊角取之

京相璠曰衛邑也今東平廩丘縣南有羊角城水經注杜同此

遂襲我高魚

京相璠曰高魚魯邑也今廩丘縣東北有故高魚城俗

謂之交魚城同上杜同此　服虔云取魯高魚及反之皆不書

葢諱之本疏

有大雨自其竇入介于其庫以登其城克而取之又取邑

于宋於是范宣子卒諸侯弗能治也及趙文子爲政乃卒

治之文子言於晉侯曰晉爲盟主諸侯或相侵也則討而

使歸其地今烏餘之邑皆討類也而貪之是無以爲盟主

也請歸之公曰諾孰可使也對曰胥梁帶能無用師晉侯

使往

二十七年春胥梁帶使諸喪邑者具車徒以受地必周

韋昭國語注周密也杜本此

使烏餘具車徒以受封烏餘以其衆出使諸侯僞效烏餘之封者而遂執之盡獲之皆取其邑而歸諸侯諸侯是以睦於晉　齊慶封來聘其車美孟孫謂叔孫曰慶季之車不亦美乎叔孫曰豹聞之服美不稱必以惡終美車何爲叔孫與慶封食不敬爲賦相鼠亦不知也　衛甯喜專公患之公孫免餘請殺之公曰微甯子不及此吾與之言矣事未可知祇成惡名止也對曰臣殺之君勿與知乃與公孫無地公孫臣謀使攻甯氏弗克皆死公曰臣也無罪父子死余矣夏免餘復攻甯氏殺甯喜及右宰穀尸諸朝石惡將會宋之盟受命而出衣其尸枕之股而哭之欲斂以

亡懼不免且曰受命矣乃行子鮮曰逐我者出納我者死賞罰無章何以沮勸君失其信而國無刑不亦難乎且鱄實使之遂出奔晉公使止之不可及河又使止之止使者而盟于河託於木門不鄉衛國而坐釋文鄉本亦作嚮木門大夫勸之仕不可曰仕而廢其事罪也從之昭吾所以出也將誰愬乎吾不可以立於人之朝矣終身不仕公喪之如稅服終身

服虔云衰麻已除日月已過乃聞喪而服是爲稅服服之輕者同上桉稅與祱古字通

公與免餘邑六十辭曰惟卿備百邑

杜注此一乘之邑非四井之邑惠棟按熊安生禮記義

疏云卿備百邑者鄭志以爲邑方二里與百乘別

臣六十矣下有上祿亂也臣弗敢聞且甯子惟多邑故死

臣懼死之速及也公固與之受其半以爲少師公使爲卿

辭曰太叔儀不貳能贊大事君其命之乃使文子爲卿

宋向戌善於趙文子又善於令尹子木欲弭諸侯之兵以

爲名

周禮小祝彌災兵杜子春讀弭如彌兵之彌鄭元云彌

讀如敉敉安也棟按弭彌古字同

如晉告趙孟趙孟謀於諸大夫韓宣子曰兵民之殘也財

用之蠹

說文蠹木中蟲李巡爾雅注同高誘戰國策注曰蠹害也桉杜注蓋兼取二義

小國之大菑也將或弭之雖曰不可必將許之弗許楚將許之以召諸侯則我失爲盟主矣晉人許之如楚楚亦許之如齊齊人難之陳文子曰晉楚許之我焉得已且人曰弭兵而我弗許則固攜吾民矣將焉用之齊人許之告於秦秦亦許之皆告於小國爲會於宋五月甲辰晉趙武至於宋丙午鄭良霄至六月丁未朔宋人享趙文子叔向爲介司馬置折俎禮也仲尼使舉是禮也以爲多文辭

服虔云以其多文辭故特舉而用之後世謂之孔氏聘辭以孔氏有其辭故傳不復載也本疏

戊申叔孫豹齊慶封陳須無衛石惡至甲寅晉荀盈從趙武至丙辰邾悼公至壬戌楚公子黑肱先至成言於晉丁卯宋向戌如陳石經本作宋向戌後刊去宋字以文義例之不必有也自宋本以下似皆衍一宋字從子木成言於楚戊辰滕成公至子木謂向戌請晉楚之從交相見也庚午向戌復於趙孟趙孟曰晉楚齊秦匹也晉之不能於齊猶楚之不能於秦也楚君若能使秦君辱於敝邑寡君敢不固請於齊壬申左師復言於子木子木使馹謁諸王

爾雅駉傳也謁告也杜本此

王曰釋齊秦他國請相見也秋七月戊寅左師至是夜也趙孟及子晳盟以齊言庚辰子木至自陳陳孔奐蔡公孫歸生至曹許之大夫皆至以藩爲軍外傳作蕃晉楚各處其偏

伯夙謂趙孟曰

服虔云伯夙晉大夫其意以爲別有伯夙非荀盈也本疏

楚氛甚惡

說文氛祥氣也王逸楚辭章句云氛惡氣也桉杜注略同

懼難趙孟曰吾左還入於宋若我何辛巳將盟於宋西門

之外楚人衷甲伯州犂曰合諸侯之師以爲不信無乃不可乎夫諸侯望信於楚是以來服若不信是弃其所以服諸侯也固請釋甲子木曰晉楚無信久矣事利而已苟得志焉焉用有信大宰退告人曰令尹將死矣不及三年求逞志而弃信志將逞乎志以發言言以出信信以立志參以定之信亡何以及三趙孟患楚衷甲以告叔向叔向曰何害也匹夫一爲不信猶不可單斃其死

說文殫殛盡也弊頓仆也桉單當作殫斃當作弊容古字通杜注單盡也斃踣也義亦略同

若合諸侯之卿以爲不信必不捷矣食言者不病非子之

患也夫以信召人而以僭濟之必莫之與也安能害我且吾因宋以守病

陸遜云病字疑當屬下讀顧炎武以爲然

則夫能致死與宋致死雖倍楚可也宋本致死下有與宋致死四字今據增入子何懼焉又不及是曰弭兵以召諸侯而稱兵以害我吾庸多矣非所患也季武子使謂叔孫以公命曰視邾滕既而齊人請邾宋人請滕皆不與盟叔孫曰邾滕人之私也我列國也何故視之宋衛吾匹也乃盟故不書其族言違命也

賈逵云叔孫義也魯疾之非也服虔云叔孫欲爭魯國

不爲人私雖以違命見貶其于尊國之義得之本疏

晉楚爭先晉人曰晉固爲諸侯盟主未有先晉者也楚人曰子言晉楚匹也若晉常先是楚弱也且晉楚狎主諸侯之盟也久矣豈專在晉叔向謂趙孟曰諸侯歸晉之德只非歸其尸盟也

廣雅只辭也詩毛傳尸主也杜本此

子務德無爭先且諸侯盟小國固必有尸盟者楚爲晉細不亦可乎乃先楚人書先晉晉有信也壬午宋公兼享晉楚之大夫趙孟爲客

服虔云楚君恒以大夫爲賓者大夫卑雖尊之猶遠君

也楚先歃爲盟主故尊趙孟爲客（本疏）子木與之言弗能對使叔向侍言焉子木亦不能對也乙酉宋公及諸侯之大夫盟于蒙門之外子木問於趙孟曰范武子之德何如對曰夫子之家事治言於晉國無隱情其祝史陳信於鬼神無愧辭子木歸以語王王曰尚矣哉能歆神人

說文歆食氣也

宜其光輔五君以爲盟主也（王符引作宜其股肱五君）

服虔云文公爲戎右襄靈爲大夫成公爲卿景公爲太傅也（本疏）

子木又語王曰宜晉之伯也有叔向以佐其卿楚無以當之不可與爭晉荀盈遂如楚涖盟　鄭伯享趙孟于垂隴子展伯有子西子產子大叔二子石從趙孟曰七子從君以寵武也請皆賦以卒君貺文選以引作請皆賦詩以卒君貺武亦以觀七子之志子展賦草蟲趙孟曰善哉民之主也抑武也不足以當之伯有賦鶉之賁賁

按詩賁賁作奔奔音義並通

趙孟曰牀第之言不踰閾

說文第牀簀也服虔云簀謂之第史記集解杜取此

況在野乎非使人之所得聞也子西賦黍苗之四章趙孟

曰寡君在武何能焉子產賦隰桑趙孟曰武請受其卒章子大叔賦野有蔓草趙孟曰吾子之惠也印段賦蟋蟀趙孟曰善哉保家之主也吾有望矣公孫段賦桑扈趙孟曰匪交匪敖

詩作彼交匪敖梁履繩曰成十四年傳引此文又作彼交匪敖何以互異蓋古文有以彼作匪字用者襄八年傳如匪行邁謀杜注云匪彼也與鄭箋異今桉廣雅亦云匪彼也蓋杜注所本

福將焉往若偕是言也欲辭福祿得乎卒享文子告叔向曰伯有將爲戮矣詩以言志志誣其上而公怨之以爲賓

榮其能久乎幸而後亡叔向曰然已侈所謂不及五稔者

廣疋稔年也釋文穀一熟爲一年杜本廣疋

夫子之謂矣文子曰其餘皆數世之主也子展其後亡者也在上不忘降印氏其次也樂而不荒樂以安民不淫以使之後亡不亦可乎

宋左師請賞曰請免死之邑

服虔云向戌自以止兵民不戰鬬自矜其功故求免死之賞也本疏

公與之邑六十以示子罕子罕曰凡諸侯小國晉楚所以兵威之畏而後上下慈和慈和而後能安靖其國家以事大國所以存也無威則驕驕則亂生亂生必滅所以亡也

天生五材民並用之廢一不可誰能去兵兵之設久矣所以威不軌而昭文德也高誘呂覽注引作兵之來久矣聖人以興亂人以廢高誘引作聖人以治亂人以亡王符引作聖人所以興亂人所以廢廢興存亡昏明之術皆兵之由也而子求去之不亦誣乎以誣道蔽諸侯

釋文云蔽服虔王肅董遇並作弊服虔云獘踣也一曰罷也王肅董遇謂以誣人之道掩諸侯也本疏惠棟曰蔽與弊通昭十四年傳云叔魚蔽罪邢侯周禮大司寇職曰以邦成弊之鄭衆曰敝之斷其獄訟也是蔽與弊通

罪莫大焉縱無大討而又求賞無厭之甚也削而投之左師辭邑向氏欲攻司城左師曰我將亡夫子存我德莫大

焉又可攻乎君子曰彼已之子邦之司直樂喜之謂乎何以恤我我其收之

顧炎武云見周頌惠棟桉頌曰假以溢我說文及廣韻引詩曰誐以謐我與何音相近伏生尙書維刑之謐哉古文作恤恤愼也故毛傳亦訓溢爲愼今傳作恤與毛鄭意合古溢謐字通鄭氏訓爲盈溢失之杜氏訓恤爲憂尤誤說文云誐嘉善也毛傳訓假爲嘉義亦同

向戌之謂乎　齊崔杼生成及彊而寡

爾雅寡罕也說文寡少也桉杜注寡特也特亦罕少之義小爾雅凡無妻無夫通謂之寡墨子辭過篇云內無

拘女外無寡夫又云天下之男多寡無妻女多拘無夫娶東郭姜生明東郭姜以孤入曰棠无咎諸本作無今从石經改正釋文本亦作无與東郭偃相崔氏崔成有疾而廢之而立明成請老于崔

酈道元云濕水又東北逕著縣故城南又東北逕崔氏城卽襄二十七年崔成請老于崔氏者也

崔子許之偃與无咎弗予曰崔宗邑也必在宗主成與彊怒將殺之告慶封曰夫子之身亦子所知也惟无咎與偃是從父兄莫得進矣大恐害夫子敢以告慶封曰子姑退吾圖之告盧蒲嫳呂覽作盧蒲娶

賈逵云嬰齊大夫慶封之屬史記集解杜取此

盧蒲嫳曰彼君之讐也天或者將弃彼矣彼實家亂子何病焉崔之薄慶之厚也他日又告慶封曰苟利夫子必去之難吾助女九月庚辰崔成崔彊殺東郭偃棠无咎於崔氏之朝崔子怒而出其衆皆逃求人使駕不得使圉人駕

鄭元儀禮注圉養馬者杜本此

寺人御而出且曰崔氏有福止余猶可遂見慶封慶封曰崔慶一也是何敢然請爲子討之使盧蒲嫳帥甲以攻崔氏崔氏堞其宮而守之

釋名堞取其重疊之義也桉堞其宮當亦此義杜以爲

短垣轉迂曲

弗克使國人助之遂滅崔氏殺成與彊而盡俘其家其妻縊嬖復命於崔子且御而歸之至則無歸矣乃縊

呂覽愼行篇崔杼歸無歸因而自絞也

崔明夜辟諸大墓

桉一說辟疑當作避逃之大墓以辟難也或曰開先人之冢以藏杼尸

辛巳崔明來奔慶封當國　楚薳罷如晉涖盟晉侯享之將出賦既醉叔向曰薳氏之有後於楚國也宜哉承君命不忘敏子蕩將知政矣敏以事君必能養民政其焉往

崔氏之亂申鮮虞來奔僕賃於野以喪莊公冬楚人召之遂如楚爲右尹

說文賃庸也

十一月乙亥朔日有食之辰在申律歷志引作於是辰在申司歷過也再失閏矣

二十八年春無冰梓愼曰今兹宋鄭其饑乎歲在星紀而淫於元枵

說文春秋傳曰歲在元枵元枵虚也

以有時菑陰不堪陽

服虔云歲爲陽元枵爲陰歲乘陰進至元枵陰不勝陽

故溫無氷本疏

蛇乘龍龍宋鄭之星也宋鄭必饑元枵虛中也枵秏名也秏字从釋文石經改正土虛而民秏不饑何爲　夏齊侯陳侯蔡侯北燕伯杞伯胡子沈子白狄朝于晉宋之盟故也齊侯將行慶封曰我不與盟何爲於晉陳文子曰先事後賄禮也小事大未獲事焉從之如志禮也雖不與盟敢叛晉乎重丘之盟未可忘也子其勸行　衛人討甯氏之黨故石惡出奔晉

桉此當以故字爲句

衛人立其從子圃以守石氏之祀禮也　邾悼公來朝時

事也　秋八月大雩旱也　蔡侯歸自晉入于鄭鄭伯享之不敬子產曰蔡侯其不免乎曰其過此也君使子展廷勞於東門之外

說文廷往也杜本此

而傲吾曰猶將更之今還受享而惰乃其心也五行志引傳乃作迺

君小國事大國釋文古本無小字正義曰晉宋古本及王肅注皆如此君國謂爲國君言其爲君之難也今定本作小國按石經亦从定本漢書引傳亦有小字而惰傲以爲已心將得死乎若不免必由其子其爲君也淫而不父僑聞之如是者恒有子禍五行志引作必有子禍　孟孝伯如晉告將爲宋之盟故如楚也蔡侯之如晉也鄭伯使游吉如楚及漢楚人還之

曰宋之盟君實親辱今吾子來寡君謂吾子姑還吾將使馹奔問諸晉而以告子大叔曰宋之盟君命將利小國而亦使安定其社稷鎮撫其民人以禮承天之休

爾雅休美也按杜注望文生義非也

此君之憲令

鄭元禮記注憲法也杜本此

而小國之望也寡君是故使吉奉其皮幣以歲之不易聘於下執事今執事有命曰女何與政令之有必使而君棄而封守跋涉山川

周禮大馭登受轡犯軷鄭注引春秋傳曰軷涉山川按

此則跋本作軷刻本譌耳鄭元儀禮聘禮注引春秋傳亦曰軷涉山川賈疏引傳並同詩毛傳草行曰跋水行曰涉今姑仍之

蒙犯霜露以逞君心小國將君是望敢不惟命是聽無乃非盟載之言以闕君德而執事有不利焉小國是懼不然其何勞之敢憚子大叔歸復命告子展曰楚子將死矣不修其政德而貪昧於諸侯以逞其願欲久得乎周易有之在復三三之頤三三曰迷復凶其楚子之謂乎欲復其願而棄其本復歸無所是謂迷復能無凶乎君其往也送葬而歸以快楚心楚不幾十年

服虔云此行也楚康王卒至昭四年楚靈王合諸侯于申距今八年故曰不幾十年是謂十年不克征也本疏

未能恤諸侯也吾乃休吾民矣

說文休息也杜本此

禆竈曰今茲周王及楚子皆將死歲弃其次而旅於明年之次

廣雅旅客也杜本此

以害鳥帑周楚惡之　九月鄭游吉如晉告將朝于楚以從宋之盟子產相鄭伯以如楚舍不爲壇石經作草舍不爲壇蓋因下草舍之文妄增今从定本削去

服虔本作墠解云除地爲墠王肅本作壇而解云除地坦坦者則讀爲墠也本疏惠士奇云壇墠二字俱从土而亶單爲聲似古通用

外僕言曰昔先大夫相先君適四國未嘗不爲壇自是至今亦皆循之今子草舍無乃不可乎子産曰大適小則爲壇小適大苟舍而已焉用壇僑聞大適小有五美宥其罪戾赦其過失救其菑患賞其德刑

詩毛傳刑法也杜本此

教其不及小國不困懷服如歸是故作壇以昭其功宣告後人無怠於德小適大有五惡説其罪戾初學記説引作赦請其

不足行其政事（初學記行引作講）共其職貢從其時命不然則重其幣帛以賀其福而弔其凶皆小國之禍也焉用作壇以昭其禍所以告子孫無昭禍焉可也　齊慶封好田而耆酒與慶舍政

服虔云舍慶封之子也生傳其職政與子（史記集解杜取此）

則以其內實遷于盧蒲嫳氏易內而飲酒數日國遷朝焉使諸亡人得賊者以告而反之故反盧蒲癸癸臣子之有寵妻之慶舍之士謂盧蒲癸曰男女辨姓子不辟宗何也曰宗不余辟余獨焉辟之賦詩斷章余取所求焉惡識宗癸言王何而反之二人皆嬖使執寢戈而先後之公膳日

雙雞饔人竊更之以鶩

說文鶩舒鳧也

御者知之則去其肉而以其洎饋

說文洎灌釜也

子雅子尾怒

韓非子曰子夏子尾者景公之二弟也夏與雅古字通高誘呂覽注云子雅惠公之孫公子欒堅之子竈也子尾惠公之孫公子高祈之子蠆也桉二子蓋景公從父昆弟

慶封告盧蒲嫳盧蒲嫳曰譬之如禽獸吾寢處之矣使析

歸父告晏平仲平仲曰嬰之衆不足用也知無能謀也言弗敢出有盟可也子家曰子之言云又焉用盟告北郭子車子車曰人各有以事君非佐之所能也陳文子謂桓子曰禍將作矣吾其何得對曰得慶氏之木百車於莊

爾雅六達謂之莊桉昭十年傳又敗諸莊哀六年戰于莊趙岐孟子注莊嶽齊街里名蓋莊嶽皆齊之通衢莊又以六達得名也杜注亦本爾雅

文子曰可慎守也已盧蒲癸王何卜攻慶氏示子之兆曰或卜攻讎敢獻其兆子之曰克見血冬十月慶封田于萊陳無宇從丙辰文子使召之請曰無宇之母疾病請歸慶

季卜之示之兆曰死奉龜而泣乃使歸慶嗣聞之曰禍將作矣謂子家速歸禍作必於嘗歸猶可及也子家弗聽亦無悛志子息曰亡矣幸而獲在吳越陳無宇濟水而戕舟發梁

趙岐孟子注戕猶殘也杜本此

盧蒲姜謂癸曰有事而不告我必不捷矣癸告之姜曰夫子愎莫之止將不出我請止之癸曰諾十一月乙亥嘗于大公之廟慶舍涖事盧蒲姜告之且止之弗聽曰誰敢者遂如公麻嬰爲尸慶奊爲上獻

說文奊頭衺骫奊態也从矢圭聲桉此則慶奊蓋亦以

隱疾得名

盧蒲癸王何執寢戈慶氏以其甲環公宮陳氏鮑氏之圉人爲優

韋昭國語注優俳也杜本此

慶氏之馬善驚士皆釋甲束馬而飲酒且觀優至於魚里

欒高陳鮑之徒

惠棟曰欒堅高祈以字爲氏故曰欒高今桉惠氏之說非也禮以王父字爲氏子雅子尾係欒堅高祈之子何得卽云欒高左氏葢欲文法之簡故由後言之桉二十九年傳文是以免於欒高之難文法亦與此同不然卽當言子雅子尾陳鮑之徒

則句法太冗今攷昭三年晏子稱子雅子尾止云二惠不云欒高是其證矣至十年傳始云齊惠欒高氏其時係子旗子良皆欒高之孫是至二子時始稱欒氏高氏可知十年傳晏子之徒曰助欒高乎明此時始稱爲欒高也而必曰惠欒高者又從欒高得氏之始推所從來左氏書法簡而且密如此若子雅子尾即可稱欒高則惠欒高三字又當移至此年不待昭十年傳始見矣惠說既非杜注亦分析不清或又問別有證乎曰有此云欒高陳鮑即以陳氏證欒高可矣左傳史記陳公子完未奔齊之前即稱爲陳完田完是也外此則如僖十六年正義引世本華督生世

子家家生華孫御事是至御事始氏華而桓二年傳文即云立華氏也亦先言之襄廿六年傳叔向稱罕氏三十年傳子皮稱罕駟豐同生亦然

介慶氏之甲子尾抽桷擊扉三

說文桷榱也椽方曰桷扉戸扇也杜本此

盧蒲癸自後刺子之王何以戈擊之解其左肩猶援廟桷動於甍

說文甍屋棟也釋名屋脊曰甍甍蒙也吾友程孝廉瑤田云凡屋通以瓦蒙之曰甍故其字从瓦桉杜注本說文正義引說文又云甍棟梁也是又名爲梁不知正義

所據何本疑有誤

以俎壺投殺人而後死遂殺慶繩麻嬰公懼鮑國曰羣臣爲君故也陳須無以公歸稅服而如内宫慶封歸遇告亂者丁亥伐西門弗克還伐北門克之入伐内宫弗克反陳于嶽

趙岐孟子注嶽里名杜本此

請戰弗許遂來奔獻車於季武子美澤可以鑑展莊叔見之曰車甚澤人必瘁

釋文瘁本又作萃倉頡篇云瘁憂也文選注棭瘁與悴古字通

宜其亡也叔孫穆子食慶封慶封氾祭

鄭康成讀氾與窆同逋鄧反

穆子弗說諸本皆作不今从石經釋文改定使工爲之誦茅鴟亦不知旣而齊人來讓奔吳吳句餘予之朱方

服虔以句餘爲餘祭杜注以爲夷末按小司馬索隱曰餘祭以襄二十九年卒則二十八年賜慶封邑不得是夷末明服說有據杜氏非也郡國志吳郡丹徒劉昭云春秋時朱方杜同此

聚其族焉而居之富於其舊子服惠伯謂叔孫曰石經誤作孫叔未經勘正天殆富淫人慶封又富矣穆子曰善人富謂之賞淫

人富謂之殃

桉後漢書方術折像傳曰不仁而富謂之不幸注引左傳曰善人富謂之幸淫人富謂之殃

天其殃之也其將聚而殲旃

詩毛傳殲盡也旃之也杜本此

癸巳天王崩未來赴亦未書禮也　崔氏之亂喪羣公子故鉏在魯釋文公子鉏本或作故公鉏者叔孫還在燕賈在句瀆之丘

桉廿一年傳有執公子買于句瀆之丘公子鉏來奔叔孫還奔燕之文葢執買卽放于句瀆之丘故慶氏亡復召還也買與賈字體相近必有一誤

及慶氏亡皆召之具其器用而反其邑焉與晏子邶殿其鄙六十弗受子尾曰富人之所欲也何獨弗欲對曰慶氏之邑足欲故亡吾邑不足欲也益之以邶殿乃足欲足欲亡無日矣在外不得宰吾一邑不受邶殿非惡富也恐失富也且夫富如布帛之有幅焉

說文幅布帛廣也

爲之制度使無遷也

高誘淮南注遷移也杜本此

夫民生厚而用利於是乎正德以幅之使無黜嫚

說文黜貶下也嫚侮易也

謂之幅利利過則爲敗吾不敢貪多所謂幅也與北郭佐邑六十受之與子雅邑辭多受少與子尾邑受而稍致之

鄭元禮記注致還也杜本此

以爲忠故有寵釋盧蒲嫳于北竟

漢書集注釋放也杜本此

求崔杼之尸將戮之不得叔孫穆子曰必得之武王有亂十八

孔安國尚書注亂治也杜本此　唐石經無臣字石經論語亦然又昭廿四年傳引大誓亦無臣字惠棟云後人皆據晉時所出古文大誓以益之非也今桉宋本亦皆同

石經

崔杼其有乎不十人不足以葬既崔氏之臣曰與我其拱璧吾獻其柩於是得之十二月乙亥朔齊人遷莊公殯于大寢以其棺尸崔杼於市國人猶知之皆曰崔子也　爲宋之盟故公及宋公陳侯鄭伯許男如楚公過鄭鄭伯不在伯有迋勞於黃崖釋文崖本又作涯不敬穆叔曰伯有無戾於鄭鄭必有大咎敬民之主也而弃之何以承守鄭人不討必受其辜濟澤之阿行潦之蘋藻寘諸宗室季蘭尸之敬也敬可弃乎及漢楚康王卒公欲反叔仲昭伯曰我楚國之爲豈爲一人行也子服惠伯曰君子有遠慮小人從邇

詩毛傳邇近也遑暇也杜本此

飢寒之不恤誰遑其後不如姑歸也叔孫穆子曰叔仲子專之矣子服子始學者也榮成伯曰遠圖者忠也公遂行宋向戌曰我一人之爲非爲楚也飢寒之不恤誰能恤楚姑歸而息民待其立君而爲之備宋公遂反　楚屈建卒趙文子喪之如同盟禮也　王人來告喪問崩日以甲寅告故書之以徵過也

鄭元尚書注徵驗也杜本此

二十九年春王正月公在楚釋不朝正于廟也楚人使公親襚

說文襚衣死人也春秋傳曰楚使公親襚公患之穆叔曰祓殯而襚則布幣也風俗通引傳作布帛乃使巫以桃茢先祓殯

說文茢芀也芀葦華也桉爾雅葦醜芀鄭元注周禮曰茢苕帚詩毛傳亂爲萑萑苕謂亂穗也據此數者則茢是萑葦之屬無疑杜注黍穰葢改字从栵用說文栵黍穰也廣雅亦同雖有所據然究不若从本字之訓爲長正義申杜又不能推明所自但云今世苕帚或用黍穰則今世之帚又有兼用竹者豈可謂桃茢是竹屈古人就我乎正義所說每游談無根不足深論

楚人弗禁既而悔之　二月癸卯齊人葬莊公于北郭

夏四月葬楚康王公及陳侯鄭伯許男送葬至于西門之外諸侯之大夫皆至于墓楚郟敖即位王子圍爲令尹鄭行人子羽曰是謂不宜必代之昌松柏之下其草不殖

說文殖脂膏久殖也桉玉篇殖長也主也種也義與說文並通

公還及方城季武子取卞使公冶問外傳作季冶璽書追而予之諸本予作與今从石經改正

鄭司農周禮注璽者印也杜本此

曰聞守卞者將叛臣帥徒以討之水經注帥作率既得之矣敢告

公冶致使而退及舍而後聞取卞公曰欲之而言叛祇見疏也

服虔本作祇見疏解云祇適也晉宋杜本皆作多古人多祇同音本疏惠棟曰疏當爲誠字之誤也呂覽先識篇云無由接而言見誠高誘曰誠讀爲誣妄之誣下云欺其君何必使余明疏爲誣欲之而言叛非誣乎杜氏好改古文古義存者少矣

公問公冶曰吾可以入乎對曰君實有國誰敢違君公與公冶冕服固辭强之而後受公欲無入榮成伯賦式微乃歸

服虔云言君用中國之道微詩疏

五月公至自楚公冶致其邑於季氏而終不入焉曰欺其君何必使余季孫見之則言季氏如他日不見則終不言季氏及疾聚其臣曰我死必無以冕服斂非德賞也且無使季氏葬我　葬靈王鄭上卿有事子展使印段往伯有曰弱不可子展曰與其莫往弱不猶愈乎詩曰王事靡盬不皇啟處

詩毛傳盬不堅固也啟跪也杜本此

東西南北誰敢寧處堅事晉楚以蕃王室也王事無曠何常之有遂使印段如周　吳人伐越獲俘焉以爲閽使守

舟吳子餘祭觀舟閽以刀弑之　鄭子展卒子皮即位於是鄭饑而未及麥民病子皮以子展之命餼國人粟戶一鍾是以得鄭國之民故罕氏常掌國政以爲上卿子罕聞之曰鄰於善民之望也宋亦饑請於平公出公粟以貸使大夫皆貸司城氏貸而不書爲大夫之無者貸宋無飢人叔向聞之曰鄭之罕宋之樂其後亡者也二者其皆得國乎民之歸也施而不德樂氏加焉其以宋升降乎　晉平公杞出也故治杞六月知悼子合諸侯之大夫以城杞孟孝伯會之鄭子大叔與伯石往子大叔見大叔文子與之語文子曰甚乎其城杞也子大叔曰若之何哉晉國不恤

周宗之闕而夏肄是屏

玉藻肄束及帶鄭元注曰肄讀爲肄餘也方言肄枿餘也秦晉之間曰肄鄭元曰斬而復生曰肄杜本此說文屏蔽也桉杜注云屏城也城可爲屏蔽義亦通

其弃諸姬亦可知也已諸姬是弃其誰歸之吉也間之弃同卽異是爲離德詩曰協比其鄰昏姻孔云晉不鄰矣其誰云之

詩毛傳云旋也杜本此

齊高子容別本無齊字今从漢志增入石經初刻亦有齊字與宋司徒見知伯女齊相禮賓出司馬侯言於知伯曰二子皆將不免子容專

司徒侈皆亡家之主也知伯曰何如對曰專則速及侈將以其力斃五行志作敝專則人實斃之將及矣　范獻子來聘拜城杞也公享之展莊叔執幣射者三耦公臣不足取於家臣家臣展瑕展王父諸本王作玉今从石經宋本改正爲一耦公臣公巫召伯仲顏莊叔爲一耦鄫鼓父黨叔爲一耦　晉侯使司馬女叔侯來治杞田弗盡歸也晉悼夫人慍曰齊也取貨先君若有知也不尙取之

服虔云不尙尙也尙當取女叔侯殺之本疏

公告叔侯叔侯曰虞虢焦

桉郡國志宏農郡陝有焦城史記曰武王封神農之後

于焦此云姬姓或國滅後復以姬姓續封也

滑霍揚

地理志河東郡楊應劭曰楊侯國桉揚應作楊辯見後

韓魏皆姬姓也晉是以大若非侵小將何所取武獻以下

兼國多矣

呂覽曰獻公卽位五年兼國十九桉此言武獻以下則當從武公始今攷竹書紀年周桓王十三年武公九年晉曲沃滅荀十六年春滅翼惠王十六年獻公十六年滅耿滅魏又左傳云滅霍十九年滅虢又左傳滅虞

誰得治之杞夏餘也而卽東夷魯周公之後也而睦於晉

以杞封魯猶可而何有焉魯之於晉也職貢不乏玩好時至公卿大夫相繼於朝史不絕書府無虚月如是可矣何必瘠魯以肥杞且先君而有知也毋寧夫人而焉用老臣

服虔云毋寧寧也寧自取夫人將焉用老臣乎本疏

杞文公來盟書曰子賤之也　吳公子札來聘見叔孫穆子說之謂穆子曰子其不得死乎好善而不能擇人吾聞君子務在擇人吾子爲魯宗卿而任其大政不慎舉何以堪之禍必及子請觀於周樂

服虔云周樂魯所受四代之樂也史記集解

使工爲之歌周南召南曰美哉

先儒以爲季札所言觀其詩辭而知本疏
始基之矣
王肅云言始造王基也史記集解杜本此
猶未也
賈逵云未有雅頌之成功同上服注亦同詩疏
然勤而不怨矣爲之歌邶鄘衛曰美哉淵乎
賈逵云淵深也同上杜取此
憂而不困者也吾聞衛康叔武公之德如是
賈逵云康叔遭管叔蔡叔之難武公罹幽王褒氏之憂
故曰康叔武公之德如是同上

是其衛風乎爲之歌王

服虔云王室當在雅衰微而列在風故國人猶尊之稱王猶春秋之王人也（同上及詩疏）惠士奇曰王者采風畿內故有王風周官六詩比賦興風雅頌安得謂王者無風後儒以詩亡爲雅亡失之甚矣

曰美哉思而不懼其周之東乎

服虔云平王東遷洛邑（同上）

爲之歌鄭

賈逵云鄭風東鄭是（同上）服虔云鄭東鄭古檜國之地（詩疏）

曰美哉其細已甚民弗堪也（史記無美哉二字）

服虔云其風細弱已甚攝乎大國之間忘遠慮持久之風故曰民不堪將先亡也同上

是其先亡乎爲之歌齊曰美哉泱泱乎大風也哉

服虔云泱泱舒緩深遠有太和之意其詩風刺詞約而義微體疏而不切故曰大風同上按毛傳泱泱深廣皃杜注云宏大非義訓

表東海者

服虔云言爲東海之表式同上

其大公乎國未可量也

服虔云國之興衰世數長短未可量也同上

爲之歌豳

地理志右扶風栒邑有豳鄉詩豳風公劉所都[杜本此]

曰美哉蕩乎樂而不淫[史記作蕩蕩乎]

賈逵云蕩然無憂自樂而不荒淫也[史記集解]

其周公之東乎爲之歌秦曰此之謂夏聲

服虔云秦仲始有車馬禮樂之好侍御之臣戎車四牡田狩之事其孫襄仲列爲秦伯有蒹葭蒼蒼之歌終南之詩追錄先人車鄰四鐵小戎之歌與諸夏同風故曰夏聲[詩疏]

夫能夏則大大之至也其周之舊乎爲之歌魏曰美哉渢

渢乎大而婉

賈逵云其志大直而有曲體歸中和史記集解桉渢渢漢書集注浮皃又作汎司馬貞引廣雅云羣浮也杜注中庸之聲亦非義訓

險而易行以德輔此則明主也

賈逵云中庸之德難成而易行故曰以德輔此則明主也同上又史記明主作盟主桉古盟字从囧賈侍中說讀與明同惠士奇曰險史記作儉古文易曰動乎儉中又云儉德辟難皆讀爲險險而易行卽易之易以知儉也杜注讀爲儉直是不識字惠棟云漢劉修碑云動乎儉

中今易作險今案張載魏都賦引傳亦作儉惠說是也

釋文云依注音儉亦失之當讀如字

爲之歌唐曰思深哉其有陶唐氏之遺民乎史記作遺風不然何憂之遠也史記作何憂之遠也與傳合石經何字下有其字衍非令德之後誰能若是爲之歌陳曰國無主其能久乎地理志無作亡自鄶以下無譏焉詩疏引作自檜以下

服虔云鄶以下及曹風其國小無所刺譏同上

爲之歌小雅

服虔云自鹿鳴至菁菁者莪道文武修小政定大亂致太平樂且有儀是爲正小雅詩疏

曰美哉思而不貳怨而不言

王肅云非不能言畏罪咎也史記集解

其周德之衰乎

高誘淮南注衰小也杜本此

猶有先王之遺民焉

服虔以爲此歎變小雅也其意言思上世之明聖而不貳于當時之王怨當時之政而不有背叛之志也其周德之衰微乎疑其幽厲之政也又云服虔讀爲衰微之衰本疏按繹服注則先王之遺民當指文武之時正對上周德之衰爲幽厲之時而言杜注太回遠

爲之歌大雅

服虔云陳文王之德武王之功自文王以下至鳧鷖是謂正大雅

曰廣哉熙熙乎

漢書集注熙熙和樂皃杜略同

曲而有直體其文王之德乎爲之歌頌

服虔云哀公十一年孔子自衛反魯然後樂正雅頌各得其所距此六十二歲當時雅頌未定而云爲之歌小雅大雅頌者傳家據已定錄之同上及周禮疏

曰至矣哉

賈逵云言道備至也史記集解

直而不倨

高誘吕覽注倨傲也杜本此

曲而不屈邇而不偪史記邇作近　遠而不攜遷而不淫

服虔云遷徙也文王徙豐武王居鎬同上

復而不厭哀而不愁樂而不荒用而不匱廣而不宣施而不費取而不貪處而不底

說文底山居也一曰下也廣韵底止也下也

行而不流五聲和八風平節有度守有序盛德之所同也

見舞象箾南籥者

賈逵云象文王之樂武象也箾舞曲也南籥以籥舞也向上又云箾舞曲名言天下樂箾去無道本疏服虔云象文王之樂舞象也箾舞曲名言天下樂箾去無道詩疏桉說文箾以竿擊人也虞舜樂曰箾韶據此則箾本舞器又爲虞舜舞曲名杜注舞所執亦當此意惟正義以爲賈杜各以意言俱無所據又云不知箾是何等器則不攷說文故也又正義韶箾下云箾卽簫亦非

曰美哉猶有感諸本感作憾並从釋文改下同

賈逵云感恨也恨不及已以伐紂而致太平也史記集解

見舞大武者

賈逵云周公所作武王樂同上杜取此潁容釋例周用六代之禮樂故有雲門咸池大韶大夏大濩大武也魯受四代之禮樂故不舞雲門咸池示有降殺也御覽

曰美哉周之盛也其若此乎見舞韶濩者史記濩作護

賈逵云韶濩殷成湯樂大濩也史記集解杜取此

曰聖人之宏也蔡邕注典引引傳宏作洽

賈逵云宏大也同上

而猶有慙德聖人之難也

服虔云慙于始伐而無聖佐故曰聖人之難同上

見舞大夏者

賈逵云夏禹之樂同上杜取此

曰美哉勤而不德非禹其誰能修之史記修作及

服虔云禹勤其身以治水土也同上

見舞韶箾者史記作招箾索隱曰韶簫二字體變耳

服虔云有虞氏之樂大韶也同上

曰德至矣哉大矣

服虔云至帝王之道極于韶也盡美盡善也同上

如天之無不幬也史記幬作燾

賈逵云燾覆也同上杜取此按史記作燾禮記中庸篇無不覆幬鄭注云幬亦覆也或作燾後漢書朱穆傳曰天不

崇大則覆幬不廣注云幬亦覆詩周頌正義引作燾燾

幬古字通左傳舊本當作燾故賈注如是

如地之無不載也雖甚盛德其蔑以加於此矣觀止矣若

有他樂吾不敢請已史記請作觀

服虔云周用六代之樂堯曰咸池黃帝曰雲門魯受四

代下周二等故不舞其二季札知之故曰有他樂吾不

敢請同上先儒以爲季札在吳未嘗經見此樂爲歌諸詩

其所歎美皆以詩辭之內求所歎之意本疏

其出聘也通嗣君也故遂聘于齊說晏平仲謂之曰子速

納邑與政

服虔云入邑與職政于公不與國家之事史記集解無邑無政乃免於難齊國之政將有所歸未獲所歸難未歇也

爾雅歇竭也

故晏子因陳桓子以納政與邑是以免於欒高之難聘於鄭見子產如舊相識與之縞帶子產獻紵衣焉

說文縞鮮色也紵縈屬細者爲絟粗者爲紵孔安國曰縞白繒也鄭元禮記注云白經赤緯曰縞黑經曰緯曰纖

桉杜注吳地貴縞鄭地貴紵未知何據或亦以意言之

謂子產曰鄭之執政侈難將至矣政必及子子爲政愼之

以禮不然鄭國將敗

服虔云禮所以經國家利社稷也史記集解

適衛說蘧瑗史狗史鰌公子荆公叔發

桉鄭注檀弓云文子衛獻公之孫名拔或作發孔疏云

桉世本衛獻公生公子當當生文子拔是獻公孫也或

作發者以春秋左傳作發故云今攷此時獻公甫卒而

發已稱公叔恐與獻公孫名拔者係兩人

公子朝

桉論語有公孫朝疑卽其人

曰衛多君子未有患也自衛如晉將宿於戚聞鐘聲焉

史記稱過宿孫林父爲擊磬索隱讀宿爲戚服虔云孫林父鼓鐘作樂也史記集解

曰異哉吾聞之也辯而不德

墨子經上辯爭彼也杜本此

必加於戮夫子獲罪於君以在此懼猶不足而又何樂

服虔云辯若鬥辯也夫以辯爭不以德居之必加於刑戮也同上賈逵云夫子孫文子也獲罪出獻公以戚叛也同上

夫子之在此也猶燕之巢于幕上

王肅云言至危也同上

君又在殯而可以樂乎

賈逵云衛君獻公棺在殯未葬同上杜取此

文子聞之終身不聽琴瑟

服虔云聞義而改也琴瑟不聽況鐘鼓乎同上杜取此

適晉說趙文子韓宣子魏獻子曰晉國其萃於三族乎

服虔云言晉國之祚將集于三家同上杜取此

說叔向將行謂叔向曰吾子勉之君侈而多良大夫皆富

政將在家吾子好直

服虔云直不能曲撓以從衆同上

必思自免於難　秋九月齊公孫蠆公孫竈放其大夫高

止于北燕乙未出書曰出奔罪高止也高止好以事自爲功且專故難及之　冬孟孝伯如晉報范叔也　爲高氏之難故高豎以盧叛十月庚寅閭丘嬰帥師圍盧高豎曰苟使高氏有後請致邑齊人立敬仲之曾孫酀董遇注本作偃良敬仲也

世本敬仲生莊子莊子生傾子傾子生宣子宣子生厚厚生止又云敬仲生莊子莊子生傾子傾子之孫武子偃棱正義據世本則偃爲敬仲元孫而傳云曾孫必有一誤本疏

十一月乙卯高豎致盧而出奔晉晉人城緜而寘旃

郡國志太原郡界休有縣上聚

鄭伯有使公孫黑如楚辭曰楚鄭方惡而使余往是殺余也伯有曰世行也子晳曰可則往難則已何世之有伯有將强使之子晳怒將伐伯有氏大夫和之十二月己巳鄭大夫盟於伯有氏裨諶曰是盟也其與幾何

古今人表作卑湛師古曰卑音脾湛音諶風俗通曰卑氏鄭大夫卑湛之後漢有卑躬爲北地太守釋文亦作湛桉裨諶二字皆說文所收葢古字通惠棟以爲杜改卑爲裨俗又改湛爲諶云古文盡亡說太過

詩曰君子屢盟亂是用長今是長亂之道也禍未歇也必

三年而後能紓然明曰政將焉往禆諶曰善之代不善天命也其焉辟子產舉不踰等則位班也擇善而舉則世隆也天又除之奪伯有魄子西即世將焉辟之天禍鄭久矣其必使子產息之乃猶可以戾

爾雅戾止也詩毛傳戾定也廣雅同杜本此

不然將亡矣

三十年春王正月楚子使薳罷來聘通嗣君也穆叔問王子之爲政何如釋文一本作問王子圍之爲政服虔王肅本並無圍字

服虔云王子楚令尹王子圍也王肅曰王子楚令尹圍也本疏

對曰吾儕小人食而聽事猶懼不給命而不免於戾焉與知政固問焉不告穆叔告大夫曰楚令尹將有大事子蕩將與焉助之匿其情矣　子產相鄭伯以如晉叔向問鄭國之政焉對曰吾得見與否在此歲也駟良方爭未知所成若有所成吾得見乃可知也叔向曰不既和矣乎對曰伯有侈而愎

廣雅愎佷也杜本此

子晳好在人上莫能相下也雖其和也猶相積惡也惡至無日矣　二月癸未諸本二誤作三今从宋本改正晉悼夫人食輿人之城杞者

高誘呂覽注輿衆也杜本此

絳縣人或年長矣無子而往與於食有與疑年使之年曰臣小人也不知紀年臣生之歲正月甲子朔四百有四十五甲子矣律歷志引作四百四十有五甲子矣其季於今三之一也吏走問諸朝釋文一本作使走

釋文一曰走使之人也服虔王肅本作吏云吏不知歷者服虔云吏不知歷數故走問于卿大夫王肅云吏不知歷也本疏

師曠曰魯叔仲惠伯會郤成子于承匡之歲也是歲也狄伐魯叔孫莊叔於是乎敗狄于鹹獲長狄僑如及虺也豹

也而皆以名其子七十三年矣

熊朋來曰魯襄三十年歲次戊午二月辛酉朔初四日甲子二十三日癸未日其季于今三之一者言甲子數至癸未日正得二十日是三分六十甲子之一也季者餘數也積四百四十四甲子零二十日算得二萬六千六百六十日除五十三日在本年正二月戊午正月大該三十日二月二十三日止有二萬六千六百零七日逆推得絳縣老人是魯文公十一年乙丑歲三月生故曰臣生之歲正月甲子朔注謂夏正月若以周正則三月也本合云七十四年此時方是二月若夏正則十二月故除本年不算

曰七十三年也

史趙曰亥有二首六身

說文亥荄也十月微陽起接盛陰从二二古文上字一人男一人女也从乙象裹子咳咳之形春秋傳曰亥有二首六身惠士奇曰史趙以亥字推算其年者葢以亥乃絳縣老人之名卽孟子之亥唐韓非子云晉平公于唐亥云云或孟子傳寫倒其名氏也

下二如身是其日數也律歷志是作則士文伯曰然則二萬六千六百有六旬也趙孟問其縣大夫則其屬也召之而謝過焉曰武不才任君之大事以晉國之多虞不能由吾子

詩毛傳由用也杜本此

使吾子辱在泥塗久矣

通俗文泥塗謂之遲頹

武之罪也敢謝不才遂仕之使助爲政辭以老與之田使爲君復陶以爲絳縣師而廢其輿尉

服虔云輿尉軍尉主發衆使民本疏

於是魯使者在晉歸以語諸大夫季武子曰晉未可媮也

說文媮薄也廣雅同杜本此

有趙孟以爲大夫有伯瑕以爲佐有史趙師曠而咨度焉有叔向女齊以師保其君其朝多君子其庸可媮乎勉事

之而後可　夏四月己亥鄭伯及其大夫盟君子是以知鄭難之不已也　蔡景侯爲大子般娶于楚通焉大子弒景侯　初王儋季卒其子括

桉下云儋括則係季食采之邑故父子皆以儋爲氏也

將見王而歎單公子愆期（石經期誤作旗）爲靈王御士過諸廷聞其歎而言曰烏乎必有此夫入以告王且曰必殺之不慼而願大視躁而足高心在他矣不殺必爲害（諸刊本脫爲字今从石經補入）王曰童子何知及靈王崩儋括欲立王子佞夫佞夫弗知戊子儋括圍蔿逐成愆奔平畤（釋文畤音止又音市或作疇）五月癸巳尹言多劉毅單蔑甘過鞏成殺佞夫括瑕廖奔晉書曰

天王殺其弟佞夫罪在王也　或叫于宋大廟

說文訆大呼也春秋傳曰或訆于宋大廟杜本此　校石經作叫誤

曰譆譆出出

說文誒可惡之辭一曰誒然春秋傳曰誒誒出出校今本作譆譆說文痛也杜注譆譆熱也葢本廣雅古字誒㶩譆並通釋文鄭注周禮引此作詘詘

鳥鳴于亳社

服虔云殷宋之祖也故鳴其社伯姬魯女欲使魯往語伯姬也本疏

如曰譆譆甲午宋大災

服虔云經不書大非災火及人伯姬坐而待之耳同上

宋伯姬卒待娒也

說文娒女師也桉今本作姆非今改正杜本此

君子謂宋共姬女而不婦女待人婦義事也　六月鄭子產如陳涖盟歸復命告大夫曰陳亡國也不可與也聚禾粟繕城郭恃此二者而不撫其民其君弱植公子侈大子卑大夫敖釋文敖本一作傲

服本作放云淫放也釋文服虔云言大夫淫放本疏

政多門以介於大國能無亡乎不過十年矣　秋七月叔

弓如宋葬其姬也　鄭伯有耆酒爲窟室而夜飲酒擊鐘焉朝至未已朝者曰公焉在其人曰吾公在壑谷石經作壑非

爾雅壑虛也

皆自朝布路而罷

說文罷歸也

既而朝則又將使子晳如楚歸而飲酒庚子子晳以駟氏之甲伐而焚之伯有奔雍梁醒而後知之遂奔許大夫聚謀子皮曰仲虺之志云亂者取之亡者侮之推亡固存國之利也罕駟豐同生伯有汏諸刊本作汰今从釋文改正侈故不免人謂子產就直助彊子產曰豈爲我徒國之禍難誰知所敝

或主彊直難乃不生姑成吾所辛丑子產斂伯有氏之死者而殯之不及謀而遂行印段從之子皮止之衆曰人不我順何止焉子皮曰夫子禮於死者況生者乎遂自止之壬寅子產入癸卯子石入皆受盟于子皙氏乙巳鄭伯及其大夫盟于大宮盟國人于師之梁之外伯有聞鄭人之盟己也怒聞子皮之甲不與攻己也喜曰子皮與我矣癸丑晨自墓門之瀆入因馬師頡介于襄庫以伐舊北門駟帶率國人以伐之皆召子產子產曰兄弟而及此吾從天所與伯有死於羊肆子產襚之枕之股而哭之斂而殯諸伯有之臣在市側者旣而葬諸斗城

水經注渠水又東南逕斗城西子產殯伯有尸其臣葬之于是城也按今在陳留縣南

子駟氏欲攻子產子皮怒之曰禮國之幹也殺有禮禍莫大焉乃止於是游吉如晉還聞難不入復命于介八月甲子奔晉駟帶追之石經駟作四誤及酸棗

郡國志陳留郡酸棗縣杜同此

與子上盟用兩珪質于河使公孫肸石經肸作盻非入盟大夫已

已復歸書曰鄭人殺良霄不稱大夫言自外入也於子蟜之卒也將葬公孫揮與裨竈晨會事焉過伯有氏其門上生莠子羽曰其莠猶在乎

說文㞢字注云草木妄生也从之在土上讀若皇徐鍇曰妄生謂非所宜生傳曰門上生莠从之在土上土上益高非所宜也戶光切據此則生當作㞢說文又云禾粟下揚生莠桉釋文稱禾粟之莠生而不成者謂之莠

於是歲在降婁降婁中而旦裨竈指之曰猶可以終歲歲不及此次也已及其亡也歲在娵訾之口其明年乃及降婁僕展從伯有與之皆死羽頡出奔晉爲任大夫

郡國志鉅鹿郡任縣杜同此

雞澤之會鄭樂成奔楚遂適晉羽頡因之與之比而事趙文子言伐鄭之說焉以宋之盟故不可子皮以公孫鉏爲

馬師　楚公子圍殺大司馬蔿掩而取其室申無宇曰古今人表無作亡王子必不免善人國之主也王子相楚國將善自封殖而虐之是禍國也且司馬令尹之偏而王之四體也絶民之主去身之偏艾王之體以禍其國無不祥大焉何以得免　爲宋災故諸侯之大夫會以謀歸宋財冬十月叔孫豹會晉趙武齊公孫蠆宋向戌衛北宫佗鄭罕虎及小邾之大夫會于澶淵既而無歸于宋故不書其人君子曰信其不可不愼乎澶淵之會卿不書不信也夫釋文一讀以夫爲下句首諸侯之上卿會而不信寵名皆弃不信之不可也如是詩曰文王陟降在帝左右信之謂也又曰淑愼爾止無

載爾僞
桉杜注逸書正義無說今攷又曰二字是承上而言似皆屬大雅之文梁履繩曰廿一年傳詩曰優哉游哉聊以卒歲杜云詩小雅正義曰此采菽之篇彼詩云優哉游哉亦是戾矣與此不同者蓋師讀有異是可取以爲證

不信之謂也書曰某人某人會于澶淵宋災故尤之也不書魯大夫諱之也　鄭子皮授子產政辭曰國小而偪族大寵多不可爲也子皮曰虎帥以聽誰敢犯子子善相之國無小小能事大國乃寬子產爲政有事伯石賂與之邑

子大叔曰國皆其國也奚獨賂焉子產曰無欲實難皆得其欲以從其事而要其成非我有成其在人乎何愛於邑邑將焉往子大叔曰若四國何子產曰非相違也而相從也四國何尤焉鄭書有之曰安定國家必大焉先姑先安大以待其所歸既伯石懼而歸邑卒與之伯有既死使大史命伯石爲卿辭大史退則請命焉復命之又辭如是三乃受策入拜子產是以惡其爲人也使次已位子產使都鄙有章上下有服

高誘呂覽注服法服也君子小人各有制

田有封洫

高誘呂覽注封界洫溝也杜本此

廬井有伍

廣雅廬舍也杜本此

大人之忠儉者釋文大人或作大夫非從而與之泰侈者因而斃之

豐卷將祭請田焉弗許曰惟君用鮮

鄭元儀禮注鮮新殺者杜注云野獸非義訓

衆給而已子張怒退而徵役子產奔晉子皮止之而逐豐卷豐卷奔晉子產請其田里三年而復之反其田里及其入焉從政一年輿人誦之曰取我衣冠而褚之呂覽引作貯之衆經音義引傳亦同

說文褚卒也一曰製衣裓周禮廛人注褚藏釋文云本或作貯或作褚是貯褚古字通高誘呂覽注引此卽作貯之

取我田疇而伍之呂覽作賦之孰殺子產吾其與之

賈逵國語注云一井爲疇九夫爲一井也高誘呂覽注與猶助也

及三年又誦之曰我有子弟子產誨之我有田疇子產殖之

高誘呂覽注殖長也

子產而死呂覽作若死誰其嗣之

高誘呂覽注嗣續也杜本此

三十一年春王正月穆叔至自會見孟孝伯語之曰趙孟將死矣其語偷

鄭元禮記注偷苟且也杜本此

不似民主且年未盈五十而諄諄焉如八九十者弗能久矣若趙孟死爲政者其韓子乎吾子盍與季孫言之可以樹善君子也晉君將失政矣若不樹焉使早備魯既而政在大夫韓子懦弱大夫多貪求欲無厭齊楚未足與也魯其懼哉孝伯曰人生幾何釋文本或作民生无幾何五行志引傳亦作民生幾何誰能無偷漢書引無作无朝不及夕將安用樹漢書引安作焉穆叔出而告

人曰孟孫將死矣吾語諸趙孟之偷也而又甚焉又與季孫語晉故季孫不從及趙文子卒晉公室卑政在侈家韓宣子爲政不能圖諸侯魯不堪晉求讒慝宏多是以有平丘之會　齊子尾害閭丘嬰欲殺之使帥師以伐陽州我問師故夏五月子尾殺閭丘嬰以說于我師工僂灑渻竈孔虺賈寅出奔莒出羣公子　公作楚宮穆叔曰大誓云民之所欲天必從之君欲楚也夫故作其宮若不復適楚必死是宮也六月辛巳公薨于楚宮叔仲帶竊其拱璧以與御人納諸其懷而從取之由是得罪　立胡女敬歸之子子野

服虔云胡歸姓之國也史記集解杜取此

次于季氏秋九月癸巳卒毁也　己亥孟孝伯卒立敬歸之娣齊歸之子

服虔云齊謚也同上

公子裯

世本作裯徐廣曰一本作袑音紹說文引春秋傳曰有空鴰桉徐廣云裯本作袑音紹今攷袑鴰裯音皆同疑空鴰應作公鴰又昭二十二年有定裯字亦與空鴰相似吾友段大令若膺又云昭二十五年有季公鳥或即是今並存三說以俟攷

穆叔不欲曰大子死有母弟則立之無則立長

服虔云無母弟則立庶子之長同上

年鈞擇賢義鈞則卜諸刊本皆作均今从石經宋本改正古之道也非適嗣諸本作嫡亦从石經改正何必娣之子且是人也居喪而不哀在慼而有嘉容是謂不度不度之人鮮不爲患若果立之必爲季氏憂武子不聽卒立之比及葬三易衰衰衽如故衰於是昭公十九年矣猶有童心

服虔云言無成人之志而有童子之心同上

君子是以知其不能終也　冬十月滕成公來會葬惰而多涕子服惠伯曰滕君將死矣怠於其位而哀已甚兆於

久所矣能無從乎　癸酉葬襄公公薨之月子產相鄭伯以如晉晉侯以我喪故未之見也子產使盡壞其館之垣而納車馬焉士文伯讓之曰敝邑以政刑之不修寇盜充斥

廣雅充滿也斥廣也桉下二句史記索隱引張揖

無若諸侯之屬辱在寡君者何是以令吏人完客所館高其閈閎

說文閈門也閎巷門也桉杜注閎門也本爾雅衖門謂之閎

厚其墻垣以無憂客使今吾子壞之雖從者能戒其若異

客何以敝邑之爲盟主繕完葺墻

說文葺茨也桉杜注覆也義亦通李涪刊誤云墻壞葺之而已何云繕完此當是繕宇葺墻宇誤爲完也書曰峻宇雕墻足以爲證段若膺云完當是院字院周垣也墻垣蔽也因其所壞者垣故文伯之語亦不旁及說文院爲寏之重文

以待賓客若皆毀之其何以共命寡君使匄請命

正義匄士文伯名也晉宋古本及釋例皆作丐俗本作匄此士文伯是范氏之別族不宜與范宣子同名今定本作匄恐非桉元和姓纂七引世本晉大夫司功景子

其先士丐也廣韻引世本又云司功氏士匄弟佗爲晉司功因官爲氏今攷此傳子產壞館垣而士文伯獨讓之則文伯當亦爲晉司功之官諸侯之館是其所司故下傳云趙文子使文伯謝不敏亦其證至正義云文伯爲范氏别族當有所據俟再攷

對曰以敝邑褊小介於大國誅求無時是以不敢寧居悉索敝賦以來會時事逢執事之不閒而未得見又不獲聞命未知見時不敢輸幣亦不敢暴露

桉孟子曰一日暴之又曰秋陽以暴之說文暴晞也又曬字下注暴也蓋二字轉相訓蓋暴防日色露防露氣

暴主晝露主夜觀下言燥濕可知

其輸之則君之府實也非薦陳之不敢輸也其暴露之則恐燥濕之不時而朽蠹以重敝邑之罪僑聞文公之爲盟主也宮室卑庳

說文庳中伏舍一曰屋庳張載魏都賦注引作埤李善射雉賦注曰埤短也埤與庳古字通

無觀臺榭以崇大諸侯之館館如公寢庫廄繕修司空以時平易道路

詩毛傳易治也杜本此

圬人以時塓館宮室

按說文作杇云所以塗也杜本此圬杇古字通又墁字亦

通作槾說文槾杇也廣雅㨠塗也㨠與㨠同張載魏都

賦注引傳作冪云墁也杜注本廣雅

諸侯賓至甸設庭燎僕人巡宮車馬有所賓從有代巾車

脂轄隸人牧圉各瞻其事百官之屬各展其物

鄭司農周禮注展具也

公不留賓而亦無廢事憂樂同之事則巡之教其不知而

恤其不足賓至如歸無寧菑患不畏寇盜而亦不患燥濕

今銅鞮之宮數里而諸侯舍於隸人門不容車而不可踰

越盜賊公行而天癘不戒

六經正誤云天厲不戒注疏及臨川本作天地之天厲者天之癘氣猶周官司救所謂天患今从石經宋本定作天厲哀元年傳云天有菑癘注厲疾疫也更是一證賓見無時命不可知若又勿壞是無所藏幣以重罪也敢請執事將何所命之雖君之有魯喪亦敝邑之憂也若獲薦幣修垣而行君之惠也敢憚勤勞文伯復命趙文子曰信我實不德而以隸人之垣以贏諸侯

賈服王注皆讀贏爲盈盈是滿也故皆訓爲受本疏說文贏有餘賈利也桉杜取賈服說

是吾罪也使士文伯謝不敏焉晉侯見鄭伯有加禮厚其

宴好而歸之乃築諸侯之館叔向曰辭之不可以已也如是夫釋文讀者亦以夫爲下句首子產有辭諸侯賴之若之何其釋辭也詩曰辭之輯矣民之協矣詩協作洽辭之繹矣詩繹作懌釋文同云繹又作懌民之莫矣其知之矣　鄭子皮使印段如楚以適晉告禮也　莒犂比公後漢書犂作黎生去疾及展輿既立展輿又廢之犂比公虐國人患之十一月展輿因國人以攻莒子弒之乃立去疾奔齊齊出也展輿吳出也書曰莒人弒其君買朱鉏言罪之在也　吳子使屈狐庸聘于晉通路也趙文子問焉曰延州來季子其果立乎

服虔云延延陵也州來邑名季子讓王位升延陵爲大

夫食邑州來傳家通言之本疏酈道元云淮水又北逕下蔡故城東故州來之城也吳季札始封延陵後邑州來故曰延州來矣

巢隕諸樊閽戕戴吳

說文戕槍也他國臣來弒曰戕桉戴吳爲楚巢牛臣射殪正屬他國臣

天似啟之何如對曰不立是二王之命也非啟季子也若天所啟其在今嗣君乎甚德而度德不失民度不失事民親而事有序其天所啟也有吳國者必此君之子孫實終之季子守節者也雖有國不立　十二月北宮文子相衛

襄公以如楚宋之盟故也過鄭印段迋勞于棐林如聘禮而以勞辭文子入聘子羽爲行人馮簡子與子大叔逆客事畢而出言於衛侯曰鄭有禮其數世之福也其無大國之討乎詩曰誰能執熱逝不以濯禮之於政如熱之有濯也濯以救熱何患之有子產之從政也擇能而使之馮簡子能斷大事子大叔美秀而文

桉說苑政理篇亦載此事作子大叔善決而文

公孫揮能知四國之爲而辨於其大夫之族姓班位

說苑政理篇作族姓變立今說苑本立上衍一而字惠棟曰變立即古文班位字也古讀變爲辨辨爲班古文位作立劉歆

傳曰春秋傳多古字古言乃知向所據者皆古字也

貴賤能否而又善爲辭令禆諶能謀謀於野則獲謀於邑則否鄭國將有諸侯之事子產乃問四國之爲於子羽且使多爲辭令與禆諶乘以適野使謀可否而告馮簡子使斷之事成乃授子大叔使行之以應對賓客是以鮮有敗事北宮文子所謂有禮也　鄭人游于鄉校以論執政然明謂子產曰毀鄉校何如子產曰何爲（新序作胡爲）夫人朝夕退而游焉以議執政之善否其所善者吾則行之所惡者吾則改之是吾師也若之何毀之我聞忠善（新序作忠信）以損怨不聞作威以防怨豈不遽止然猶防川大決所犯傷人

必多吾不克救也不如小決使道

韋昭國語注道通也杜本此

不如吾聞而藥之也然明曰蔑也今而後知吾子之信可事也小人實不才若果行此其鄭國實賴之豈惟二三臣仲尼聞是語也曰以是觀之人謂子產不仁吾不信也

服虔載賈逵語云是歲孟僖子卒屬其子使事仲尼仲尼時年三十五定以孔子爲襄二十一年生也本疏

子皮欲使尹何爲邑子產曰少未知可否子皮曰愿

說文愿謹也杜本此

吾愛之不吾叛也使夫往而學焉夫亦愈知治矣子產曰

不可人之愛人求利之也今吾子愛人則以政猶未能操刀而使割也其傷實多子之愛人傷之而已其誰敢求愛於子子於鄭國棟也棟折榱崩

廣雅榱椽也桉說文椽榱也轉注字

僑將厭焉敢不盡言子有美錦不使人學製焉

高誘淮南注制裁也杜本此

大官大邑身之所庇也

廣雅庇寄也高誘呂覽注庇依廕也下同

而使學者製焉其爲美錦不亦多乎僑聞學而後入政未聞以政學者也若果行此必有所害譬如田獵射御貫

爾雅貫習也杜本此

則能獲禽若未嘗登車射御則敗績厭覆是懼何暇思獲子皮曰善哉虎不敏吾聞君子務知大者遠者小人務知小者近者我小人也衣服附在吾身我知而愼之大官大邑所以庇身也我遠而慢之微子之言吾不知也他日我曰子爲鄭國我爲吾家以庇焉其可也今而後知不足自今請雖吾家聽子而行子產曰人心之不同如其面焉玉篇引作猶若面焉風俗通作人心不同有如其面吾豈敢謂子面如吾面乎抑心所謂危亦以告也子皮以爲忠故委政焉子產是以能爲鄭國

衛侯在楚北宮文子見令尹圍之威儀五行志引言無威字

於衛侯曰令尹以君矣

服虔云言令尹動作似君儀故曰以君矣本疏桉服訓以爲用正義稱明年傳文云二執戈者前矣是用君儀也諸本反云俗本作以誤惠棟云古文以字作㠯與似通故誤作似

將有他志五行志他作佗雖獲其志不能終也詩曰靡不有初鮮克有終終之實難令尹其將不免公曰子何以知之對曰詩云敬愼威儀惟民之則令尹無威儀民無則焉民所不則以在民上不可以終公曰善哉何謂威儀對曰有威而可畏謂之威

廣雅畏威也

有儀而可象謂之儀君有君之威儀其臣畏而愛之則而象之故能有其國家令聞長世文選注引聞作問臣有臣之威儀其下畏而愛之故能守其官職保族宜家順是以下皆如是是以上下能相固也衛詩曰威儀棣棣釋文棣本又作逮棣孔子閒居篇作威儀逮逮不可選也

孔安國書傳選數也杜本此

言君臣上下父子兄弟內外大小皆有威儀也周詩曰朋友攸攝攝以威儀

詩毛傳言相攝佐者以威儀也杜本此

言朋友之道必相教訓以威儀也周書數文王之德曰大國畏其力（尚書國作邦）小國懷其德言畏而愛之也詩云不識不知順帝之則言則而象之也紂囚文王七年諸侯皆從之囚紂於是乎懼而歸之可謂愛之文王伐崇再駕而降爲臣蠻夷帥服可謂畏之文王之功天下誦而歌舞之可謂則之文王之行至今爲法可謂象之有威儀也故君子在位可畏施舍可愛進退可度周旋可則容止可觀

廣雅止禮也

作事可法德行可象聲氣可樂動作有文言語有章以臨其下謂之有威儀也

春秋左傳詁卷十五

陽湖洪亮吉學

傳

昭公元年春楚公子圍聘于鄭且娶於公孫段氏伍舉爲介

孫叔敖碑作五舉桉唐石經初刻亦作五後加人旁非也惠棟云伍尚伍員字同古今人表五子胥亦不从人

將入館鄭人惡之使行人子羽與之言乃館於外既聘將以衆逆子產患之使子羽辭曰以敝邑褊小

說文褊衣小也

不足以容從者請墠聽命

鄭元禮記注除地曰墠杜本此

令尹命大宰伯州犂對曰君辱貺寡大夫圍謂圍將使豐氏撫有而室圍布几筵告於莊共之廟而來

服虔云莊謂楚莊王圍之祖共王圍之父儀禮疏杜取此

若野賜之是委君貺於草莽也

廣雅莽草也如淳漢書注草深曰莽

是寡大夫不得列於諸卿也不寧惟是又使圍蒙其先君將不得爲寡君老其蔑以復矣惟大夫圖之子羽曰小國無罪恃實其罪將恃大國之安靖己而無乃包藏禍心以

圖之文選注引傳作苞小國失恃而懲諸侯使莫不感者距違君命而有所壅塞諸本作壅今从釋文改不行是懼不然敝邑館人之屬也其敢愛豐氏之祧

鄭元周禮注祧遠祖廟杜本此

伍舉知其有備也請垂櫜而入

詩毛傳櫜韜也韜弓謂之櫜

許之正月乙未入逆而出遂會于虢尋宋之盟也祁午謂趙文子曰宋之盟楚人得志於晉今令尹之不信諸侯之所聞也子弗戒懼又如宋子木之信稱於諸侯猶詐晉而駕焉

小爾雅駕陵也杜本此

況不信之尤者乎楚重得志於晉晉之恥也子相晉國以爲盟主於今七年矣再合諸侯三合大夫服齊狄寧東夏平秦亂城淳于師徒不頓國家不罷民無謗讟

說文謗毁也讟怨也方言讟謗也桉杜注讟誹也義亦同方言又賈逵國語注黷媟也義亦通

諸侯無怨天無大災子之力也有令名矣而終之以恥午也是懼吾子其不可以不戒文子曰武受賜矣然宋之盟子木有禍人之心武有仁人之心是楚所以駕於晉也今武猶是心也楚又行僭非所害也武將信以爲本循而行

之譬如農夫是穮是蔉文選注作蔍

說文穮耕禾閒也春秋傳曰是穮是衮梂今本作蔉非

杜注壅苗爲蔉今攷說文秄壅禾本也杜說未知何據

雖有饑饉必有豐年且吾聞之能信不爲人下吾未能也

詩曰不僭不賊鮮不爲則信也能爲人則者不爲人下矣

吾不能是難楚不爲患楚令尹圍請用牲讀舊書加于牲

上而已晉人許之三月甲辰盟楚公子圍設服離衛

服虔云設服設人君之服二句从惠本增二人執戈在前在國

居君離宮陳衛在門本王逸楚辭章句離列也杜注陳

也義亦同

叔孫穆子曰楚公子美矣君哉鄭子皮曰二執戈者前矣蔡子家曰蒲宮有前不亦可乎

服虔云蒲宮楚君離宮言令尹在國已居君之宮出有前戈不亦可乎同上

楚伯州犁曰此行也辭而假之寡君鄭行人揮曰假不反矣伯州犁曰子姑憂子晳之欲背誕也子羽曰當璧猶在假而不反子其無憂乎齊國子曰吾代二子愍矣五行志愍引作閔

說文愍痛也服虔云愍憂也代伯州犁憂公子圍代子羽憂子晳同上

陳公子招曰不憂何成二子樂矣衛齊子曰苟或知之雖憂何害宋合左師曰大國令小國共吾知共而已晉樂王鮒曰小旻之卒章善矣吾從之退會子羽謂子皮曰叔孫絞而婉

說文婉順也

宋左師簡而禮樂王鮒字而敬

詩毛傳字愛也杜本此

子與子家持之釋文持或作恃誤皆保世之主也齊衛陳大夫其不免乎國子代人憂子招樂憂齊子雖憂弗害夫弗及而憂與可憂而樂與憂而弗害皆取憂之道也憂必及之大

誓曰民之所欲天必從之三大夫兆憂憂能無至乎五行志引憂下多矣字無下憂字言以知物

韋昭國語注物類也

其是之謂矣　季武子伐莒取鄆莒人告於會楚告於晉

曰尋盟未退而魯伐莒瀆齊盟

說文嬻媟嬻也桉瀆嬻古字通故杜注云瀆慢也

請戮其使樂桓子相趙文子欲求貨於叔孫而爲之請使

請帶焉弗與梁其踁曰

孫愐唐韻梁其踁魯伯禽子梁其之後

貨以藩身

說文藩屏也

子何愛焉叔孫曰諸侯之會衛社稷也我以貨免魯必受師是禍之也何衛之爲人之有牆以蔽惡也牆之隙壞誰之咎也衛而惡之吾又甚焉

韓非子曰牆之壞也必通隙

雖怨季孫魯國何罪叔出季處有自來矣吾又誰怨然鮒也賄弗與不已召使者裂裳帛而與之曰帶其褊矣趙孟聞之曰臨患不忘國忠也思難不越官信也圖國忘死貞也謀主三者義也有是四者又可戮乎乃請諸楚曰魯雖有罪其執事不辟難畏威而敬命矣子若免之以勸左右

可也若子之羣吏處不辟汚

詩毛傳汚煩也杜本此

出不逃難其何患之有患之所生汚而不治難而不守所由來也能是二者又何患焉不靖其能其誰從之魯叔孫豹可謂能矣請免之以靖能者子會而赦有罪又賞其賢諸侯其誰不欣焉望楚而歸之視遠如邇疆場之邑一彼一此何常之有王伯之令也引其封疆而樹之官舉之表旗而著之制令過則有刑猶不可壹於是乎虞有三苗夏有觀扈

地理志東郡斟觀應劭曰夏有觀扈世祖更名衛國又

右扶風鄠故國有扈扈國亭扈夏啓所伐杜本此

商有姺邳

說文姺殷諸侯爲亂疑姓也春秋傳曰商有姺邳邳奚仲之後湯左相仲虺所封國說文同呂覽有侁氏以伊尹爲媵送女漢書殷之釁也以有娀及有㜪桉莘姺侁㜪並同音葢卽有莘國地理志東海郡下邳縣杜本此

周有徐奄

書序成王伐淮夷遂踐奄淮夷與奄同時伐之此徐奄連文故以爲徐卽淮夷賈逵亦然是相傳說也本疏杜取此

服虔云一曰魯公所伐徐戎也同上

自無令王諸侯逐進

漢書集注逐競也杜本此

狎主齊盟其又可壹乎恤大舍小足以爲盟主又焉用之

封疆之削何國蔑有主齊盟者誰能辯焉吳濮有釁

孔安國云庸濮在江漢之間史記集解杜本此

楚之執事豈其顧盟莒之疆事楚勿與知諸侯無煩不亦可乎莒魯爭鄆爲日久矣苟無大害於其社稷可無亢也去煩宥善莫不競勸子其圖之固請諸楚楚人許之乃免叔孫令尹享趙孟賦大明之首章趙孟賦小宛之二章事畢趙孟謂叔向曰令尹自以爲王矣何如對曰王弱令尹

彊其可哉雖可不終趙孟曰何故對曰彊以克弱而安之彊不義也不義而彊其斃必速詩曰赫赫宗周褒姒滅之

說文戌火云烕滅也从火戌火死于戌陽氣至戌而盡詩曰赫赫宗周褒姒烕之釋文烕如字詩作烕

彊不義也令尹爲王必求諸侯晉少懦矣

說文懦駑弱者也杜本此

諸侯將往若獲諸侯其虐滋甚民弗堪也將何以終夫以彊取不義而克必以爲道道以淫虐弗可久已矣　夏四月趙孟叔孫豹曹大夫入于鄭鄭伯兼享之子皮戒趙孟禮終趙孟賦瓠葉子皮遂戒穆叔且告之穆叔曰趙孟欲

一獻

鄭元禮記注一獻士飲酒之禮

子其從之子皮曰敢乎穆叔曰夫人之所欲也又何不敢及享具五獻之籩豆於幕下趙孟辭私於子産曰武請於冢宰矣乃用一獻趙孟爲客禮終乃宴穆叔賦鵲巢趙孟曰武不堪也又賦采蘩曰小國爲蘩大國省穡而用之其何實非命

元劉用熙曰實疑適字之誤

子皮賦野有死麕之卒章釋文麕亦作麏趙孟賦常棣且曰吾兄弟比以安尨也可使無吠穆叔子皮及曹大夫興拜舉兕

爵曰小國賴子知免於戾矣飲酒樂趙孟出曰吾不復此矣　天王使劉定公勞趙孟於潁

地理志潁川郡陽城陽乾山潁水所出東至下蔡入淮杜本此

館於洛汭

水經洛水又東北過鞏縣又北入于河桉館蓋在洛水入河之處杜注亦同說文汭水相入也

劉子曰美哉禹功明德遠矣微禹吾其魚乎吾與子弁冕

說文皃冕也杜本此　惠棟曰釋文云弁端委無冕字故杜訓爲冕冠傳文葢衍冕字

端委以治民臨諸侯禹之力也

服虔云禮衣端正無殺故曰端文德之衣尙褒長故曰委本疏

子盍亦遠績禹功

爾雅績繼也說文績緝也義並通桉杜注勸趙孟使纂禹功訓亦本此正義舍繼緝本訓而別引釋詁文云績亦功也失之遠矣

而大庇民乎對曰老夫罪戾是懼焉能恤遠吾儕偷食朝不謀夕何其長也劉子歸以語王曰諺所謂老將知而耄及之者

惠士奇曰大雅抑詩云借曰未知亦聿既耄蓋當時之

語云亦然

其趙孟之謂乎爲晉正卿以主諸侯而儕於隸人朝不謀夕弃神人矣神怒民叛五行志叛作畔何以能久趙孟不復年矣

神怒不歆其祀民叛不即其事祀事不從又何以年　叔孫歸曾天御季孫以勞之旦及日中不出曾夭謂曾阜曰且及日中吾知罪矣魯以相忍爲國也忍其外不忍其內焉用之阜曰數月於外一旦於是庸何傷賈而欲贏而惡囂乎阜謂叔孫曰可以出矣叔孫指楹曰

說文楹柱也杜本此

雖惡是其可去乎乃出見之　鄭徐吾犯之妹美

廣韻曰鄭公子有食采于徐吾之鄉後以爲氏惠棟曰

據此則子南子皙爭同姓以爲室也

公孫楚聘之矣公孫黑又使强委禽焉犯懼告子產子產

曰是國無政非子之患也惟所欲與犯請於二子請使女

擇焉皆許之子皙盛飾入布幣而出子南戎服入左右射

超乘而出女自房觀之曰子皙信美矣抑子南夫也夫夫

婦婦所謂順也適子南氏子皙怒旣而櫜甲以見子南欲

殺之而取其妻子南知之執戈逐之及衝擊之以戈

說文衝通道也春秋傳曰及衝以戈擊之桉今本作擊

之以戈杜本同

子皙傷而歸告大夫曰我好見之不知其有異志也故傷大夫皆謀之子產曰直鈞幼賤有罪罪在楚也乃執子南而數之曰國之大節有五女皆奸之畏君之威聽其政尊其貴事其長養其親五者所以爲國也今君在國女用兵焉不畏威也奸國之紀不聽政也子皙上大夫女嬖大夫而弗下之不尊貴也幼而不忌不事長也兵其從兄不養親也君曰余不女忍殺宥女以遠勉速行乎無重而罪五月庚辰鄭放游楚於吳將行子南子產咨於大叔大叔曰吉不能亢身焉能亢宗彼國政也非私難也子圖鄭國利

則行之又何疑焉周公殺管叔而蔡蔡叔

釋文上蔡字音素葛反說文作𥻨从殺下米玉篇𥻨糂𥻨散也書作蔡字惠棟曰漢宣帝元康三年詔曰骨肉之親粲而不殊嵇康琴賦曰新衣翠粲李善曰子虛賦翕呷翠粲張揖曰翠粲衣聲也桉子虛賦文作萃翠蔡愚謂漢書文選粲字皆𥻨之誤𥻨本與蔡通故又作蔡禹貢曰二百里蔡鄭康成注云蔡之言殺減殺其賦減殺者猶末減也叔非首謀慮从末減之科故不殺而囚之如此則不必改字而義亦得矣小爾雅曰蔡法也今桉周書作洛篇管叔經而卒然則管叔亦非周公殺之

乃自經耳

夫豈不愛王室故也吉若獲戾子將行之何有於諸游

秦后子有寵於桓

桉后子當係秦公子鍼之字此下杜用韋昭說又云鍼字伯車疑非伯車當係別一人

如二君於景其母曰弗去懼選

說文選遣也一曰選擇也桉杜注選數今攷遣義較杜注爲長遣譴古字同

癸卯鍼適晉其車千乘書曰秦伯之弟鍼出奔晉罪秦伯也后子享晉侯造舟于河

徐堅云在蒲反夏陽津今蒲津浮橋是其處十里舍車自雍及絳歸取酬幣終事八反服虔以爲每于十里置幣車一乘千里百乘以次相授車率皆日行一百六十里謂从絳向雍去而復還一享之間八度至也本疏

司馬侯問焉曰子之車盡于此而已乎對曰此之謂多矣若能少此吾何以得見女叔齊以告公且曰秦公子必歸臣聞君子能知其過必有令圖令圖天所贊也后子見趙孟趙孟曰吾子其曷歸對曰鍼懼選於寡君是以在此將待嗣君趙孟曰秦君何如對曰無道趙孟曰亡乎對曰何

爲一世無道國未艾也國於天地有與立焉不數世淫弗能斃也趙孟曰天乎石經天作夭誤對曰有焉趙孟曰其幾何對曰鍼聞之國無道而年穀和孰諸本作熟今从外傳及五行志改天贊之也鮮不五稔

說文云稔穀孰也春秋傳曰鮮不五稔

趙孟視蔭曰

說文蔭草陰也桉杜注蔭日景也義亦通釋文蔭本亦作陰

朝夕不相及誰能待五后子出而告人曰趙孟將死矣主民翫歲而愒日

爾雅愒貪也說文翫習猒也春秋傳曰翫歲而愒日愒息也又忨字下云忨貪也春秋傳曰忨歲而激日桉杜注取後一說外傳作忨日而激歲韋昭云忨愉也激遲也說文忨字下所引或外傳文但小異耳

其與幾何　鄭爲游楚亂故六月丁巳鄭伯及其大夫盟于公孫段氏罕虎公孫僑公孫段印段游吉駟帶私盟于閨門之外初學記引作闔門實薰隧公孫黑強與於盟使大史書其名且曰七子子產弗討　晉中行穆子敗無終及羣狄于大原崇卒也

孔安國書傳崇聚也杜本此

將戰魏舒曰彼徒我車所遇又阨釋文阨作隘

說文阨塞也

以什共車必克困諸阨又克請皆卒自我始乃毀車以爲行五乘爲三伍荀吳之嬖人不肯卽卒斬以徇

說文㣙行示也司馬法斬以㣙校集韻云㣙或作徇[illegible]

是㣙乃徇之本字

爲五乘以相離兩於前伍於後專爲右角參爲左角偏爲前拒

服虔引司馬法云五十乘爲兩百二十乘爲伍八十一乘爲專二十九乘爲參二十五乘爲偏彼皆準車數多

少以爲別名此傳去車用卒而有此名不以車數爲別也宋本疏二十六

以誘之翟人笑之未陳而薄之大敗之　莒展輿立而奪羣公子秩公子召去疾于齊秋齊公子鉏納去疾展輿奔吳叔弓帥師疆鄆田因莒亂也於是莒務婁瞀胡及公子滅明以大厖與常儀靡奔齊君子曰莒展之不立弃人也夫人可弃乎詩曰無競惟人諸本作唯唯从石經宋本改正善矣　晉侯有疾鄭伯使公孫僑如晉聘且問疾叔向問焉曰寡君之疾病卜人曰實沈臺駘論衡作臺台水經注同爲祟

說文祟神禍也

史莫之知敢問此何神也子產曰昔高辛氏有二子伯曰閼伯季曰實沈居於曠林

賈逵云曠大也史記集解案杜注曠林地闕蓋不从賈義今攷李善文選引作曠壄則足證賈義爲長也

不相能也日尋干戈以相征討后帝不臧

賈逵云后帝堯也臧善也同上

遷閼伯于商丘

賈逵云在漳南同上

主辰

服虔云辰大火主祀也同上杜取此

商人是因

服虔云商人契之先湯之始祖相土封閼伯之故地因其故國而代之同上

故辰爲商星遷實沈于大夏

服虔云在汾澮之間同上

主參

服虔云主祀參星同上

唐人是因

賈逵云唐人謂陶唐之允劉累事夏孔甲封于大夏因實沈之國子孫服事夏商也同上服虔以唐人卽是劉累

本疏杜取此

其季世曰唐叔虞

服虔以爲唐叔虞卽下句邑姜所生者也同上

當武王邑姜方震大叔

服虔云邑姜武王后齊大公之女史記集解杜取此說文娠女身動也桉娠震古字通史記漢書列傳文並作娠應劭曰娠動懷任之意孟康曰娠音身漢書身多作娠古今字也後漢書凡娠字皆作娠杜注懷胎爲震亦假娠字訓

夢帝謂己

賈逵云帝天也已武王也同上服虔云已武王也本疏

余命而子曰虞地理志命引作名水經注亦同將與之唐屬諸參而蕃育

其子孫及生有文在其手曰虞

石經古文虞作㶀

遂以命之及成王滅唐而封大叔焉

史記封作國惠棟曰尚書序武王既勝殷邦諸侯又康

誥序云以殷餘民邦康叔孔氏云國康叔爲衛侯此傳

依史記當云邦大叔古字邦封同見書疏漢諱邦改爲國

故云國大叔也下文封諸汾川同棪惠說是惟云傳依

史記當云邦大叔非

故參爲晉星由是觀之則實沈參神也昔金天氏有裔子曰昧史記裔作衺爲元冥師生允格臺駘服虔云金天少昊也元冥水官也師長也昧爲水官之長允格臺駘兄弟也史記集解杜取此廣雅裔遠也杜本此

臺駘能業其官

服虔云修昧之職同上杜取此

宣汾洮

賈逵云宣猶通也汾洮二水同上杜取此桉洮水酈道元以爲即今涑水司馬彪云洮水出聞喜縣故王莽以爲洮亭杜預釋地及正義云洮水闕不知所在葢不攷也

障大澤

服虔云陂障其水也同上杜取此

以處大原

服虔云大原汾水名同上

帝用嘉之

服虔云帝顓頊也同上杜取此

封諸汾川沈姒蓐黃實守其祀

賈逵云四國臺駘之後也同上杜取此

今晉主汾而滅之矣史記作主汾川

賈逵云滅四國同上

由是觀之則臺駘汾神也史記作汾洮神也水經注亦同抑此二者不及君身山川之神則水旱癘疫之災於是乎禜之日月星辰之神則雪霜風雨之不時於是乎禜之

賈逵以爲禜攢用幣本疏服虔云禜爲營攢用幣也若有水旱則禜祭山川之神以祈福也史記集解杜參用賈服說惠棟曰鄭康成注周禮引此傳云日月星辰之神則雪霜風雨之不時於是乎禜之山川之神則水旱癘疫之災於是乎禜之賈公彥曰鄭君所讀春秋先日月與賈服不同說文云禜者設緜蕝爲營以禳風雨雪霜水旱癘疫於日月星辰山川也是許君所讀春秋亦與鄭同史記所載同賈

服

若君身則亦出入飲食哀樂之事也山川星辰之神又何爲焉僑聞之君子有四時朝以聽政晝以訪問夕以修令夜以安身於是乎節宣其氣勿使有所壅閉湫底

服虔云湫著也底止也本疏

以露其體

方言露敗也廣雅同

茲心不爽

小雅爽明也

而昬亂百度今無乃壹之則生疾矣僑又聞之內官不及

同姓其生不殖美先盡矣則相生疾君子是以惡之故志曰買妾不知其姓則卜之違此二者古之所慎也男女辨姓禮之大司也今君內實有四姬焉其無乃是也乎若由是二者弗可爲也已四姬有省猶可無則必生疾矣叔向曰善哉肸未之聞也此皆然矣叔向出行人揮送之叔向問鄭故焉且問子晳對曰其與幾何無禮而好陵人怙富而卑其上

說文怙恃也

弗能久矣晉侯聞子產之言曰（史記作平公及叔嚮曰善博物君子也）博物君子也重賄之　晉侯求醫於秦秦伯使醫和視之（外傳和作

龢曰疾不可爲也是謂近女室疾如蠱非鬼非食惑以喪志良臣將死天命不祐公曰女不可近乎對曰節之先王之樂藝文志引樂上有作字所以節百事也故有五節遲速本末以相及中聲以降五降之後不容彈矣

荀卿子曰詩者中聲之所止也楊倞曰詩謂樂章所以節聲音至乎中而止不使流淫也

於是有煩手淫聲

服虔謂鄭重其手而音淫過公羊疏許慎五經通義云鄭重之音使人淫過初學記

慆堙心耳文選注堙作湮乃忘平和君子弗聽也物亦如之至於

煩乃舍也已無以生疾君子之近琴瑟以儀節也非以慆心也

說文慆說也

天有六氣降生五味發爲五色徵爲五聲淫生六疾六氣曰陰陽風雨晦明也

服虔云風東方雨西方陰中央晦北方明南方惟天地不變惟晦明所屬詩疏

分爲四時序爲五節過則爲菑陰淫寒疾陽淫熱疾風淫末疾

賈逵以末疾爲首疾謂首眩也本疏惠棟曰逸周書曰元

首曰末易卦初爲本上爲末故上爲首爲角杜據素問以四支爲四末故謂末疾爲四支然不及賈注之當雨淫腹疾晦淫惑疾明淫心疾女陽物而晦時淫則生內熱惑蠱之疾今君不節不時能無及此乎出告趙孟趙孟曰誰當良臣對曰主是謂矣主相晉國於今八年晉國無亂諸侯無闕可謂良矣和聞之國之大臣榮其寵祿任其大節有菑禍興而無改焉必受其咎今君至於淫以生疾將不能圖恤社稷禍孰大焉主不能御諸本作禦从釋文改正吾是以云也趙孟曰何謂蠱對曰淫溺惑亂之所生也於文皿蟲爲蠱

說文蠱腹中蟲也春秋傳曰皿蟲爲蠱淫溺之所生也梟桀死之鬼亦爲蠱

穀之飛亦爲蠱

爾雅釋器康謂之蠱郭璞曰米皮簸之揚之康秕在前故云穀之飛外傳蠱之慝穀之飛實生之

在周易女惑男風落山謂之蠱☶☴皆同物也趙孟曰良醫也厚其禮而歸之　楚公子圍使公子黑肱伯州犁城犫櫟郟

地理志犫屬南陽郡陽翟郟屬潁川郡譙周古史攷曰鄭厲公入櫟即陽翟杜本此

鄭人懼子產曰不害令尹將行大事而先除二子也禍不及鄭何患焉冬楚公子圍將聘于鄭伍舉爲介未出竟聞王有疾而還伍舉遂聘十一月已酉公子圍至入問王疾縊而弑之

韓非子奸刼篇以其冠纓絞王殺之孫卿子曰以冠纓絞之說文絞縊也杜本此

遂殺其二子幕及平夏史記幕作莫右尹子干出奔晉宮廄尹子晳出奔鄭殺大宰伯州犁于郟

韋昭國語注郟後屬鄭鄭衰楚取之昭元年葬王于郟謂之郟敖是也杜本此

葬王于郟謂之郟敖史記作夾敖古今人表同使赴于鄭伍舉問應爲後之辭焉

服虔云問來赴者史記集解

對曰寡大夫圍伍舉更之曰共王之子圍爲長子干奔晉從車五乘叔向使與秦公子同食皆百人之餼趙文子曰秦公子富叔向曰底祿以德

爾雅底致也杜本此

德鈞以年年同以尊公子以國不聞以富且夫以千乘去其國彊禦已甚詩曰不侮鰥寡

詩大雅鰥作矜按定四年引詩又作矜古字通也

不畏彊禦秦楚匹也使后子與子干齒辭曰鍼懼選楚公子不獲是以皆來亦惟命且臣與羈齒無乃不可乎史佚有言曰非羈何忌

鄭元禮記注忌畏也

楚靈王卽位薳罷爲令尹薳啟彊爲大宰鄭游吉如楚葬郟敖且聘立君歸謂子產曰具行器矣楚王汏侈而自說其事必合諸侯吾往無日矣子產曰不數年未能也

十二月晉既烝

爾雅烝冬祭名杜本此

趙孟適南陽將會孟子餘

服虔以孟爲趙盾子餘爲趙衰 本疏 惠棟據趙世家以孟子餘爲其孟及衰

甲辰朔烝于溫

服虔云甲辰朔夏十一月朔也 同上 又云祭人君用孟月人臣用仲月 禮記疏

庚戌卒鄭伯如晉弔及雍乃復

二年春晉侯使韓宣子來聘且告爲政而來見禮也觀書於大史氏

鄭司農云史官主書 周禮疏

見易象與魯春秋曰周禮盡在魯矣

賈逵云周禮盡在魯矣史法最備故史記與周禮同名疏序

吾乃今知周公之德與周之所以王也

鄭衆賈逵等或以爲卦下之彖辭文王所作爻下之象周公所作本疏鄭衆賈逵虞翻陸績之徒以易有箕子之明夷東鄰殺牛皆以爲易之爻辭周公所作疏序

公享之季武子賦緜之卒章韓子賦角弓季武子拜曰敢拜子之彌縫敝邑

方言彌縫也廣雅縫合也

寡君有望矣武子賦節之卒章既享宴于季氏有嘉樹焉

宣子譽之

服虔云譽游也宣子游其樹下夏諺曰一游一譽爲諸侯度本疏說文譽稱也杜本此校服注雖據孟子究當从本訓爲長觀下武子云云可知惠棟曰孟子稱夏諺作豫趙岐章句云豫亦游也春秋傳曰季氏有嘉樹宣子豫焉周易序卦曰豫必有隨鄭康成注引孟子吾君不豫以爲證則知此傳譽字本作豫故服趙互引爲證孫子兵法曰人效死而上能用之雖優游暇譽令猶行也外傳作暇豫李善云豫與譽古字通

武子曰宿敢不封殖此樹以無忘角弓遂賦甘棠宣子曰

起不堪也無以及召公宣子遂如齊納幣見子雅子雅召子旗使見宣子宣子曰非保家之主也不臣見子尾子尾見彊宣子謂之如子旗大夫多笑之惟晏子信之曰夫子君子也君子有信其有以知之矣自齊聘於衛衛侯享之北宮文子賦淇澳宣子賦木瓜夏四月韓須如齊逆女齊陳無宇送女致少姜少姜有寵於晉侯晉侯謂之少齊

服虔云所以寵異不與齊衆女字等言齊國如此好女甚少按服說則少讀如字

謂陳無宇非卿執諸中都

郡國志太原郡中都劉昭注昭二年執陳無宇于中都

即此

少姜爲之請曰送從逆班

方言班徹列也杜本此

畏大國也猶有所易是以亂作　叔弓聘于晉報宣子也

晉侯使郊勞

服虔云郊勞近郊三十里詩疏

辭曰寡君使弓來繼舊好固曰女無敢爲賓徹命於執事敝邑宏矣敢辱郊使請辭致館辭曰寡君命下臣來繼舊好好合使成臣之祿也敢辱大館叔向曰子叔子知禮哉吾聞之曰忠信禮之器也卑讓禮之宗也辭不忘國忠信

也先國後已卑讓也詩曰敬愼威儀以近有德夫子近德矣　秋鄭公孫黑將作亂欲去游氏而代其位傷疾作而不果駟氏與諸大夫欲殺之子產在鄙聞之懼弗及乘遽而至

說文遽傳也桉說文與爾雅畧同杜本此

使吏數之曰伯有之亂以大國之事而未爾討也爾有亂心無厭國不女堪專伐伯有而罪一也昆弟爭室而罪二也薰隧之盟女矯君位而罪三也有死罪三何以堪之不速死大刑將至再拜稽首辭曰死在朝夕無助天爲虐子產曰人誰不死凶人不終命也作凶事爲凶人不助天其

助凶人乎請以印爲褚師

說文褚卒也方言卒或謂之褚廣雅亭父褚卒也桉杜注云褚師市官義亦本此蓋屬褚卒之長耳

子產曰印也若才君將任之不才將朝夕從女女罪之不恤而又何請焉不速死司寇將至七月壬寅縊尸諸周氏之衢加木焉　晉少姜卒公如晉及河晉侯使士文伯來辭曰非伉儷也請君無辱公還季孫宿遂致服焉叔向言陳無宇於晉侯曰彼何罪君使公族逆之齊使上大夫送之猶曰不共君求以貪國則不共而執其使君刑已頗何以爲盟主且少姜有辭冬十月陳無宇歸　十一月鄭印

段如晉弔

三年春王正月鄭游吉如晉送少姜之葬梁丙與張趯見之梁丙曰甚矣哉子之爲此來也子大叔曰將得已乎昔文襄之霸也其務不煩諸侯令諸侯三歲而聘五歲而朝有事而會不協而盟君薨大夫弔卿共葬事夫人士弔大夫送葬足以昭禮命事謀闕而已無加命矣今嬖寵之喪不敢擇位而數於守適惟懼獲戾豈敢憚煩少齊有寵而死（諸本作少姜今从石經釋文改正）齊必繼室今茲吾又將來賀不惟此行也張趯曰善哉吾得聞此數也然自今子其無事矣譬如火焉火中寒暑乃退（鄭元周禮注引作火星中而寒暑退詩豳風疏禮記檀弓疏所引亦

同

服虔云火大火星也季冬十二月平旦正中在南方大寒退季夏六月黃昏火星中大暑退是火爲寒暑之候是也詩疏

此其極也能無退乎晉將失諸侯諸侯求煩不獲二大夫退子大叔告人曰張趯有知其猶在君子之後乎　丁未滕子原卒同盟故書名　齊侯使晏嬰請繼室於晉曰寡君使嬰曰寡人願事君朝夕不倦將奉質幣以無失時則國家多難是以不獲不腆先君之適以備內官焜燿寡人之望

說文焜煌也燿照也服虔云焜明也燿照也言得備妃嬪之列照明已之意望也本疏

則又無祿早世隕命寡人失望君若不忘先君之好惠顧齊國辱收寡人徼福於大公丁公

說文徼循也韋昭國語注邀要也杜本此

照臨敝邑鎮撫其社稷則猶有先君之適及遺姑姊妹若而人

王逸楚詞章句遺餘也杜本此

君若不棄敝邑而辱使董振擇之

爾雅董正也辥綜西京賦注振整理也杜本此

以備嬪嬙釋文嬙又作墻寡人之望也韓宣子使叔向對曰寡君之願也寡君不能獨任其社稷之事未有伉儷在縗絰之中釋文縗本又作衰是以未敢請君有辱命惠莫大焉若惠顧敝邑撫有晉國賜之內主豈惟寡君舉羣臣實受其貺其自唐叔以下實寵嘉之既成昏晏子受禮叔向從之宴相與語叔向曰齊其何如晏子曰此季世也吾弗知齊其爲陳氏矣公弃其民而歸於陳氏齊舊四量豆區釜鍾

鄭元考工記注四升爲豆四豆曰區四區曰鬴鬴十曰鍾廣雅四升曰梪四梪曰區區四曰釜釜十曰鍾梫釜鬴豆梪音近義同杜本此顧炎武云毛晃云豆當音斗後

人誤作俎豆之豆用之攷工記一獻而三酬則一豆矣豆古斗字惠棟云桉考工梓人云爵一升觚三升獻以爵而酬以觚一獻而三酬則一豆矣一獻三升則十升不得爲四升之豆故鄭注云豆當爲斗陶人云豆實三觳先鄭云觳當爲斛受三斗聘禮記有斛桉聘禮記云十斗曰斛安得云觳受三斗故鄭據旅人云豆實三而成觳則觳受斗二升明觳不得爲斛豆不得爲斗也

四升爲豆各自其四以登於釜釜十則鍾陳氏三量皆登一焉鍾乃大矣以家量貸而以公量收之山木如市弗加於山魚鹽蜃蛤

說文雉入海化爲蜃蜃屬有三皆生於海蛤屬千歲雀所化秦人謂之牡蠣海蛤者百歲燕所化也魁蛤一名服累老服翼所化

弗加於海民參其力二入於公而衣食其一公聚朽蠹而三老凍餒諸刊本作餒今从石經改正

服虔云三老者工老商老農老本疏桉杜注三老謂上壽中壽下壽葢本詩魯頌

國之諸市屨賤踊貴民人痛疾而或燠休之

賈逵云燠厚也休美也釋文及本疏服虔云燠休痛其痛而念之若今時小兒痛父母以口就之曰燠休代其痛也

本疏桉杜注燠休痛念之聲蓋取服說或云燠休依注讀爲嫗昫毛若虛以爲溫煦安息之意讀如本字亦通今攷考工記工人蹙于刲而休于氣鄭康成注休讀爲煦則毛說是也

其愛之如父母而歸之如流水欲無獲民將焉辟之箕伯直柄虞遂伯戲其相胡公大姬已在齊矣

服虔云相隨也本疏桉正義云定本相作祖沈彤云胡公爲周始封陳之祖箕伯與胡公六人傳只平數之則相乃祖字之誤

叔向曰然雖吾公室今亦季世也戎馬不駕卿無軍行公

乘無人卒列無長庶民罷敝而宮室滋侈道殣相望

說文殣道中死人人所覆也荀悅曰道瘗謂之殣亦作墐韋昭从毛傳曰道冢爲墐棱杜注云餓死爲殣蓋隨文生訓究不若以上諸說之確

而女富溢尤民聞公命如逃寇讐欒郤胥原狐續慶伯降在皁隸政在家門民無所依君日不悛以樂慆憂

說文悛止也慆悅也棱杜注慆藏也蓋改字作韜然不若本訓爲是昭元年子羽曰子招樂憂即是此意

公室之卑其何日之有讒鼎之銘

服虔云讒鼎疾讒之鼎明堂位所云崇鼎是也一云讒

地名禹鑄九鼎于甘讒之地故曰讒鼎

曰昧旦丕顯

說文昧爽也旦明也一曰闇也

後世猶怠況日不悛其能久乎晏子曰子將若何叔向曰晉之公族盡矣肸聞之公室將卑其宗族枝葉先落則公從之肸之宗十一族惟羊舌氏在而已肸又無子公室無度幸而得死豈其獲祀初景公欲更晏子之宅曰子之宅近市湫隘囂塵

說文湫溢下也春秋傳曰晏子之宅湫隘隘陋也籀文隘从阜隘囂聲也塵鹿下揚土也杜畧本此

不可以居請更諸爽塏者
韓非子難二云請徙子家豫章之圃說文爽明也塏乾燥也杜本此
辭曰君之先臣容焉臣不足以嗣之於臣侈矣且小人近市朝夕得所求小人之利也敢煩里旅公笑曰子近市識貴賤乎對曰既利之敢不識乎公曰何貴何賤於是景公繁於刑有鬻踊者故對曰踊貴屨賤既以告於君故與叔向語而稱之景公爲是省於刑君子曰仁人之言其利博哉晏子一言而齊侯省刑詩曰君子如祉亂庶遄已其是之謂乎及晏子如晉公更其宅反則成矣既拜乃毀之而

爲里室皆如其舊則使宅人反之且諺曰

沈彤云此上當脫鄰人辭室一句下文違卜不祥等語乃喻使勿辭也晏子語亦有脫文或且字爲曰字之誤

非宅是卜惟鄰是卜二三子先卜鄰矣違卜不祥君子不犯非禮小人不犯不祥古之制也吾敢違諸乎卒復其舊宅公弗許因陳桓子以請乃許之　夏四月鄭伯如晉公孫段相甚敬而卑禮無違者晉侯嘉焉授之以策曰子豐有勞於晉國

服虔云鄭僖公之爲太子豐與之俱適晉本疏

余聞而弗忘賜女州田

地理志河內郡州水經沁水又東過州縣北注縣故州也春秋左傳周當作晉以賜鄭公孫段六國時韓宣子徙居之

以胙乃舊勳伯石再拜稽首受策以出君子曰禮其人之急也乎伯石之汰也一爲禮於晉猶荷其祿況以禮終始乎詩曰人而無禮胡不遄死其是之謂乎初州縣欒豹之邑也及欒氏亡范宣子趙文子韓宣子皆欲之文子曰溫吾縣也二宣子曰自郤稱以別三傳矣晉之別縣不惟州誰獲治之文子病之乃舍之二子曰吾不可以正議而自與也皆舍之及文子爲政趙獲曰可以取州矣文子曰退

二子之言義也違義禍也余不能治余縣又焉用州其以徼禍也君子曰弗知實難知而弗從禍莫大焉有言州必死豐氏故主韓氏伯石之獲州也韓宣子爲之請之爲其復取之之故　五月叔弓如滕葬滕成公子服椒爲介及郊遇懿伯之忌敬子不入禮記注引作敬叔不入

禮記檀弓云滕成公之喪使子叔敬叔弔進書

惠伯曰公事有公利無私忌

韓非子曰私怨不入公門一說忌忌日故云私忌

椒請先入乃先受館敬子從之　晉韓起如齊逆女公孫蠆爲少姜之有寵也以其子更公女而嫁公子人謂宣子

子尾欺晉晉胡受之宣子曰我欲得齊而遠其寵寵將來乎　秋七月鄭罕虎如晉賀夫人且告曰楚人日徵敝邑以不朝立王之故敝邑之往則畏執事其謂寡君而固有外心其不往則宋之盟云進退罪也寡君使虎布之宣子使叔向對曰君若辱有寡君在楚何害修宋盟也君苟思盟寡君乃知免於戾矣君若不有寡君雖朝夕辱於敝邑寡君猜焉

廣雅猜疑也杜本此

君實有心何辱命焉君其往也苟有寡君在楚猶在晉也張趯使謂大叔曰自子之歸也小人糞除先人之敝廬

說文坌掃除也从土弁聲讀若糞是坌爲糞本字禮記掃席前曰拚是又坌字或體惠棟曰聘禮卿館于大夫游吉卿張趯大夫吉送少姜葬館焉故今云糞除先人敝廬舍廟中故云先人

曰子其將來今子皮實來小人失望大叔曰吉賤不獲來畏大國尊夫人也且孟曰而將無事吉庶幾焉　小邾穆公來朝季武子欲卑之穆叔曰不可曹滕二邾實不忘我好敬以逆之猶懼其貳又卑一睦焉逆羣好也其如舊而加敬焉志曰能敬無災又曰敬逆來者天所福也季孫從之　八月大雩旱也　齊侯田於莒盧蒲嫳見泣且請曰

余髮如此種種釋文種種本亦作董董余奚能爲公曰諾吾告二子歸而告之子尾欲復之子雅不可曰彼其髮短而心甚長其或寢處我矣九月子雅放盧蒲嫳于北燕　燕簡公多嬖寵欲去諸大夫而立其寵人冬燕大夫比以殺公之外嬖公懼奔齊書曰北燕伯款出奔齊罪之也　十月鄭伯如楚子產相楚子享之賦吉日既享子產乃具田備王以田江南之夢

韋昭云雲夢在華容縣水經注　桉元和郡縣志云左傳䢵夫人女弃子于夢中無雲字云楚子濟江入雲中復無夢字以此推之則雲夢二澤本自别矣而禹貢爾雅皆

云雲夢者蓋雙舉二澤言之故後代以來通名一事故左傳曰田于江南之雲夢也又楊雄羽獵賦奢雲夢李善注曰雲夢楚藪澤名也左氏傳曰楚靈王與鄭伯田于江南之雲夢據此二條則是一本有雲字也

齊公孫竈卒司馬竈見晏子曰又喪子雅矣晏子曰惜也子旗不免殆哉姜族弱矣而嬀將始昌二惠競爽猶可廣雅爽猛也桉蓋言二惠彊猛猶可耳似較杜注爲長又弱一个焉姜其危哉

四年春王正月許男如楚楚子止之遂止鄭伯復田江南許男與焉使椒舉古今人表作湫舉如晉求諸侯二君待之椒舉

致命曰寡君使舉曰日君有惠賜盟于宋曰晉楚之從交相見也以歲之不易劉向新序易作芻寡人願結驩於二三君使舉請間君若苟無四方之虞

詩毛傳虞度也杜本此

則願假寵以請於諸侯晉侯欲弗許司馬侯曰不可楚王方侈天或者欲逞其心

新序逞作盈桉盈逞二字古通如欒盈史記作欒逞是也

以厚其毒而降之罰未可知也其使能終亦未可知也晉楚惟天所相

詩毛傳相助也杜本此

不可與爭君其許之而修德以待其歸若歸於德吾猶將事之況諸侯乎若適淫虐楚將弃之吾又誰與爭公曰晉有三不殆

說文殆危也杜本此

其何敵之有國險而多馬齊楚多難有是三者何鄉而不濟新序作嚮對曰恃險與馬而虞鄰國之難新序無國字是三殆也

四嶽

爾雅釋山河南華河東岱河北恒江南衡李巡曰華西嶽華山也岱東嶽泰山也恒北嶽恒山也衡南嶽衡山

杜本此

三塗

服虔云三塗大行轘轅崤函也謂三塗爲三處道也本疏

一云三塗太行轘轅崤黽塗道也水經注京相璠曰山名也同上按杜注在河南陸渾縣南據昭十七年傳文闞駰十三州志亦云三塗山在陸渾縣東南然尋繹上下文義當以服義爲長

陽城

地理志潁川郡陽城有陽城山杜本此

大室

地理志潁川郡崈高武帝置以奉大室山是爲中岳有大室少室山廟杜本此

荆山

地理志南郡臨沮禹貢南條荆山在東北杜本此

中南新序作終南

地理志右扶風武功大壹山古文以爲終南杜本此酈道元云終南山杜預以爲中南桉此是左傳舊本本作終南杜氏定爲中南也

九州之險也是不一姓文選注引作是非一姓冀之北土馬之所生

盧毓冀州論曰冀州北接燕代後世謂代爲馬郡初學記

無興國焉恃險與馬不可以爲固也從古以然是以先王務修德音以亨神人新序亨作享古文亨享字通

易子夏傳亨通也杜本此

不聞其務險與馬也鄰國之難不可虞也或多難以固其國啟其疆土或無難以喪其國失其守宇若何虞難齊有仲孫之難而獲桓公至今賴之晉有里丕之難新序作里克非而獲文公是以爲盟主衛邢無難敵亦喪之

桉新序敵作狄非邢非喪于狄也

故人之難不可虞也恃此三者而不修政德亡於不暇又何能濟新序又作有君其許之紂作淫虐文王惠和殷是以隕

新序隕作貫周是以興夫豈爭諸侯新序諸侯下有哉字乃許楚使使叔向對曰寡君有社稷之事是以不獲春秋時見諸侯君實有之何辱命焉椒舉遂請昏晉侯許之楚子問於子産曰晉其許我諸侯乎對曰許君晉君少安不在諸侯其大夫多求莫匡其君在宋之盟又曰如一若不許君將焉用之王曰諸侯其來乎對曰必來從宋之盟承君之歡不畏大國何故不來不來者其魯衛曹邾乎

棪論衡引作魯邾宋衛不來非

曹畏宋邾畏魯魯衛逼於齊而親於晉惟是不來其餘君之所及也誰敢不至王曰然則吾所求者無不可乎對曰

求逞於人不可與人同欲盡濟　大雨雹季武子問於申豐曰雹可御乎對曰聖人在上無雹雖有不爲災古者日

在北陸而藏冰

服虔云陸道也北陸言在謂十二月日在危一度周禮疏杜取此

西陸朝覿而出之

服虔云不言在則不在昴謂二月日在婁四度謂春分時奎婁晨見東方而出冰是公始用之同上鄭元荅弟子孫皓問曰西陸朝覿謂四月立夏之時周禮夏班冰是也桉杜注與鄭異劉炫云春分奎星已見杜以夏三月

仍云奎始朝見非其義矣鄭服杜三說鄭爲近之說文儥見也昴白虎宿星桉覿當作儥詩疏引鄭康成云四月昴則見服虔云春分之中奎始晨見東方蟄蟲出矣故以是時出之給賓客喪祭之用詩疏又以爲出之卽是仲春啟冰本疏

其藏冰也深山窮谷固陰沍寒釋文作冱

桉說文無沍冱二字玉篇有之云沍閉塞也胡故切冱寒也亦胡故切今从宋本及諸刻本作沍又桉漢書郊祀志秋涸凍師古曰涸讀如沍沍凝也音下故反並引左傳文史記索隱曰桉字林涸竭也下各反小顏云涸

讀與沍同

於是乎取之其出之也朝之祿位

服虔云祿位謂大夫以上賓客食喪有祭祀詩疏

賓食初學記引作賓客喪祭於是乎用之其藏之也黑牲秬黍以

享司寒

服虔云司寒司陰之人元冥也將藏冰致寒氣故祀其

神同上

其出之也桃弧棘矢

說文弧木弓也服虔云桃所以避凶也棘矢者棘亦有

鍼取其名也蓋出冰之時置此弓矢於淩室之戶所以

禳除凶邪將御至尊故慎其事爲此禮也本疏

以除其災其出入也時食肉之祿冰皆與焉大夫命婦喪浴用冰祭寒而藏之初學記引此寒上有司字獻羔而啓之公始用之火出而畢賦

服虔云火出于夏爲三月於商爲四月於周爲五月周禮疏

自命夫命婦至於老疾無不受冰山人取之縣人傳之輿人納之隸人臧之夫冰以風壯而以風出其臧之也周其用之也徧則冬無愆陽

周書時訓曰草木不黃落是爲愆陽

夏無伏陰春無凄風秋無苦雨

服虔云害物之雨民所苦詩疏

雷出不震

說文云震霹歷震物者服虔云震驚也漢書集注

無菑霜雹癘疾不降

說文癘惡疾也

民不夭札

鄭司農周禮注札謂疾疫死亡也越人謂死爲札杜本此

今藏川池之冰弃而不用風不越而殺

高誘淮南王書注越散也杜本此

雷不發而震雹之爲災誰能禦之七月之卒章藏冰之道也　夏諸侯如楚魯衛曹邾不會曹邾辭以難公辭以時祭衛侯辭以疾鄭伯先待于申六月丙午楚子合諸侯于申椒舉言於楚子曰臣聞諸侯無歸禮以爲歸今君始得諸侯其慎禮矣霸之濟否在此會也夏啟有鈞臺之享

汲郡古文夏啟元年帝即位於夏邑大饗諸侯于鈞臺歸藏啟筮曰昔夏后氏啟筮亨神于大陵而上鈞臺枚占皐陶曰不吉連山易曰啟筮亨神于大陵之上酈道元云即鈞臺也郡國志潁川郡陽翟有鈞臺惠棟曰魏大饗碑夏啟均臺之亨均古鈞字亨古享字

商湯有景亳之命

汲郡古文云帝癸二十八年昆吾氏伐商商會諸侯于景亳遂征韋商師取韋遂征顧鄘道元云所謂景薄爲北亳矣

周武有盟津之誓釋文孟本又作盟孟盟古字通

棪水經注引論衡云與八百諸侯同此盟尙書所謂不謀同辭也故曰盟津亦曰孟津地理志引禹貢作盟津師古曰盟讀曰孟津在洛陽之北都道所湊故號孟津孟長大也

成有岐陽之蒐

汲郡古文云成王六年大蒐于岐陽晉語云昔成王盟諸侯于岐陽楚爲荆蠻置茅蕝設望表與鮮卑守燎故不與盟賈逵云岐山之陽史記集解杜取此

康有酆宮之朝

汲郡古文云康王元年朝于豐宮服虔云酆宮成王廟所在也同上說文酆周文王所都在京兆杜陵西南

穆有塗山之會

汲郡古文穆王二十九年會諸侯于塗山郡國志九江郡平阿有塗山應劭曰山在當塗左傳穆有塗山之會杜本此

齊桓有召陵之師晉文有踐土之盟君其何用宋向戌鄭公孫僑在諸侯之良也君其選焉王曰吾用齊桓服虔云召陵之盟齊桓退舍以禮楚靈王今感其意是以用之本疏王使問禮於左師與子產左師曰小國習之大國用之敢不薦聞獻公合諸侯之禮六子產曰小國共職敢不薦守獻伯子男會公之禮六君子謂合左師善守先代子產善相小國王使椒舉侍於後以規過卒事不規王問其故對曰禮吾所未見者諸本脫所字今从石經宋本增入有六焉又何以規宋大子佐後至王田於武城久而弗見椒舉請辭焉

韓非子十過篇云宋大子後至執而囚之
王使往曰屬有宗祧之事於武城寡君將墮幣焉
服虔云墮輸也言將輸受宋之幣于宗廟桉詩小雅正
月篇左傳曰寡君將墮幣焉服注云墮輸也是訓輸爲
毀壞之義子路將墮三都是也定本墮作墮
敢謝後見徐子吳出也以爲貳焉故執諸申楚子示諸侯
侈椒舉曰夫六王二公之事皆所以示諸侯禮也諸侯所
由用命也夏桀爲仍之會有緡叛之
韓非子作有戎之會汲郡古文云帝癸十一年會諸侯
于仍有緡氏逃歸遂滅有緡賈逵云仍緡國名也史記集解

杜取此

商紂爲黎之蒐東夷叛之

史記作紂爲黎山之會韓非子黎丘之蒐汲郡古文云帝辛四年大蒐于黎服虔云黎東夷國名也子姓同上杜取此桉說文𨛫殷諸侯國在上黨東北今考黎正在紂都之東百餘里服虔云黎東夷之國是也杜注亦見及此而又注曰疑蓋不考之故

周幽爲大室之盟戎狄叛之

汲郡古文云幽王十年春王及諸侯盟于大室明年申人繒人及犬戎入宗周弑王

皆所以示諸侯汏也諸侯所由弃命也今君以汏無乃不濟乎王弗聽子產見左師曰吾不患楚矣汏而愎諫不過十年左師曰然不十年侈其惡不遠遠惡而後弃善亦如之德遠而後興

桉遠惡疑當作惡遠與德遠句對

秋七月楚子以諸侯伐吳宋大子鄭伯先歸宋華費遂鄭大夫從使屈申圍朱方八月甲申克之執齊慶封而盡滅其族將戮慶封椒舉曰臣聞無瑕者可以戮人慶封惟逆命是以在此其肯從於戮乎播於諸侯焉用之王弗聽負之斧鉞以徇於諸侯使言曰無或如齊慶封弒其君弱其

孤以盟其大夫

桉呂覽載此事云毋或如齊慶封弑其君以亡其大夫高誘注弱其孤爲殺崔成崔彊亡其大夫謂崔杼彊而亦

慶封曰無或如楚共王之庶子圍弑其君兄之子麇而代之以盟諸侯王使速殺之遂以諸侯滅賴賴子面縛銜璧士袒輿櫬從之造於中軍王問諸椒舉對曰成王克許許僖公如是王親釋其縛受其璧焚其櫬王從之遷賴于鄢楚子堂以苛子賴使鬬韋龜與公子弃疾城之而還申無宇曰楚禍之首將在此矣召諸侯而來伐國而克城竟莫

校王心不違民其居乎民之不處其誰堪之不堪王命乃禍亂也　九月取鄟言易也莒亂著丘公立而不撫鄟鄟叛而來故曰取凡克邑不用師徒曰取　鄭子產作丘賦服虔以爲子產作丘賦者賦此一丘之田使之出一馬三車復古法耳丘賦之法不行久矣今子產復修古法民以爲貪故謗之本疏

國人謗之曰其父死於路已爲蠆尾

說文蠆毒蟲也

以令於國國將若之何子寬以告子產曰何害苟利社稷死生以之且吾聞爲善者不改其度故能有濟也民不可

逞度不可改詩曰禮義不愆何恤於人言漢書引作何恤人之言爾雅疏愆作僁从籒文

荀卿子載是詩曰長夜漫兮永思騫兮大古之不慢兮禮義之不愆兮何恤人之言兮

吾不遷矣渾罕曰國氏其先亡乎君子作法於涼

說文綡薄也从糸京聲廣雅云綡禣也曹憲曰音良世人作綡禣之綡水旁著京失之杜本此惠棟曰禣即薄字郭忠恕汗簡云古爾雅涼作㝗

其敝猶貪作法於貪敝將若之何姬在列者蔡及曹滕其先亡乎

服虔云齊景亡滕隱七年疏

鄭先衞亡偪而無法政不率法而制於心民各有心何上之有　冬吳伐楚入棘櫟麻

水經注汝水東逕櫟亭北春秋之棘櫟也今城在新蔡故城西北半淪水杜預以爲在東北未詳史記索隱引譙周云酇縣東北有棘亭新蔡縣東北有櫟亭麻卽襄城縣故麻城是也

以報朱方之役楚沈尹射奔命于夏汭後漢書注引作沈尹戌誤葴尹諸本或作咸或作箴並誤从宋本改宜咎城鍾離薳啟彊城巢然丹城州來東國水不可以城彭生罷賴之師　初穆子去叔孫氏及

庚宗遇婦人使私爲食而宿焉問其行告之故哭而送之適齊娶於國氏生孟丙仲壬

韓非子內儲篇叔孫有子曰壬壬兄曰丙卽孟仲也

夢天壓已弗勝顧而見人黑而上僂

說文僂尪也

深目而豭喙

說文豭牡豕也

號之曰牛助余乃勝之旦而皆召其徒無之文選注引作旦而瞻其侍無之且曰志之及宣伯奔齊饋之宣伯曰魯以先子之故將存吾宗必召女召女何如對曰願之久矣魯人召之不告

而歸既立所宿庚宗之婦人獻以雉

集傳云穆子還過庚宗婦人獻熊熊何校本改雉穆子問之曰女有子乎曰余子已能捧雉而從我矣文選注

問其姓

廣雅姓子也杜本此

對曰余子長矣能奉雉而從我矣召而見之則所夢也未問其名號之曰牛曰唯

皇侃禮記義疏云唯謂人應爾是也

皆召其徒使視之遂使爲豎有寵長使爲政公孫明知叔孫於齊歸未逆國姜子明取之故怒其子長而後使逆之

田於丘蕕（文選注引作田于蒲丘）遂遇疾焉豎牛欲亂其室而有之

强與孟盟不可叔孫爲孟鐘曰爾未際

爾雅際接捷也小爾雅際接也說文際壁會也（杜本爾雅）

饗大夫以落之

服虔云釁以猳豚爲落（詩疏杜本此）

旣具使豎牛請日入弗謁出命之日及賓至聞鐘聲牛曰孟有北婦人之客怒將往牛止之賓出使拘而殺諸外牛又强與仲盟不可仲與公御萊書觀於公公與之環使牛入示之入不示出命佩之牛謂叔孫見仲而何叔孫曰何爲曰不見旣自見矣公與之環而佩之矣

梭韓非子載此事云豎牛謂叔孫何不見壬於君乎叔孫曰孺子何足見也豎牛曰壬固已數見於君矣君賜之王環已佩之矣梭此則正義所言非是惠氏補注所見亦同

遂逐之奔齊疾急命召仲牛許而不召杜泄見諸本作洩今从釋文改下同告之飢渴授之戈對曰求之而至又何去焉豎牛曰夫子疾病不欲見人

秦越人難經五十一難云病有欲見人者不欲見人者欲見人者病在府也不欲見人者病在藏也府者陽也陽病者欲得寒之又欲見人藏者陰也陰病欲得溫又

欲閉戶獨處惡聞人聲

使置饋于个而退牛弗進則置虛命徹

傳曰牛不進叔孫覆空器而還之示君已食文選注

十二月癸丑叔孫不食乙卯卒牛立昭子而相之公使杜泄葬叔孫豎牛賂叔仲昭子與南遺使惡杜泄於季孫而去之杜泄將以路葬且盡卿禮南遺謂季孫曰叔孫未乘路葬焉用之且冢卿無路介卿以葬不亦左乎季孫曰然使杜泄舍路不可曰夫子受命於朝而聘於王王思舊勳而賜之路復命而致之君君不敢逆王命而復賜之使三官書之吾子爲司徒實書名夫子爲司馬與工正書服孟

孫爲司空以書勳今死而不以是弃君命也書在公府而弗以是廢三官也若命服生弗敢服死又不以將焉用之乃使以葬季孫謀去中軍豎牛曰夫子固欲去之

五年春王正月舍中軍卑公室也毀中軍于施氏成諸臧氏初作中軍三分公室而各有其一季氏盡征之叔孫氏臣其子弟孟氏取其半焉及其舍之也四分公室季氏擇二二子各一皆盡征之而貢于公以書使杜泄告于殯曰子固欲毀中軍既毀之矣故告杜泄曰夫子惟不欲毀也故盟諸僖閎詛諸五父之衢受其書而投之帥士而哭之叔仲子謂季孫曰帶受命於子叔孫曰葬鮮者自西門

列子云越東有輙木之國其長子生則鮮而食之張湛

注引此爲證云鮮謂鮮少也

季孫命杜泄杜泄曰卿喪自朝

服虔云卿葬三辭於朝從朝出正門卿佐國之棟幹君

之股肱必過于朝重之也本疏桉杜注係臆說當以服氏

爲是

魯禮也吾子爲國政未改禮而又遷之羣臣懼死不敢自

也既葬而行仲至自齊季孫欲立之南遺曰叔孫氏厚則

季氏薄彼實家亂子勿與知不亦可乎南遺使國人助豎

牛以攻諸大庫之庭司宮射之中目而死豎牛取東鄙三

十邑以與南遺昭子卽位朝其家衆曰豎牛禍叔孫氏使亂大從

服虔云使亂大和順之道（同上）案昭子名婼說文婼不順也或亦以殺適立庶亂大順之道故取不順以爲名

殺適立庶又披其邑（家語引作破）

纂文披猶分也（衆經音義）

將以赦罪罪莫大焉必速殺之豎牛懼奔齊孟仲之子殺諸塞關之外投其首於寧風之棘上仲尼曰叔孫昭子之不勞不可能也周任有言曰爲政者不賞私勞不罰私怨詩曰有覺德行四國順之初穆子之生也莊叔以周易筮

之遇明夷☰☰之謙☰☰以示卜楚丘曰是將行而歸爲子祀以讒人入其名曰牛卒以餒𣅜明夷日也日之數十故有十時亦當十位

惠棟曰古言時皆謂四時此言十時爲分一日爲十時以當王至臺之十位杜注用十二時與傳不合

自王以下其二爲公其三爲卿日上其中食日爲二旦食爲三明夷之謙明而未融

服虔云融高也詩疏

其當旦乎故曰爲子祀日之謙當鳥故曰明夷于飛明而未融故曰垂其翼象日之動故曰君子于行當三在旦故

曰三日不食離火也艮山也離爲火

劉用熙云離爲火三字於上下文不通貫疑衍文也

火焚山山敗於人爲言敗言爲讒故曰有攸往主人有言言必讒也純離爲牛世亂讒勝勝將適離故曰其名曰牛謙不足飛不翔垂不峻翼不廣故曰其爲子後乎吾子亞卿也抑少不終　楚子以屈申爲貳於吳乃殺之以屈生爲莫敖使與令尹子蕩如晉逆女過鄭鄭伯勞子蕩於汜勞屈生於菟氏水經注引作兎氏

酈道元云野兎水上承西南兎氏亭北野兎陂春秋傳云鄭伯勞屈生於兎氏者也

晉侯送女于邢丘子產相鄭伯會晉侯于邢丘　公如晉自郊勞至於贈賄無失禮晉侯謂女叔齊曰魯侯不亦善於禮乎對曰魯侯焉知禮公曰何為自郊勞至于贈賄禮無違者何故不知對曰是儀也不可謂禮禮所以守其國行其政令無失其民者也今政令在家不能取也有子家羈公羊作子家駒漢書淮南子並同

世本仲遂曾莊公之子東門襄仲禮記疏又云遂產子家歸父及昭子子嬰也史記索隱按楊倞荀子注子家羈公子慶之孫歸父之後名羈字駒今攷歸父為仲遂之子則莊公之孫公子慶係桓公之子與歸父支派迥別司馬

貞又云子家覊字懿伯桉懿伯乃子家謚非字也倞及貞說不足據當以世本爲正

弗能用也奸大國之盟陵虐小國利人之難不知其私公室四分民食於他思莫在公不圖其終爲國君難將及身不恤其所禮之本末將於此乎在而屑屑焉

方言屑屑不安也廣雅屑勞也

習儀以亟言善於禮不亦遠乎君子謂叔侯於是乎知禮

晉韓宣子如楚送女叔向爲介鄭子皮子大叔勞諸索氏

應劭曰京有索亭北征記又有索水續漢書補注桉晉書地

道記京有大索亭小索亭索音柵故水經或作柵酈道
元引作鄭子皮勞叔向于索水
大叔謂叔向曰楚王汰侈已甚子其戒之叔向曰汰侈已
甚身之災也焉能及人若奉吾幣帛愼吾威儀守之以信
行之以禮敬始而思終終無不復從而不失儀敬而不失
威道之以訓辭奉之以舊法攷之以先王度之以二國雖
汰侈若我何及楚楚子朝其大夫曰晉吾仇敵也苟得志
焉無恤其他今其來者上卿上大夫也若吾以韓起爲閽
以羊舌肸爲司宮足以辱晉吾亦得志矣可乎大夫莫對
薳啟彊曰可苟有其備何故不可恥匹夫不可以無備況

恥國乎是以聖王務行禮不求恥人朝聘有珪

說文珪古文圭剡上爲圭半圭爲璋

享覜有璋

鄭服皆以享爲獻釋文說文諸侯三年大相聘曰頫頫覜也鄭氏先儒以爲朝聘之禮使執圭以授主國之君乃行享禮獻國之所有頫見也謂行享禮以見主國之君也本疏

小有述職大有巡功設几而不倚

說文几踞几也桉今本作机非賈公彥儀禮疏引此作几今據改

爵盈而不飲宴有好貨飧有陪鼎

鄭司農云飧夕食也周禮注服虔云陪牛羊豕鼎故云陪鼎本疏

入有郊勞出有贈賄禮之至也國家之敗失之道也則禍亂興城濮之役晉無楚備以敗於邲邲之役楚無晉備以敗于鄢自鄢以來晉不失備而加之以禮重之以睦是以楚弗能報而求親焉既獲姻親又欲恥之以召寇讎備之若何誰其重此若有其人恥之可也若其未有君亦圖之晉之事君臣曰可矣求諸侯而麇至文選注引作麕至求昏而薦女君親送之上卿及上大夫致之猶欲恥之君其亦有備

矣不然奈何韓起之下趙成中行吳魏舒范鞅知盈羊舌肸之下祁午張趯籍談廣韻从廾女齊

晉語叔向見司馬侯之子撫而泣之晉書乞伏傉檀載記宗敞云叔向撫女齊之子是也桉此則女齊葢先叔向歿

梁丙張骼輔躒釋文躒本作櫟苗賁皇皆諸侯之選也韓襄爲公族大夫

世本晉韓厥生無忌無忌生襄襄生曾爲韓言氏

韓須受命而使矣箕襄邢帶

賈逵云二人韓氏族本疏

叔禽叔椒子羽

賈逵云皆韓起庶子同上杜取此

皆大家也韓賦七邑皆成縣也羊舌四族皆彊家也

服虔曰伯華叔向叔魚季夙同上

晉人若喪韓起楊肸

桉地理志河東郡楊縣應劭曰楊侯國卽春秋時叔向采邑以邑爲氏故曰楊肸也劉昭注郡國志亦云楊叔向邑漢名臣奏載張衡說曰晉大夫食采于楊爲楊氏食我有罪而楊氏滅惠棟曰楊字从手不从木今攷張衡說見漢書注亦不言字當从手自宋楊南仲欲引楊

雄爲祖始造異說以爲子雲之姓當从手旁而并春秋時晉國之屬邑亦改之不知左傳史記漢書並在不可誣也楊修云吾家子雲老不曉事云云兩漢士大夫最重氏族倘非一姓則宏農華族又豈假成都僻姓以自引重乎明楊雄之楊本當从木其諸刊本从手者皆北宋以後惑于南仲之說好奇而改也惠氏亦爲其說所奪欲引以改經誤矣

五卿八大夫輔韓須楊石因其十家九縣長轂九百其餘四十縣遺守四千奮其武怒以報其大恥伯華謀之中行伯魏舒帥之其蔑不濟矣君將以親易怨

桉謂以婚姻而易仇怨也語意極明或疑作以怨易親恐誤

實無禮以速寇而未有其備使羣臣往遺之禽以逞君心何不可之有

服虔云何不可有之如是同上

王曰不穀之過也大夫無辱厚爲韓子禮王欲敖叔向以其所不知而不能亦厚其禮韓起反鄭伯勞諸圉

陳留風俗傳舊陳地苦楚之難修干戈于竟以虞其患故曰圉桉圉縣前漢屬淮陽國後漢屬陳留杜注云鄭地亦約略之辭

辭不敢見禮也　鄭罕虎如齊娶於子尾氏晏子驟見之陳桓子問其故對曰能用善人民之主也　夏莒牟夷以牟婁及防茲來奔牟夷非卿而書尊地也莒人愬于晉晉侯欲止公范獻子曰不可人朝而執之誘也討不以師而誘以成之惰也爲盟主而犯此二者無乃不可乎請歸之間而以師討焉乃歸公秋七月公至自晉莒人來討不設備戊辰叔弓敗諸蚡泉莒未陳也　冬十月楚子以諸侯及東夷伐吳以報棘櫟麻之役薳射以繁揚之師會于夏汭越大夫常壽過帥師會楚子于瑣聞吳師出薳啟彊帥師從之遽不設備吳人敗諸鵲岸

桉御覽引左傳注廬江舒縣有鵲尾渚又引十道志云

南陵有鵲洲

楚子以馹至于羅汭吳子使其弟蹶由古今人表作厥由犒師

韓非子曰沮衞蹷融

楚人執之將以釁鼓王使問焉曰女卜來吉乎對曰吉寡君聞君將治兵於敝邑卜之以守龜曰余亟使人犒師請行以觀王怒之疾徐而爲之備尚克知之龜兆告吉曰克可知也君若驩焉好逆使臣滋敝邑休怠而忘其死亡無日矣今君奮焉震電馮怒

說文馮馬行疾也方言廣雅馮怒也桉此則馮怒當係

疾怒較杜注馮盛之訓爲長

虐執使臣將以釁鼓則吳知所備矣敝邑雖羸若早修完其可以息師難易有備可謂吉矣且吳社稷是卜豈爲一人使臣獲釁軍鼓而敝邑知備以禦不虞其爲吉孰大焉國之守龜其何事不卜一臧一否其誰能常之城濮之兆其報在邲今此行也其庸有報志乃弗殺楚師濟於羅汭沈尹赤會楚子次于萊山薳射帥繁揚之師先入南懷楚師從之及汝清吳不可入楚子遂觀兵於坻箕之山是行也吳早設備楚無功而還以蹶由歸楚子懼吳使沈尹射待命于巢薳啟彊待命于雩婁

服虔云雩婁楚之東邑史記集解地理志廬江郡雩婁

禮也　秦后子復歸於秦景公卒故也

清陽湖洪氏本春秋左傳詁

第六册

清　洪亮吉撰

中國國家圖書館藏清嘉慶十八年陽湖洪氏刻本

山東人民出版社·濟南

春秋左傳詁卷十六

陽湖洪亮吉學

傳　昭公二

六年春王正月杞文公卒弔如同盟禮也　大夫如秦葬景公禮也　三月鄭人鑄刑書叔向使詒子產書曰始吾有虞於子

廣雅虞望也桉與桓十一年同並較杜義爲長

今則已矣昔先王議事以制不爲刑辟懼民之有爭心也猶不可禁御是故閑之以義刑法志作誼糾之以政

廣雅糾舉也杜本此

行之以禮守之以信奉之以仁制爲祿位以勸其從嚴斷刑罰以威其淫懼其未也故誨之以忠聳之以行

漢書刑法志引作愯晉灼曰古悚字桉十九年傳云駟氏聳說文引作愯云懼也从心雙省聲杜本此

教之以務使之以和臨之以敬涖之以彊

釋文作蒞漢書引作莅

斷之以剛猶求聖哲之上明察之官忠信之長慈惠之師民於是乎可任使也而不生禍亂民知有辟則不忌於上並有爭心以徵於書而徼幸以成之弗可爲矣夏有亂政而作禹刑商有亂政而作湯刑

汲郡古文曰祖甲二十四年重作湯刑外傳云元主勤

商十有四世帝甲亂之七世而隕惠棟曰祖甲賢君事見尚書止以改作湯刑故云亂之

周有亂政而作九刑

周書嘗麥解曰太史筴刑書九篇以升授大正桉九刑之名本此故史克以爲周公作也文十八年傳太史克曰先君周公制周禮作誓命曰毀則爲賊掩賊爲臧竊賄爲盜盜器爲姦主臧之名賴姦之用爲大凶德有常無舍在九刑不忘此葢即九刑之書

三辟之興皆叔世也

服虔云政衰爲叔世叔世踰于季世季世不能作辟也

本疏

今吾子相鄭國作封洫立謗政制參辟鑄刑書將以靖民不亦難乎詩曰儀式刑文王之德日靖四方毛詩德作典

服虔曰儀善式用刑法靖謀也言善用法文王之德日日謀安四方本疏

又曰儀刑文王萬邦作孚

服虔曰儀善也刑法也善用法者文王也言文王善用其法故能爲萬國所信也同上

如是何辟之有民知爭端矣將弃禮而徵於書錐刀之末將盡爭之亂獄滋豐賄賂並行終子之世鄭其敗乎肸聞

之國將亡必多制其此之謂乎復書曰若吾子之言僑不才不能及子孫吾以救世也既不承命敢忘大惠士文伯曰火見鄭其火乎周禮疏引作鄭其災乎火未出而作火以鑄刑器臧爭辟焉火如象之不火何爲五行志如作而

服虔云鑄鼎臧爭辟故今出火與五行之火爭明故爲災在器故稱臧也同上

夏季孫宿如晉拜莒田也晉侯享之有加籩武子退使行人告曰小國之事大國也苟免於討不敢求貺得貺不過三獻今豆有加下臣弗堪無乃戾也韓宣子曰寡君以爲驩也

高誘戰國策注曰驩猶合也桉驩與懽同左傳懽皆作驩

對曰寡君猶未敢況下臣君之隸也敢聞加貺固請徹加而後卒事晉人以爲知禮重其好貨　宋寺人柳有寵大子佐惡之華合比曰我殺之柳聞之乃坎用牲埋書而告公曰合比將納亡人之族旣盟于北郭矣公使視之有焉遂逐華合比合比奔衛於是華亥欲代右師乃與寺人柳比從爲之徵曰聞之久矣公使代之見于左師左師曰女夫也必亡女喪而宗室於人何有人亦於女何有詩曰宗子維城無俾城壞毋獨斯畏女其畏哉　六月丙戌鄭災

楚公子棄疾如晉報韓子也過鄭鄭罕虎公孫僑游吉從鄭伯以勞諸柤辭不敢見固請見之見如見王以其乘馬鄭元禮記注引作良八匹私面見子皮如上卿以馬六匹見子產以馬四匹見子大叔以馬二匹禁芻牧采樵諸本作採从釋文石經改正不入田不樵樹不采藝不抽屋不强匄誓曰有犯命者君子廢小人降

服虔云抽裂也言不毀裂所舍之屋也匄乞也不就人强乞也本疏

舍不爲暴主不慁賓往來如是鄭三卿皆知其將爲王也

說文慁憂也一曰擾也小爾雅慁患也杜本此

韓宣子之適楚也，楚人弗逆。公子棄疾及晉竟，晉侯將亦弗逆。叔向曰：「楚辟我衷，若何效辟？詩曰：『爾之教矣，民胥效矣。』從我而已，焉用效人之辟？書曰：『聖作則。』無寧以善人爲則，而則人之辟乎？匹夫爲善，民猶則之，况國君乎？」晉侯說，乃逆之。　秋九月，大雩，旱也。　徐儀楚聘于楚。

說文𨜏臨淮徐地春秋傳曰徐𨜏楚桉今本作儀

楚子執之，逃歸。懼其叛也，使薳泄伐徐。吳人救之。令尹子蕩帥師伐吳，師于豫章，而次于乾谿。吳人敗其師于房鍾，獲宮廄尹弃疾。子蕩歸罪於薳泄而殺之。　冬，叔弓如楚，聘，且弔敗也。　十一月，齊侯如晉，請伐北燕也。士匄相士

鞅逆諸河

釋文古本士匄或作王正董遇王肅本同本疏世族譜以王正爲雜人桉正義云俗本或誤爲士匄蓋嫌其士鞅同父名也古文尚質恐未必然今攷石經已作士匄諸本皆同未敢改定

禮也晉侯許之十二月齊侯遂伐北燕將納簡公晏子曰不入燕有君矣民不貳吾君賄左右諂諛作大事不以信未嘗可也

七年春王正月暨齊平齊求之也癸巳齊侯次于虢燕人行成曰敝邑知罪敢不聽命先君之敝器請以謝罪公孫

晳曰受服而退俟釁而動可也二月戊午盟于濡上水經注引作會于濡水

地理志涿郡故安縣閻鄉易水所出東至范陽入濡并州浸濡水亦至范陽入涞說文亦云濡水入涞桉地理書皆言濡入涞而杜注獨言濡入易與班固正相反豈酈道元所云互受通稱耶惟高陽則實無濡水宜正義亦以此譏杜也

燕人歸燕姬賂以瑶罋玉櫝斝耳

說文斝玉爵也杜本此廣雅斝爵也

不克而還　楚子之爲令尹也爲王旌以田芋尹無宇斷

之曰一國兩君其誰堪之及即位爲章華之宮

韋昭以爲章華亦地名也水經注

納亡人以實之無宇之閽入焉無宇執之有司弗與曰執人於王宮其罪大矣執而謁諸王王將飲酒無宇辭曰天子經略諸侯正封古之制也封略之內何非君土食土之毛誰非君臣故詩曰普天之下釋文普本或作溥莫非王土率土之濱莫非王臣天有十日人有十等下所以事上上所以共神也故王臣公

後漢書濟南安王傳注引左傳云王臣公公下多公臣卿句袁紹傳注亦同桉傳文云人有十等杜注云王至臺

以數記之自不當有公臣卿句

公臣大夫大夫臣士士臣阜阜臣輿輿臣隸隸臣僚僚臣僕僕臣臺玉篇引作僮服虔云阜造也造成事也輿衆也佐阜舉衆事也隸隸屬於吏也僚勞也共勞事也僕僕豎主藏者也臺給臺下徵名也本疏

馬有圉牛有牧

說文圉圉人掌馬者牧養牛人也鄭司農云養馬爲圉周禮注高誘淮南王書注主牛曰牧杜本此

以待百事今有司曰女胡執人於王宮將焉執之周文王

之法曰有亡荒閱所以得天下也吾先君文王作僕區之法

服虔云僕隱也區匿也爲隱亡人之法也本疏

曰盜所隱器與盜同罪所以封汝也

水經汝水出河南梁縣勉鄉西天息山南入于淮桉汝水在楚北境文王滅息楚境始及汝故云封汝也

若從有司是無所執逃臣也逃而舍之是無陪臺也

馬融論語注陪重也韋昭國語注臣之臣爲陪

王事無乃闕乎昔武王數紂之罪以告諸侯曰紂爲天下逋逃主萃淵藪故夫致死焉君王始求諸侯而則紂無乃

不可乎若以二文之法取之盜有所在矣王曰取而臣以往盜有寵未可得也遂赦之　楚子成章華之臺願與諸侯落之

　庾蔚之禮記略解曰落謂與賓客燕會以酒食澆落之

大宰薳啟彊曰臣能得魯侯薳啟彊來召公辭曰昔先君成公命我先大夫嬰齊曰吾不忘先君之好將使衡父照臨楚國鎮撫其社稷以輯寧爾民嬰齊受命于蜀奉承以來弗敢失隕而致諸宗祧曰我先君董遇注無曰字引領北望日月以冀索隱冀亦作幾讀曰冀傳序相授於今四王矣嘉惠未至惟襄公之辱臨我喪孤與其二三臣悼心失圖社稷之不皇

況能懷思君德今君若步玉趾辱見寡君寵靈楚國以信蜀之役致君之嘉惠是寡君既受貺矣何蜀之敢望其先君鬼神實嘉賴之豈惟寡君君若不來使臣請問行期寡君將承質幣而見于蜀以請先君之貺公將往夢襄公祖梓慎曰君不果行襄公之適楚也夢周公祖而行今襄公實祖君其不行子服惠伯曰行先君未嘗適楚故周公祖以道之襄公適楚矣而祖以道君不行何之三月公如楚鄭伯勞于師之梁孟僖子爲介不能相儀及楚不能答郊勞　夏四月甲辰朔日有食之晉侯問於士文伯曰誰將當日食對曰魯衛惡之衛大魯小公曰何故對曰去衛地

如魯地於是有災魯實受之其大咎其衛君乎魯將上卿公曰詩所謂彼日而食毛詩彼作此于何不臧者何也漢書引傳無者字對曰不善政之謂也國無政不用善則自取謫于日月之災漢書謫作適故政不可不慎也務三而已一曰擇人二曰因民三曰從時　晉人來治杞田季孫將以成與之

說文作郕云孟氏邑

謝息爲孟孫守不可曰人有言曰雖有挈瓶之知守不假器禮也夫子從君而守臣喪邑雖吾子亦有猜焉

方言猜恨也廣雅猜疑也

季孫曰君之在楚於晉罪也又不聽晉魯罪重矣晉師必

至吾無以待之不如與之間晉而取諸杞吾與子桃成反誰敢有之是得二成也魯無憂而孟孫益邑子何病焉辭以無山與之萊柞

按水經注淄水下與左傳曰與之無山及萊柞是也葢指無山爲萊蕪之山或謝息請得無山季孫僅與之萊柞耳

乃遷于桃晉人爲杞取成　楚子享公于新臺使長鬣者相

說文人部儠長壯儠儠也春秋傳曰長儠者相之髟部鬣云鬣髮鬣鬣也囟部復有巤字云毛巤也象髮在囟

上及毛髮鬣鬛之形也韋昭國語注長鬣美須髯也杜本此桉字當从本訓卽如韋杜之說亦當爲長髮之人不得云長須也正義欲申杜更屬曲解又惠氏補注譏杜臆說亦非蓋杜又本之韋昭耳

好以大屈

賈逵云大屈寶金可以爲劍大屈金所生地名服虔云一曰大屈弓名魯連書曰楚子享諸侯于章華之臺與大曲之弓旣而悔之薳啟彊見魯侯魯侯歸之大屈卽大曲也本疏杜取此

旣而悔之薳啟彊聞之見公公語之拜賀公曰何賀對曰

齊與晉越欲此久矣寡君無適與也而傳諸君君其備禦三鄰愼守寶矣敢不賀乎公懼乃反之　鄭子產聘于晉

說苑辨物篇作公孫成子桉成子子產之謚也亦見外傳晉語

晉侯有疾韓宣子逆客私焉曰寡君寢疾於今三月矣並走羣望有加而無瘳今夢黄能入于寢門諸本作熊今从釋文改正

賈逵云能獸也本疏桉刊本作熊相沿已久今攷外傳亦作能韋昭注曰能似熊其說與說文字林合論衡無形篇亦作黄能釋文云今本作能者勝也能讀如字爲允若奴來切則似三足鼈矣宋庠國語補音亦無左傳作

熊之語明左傳舊本作能也水經注引作其神化爲黄龍尤誤

其何厲鬼也對曰以君之明子爲大政其何厲之有昔堯殛鯀于羽山

說文殛誅也虞書曰殛鯀于羽山地理志東海郡祝其禹貢羽山在西南鯀所殛杜本此

其神化爲黄能以入于羽淵實爲夏郊三代祀之晉爲盟主其或者未之祀也乎韓子祀夏郊

說苑晉祀夏郊董伯爲尸

晉侯有間賜子產莒之二方鼎

服虔云鼎三足則圓四足爲方本疏

子產爲豐施歸州田于韓宣子曰日君以夫公孫段爲能任其事而賜之州田今無祿早世不獲久享君德其子弗敢有不敢以聞於君私致諸子宣子辭子產曰古人有言曰其父析薪漢魯峻碑析作斯其子弗克負荷施將懼不能任其先人之祿其況能任大國之賜縱吾子爲政而可後之人若屬有疆場之言敝邑獲戾而豐氏受其大討吾子取州是免敝邑於戾而建置豐氏也敢以爲請宣子受之以告晉侯晉侯以與宣子宣子爲初言病有之以易原縣於樂大心

鄭人相驚以伯有曰伯有至矣則皆走不知所往

鑄刑書之歲二月或夢伯有介而行

詩毛傳介甲也杜本此

曰王子余將殺帶也明年壬寅余又將殺段也及壬子駟帶卒國人益懼齊燕平之月壬寅公孫段卒國人愈懼其明月子產立公孫泄及良止以撫之乃止子大叔問其故子產曰鬼有所歸乃不爲厲吾爲之歸也大叔曰公孫泄何爲子產曰說也爲身無義而圖說從政有所反之以取媚也不媚不信不信民不從也及子產適晉趙景子問焉曰伯有猶能爲鬼乎子產曰能人生始化曰魄旣生魄陽曰魂

說文魄陰神也魂陽神也

用物精多則魂魄强是以有精爽至於神明匹夫匹婦强死其魂魄猶能馮依於人以爲淫厲况良霄我先君穆公之胄子良之孫子耳之子敝邑之卿從政三世矣鄭雖無腆

小爾雅腆厚也杜本此

抑諺曰蕞爾國

說文撮兩指撮桵今本蕞當作撮

而三世執其政柄其用物也宏矣其取精也多矣其族又大所馮厚矣而彊死能爲鬼不亦宜乎　子皮之族飲酒

無度故馬師氏與子皮氏有惡齊師還自燕之月罕朔殺罕魋罕朔奔晉韓宣子問其位於子產子產曰君之羈臣苟得容以逃死何位之敢擇卿違從大夫之位罪人以其罪降古之制也朔於敝邑亞大夫也其官馬師也獲戾而逃惟執政所置之得免其死爲惠大矣又敢求位宣子爲子產之敏也使從嬖大夫　秋八月衛襄公卒晉大夫言於范獻子曰衛事晉爲睦晉不禮焉庇其賊人而取其地故諸侯貳詩曰鶺鴒在原（釋文鶺鴒本又作即令）兄弟急難又曰死喪之威兄弟孔懷兄弟之不睦於是乎不弔況遠人誰敢歸之今又不禮於衛之嗣衛必叛我是絕諸侯也獻子以

告韓宣子宣子說使獻子如衛弔且反戚田衛齊惡告喪于周且請命王使成簡公如衛弔且追命襄公曰叔父陟恪

說文陟登也愙敬也杜本此桉詩大雅文王陟降或疑此文恪係降字之誤

在我先王之左右以佐事上帝余敢忘高圉亞圉

三傳異同說高圉亞圉周人所報而不立廟禮記疏注云周人不毀其廟報祭之同上汲冢古文祖乙十五年命邠侯高圉盤庚十九年命邠侯亞圉世本亞圉雲都皇甫謐曰雲都亞圉字古今人表高圉辟方子雲都亞圉弟

桉此則雲都亞圉實爲二人謚注作一人誤也正義又以爲二圉受追命無文蓋未見汲冢書故也惠棟曰杜注蓋本汲郡古文外傳云高圉大王能帥稷者也周人報焉故服注云云馬融曰周人所報而不立廟杜氏以經傳無報亞圉之文故異說

九月公至自楚孟僖子病不能相禮釋文本或作病不能禮

惠棟曰今本禮上有相字下云苟能禮者從之則相字衍蓋襲上文相儀之誤當从釋文

乃講學之苟能禮者從之及其將歿也召其大夫曰禮人之幹也無禮無以立吾聞將有達者曰孔丘

賈逵云仲尼時年三十五史記集解

聖人之後也

服虔云聖人謂殷湯也孔子六代祖孔父嘉爲宋華督所殺其子奔魯也後漢書注

而滅於宋其祖弗父何

服虔云弗父何宋湣公世子厲公之兄同上杜取此

以有宋而授厲公史記世家作始有宋而嗣讓厲公

服虔云言湣公之適嗣當有宋國而讓與弟厲公也同上杜取此

及正考父

服虔云正考父弗父何曾孫史記集解

佐戴武宣

賈逵云三人皆宋君也御覽杜取此

三命茲益共初學記引作恭下皆同

賈逵云三命上卿同上杜取此

故其鼎銘云一命而僂再命而傴三命而俯

賈逵云俯恭于傴傴恭于僂同上杜取此　服虔云僂傴俯皆恭敬之貌史記集解　通俗文曲脊謂之傴僂衆經音義　説文傴僂也僂尫也頫低頭也廣雅云傴僂曲也桉莊子達生篇見俯僂者義亦同

循墻而走

賈逵云言不敢安行也同上杜取此

亦莫余敢侮史記作亦莫敢余侮饘於是鬻於是史記作粥以餬余口家語

其作余

說文饘糜也鬻健也餬寄食也

其共也如是臧孫紇有言曰聖人有明德者若不當世其

後必有達人

王肅云謂若弗父何殷湯之後而不繼世爲宋君也史記

集解

今其將在孔丘乎若我獲没必屬說與何忌於夫子使事

之而學禮焉以定其位故孟懿子與南宫敬叔師事仲尼仲尼曰能補過者君子也詩曰君子是則是效孟僖子可則效已矣　單獻公棄親用羇冬十月辛酉襄頃之族殺獻公而立成公　十一月季武子卒晉侯謂伯瑕曰吾所問日食從矣可常乎對曰不可六物不同民心不壹事序不類官職不則同始異終胡可常也詩曰或燕燕居息或憔悴事國

桉石經燕燕憔悴下俱旁增以字此後人妄加五行志引此或作宴宴居息盡顇事國如淳曰顇古悴字

其異終也如是公曰何謂六物對曰歲時日月星辰是謂

也
服虔云歲星之辰也左行于地十二歲而一周時四時
也日十日也月十二月也星二十八宿也辰十二辰也
是謂六物也詩疏
公曰多語寡人辰而莫同何謂辰對曰日月之會是謂辰
漢書引無辰字故以配日　衞襄公夫人姜氏無子嬖人婤姶
說文婤姶女字也春秋傳曰嬖人婤姶
生孟縶
姓纂衞襄公生孟縶縶生丹爲公孟氏
孔成子夢康叔謂己立元余使羈之孫圉與史苟相之史

朝亦夢康叔謂已余將命而子苟與孔烝鉏之曾孫圉相元史朝見成子告之夢夢協

說文協衆之同和也

晉韓宣子爲政聘于諸侯之歲婤姶生子名之曰元孟縶之足不良能行諸本能作弱今从宋本改孔成子以周易筮之曰元尙享衛國主其社稷遇屯䷂又曰余尙立縶尙克嘉之遇屯䷂之比䷇以示史朝史朝曰元亨又何疑焉成子曰非長之謂乎對曰康叔名之可謂長矣孟非人也將不列于宗不可謂長且其繇曰利建侯嗣吉何建釋文何本或作可

按可乃古何字

建非嗣也二卦皆云子其建之康公命之二卦告之筮襲於夢武王所用也弗從何爲弱足者居侯主社稷臨祭祀奉民人事鬼神從會朝又焉得居各以所利不亦可乎故孔成子立靈公十二月癸亥葬衛襄公

八年春石言于晉魏榆

服虔云魏晉邑榆州里名 水經注 元和郡縣志太原郡榆次漢舊縣春秋時晉魏榆地史記秦莊襄王二年使蒙驁攻趙魏榆桉今本史記作蒙驁攻趙榆次或因注文有榆次而誤也

晉侯問於師曠曰石何故言對曰石不能言或馮焉 五行志引

作神或馮焉說苑作有神馮焉不然民聽濫也抑臣又聞之曰作事不時怨讟動于民荀悅引動作起則有非言之物而言今宮室崇侈民力彫盡怨讟並作漢書引作典莫保其性

桉漢書引此正作信師古曰信猶保也一說信讀曰申鄭元士相見禮注云古文伸作信說苑又引作莫安其性

石言漢書引作石之言不亦宜乎於是晉侯方築虒祁之宮

玉篇傂祁地名亦作虒酈道元云汾水西逕虒祁宮北橫水有故梁截汾水中凡有三十柱柱徑五尺裁與水平蓋晉平公之故梁也論衡晉平公觴衞靈公于施夷

之臺桉施夷卽虒祁也聲近而轉耳

叔向曰子野之言君子哉君子之言信而有徵故怨遠於其身小人之言僭而無徵故怨咎及之詩曰哀哉不能言匪舌是出唯躬是瘁哿矣能言

詩毛傳及說文並云哿可也

巧言如流俾躬處休釋文俾本又作卑其是之謂乎是宮也成諸侯必叛君必有咎夫子知之矣　陳哀公元妃鄭姬生悼夫子偃師

桉史記世家分偃師爲二人非素隱已引傳正之

二妃生公子留下妃生公子勝二妃嬖留有寵屬諸司徒

招與公子過史記管蔡世家索隱曰招或作苕或作遙並時遙反哀公有廢疾廢字从石經宋本改正三月甲申公子招公子過殺悼大子偃師而立公子留　夏四月辛亥哀公縊于徵師赴于楚

姓纂引左傳干宋大夫干犫之後陳于徵師

且告有立君公子勝愬之于楚楚人執而殺之公子留奔鄭書曰陳侯之弟招殺陳世子偃師罪在招也楚人執陳行人干徵師殺之罪不在行人也　叔弓如晉賀虒祁也游吉相鄭伯以如晉亦賀虒祁也史趙見子大叔曰甚哉其相蒙也

服虔云蒙欺也史記集解杜本此

可弔也而又賀之子大叔曰若何弔也其非唯我賀將天下實賀　秋大蒐于紅自根牟至于商衛

郡國志琅琊郡陽都有牟臺杜同此　桉宋衛云商衛蓋爲定公諱惠氏補注所見亦同云昭公事當紀于定公時革車千乘

七月甲戌齊子尾卒子旗欲治其室丁丑殺梁嬰八月庚戌逐子成子工子車皆來奔而立子良氏之宰其臣曰孺子長矣而相吾室欲兼我也授甲將攻之陳桓子善於子尾亦授甲將助之或告子旗子旗不信則數人告將往

服虔云將往者欲往到陳氏問助子良攻我也本疏

又數人告於道遂如陳氏桓子將出矣聞之而還游服而逆之請命對曰聞彊氏授甲將攻子子聞諸曰弗聞子盍亦授甲無宇請從子旗曰子胡然彼孺子也吾誨之猶懼其不濟吾又寵秩之其若先人何子盍謂之周書曰惠不惠茂不茂尚書作懋

爾雅懋懋勉也茂懋同杜本此

康叔所以服宏大也桓子稽顙曰頃靈福子吾猶有望遂和之如初　陳公子招歸罪於公子過而殺之九月楚公子棄疾帥師奉孫吳圍陳宋戴惡會之冬十一月壬午滅陳輿嬖袁克殺馬毀玉以葬

服虔云一曰馬陳侯所乘馬玉陳侯所佩玉故殺馬毁玉不欲使楚得之同上

楚人將殺之請寘之旣又請私私於幄

高誘呂覽注幄帳也杜本此

加經於顙而逃

說文經喪首戴也

使穿封戌爲陳公曰城麇之役不諂侍飲酒於王王曰城麇之役女知寡人之及此女其辟寡人乎對曰若知君之及此臣必致死禮以息楚國宋本無國字

晉侯問于史趙曰陳其遂亡乎對曰未也公曰何故對曰陳顓頊之族也一本

族作後非

服虔云陳祖虞舜舜出顓頊故爲顓頊之族史記集解杜取此

歲在鶉火是以卒滅陳將如之今在析木之津猶將復由

魏了翁曰由義如尚書顛木之有由蘖今桉說文無由字惟𠷎字注云木生條也古文省弓作由後人因省之通用爲由以此言陳將與如已仆之木復生𠷎蘖也杜注訓用失之矣

且陳氏得政于齊而後陳卒亡

賈逵云物莫能兩盛同上杜取此

自幕至于瞽瞍無違命古今人表作瞽叜律歷志同

鄭衆云幕舜之先賈逵云幕舜後虞思也至于瞽瞍無閒違天命以廢絶者同上桉裴駰集解用賈說杜注及小司馬用鄭說

舜重之以明德寘德於遂遂世守之及胡公不淫故周賜之姓使祀虞帝臣聞盛德必百世祀虞之世數未也繼守將在齊其兆既存矣

桉史趙述虞之世次皆係順序幕瞽瞍舜之先也虞遂胡公舜之後也文法本明幕爲舜之先當以先鄭爲據杜注取之是也

九年春叔弓宋華亥鄭游吉衛趙黶會楚子于陳

服虔以爲此會宋鄭衛之大夫不書叔弓後也本疏

二月庚申楚公子棄疾遷許于夷實城父

郡國志汝南郡城父故屬沛春秋時曰夷

取州來淮北之田以益之伍舉授許男田然丹遷城父人于陳以夷濮西田益之

服虔云濮水名也水經注 京相璠曰以夷之濮西田益也同上杜同此

遷方城外人于許

周甘人與晉閻嘉爭閻田晉梁丙張趯率陰戎伐頴王使詹桓伯辭於晉曰我自夏以后稷魏駘芮岐畢

顧炎武曰駘詩作邰駘在始平武功縣所治釐城今校釐當作漦地理志右扶風漦縣是也班固原注漦周后稷所封師古曰讀與邰同音胎邰駘漦本一字地理志右扶風美陽禹貢岐山在西北中水鄉周大王所邑杜本此

吾西土也及武王克商蒲姑商奄

服虔云蒲姑商奄濱東海者也蒲姑齊也商奄魯也二十年傳曰蒲姑氏因之定四年傳曰因商奄之民命以伯禽本疏郡國志樂安國博昌有薄姑城杜同此

吾東土也巴濮楚鄧

說文鄧曼姓之國今屬南陽

吾南土也肅慎燕亳

韋昭國語注肅慎東北夷之國去扶夷千里杜本此

吾北土也吾何邇封之有文武成康之建母弟以蕃屏周

亦其廢隊是爲豈如弁髦說文作鬏又作髳而因以敝之

說文弁冕也鬏髮至眉也桉弁髦二物皆可以覆首杜注似合爲一非

先王居檮杌于四裔以御螭魅故允姓之姦居于瓜州

地理志敦煌郡敦煌杜林以爲古瓜州也地生美瓜杜本此

伯父惠公歸自秦而誘以來使逼我諸姬入我郊甸則戎焉取之戎有中國誰之咎也后稷封殖天下今戎制之不亦難乎伯父圖之我在伯父猶衣服之有冠冕木水之有本原民人之有謀主也伯父若裂冠毁冕拔本塞原專棄謀主雖戎狄其何有余一人叔向謂宣子曰文之伯也豈能改物翼戴天子而加之以共自文以來世有衰德而暴蔑宗周諸本蔑作滅今從石經及宋改正

桉襄二十年傳暴蔑其君而去其親與此同文韋昭周語注曰蔑猶滅也

以宣示其侈諸侯之貳不亦宜乎且王辭直子其圖之宣

子說王有姻喪

服虔云婦之父曰姻王之后喪父于王亦有服義故往

弔本疏

使趙成如周弔且致閻田與襚反穎俘王亦使賓滑執甘

大夫襄以說於晉晉人禮而歸之　夏四月陳災鄭裨竈

曰五年陳將復封封五十二年而遂亡子產問其故對曰

陳水族也火水妃也

服虔云火離也水坎也易卦離爲中女坎爲中男故火

爲水妃同上太元經注引傳作水火娶也娶古妃字爾雅

妃合也杜本此

而楚所相也今火出而火陳逐楚而建陳也妃以五成故曰五年歲五及鶉火而後陳卒亡楚克有之天之道也故曰五十二年

晉荀盈如齊逆女還六月卒于戲陽

說文蕛字注云墨翟書義从弗魏郡有蕛陽鄉讀若錡後漢書作蕛陽注引左傳文曰戲與蕛同音許宜反郡國志魏郡內黃有蕛陽聚杜同此

殯于絳未葬晉侯飲酒樂饍宰屠蒯趨入禮記作杜蕢鄭元周禮注作杜蒯請佐公使尊許之而遂酌以飲工曰女爲君耳將司聰也辰在子卯

鄭衆春秋注云五行子卯自刑禮記疏賈逵云桀以乙卯

日夘紂以甲子日亡故以爲戒釋文十一杜取此謂之疾日君徹宴樂學人舍業爲疾故也君之卿佐是謂股肱股肱或虧何痛如之女弗聞而樂是不聰也又飲外嬖嬖叔

桉禮記嬖叔乃李調也

日女爲君目將司明也服以旌禮禮以行事事有其物物有其容今君之容非其物也而女不見是不明也亦自飲也曰味以行氣氣以實志志以定言言以出令臣實司味二御失官而君弗命臣之罪也公說徹酒初公欲廢知氏而立其外嬖爲是悛而止秋八月使荀躒佐下軍以說焉

釋文躒本又作櫟

孟僖子如齊殷聘

服虔曰殷中也自襄二十年叔老聘于齊至今積二十年聘齊故中復盛聘周禮疏杜取此

禮也　冬築郎囿書時也季平子欲其速成也叔孫昭子曰詩曰經始勿亟庶民子來焉用速成其以勦民也

說文云勦勞也春秋傳曰安用勦民

無囿猶可無民其可乎

十年春王正月有星出于婺女鄭裨竈言於子產曰七月戊子晉君將死今茲歲在顓頊之墟姜氏任氏實守其地居其維首而有妖星焉告邑姜也邑姜晉之妣也天以七

紀戊子逢公以登星斯於是乎出吾是以譏之　齊惠欒高氏皆耆酒信內多怨彊於陳鮑氏而惡之

爾雅云彊當也

夏有告陳桓子曰子旗子良將攻陳鮑亦告鮑氏桓子授甲而如鮑氏遭子良醉而騁遂見文子則亦授甲矣使視二子則皆將飲酒桓子曰彼雖不信聞我授甲則必逐我及其飲酒也先伐諸釋文本無伐字陳鮑方睦遂伐欒高氏子良曰先得公陳鮑焉往遂伐虎門晏平仲端委立于虎門之外四族召之無所往其徒曰助陳鮑乎曰何善焉助欒高乎曰庸愈乎然則歸乎曰君伐焉歸公召之而後入公卜

使王黑以靈姑銔率吉請斷三尺焉而用之

服虔云斷三尺使至于較大夫旗至較周禮疏

五月庚辰戰于稷

桉此卽齊之稷下詳下二十二年杜注以爲祀后稷之處殊無所據

欒高敗又敗諸莊國人追之又敗諸鹿門欒施高彊來奔陳鮑分其室晏子謂桓子必致諸公讓德之主也讓之謂懿德凡有血氣皆有爭心故利不可强思義爲愈義利之本也薀利生孽諸本作蘊今从說文石經及宋本改正

說文薀積也从水溫聲春秋傳曰薀利生蘗大戴禮記

十乘篇稱孔子語作委利生孽詩毛傳孽妖孽謂相爲災害也杜本此姑使無藴乎可以滋長桓子盡致諸公而請老于莒桓子召子山私具幄幕器用從者之衣屨而反棘焉郡國志齊國西安有棘里亭杜同此子商亦如之而反其邑子周亦如之而與之夫于反子城子公公孫捷而皆益其祿凡公子公孫之無祿者私分之邑國之貧約孤寡者私與之粟曰詩云陳錫載周周語引詩亦作載能施也桓公是以霸公與桓子莒之旁邑辭穆孟姬爲之請高唐陳氏始大　秋七月平子伐莒取郠

說文鄅琅邪莒邑春秋傳曰取鄅杜本此

獻俘始用人於亳社臧武仲在齊聞之曰周公其不饗魯祭乎周公饗義魯無義詩曰德音孔昭視民不佻釋文視詩作示桉詩亦作視佻作恌佻之謂甚矣而壹用之將誰福哉　戊子晉平公卒鄭伯如晉及河晉人辭之游吉遂如晉九月叔孫婼齊國弱宋華定衛北宮喜鄭罕虎許人曹人莒人邾人薛人杞人小邾人如晉葬平公也鄭子皮將以幣行子產曰喪焉用幣用幣必百兩百兩必千人千人至將不行不行必盡用之幾千人而國不亡子皮固請以行既葬諸侯之大夫欲因見新君叔孫昭子曰非禮也弗聽叔向辭之曰

大夫之事畢矣而又命孤孤斬焉在衰絰之中其以嘉服見則喪禮未畢其以喪服見是重受弔也大夫將若之何皆無辭以見子皮盡用其幣歸謂子羽曰非知之實難將在行之夫子知之矣我則不足書曰欲敗度縱敗禮我之謂矣夫子知度與禮矣我實縱欲而不能自克也昭子至自晉大夫皆見高彊見而退昭子語諸大夫曰爲人子不可不慎也哉昔慶封亡子尾多受邑而稍致諸君君以爲忠而甚寵之將死疾于公宮輦而歸君親推之其子不能任是以在此忠爲令德其子弗能任罪猶及之難不慎也喪夫人之力弃德曠宗

詩毛傳曠空也杜本此

以及其身不亦害乎詩曰不自我先不自我後其是之謂乎　冬十二月宋平公卒初元公惡寺人柳釋文寺又作侍欲殺之及喪柳熾炭于位將至則去之比葬又有寵

十一年春王二月叔弓如宋葬平公也　景王問於萇宏曰今茲諸侯何實吉何實凶對曰蔡凶此蔡侯般弒其君之歲也歲在豕韋弗過此矣楚將有之然雍也諸本作壅今从前傳改歲及大梁蔡復楚凶天之道也楚子在申召蔡靈侯靈侯將往蔡大夫曰王貪而無信惟蔡於感此感字釋文石經及諸刻本並作感刻本不誤惟此一處今幣重而言甘誘我也不如無往蔡侯不可

三月丙申楚子伏甲而饗蔡侯於申醉而執之夏四月丁巳殺之刑其士七十人公子弃疾帥師圍蔡韓宣子問於叔向曰楚其克乎對曰克哉蔡侯獲罪於其君而不能其民天將假手於楚以斃之何故不克然肸聞之不信以幸不可再也楚王奉孫吳以討於陳曰將定而國陳人聽命而遂縣之今又誘蔡而殺其君以圍其國雖幸而克必受其咎弗能久矣桀克有緡以喪其國紂克東夷而隕其身楚小位下而亟暴於二王能無咎乎天之假助不善非祚之也祚當作胙厚其凶惡而降之罰也且譬之如天其有五材而將用之力盡而敝之是以無拯不可沒振　五月齊歸

薨大蒐于比蒲非禮也　孟僖子會邾莊公盟于祲祥修好禮也泉丘人有女夢以其帷釋文一本作夢以帷幕孟氏之廟遂奔僖子其僚從之盟于清丘之社曰有子無相棄也僖子使助薳氏之簉

說文簉从艹草貌釋文引說文亦同桉李善長笛賦注云簉弄蓋小曲也說文曰簉倅字如此今說文無簉字并無此解疑後人刊落多矣五經文字艹部簉字注云初又反倅也春秋傳从竹因相沿已久姑承之又桉列女傳趙簡子將渡河用楫者少一人津女娟攘卷操楫而前曰妾願備持楫簡子簉之與此亦同意張衡西京

賦屬車之蓮辟綜注蓮副也杜本此

反自禳祥宿于薳氏生懿子及南宮敬叔於泉丘人其僚無子使字敬叔　楚師在蔡晉荀吳謂韓宣子曰不能救陳又不能救蔡物以無親晉之不能亦可知也已爲盟主而不恤亡國將焉用之　秋會于厥慭謀救蔡也鄭子皮將行子產曰行不遠不能救蔡也蔡小而不順楚大而不德天將弃蔡以壅楚盈而罰之蔡必亡矣且喪君而能守者鮮矣三年王其有咎乎美惡周必復王惡周矣晉人使狐父請蔡于楚弗許　單子會韓宣子于戚視下言徐叔向曰單子其將死乎朝有著定會有表衣有襘

魯語署位之表也署著聲近義同說文襘帶所結也春秋傳曰衣有襘裣杜注襘領會疑非觀傳下視不過襘結之中則說文爲是也

帶有結會朝之言必聞于表著之位所以昭事序也視不過給襘之中所以道容貌也言以命之容貌以明之失則有闕今單子爲王官伯而命事于會視不登帶言不過步貌不道容而言不昭矣不道不共不昭不從無守氣矣

九月葬齊歸公不慼晉士之送葬者歸以語史趙史趙曰必爲魯郊侍者曰何故曰歸姓也不思親祖不歸也叔向曰魯公室其卑乎君有大喪國不廢蒐有三年之喪而無

一日之慼國不恤喪不忌君也君無慼容不顧親也國不忌君君不顧親能無卑乎殆其失國　冬十一月楚子滅蔡用隱大子于岡山

桉歐陽忞輿地廣記荆州松滋縣有九岡山郢都之望也

申無宇曰不祥五牲不相爲用況用諸侯乎王必悔之

十二月單成公卒　楚子城陳蔡不羹釋文羹舊音郎地理志作更字

桉賈誼新書引作陳蔡葉不羹

使弃疾爲蔡公王問於申無宇曰

桉外傳作范無宇賈誼新書同

弃疾在蔡何如對曰擇子莫如父擇臣莫如君

管子大匡云鮑叔曰先人有曰知子莫若父知臣莫若君桉僖七年傳子文聞申侯之死也曰古人有言曰知臣莫若君是皆引昔語之證知擇二字音亦通

鄭莊公城櫟而寘子元焉使昭公不立

鄭衆云子元即檀伯也厲公殺檀伯居櫟因櫟之衆偪弱昭公使至殺死本疏杜取此

齊桓公城穀而寘管仲焉至于今賴之臣聞五大不在邊五細不在廷

賈逵云五大謂大子母弟貴寵公子公孫累世正卿也

鄭衆云大子申生居曲沃是也母弟鄭公叔段居京是也貴寵公子若弃疾在蔡是也貴寵公孫若無知食渠丘是也累世正卿衛甯殖居蒲孫氏居戚是也五細賤妨貴少陵長遠間親新間舊小加大也不在廷不當使居朝廷爲政也本疏桉疏引先鄭說可證賈義杜注似非親不在外羈不在內今弃疾在外鄭丹在內君其少戒王曰國有大城何如對曰鄭京櫟實殺曼伯

楚語范無宇曰叔段以京患嚴公鄭幾不封櫟人實使鄭子不得其位桉此則京屬叔段櫟屬厲公惠棟曰左氏約舊史而爲傳取其文勢之便兼舉京櫟而單舉曼

伯此傳之漏義得櫟并京旣無明文杜注不足據

宋蕭亳實殺子游齊渠丘實殺無知

鄭衆以渠丘爲無知之邑本疏

衞蒲戚實出獻公若由是觀之則害於國末大必折尾大不掉

說文掉搖也春秋傳曰尾大不掉

君所知也

十二年春齊高偃納北燕伯款于唐因其衆也　三月鄭簡公卒將爲葬除及游氏之廟將毀焉子大叔使其除徒執用以立而無庸毀曰子產過女而問何故不毀乃曰不

忍廟也諸將毀矣既如是子產乃使辟之司墓之室有當道者毀之則朝而塴

說文堋喪葬下土也春秋傳曰朝而堋杜本此按今本作塴考鄭元周禮車僕注引此亦作塴葢二字本同也玉篇堋補鄧切下棺也或作窆正義云周禮作窆之禮記作封此作塴皆聲相近而轉周禮鄉師注鄭司農云窆之謂葬下棺杜本此

弗毀則日中而塴子大叔請毀之曰無若諸侯之賓何子產曰諸侯之賓能來會吾喪豈憚日中無損於賓而民不害何故不為遂弗毀日中而葬君子謂子產於是乎知禮

禮無毀人以自成也　夏宋華定來聘通嗣君也公享之石經及諸本無公字今从宋本增入爲賦蓼蕭弗知又不答賦昭子曰必亡宴語之不懷寵光之不宣

詩作龍光廣雅龍寵也商頌何天之龍鄭箋云龍當作寵

令德之不知同福之不受將何以在

爾雅在終也

齊侯衛侯鄭伯如晉朝嗣君也　公如晉至河乃復取郪之役莒人愬于晉晉有平公之喪未之治也故辭公公子慭遂如晉　晉侯享諸侯子產相鄭伯辭于享請免喪而

後聽命晉人許之禮也晉侯以齊侯宴中行穆子相投壺晉侯先穆子曰有酒如淮有肉如坻

說文坻水渚也桉詩毛傳坻水中高地也爾雅小洲曰陼小陼曰沚小沚曰坻義並與說文同杜注坻山名非下言有肉如陵亦止取陵阜爲義不必如正義所云取山方可以對水也又坻非山名劉炫說是

寡君中此爲諸侯師中之齊侯舉矢曰有酒如澠

水經注澠水出營城東世謂之漢溱水

有肉如陵寡人中此與君代興亦中之伯瑕謂穆子曰子失辭吾固師諸侯矣壺何爲焉其以中儁也

夏小正俊也者大也俊儁同

齊君弱吾君歸弗來矣穆子曰吾軍師疆御卒乘競勸今猶古也齊將何事公孫傁趨進曰日旰君勤

說文旰晚也春秋傳曰日旰君勞

可以出矣以齊侯出　楚子謂成虎若敖之餘也遂殺之或譖成虎于楚子成虎知之而不能行書曰楚殺其大夫成虎懷寵也

六月葬鄭簡公

惠棟曰杜注云經書五月誤此杜謬耳古文左傳當在齊侯衛侯鄭伯如晉之前鄭伯欲如晉故速葬而往杜

預欲附會短喪之說而移其次于從耳亂左氏者非預而誰

晉荀吳僞會齊師者假道于鮮虞

地理志中山國新市應劭曰故鮮虞子國今鮮虞亭是杜本此

遂入昔陽

按昔陽蓋鼓國都當在鉅鹿下曲陽地理志鉅鹿郡下曲陽應劭曰晉荀吳滅鼓今鼓聚昔陽亭是也杜注謂昔陽肥國都在樂平沾縣誤劉炫亦云二十二年傳云昔荀吳使師僞糴者負甲以息于昔陽之門下遂襲鼓

滅之則昔陽爲鼓都斷可知
秋八月壬午滅肥以肥子緜皐歸　周原伯絞虐其輿臣使曹逃
詩毛傳曹羣也杜本此
冬十月壬申朔原輿人逐絞而立公子跪尋絞奔郊　甘簡公無子立其弟過過將去成景之族成景之族賂劉獻公丙申殺甘悼公而立成公之孫鰌丁酉殺獻大子之傅庾皮之子過殺瑕辛于市及宮嬖綽王孫没劉州鳩陰忌老陽子　季平子立而不禮於南蒯南蒯謂子仲吾出季氏而歸其室於公子更其位我以費爲公臣子仲許之南

蒯語叔仲穆子且告之故季悼子之卒也叔孫昭子以再命爲卿及平子伐莒克之更受三命

劉賈云春秋之序三命以上乃書於經頰氏以爲再命稱人本疏

叔仲子欲搆二家謂平子曰三命踰父兄非禮也平子曰然故使昭子昭子曰叔孫氏有家禍殺適立庶故婼也及此若因禍以斃之則聞命矣若不廢君命則固有著矣昭子朝而命吏曰婼將與季氏訟書辭無頗季孫懼而歸罪於叔仲子故叔仲小南蒯公子慭謀季氏慭告公而遂從公如晉南蒯懼不克以費叛如齊子仲還及衛聞亂逃介

而先及郊聞費叛遂奔齊南蒯之將叛也其鄉人或知之過之而歎且言曰恤恤乎湫乎攸乎

說文恤憂也杜本此桉湫攸與愁同音亦即恤恤之義

深思而淺謀邇身而遠志家臣而君圖有人矣哉南蒯枚筮之

方言廣雅枚凡也桉凡與汎同義杜注汎卜吉凶即此意哀十六年枚卜亦同

遇坤䷁之比䷇曰黃裳元吉以爲大吉也示子服惠伯曰即欲有事何如惠伯曰吾嘗學此矣忠信之事則可不然必敗外彊諸本作强从石經宋本改內溫忠也和以率貞信也故

曰黃裳元吉黃中之色也裳下之飾也元善之長也中不忠不得其色下不共不得其飾事不善不得其極外內倡和爲忠率事以信爲共共養三德爲善諸本作供今據董本改董遇注本爲共養解云盡其所以養成三德也惠棟云古供字作共董季直本是訓爲盡共恐非三德謂黃裳元也杜注亦誤

非此三者弗當且夫易不可以占險將何事也且可飾乎中美能黃上美爲元下美則裳參成可筮猶有闕也筮雖吉未也將適費飲鄉人酒鄉人或歌之曰我有圃生之杞乎從我者子乎去我者鄙乎倍其鄰者恥乎已乎已乎非

吾黨之士乎

服虔云已乎决絕之辭本疏

平子欲使昭子逐叔仲小小聞之不敢朝昭子命吏爲小待政於朝曰吾不爲怨府　楚子狩于州來釋文狩本作守同次于潁尾

水經潁水又東南至愼縣東南入于淮道元云楚子次于潁尾蓋潁水之會淮也

使薳侯潘子司馬督釋文督本又作裻古今人表又作篤

惠棟云督與裻通說文云裻背縫莊子養生篇曰緣督以爲經亦謂背縫也方言曰繞緍謂之[衤篤]裺郭氏曰衣

督脊也

囂尹午陵尹喜帥師圍徐以懼吳楚子次于乾谿以爲之援

陸賈新語楚靈王爲乾谿之館築乾谿之臺高五百仞欲登浮雲窺天

雨雪王皮冠釋文一本作楚子皮冠秦復陶翠被豹舄執鞭以出僕析父從

賈逵云析父楚大夫史記集解桉楚語作僕夫子晳

右尹子革夕王見之去冠被舍鞭與之語曰昔我先王熊繹與呂伋諸本作級今从石經及宋本改釋文本亦作伋尚書亦同王孫牟燮父禽父

並事康王

冊本康叔子康伯名髡史記索隱宋忠曰即王孫牟也事周康王爲大夫同上司馬貞曰牟髡聲相近故不同耳譙周古史攷無康伯而云子牟伯立葢以父子不宜俱謚康故因其名曰牟伯也惠棟云馬融王肅尚書傳皆云康國名在千里之畿内既滅管叔更封爲衞侯其子始以康爲謚索隱之説未盡然

四國皆有分我獨無有今吾使人於周求鼎以爲分

服虔云有功德受分器史記集解

王其與我乎史記與作予下同對曰

史記作析父對曰索隱曰據此是右尹子革之辭史蓋誤也

與君王哉昔我先王熊繹辟在荆山篳路籃縷以處草莽

說文篳藩也籃路大篝也史記作篳露藍蔞服虔云篳路柴車素木車也蔞縷言衣破壞其縷藍藍然同上

跋涉山林以事天子

服虔云草行曰跋水行曰涉同上

惟是桃弧棘矢

服虔云桃弧棘矢所以禦其災言楚地山林無所出也同上

以共禦王事齊王舅也

服虔云齊王伋成王之舅同上

晉及魯衛王母弟也楚是以無分而彼皆有今周與四國服事君王將惟命是從豈其愛鼎王曰昔我皇祖伯父昆吾

服虔云陸終氏六子長曰昆吾少曰季連季連楚之祖故謂昆吾爲伯父也同上

舊許是宅

服虔云昆吾曾居許地故曰舊許是宅同上

今鄭人貪賴其田而不我與我若求之其與我乎對曰與

君王哉周不愛鼎鄭敢愛田王曰昔諸侯遠我而畏晉今我大城陳蔡不羹

桉楚語止舉陳蔡不羹故曰今吾城三國而此下云四國內外傳文多互異非獨此也韋昭解云潁川定陵有東不羹城襄城有西不羹亭所云不羹亭似不可以爲國杜注蓋誤又杜預春秋地名襄城縣東南有不羹城定陵縣西北有不羹亭與韋注正別水經注汝水又東南流逕西不羹城南是必以定陵之不羹亭在東故曰西不羹城以別之又桉賈誼新書大都篇云肯楚靈王問范無宇曰我欲大城陳蔡葉與不羹據此或左傳脫去葉字并葉數之故言是四國者顧炎

武亦以爲左傳或脫去葉字

賦皆千乘子與有勞焉諸侯其畏我乎對曰畏君王哉是四國者專足畏也又加之以楚敢不畏君王哉工尹路請曰一本無工字君王命剝圭以爲鏚柲

說文剮剝也戚戉也戉斧也杜本此桉今本作鏚非廣雅柲柄也鄭注考工記柲猶柄也今本柲作秘誤从鄭注訂正

敢請命王入視之析父謂子革吾子楚國之望也今與王言如響國其若之何子革曰摩厲以須

說文摩研也从手麻聲

王出（岳本葛本秦本並以出字絕句是也）吾刃將斬矣王出復語左史倚相趨過王曰是良史也子善視之是能讀三墳五典八索九丘

賈逵云三皇之書（文選注）墳大也言三王之大道又云素王之法又云孔子作春秋素王之文也（同上）又云三墳三王之書五典五帝之典八索八王之法九丘九州亾國之戒延篤曰張平子說三墳三禮禮爲人防爾雅曰墳大防書曰誰能典朕三禮三禮天地人之禮也五典五帝之常道八索周禮八議之刑索空空設之九丘周禮之九刑丘空也亦空設之馬融云三墳三氣陰陽始生

天地人之氣也五典五刑八索八卦九丘九州之數本疏

對曰臣嘗問焉昔穆王欲肆其心

桉文選注引作周穆王無昔字今攷似當作昔周穆王蓋楚有穆王子革對楚子言故加周字似非引書者以意增改也

周行天下將皆必有車轍馬跡焉文選注無必字祭公謀父作祈招之詩

賈逵云祈求也昭明也言求明德也馬融以圻爲王圻千里王者游戲不過圻內昭明也言千里之內足明德本疏

桉賈逵本作祈昭與家語同馬融本作圻昭又桉招

當作常搖反招與韶通孟子徵招角招史記帝舜紀禹乃興九招之樂此其證也杜注以招爲祈父之名殊無所據當以賈義爲長

以止王心王是以獲没於祗宮

家語作文宮非祗宮在南鄭汲郡古文穆王元年冬十月築祗宮于南鄭五十五年王陟于祗宮初學記作祈宮馬融云圻内游觀之宮也桉此則馬本又作圻字

臣問其詩而不知也若問遠焉其焉能知之王曰子能乎對曰能其詩曰祈招之愔愔

韓詩章句云愔愔和悦貌李登聲類云愔愔和靜貌

式昭德音思我王度式如玉式如金形民之力家語作刑民

桉王肅云刑形之誤也惠棟曰古形字皆作刑

而無醉飽之心王揖而入饋不食寢不寐數日不能自克以及於難仲尼曰古也有志克己復禮仁也信善哉楚靈王若能如是豈其辱於乾谿家語作豈期晉伐鮮虞因肥之役也

十三年春叔弓圍費弗克敗焉平子怒令見費人執之以爲囚俘冶區夫曰非也若見費人寒者衣之饑者食之爲之令主而共其乏困費來如歸南氏亾矣民將叛之誰與居邑若憚之以威懼之以怒民疾而叛爲之聚也若諸侯

皆然費人無歸不親南氏將焉入矣平子從之費人叛南氏　楚子之為令尹也殺大司馬薳掩而取其室及即位奪薳居田遷許而質許圍蔡洧有寵於王王之滅蔡也其父死焉王使與於守而行申之會越大夫戮焉

史記作僇越大夫常壽過索隱曰僇辱也王肅云越大夫常壽過也本疏

王奪鬬韋龜中犫又奪成然邑而使為郊尹蔓成然故事蔡公史記作曼故薳氏之族及薳居許圍蔡洧蔓成然皆王所不禮也因羣喪職之族啓越大夫常壽過作亂圍固城克息舟城而居之

潘耒云桉傳書克邑未有書克某邑之城者固城息舟皆二字地名城而居之則爲一句言築城而守之也

觀起史記索隱觀作官古今人表師古注曰觀音工喚反此可補陸氏釋文之闕之死也其子從在蔡事朝吳曰今不封蔡蔡不封矣我請試之以蔡公之命召子干子晳及郊而告之情强與之盟入襲蔡蔡公將食見之而逃觀從使子干食坎用牲加書而速行己狥於蔡曰蔡公召二子將納之與之盟而遣之矣將師而從之蔡人聚將執之辭曰失賊成軍而殺余何益乃釋之朝吳曰二三子若能死亾則如違之以待所濟若求安定則如與之以濟所欲且違上何適而可衆曰與之乃奉蔡公

召二子而盟于鄧依陳蔡人以國楚公子比公子黑肱公子弃疾蔓成然蔡朝吳帥陳蔡不羹許葉之師因四族之徒以入楚及郊陳蔡欲爲名故請爲武軍蔡公知之曰欲速且役病矣請藩而已乃藩爲軍蔡公使須務牟與史猈先入釋文猈本或作簎因正僕人殺大子祿及公子罷敵公子比爲王公子黑肱爲令尹次于魚陂

水經注沔水下竟陵國城旁有甘魚陂公子黑肱爲令尹次于魚陂者也

公子弃疾爲司馬先除王宮使觀從從師于乾谿而遂告之且曰先歸復所後者劓師及訾梁而潰王聞羣公子之

死也自投于車下曰人之愛其子也亦如余乎侍者曰甚焉小人老而無子知擠于溝壑矣書疏引作隮隮擠古字通

說文擠排也

王曰余殺人子多矣能無及此乎右尹子革曰請待于郊以聽國人

服虔云聽國人欲爲誰史記集解

王曰衆怒不可犯也曰若入於大都而乞師於諸侯王曰皆叛矣曰若亾於諸侯以聽大國之圖君也王曰大福不再祇取辱焉然丹乃歸于楚王沿夏

說文沿緣水而下也从水㕣聲春秋傳曰王沿夏應劭

漢書注沔水自江别至南郡華容爲夏水過郡入江

將欲入郢釋文入本又作至

服虔云郢别都也同上

芋尹無宇之子申亥曰吾父再奸王命史記奸作犯後漢書注引又作干蓋本作干也

服虔云斷王旌執人于章華宫同上杜取此

王弗誅惠孰大焉君不可忍惠不可弃吾其從王乃求王

遇諸棘圍以歸史記作遇王飢于釐澤奉之以歸

吳語曰王獨行屏營彷徨于山林之中三日乃見其涓

人疇王呼之曰余不食三日矣疇趨而進王枕其股以

寢於地王寐疇枕王以塊而去之王覺而無見也乃匍

匐將入于棘闈棘圍不納乃入芋尹申亥氏焉孔晁曰

棘楚邑圍門也

夏五月癸亥王縊于芋尹申亥氏

淮南王書靈王餓于乾谿食莽飲水枕甶而死

申亥以其二女殉而葬之觀從謂子干釋文謂子干本或作謂子干曰

桉石經亦無曰字係後人旁增今據删

不殺弃疾雖得國猶受禍也子干曰余不忍也子玉曰人

將忍子吾不忍俟也乃行國每夜駭曰王入矣乙卯夜弃

疾使周走而呼曰史記作棄疾使船人从江上走呼曰

桉史記作船人走呼則此傳周當作舟古文舟周通詩小雅舟人之子鄭箋云舟當作周聲相近故也卽是一證

王至矣國人大驚使蔓成然走告子干子晳曰王至矣國人殺君司馬將來矣君若早自圖也可以無辱衆怒如水火焉不可爲謀又有呼而走至者曰衆至矣二子皆自殺丙辰弃疾卽位名曰熊居葬子干于訾實訾敖

桉訾地名蓋卽前訾梁之訾在楚東境

殺囚衣之王服而流諸漢乃取而葬之以靖國人使子旗爲令尹楚師還自徐吳人敗諸豫章獲其五帥史記作率

服虔云五率蕩侯潘子司馬督囂尹午陵尹喜史記集解

平王封陳蔡復遷邑致羣賂施舍寬民宥罪舉職召觀從王曰惟爾所欲對曰臣之先佐開卜乃使爲卜尹

賈逵云卜尹卜師大夫官同上

使枝如子躬聘于鄭且致犨櫟之田

漢地理志南陽郡犨圖經春秋時楚犨邑櫟即十一年鄭京櫟枝此葢致犨櫟附近之田非盡致二邑也杜注本鄭邑楚中取之亦屬臆說

事畢弗致鄭人請曰聞諸道路將命寡君以犨櫟敢請命對曰臣未聞命既復王問犨櫟降服而對曰臣過失命未

之致也王執其手曰子毋勤姑歸不穀有事其告子也他年芊尹申亥以王柩告乃改葬之初靈王卜曰余尚得天下不吉投龜詬天釋文詬本又作詢而呼曰是區區者而不余畀余必自取之民患王之無厭也故從亂如歸初共王無冢適有寵子五人無適立焉乃大有事于羣望而祈曰請神擇於五人者使主社稷乃徧以璧見於羣望曰當璧而拜者神所立也誰敢違之既乃與巴姬密埋璧於大室之庭

賈逵云巴姬共王妾同上杜取此

使五人齊而長入拜說文齊側皆反一本又作齊康王跨之

服虔云兩足各跨璧一邊同上

靈王肘加焉子干子晳皆遠之平王弱抱而入再拜皆厭紐

廣雅紐謂之鼻鄭注周禮曰紐小鼻也高誘淮南王書注紐係也王充論衡曰後共王亦招爲康王傳作昭至子失之圍爲靈王及身而弒子干爲王十有餘日子晳不立又懼誅亦皆絶無後棄疾立竟續楚嗣如其神符

鬭韋龜屬成然焉且曰棄禮違命楚其危哉子干歸韓宣子問於叔向曰子干其濟乎對曰難宣子曰同惡相求如市賈焉何難

服虔云謂國人共惡靈王者如市賈之人求利也同上

對曰無與同好誰與同惡

服虔云言無黨於內當與誰同好惡同上

取國有五難有寵而無人一也有人而無主二也有主而無謀三也有謀而無民四也有民而無德五也子干在晉十三年矣晉楚之從不聞達者可謂無人族盡親叛可謂無主無釁而動

服虔云言靈王尚在而妄動取國故謂無謀同上

可謂無謀爲羇終世可謂無民亾無愛徵可謂無德王虐而不忌楚君子干涉五難以弒舊君誰能濟之有楚國者其弃疾乎君陳蔡文選注引作君居陳蔡城外屬焉史記作方城外屬焉

桉杜注城方城也可見左傳本無方字

苛慝不作釋文本亦作荷

桉漢書酈食其傳曰好荷禮師古曰荷與苛同惠棟曰古苛字本作荷檀弓泰山婦人曰無苛政釋文云苛本亦作荷毛詩序曰哀刑政之荷今本作苛漢張表碑亦以荷爲苛

盜賊伏隱私欲不違

服虔云不以私欲違民心史記集解杜本此

民無怨心先神命之國民信之芊姓有亂必季實立楚之常也獲神一也有民二也令德三也寵貴四也居常五也

有五利以去五難誰能害之子干之官則右尹也數其貴寵則庶子也以神所命則又遠之其貴亾矣其寵弃矣民無懷焉國無與焉將何以立宣子曰齊桓晉文不亦是乎

服虔云皆庶子而出奔同上

對曰齊桓衛姬之子也有寵於僖有鮑叔牙賓須無古今人表無作七隰朋以爲輔佐有莒衛以爲外主有國高以爲內主

賈逵云齊桓出奔莒自莒先入衛入助之國子高子皆齊之正卿同上杜取此

從善如流

服虔云言其疾同上杜取此

下善齊肅不藏賄不從欲施舍不倦求善不厭是以有國不亦宜乎我先君文公狐季姬之子也有寵於獻好學而不貳生十七年有士五人有先大夫子餘子犯以爲腹心

服虔云子餘趙衰同上

有魏犨賈佗以爲股肱有齊宋秦楚以爲外主

賈逵云齊以女妻之宋贈之馬楚享以九獻秦送納之同上杜取此

有欒郤狐先以爲內主亾十九年守志彌篤惠懷弃民

服虔云皆棄民不恤同上

民從而與之獻無異親民無異望天方相晉將何以代文

此二君者異於子干共有寵子國有奥主無施於民無援於外去晉而不送歸楚而不逆何以冀國　晉成虒祁諸侯朝而歸者皆有貳心爲取鄆故晉將以諸侯來討叔向曰諸侯不可以不示威乃並徵會告于吳秋晉侯會吳子于良

地理志東海郡良成郡國志下邳國良成故屬東海春秋時曰良杜本此

水道不可吳子辭乃還七月丙寅治兵于邾南甲車四千乘羊舌鮒攝司馬遂合諸侯于平丘子產子大叔相鄭伯以會子產以幄幕九張行子大叔以四十既而悔之每舍

損焉及會亦如之次于衛地叔鮒求貨於衛淫芻蕘者

說文芻刈草也飼牲曰芻草薪曰蕘

衛人使屠伯饋叔向羹與一篋錦曰諸侯事晉未敢攜貳況衛在君之宇下而敢有異志芻蕘者異於他日敢請之叔向受羹反錦曰晉有羊舌鮒者瀆貨無厭亦將及矣爲此役也子若以君命賜之其已客從之未退而禁之晉人將尋盟齊人不可晉侯使叔向告劉獻公曰抑齊人不盟若之何對曰盟以底信

爾雅底致也杜本此

君苟有信諸侯不貳何患焉告之以文辭董之以武師雖

齊不許君庸多矣天子之老請帥王賦元戎十乘以先啟行遲速惟君叔向告于齊曰諸侯求盟已在此矣今君弗利寡君以爲請對曰諸侯討貳則有尋盟若皆用命何盟之尋叔向曰國家之敗有事而無業事則不經有業而無禮經則不序有禮而無威序則不共有威而不昭共則不明不明棄共百事不終所由傾覆也是故明王之制使諸侯歲聘以志業間朝以講禮

賈逵云朝天子之法禮記疏服虔同崔靈恩以爲朝霸王之法同上

再朝而會以示威再會而盟以顯昭明志業於好講禮於

等示威於衆昭明於神自古以來未之或失也存亡之道恒由是興晉禮主盟懼有不治奉承齊犧而布諸君求終事也君曰余必廢之何齊之有惟君圖之寡君聞命矣齊人懼對曰小國言之大國制之敢不聽從既聞命矣敬共以往遲速惟君叔向曰諸侯有間矣不可以不示衆八月辛未治兵建而不旆

說文旆繼旐之旗也沛然而垂梭說文本爾雅

壬申復旆之諸侯畏之邾人莒人愬于晉曰魯朝夕伐我幾亡矣我之不共魯故之以晉侯不見公使叔向來辭曰諸侯將以甲戌盟寡君知不得事君矣請君無勤

爾雅勤勞也

子服惠伯對曰君信蠻夷之訴以絶兄弟之國弃周公之後亦惟君寡君聞命矣叔向曰寡君有甲車四千乘在雖以無道行之必可畏也況其率道其何敵之有牛雖瘠僨於豚上

說文僨僵也

其畏不死南蒯子仲之憂其庸可弃乎若奉晉之衆用諸侯之師因邾莒杞鄫之怒以討魯罪閒其二憂何求而弗克魯人懼聽命甲戌同盟于平丘齊服也令諸侯日中造于除癸酉退朝子産命外僕速張於除子大叔止之使待

明日及夕子產聞其未張也使速往乃無所張矣及盟子產爭承禮記疏引作丞

鄭衆云爭所謂承次貢賦輕重本疏

曰昔天子班貢輕重以列列尊貢重周之制也卑而貢重者甸服也鄭伯男也

鄭衆服虔云鄭伯爵在男服也賈逵云男當作南謂南面之君也鄭志云男謂子男也周之舊俗雖爲侯伯皆食子男之地王肅以爲鄭伯爵而連男言之猶言曰公侯足句辭也本疏賈逵云鄭伯爵在男畿詩疏按杜取王肅說外傳及孔氏家語皆作南高誘淮南王書注任也

而使從公侯之貢懼弗給也敢以爲請諸侯靖兵好以爲事行理之命無月不至貢之無藝

服虔云藝極也一曰常也同上

小國有闕所以得罪也諸侯修盟存小國也貢獻無極亾可待也存亾之制將在今矣自日中以爭至于昏晉人許之既盟子大叔咎之曰諸侯若討其可瀆乎子產曰晉政多門貳偷之不暇何暇討國不競亦陵何國之爲公不與盟晉人執季孫意如以幕蒙之

桉杜注蒙褁也蒙無裹覆之義蓋借家覆之家作訓蒙家音同

使狄人守之司鐸射懷錦奉壺飲冰以蒲伏焉

說文匍手行匐伏地正義蒲伏即匍匐桉與昭二十一年扶伏同

守者御之乃與之錦而入晉人以平子歸子服湫從

釋文云子服湫又作子服椒止一人耳惠棟曰桉湫本與椒同音說文湫从水秋聲荀卿子引詩曰鳳皇秋秋其翼若干其聲若簫秋簫協韻明秋亦作椒音惠伯名椒獨此作湫者聲之誤也晉以來惟徐仙民識古音諸儒皆不及

子產歸未至聞子皮卒哭且曰吾已無爲爲善矣惟夫子

知我仲尼謂子產於是行也足以爲國基矣詩曰樂只君子邦家之基子產君子之求樂者也且曰合諸侯藝貢事禮也　鮮虞人聞晉師之悉起也而不警邊且不修備晉荀吳自著雍以上軍侵鮮虞及中人

京相璠曰今中山望都東二十里有中人城水經注杜同此張華博物志唐關在中人西北百里中人在縣西四十里

驅衝競大獲而歸　楚之滅蔡也靈王遷許胡沈道房申於荆焉

桉地理志汝南郡平輿應劭曰故沈子國今沈亭是也女陰原注故胡子國陽安應劭曰道國也今道亭是吳

房孟康曰本房子國楚靈王遷房于楚南陽宛原注故申伯國又攻荆爲楚舊名上句言楚故此句文法變言荆耳孟康注可據也杜注荆荆山失之豈靈王時六國並遷于荆山之下乎

平王即位既封陳蔡而皆復之禮也隱大子之子廬歸于蔡禮也悼大子之子吳歸于陳禮也　冬十月葬蔡靈公禮也　公如晉荀吳謂韓宣子曰諸侯相朝講舊好也執其卿而朝其君有不好焉不如辭之乃使士景伯辭公于河　吳滅州來令尹子旗請伐吳王弗許曰吾未撫民人未事鬼神未修守備未定國家而用民力敗不可悔州來

在吳猶在楚也子姑待之　季孫猶在晉子服惠伯私於中行穆子曰魯事晉何以不如夷之小國魯兄弟也土地猶大所命能具若爲夷弃之使事齊楚其何瘳於晉親親與大賞共罰否所以爲盟主也子其圖之諺曰臣一主二吾豈無大國穆子告韓宣子且曰楚滅陳蔡不能救而爲夷執親將焉用之乃歸季孫惠伯曰寡君未知其罪合諸侯而執其老若猶有罪死命可也若曰無罪而惠免之諸侯不聞是逃命也何免之爲請從君惠於會宣子患之謂叔向曰子能歸季孫乎對曰不能鮒也能乃使叔魚

按古今人表作叔漁恐誤如伯魚名鯉司馬子魚名魴

可比例也

叔魚見季孫曰昔鮒也得罪於晉君自歸於魯君微武子之賜不至於今雖獲歸骨於晉猶子則肉之敢不盡情歸子爾不歸鮒也聞諸吏將爲子除館於西河

桉此西河亦如檀弓篇言子夏退老於西河之上葢指臨晉夏陽等地在河之西與魯更遠杜注云西使近河非也

其若之何且泣平子懼先歸惠伯待禮

春秋左傳詁卷十七

陽湖洪亮吉學

傳　昭公三

十四年春意如至自晉尊晉罪已也尊晉罪已禮也　南蒯之將叛也盟費人司徒老祁慮癸

服虔云司徒姓也老祁字也慮癸亦姓字也二子季氏家臣也本疏世族譜司徒老祁爲一人慮癸爲一人同上

僞癈疾諸本作廢從石經改正　使請於南蒯曰臣願受盟而疾興若以君靈不死請待間而盟許之二子因民之欲叛也請朝衆而盟遂劫南蒯曰羣臣不忘其君畏子以及今三年聽

命矣子若弗圖費人不忍其君將不能畏子矣子何所不逞

說文逞通也楚謂疾行爲逞春秋傳曰何所不逞

欲請送子請期五日遂奔齊侍飲酒於景公公曰叛夫對曰臣欲張公室也子韓晳曰家臣而欲張公室罪莫大焉司徒老祁慮癸來歸費齊侯使鮑文子致之　夏楚子使然丹簡上國之兵於宗丘（石經宗誤作宋）且撫其民分貧振窮長孤幼養老疾收介特

廣疋介特獨也方言物無耦曰特獸無耦曰介按介與个古字通徐鉉以个字不合六書之體云當作介誤矣

惠棟曰馬融頌察淫侈之華譽顧介特之實功注介特謂孤介特立也杜氏以爲單身民非馬義

救災患宥孤寡

服虔以宥爲寬赦其罪本疏

赦罪戾詰姦慝

廣雅詰責也杜取此

舉淹滯禮新敘舊祿勳合親任良物官

賈逵云物官量能授官也鄭衆云物官相其才之所宜而官之是也同上

使屈罷簡東國之兵於召陵亦如之好於邊疆息民五年

而後用師禮也　秋八月莒著丘公卒郊公不慼國人弗順欲立著丘公之弟庚輿諸本皆作與按古輿與字通今從石經及淳化本作輿下同蒲餘侯惡公子意恢而善於庚輿郊公惡公子鐸而善於意恢公子鐸因蒲餘侯而與之謀曰爾殺意恢我出君而納庚輿許之　楚令尹子旗有德於王不知度與養氏比而求無厭釋文厭本亦作饜王患之九月甲午楚子殺鬬成然而滅養氏之族使鬬辛居鄖以無忘舊勳　冬十二月蒲餘侯茲夫殺莒公子意恢郊公奔齊公子鐸逆庚輿於齊齊隰黨公子鉏送之有賂田　晉邢侯與雍子晉語作雝子爭鄐田久而無成

說文鄐晉邢侯邑

士景伯如楚叔魚攝理韓宣子命斷舊獄罪在雍子雍子納其女於叔魚叔魚蔽罪邢侯

家語引作弊罪王肅注云弊斷斷罪歸邢侯鄭司農周禮大司寇注引作弊獄邢侯疏同

邢侯怒殺叔魚與雍子於朝宣子問其罪於叔向叔向曰三人同罪施生戮死可也雍子自知其罪而賂以買直鮒也鬻獄

周書鄷保曰十敗六曰佞說鬻獄韋昭曰鬻賣也

邢侯專殺其罪一也已惡而掠美爲昏貪以敗官爲墨

家語引作默王肅注默猶冒苟貪不畏罪下昏墨亦作默

殺人不忌爲賊夏書曰昏墨賊殺皐陶之刑也家語引請作咎繇

從之乃施邢侯而尸雍子與叔魚於市

服虔云施罪於邢侯施猶劾也邢侯亡故劾之本疏晉語秦人殺冀芮而施之韋昭曰陳尸曰施惠棟云尸陳也謂殺而陳其罪哀廿七年傳曰國人施公孫有山氏是也山海經殺而施之晉語從欒氏者大戮施莊子曰萇宏胣史記拖陳餘蓋同也開元五經文字作弛云廢亦非

仲尼曰叔向古之遺直也治國制刑不隱於親三數叔魚之罪不爲末減

服虔讀減爲咸下屬爲句不爲末者不爲末殺隱蔽之也咸曰義也言人皆言叔向是義本疏 按家語亦引作不爲末或曰義王注云末薄或左傳作咸今考左傳本亦作減減咸古字通

曰義也夫可謂直矣平丘之會數其賄也以寬衛國晉不爲暴歸魯季孫稱其詐也以寬魯國晉不爲虐邢侯之獄言其貪也以正刑書晉不爲頗三言而除三惡加三利殺親益榮猶義也夫 家語猶作由古字通

十五年春將禘于武公戒百官梓慎曰禘之日其有咎乎吾見赤黑之祲非祭祥也喪氛也

說文祲精氣成祥春秋傳曰見赤黑之祲氛祥氣也王逸楚辭章句祲惡氣貌韋昭曰氛祲氣象也凶曰氛吉曰祥服虔云水黑火赤水火相遇云云本疏

其在涖事乎二月癸酉禘叔弓涖事籥入而卒去樂卒事禮也　楚費無極史記楚世家作費無忌索隱曰左傳作無極極忌聲相近伍子胥傳及淮南王書亦同害朝吳之在蔡也欲去之乃謂之曰王信子故處子於蔡子亦長矣而在下位辱必求之吾助子請

服虔以辱從下讀訓之謂欲欲必求之吾助子請

又謂其上之人曰王惟信吴故處諸蔡二三子莫之如也而在其上不亦難乎弗圖必及於難夏蔡人逐朝吴朝吴出奔鄭王怒曰余惟信吴故寘諸蔡且微吴吾不及此女何故去之無極對曰臣豈不欲吴然而前知其爲人之異也吴在蔡蔡必速飛去吴所以翦其翼也　六月乙丑王太子壽卒　秋八月戊寅王穆后崩　晉荀吴帥師伐鮮虞圍鼓

　京相璠曰白狄之别也下曲陽有鼓聚故鼓子國也水經注

鼓人或請以城叛穆子弗許左右曰師徒不勤而可以獲

城何故不爲穆子曰吾聞諸叔向曰好惡不愆民知所適事無不濟或以吾城叛吾所甚惡也人以城來吾獨何好焉賞所甚惡若所好何若其弗賞是失信也何以庇民力能則進否則退量力而行吾不可以欲城而邇姦所喪滋多使鼓人殺叛人而繕守備圍鼓三月鼓人或請降使其民見曰猶有食色姑修而城軍吏曰獲城而弗取勤民而頓兵何以事君穆子曰吾以事君也獲一邑而教民怠將焉用邑邑以賈怠不如完舊賈怠無卒弃舊不祥鼓人能事其君我亦能事吾君率義不爽好惡不愆城可獲而民知義所有死命水經注引傳文作死義而無二心不亦可乎鼓人告

食竭力盡而後取之克鼓而反不戮一人以鼓子鳶鞮歸諸本作戴今从石經及宋本改冬公如晉平丘之會故也　十二月晉荀躒如周葬穆后籍談爲介既葬除喪以文伯宴尊以魯壺王曰伯氏諸侯皆有以鎮撫王室

五行志作塡按律歷志鎮星皆作塡塡鎮古字通

晉獨無有何也文伯揖籍談對曰諸侯之封也皆受明器於王室以鎮撫其社稷故能薦彝器於王晉居深山戎狄之與鄰而遠於王室王靈不及拜戎不暇其何以獻器王曰叔氏而忘諸乎五行志而作其叔父唐叔成王之母弟也其反無分乎密須之鼓

地理志安定郡陰密詩密人國杜取此

與其大路文所以大蒐也闕鞏之甲

說文砮水邊石从石土聲春秋傳曰闕砮之甲按今傳作鞏容古字通九經字樣砮音拱水邊石也見春秋或

唐本尚作此鞏字

武所以克商也唐叔受之以處參虛匡有戎狄其後襄之二路鏚鉞秬鬯彤弓虎賁文公受之以有南陽之田撫征東夏非分而何夫有勳而不廢有績而載奉之以土田撫之以彝器旌之以車服明之以文章子孫不忘所謂福也福祚之不登叔父焉在且昔而高祖孫伯黶司晉之典籍

以爲大政（五行志引作正）故曰籍氏及辛有之二子董之晉

晉語曰秦伯納公子董因迎於河韋昭注因晉大夫辛有之後也引此傳爲證

於是乎有董史女司典之後也何故忘之籍談不能對賓出王曰籍父其無後乎數典而忘其祖籍談歸以告叔向叔向曰王其不終乎吾聞之所樂必卒焉今王樂憂若卒以憂不可謂終王一歲而有三年之喪二焉

墨子公孟篇云子墨子謂公孟子曰喪禮君與父母妻後子死三年喪服伯父叔父兄弟期族人五月姑姊舅甥皆有數月之喪後子爲後之子猶太子也又非儒篇

云儒者云親親有術尊賢有等言親疏尊卑之異也其禮曰喪父母三年妻後子三年伯父叔父弟兄庶子其戚族人五月若以親疏爲歲月之數則親者多而疏者少矣是妻後子與父同也若以尊卑爲歲月數則是尊其妻子與父母同而親伯父宗兄而卑子也逆孰大焉惠棟曰墨子所據喪禮與傳合與喪服傳異喪服傳曰父必三年然後娶達子之志也又云爲妻何以期也妻至親也必三年然後娶不得爲三年喪服也且天子絶期安得引以爲證公孟子卽公明儀

於是乎以喪賓燕又求彝器樂憂甚矣且非禮也彝器之

來嘉功之由非由喪也三年之喪雖貴遂服禮也王雖弗遂宴樂以早亦非禮也禮王之大經也一動而失二禮無大經矣

服虔云經常也常所當行也本疏

言以考典典以志經忘經而多言舉典將焉用之五行志焉作安

十六年春王正月公在晉晉人止公不書諱之也　齊侯伐徐楚子聞蠻氏之亂也與蠻子之無質也使然丹誘戎蠻子嘉殺之遂取蠻氏既而復立其子焉禮也　二月丙申齊師至於蒲隧徐人行成徐子及郯人莒人會齊侯盟

郡國志下邳郡取慮有蒲姑陂山陽郡昌邑有甲父亭

杜同此元和姓纂甲父古諸侯以國爲姓甲父氏見釋例杜取此

叔孫昭子曰諸侯之無伯害哉齊君之無道也興師而伐遠方會之有成而還莫之亢也無伯也夫詩曰宗周既滅詩作周宗靡所止戾正大夫離居莫知我肄詩小雅作勩其是之謂乎

二月晉韓起聘于鄭鄭伯享之子產戒曰苟有位於朝無有不共恪釋文共作恭疑轉寫之誤孔張後至立於客間執政禦之適客後又禦之適縣間客從而笑之事畢富子諫曰夫大國之人不可不慎也幾爲之笑

服虔云幾近也孔張失位近爲所笑本疏

而不陵我我皆有禮夫猶鄙我國而無禮何以求榮孔張失位吾子之恥也子產怒曰發命之不衷出令之不信刑之頗類

服虔云讀類爲纇解云頗偏也纇不平也同上顧炎武云類當作纇二十八年解纇戾也

獄之放紛會朝之不敬使命之不聽取陵於大國罷民而無功罪及而弗知僑之恥也孔張君之昆孫子孔之後也執政之嗣也爲嗣大夫承命以使周於諸侯國人所尊諸侯所知立於朝而祀於家

服虔云祀其所自出之君於家以爲大祖同上

有祿於國有賦於軍喪祭有職受脤歸脤其祭在廟

服虔以爲其祭在廟謂孔張先祖配廟食同上

已有著位在位數世世守其業而忘其所僑焉得恥之辟邪之人釋文作僻蓋傳寫之誤而皆及執政是先王無刑罰也子寧以他規我宣子有環

說文環璧也肉好若一謂之環與爾雅同

其一在鄭商宣子謁諸鄭伯

爾雅謁告也說文謁白也

子產弗與曰非官府之守器也寡君不知子大叔子羽謂子產曰韓子亦無幾求晉國亦未可以貳晉國韓子不可

偷也若屬有讒人交鬬其間鬼神而助之以興其凶怒悔之何及吾子何愛於一環其以取憎於大國也盍求而與之子產曰吾非偷晉而有二心將終事之是以弗與忠信故也僑聞君子非無賄之難立而無令名之患僑聞爲國非不能事大字小之難

服虔斷字小之難以下爲義解云字養也言事大國易養小國難同上

無禮以定其位之患夫大國之人令於小國而皆獲其求將何以給之一共一否爲罪滋大大國之求無禮以斥之何厭之有諸本作饜从釋文改正吾且爲鄙邑則失位矣若韓子奉

命以使而求玉焉貪淫甚矣獨非罪乎出一玉以起二罪吾又失位韓子成貪將焉用之且吾以玉賈罪不亦銳乎

說文銳芒也廣雅葠小也葠銳字通此杜本服虔云銳折也宋本疏今據惠本增入按銳是鋒芒不得爲折

韓子買諸賈人既成賈矣釋文賈本或作價商人曰必告君大夫韓子請諸子產曰日起請夫環執政弗義弗敢復也今買諸商人商人曰必以聞敢以爲請子產對曰昔我先君桓公與商人皆出自周庸次比耦

廣雅次比代也

以艾殺此地斬之蓬蒿藜藋而共處之

說文藋堇草也廣雅堇藋也

世有盟誓以相信也曰爾無我叛我無强賈毋或匄奪爾有利市寶賄釋文賄或作貨我勿與知恃此質誓故能相保以至于今今吾子以好來辱而謂敝邑强奪商人是教敝邑背盟誓也毋乃不可乎吾子得玉而失諸侯必不爲也若大國令而共無藝鄭鄙邑也亦弗爲也僑若獻玉不知所成敢私布之韓子辭玉曰起不敏敢求玉以徼二罪敢辭之

夏四月鄭六卿餞宣子於郊宣子曰二三君子請皆賦起亦以知鄭志子齹賦野有蔓草

說文齹爲差跌皃春秋傳曰晉有子齹按今本作齹說

文舊參差也義葢通

宣子曰孺子善哉吾有望矣子產賦鄭之羔裘宣子曰起不堪也子大叔賦褰裳宣子曰起在此敢勤子至於他人乎子大叔拜宣子曰善哉子之言是不有是事其能終乎子游賦風雨子旗賦有女同車子柳賦蘀兮宣子喜曰鄭其庶乎二三君子以君命貺起賦不出鄭志皆昵燕好也二三君子數世之主也可以無懼矣宣子皆獻馬焉而賦我將子產拜使五卿皆拜曰吾子靖亂敢不拜德宣子私覲於子產以玉與馬曰子命起舍夫玉是賜我玉而免吾死也敢不藉手以拜　公至自晉子服昭伯語季平子曰

晉之公室其將遂卑矣君幼弱六卿强而奢傲將因是以習習實爲常

周書曰習實爲常美惡一也

能無卑乎平子曰爾幼惡識國　秋八月晉昭公卒　九月大雩旱也鄭大旱使屠擊祝欵豎柎有事於桑山斬其木不雨子產曰有事於山蓺山林也而斬其木其罪大矣奪之官邑　冬十月季平子如晉葬昭公平子曰子服回之言猶信子服氏有子哉

十七年春小邾穆公來朝公與之燕季平子賦采叔詩小雅作菽穆公賦菁菁者莪昭子曰不有以國其能久乎　夏六

月甲戌朔日有食之祝史請所用幣昭子曰日有食之天子不舉伐鼓於社諸侯用幣於社伐鼓於朝禮也平子禦之曰止也唯正月朔慝未作日有食之於是乎有伐鼓用幣禮也其餘則否太史曰在此月也日過分而未至三辰有災於是乎百官降物君不舉辟移時樂奏鼓祝用幣史用辭故夏書曰辰不集於房

廣雅集安也杜本此

瞽奏鼓嗇夫馳庶人走此月朔之謂也當夏四月是謂孟夏平子弗從昭子退曰夫子將有異志不君君矣　秋郯子來朝公與之宴昭子問焉曰少皞氏鳥名官何故也郯

子曰吾祖也我知之

周書嘗麥曰乃命少皥清司馬鳥師以正五帝之官汲郡古文或曰少皥名清不居帝位帥鳥師居西方以鳥紀官律歷志引帝考德曰少昊曰清清者黃帝之子清陽也

昔者黃帝氏以雲紀

服虔云黃帝受命得景雲之瑞故以雲紀事本疏

故爲雲師而雲名

服虔云黃帝以雲名官蓋春官爲青雲氏夏官爲縉雲氏秋官爲白雲氏冬官爲黑雲氏中官爲黃雲氏同上

炎帝氏以火紀故爲火師而火名

服虔云炎帝以火名官春官爲大火夏官爲鶉火秋官爲西火冬官爲北火中官爲中火同上

共工氏以水紀故爲水師而水名

服虔云共工以水名官春官爲東水夏官爲南水秋官爲西水冬官爲北水中官爲中水同上

大皞氏以龍紀故爲龍師而龍名

服虔云大皞以龍名官春官爲青龍氏夏官爲赤龍氏秋官爲白龍氏冬官爲黑龍氏中官爲黃龍氏同上

我高祖少皞摯之立也初學記引作少昊氏鳳鳥適至故紀於鳥文

注引傳作故以鳥紀爲鳥師而鳥名鳳鳥氏歷正也元鳥氏司分者也後漢書注引無者字伯趙氏司至者也青鳥氏司啓者也丹鳥氏司閉者也祝鳩氏司徒也鴡鳩氏王符引作雎司馬也

說文雎王雎也

鳲鳩氏司空也王符引作尸爽鳩氏司寇也

說文爽鷫鷞也

鶻鳩氏司事也

說文鶻鶻鵃也

五鳩鳩民者也

爾雅鳩聚也

五雉爲五工正

賈逵云西方曰鷷雉攻木之工也東方曰鶅雉摶埴之工也南方曰翟雉攻金之工也北方曰鵗雉攻皮之工也伊雒而南曰翬雉設五色之工也本疏服虔云雉者夷也夷平也使度量器用平也同上

利器用正度量夷民者也九扈爲九農正

賈逵云春扈分循相五土之宜趣民耕種者也夏扈竊元趣民耘苗者也秋扈竊藍趣民收斂者也冬扈竊黃趣民葢藏者也棘扈竊丹爲果驅鳥者也行扈唶唶晝爲民驅鳥者也宵扈嘖嘖夜爲農驅獸者也桑扈竊脂

爲蠶驅雀者也老扈鴳鴳趣民收麥令不得晏起者也又賈服皆云鴳鴳亦聲音爲名也本疏按說文九扈農桑候鳥扈民不婬者也春雇頒盾夏雇竊元秋雇竊藍冬雇竊黃棘雇竊丹行雇唶唶宵雇嘖嘖桑雇竊脂老雇鴳也又按扈字說文或作鶚籒文作雇古字竝通說文廣雅竊淺也

扈民無淫者也

獨斷扈止也杜取此

自顓頊以來

服虔云自少暤以上天子之號以其德百官之號以其

徵自顓頊以來天子之號以其地百官之紀以其事月令正義又云春官爲木正夏官爲火正秋官爲金正冬官爲水正中官爲土正高辛氏因之故傳曰遂濟窮桑窮桑顓頊所居周禮序又路史後紀卷之九五經通義顓頊者顓猶專頊猶愉幼小而王以致太平常自愉儉嗛約自小之意故兩字爲諡通典

不能紀遠乃紀於近爲民師而命以民事則不能故也仲尼聞之見於郯子而學之既而告人曰吾聞之天子文官學在夷猶信後漢書注引作其信

石經載此文作官學在四夷重一官字按王肅注云孔

子稱官學在四夷疾時之廢學也據此似正文本有官字轉寫失去又月令正義引王肅云郯中國也故吳伐郯季文子歎曰中國不振旅蠻夷入伐吾亡無日矣孔子稱在四夷疾時學廢也

晉侯使屠蒯如周請有事於洛與三塗水經注引作三塗高誘呂覽注雒作洛今從之以下竝同

高誘云三塗之山陸渾之南故假道於周

萇宏謂劉子曰

淮南王書萇宏周室之執數者也天地之氣日月之行風雨之變律歷之數無所不通

客容猛非祭也高誘呂覽注引作祥其伐戎乎陸渾氏甚睦於楚必是故也君其備之乃警戎備高誘注引作乃儆戎九月丁卯晉荀吴帥師涉自棘津

服虔云棘津猶孟津也水經注同徐廣曰棘津在廣川上

使祭史先用牲于洛陸渾人弗知師從之庚午遂滅陸渾數之以其貳於楚也陸渾子奔楚其衆奔甘鹿

山海經鹿蹄之山甘水出焉按此在今河南宜陽縣東南當即甘鹿也

周大獲宣子夢文公攜荀吴而授之陸渾故使穆子帥師獻俘于文宫　冬有星孛于大辰西及漢

賈逵云天漢水也或曰天河宋本御覽賈逵解

申須曰漢書引作申繻當由桓公時申繻而誤彗所以除舊布新也天事恒象今除於火火出必布焉諸侯其有火災乎梓愼曰往年吾見之是其徵也漢書引無之字火出而見今茲火出而章必火入而伏

服虔注本火出而章必火火入而伏重火別句孫毓云賈氏舊文無重火字本疏

其居火也久矣其與不然乎

顧炎武云邵氏曰其與語詞猶曰其諸按邵說是與字當改讀平聲

火出於夏爲三月於商爲四月於周爲五月律歷志引傳省去二於字夏數得天若火作其四國當之六物之占

石經此下有六物之占四字旁增非唐人刻惠士奇曰當是晁公武據蜀石經增入晁曾以唐石經校蜀石經碑中所增疑皆出晁氏之手學者詳焉葢蜀時服虔左傳尚存也御覽八百七十五卷所引有此四字葢服賈本今如此據增入

在宋衞陳鄭乎宋大辰之虛也漢書引以下三句皆無也字陳大皡之虛也鄭祝融之虛也皆火房也星孛及漢漢水祥也衞顓頊之虛也故爲帝丘其星爲大水水火之牡也其以丙子

若壬午作乎水火所以合也若火入而伏必以壬午不過其見之月漢書引無其字鄭禆竈言於子產曰宋衛陳鄭將同日火若我用瓘斝玉瓚

說文瓘玉也春秋傳曰瓘斝

鄭必不火子產弗與　吳伐楚陽匄爲令尹卜戰不吉司馬子魚曰我得上流何故不吉且楚故司馬令龜我請改卜令曰魴也周禮大卜注引作鮒釋文云鮒音附左傳作魴以其屬死之楚師繼之尚大克之吉戰于長岸子魚先死楚師繼之大敗吳師獲其乘舟餘皇

說文艅艎舟名按今本作餘皇釋文云經典通用

使隨人與後至者守之環而塹之

說文塹阬也

及泉盈其隧炭陳以待命吳公子光呂覽作王子光請於其衆曰喪先王之乘舟豈惟光之罪衆亦有焉請藉取之以救死衆許之使長鬣者三人潛服於舟側曰我呼餘皇則對師夜從之三呼皆迭對楚人從而殺之楚師亂吳人大敗之取餘皇以歸

十八年春王二月乙卯周毛得殺毛伯過而代之萇宏曰毛得必亡是昆吾稔之日也

鄭衆云春秋以爲五行子卯自刑禮記疏

侈故之以而毛得以濟侈於王都不亡何待　三月曹平

公卒　夏五月火始昏見丙子風梓愼曰是謂融風

張晏曰融風立春木風也火之母也火所始生也

火之始也七日其火作乎

張晏曰火以七爲紀

戊寅風甚壬午大甚釋文一本作火甚

五行志作大甚者又更甚也按此大字當讀太音

宋衞陳鄭皆火梓愼登大庭氏之庫高麗本庭作廷

舊說皆云炎帝號神農氏一曰大庭氏本疏服虔云大庭

氏古亡國之君在黃帝前其處高顯周禮疏

以望之

服虔云四國次有火氣也本疏

曰宋衛陳鄭也數日皆來告火裨竈曰不用吾言鄭又將火鄭人請用之子產不可子大叔曰寶以保民也若有火國幾亡可以救亡子何愛焉子產曰天道遠人道邇非所及也何以知之竈焉知天道是亦多言矣豈不或信遂不與亦不復火鄭之未災也里析告子產曰將有大祥民震動國幾亡吾身泯焉弗良及也

服虔云弗良及者不能及也同上

國遷其可乎子產曰雖可吾不足以定遷矣及火里析死

矣未葬子產使輿三十人遷其柩火作子產辭晉公子公孫于東門使司寇出新客禁舊客

高誘曰有新客按出之爲觀釁也禁舊客爲露情也

勿出於宮使子寬子上巡羣屏攝

鄭衆云攝攝束茅以爲屏蔽祭神之處草易然故巡行之周禮疏 韋昭云周氏曰屏者并攝主人之位昭謂屏屏風也攝形如要扇皆所以分别尊卑爲祭祀之位近漢亦然杜本此 按周氏謂周仲文漢儒說春秋者

至于大宮使公孫登徙大龜使祝史徙主祏於周廟告于先君使府人庫人各儆其事商成公儆司宮

說文儆戒也春秋傳曰儆宮

出舊宮人寘諸火所不及司馬司寇列居火道行火所焮

廣雅炘爇也玉篇炘與焮同炙也又熱也

城下之人伍列登城明日使野司寇各保其徵郊人助祝

史除於國北禳火于元冥回祿

先儒注左傳者皆曰回祿火神本疏

祈于四鄘

鄘水庸也

書焚室而寬其征與之材三日哭國不市使行人告於諸

侯宋衛皆如是陳不救火許不弔災君子是以知陳許之

先亡也　六月鄅人籍稻

說文鄅妘姓之國春秋傳曰鄅人籍稻讀若規榘之榘杜取此　服虔云籍耕種於籍田也本疏

邾人襲鄅鄅人將閉門邾人羊羅攝其首焉遂入之盡俘以歸鄅子曰余無歸矣從帑於邾邾莊公反鄅夫人而舍其女　秋葬曹平公往者見周原伯魯焉與之語不說學歸以語閔子馬閔子馬曰周其亂乎夫必多有是說而後及其大人大人患失而惑又曰可以無學無學不害不害而不學則苟而可於是乎下陵上替能無亂乎夫學殖也不學將落原氏其亡乎　七月鄭子產爲火故大爲社祓

禳於四方

說文祓除惡祭也禳祀除癘殃也

振除火災禮也

廣雅振棄也杜本此

乃簡兵大蒐將爲蒐除子大叔之廟在道南其寢在道北其庭小過期三日使除徒陳於道南廟北曰子產過汝而命速除乃毀於而鄉諸本皆作向今從釋文及宋本改作鄉

按古向字皆作鄉說文向北出牖也惠氏以向爲俗字亦誤

子產朝過而怒之除者南毀子產及衝使從者止之曰毀

於北方火之作也子產授兵登陴文選注引左傳陴作埤子大叔曰晉無乃討乎子產曰吾聞之小國忘守則危鄭衆周禮注引傳則作必賈公彥曰讀字不同也況有災乎國之不可小有備故也既晉之邊吏讓鄭曰鄭國有災晉君大夫不敢寧居卜筮走望不愛牲玉鄭之有災寡君之憂也今執事撊然授兵登陴

服虔云撊然猛貌也本疏按方言廣疋竝云撊猛也說文僩武貌僩撊字同杜取此

將以誰罪邊人恐懼不敢不告子產對曰若吾子之言敝邑之災君之憂也敝邑失政天降之災又懼讒慝之間謀之以啓貪人薦爲敝邑不利以重君之憂幸而不亡猶可

說也不幸而亡君雖憂之亦無及也鄭有他竟望走在晉旣事晉矣其敢有二心　楚左尹王子勝言於楚子曰許於鄭仇敵也而居楚地以不禮於鄭晉鄭方睦鄭若伐許而晉助之楚喪地矣君盍遷許許不專於楚鄭方有令政許曰余舊國也鄭曰余俘邑也葉在楚國方城外之蔽也土不可易國不可小許不可俘讎不可啓君其圖之楚子說冬楚子使王子勝遷許於析水經注引作淅實白羽

地理志宏農郡析郡國志析故楚白羽邑

十九年春楚工尹赤遷陰于下陰

地理志南陽郡陰師古曰卽春秋左氏傳所云遷陰于

下陰者也今襄州有陰城縣杜本此

令尹子瑕城郟叔孫昭子曰楚不在諸侯矣其僅自完也以持其世而已　楚子之在蔡也鄓陽封人之女奔之

賈逵云楚子在蔡爲蔡公時也本疏說文鄓楚邑也春秋傳曰鄓陽封人之女奔之杜取此

生太子建及卽位使伍奢爲之師費無極爲少師

服虔云楚大夫史記集解

無寵焉欲譖諸王曰建可室矣王爲爲之聘於秦無極與逆勸王取之正月楚夫人嬴氏至自秦　鄅夫人宋向戌之女也故向寧請師二月宋公伐邾圍蟲三月取之乃盡歸

鄅俘　夏許悼公瘧

服虔云悼公靈公之子許男買瘧寒疾也御覽

五月戊辰飲大子止之藥卒大子奔晉

服虔云經書夏五月戊辰許世子止弒其君買止悼公子襄大子也公疾不瘳止獨進藥雖嘗而不由醫上同

書曰弒其君

服虔云禮醫不三世不使君有疾飲藥臣先嘗之親有疾飲藥子先嘗之公疾未瘳而止進藥雖嘗而不由醫而卒故國史書弒告於諸侯也上同

君子曰盡心力以事君舍藥物可也

服虔云原止之無惡意藥物不由醫無以加壽命有終故曰舍藥物可也舍止也一曰此刺無良史物讀爲勿止實孝能盡心事君舍藥勿以罪之同上

郳人郳人徐人會宋公乙亥同盟于蟲　楚子爲舟師以伐濮費無極言於楚子曰晉之伯也邇於諸夏而楚辟陋故弗能與爭若大城城父而寘大子焉

服虔云城父楚北境也史記集解按此潁川郡之城父正楚北境非沛郡之城父也下言將以方城之外叛可證城父相近有汾丘襄十八年傳楚伐鄭治兵於汾戰國策楚北有汾陘之塞是矣高誘曰楚北境之邑今屬沛國

北方宋鄭魯衛也南方謂吳越也今考云沛國城父誤惠氏引此有意與杜異亦誤裴駰集解亦云潁川城父縣亦一證

以通北方王收南方是得天下也王說從之故大子建居于城父令尹子瑕聘于秦拜夫人也　秋齊高發帥師伐莒莒子奔紀障使孫書伐之初莒有婦人莒子殺其夫已爲嫠婦釋文嫠本又作釐

說文嫠無夫也杜略同

及老託於紀障紡焉以度而去之

釋文裴松之注魏志曰古人謂藏爲去正義引字書去

作弃羌莒反謂掌物也今關西仍呼爲弃東人輕言爲音莒顧炎武曰漢書蘇武傳掘野鼠去屮實而食之師古曰去謂藏之也陳遵傳皆藏去以爲榮師古曰去亦藏也魏志華佗傳去藥以待不祥裴松之按古語以藏爲去水經注引作取其纑而夜縋此略舉傳文大意耳

及師至則投諸外或獻諸子占子占使師夜縋而登登者六十人縋絕

說文縋以繩有所縣也春秋傳曰夜縋納師

師鼓譟城上之人亦譟釋文一本作上之人亦譟莒共公懼啓西門而出七月丙子齊師入紀

是歲也鄭駟偃卒子游娶於晉

大夫生絲弱其父兄立子瑕子產憎其爲人也且以爲不順弗許亦弗止駟氏聳

說文㥰懼也春秋傳曰駟氏㥰廣韻作㦗按今本作聳音義亦同杜本此

他日絲以告其舅冬晉人使以幣如鄭問駟乞之立故駟氏懼駟乞欲逃子產弗遣請龜以卜亦弗予大夫謀對子產不待而對客曰鄭國不天寡君之二三臣札瘥夭昏

鄭司農云札爲疾疫死亡也越人謂死爲札周禮注爾疋瘥病也賈逵云大死曰札小疫曰瘥短折曰夭未名曰昏本注杜取此廣疋殙死也鄭元尚書注昏沒也晉語君子

失心鮮不夭昏與此同釋文云字林札夭死也瘥作⿰歹差

今又喪我先大夫偃其子幼弱其一二父兄懼隊宗主私族於謀而立長親

服虔云祏主藏於宗廟故曰宗主本疏

寡君與其二三老曰

服虔云二三老駟偃家臣同上

抑天實剝亂是吾何知焉諺曰無過亂門

呂覽作詩曰無過亂門所以遠之也高誘注逸詩

民有兵亂猶憚過之而況敢知天之所亂今大夫將問其故抑寡君實不敢知其誰實知之平丘之會君尋舊盟曰

無或失職若寡君之二三臣其卽世者晉大夫而專制其位是晉之縣鄙也何國之爲辭客幣而報其使晉人舍之

楚人城州來沈尹戌曰

王符潛夫論曰左司馬戌者莊王曾孫也葉公諸梁者戌之第三弟也高誘呂覽注曰沈尹戌莊王之孫沈諸梁葉公子高之父也按杜注兼采二說不知何據

楚人必敗昔吳滅州來子旗請伐之王曰吾未撫吾民今亦如之而城州來以挑吳

說文挑撓也一曰摷也

能無敗乎侍者曰王施舍不倦息民五年可謂撫之矣戌

曰吾聞撫民者節用於內而樹德於外民樂其性而無寇讐今宮室無量民人日駭勞罷死轉忘寢與食非撫之也

鄭大水龍鬬于時門之外洧淵

水經洧水出河南密縣西南地理志東南至長平縣入潁杜本此

國人請爲禜焉子產弗許曰我鬬龍不我覿也

說文繫傳債見也覿當作債今經傳文皆通作覿字姑仍之

龍鬬我獨何覿焉禳之則彼其室也吾無求於龍龍亦無求於我乃止也　令尹子瑕言蹶由於楚子曰彼何罪諺

所謂室於怒市於色者

按石經改刻作怒於室而色於市者今考戰國策云語云怒於室者色於市卽是一證然古人句法往往參差今未敢據改姑仍之晉書苻堅傳怒其室而作色於父句亦昉此

楚之謂矣舍前之忿可也乃歸蹶由

二十年春王二月己丑日南至

服虔云梓愼知失閏二月冬至故獨以二月望氣本疏

梓愼望氛曰今茲宋有亂國幾亡三年而後弭蔡有大喪

叔孫昭子曰然則戴桓也汰侈無禮已甚亂所在也費

無極言於楚子曰建與伍奢

廣韻作五奢按呂覽孟冬紀伍員作五員石經初刻五字皆較他字微小疑初刻作五重磨者

將以方城之外叛自以爲猶宋鄭也齊晉又交輔之將以害楚其事集矣王信之問伍奢伍奢對曰君一過多矣何信於讒王執伍奢使城父司馬奮揚殺大子未至而使遣之三月大子建奔宋王召奮揚奮揚使城父人執已以至

服虔云城父人城父大夫也同上

王曰言出於余口入於爾耳誰告建也對曰臣告之君王命臣曰事建如事余臣不佞不能苟貳奉初以還不忍後

命故遣之旣而悔之亦無及已王曰而敢來何也對曰使而失命召而不來是再奸也逃無所入王曰歸從政如他日無極曰奢之子材若在吳必憂楚國盍以免其父召之彼仁必來不然將爲患王使召之曰來吾免而父棠君尚謂其弟員

風俗通作堂云堂楚邑大夫五尚爲之其後氏焉按棠與堂古字通見魯峻碑文君或作尹

曰爾適吳我將歸死吾知不逮我能死爾能報聞免父之命不可以莫之奔也親戚爲戮不可以莫之報也奔死免父孝也度功而行仁也擇任而往知也知死不辟勇也父

不可弃名不可廢爾其勉之相從爲愈

服虔云相從愈於共死本疏

伍尚歸奢聞員不來曰楚君大夫其旰食乎楚人皆殺之

員如吳言伐楚之利於州于公子光曰是宗爲戮而欲反

其讐不可從員曰彼將有他志

服虔云欲取國史記集解

余姑爲之求士而鄙以待之乃見鱄設諸焉公羊史記吳越春秋竝作專諸子虛賦作鱄諸

賈逵云鱄諸吳勇士同上杜取此

而耕於鄙　宋元公無信多私而惡華向華定華亥與向

寧謀曰亡愈於死先諸華亥僞有疾以誘羣公子公子問之則執之夏六月丙申殺公子寅公子御戎公子朱公子固公孫援公孫丁拘向勝向行於其廩

說文廩穀所振入宗廟粢盛倉黄廩而取之故謂之廩

公如華氏請焉弗許遂刼之癸卯取大子欒與母弟辰公子地以爲質公亦取華亥之子無慼向寧之子羅華定之子啓與華氏盟以爲質　衛公孟縶狎齊豹奪之司寇與鄄

說文鄄衛地今濟陰鄄城

有役則反之無則取之公孟惡北宮喜褚師圃欲去之公

子朝通于襄夫人宣姜懼而欲以作亂故齊豹北宮喜褚師圃公子朝作亂初齊豹見宗魯於公孟爲驂乘焉將作亂而謂之曰公孟之不善子所知也勿與乘吾將殺之對曰吾由子事公孟子假吾名焉故不吾遠也雖其不善吾亦知之抑以利故不能去是吾過也今聞難而逃是僭子也子行事乎吾將死之以周事子而歸死於公孟其可也丙辰衛侯在平壽公孟有事於蓋獲之門外齊子氏帷於門外而伏甲焉使祝鼃寘戈於車薪以當門使一乘從公孟以出使華齊御公孟諸本皆華上有使字今從之

按正義云云亦別無他本可據蓋就理而論者今就時

勢而論則非公孟不善怨者衆矣華齊陰爲齊豹用可知惟一宗魯豹雖有德於彼尚未得其心猶必先告之令勿致死追擊公孟宗死而華免其爲豹所使顯然何云必不得有使字耶

宗魯驂乘及閎中

說文閎巷門杜略同

齊氏用戈擊公孟宗魯以背蔽之斷肱以中公孟之肩皆殺之公聞亂乘驅自閱門入慶比御公公南楚驂乘使華寅乘貳車及公宮鴻騟魋駟乘于公公載寶以出褚師子申遇公于馬路之衢遂從過齊氏使華寅肉袒執蓋以當

其闕齊氏射公中南楚之背公遂出寅閉郭門踰而從公公如死鳥析朱鉏宵從竇出徒行從公齊侯使公孫青聘于衛既出聞衛亂使請所聘公曰猶在竟內則衛君也乃將事焉遂從諸死鳥請將事辭曰亡人不佞失守社稷越在草莽吾子無所辱君命賓曰寡君命下臣於朝曰阿下執事臣不敢貳主人曰君若惠顧先君之好照臨敝邑石經照作昭今從宋本改正鎮撫其社稷則有宗祧在乃止衛侯固請見之不獲命以其良馬見爲未致使故也衛侯以爲乘馬賓將掫

賈服云謂行夜周禮疏稱賈逵服虔同杜子春曰春秋傳所謂賓

將趣者與趣讀爲造次之造謂擊鼓夜戒守也又云趣與造聲相近故曰終夕與燎賈公彥曰賈服讀字與子春異惠棟按子春受學於劉歆歆傳左氏春秋以趣爲掫必有依據史記亦以趣爲掫賈服後於劉杜唐人咸所尊尚故不從其說今按說文亦與賈服同云掫夜戒守有所擊春秋傳曰賓將掫鄭康成讀莊列切

主人辭曰亡人之憂不可以及吾子艸莽之中不足以辱從者敢辭賓曰寡君之下臣君之牧圉也若不獲扞外役是不有寡君也臣懼不免於戾請以除死親執鐸

說文鐸大鈴也

終夕與於燎釋文無於字云一本作終夕與於燎

古本無於字杜子春周禮注可據

齊氏之宰渠子召北宮子北宮氏之宰不與聞謀殺渠子遂伐齊氏滅之丁巳晦公入與北宮喜盟于彭水之上秋七月戊午朔遂盟國人八月辛亥公子朝褚師圃子玉霄子高魴出奔晉閏月戊辰殺宣姜衛侯賜北宮喜謚曰貞子

說文𣅀地相次比也衛大夫貞子名𣅀從比土聲按貞子名喜不名𣅀未詳何據

賜析朱鉏謚曰成子而以齊氏之墓予之衛侯告寧于齊

且言子石齊侯將飲酒徧賜大夫曰二三子之教也苑何忌辭曰

按羣經音辨作菀云姓也於阮切春秋傳有菀何忌賈音與陸音異又苑羊牧之亦作菀音于元切與釋文合同是一姓而分兩音未詳何據

與於青之賞必及於其罰在康誥曰父子兄弟罪不相及況在羣臣臣敢貪君賜以干先王琴張聞宗魯死

賈逵鄭衆皆以爲子張即顓孫師服虔云按七十子傳云子張少孔子四十餘歲孔子是時四十知未有子張鄭賈之說不知所出

將往弔之仲尼曰齊豹之盜而孟縶之賊女何弔焉君子不食姦不受亂不爲利疚於回不以回待人不蓋不義不犯非禮

宋華向之亂公子城公孫忌樂舍司馬彊向宜向鄭楚建郳甲（諸本誤作申今從石經及宋本改正）出奔鄭其徒與華氏戰于鬼閻敗子城子城適晉華亥與其妻必盥而食所質公子者而後食公與夫人每日必適華氏食公子而後歸華亥患之欲歸公子向寧曰惟不信故質其子若又歸之死無日矣公請於華費遂將攻華氏對曰臣不敢愛死無乃求去憂而滋長乎臣是以懼敢不聽命公曰子死亡有命余不忍其詢（文選注引左傳作訽）

說文詬謑詬恥也或從訽廣雅詬恥也杜本此定八年亦同

冬十月公殺華向之質而攻之戊辰華向奔陳華登奔吳向寧欲殺大子華亥曰干君而出又殺其子其誰納我且歸之有庸使少司寇牼以歸

說文牼字下引春秋傳曰宋司馬牼字牛按此條可補注家之鈌以司寇爲司馬疑誤

曰子之齒長矣不能事人以三公子爲質必免公子既入華牼將自門行公遽見之執其手曰余知而無罪也入復而所 齊侯疥遂痁

說文疥搔也痁有熱瘧春秋傳 齊侯疥遂痁按疥梁

元帝云當作痎兩日一發瘧顏氏家訓引作齊侯痎遂痁又云今北方猶呼瘧疾爲痎瘧正義云後魏之世嘗使李繪來聘梁梁人袁狎與繪言及春秋說此字云疥當爲痎痎是小瘧痁是大瘧疹患積久以小致大非疥也狎之所言梁主之說也

期而不瘳

說文瘳疾愈也

諸侯之賓問疾者多在梁丘據與裔款言於公曰吾事鬼神豐於先君有加矣今君疾病爲諸侯憂是祝史之罪也諸侯不知其謂我不敬君盍誅於祝固史嚚以辭賓

服虔云祝固齊大祝史嚚大史也謂祝史之固陋嚚闇不能盡禮薦美至於鬼神怒也本疏

公說告晏子晏子曰日宋之盟屈建問范會之德於趙武趙武曰夫子之家事治言於晉國竭情無私其祝史祭祀陳信不愧其家事無猜其祝史不祈建以語康王康王曰神人無怨宜夫子之光輔五君以爲諸侯主也公曰據與欵謂寡人能事鬼神故欲誅於祝史子稱是語何故對曰若有德之君外内不廢上下無怨

服虔云上下謂神人無怨同上

動無違事其祝史薦信無愧心矣是以鬼神用饗國受其

福祝史與焉其所以蕃祉老壽者爲信君使也其言忠信於鬼神其適遇淫君外內頗邪

釋文頗普何切按頗當讀上聲何郎負荷之荷

上下怨疾動作辟違從欲厭私高臺深池撞鐘舞女

說文撞刄擣也

斬刈民力釋文刈本又作艾輸掠其聚以成其違不恤後人暴虐淫從肆行非度無所還忌不思謗讟不憚鬼神神怒民痛無悛於心其祝史薦信是言罪也其蓋失數美是矯誣也進退無辭則虛以求媚是以鬼神不饗其國以禍之祝史與焉所以天昏孤疾者爲暴君使也其言僭嫚於鬼神公

曰然則若之何對曰不可爲也山林之木衡鹿守之澤之萑蒲風俗通義引作莞蒲鄭元周禮注作萑蒲舟鮫守之

說文篽禁苑也從竹御聲春秋傳曰澤之舟篽字又作魰莊述祖云舟鮫當作舟馭周禮𢿢人音義云𢿢音魚本又作魚亦作𩶖同又音御𢿢卽籀文魰舟馭掌澤之官鮫無取疏及音義皆就本字釋之誤矣愚按馭與虞音同周禮山澤之官皆名爲虞是也

藪之薪蒸虞候守之海之鹽蜃祈望守之縣鄙之人入從其政偪介之關

韓詩章句介界也文選注按杜注介隔也本易兌卦注義

亦通

暴征其私承嗣大夫强易其賄布常無藝徵斂無度宮室日更淫樂不違內寵之妾肆奪於市

詩毛傳遵去也薛綜東京賦注肆放也杜本此

外寵之臣僭令於鄙私欲養求不給則應民人苦病夫婦皆詛祝有益也詛亦有損聊攝以東

京相璠曰聊城縣東北三十里有故攝城水經注杜同此郡國志作蓼城

姑尤以西

按齊乘姑卽大姑河尤卽小姑河姑水起北海至南海

行三百餘里繞齊東界故曰姑尤以西

其爲人也多矣雖其善祝豈能勝億兆人之詛

風俗通十萬曰億十億曰兆杜本此

君若欲誅於祝史修德而後可公說使有司寬政毀關去

禁薄斂已責釋文責本又作債

十二月齊侯田于沛招虞人以弓不進公使執之辭曰昔

我先君之田也旃以招大夫家語旃作旌弓以招士皮冠以招

虞人臣不見皮冠故不敢進乃舍之仲尼曰守道不如守

官君子韙之

倉頡篇韙是也釋文小爾疋同辭綜東京賦注韙善也杜本

此

齊侯至自田釋文田本又作佃晏子侍于遄臺子猶馳而造焉公曰惟據與我和夫晏子對曰據亦同也焉得爲和公曰和與同異乎對曰異和如羹焉水火醯醢鹽梅以烹魚肉燀之以薪

說文燀炊也春秋傳曰燀之以薪廣疋同杜本此

宰夫和之齊之以味濟其不及以泄其過

按後漢書劉梁傳引春秋傳曰和如羹焉酸苦以濟其味注云左傳劑作齊是齊當才細反爾雅濟益也杜本此

詩毛傳泄去也

君子食之以平其心君臣亦然君所謂可而有否焉臣獻其否以成其可君所謂否而有可焉臣獻其可以去其否是以政平而不干民無爭心故詩曰亦有和羹既戒既平鬷嘏無言

按詩作鬷假無言禮記中庸作奏假今左傳作鬷嘏嘏與假通鄭氏少牢饋食禮注曰古文嘏爲格

時靡有爭先王之濟五味和五聲也以平其心成其政也聲亦如味一氣

服虔云歌氣也本疏

二體三類四物五聲六律七音

賈逵注周語云周有七音謂七律謂七器音也（本疏）服注云七律謂七器言黃鐘爲宮林鐘爲徵大簇爲商南呂爲羽姑洗爲角應鐘爲變宮蕤賓爲變徵外傳曰武王克商歲在鶉火月在天駟日在析木辰在斗柄星在天黿鶉火及天駟七列也南北之揆七月也凫氏爲鐘以律計自倍半一縣十九鐘鐘七律十二縣二百二十八鐘爲八十四律此一歲之閏數（周禮疏　魏書樂志五）

八風

賈逵云兌爲金爲閶闔風也乾爲石爲不周風也坎爲革爲廣莫風也艮爲匏爲融風也震爲竹爲明庶風也

巽爲木爲清明風也離爲絲爲景風也坤爲土爲涼風也同上

九歌以相成也清濁小大短長疾徐哀樂剛柔遲速高下出入周疏以相濟也君子聽之以平其心心平德和故詩曰德音不瑕今據不然君所謂可據亦曰可君所謂否據亦曰否若以水濟水誰能食之若琴瑟之專壹

按史記秦始皇本紀摶心揖志索隱曰摶古專字左傳曰如琴瑟摶壹釋文董遇本專作摶音同惠棟曰管子內業篇史記樂書皆以摶爲專壹鄭氏樂記注引作一

誰能聽之同之不可也如是飲酒樂公曰古而無死其樂

若何水經注引作古而不死何樂如之晏子對曰古而不死則古之樂也君何得焉昔爽鳩氏始居此地季萴因之地理志萴作崱詩疏引作季訓水經注引作崱有逢伯陵因之地理志伯作柏古今人表同蒲姑氏因之史記周本紀遷其君薄姑漢書五行志地理志詩正義水經注竝同按蒲與薄通古本或一作薄也此蒲字當讀作蒲

地理志琅邪郡姑幕應劭曰左氏傳薄姑氏因之按姑幕卽薄姑反語括地志薄姑故城在青州博昌縣東北六十里薄姑氏殷諸侯封于此周滅之也

而後太公因之

水經注引作始爽鳩氏居之逢約陵居之太公居之

古若無死諸本若誤者今從石經及宋本改正爽鳩氏之樂釋文之樂一本作樂之非

君所願也水經注引作非君之樂　鄭子產有疾謂子大叔曰我死子必爲政惟有德者能以寬服民其次莫如猛夫火烈民望而畏之故鮮死焉水懦弱家語引作水濡弱　民狎而翫之則多死焉

說文狎犬可習也按狎宜訓習爲是杜以輕訓狎葢本廣疋

故寬難疾數月而卒大叔爲政不忍猛而寬鄭國多盜取人於萑苻之澤

唐石經初刻作雚蒲後改萑苻惠棟按韓非子內儲說引此事作雚詩小弁云萑葦淠淠韓詩外傳作雚古字

通也今考水經注引作萑蒲文選注同韓非子載此事

鄭少年相率爲盜處于雚澤游吉率車騎與戰與左氏

徒兵異

大叔悔之曰吾早從夫子不及此興徒兵以攻萑苻之盜

盡殺之盜少止仲尼曰善哉政寬則民慢慢則糾之以猛

家語引作紏俗字

鄭元周禮注糾猶割也察也

猛則民殘殘則施之以寬寬以濟猛猛以濟寬政是以和

家語此句之上多寬猛相濟句

詩曰民亦勞止汔可小康

說文汔水涸也或曰泣下從水气聲詩曰汔可小康按詩大雅毛傳訓汔爲危鄭箋訓爲幾正義云孫炎曰汔近也郭璞曰謂相摩近反覆相訓是汔得訓爲幾也昭二十年傳引此杜注汔期也然則期字雖別皆是近義言其近當如此爾雅康安也詩毛傳綏安也鄭箋康綏皆安也杜本此

惠此中國以綏四方施之以寬也毋從詭隨詩毋從作無縱以謹無良式遏寇虐慘不畏明

按詩本皆作憯說文憯通也從心朁聲又慘字注云毒也從心參聲蓋古字通

糾之以猛也柔遠能邇以定我王平之以和也又曰不競不絿不剛不柔布政優優百祿是遒和之至也及子產卒仲尼聞之出涕曰古之遺愛也

賈逵云愛惠也史記集解

二十一年春天王將鑄無射五行志引作無射鐘泠州鳩曰釋文本或作伶王其以心疾死乎夫樂天子之職也夫音樂之輿也而鐘音之器也天子省風以作樂

應劭曰風土地風俗也有中和之風以作樂然後可易惡風易惡俗也

器以鍾之輿以行之小者不窕

高誘呂覽注云窕不滿密也

大者不摦

按說文手部徐鉉新附有摦字云横大也从手瓠聲玉篇摦胡化切寬也廣韻作摦云寬也大也五經文字本收摦字云戶化反見春秋傳則此字似宜从木旁

則和於物物和則嘉成故和聲入於耳而臧於心心億則樂

說文億安也杜本此

窕則不咸釋文云咸本或作感漢書同唐石經初刻作咸後作減

惠棟曰咸本古文感故下云心是以感从咸爲是也

摦則不容心是以感感實生疾今鐘摦矣王心弗堪

漢書堪作戡孟康云古堪字尚書西伯戡黎說文引作𢦟郭璞爾雅注又作堪黎釋文本又作𢦟按古字堪𢦟通

其能久乎　三月葬蔡平公蔡大子朱失位位在卑大夫送葬者歸見昭子昭子問蔡故以告昭子歎曰蔡其亡乎若不亡是君也必不終詩曰不解于位民之攸塈今蔡侯始卽位而適卑身將從之　夏晉士鞅來聘叔孫爲政季孫欲惡諸晉使有司以齊鮑國歸費之禮爲士鞅士鞅怒曰鮑國之位下其國小而使鞅從其牢禮是卑敝邑也將復諸寡君魯人恐加四牢焉爲十一牢　宋華費遂生華

貙華多僚華登貙爲少司馬多僚爲御士與貙相惡乃譖諸公曰貙將納亡人亟言之

服虔云亟疾言之欲使信本疏

公曰司馬以吾故亡其良子死亡有命吾不可以再亡之對曰君若愛司馬則如亡死如可逃何遠之有公懼使侍人召司馬之侍人宜僚飲之酒而使告司馬司馬歎曰必多僚也吾有讒子而弗能殺吾又不死抑君有命可若何乃與公謀逐華貙將使田孟諸而遣之公飲之酒厚酬之賜及從者司馬亦如之張匄尤之曰必有故

小爾雅云尤怪也杜本此

使子皮承宜僚以劍而訊之宜僚盡以告張句欲殺多僚子皮曰司馬老矣登之謂甚吾又重之不如亡也五月丙申子皮將見司馬而行則遇多僚御司馬而朝張句不勝其怒遂與子皮臼任鄭翩殺多僚劫司馬以叛而召亡人壬寅華向入樂大心豐愆華牼禦諸橫

水經注睢水又南逕橫城北世謂之光城蓋光橫聲相近

華氏居盧門以南里叛六月庚午宋城舊鄘釋文鄘本或作墉及桑林之門而守之　秋七月壬午朔日有食之公問於梓慎曰是何物也禍福何爲對曰二至二分日有食之不爲

災日月之行也分同道也至相過也其他月則爲災陽不克也故常爲水於是叔輒哭日食昭子曰子叔將死非所哭也八月叔輒卒　冬十月華登以吳師救華氏齊烏枝鳴戍宋廚人濮曰軍志有之先人有奪人之心後人有待其衰

服虔云戰氣未定故也周禮疏又云待敵之衰乃攻同上

盡及其勞且未定也伐諸若入而固則華氏衆矣悔無及也從之丙寅齊師宋師敗吳師于鴻口獲其二帥公子苦雂偃州員諸本誤雂今從說文及宋本改

說文雂鳥也春秋傳有公子苦雂

華登帥其餘以敗宋師公欲出厨人濮曰吾小人可籍死而不能送亡君

服虔以君字上屬孫毓以君字下屬本疏釋文云而不能送亡君絶句按釋文葢從服氏

請待之乃徇曰揚徽者公徒也

說文徽幟也春秋傳曰揚徽者公徒按今本作徽非是說文徽斜幅也一曰三糾繩也然陸德明云說文作徽則字誤從徽已久杜注徽識也釋文云本或作幟則杜時字尚不誤故訓從說文服虔通俗文徽號曰幖私記曰幟

衆從之公自揚門見之諸本誤楊今從宋本改下而巡之曰國亡君死二三子之恥也豈專孤之罪也齊烏枝鳴曰用少莫如齊致死齊致死莫如去備彼多兵矣請皆用劍從之華氏北復卽之廚人濮以裳裹首而荷以走曰得華登矣遂敗華氏于新里翟僂新居于新里既戰脫甲于公而歸華姓居于公里亦如之十一月癸未公子城以晉師至曹翰胡會晉荀吳齊苑何忌衛公子朝救宋丙戌與華氏戰於赭丘

郡國志陳國長平有赭丘城

鄭翩願爲鸛其御願爲鵞

說文雚小爵也廣疋同爾雅舒鴈鵞李筌太白陰經黃帝設八陣之形鴈行鵞鸛天也按陸佃引舊說江淮謂羣鸛旋飛爲鸛井鵞行亦皆成列故陳名倣之

子祿御公子城莊堇爲右釋文莊堇本或作莊堇父于犨御呂封人華豹張匃爲右

王肅堇遇竝云呂封人華豹按此則傳本無華字相遇城還華豹曰城也城怒而反之將注豹則關矣

說文彎持弓關矢也杜本此

日平公之靈尚輔相余豹射出其間將注則又關矣曰不

狎部

服虔云狎更也杜取此子城謂華豹曰不更射爲鄙一曰

城言我不狎習故鄙本疏

抽矢城射之殪張匄抽殳而下射之折股扶伏而擊之釋文

本或作匍匐同折軫又射之死干犨請一矢城曰余言汝於君對

曰不死伍乘軍之大刑也干刑而從子君焉用之子速諸

乃射之殪大敗華氏圍諸南里華亥搏膺而呼見華貙曰

吾爲欒氏矣貙曰子無我迋

說文迋往也春秋傳曰子無我迋

不幸而後亡使華登如楚乞師華貙以車十五乘徒七十

人犯師而出食於睢上哭而送之乃復入楚薳越帥師將

逆華氏大宰犯諫曰諸侯惟宋事其君今又爭國釋君而臣是助無乃不可乎王曰而告我也後既許之矣　蔡侯朱出奔楚費無極取貨於東國而謂蔡人曰朱不用命於楚君王將立東國若不先從王欲楚必圍蔡蔡人懼出朱而立東國朱愬於楚楚子將討蔡無極曰平侯與楚有盟故封其子有二心故廢之靈王殺隱大子其子與君同惡德君必甚又使立之不亦可乎且廢置在君蔡無他矣

公如晉及河鼓叛晉晉將伐鮮虞故辭公

二十二年春王二月甲子齊北郭啓帥師伐莒莒子將戰苑羊牧之諫曰齊帥賤其求不多不如下之大國不可怒

也弗聽敗齊師于壽餘齊侯伐莒莒子行成司馬竈如莒涖盟莒子如齊涖盟盟于稷門之外

劉向別錄云齊有稷門齊城門也齊地紀曰齊城西門側系水出故曰稷門水經注系水傍城北流逕陽門西有故封處所謂齊之稷下也司馬貞曰稷側音近

莒於是乎大惡其君　楚薳越使告于宋曰寡君聞君有不令之臣爲君憂無寧以爲宗羞

服虔云無寧寧也本疏杜取此

寡君請受而戮之對曰孤不佞不能媚於父兄以爲君憂拜命之辱抑君臣日戰君曰余必臣是助亦惟命人有言

曰惟亂門之無過君若惠保敝邑無亢不衷以獎亂人孤之望也惟君圖之楚人患之諸侯之戍謀曰若華氏知困而致死楚恥無功而疾戰非吾利也不如出之以爲楚功其亦無能爲也已救宋而除其害又何求乃固請出之宋人從之己巳宋華亥向寧華定華貙華登皇奄傷省臧士平出奔楚顧炎武云石經士誤作氏宋公使公孫忌爲大司馬邊卬爲大司徒樂祁爲司城仲幾爲左師樂大心爲右師樂輓爲大司寇以靖國人

王子朝古今人表作鼂五行志同師古曰鼂古朝字

賈逵云景王之長庶史記集解杜取此

賓起有寵於景王王與賓孟說之

古今人表有賓猛師古曰卽賓孟賈逵云賓孟子朝之傅也王愛子朝因愛其傅故朝起竝有寵於景王也與賓孟竝談說之欲立朝爲大子周語云景王欲殺下門子賈逵云下門子周大夫王猛之傅也景王欲立朝故先殺猛傅本疏

欲立之劉獻公之庶子伯蚠事單穆公惡賓孟之爲人也願殺之又惡王子朝之言以爲亂願去之賓孟適郊見雄雞自斷其尾問之侍者曰自憚其犧也文選注引作自憚其爲犧也多爲字故衍之

說文犧宗廟之牲也賈侍中說此非古字

遽歸告王且曰雞其憚爲人用乎人異於是犧者實用人人犧實難已犧何害王弗應

賈逵以爲大子壽卒景王不立適子鄭衆以爲壽卒王命猛代之後欲廢猛立朝耳服虔以賈爲然本疏按服氏遵賈杜注則從鄭衆說然究以賈義爲長

夏四月王田北山

河南圖經北邙山在洛陽縣北亦名北山又滎錡澗在鞏縣西

使公卿皆從將殺單子劉子王有心疾乙丑崩于滎錡氏戊辰劉子摯卒無子單子立劉蚠五月庚辰見王遂攻賓

起殺之盟羣王子于單氏　晉之取鼓也既獻而反鼓子焉又叛於鮮虞六月荀吳略東陽使師僞羅者

說文羅市穀也

負甲以息於昔陽之門外遂襲鼓滅之以鼓子鳶鞮歸使涉佗守之　丁巳葬景王王子朝因舊官百工之喪職秩者與靈景之族以作亂帥郊要餞之甲以逐劉子王戌劉子奔揚單子逆悼王于莊宮以歸王子還夜取王以如莊宮癸亥單子出王子還與召莊公謀曰不殺單旗不捷與之重盟必來背盟而克者多矣從之樊頃子曰釋文頃本或作須字非言也必不克遂奉王以追單子及領

按杜注領周地殊未明晰觀此傳下云單子欲告急于晉則單子之奔欲入晉可知轘轅山一名崿嶺實周入晉之道也單子蓋奔至此盟而始還耳

大盟而復殺摯荒以說劉子如劉

漢地理志緱氏有劉聚水經注劉水出半石東山西北流經劉聚謂之劉澗蓋即劉子之邑

單子亡乙丑奔于平時（釋文本作平時一本或作奔平壽誤）羣王子追之單子殺還姑發弱鬷延定稠子朝奔京丙寅伐之京人奔山劉子入于王城辛未鞏簡公敗績于京乙亥甘平公亦敗焉叔鞅至自京師言王室之亂也閔馬父曰子朝必不克

其所與者天所廢也單子欲告急於晉秋七月戊寅以王

如平時遂如圃車次于皇

京相璠曰訾城北三里有皇亭春秋所謂次于皇者也

按與前居于皇之皇一地

劉子如劉單子使王子處守于王城盟百工于平宮辛卯

鄩肸伐皇

說文鄩周邑京相璠曰今鞏洛渡北有鄩谷水東下洛

謂之下鄩故有上鄩下鄩之名亦謂之北鄩於是有南

鄩北鄩之稱矣又有鄩城蓋周大夫鄩肸之舊邑

大敗獲鄩肸壬辰焚諸王城之市八月辛酉司徒醜以王

師敗績于前城

服虔云前讀爲泉周地也京相璠曰今洛陽西南五十里伊闕外前亭水經注

百工叛己巳伐單氏之宮敗焉庚午反伐之辛未伐東圉

郡國志河南郡雒陽有圉鄉杜同此

冬十月丁巳晉籍談荀躒帥九州之戎及焦瑕溫原之師以納王于王城庚申單子劉盆以王師敗績于郊前城人敗陸渾于社十一月乙酉王子猛卒不成喪也己丑敬王即位

賈逵云猛母弟史記集解杜取此

館于子旅氏十二月庚戌晉籍談荀躒賈辛司馬督帥師軍于陰于侯氏

按蓋卽緱氏地理志河南郡緱氏縣括地志緱氏古滑國也縣蓋以緱氏山得名緱侯古字通

于谿泉

水經注引作師次於明谿云洛水又東明樂泉水注之世謂之五道泉卽古明谿泉也

次于社王師軍于汜于解

郡國志河南郡洛陽有大解城杜同此

次於任人閏月晉箕遺樂徵右行詭水經注引作跪濟師取前城

軍其東南王師軍于京楚

按郡國志洛陽有前亭劉昭注引杜預縣西南有泉亭即泉戎也今攷傳上云次于陰于侯氏于谿泉于社於汜于任人由鞏縣偃師而至洛陽由遠而近於地形亦合

辛丑伐京毀其西南

唐石經此下有子朝奔郊四字顧炎武九經誤字云四字監本脫當依石經惠棟又云碑四字非初刻當是晁公武據蜀石經增入非杜本也按下傳云二師圍郊郊鄩潰杜氏云二邑皆子朝所得是杜本無奔郊之文今

按劉炫云前年王師已克京子朝從京入郊郊潰不知子朝所在以此規杜由此推之子朝奔郊四字或後人因劉氏之言而增也

二十三年春王正月壬寅朔二師圍郊癸卯郊鄩潰

按前一年傳云鄩肸伐皇杜注鄩肸子朝黨今考肸是名肸爲鄩大夫故連邑稱也下鄩羅同

丁未晉師在平陰王師在澤邑

地理志河南郡平陰應劭曰在平城南故曰平陰杜本此

賈逵云澤邑周地史記集解

王使告間庚戌還　邾人城翼還將自離姑公孫鉏曰魯

將御我欲自武城還循山而南徐鉏丘弱茅地曰道下遇雨將不出是不歸也遂自離姑武城人塞其前斷其後之木而弗殊

說文殊一曰斷也廣疋殊絶也

邾師過之乃推而蹷之遂取邾師獲鉏弱地邾人愬于晉晉人來討叔孫婼如晉晉人執之書曰晉人執我行人叔孫婼言使人也晉人使與邾大夫坐叔孫曰列國之卿當小國之君固周制也邾又夷也寡君之命介子服回在請使當之不敢廢周制故也乃不果坐韓宣子使邾人聚其衆將以叔孫與之叔孫聞之去衆與兵而朝士彌牟謂韓

宣子曰子弗良圖而以叔孫與其讎叔孫必死之魯亡叔孫必亡邾邾君亡國將焉歸子雖悔之何及所謂盟主討違命也若皆相執焉用盟主乃弗與使各居一館

賈逵云使邾魯大夫各居一館鄭衆云使叔孫子服回各居一館邾魯大夫本不同館無爲復言使各居一館也欲分别叔孫與子服回不得相見各聽其辭耳服虔竝載兩說仍云賈氏近之本疏 按服氏以賈義爲近杜注從鄭說今考上下文法則賈義爲長下云舍子服昭伯於他邑方與叔孫别處耳

士伯聽其辭而愬諸宣子乃皆執之士伯御叔孫從者四

人過邾館以如吏先歸邾子士伯曰以芻蕘之難從者之病將館子於都叔孫旦而立期焉釋文期本又作朞

鄭元禮記注期時也按杜注從旦至暮爲期非義訓

乃館諸箕舍子服昭伯於他邑范獻子求貨於叔孫使請冠焉取其冠法而與之兩冠曰盡矣爲叔孫故申豐以貨如晉叔孫曰見我吾告女所行貨見而不出吏人之與叔孫居於箕者請其吠狗弗與及將歸殺而與之食之叔孫所館者雖一日必葺其墻屋去之如始至　夏四月乙酉單子取訾

郡國志鞏有東訾聚今名訾城杜同此

劉子取墻人直人六月壬午王子朝入于尹癸未尹圉誘劉佗殺之丙戌單子從阪道劉子從尹道伐尹單子先至而敗劉子還己丑召伯奐南宮極以成周人戍尹庚寅單子劉子樊齊以王如劉甲午王子朝入于王城次于左巷

秋七月戊申鄩羅納諸莊宮

按水經注長羅川亦曰羅中蓋肸于鄩羅之偁居故川得其名是此水本不名羅以肸子始得名耳

尹辛敗劉師于唐

郡國志洛陽有唐聚杜同此

丙辰又敗諸鄩甲子尹辛取西闈丙寅攻蒯蒯潰

郡國志河南郡河南縣有蒯鄉晉書地道記河南縣西南有蒯亭杜同此

莒子庚輿虐而好劍苟鑄劍必試諸人國人患之又將叛齊烏存帥國人以逐之庚輿將出聞烏存執殳而立於道左懼將止死苑羊牧之曰君過之烏存以力聞可矣何必以弒君成名遂來奔齊人納郊公　吳人伐州來楚薳越帥師及諸侯之師奔命救州來吳人禦諸鍾離子瑕卒楚人熸吳公子光曰諸侯從於楚者衆而皆小國也畏楚而不獲已是以來吾聞之曰作事威克其愛雖小必濟胡沈之君幼而狂陳大夫齧壯而頑頓與許蔡疾楚政楚令尹

宂其師熸帥賤多寵政令不壹七國同役而不同心帥賤而不能整無大威命楚可敗也若分師先以犯胡沈與陳必先奔三國敗諸侯之師乃搖心矣諸侯乖亂楚必大奔請先者去備薄威後者敦陳整旅

詩毛傳敦厚也杜本此

吳子從之戊辰晦戰于雞父

賈氏曰泓之戰譏宋襄故書晦鄢陵之戰譏楚子故書晦雞父之戰夷之故不書本疏說苑吳用延州來季子幷冀州揚威于雞父按據此則是役季子在軍中也

吳子以罪人三千先犯胡沈與陳三國爭之吳爲三軍以

繫於後中軍從王光帥右掩餘帥左吳之罪人或奔或止三國亂吳師擊之三國敗獲胡沈之君及陳大夫舍胡沈之囚使奔許與蔡頓曰吾君死矣師譟而從之三國奔楚師大奔書曰胡子髡沈子逞滅獲陳夏齧君臣之辭也不言戰楚未陳也 八月丁酉南宮極震

服虔云南宮極王子朝之卿士也御覽

萇宏謂劉文公曰君其勉之先君之力可濟也

服虔云先君謂劉獻公文公父也獻公亦欲立子猛不欲子朝得國今南宮極震死爲天所棄先君之功事可成也同上

周之亡也其三川震今西王之大臣亦震

服虔云西王謂子朝也子朝居王城故謂之西王同上

天弃之矣東王必大克

服虔云東王敬王居狄泉在王城之東故曰東王也同上

楚大子建之母在郹召吳人而啓之冬十月甲申吳大子諸樊入郹

按孔陸皆云吳子諸樊是王僚伯父何容僚子而與同名前人以爲恐傳寫誤又云襄二十五年經書吳子遏伐楚盟于巢卒杜注遏諸樊也傳亦書諸樊卒至是僅三十年杜不辨此之誤而依文解之謬矣今考史記吳

世家書此事以爲公子光是也

取楚夫人與其寶器以歸楚司馬薳越追之不及將死衆曰請遂伐吳以邀之薳越曰再敗君師死且有罪亡君夫人不可以莫之死也乃縊於薳澨

服虔或謂之邑又謂之地（水經注）京相璠曰水際及邊地名也（同上）水經注作蓬澨惠棟曰道漢水過三澨春秋傳有句澨雍澨及此而三今按宣公四年楚令尹子越師于漳澨道元水經注亦引之是亦一澨惠氏獨拘雍薳爲三澨似鑿又按薳澨或因薳越死於此而得名

公爲叔孫故如晉及河有疾而復　楚囊瓦爲令尹城郢

沈尹戌曰子常必亡郢苟不能衞城無益也古者天子守在四夷天子卑守在諸侯諸侯守在四鄰諸侯卑守在四竟慎其四竟結其四援民狎其野

爾雅狎習也杜本此

三務成功民無内憂而又無外懼國焉用城今吳是懼而城於郢守已小矣卑之不獲能無亡乎昔梁伯溝其公宫而民潰民弃其上不亡何待夫正其疆埸修其土田險其走集親其民人明其伍候

賈服王董皆作五候賈逵云五候五方之候也敬授民時四方中央之候王云五候山候林候澤候川候平地

候也董云五候候四方及中國之姦謀也杜作伍候故云使民有部伍相爲候望本疏惠棟按周書程典曰協其三族固其四援明其伍候習其武誡依其山川通其舟車利其守務古伍字皆作五傳本文也杜氏依周書爲說故從人傍

信其鄰國愼其官守守其交禮不僭不貪不懦不耆說文懦駑弱也廣疋耆彊也杜本此

完其守備以待不虞又何畏矣詩曰無念爾祖聿修厥德無亦監乎若敖蚡冒釋文蚡作坋至于武文土不過同司馬法同方百里周禮注引杜本此

慎其四竟猶不城郢今土數圻而郢是城不亦難乎

春秋左傳詁卷十八

陽湖洪亮吉學

傳 昭公四

二十四年春王正月辛丑召簡公南宮嚚以甘桓公見王子朝劉子謂萇宏曰甘氏又往矣對曰何害同德度義大誓曰紂有億兆夷人亦有離德尚書作離心離德余有亂十人石經初刻作亂臣刊去臣字與襄十八年傳同後人輒增臣于旁非也今據削去同心同德此周所以興也君其務德無患無人戊午王子朝入于鄔

郡國志緱氏有鄔聚杜同此

晉士彌牟逆叔孫于箕叔孫使梁其踁待于門內曰余左

顧而欬

說文欬逆氣也

乃殺之右顧而笑乃止叔孫見士伯士伯曰寡君以爲盟主之故是以久子不腆敝邑之禮將致諸從者使彌牟逆吾子叔孫受禮而歸二月婼至自晉尊晉也　三月庚戌晉侯使士景伯涖問周故釋文涖作莅士伯立于乾祭而問于介衆

郡國志河南北城門名乾祭杜同此詩毛傳介大也

晉人乃辭王子朝不納其使　夏五月乙未朔日有食之梓愼曰將水五行志作將大水昭子曰旱也日過分而陽猶不克

克必甚能無早乎陽不克釋文陽不克絶句莫將積聚也六月壬申王子朝之師攻瑕及杏皆潰鄭伯如晉子大叔相見范獻子獻子曰若王室何對曰老夫其國家不能恤敢及王室抑人亦有言曰嫠不恤其緯釋文嫠本又作釐

說文緯織橫絲也

而憂宗周之隕爲將及焉今王室日蠢蠢焉

說文惷亂也廣疋同春秋王室日惷惷焉一曰厚也按今本作蠢故杜注動擾貌三體石經作𢧢尚書蠢字說文引作𢧢古蠢字皆作𢧢俗作蠢按古字多假借說文蠢蟲動也从䖵春聲𢧢字注云古文蠢从𢦏周書曰我有

蠢于西左傳以惷爲蠢自是傳本不同惠氏輒指爲俗

非也日諸本作實今从說文改正

吾小國懼矣然大國之憂也吾儕何知焉吾子其早圖之

詩曰瓶之罄矣釋文本又作缾

說文窒空也詩曰瓶之窒矣

惟罍之恥

爾雅罍酒罇方言缶其小者謂之瓶椄杜注罍大瓶小

亦以意言之

王室之不寧晉之恥也獻子懼而與宣子圖之乃徵會於

諸侯期以明年　秋八月大雩旱也　冬十月癸酉王子

朝用成周之寶珪于河

桉石經此行少一字今攷史記周本紀正義引左傳云子朝用成周之寶珪沈于河漢書五行志作湛于河釋文一本或作沈于河則石經刊去者乃沈字也

甲戌津人得諸河上陰不佞以溫人南侵拘得玉者取其玉將賣之則爲石王定而獻之（釋文本或作王定之）與之東訾

王隱晉書地道記訾在鞏縣之東

楚子爲舟師以略吳疆沈尹戌曰此行也楚必亡邑不撫民而勞之吳不動而速之吳踵楚

說文踵追也桉說文歱相迹也廣疋亦云歱迹也歱踵

踵古字通杜注故云攝楚踵跡

而疆場無備邑能無亡乎越大夫胥犴勞王于豫章之汭越公子倉歸王乘舟倉及壽夢帥師從王王及圉陽而還吳人踵楚而邊人不備遂滅巢及鍾離而還

服虔曰鍾離州來西邑史記集解

沈尹戌曰亡郢之始於此在矣王壹動而亡二姓之帥幾如是而不及郢詩曰誰生厲階至今爲梗

詩毛傳梗病也杜本此

其王之謂乎

二十五年春叔孫婼聘于宋桐門右師見之

周禮大司馬之職師以門名正義引此傳文幷引注云右師宋右師樂大心也其家居桐門官右師與今杜注不合當是服注

語卑宋大夫而賤司城氏昭子告其人曰右師其亡乎君子貴其身而後能及人是以有禮今夫子卑其大夫而賤其宗是賤其身也能有禮乎無禮必亡宋公享昭子賦新宮昭子賦車轄（詩作舝釋文轄本又作舝）明日宴飲酒樂宋公使昭子右坐語相泣也樂祁佐退而告人曰今茲君與叔孫其皆死乎吾聞之哀樂而樂哀皆喪心也心之精爽是爲魂魄魂魄去之何以能久　季公若之姊爲小邾夫人生宋元

夫人生子以妻季平子昭子如宋聘且逆之公若從謂曹氏弗與魯將逐之曹氏告公公告樂祁樂祁曰與之如是魯君必出政在季氏三世矣魯君喪政四公矣無民而能逞其志者未之有也國君是以鎮撫其民詩曰人之云亡心之憂矣魯君失民矣焉得逞其志靖以待命猶可動必憂　夏會于黃父謀王室也趙簡子令諸侯之大夫輸王粟具戍人曰明年將納王子大叔見趙簡子簡子問揖讓周旋之禮焉對曰是儀也非禮也簡子曰敢問何謂禮對曰吉也聞諸先大夫子產曰夫禮天之經也地之義也民之行也天地之經而民實則之

惠棟曰古文孝經實作是是卽古寔字見尚書秦誓及詛楚文鄭康成詩箋云趙魏之東寔實同聲故此傳又作實

則天之明因地之性生其六氣用其五行氣爲五味發爲五色章爲五聲淫則昏亂民失其性是故爲禮以奉之爲六畜

鄭元周禮注六牲馬牛羊豕犬雞正義六畜卽六牲也始養之曰畜將用之曰牲此杜本

五牲

服虔云牲麋鹿熊狼野豕疏本

三犧

服虔云犧鴈鶩雉也同上

以奉五味爲九文六采五章以奉五色

周禮九章初一曰龍次二曰山次三曰華蟲次四曰火次五曰宗彝皆畫以爲繢次六曰藻次七曰粉米次八曰黼次九曰黻皆絺以爲繡考工記畫繢之事雜五色東方謂之青南方謂之赤西方謂之白北方謂之黑天謂之元地謂之黄青與白相次也赤與黑相次也元與黄相次也青與赤謂之文赤與白謂之章白與黑謂之黼黑與青謂之黻五色備謂之繡杜並本此

爲九歌八風七音六律以奉五聲爲君臣上下以則地義爲夫婦外内以經二物爲父子兄弟姑姊甥舅昏媾姻亞（釋文亞本又作婭）以象天明

爾雅釋親婦之父爲婚壻之父爲姻兩壻相謂爲亞說文媾重婚也（杜本此）

爲政事庸力行務以從四時爲刑罰威獄使民畏忌以類其震曜殺戮爲溫慈惠和以效天之生殖長育民有好惡喜怒哀樂生于六氣

賈逵云好生于陽惡生于陰喜生于風怒生于雨哀生于晦樂生于明（同上）桉蒸民正義以此爲服注蓋服用賈

注也

是故審則宜類以制六志哀有哭泣樂有歌舞喜有施舍怒有戰鬬喜生於好怒生於惡是故審行信令禍福賞罰以制死生生好物也死惡物也好物樂也惡物哀也哀樂不失乃能協于天地之性是以長久簡子曰甚哉禮之大也對曰禮上下之紀天地之經緯也民之所以生也是以先王尚之故人之能自曲直以赴禮者謂之成人大不亦宜乎簡子曰鞅也請終身守此言也宋樂大心曰我不輸粟我於周爲客若之何使客晉士伯曰自踐土以來宋何役之不會而何盟之不同曰同恤王室子焉得避之子奉

君命以會大事而宋背盟無乃不可乎右師不敢對受牒而退

說文簡牒也牒札也

士伯告簡子曰宋右師必亡奉君命以使而欲背盟以干盟主無不祥大焉　有鸜鴒來巢書所無也

服虔云鸜鴒不踰濟今踰宜穴而又巢故云書所無也　本疏

師己曰

賈逵云魯大夫　史記集解　杜本此

異哉吾聞文成之世

賈逵云文成魯文公成公同上按論衡集虛篇引此作文成李善注幽通賦亦同今諸本誤作文武从石經及宋本改正惠棟曰若云周之文武數百年豈能逆知童謡爲魯昭徵驗乎今本皆作文武俗誤行之久矣

童謡有之曰鸜之鵒之公出辱之鸜鵒之羽公在外野往饋之馬

廣雅饋遺也杜本此

鸜鵒跦跦文選注引作株株

漢書集注跦跦跳行貌杜本此

公在乾侯徵褰與襦

說文襄袴也春秋傳曰徵褰與襦襦短衣也廣疋襗謂之絝杜本此方言云絝齊魯之間謂之襱郭璞云徵褰與襦音騫

鸜鵒之巢遠哉搖搖五行志引作搖搖今諸刊本作遙遙遙俗字今據漢書改

廣疋遙遙遠也

裯父喪勞釋文及諸本並誤作禂今从唐石經及宋本改正古今人表亦作裯宋父以驕鸜鵒鸜鵒往歌來哭童謠有是今鸜鵒來巢其將及乎

秋書再雩旱甚也

初季公鳥娶于齊鮑文子生甲

桉顧炎武云石經申誤作甲今攷宋本並作甲與石經合未可謂之誤諸刻本作申乃傳寫之誤也甲與申字

畫相近而誤如昭十年傳郠甲字諸本並誤作申設無石經及宋本將何所適從耶此處定从石經宋本作甲或云猶言某甲失其名耳若著其名何以不再見

公鳥死季公亥與公思展與公鳥之臣申夜姑相其室

小爾雅相治也杜本此

及季姒與饔人檀通而懼乃使其妾抶已以示秦遄之妻曰公若欲使余余不可而抶余又訴於公甫曰展與夜姑將要余秦姬以告公之公之與公甫告平子平子拘展於卞而執夜姑將殺之公若泣而哀之曰殺是是殺余也將爲之請平子使豎勿内日中不得請有司逆命公之使速

殺之故公若怨平子季郈之雞鬬季氏介其雞

賈逵云擣芥子爲末播其雞翼可以坌郈氏雞目鄭衆云介甲也爲雞著甲本疏服虔云擣芥子播其雞羽史記集解

桉服杜皆取賈說

郈氏爲之金距平子怒益宮于郈氏

服虔云金距以金踏距儀禮疏高誘呂覽注云以利鐵作鍜距沓其距上沓即踏又淮南王書注云金距施芒于距

且讓之

方言凡言相責讓曰譙讓杜本此

故郈昭伯亦怨平子古今人表作厚昭伯師古曰卽郈昭伯也

世本昭伯名惡曾孝公之後稱厚氏也呂覽郈成子爲魯聘于晉高誘注郈成子魯大夫也郈敬子國之子郈靑後也世本孝公生惠伯革其後爲厚氏

臧昭伯之從弟會爲讒於臧氏而逃於季氏史記作僞讒

桉定十二年傳文子爲不知釋文云文子爲不知爲字古每假借爲僞陸氏此處未加音切偶疏漏耳

臧氏執旃平子怒拘臧氏老

服虔云老臧氏家之大臣同上

將禘於襄公萬者二人其衆萬於季氏

淮南王書禱於襄廟舞者二人惠棟曰傳氏言四人爲

列倘不成樂況二人乎當作八傳文誤也

臧孫曰此之謂不能庸先君之廟大夫遂怨平子公若獻弓於公爲且與之出射於外而謀去季氏公爲告公果公賁公果公賁使侍人僚柤告公釋文侍人本亦作寺人公寢將以戈擊之乃走公曰執之亦無命也懼而不出數月不見公不怒又使言公執戈以懼之乃走又使言公曰非小人之所及也公果自言公以告臧孫臧孫以難告郈孫郈孫以可勸告子家懿伯懿伯曰讒人以君徼幸事若不克君受其名不可爲也舍民數世以求克事不可必也且政在焉其

難圖也公退之辭曰臣與聞命矣言若泄臣不獲死乃館於公叔孫昭子如闞公居于長府九月戊戌伐季氏殺公之於門遂入之平子登臺而請曰君不察臣之罪使有司討臣以干戈臣請待於沂上

水經沂水出泰山蓋縣艾山至下邳縣西南入泗杜本此

以察罪弗許請囚於費弗許史記作鄪

服虔云費季氏邑史記集解

請以五乘亡弗許

服虔云言五乘自省約以出同上

子家子曰君其許之政自之出久矣隱民多取食焉

荀子宥坐篇奚居之隱也椄與此義同楊倞注隱窮約也亦與杜注略同

爲之徒者衆矣日入慝作

周禮環人察軍慝鄭元注慝陰姦也謂軍中有爲慝者

弗可知也衆怒不可蓄也蓄而弗治將蘊釋文蘊本又作藴

說文蘊積也杜本此

蘊蓄民將生心生心同求將合君必悔之弗聽郈孫曰必殺之公使郈孫逆孟懿子

賈逵云仲孫何忌同上

叔孫氏之司馬鬷戾言於其衆曰若之何史記作叔孫氏之臣戾無鬷字

鄭元云大夫家臣爲司馬者

莫對又曰我家臣也不敢知國凡有季氏與無於我孰利皆曰無季氏是無叔孫氏也鬷戾曰然則救諸帥徒以往陷西北隅以入一本以作而韓非子內儲作撞西北隅以入公徒釋甲執冰而踞

賈逵云冰櫝丸蓋也本疏杜取此方言弓藏謂之韇或謂之櫝丸

遂逐之孟氏使登西北隅以望季氏見叔孫氏之旌以告孟氏內儲篇作見叔孫之旗執郈昭伯殺之于南門之西遂伐公徒

子家子曰諸臣僞劫君者而負罪以出君止意如之事君

也不敢不改公曰余不忍也與臧孫如墓謀遂行己亥公孫于齊次于陽州齊侯將唁公于平陰公先至于野井齊侯曰寡人之罪也使有司待于平陰爲近故也書曰公孫于齊次于陽州齊侯唁公于野井禮也將求於人則先下之禮之善物也齊侯曰自莒疆以西請致千社

賈逵云二十五家爲一社千社二萬五千家也史記集解杜取此

以待君命寡人將帥敝賦以從執事唯命是聽君之憂寡人之憂也公喜子家子曰天祿不再天若昨君不過周公以魯足矣失魯而以千社爲臣誰與之立且齊君無信不

如早之晉弗從臧昭伯率從者將盟載書曰戮力釋文作勠壹心好惡同之信罪之有無繾綣從公無分外內

廣雅饋綣搏也饋與繾綣與綣並同桉搏即不離散之意故杜注云不離散也

以公命示子家子子家子曰如此吾不可以盟羈也不佞不能與二三子同心而以爲皆有罪或欲通外內且欲去君二三子好亡而惡定焉可同也陷君於難罪孰大焉通外內而去君君將速入勿通何爲而何守焉乃不與盟昭子自闞歸見平子平子稽顙曰子若我何昭子曰人誰不死子以逐君成名子孫不忘不亦傷乎將若子何平子曰

苟使意如得改事君所謂生死而肉骨也昭子從公于齊與公言子家子命適公館者執之公與昭子言於幄內曰將安衆而納公公徒將殺昭子伏諸道左師展告公公使昭子自鑄歸平子有異志冬十月辛酉昭子齊於其寢使祝宗祈死戊辰卒左師展將以公乘馬而歸公徒執之壬申尹文子水經注引作尹文公涉于鞏焚東訾弗克　十一月宋元公將爲公故如晉夢太子欒卽位於廟

古今人表作兜欒黃伯思曰祕閣古寶器有宋公䜌餗鼎汲冢師春書䜌乃宋景公名與鼎銘合惠棟云董逌云竹書有宋景公䜌而史爲頭曼孫炎以䜌爲頭曼合

聲以辯周秦之語則䜌爲古文䜌也

已與平公服而相之旦召六卿諸本旦誤且今从宋本及六經正誤改正公曰寡人不佞不能事父兄以爲二三子憂寡人之罪也若以羣子之靈獲保首領以沒惟是楄柎所以藉幹者

說文楄部方木也春秋傳曰楄部薦幹桉今本作楄柎以音同而誤又說文幹脅也桉楚辭招魂章去君之恒幹王逸章句幹體也易曰貞者事之幹

請無及先君仲幾對曰君若以社稷之故私降昵宴

說文暱日近也从日匿聲春秋傳曰私降暱宴或从尼作昵

羣臣弗敢知若夫宋國之法死生之度先君有命矣羣臣以死守之弗敢失隊臣之失職常刑不赦臣不忍其死君命祗辱宋公遂行己亥卒于曲棘　十二月庚辰齊侯圍鄆

賈逵云欲取以居公不書圍鄆人自服不成圍本疏杜取此

初臧昭伯如晉臧會竊其寶龜僂句以卜爲信與僭僭吉臧氏老將如晉問會請往昭伯問家故盡對及內子與母弟叔孫則不對再三問不對歸及郊會逆問又如初至次于外而察之皆無之執而戮之逸奔郈

說文東平無鹽有郈鄉杜本此

郈魴假使爲賈正焉計于季氏

惠棟曰上計也

臧氏使五人以戈盾伏諸桐汝之閭會出逐之反奔執諸季氏中門之外平子怒曰何故以兵入吾門拘臧氏老季臧有惡及昭伯從公平子立臧會會曰僂句不余欺也

楚子使薳射城州屈復茄人焉城丘皇遷訾人焉使熊相禖郭巢季然郭卷

郡國志南陽郡葉有卷亭杜同此

子大叔聞之曰楚王將死矣使民不安其土民必憂憂將及王弗能久矣

二十六年春王正月庚申齊侯取鄆

賈逵云魯邑史記集解服虔以爲往年齊侯取鄆實圍鄆耳經以圍書取傳實其事故于是言取本疏

葬宋元公如先君禮也　三月公至自齊處于鄆言魯地也　夏齊侯將納公命無受魯貨申豐從女賈

賈逵云申豐女賈魯大夫史記集解

以幣錦二兩縛一如瑱

說文瑱以玉充耳縛束也桉今本作縳釋文直轉反今考縳說文白鮮色也非束縛之義杜注訓卷則亦以爲縳字葢自陸德明始誤耳

適齊師謂子猶之人高齮能貨子猶爲高氏後

史記作許齊臣高齕子將粟五千庾索隱曰一本子將上有貨字子將梁玨據也齕音紇齊臣也左傳子將作子猶

粟五千庾

賈逵云十六斗爲庾五千庾八萬斗史記集解按杜注作八千斛

高齮以錦示子猶子猶欲之齮曰魯人買之百兩一布

鄭司農云或曰布泉也周禮疏

以道之不通先入幣財子猶受之言於齊侯曰羣臣不盡

力于魯君者諸本于作於今从石經改正非不能事君也然據有異焉

服虔云異猶怪也史記集解杜取此

宋元公爲魯君如晉卒于曲棘叔孫昭子求納其君無疾而死不知天之弃魯邪諸本作耶今从石經宋本改正抑魯君有罪於鬼神故及此也顏氏家訓引傳鬼神下有邪字君若待于曲棘使羣臣從魯君以卜焉

郡國志齊國西安有棘里亭桉正義云卽此棘云曲棘者以上文宋公卒于曲棘而誤

若可師有濟也君而繼之兹無敵矣若其無成君無辱焉

齊侯從之使公子鉏帥師從公成大夫公孫朝謂　　曰

有都以衛國也請我受師許之請納質弗許曰信女足矣

告於齊師曰孟氏魯之敝室也用成已甚弗能忍也請息

肩于齊齊師圍成成人伐齊師之飲馬于淄者

水經淄水出泰山萊蕪縣原山南北入海地理志所出

山同桉杜注云出梁父縣疑誤

曰將以厭衆魯成備而後告曰不勝衆師及齊師戰于炊

鼻齊子淵捷

潛夫論齊子淵氏姜姓桉新序曰陳恒弑君使勇士六

人劫子淵棲捷與棲字近而致岐

從泄聲子射之中楯瓦繇朐汰輈釋文朐本作軥同

說文軥軶下曲者襄十四年傳稱射兩軥而還此與彼同軥朐字通服虔襄十四年注云軥車軶杜取此詩毛傳輴車轅也杜本此

匕入者三寸聲子射其馬斬鞅殪改駕人以為鬷戾也而助之子車曰齊人也將擊子車子車射之殪其御曰又之子車曰衆可懼也而不可怒也子囊帶從野泄叱之泄曰軍無私怒報乃私也將亢子又叱之亦叱之冉豎射陳武子中手失弓而罵以告平子曰有君子白皙鬒須眉諸本作鬚今从釋文改正石經亦誤作鬚

說文鬒稠髮也

甚口平子曰必子彊也無乃亢諸對曰謂之君子何敢亢之林雍羞爲顔鳴右下苑何忌取其耳顔鳴去之苑子之御曰視下顧苑子刜林雍

說文刜擊也廣雅刜斷也

斷其足䡅而乘於他車

說文䡅今聲也讀若春秋傳曰䡅而乘他車桉此則傳本作䡅杜注䡅一足行疑賈義如此後轉因說文讀若乃誤作䡅字也王篇䡅丑感切一足行桉䡅字說文不載顧氏或取諸字林也

以歸顔鳴三入齊師呼曰林雍乘　四月單子如晉告急

五月戊子劉人敗王城之師于尸氏

地理志河南郡偃師尸鄉殷湯所都桉杜云尸在鞏縣西南偃師城今攷帝王世紀尸鄉在偃師縣西南三十里杜云在偃師城蓋晉初偃師已并入洛陽也

戊辰王城人劉人戰于施谷劉師敗績　秋盟于鄟陵謀納公也　七月己巳劉子以王出

服虔云出成周也本疏

庚午次于渠王城人焚劉丙子王宿于褚氏

郡國志洛陽有褚氏聚杜同此

丁丑王次于萑谷釋文萑本或作藿　庚辰王入于胥靡辛巳王次

于滑晉知躒趙鞅帥師納王使女寬

韋昭國語注女齊之子叔褒

守闕塞

洛陽記使女寬守闕塞服虔云謂南山伊闕是也御覽大元一統志京相璠曰土地名伊闕在洛陽西南五十里通鑑音注

桉釋文作關塞諸刊本並同疑轉寫之譌水經注云昔大禹疏伊闕以通水兩山相對望之若闕伊水歷其間北流故謂之伊闕矣春秋之闕塞也

九月楚平王卒令尹子常欲立子西

服虔云子西平王之長庶子宜申御覽

曰大子壬弱其母非適也

服虔云卽昭王也其年幼弱母秦嬴同上　桉哀六年楚子軫卒則昭王名軫疑壬非昭王或卽位後改名耶史記楚世家十二諸侯年表又作珍蓋轉寫異文伍子胥傳仍作軫服虔左傳注作任

王子建寳聘之

服虔云謂夫人故大子建聘之同上

子西長而好善立長則順建善則治王順國治可不務乎

子西怒曰是亂國而惡君王也

服虔云廢而不立是謂亂國追惡君王也同上

國有外援不可瀆也

服虔云外援謂大子任秦之外甥瀆易也秦爲任外援不可易也同上

王有適嗣不可亂也敗親速讎亂嗣不祥我受其名賂吾以天下吾滋不從也楚國何爲必殺令尹令尹懼乃立昭王　冬十月丙申王起師于滑辛丑在郊遂次于尸十一月辛酉晉師克鞏召伯盈逐王子朝王子朝及召氏之族毛伯得尹氏固南宫嚚奉周之典籍以奔楚

惠棟曰周之典籍盡在楚矣三墳五典八索九丘左史倚相觀射父讀之而楚檮杌之書頗可觀國語采之流

及屈宋而楚騷比于周雅書之益人如是

陰忌奔莒以叛召伯逆王于尸及劉子單子盟遂軍圍澤亥于隄上癸酉王入于成周甲戌盟于襄宮晉師使成公般戍周而還十二月癸未王入于莊宮王子朝使告于諸侯曰昔武王克殷

服虔王肅並注云文王受命武王伐紂故云文武克殷本疏按下云吾無專享文武之功則合文武是也杜無注諸本悉作武王克殷疑誤

成王靖四方康王息民並建母弟以蕃屏周亦曰吾無專享文武之功且爲後人之迷敗傾覆而溺入于難則振救

之至于夷王王愆于厥身諸侯莫不並走其望以祈王身至于厲王王心戾虐萬民弗忍居王于彘諸侯釋位以間王政

服虔云言諸侯釋其私政而佐王室三國志及文選注

宣王有志而後效官至于幽王天不弔周王昏不若用愆厥位攜王奸命

東晳桉左傳攜王奸命舊說攜王爲伯服伯服古文作伯盤非攜王本疏桉竹書紀年幽王八年王立褒姒之子曰伯服十一年犬戎入宗周弒王下卽云犬戎殺王子伯服是攜王非伯服舊說誤也紀年又云是年申侯曾

侯許男鄭子立宜臼于申虢公翰立王子余臣于攜沈約注是爲攜王二王並立是攜王爲王子余臣至平王二十一年紀年始云晉文公殺王子余臣于攜是矣攜爲周地杜春秋地名曰攜地闕卽其證平王立二十餘年而余臣始爲晉所殺則其時亦當如東王西王之並峙故云奸命也杜旣承舊說而誤而正義又云余臣本非適故稱攜王是又不知攜爲地名而誤以爲謚號矣皆非也

諸侯替之而建王嗣用遷郟鄏

地理志河南郡河南故郟鄏也

則是兄弟之能用力於王室也至于惠王天不靖周生穨禍心諸本誤作頽今从石經改施于叔帶惠襄辟難越去王都則有晉鄭咸黜不端

王肅云咸皆也本疏桜疏又云諸本咸又作減呂覽仲冬紀水泉減竭今月令作咸竭是咸爲古文減

以綏定王家則是兄弟之能率先王之命也在定王六年秦人降妖釋文妖本又作訞

說文衣服歌謡草木之怪謂之妖

曰周其有頿王亦克能修其職

桜能字疑衍

諸侯服享二世共職王室其有間王位諸侯不圖而受其亂災至于靈王生而有頿王甚神聖無惡于諸侯靈王景王克終其世今王室亂單旗劉狄剝亂天下壹行不若謂先王何常之有唯余心所命其誰敢討之帥羣不弔之人以行亂于王室侵欲無厭玩求無度諸本玩誤規今改正

尒疋弔至也杜本此

服王孫皆注云玩貪也本疏桉此則舊本規作玩正義亦云俗本作規謬也

貫瀆鬼神

尒疋貫習也說文摜習也春秋傳曰摜瀆鬼神桉今本

作貫蓋隸省杜本此

慢棄刑法倍奸齊盟傲狠威儀釋文狠作佷矯誣先王晉爲不道是攝是贊

儀禮鄭元注攝持也杜本此

思肆其罔極茲不穀震盪播越釋文盪本或作蕩竄在荆蠻未有攸厎若我一二兄弟甥舅獎順天法無助狡猾以從先王之命釋文猾又作滑毋速天罰赦圖不穀則所願也敢盡布其腹心及先王之經而諸侯實深圖之昔先王之命曰王后無適則擇立長年鈞以德德鈞以卜後漢書劉植傳引此鈞作均古字通

膏肓云春秋之義三代異建適媵別貴賤有姪娣以廣

親疏立適以長不以賢立子以貴不以長王后無適明尊之敬之義無所卜筮不以賢者人狀難別嫌有所私故絶其怨望防其覬覦今如左氏言云年鈞以德德鈞以卜君之所賢人必從之豈復有卜隱桓之禍皆由此興乃曰古制不亦謬哉又大夫不世如並爲公卿通計嗣之禮左氏爲短箴膏肓云立適固以長矣無適而立子固以貴矣今言無適則擇立長謂貴均如立長王不得立愛之法年均則會羣臣羣吏萬民而詢之有司以序進而問大衆之中非君所能掩是王不得立愛之法也禮有詢立君示義在此距之言謬失春秋與禮之義

矣周禮疏　又云若長均貴均何以別之故須卜禮有詢立君是有卜也禮記疏

王不立愛公卿無私古之制也穆后及大子壽早夭卽世單劉贊私立少以間先王亦惟伯仲叔季圖之閔馬父聞子朝之辭曰文辭以行禮也子朝干景之命遠晉之大以專其志無禮甚矣文辭何爲　齊有彗星齊侯使禳之

說文禳磔禳祀除厲殃也

晏子曰無益也祇取誣焉天道不謟

桉前人云杜于謟慆二字皆以疑爲訓而不攷其意謟慆雖通用而各有本訓此言天道不濫惟德是與觀下

文可見又桉論衡變虚篇引作不闇

不貳其命若之何禳之且天之有彗也以除穢也君無穢德又何禳焉若德之穢禳之何損（論衡引作何益新序同）詩曰惟此文王小心翼翼昭事上帝聿懷多福厥德不回以受方國

君無違德

論衡引作回德回邪也今攷新序仍作違

方國將至何患於彗詩曰我無所監夏后及商用亂之故民卒流亾若德回亂民將流亾祝史之爲無能補也公說乃止齊侯與晏子坐于路寢（史記作柏寢）公歎曰美哉室其誰有此乎

服虔云景公自恐德薄不能久享齊國故曰誰有此也史記集解杜取此

晏子曰敢問何謂也公曰吾以爲在德對曰如君之言其陳氏乎陳氏雖無大德而有施于民豆區釜鍾之數其取之公也薄其施之民也厚公厚斂焉陳氏厚施焉民歸之矣詩曰雖無德與女式歌且舞陳氏之施民歌舞之矣後世若少惰釋文惰本亦作憜陳氏而不亾則國其國也已公曰善哉是可若何對曰唯禮可以已之在禮家施不及國民不遷農不移工賈不變釋文工賈古本亦作商賈士不濫官不滔

孔安國書傳滔漫也杜本此

大夫不收公利公曰善哉我不能矣吾今而後知禮之可
以爲國也對曰禮之可以爲國也久矣與天地並君令臣
共父慈子孝兄愛地敬夫和妻柔姑慈婦聽禮也君令而
不違臣共而不貳父慈而敬子孝而箴

孔安國書傳箴諫也杜本此

兄愛而友弟敬而順夫和而義妻柔而正姑慈而從婦聽
而婉

詩毛傳婉順也杜本此

禮之善物也公曰善哉寡人今而後聞此禮之上也對曰
先王所稟於天地以爲其民也是以先王上之

二十七年春公如齊公至自齊處于鄆言在外也　吳子欲因楚喪而伐之使公子掩餘（史記掩餘作蓋餘下並同）公子燭庸帥師圍潛

賈逵云二子皆王僚母弟潛楚地在廬江六縣西南（本疏）又云二公子皆吳王僚之弟（史記集解）地理志廬江郡灊縣水經注亦作灊

使延州來季子聘于上國

服虔云上國中國也蓋以吳僻在東南地勢卑下中國在其上游故謂中國爲上國也（本疏）

遂聘于晉以觀諸侯楚莠尹然工尹麇（諸本工誤王今从石經釋文改正）

服虔云王尹主宮内之政本疏桉正義亦云定本作工而服注云云疑漢時本已誤近梁孝廉處素云王尹蓋玉尹之誤古玉字皆作王也

帥師救濳左司馬沈尹戌帥都君子與王馬之屬以濟師

賈逵云都君子在都邑之士有復除者同上

與吳師遇于窮

說文竆夏后氏諸侯夷羿國也京相璠曰今安豐有竆水北入淮道元云窮水出安豐縣窮谷窮音戎水經注唐石經窮下有谷字道元所引同正義以爲有谷字非也桉石經窮下本無谷字乃後人旁增耳

令尹子常以舟師及沙汭而還

京相璠曰沙汭楚東地也同上

左尹郤宛工尹壽帥師至于潛吳師不能退吳公子光曰

此時也

服虔云時言可殺王之時也史記集解

弗可失也告鱄設諸曰上國有言曰

賈逵云上國中國也服虔云上國謂上古之國賢士所言也本疏

不索何獲

服虔云不索當何時得也史記集解

我王嗣也

服虔云夷昧生光而廢之僚者夷昧之庶兄夷昧卒僚代立故光曰我王嗣也本疏世本云夷昧及僚夷昧生光同上惠棟云服氏之說是也襄公卅一年傳吳屈狐庸曰若天所啟其在今嗣君乎有吳國者必此君之子孫實終之注云嗣君爲夷昧則光夷昧之子審矣世本左傳本出一人之手正義以世本多誤不足依據豈其然乎

桉杜注光吳王諸樊子也用史記說

吾欲求之事若克季子雖至不吾廢也

王肅云聘晉還至史記集解杜取此

鱄設諸曰王可弑也母老子弱是無若我何

服虔云母老子弱專諸托其母子于光也又云我無若是何同上彭仲博云當言是無我若何我母無我當如何我字當在若上本疏王肅云專諸云王母老子弱史記集解今桉史記專諸曰王僚可殺也母老子弱而公子將兵攻楚楚絶其路方今吴外困于楚而內空無骨鯁之臣是無柰我何光曰我身子之身也索隱云依王肅解與史記同于理無失服虔杜預見左傳下文云我爾身也及以其子爲卿遂強解是無若我何猶言我無若是何語不近情過爲迂曲非也又攷下傳光云我爾身也句終

當以服杜注爲是

光曰我爾身也夏四月

史記月下有丙子二字

光伏甲於堀室而享王史記堀作窟下同王使甲坐於道及其門門階戶席皆王親也夾之以鈹

說文曰鈹劒也

羞者獻體改服於門外執羞者坐行而入執鈹者夾承之及體以相授也光僞足疾入于堀室鱄設諸寘劒于魚中以進

服虔曰全魚炙也史記集解杜取此

抽劒刺王鈹交於匈石經本作匈後人不知妄改作胷桉史記正作匈此左傳古字之僅存者今據改正

賈逵云交專諸匈也同上

遂弑王闔廬水經注作闔閭以其子爲卿季子至曰苟先君無廢祀民人無廢主社稷有奉國家無傾乃吾君也吾誰敢怨哀死事生以待天命

服虔云待其天命之終也同上

非我生亂立者從之先人之道也復命哭墓

服虔云復命于僚哭其墓也同上

復位而待吳公子掩餘奔徐公子燭庸奔鍾吾楚師聞吳

亂而還　郤宛直而和國人說之鄢將師爲右領與費無極比而惡之令尹子常賄而信讒無極譖郤宛焉謂子常曰子惡欲飲子酒又謂子惡令尹欲飲酒於子氏子惡曰我賤人也不足以辱令尹令尹將必來辱爲惠已甚吾無以酬之若何無極曰令尹好甲兵子出之吾擇焉取五甲五兵

服虔云兵戟也本疏

曰寘諸門令尹至必觀之而從以酬之及饗日帷諸門左無極謂令尹曰吾幾禍子子惡將爲子不利甲在門矣子必無往且此役也吳可以得志子惡取賂焉而還又誤羣

帥使退其師曰乘亂不祥吳乘我喪我乘其亂不亦可乎令尹使視郤氏則有甲焉不往召鄢將師而告之將師退遂令攻郤氏且爇之

說文爇燒也杜本此

子惡聞之遂自殺也國人弗爇令曰不爇郤氏與之同罪或取一編菅焉或取一秉秆焉

說文菅茅也稈禾莖也稈或从秆春秋傳曰或投一秉稈毛傳秉把也杜本此

國人投之遂弗爇也令尹炮之

服虔云民弗肯爇也本疏鄢將師稱令尹使女燔炮之同上

盡滅郤氏之族黨殺陽令終與其弟完及佗與晉陳及其子弟晉陳之族呼於國曰鄢氏費氏自以爲王專禍楚國弱寡王室蒙王與令尹

漢書集注蒙蔽也

以自利也令尹盡信之矣國將如何令尹病之　秋會于扈令戍周且謀納公也宋衞皆利納公固請之范獻子取貨于季孫謂司城子梁與北宮貞子曰季孫未知其罪而君伐之請囚請亡於是乎不獲君又弗克而自出也夫豈無備而能出君乎季氏之復天救之也休公徒之怒而啓叔孫氏之心不然豈其伐人而說甲執冰以游叔孫氏懼

禍之濫而自同于季氏天之道也魯君守齊三年而無成季氏甚得其民淮夷與之有十年之備有齊楚之援有天之贊有民之助有堅守之心有列國之權而弗敢宣也

韓詩宣顯也詩釋文　桉杜注言用也恐誤

事君如在國故鞅以爲難二子皆圖國者也而欲納魯君鞅之願也請從二子以圍魯無成死之二子懼皆辭乃事小國而以難復　孟懿子陽虎伐鄆鄆人將戰子家子曰天命不慆久矣使君亡者必此衆也天既禍之而自福也不亦難乎猶有鬼神此必敗也烏乎諸本作嗚呼今从石經改正且與傳文前後畫爲無望也夫其死於此乎公使子家子如晉公徒敗

于且知　楚郤宛之難國言未已進胙者莫不謗令尹沈尹戌言于子常曰夫左尹與中廄尹莫知其罪而子殺之以興謗讟至于今不已戌也聞之仁者殺人以掩謗猶不爲也今吾子殺人以興謗而弗圖不亦異乎夫無極楚之讒人也民莫不知去朝吳出蔡侯朱喪大子建殺連尹奢屏王之耳目使不聰明不然平王之溫惠恭儉有過成莊無不及焉所以不獲諸侯邇無極也今又殺三不辜以興大謗幾及子矣子而不圖將焉用之夫鄢將師矯子之命以滅三族國之良也而不愆位吳新有君疆埸日駭楚國若有大事子其危哉知者除讒以自安也今子愛讒以自

危也甚矣其惑也子常曰是瓦之罪敢不良圖九月己未子常殺費無極與鄢將師盡滅其族以説于國謗言乃止冬公如齊齊侯請饗之子家子曰朝夕立於其朝又何饗焉其飲酒也乃飲酒使宰獻而請安

服虔云主人請安謂主人使司正請安于賓本疏惠棟按管子幼官篇云三千里之外諸侯世一至置大夫以爲廷安齊君飲昭公酒故使宰獻而仍用廷安之禮非卑公也杜氏以爲比公于大夫失之

子仲之子曰重爲齊侯夫人曰請使重見子家子乃以君出　十二月晉籍秦致諸侯之戍于周魯人辭以難

二十八年春公如晉將如乾侯子家子曰有求於人而卽其安人孰矜之其造於竟弗聽使請逆于晉晉人曰天禍魯國君淹恤在外君亦不使一个辱在寡人而卽安於甥舅其亦使逆君使公復于竟而後逆之

晉祁勝與鄔臧通室（石經初刻作鄔後改刻作鄡下鄡大夫亦同誤）祁盈將執之訪于司馬叔游叔游曰鄭書有之惡直醜正實蕃有徒（詩周頌引傳文實作寔）

西京賦寔蕃有徒薛綜注寔實也蕃多也

無道立矣子懼不免詩曰民之多辟無自立辟姑已若何曰祁氏私有討國何有焉遂執之祁勝賂荀躒荀躒爲之言於晉侯晉侯執祁盈祁盈之臣曰鈞將皆死憖使吾君

聞勝與臧之死也以爲快

說文云憖願也惠棟曰言鈞死耳願使吾君先聞二人之死以爲快杜注云發語辭非外傳曰吾憖置之于耳以憖御人又曰憖庇州犂韋昭皆訓爲願大夫稱主今稱君者蓋其臣三世仕于祁氏矣又云憖讀爲銀與寧同音又讀爲甯古寧甯同字說文寧與憖皆訓爲願

乃殺之夏六月晉殺祁盈及楊食我（論衡作羊舌食我）食我祁盈之黨也而助亂故殺之遂滅祁氏羊舌氏初叔向欲取於申公巫臣氏其母欲取其黨

論衡叔向之母姬姓桉上傳昭公三年叔向對晏子曰

晉之公族盡矣正義引世族譜云叔向晉之公族今論衡云向毋姬姓是向之父取于同姓也劉向列女傳亦云羊舌叔姬者叔向之母也潛夫論亦稱叔向母爲叔姬

叔向曰吾母多而庶鮮吾懲舅氏矣其母曰子靈之妻殺三夫一君一子而亡一國兩卿矣可無懲乎吾聞之甚美必有甚惡是鄭穆少妃姚子之子子貉之妹也子貉早死無後而天鍾美於是將必以是大有敗也昔有仍氏生女鬒黑

賈逵云美髮曰鬒本疏杜取此說文作㐱又作鬒云稠髮也

服虔云髮美爲鬒詩曰鬒髮如雲其言美長而黑以髮美故曰元妻毛詩疏

而甚美光可以鑑名曰元妻樂正后夔取之生伯封古今人表作伯封叔實有豕心貪惏無厭釋文厭本亦作饜

賈逵云貪者食也其人貪者財利飲食無知厭足忿怒狠戾無有期度時人謂之大豬本疏說文河內之北謂貪曰惏

忿纇無期釋文纇又作類

服虔云忿怒其纇以饜其私無期度也同上桉釋文一作類亦與服同當係漢時本如此

謂之封豕有窮后羿滅之夔是以不祀且三代之亡共子之廢皆是物也女何以爲哉夫有尤物足以移人苟非德義則必有禍叔向懼不敢取平公強使取之生伯石伯石始生子容之母走謁諸姑曰長叔姒生男

禮記喪服章云娣姒婦報傳曰娣姒婦者弟長也傳言弟長者雙訓娣姒云言娣是弟姒是長也鄭元曰娣姒者兄弟之妻相名也長婦謂穉婦爲娣婦娣婦謂長婦爲姒婦桉杜注似不分明

姑視之及堂聞其聲而還曰是豺狼之聲也文選注引無也字釋文豺本又作豺狼子野心非是莫喪羊舌氏矣文選注引無矣字

論衡引作野心無親非是莫喪羊舌氏

遂弗視 秋晉韓宣子卒魏獻子爲政分祁氏之田水經引作祈以爲七縣分羊舌氏之田以爲三縣司馬彌牟爲鄔大夫

水經注晉大夫司馬彌牟之邑謂之鄔水俗亦曰慮水慮鄔聲相近故因變焉

賈辛爲祁大夫司馬烏爲平陵大夫魏戊爲梗陽大夫

京相璠曰梗陽晉邑今大原晉陽縣南六十里榆次界有梗陽城水經注 地理志榆次梗陽鄉魏戊邑

知徐吾爲涂水大夫古今人表知作智

地理志大原郡榆次涂水鄉晉大夫知徐吾邑師古曰
涂音塗

韓固爲馬首大夫孟丙爲盂大夫

顧炎武曰今本作孟丙者非地理志大原郡盂縣晉大
夫盂丙邑以其爲盂大夫而謂之孟丙猶魏大夫之爲
魏壽餘閻大夫之爲閻嘉邯鄲大夫之爲邯鄲午也又
攷盂孟字相近而譌苐石經及宋本並作孟丙古今人
表及水經注亦同今據地理志等改正

樂霄爲銅鞮大夫

地理志上黨郡銅鞮杜本此

趙朝爲平陽大夫

地理志河東郡平陽應劭曰堯都也在平河之陽杜本此今本平誤巫

僚安爲楊氏大夫

地理志河東郡楊應劭曰故楊侯國

謂賈辛司馬烏爲有力於王室故舉之謂知徐吾趙朝韓固魏戊餘子之不失職能守業者也其四人者皆受縣而後見於魏子以賢舉也魏子謂成鱄吾與戊也縣人其以我爲黨乎對曰何也戊之爲人也遠不忘君近不偪同居利思義在約思純有守心而無淫行雖與之縣不亦可乎

昔武王克商光有天下其兄弟之國者十有五人姬姓之國者四十人皆舉親也

棪荀子以爲天下立七十一國姬姓獨五十三人與此不同荀子蓋合兄弟同姓爲一也

夫舉無他（風俗通引傳文下有也字）惟善所在親疏一也詩曰惟此文王

詩作惟此王季正義經涉亂離師有異讀後人因而兩存不敢追改今王肅注毛詩及韓詩亦作惟此文王鄭注毛詩作惟此王季故稱比于文王言王季之德可以比于文王也

帝度其心莫其德音毛詩作貊下德正應和曰莫亦同其德克明克明克類克長克君王此大國毛詩國作邦樂記引詩亦作邦克順克比比于文王樂記比作俾史記樂書亦作俾

鄭箋曰俾讀爲比聲之誤也

其德靡悔旣受帝祉施于孫子心能制義曰度

服虔云心能制事使得其宜言善揆度事也詩疏惠棟曰自此至經緯天地曰文皆見周書謚法惟闕曰莫曰君張守節所引謚法云賞慶刑威曰君孔晁注曰能行四者德正應和曰莫注云正其德應其和

德正應和曰莫

毛傳莫莫言清靜而敬至也杜本此 服虔云在巳爲德施行爲正發號施令天下皆應和之言皆莫然無讙譁也同上

照臨四方曰明

服虔云豫見安危也同上

勤施無私曰類周書作勤政疑誤 教誨不倦曰長

服虔云教誨人以善不懈倦言善長以道德也同上

賞慶刑威曰君慈和徧服曰順

服虔云上愛下曰慈和中和也爲上而愛下行之以中和天下徧服從而順之

擇善而從之曰比

服虔云比方損益古今之宜而從之同上桉之字衍周書乃毛傳皆無之字鄭氏樂記注引無而字有之字

經緯天地曰文

服虔云德能經緯順從天地之道故曰文同上

九德不愆作事無悔故襲天祿子孫賴之主之舉也近文德矣所及其遠哉　賈辛將適其縣見於魏子魏子曰辛來昔叔向適鄭鬷蔑惡文選注引傳蔑作蔑欲觀叔向從使之收器者而往立於堂下一言而善叔向將飲酒聞之曰必鬷明也下執其手以上曰昔賈大夫惡

桉水經注謂賈大夫即賈辛誤晉語賈辛在悼公時與叔向同朝不得言昔

取妻而美三年不言不笑御以如皋

詩毛傳臯澤也杜本此

射雉獲之其妻始笑而言賈大夫曰才之不可以已我不能射女遂不言不笑夫石經初刻脫夫字重增入今子少不颺子若無言吾幾失子矣言之不可以已也如是遂如故知今女有力于王室諸本力誤功今从石經宋本改吾是以舉女行乎敬之哉毋墮乃力

高誘呂覽注墮廢也韋昭國語注墮毀也桉杜注云損

似非義訓

仲尼聞魏子之舉也以爲義曰近不失親遠不失舉可謂義矣又聞其命賈辛也以爲忠詩曰永言配命自求多福忠也魏子之舉也義其命也忠其長有後于晉國乎　冬梗陽人有獄魏戊不能斷以獄上其大宗賂以女樂

賈逵云訟者之大宗御覽杜取此

魏子將受之魏戊謂閻没女寬曰

晉語作閻没叔寬韋昭注閻没閻明叔寬女齊之子叔褒賈逵云二子晉大夫魏子之族同上

主以不賄聞於諸侯若受梗陽人賄莫甚焉吾子必諫皆

許諾退朝待於庭饋入召之

賈逵云召二大夫食同上

比置三歎既食使坐魏子曰吾聞諸伯叔諺曰惟食忘憂吾子置食之間三歎何也同辭而對曰或賜二小人酒

賈逵云小人二子自謂同上

不夕食

服虔云昨飲酒醉故不夕食同上

饋之始至恐其不足是以歎中置自咎曰豈將軍食之而有不足是以再歎及饋之畢願以小人之腹爲君子之心

初學記引此願上有曰字

文選注引此爲上多而字屬厭而已

服虔云屬足也小人二子自謂腹飢則恐食之不足厭飽則知止君子居尊官食重祿而不知足故願以其腹爲君子之心 同上 韋昭國語注云屬適也厭飽也已止也適小飽足則自節也

獻子辭梗陽人 初學記引子字下有遂字

二十九年春公至自乾侯處于鄆齊侯使高張來唁公稱主君

服虔云大夫稱主君比公于大夫故稱主君 史記集解 杜取此

子家子曰齊卑君矣君祗辱焉公如乾侯　三月己卯京師殺召伯盈尹氏固及原伯魯之子尹固之復也有婦人

遇之周郊尤之曰處則勸人爲禍行則數日而反是夫也

其過三歲乎夏五月庚寅王子趙車入于鄻

說文鄻周邑也杜本此

以叛陰不佞敗之　平子每歲買馬具從者之衣屨而歸之于乾侯公執歸馬者賣之乃不歸馬衞侯來獻其乘馬曰啟服塹而死公將爲之櫝

說文櫝匱也

子家子曰從者病矣請以食之乃以幃裹之釋文作帷

說文幃囊也

公賜公衍羔裘使獻龍輔於齊侯

說文瓏禱旱玉桉今本作龍杜注龍輔玉名蓋取此

遂入羔裘齊侯喜與之陽穀公衍公爲之生也其母偕出公衍先生公爲之母曰相與偕出請相與偕告三日公爲生其母先以告公爲爲兄公私喜於陽穀而思於魯曰務人爲此禍也且後生而爲兄其誣也久矣乃黜之而以公衍爲大子　秋龍見于絳郊魏獻子問于蔡墨曰吾聞之蟲莫知于龍以其不生得也謂之知信乎對曰人實不知非龍實知古者畜龍故國有豢龍氏有御龍氏

賈逵云豢養也穀食曰豢史記集解服虔同　服虔云御亦養也養馬曰圉以養犬豕曰豢本疏杜取此　桉御圉字同管子書

皆以圉爲御

獻子曰是二氏者吾亦聞之而不知其故是何謂也對曰

昔有飂叔安古今人表作瘳叔安師古曰左傳作飂同音力周反

桉杜注飂古國也今攷說文鄝地名鄝當卽蓼國飂鄝

蓼古字通又叔安王充論衡引作叔宋疑誤

有裔子曰董父潛夫論引有作其實甚好龍能求其耆欲以飲食

之龍多歸之潛夫論之作焉乃擾畜龍潛夫論作乃學擾龍

桉集解引應劭曰擾音柔擾馴也能順養得其嗜欲又

桉尚書擾而毅徐廣曰擾一作柔玉篇擾字注云牛柔

謹也從也安也又馴也尚書擾而毅字如此音而小而

照二切是擾本作犪一音柔也

以服事帝舜帝賜之姓曰董氏曰豢龍論衡帝賜作而錫封諸鬷川鬷夷氏其後也潛夫論鬷作騣騣卽鬷字論衡其上有是字故帝舜氏世有畜龍及有夏孔甲擾于有帝有字疑誤論衡無有字帝賜之乘龍

服虔云四頭爲乘四乘十六頭也本疏

河漢各二

服虔云河漢各二乘釋文

各有雌雄孔甲不能食而未獲豢龍氏有陶唐氏旣衰其後有劉累古今人表作劉絫師古曰古累字後古文又作启

服虔云后劉累之爲諸侯者夏時賜之姓史記集解桉此則

服本後作后

學擾龍于豢龍氏以事孔甲能飲食之夏后嘉之賜氏曰御龍以更豕韋之後

賈逵云劉累之後至商不絕以代豕韋之後祝融之後封于豕韋殷武丁滅之以劉累之後代之同上惠棟曰史記更作受周禮巾車曰歲時受讀杜子春曰受當爲更儀禮燕禮及大射禮注皆云古文更爲受是更與受古今字耳汲郡古文云孔甲元年廢豕韋氏使劉累豢龍龍一雌死潛醢以食夏后夏后饗之

桉論衡饗作烹此刻本之訛烹當作亨亨爲古享字享

與饗通上云潛醢以食夏后不得復言夏后烹之也

既而使求之懼薛綜南都賦注引此既而作既又論衡引無之字

賈逵云夏后既而又使求致龍不能得而懼也史記集解

而遷于魯縣論衡而下有不得二字

地理志南陽郡魯陽有魯山古魯縣御龍氏所遷杜本此

范氏其後也獻子曰今何故無之對曰夫物物有其官官

修其方朝夕思之一日失職則死及之失官不食官宿其

業

服虔云宿思也今日當預思明日之事如家人宿火矣本疏

其物乃至若泯棄之物乃坻伏（論衡作低伏）

廣雅敺隱也坻與敺同

鬱湮不育（釋文湮作堙　湮堙古字通）

賈逵云鬱滯也湮塞也（本疏）桉廣疋亦云湮塞也（杜取此）

故有五行之官是謂五官實列受氏姓封爲上公祀爲貴神（鄭元禮記注引作祭爲大神）社稷五祀是尊是奉木正曰勾芒

賈逵云總言萬物勾芒非專木生如勾（本疏）

火正曰祝融

賈逵云夏陽氣明朗祝甚也融明也（同上）

金正曰蓐收水正曰元冥土正曰后土

賈逵云勾芒祀于戸祝融祀于竈蓐收祀于門元冥祀于井后土祀于中霤同上正義在家則祀中霤蓋取賈說龍水物也水官棄矣故龍不生得

先儒說左氏者皆以爲五靈配五方龍屬木鳳屬火麟屬土白虎屬金神龜屬水其五行之次木生火火生土土生金金生水水生木王者修其母則致其子水官修則龍至木官修則鳳至火官修則麟至土官修則白虎至金官修則神龜至故爲其說云視明禮修而麟至思睿信立而白虎擾言從文成而神龜在沼聽聰知正而名川出龍貌恭體仁而鳳凰來儀皆修其母而致其子

也本疏

不然周易有之在乾䷀之姤䷫曰潛龍勿用其同人䷌服虔云天在上火炎上同于天天不可同故曰同人本疏曰見龍在田其大有䷍曰飛龍在天其夬䷪曰亢龍有悔其坤䷁曰見羣龍無首吉坤之剝䷖曰龍戰于野釋文坤本又作巛

桉大戴禮記易之乾坤並作巛字王肅家語注巛古坤字象六斷之形陸氏周易坤卦坤字注云本又作巛巛今字也今攷說文無巛字五經周易已皆作坤則此傳

作坤爲得不必從釋文改也惟陸氏所以爲今字恐非干祿字書收巛坤二字云上通下正

若不朝夕見誰能物之獻子曰社稷五祀誰氏之五官也對曰少皞氏有四叔曰重曰該古今人表作垓曰修曰熙實能金木及水使重爲勾芒該爲蓐收修及熙爲元冥世不失職

按潛夫論世不失職上有恪共厥業四字今攷杜注云四子能治其官便不失職濟成少皞之功死皆爲民所祀分句解之似當有也存俟學者論定

遂濟窮桑

賈逵云處窮桑以登爲帝故天下號之曰窮桑帝賈以

濟爲渡也本疏水經注亦同服虔云窮桑顓頊所居路史後記

此其三祀也顓頊氏有子曰犂詩疏引傳作犂尚書及國語皆作黎黎犂古字通

爲祝融共工氏有子曰勾龍爲后土

說文社地主也春秋傳曰勾龍爲社神

此其二祀也后土爲社稷田正也周禮疏引作稷爲田正有烈山氏

之子曰柱釋文烈如字禮記作厲山

按孔穎達郊特牲正義作列山氏宋庠國語補注音曰

左傳作列山今本並作烈山容古字通賈逵鄭元皆云

烈山炎帝之號本疏按劉炫規過亦從賈義

爲稷自夏以上祀之周棄亦爲稷自商以來祀之　冬晉

趙鞅荀寅帥師城汝濱遂賦晉國一鼓鐵以鑄刑鼎

服虔云鼓量名也曲禮曰獻米者操量鼓取晉國一鼓

鐵以鑄之同上

著范宣子所爲刑書焉仲尼曰晉其亡乎失其度矣夫晉國將守唐叔之所受法度以經緯其民卿大夫以序守之民是以能尊其貴貴是以能守其業貴賤不愆所謂度也文公是以作執秩之官爲被廬之法以爲盟主今棄是度也而爲刑鼎民在鼎矣何以尊貴貴何業之守貴賤無序何以爲國且夫宣子之刑夷之蒐也晉國之亂制也若之何以爲法蔡史墨曰范氏中行氏其亡乎中行寅爲下卿

而干上令擅作刑器以爲國法是法姦也又加范氏焉易之亡也其及趙氏趙孟與焉然不得已若德可以免

三十年春王正月公在乾侯不先書鄆與乾侯非公且徵過也釋文徵本或作懲廣疋徵明也此杜本服虔云非公且徵過也過昭公無道久在外季氏非公不肯釋言公在某地春秋之義亦以不書徵季氏之過此年書者公不得入晉外內有困辱季氏聞而釋之所謂事君如在國本疏

夏六月晉頃公卒秋八月葬鄭游吉弔且送葬魏獻子使士景伯詰之曰悼公之喪子西弔子蟜送葬今吾子無貳

何故對曰諸侯所以歸晉君禮也禮也者小事大大字小之謂事大在共其時命字小在恤其所無以敝邑居大國之間共其職貢與其備御不虞之患豈忘共命先王之制諸侯之喪士弔大夫送葬惟嘉好聘享三軍之事於是乎使卿晉之喪事敝邑之間先君有所助執紼矣

說文紼亂系也

若其不間雖士大夫有所不獲數矣大國之惠亦慶其加而不討其乏明底其情取備而已以爲禮也靈王之喪

鄭元以爲簡公若在君當自行本疏

我先君簡公在楚我先大夫印段實往敝邑之少卿也王

吏不討恤所無也今大夫曰女盍從舊舊有豐有省不知所從從其豐則寡君幼弱是以不共從其省則吉在此矣唯大夫圖之晉人不能詰　吳子使徐人執掩餘使鍾吾人執燭庸二公子奔楚楚子大封而定其徙使監馬尹大心逆吳公子使居養莠尹然左司馬沈尹戌城之取於城父與胡田以與之將以害吳也子西諫曰吳光新得國而親其民視民如子辛苦同之將用之也若好吾邊疆（諸本吾作吳今从釋文石經及宋本改正釋文吳一本作吾）使柔服焉猶懼其至吾又疆其讎以重怒之無乃不可乎吳周之胄裔也而弃在海濱不與姬通今而始大比于諸華光又甚文將自同於先王不

知天將以爲虐乎使翦喪吳國而封大異姓乎其抑亦將卒以祚吳乎其終不遠矣我盍姑億吾鬼神

韋昭國語注億安也杜本此

而寧吾族姓以待其歸將焉用自播揚焉王弗聽吳子怒冬十二月吳子執鍾吾子遂伐徐防山以水之己卯滅徐徐子章禹斷其髮攜其夫人以逆吳子吳子唁而送之

說文唁弔生也

使其邇臣從之遂奔楚楚沈尹戌帥師救徐弗及遂城夷使徐子處之吳子問於伍員曰呂覽作五員初而言伐楚余知其可也而恐其使余往也又惡人之有余之功也今余將

自有之矣伐楚何如對曰楚執政衆而乖莫適任患若爲三師以肄焉釋文肄本又作肆

按陸粲云文十二年河曲之戰使輕者肆焉注曰暫往而退也與此傳所謂彼出則歸彼歸則出意正相類于義爲長傳遜以陸說爲非云肄習也

一師至彼必皆出彼出則歸彼歸則出楚必道敝亟肄以罷之多方以誤之既罷而後以三軍繼之必大克之闔廬從之楚于是乎始病

三十一年春王正月公在乾侯言不能外內也晉侯將以師納公范獻子曰若召季孫而不來則信不臣矣然後伐

之若何晉人召季孫獻子使私焉曰子必來我受其無咎季孫意如會晉荀躒于適歷荀躒曰寡君使躒謂吾子何故出君有君不事周有常刑子其圖之季孫練冠麻衣跣行

王肅云示憂慼史記集解杜取此

伏而對曰事君臣之所不得也敢逃刑命君若以臣爲有罪請囚於費以待君之察也亦惟君之故不絕季氏而賜之死

服虔云言賜不使死是爲以死賜之本疏

若弗殺弗亡君之惠也死且不朽若得從君而歸則固臣

之願也敢有異心夏四月季孫從知伯如乾侯子家子曰君與之歸一慙之不忍而終身慙乎公曰諾衆曰在一言矣君必逐之荀躒以晉侯之命唁公且曰寡君使躒以君命討於意如意如不敢逃死君其入也公曰君惠顧先君之好施及亡人將使歸糞除宗祧以事君則不能見夫人已所能見夫人者有如河荀躒掩耳而走曰寡君其罪之恐敢與知魯國之難臣請復於寡君退而謂季孫曰君怒未怠子姑歸祭子家子曰君以一乘入于魯師季孫必與君歸公欲從之衆從者脅公不得歸　辥伯穀卒同盟故書　秋吳人侵楚伐夷侵潛六地理志作灊　楚沈尹戌帥師救

潛吳師還楚師遷潛於南岡而還吳師圍弦左司馬戌右司馬稽帥師救弦及豫章吳師還始用子胥之謀也　冬邾黑肱以濫來奔賤而書名重地故也君子曰名之不可不愼也如是夫有所有名而不如其已以地叛雖賤必書地以名其人終爲不義弗可滅已是故君子動則思禮行則思義不爲利回不爲義疚

桉義亦利也古訓義利通廣疋俄衺也俄義同聲字書立政茲乃三宅無義民呂刑鴟夷姦宄義皆訓傾衺杜注云見義則爲之失之矣

或求名而不得或欲蓋而名章懲不義也齊豹爲衛司寇

守嗣大夫作而不義其書爲盜邾庶其莒牟夷邾黑肱以土地出求食而已不求其名賤而必書此二物者所以懲肆而去貪也若艱難其身以險危大人而有名章徹攻難之士將奔走之若竊邑叛君以徼大利而無名貪冒之民將寘力焉是以春秋書齊豹曰盜三叛人名以懲不義數惡無禮其善志也故曰春秋之稱微而顯婉而辯上之人能使昭明善人勸焉淫人懼焉是以君子貴之

十二月辛亥朔日有食之是夜也趙簡子夢童子羸而轉以歌風俗通義引作裸鄭康成引作倮賈公彥正義同

服虔云晉諸侯之霸與楚同盟趙簡子爲執政之卿遠

夷將伐同盟故夢發趙簡子周禮疏

旦占諸史墨曰

服虔云晉蔡墨史記集解

吾夢如是今而日食何也對曰六年及此月也吳其入郢

乎終亦弗克入郢必以庚辰日月在辰尾庚午之日日始

有謫火勝金故弗克

服虔云是歲在析木後六年在大梁大梁水宗十一月

日在星紀爲吳國分楚之先顓頊之子老童老童楚象

行歌象楚走哭姬姓日月在星紀星紀之分姬姓吳也

楚衰則吳得志吳世世與楚怨楚走去其國故曰吳其

入郢吳屬水水數十十月水位故曰六年及此月也有適而食故知吳終亦不克後六年定四年十一月晦庚辰吳入郢在立冬後復此月也十二月辛亥日會月于龍尾而食庚午日初有適故曰庚辰一曰日月在辰尾尾爲亡臣是歲吳始用子胥之謀以伐楚故天垂象午火庚金也火當勝金而反有適故爲不克周禮疏

三十二年春王正月公在乾侯言不能外內又不能用其人也　夏吳伐越始用師於越也史墨曰不及四十年越其有吳乎越得歲而吳伐之必受其凶

鄭司農云大歲所在歲星所居周禮疏賈逵云吳越同分

而得越福吳凶者以吳先用兵故反受其殃本疏服虔云歲在星紀吳越之分野蔡復之歲歲在大梁距此十九年昭十五年有事于武宮之歲龍度天門龍歲星也天門在戌是歲越過故今年越得歲龍東方宿天德之貴神其所在之國兵必昌向之以兵則凶吳越同次吳先舉兵故凶也或歲星在越分中故云得歲史墨知不及四十年越有吳者以其歲星十二年一周天存亡之數不過三紀三者天地人之數故歲星三周星紀至元枵哀二十二年越滅吳至此三十八年周禮疏服氏以爲有事于武宮之歲龍度天門桉正義謂十五年歲星從申

越未而至午歷家以周天十二次次別爲百四十四分歲星每紀行一百四十五分是歲星行一次外剩行一分積一百四十四年乃剩行一次故昭十五年得超一辰昭九年本疏

秋八月王使富辛與石張如晉請城成周天子曰天降禍于周俾我兄弟釋文俾本又作卑並有亂心以爲伯父憂我一二親暱甥舅不皇啟處於今十年勤戍五年余一人無日忘之閔閔焉如農夫之望歲

王逸楚詞章句閔憂也杜本此

懼以待時伯父若賜大惠復二文之業弛周室之憂

說文弛弓解也杜本此

儌文武之福以固盟主宣昭令名則余一人有大願矣昔成王合諸侯城成周以爲東都崇文德焉今我欲儌福假靈于成王

廣疋靈福也蓋變文言之耳哀二十四年儌福乞靈亦同

修成周之城俾戍人無勤諸侯用寧蝥賊遠屏晉之力也其委諸伯父使伯父實重圖之俾我一人無徵怨于百姓而伯父有榮施先王庸之范獻子謂魏獻子曰與其戍周不如城之天子實云雖有後事晉弗與知可也從王命以

紓諸侯晉國無憂是以不務而又焉從事魏獻子曰善使伯音對曰天子有命敢不奉承以奔告於諸侯遲速衰序

廣疋差次也差衰同鄭元禮記注序猶次也桉衰序猶言次序耳

於是焉在　冬十一月晉魏舒韓不信如京師合諸侯之大夫于狄泉尋盟且令城成周魏子南面衛彪傒曰文選注引作奚高麗宋板作傒又毛本衛誤作魏今从石經宋本改正魏子必有大咎干位以令大事非其任也詩曰敬天之怒不敢戲豫敬天之渝不敢馳驅況敢干位以作大事乎巳丑士彌牟營成周計丈數揣高卑

說文揣量也度高下曰揣杜本此

度厚薄仞溝洫釋文仞本又作刃

說文仞申臂一尋八尺桉杜注度深曰仞本高誘淮南王書注

物土方

鄭云儀禮注物猶相也杜本此

議遠邇量事期計徒庸慮財用書餱糧初學記引作糇以令役於諸侯屬役賦丈周禮疏引作賦丈尺書以授帥而效諸劉子韓簡子臨之以爲成命　十二月公疾徧賜大夫大夫不受賜子家子雙琥一環一璧輕服

說文琥發兵瑞玉爲虎文春秋傳云賜子家雙琥

受之大夫皆受其賜己未公薨子家子反賜于府人曰吾不敢逆君命也大夫皆反其賜書曰公薨于乾侯言失其所也趙簡子問於史墨曰季氏出其君而民服焉諸侯與之君死於外而莫之或罪也對曰物生有兩有三有五有陪貳故天有三辰地有五行體有左右各有妃偶王有公諸侯有卿皆有貳也天生季氏以貳魯侯爲日久矣民之服焉不亦宜乎魯君世從其失釋文從本又作縱季氏世修其勤民忘君矣雖死於外其誰矜之社稷無常奉君臣無常位自古以然故詩曰高岸爲谷深谷爲陵三后之姓於今爲

庶主所知也在易卦雷乘乾曰大壯☳☰天之道也昔成季友桓之季也文姜之愛子也始震而卜卜人謁之曰生有嘉聞其名曰友爲公室輔及生如卜人之言有文在其手曰友遂以名之旣而有大功於魯受費以爲上卿至于文子武子世增其業不廢舊績魯文公薨而東門遂史記索隱云遂世本作述鄒延生本作秫世本遂産子家歸父及昭子子嬰也史記索隱殺適立庶魯君於是乎失國政在季氏於此君也四公矣民不知君何以得國是以爲君愼器與名不可以假人

清陽湖洪氏本春秋左傳詁

第七册

清　洪亮吉撰

中國國家圖書館藏清嘉慶十八年陽湖洪氏刻本

山東人民出版社・濟南

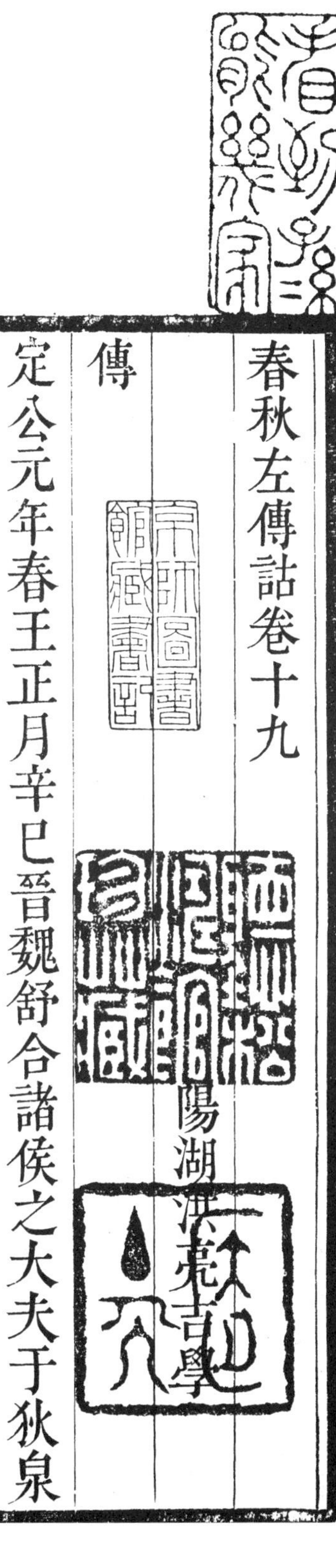

春秋左傳詁卷十九

陽湖洪亮吉學

傳

定公元年春王正月辛巳晉魏舒合諸侯之大夫于狄泉五行志引作翟泉水經注同班固服虔皇甫謐咸言翟泉在洛陽東北周之墓地又京相璠與裴司空彥季修晉輿地圖作春秋地名亦言今太倉西南池水名翟泉又曰舊說翟泉本自在洛陽北芒宏城成周乃繞之水經注

將以城成周魏子涖政衛彪傒曰將建天子而易位以令

非義也漢書義作誼大事奸義必有大咎晉不失諸侯魏子其不免乎是行也魏獻子屬役于韓簡子及原壽過而田于大陸焚焉還卒於甯范獻子去其柏椁以其未復命而田也

孟懿子會城成周庚寅栽宋仲幾不受功曰滕薛郳吾役也薛宰曰宋爲無道絕我小國於周以我適楚故我常從宋晉文公爲踐土之盟曰凡我同盟各復舊職若從踐土若從宋亦惟命仲幾曰踐土固然薛宰曰薛之皇祖奚仲居薛以爲夏車正奚仲遷於邳仲虺居薛以爲湯左相若復舊職將承王官何故以役諸侯仲幾曰三代各異物薛焉得有舊爲宋役亦其職也士彌牟曰晉之從政者

新子姑受功歸吾覜諸故府仲幾曰縱子忘之山川鬼神鄭元儀禮注引作山川神祇其忘諸乎士伯怒謂韓簡子曰薛徵於人宋徵於鬼宋罪大矣且己無辭而抑我以神誣我也啟寵納侮其此之謂矣必以仲幾爲戮乃執仲幾以歸三月歸諸京師城三旬而畢乃歸諸侯之戍齊高張後不從諸侯晉女叔寬曰周萇宏齊高張皆將不免萇宏違天高子違人天之所壞不可支也

梁履繩云桉周語云周詩有之曰天之所支不可壞也其所壞亦不可支也昔武王克殷而作此詩也以爲飫敬名之曰支今桉此殆引逸詩之意而言之衆之所爲

二語句法相似疑亦卽支詩之言耳

衆之所爲不可奸也　夏叔孫成子逆公之喪于乾侯季孫曰子家子亟言於我未嘗不中吾志也吾欲與之從政子必止之且聽命焉子家子不見叔孫易幾而哭叔孫請見子家子子家子辭曰羈未得見而從君以出君不命而薨羈不敢見叔孫使告之曰公衍公爲

桉趙岐孟子章句公輸般一云魯昭公子也今考公輸與公衍公爲名皆相類岐說或有所本檀弓所引公輸般亦正與孔子同時又桉鄭元禮記注公輸若匠師也般若之族今考季公亥字公若云與般同族亦般爲昭

公子一證

實使羣臣不得事君若公子宋主社稷則羣臣之願也凡從君出諸本君作公今從石經宋本改正而可以入者將唯子是聽子家氏未有後季孫願與子從政此皆季孫之願也使不敢以告對曰若立君則有卿士大夫與守龜在羈弗敢知若從君者則貌而出者入可也寇而出者行可也若羈也則君知其出也而未知其入也羈將逃也喪及壞隤公子宋先入從公者皆自壞隤反六月癸亥公之喪至自乾侯戊辰公卽位季孫使役如闞公氏將溝焉

桉宋本皆以闞字絕句是也今讀者皆然殊不知古人

多以閾公氏句三字連文元卿始以閾字屬上也元卿名字未詳疏中屢引之

榮駕鵞曰諸本或誤作駕非生不能事亾又離之以自旌也縱子忍之後必或恥之乃止季孫問于榮駕鵞曰吾欲爲君謚使子孫知之對曰生弗能事亾又惡之以自信也將焉用之乃止秋七月癸巳葬昭公于墓道南孔子之爲司寇也溝而合諸墓昭公出故季平子禱於煬公九月立煬宮

鄭元云煬公伯禽之子季氏禱而立其宮也文苑英華

周鞏簡公弃其子弟而好用遠人

二年夏四月辛酉鞏氏之羣子弟賊簡公　桐叛楚

郡國志廬江郡舒有桐鄉杜同此
吳子使舒鳩氏誘楚人曰以師臨我我伐桐爲我使之無忌　秋楚囊瓦伐吳師於豫章吳人見舟於豫章而潛師於巢冬十月吳軍楚師于豫章敗之遂圍巢克之獲楚公子繁　邾莊公與夷射姑飲酒私出
韓非子內儲篇作齊中大夫御飲於王醉甚而出倚於郎門
閽乞肉焉
惠士奇曰諸侯燕禮賓醉而出必取所薦脯重君賜也以所執脯賜鐘人於門內霤廣君惠也夷射姑私出無

脯奪杖敲閽無禮甚矣

奪之杖以敲之

桉說文殳部有㱿云擊頭也从殳高聲孫愐音口卓反攴部有敲云撗擿从攴高聲孫愐音口交切今釋文㱿作敲轉寫之誤也

三年春二月辛卯邾子在門臺臨廷閽以缾水沃廷釋文缾本又作瓶

邾子望見之怒閽曰夷射姑旋焉

韓非子曰捐水郎門霤下類溺者之狀

命執之弗得滋怒自投于牀廢于鑪炭

高誘淮南注廢頓也桉杜注廢隋非義訓

爛遂卒

鄭元詩箋云烈之言爛也廣雅烈爇也

先葬以車五乘殉五人莊公卞急而好絜諸本作潔今以石經釋文改正

故及是　秋九月鮮虞人敗晉師於平中獲晉觀虎恃其

勇也　冬盟於郯修邾好也　蔡昭侯爲兩佩與兩裘以

如楚獻一佩一裘於昭王昭王服之以享蔡侯蔡侯亦服

其一子常欲之弗與三年止之唐成公如楚有兩肅爽馬

賈逵云色如霜紈馬融說肅爽雁也其羽如練高首而

修頸馬似之天下希有故子常欲之桉說文鷫鷞五方

神鳥西方鷫鷞則鷫鷞是神鳥名馬云似雁亦略相似

或馬毛色似此鳥故取以名楚詞大招曼鷫鷞只王逸章句鷫鷞俊鳥也高誘淮南注亦以爲鳥名云長頸綠身其形似雁一曰鳳凰之别名也杜注以爲駿馬名則以意言之耳劉逵吳都賦注引左傳作驌驦水經注作肅霜

子常欲之弗與亦三年止之唐人或相與謀請代先從者許之飲先從者酒醉之竊馬而獻之子常子常歸唐侯自拘于司敗曰君以弄馬之故隱君身棄國家羣臣請相夫人以償馬必如之唐侯曰寡人之過也二三子無辱皆賞之蔡人聞之固請而獻佩于子常子常朝見蔡侯之徒命

有司曰蔡君之久也官不共也明日禮不畢將死蔡侯歸
及漢執玉而沈曰余所有濟漢而南者有若大川蔡侯如
晉以其子元與其大夫之子爲質焉而請伐楚
四年春三月劉文公合諸侯于召陵謀伐楚也史記世家作召陵
晉荀寅求貨于蔡侯弗得言于范獻子曰國家方危諸侯
方貳將以襲敵不亦難乎水潦方降疾瘧方起中山不服
弃盟取怨無損於楚而失中山不如辭蔡侯吾自方城以
來楚未可以得志祗取勤焉乃辭蔡侯　晉人假羽旄於
鄭鄭人與之明日或旆以會晉于是乎失諸侯將會衞子
行敬子言於靈公曰會同難嘖有煩言

賈逵云嘖至也本疏杜取此　桉說文嘖高氣多言也春秋傳曰嘖言疑此卽嘖有煩言之古文又說文嘖大呼也訓與此文不相蒙當作嘖爲是多言正與下煩言相應

莫之治也其使祝佗從書疏引作鮀論語同古今人表作祝鮀父公曰善乃使子魚子魚辭曰臣展四體以率舊職猶懼不給而煩刑書若又共二徼大罪也且夫祝社稷之常隸也社稷不動

桉劉炫以社稷動爲軍行最是杜注云國遷失之

祝不出竟官之制也君以軍行祓社釁鼓

說文釁血祭也

祝奉以從於是乎出竟若嘉好之事君行師從卿行旅從

服虔云謂會同詩疏

臣無事焉公曰行也及皐鼬將長蔡於衛

服虔云載書使蔡在衛上史記集解

衛侯使祝佗私於萇宏曰聞諸道路不知信否若聞蔡將先衛信乎萇宏曰信蔡叔康叔之兄也

賈逵等皆云蔡叔周公兄本疏桉本僖二十四年左傳文

杜注取賈

先衛不亦可乎子魚曰以先王觀之則尚德也昔武王克商成王定之選建明德以蕃屏周諸文作藩从釋文石經改正故周公相王室以尹天下於周爲睦

爾雅詩毛傳並云尹正也杜本此

分魯以大路大旂

賈逵云金路也史記集解杜取此

夏后氏之璜

說文璜半璧也白虎通及逸禮云半璧曰璜梭鄭康成注周禮亦同高誘又曰半圭曰璜夏后氏之珍玉也杜注苐以爲美玉未知何據

封父之繁弱

鄭元云此繁弱封父之國爲之本疏荀卿子曰繁弱鉅黍古之良弓也繁亦作蕃古字通上林賦曰彎蕃弱文穎

曰蕃弱夏后氏良弓之名

殷民六族

棪賈公彥周禮司約正義引傳文并引注云殷民祿父之餘民三十族六姓也今無此注賈所引當是服義

條氏徐氏蕭氏索氏長勺氏尾勺氏使帥其宗氏輯其分族將其類醜以法則周公用卽命于周是使之職事于魯以昭周公之明德分之土田陪敦棪陪當作培釋文一本又作倍非

說文培敦土田山川也廣雅陪益也詩毛傳敦厚也

祝宗卜史備物典策釋文策本又作冊亦作筴或作筞

說文冊符命也諸侯進受於王也象其札一長一短中

有二編之形古文作𥴦梭今本作策非作筴又隸書之變服虔云備物國之職物之備也官司彝器因商奄之民

說文奄國在魯鄭元尚書注奄在淮夷之北命以伯禽

竹書紀年成八年命魯侯禽父遷庶殷于魯梭所云命以伯禽者指此惠棟云當用劉炫說伯禽唐誥百篇不載封伯禽事別見洛誥唐叔有歸禾故皆不載也孔子刪書亦用春秋一書不再書之例

而封於少皞之虛史記世家作少昊

說文虛大丘也賈逵云少皞居窮桑登爲帝蓋未爲帝居魯丘既爲帝乃居魯也本疏

分康叔以大路少帛

賈逵云雜帛也史記集解

綪茷

賈逵云大赤也同上杜取此說文綪赤繒也鄭衆云茷旆名也同桉鄭康成雜記注引作蒨詩小雅白旆央央毛傳云白旆繼旐者也正義曰茷與旆古今字故定四年傳云蒨茷旃旌亦旆也據鄭注孔疏是綪蒨古通經典異用之字陸氏釋文失考者甚多

旃旌

賈逵云通帛爲旃析羽爲旌同上桉說文旃旗曲柄也所以旃表士衆周禮曰通帛爲旃旌游車載旌析羽注旄首所以精進士卒

大呂

賈逵云鍾名同上杜取此

殷民七族陶氏施氏潛夫論引作荼氏繁氏錡氏樊氏饑氏終葵氏封畛土略

說文畛井田閒陌也略經土田也

自武父以南及圃田之北竟釋文圃本亦作甫同

漢書地理志河南郡中牟圃田澤在西豫州藪
取於有閻之土以共王職取於相土之東都以會王之東
蒐聃季授土
史記管蔡世家作冉季載索隱曰冉國也載名也季氏
也冉或作那棪國語曰冉季鄭姬賈逵云文王子聃季
之國也莊十八年楚武王克權遷於那處杜云那處楚
地南郡編縣有那口城那與那皆音奴甘反正義曰冉
作丹音奴甘反或作那音同丹國名也季載人名也衛
康叔世家作冉季棪聃之爲聃那之爲那爲那皆轉寫
之譌

陶叔授民命以康誥而封於殷虛皆啟以商政疆以周索

考工記時文思索鄭元注文德之君思求可以爲民立法者杜本此

分唐叔以大路密須之鼓闕鞏

說文作䂬詳見昭十五年

沽洗懷姓九宗職官五正命以唐誥而封於夏虛

梭服虔注大夏在汾澮之間不得至晉陽杜注誤顧炎武日知錄已辨之

啟以夏政疆以戎索三者皆叔也而有令德故昭之以分物不然文武成康之伯猶多而不獲是分也唯不尚年也

管蔡啟商惎間王室

賈逵云惎毒間亂本疏說文惎毒也惠棟云惎當訓爲教宣十二年注訓惎爲教言管蔡間商叛周之心而教之乘間以圖王室張衡西京賦云天啟其心人惎之謀與傳合意左傳惎字凡四見宣十二年傳楚人惎之當依說文作畀哀元年傳少康惎澆當訓爲毒廿七年傳趙襄子惎知伯當訓爲忌小爾雅云惎忌也此傳當訓爲教小爾雅云惎教也杜惟哀元年注得之餘皆非也

王於是乎殺管叔而蔡蔡叔

棱蔡當從說文作⿱殺米己見前

以車七乘史記作輿車七乘徒七十人其子蔡仲改行帥德周公舉之以爲己卿士見諸王而命之以蔡其命書云王曰胡無若爾考之違王命也若之何其使蔡先衛也武王之母弟八人周公爲太宰康叔爲司寇聃季爲司空五叔爲官豈尚年哉曹文之昭也說文作佋晉武之穆也曹爲伯甸非尚年也今將尚之是反先王也晉文公爲踐土之盟衛成公不在夷叔其母弟也猶先蔡其載書云王若曰晉重魯申衛武蔡甲午鄭捷齊潘宋王臣莒期藏在周府可覆視也

爾雅覆察審也廣雅覆索也𡩋索同

吾子欲復文武之略

高誘淮南注略道也杜本此

而不正其德將如之何萇宏說告劉子與范獻子謀之乃長衛侯於盟反自召陵鄭子太叔未至而卒晉趙簡子爲之臨甚哀曰黄父之會

賈逵云黄父會在昭廿五年御覽杜取此

夫子語我九言曰無始亂

賈逵云無爲亂始同上

無怙富無恃寵

說文云怙恃也恃賴也

無違同無敖禮無驕能無復怒無謀非德無犯非義沈

人不會于召陵晉人使蔡伐之夏蔡滅沈秋楚爲沈故圍蔡伍員爲吳行人以謀楚楚之殺郤宛也伯氏之族出伯州犂之孫嚭爲吳太宰

史記作楚誅伯州犂其孫伯嚭亡奔吳吳以爲大夫按史記與左傳小異當以左氏所言爲得其實高誘呂覽注作白州犂李善文選注引吳越春秋曰帛否來奔於吳又云本或作伯喜或作帛否或作太宰嚭字雖不同其人一也

以謀楚楚自昭王卽位無歲不有吳師蔡侯因之以其子乾與其大夫之子爲質於吳冬蔡侯吳子唐侯伐楚舍舟

于淮汭自豫章與楚夾漢左司馬戌謂子常曰子沿漢而與之上下

說文沿緣水而下也杜本此

我悉方城外以毁其舟還塞大隧直轅冥阨

墨子非攻篇曰吳闔廬次注林出於冥隘之徑棧冥隘即冥阨釋文阨本亦作隘音同史記無忌說魏安釐曰秦不敢攻冥阨之塞徐廣曰即江夏郡鄳縣

子濟漢而伐之我自後擊之必大敗之既謀而行武城黑謂子常曰吳用木也我用革也不可久也不如速戰史皇謂子常楚人惡子而好司馬若司馬毁吳舟于淮塞城口

而入是獨克吳也子必速戰不然不免乃濟漢而陳自小別至于大別

京相璠春秋土地名曰大別漢東山名也在安豐縣南水經注桉杜注非是辨見集中

三戰子常知不可欲奔史皇曰安求其事難而逃之將何所入子必死之初罪必盡說十一月庚午師陳于柏舉

京相璠曰柏舉漢東地水經注元和郡縣志龜頭山在黃州麻城縣東南八十里舉水之所出也春秋吳楚戰於柏舉卽此地

闔廬之弟夫槩王晨請於闔廬曰楚瓦不仁其臣莫有死

志先伐之其卒必奔而後大師繼之必克弗許夫槩王曰所謂臣義而行不待命者其此之謂也今日我死楚可入也以其屬五千先擊子常之卒子常之卒奔楚師亂吳師大敗之子常奔鄭史皇以其乘廣死吳從楚師及清發

椄水經注溳水下晉太安二年鎮南將軍劉宏遣牙門皮初與張昌戰於清水卽春秋左傳定公四年吳敗楚於柏舉從之及於清發蓋溳水又兼清水之目矣今攷清發當在今德安府安陸雲夢二縣界皆漢時安陸縣竟也杜不言所在故采道元注補之

將擊之夫槩王曰困獸猶鬬況人乎若知不免而致死必

敗我若使先濟者知免後者慕之蔑有鬥心矣半濟而後可擊也從之又敗之楚人爲食吳人及之奔食而從之敗諸雍澨

說文澨埤增水邊土人所止者

五戰及郢己卯楚子取其妹季芈畀我以出

服云畀我季芈之字釋文服虔云季芈許嫁而字畀我季芈字也禮婦人許嫁笄而稱字季芈稱字是許嫁也蓋遭亂夫亾而改適鍾建耳本疏校世族譜以季芈畀我爲二人今攷當以服說爲是顧炎武云下文但稱芈知非二人

涉睢

水經作沮地理志漢中郡臨沮原注沮水出漢中房陵

東入江

鍼尹固與王同舟王使執燧象

賈逵云燧火燧也象象獸也以火繫其尾使奔吳師驚

卻其衆使王得脫本疏杜取此說文象長牙鼻南方之大獸

也

以奔吳師庚辰吳入郢以班處宮

越絕書子胥妻楚王母孔子固貶之矣惡其妻楚王母

也桉鞭平王尸及妻楚王母傳皆不言或尚爲賢者諱

子山處令尹之宮夫槩王欲攻之懼而去之夫槩王入之

左司馬戌及息而還

地理志汝南郡新息孟康曰故息國其後徙東故加新焉

敗吳師於雍澨傷初司馬臣闔廬故恥爲禽焉謂其臣曰誰能免吾首吳句卑曰臣賤可乎司馬曰我實失子可哉三戰皆傷曰吾不可用也已句卑布裳剄而裹之

說文剄刑也

藏其身而以其首免楚子涉雎濟江入於雲中王寢盜攻之以戈擊王王孫由于以背受之中肩王奔鄖鍾建負季

芋以從由于徐蘇而從

服虔云鄖楚邑史記集解

鄖公辛之弟懷將弑王曰平王殺吾父我殺其子不亦可乎

服虔云父蔓成然同上

辛曰君討臣誰敢讐之君命天也若死天命將誰讐文選注引未有乎字詩曰柔亦不茹剛亦不吐不侮矜寡不畏彊禦漢書王莽傳兩引詩矜作鰥彊禦作強圉惟仁者能之違彊陵弱非勇也乘人之約非仁也滅宗廢祀非孝也動無令名非知也必犯是余將殺汝鬥辛與其弟巢以王奔隨

服虔云隨楚與國同上

吳人從之謂隨人曰周之子孫在漢川者楚實盡之天誘其衷致罰於楚而君又竄之周室何罪君若顧報周室施及寡人以獎天衷

韋昭國語注獎成也杜本此

君之惠也漢陽之田君實有之楚子在公宮之北吳人在其南子期似王史記作子綦說苑同逃王而己爲王曰以我與之史記作予王必免隨人卜與之不吉乃辭吳曰以隨之辟小而密邇於楚楚實存之世有盟誓至于今未改若難而棄之何以事君執事之患不惟一人若鳩楚竟

韋昭國語注鳩安也杜略同

敢不聽命吳人乃退鑪金初宦鑪字宦字並从石經及釋文改於子期氏實與隨人要言王使見辭曰不敢以約爲利王割子期之心以與隨人盟初伍員與申包胥友

服虔云楚大夫王孫包胥史記集解桉戰國策作棼冒勃蘇文選注引戰國策又作樊冒勃蘇今攷棼冒勃蘇卽申包胥音之轉棼與申胥與蘇皆同音包字急讀卽爲冒勃至棼又作樊亦以音同而轉也吾友莊進士述祖云申包胥楚之公族棼冒卽楚之先蚡冒其後爲蚡冒氏猶若敖之後爲若敖氏也潛夫論伍氏亦楚之公族故

亦爲王孫氏

其亡也謂申包胥曰我必復楚國史記伍子胥傳復作覆高誘淮南注亦同申包胥曰勉之子能復之我必能興之及昭王在隨申包胥如秦乞師曰吳爲封豕長蛇

淮南王書引作吳爲封豕修蛇蠶食上國高誘注封大也豕蛇喻貪也新序引作吳爲無道行封豕長蛇蠶食天下從上國始於楚梫淮南志長作修蓋避厲王長諱

以荐食上國

爾雅荐再也梫杜注數也義亦同

虐始於楚

高誘注虐害也始先也言將以次至秦也

寡君失守社稷越在草莽使下臣告急曰夷德無厭若鄰於君疆場之患也逮吳之未定君其取分焉若楚之遂亡君之土也若以君靈撫之世以事君秦伯使辭焉曰寡人聞命矣子姑就館將圖而告對曰寡君越在草莽未獲所伏新序引伏作休下臣何敢即安立依於庭牆而哭日夜不絶聲勺飲不入口七日秦哀公爲之賦無衣九頓首而坐秦師乃出

五年春王人殺子朝于楚　夏歸粟于蔡以周亟矜無資書武成疏引作歸粟于蔡以明急矜無貣也蓋一本有也字石經貣字下亦旁增一也字　越入吳吳

在楚也　六月季平子行東野還未至丙申卒於房

顧炎武云房疑即防字古卩字作𠂤脫其下而爲防字漢仙人唐公防碑可證也地理志汝南郡吳房孟康曰本房子國而史記項羽紀封楊武爲吳防侯字亦作防漢書武帝紀濟川王明廢遷防陵常山王勃廢徙房陵一卷之中字體不同又防房二字相通之證今按文選謝莊月賦徘徊房露李善注曰防露蓋古曲也文賦曰寤防露與桑間又雖悲而不雅房與防古字通據此則房之爲防明矣

陽虎將以璵璠斂釋文璵本文作與

說文璠璵魯之寶玉高誘曰璠璵君佩玉也昭公在外平子行君事入宗廟佩璠璵故用之

仲梁懷弗與曰改步改玉陽虎欲逐之告公山不狃論語及家語並作弗擾

潛夫論公山氏魯公族姬姓

不狃曰彼爲君也子何怨焉既葬桓子行東野及費子泄爲費宰逆勞於郊桓子敬之勞仲梁懷仲梁懷弗敬子泄怒謂陽虎子行之乎

申包胥以秦師至秦子蒲戰國策作子滿新序同子虎帥車五百乘以救楚

案淮南修務訓秦王乃發車千乘步卒七萬人與此不

合

子蒲曰吾未知吳道使楚人先與吳人戰而自稷會之

賈逵云稷楚地史記集解杜取此

大敗夫槩王于沂

史記伍子胥傳曰六月敗吳兵於稷索隱曰左傳作稷丘杜注稷丘地名在郊外桉左傳並不作稷丘其引杜注字句亦不合蓋誤以裴駰集解爲杜注也

吳人獲薳射於柏舉其子帥奔徒以從子西敗吳師于軍祥秋七月子期子蒲滅唐九月夫槩王歸自立也以與王戰而敗奔楚爲堂谿氏

潛夫論堂谿谿名在西平郡國志汝南吳房有堂谿亭

廣韵吳王闔廬弟夫槩奔楚爲堂谿氏堂棠古字通

吳師敗楚師于雍澨秦師又敗吳師吳師居麇子期將焚之子西曰父兄親暴骨焉不能收又焚之不可子期曰國亾矣死者若有知也可以歆舊祀豈憚焚之焚之而又戰吳師敗又戰於公壻之谿吳師大敗吳子乃歸囚闉輿罷闉輿罷請先遂逃歸葉公諸梁之弟后臧從其母於吳不待而歸葉公終不正視　乙亥陽虎囚季桓子及公父文伯而逐仲梁懷冬十月丁亥殺公何藐己丑盟桓子于稷門之內庚寅大詛逐公父歜及秦遄皆奔齊　楚子入于

郢初鬭辛聞吳人之爭宮也曰吾聞之不讓則不和不和不可以遠征吳爭於楚必有亂有亂則必歸焉能定楚王之奔隨也石經王字上旁增楚字非唐刻將涉於成臼

酈道元云沔水又東南與臼水合水出竟陵縣東北聊屈山一曰盧屈山西流注於沔定公四年昭王濟于成臼謂是水者也

藍尹亹涉其帑

世本楚大夫涉其帑棪此則亹帑爲二人惠棟曰據外傳載其帑則帑非人名未知世本何據

不與王舟及寧王欲殺之子西曰子常惟思舊怨以敗君

何效焉王曰善使復其所吾以志前惡王賞鬭辛王孫由于王孫圉鍾建鬭巢申包胥王孫賈宋木鬭懷子西曰請舍懷也王曰大德滅小怨道也申包胥曰吾爲君也非爲身也君既定矣又何求且吾尤子旗其又爲諸遂逃賞王將嫁季芊季芊辭曰所以爲女子遠丈夫也鍾建負我矣以妻鍾建以爲樂尹王之在隨也子西爲王輿服以保路國于脾泄聞王所在而後從王王使由于城麇復命子西問高厚焉一本或有大小者涉下文而誤耳

董遇曰問城高厚丈尺也本疏

弗知子西曰不能如辭城不知高厚小大何知

王肅斷小大何知爲句注云如是小大何所知也張奐古今人論曰子西問城之大小高厚而弗知也子西怒曰不能則如辭城之而不知又何知乎張奐引傳爲文小大上屬本疏桉上問高厚弗知故此言築城而不知高厚于小大之事何所知乎從王肅句爲是

對曰固辭不能子使余也人各有能有不能王遇盜於雲中余受其戈其所猶在袒而示之背曰此余所能也脾泄之事余亦不能也

晉士鞅圍鮮虞報觀虎之敗也諸本敗誤役今从石經及宋本改正

六年春鄭滅許因楚敗也　二月公侵鄭取匡爲晉討鄭

之伐胥靡也往不假道於衛及還陽虎使季孟自南門入出自東門舍於豚澤衛侯怒使彌子瑕追之公叔文子老矣輦而如公曰尤人而效之非禮也昭公之難君將以文之舒鼎成之昭兆

賈逵曰舒鼎鼎名昭兆寶鑑

定之鞶鑑（釋文鞶又作盤）苟可以納之（淳化本無以字此疑衍）擇用一焉公子與二三臣之子諸侯苟憂之將以爲之質此羣臣之所聞也今將以小忿蒙舊德無乃不可乎太姒之子唯周公康叔爲相睦也而效小人以弃之不亦誣乎天將多陽虎之罪以斃之君姑待之若何乃止　夏季桓子如晉獻鄭

俘也陽虎强使孟懿子往報夫人之幣晉人兼享之孟孫立于房外謂范獻子曰陽虎若不能居魯而息肩於晉所不以爲中軍司馬者有如先君獻子曰寡君有官將使其人鞅何知焉獻子謂簡子曰魯人患陽虎矣孟孫知其釁以爲必適晉故强爲之請以取入焉　四月己丑吳大子終纍敗楚舟師獲潘子臣小惟子

桉呂覽引作小帷子釋文本又作帷史記曰吳王使大子夫差伐楚取番索隱曰定六年左傳四月己丑吳大子終纍敗楚舟師杜注闔廬子夫差兄此以爲夫差當謂名異而實一人耳左傳又曰獲潘子臣小惟子及大

夫七人楚于是乎遷郢於鄀此言番番音潘楚邑名子

臣帥其邑大夫也

及大夫七人楚國大惕懼亾子期又以陵師敗於繁揚

桉襄四年作繁揚漢書地理志亦作繁陽應劭曰在繁

水之陽則作陽爲正揚陽容古字通

令尹子西喜曰乃今可爲矣於是乎遷郢於鄀而改紀其

政以定楚國

服虔云鄀楚邑史記集解地理志南郡若原注楚昭王畏吾

自郢徙此後復還郢師古曰春秋傳作鄀其音同

周儋翩率王子朝之徒因鄭人將以作亂于周鄭於是乎

伐馮滑胥靡負黍

京相璠曰負黍在潁川陽城縣西南二十七里世謂之黃城也水經注杜同此

狐人闕外六月晉閻沒戍周且城胥靡　秋八月宋樂祁言於景公曰諸侯惟我事晉今使不往晉其感矣感字照前改樂祁告其宰陳寅陳寅曰必使子往他日公謂樂祁曰惟寡人悅子之言子必往陳寅曰子立後而行吾室亦不亡惟君亦以我爲知難而行也見溷而行趙簡子逆而飲之酒於緜上獻楊楯六十於簡子陳寅曰昔吾主范氏今子主趙氏又有納焉以楊楯賈禍弗可爲也已然子死晉國

子孫必得志於宋范獻子言於晉侯曰以君命越疆而使未致使而私飲酒不敬二君不可不討也乃執樂祁　陽虎又盟公及三桓於周社盟國人於亳社詛於五父之衢

冬十二月天王處於姑蕕辟儋翩之亂也

七年春二月周儋翩入於儀栗以叛　齊人歸鄆陽關

服虔云陽關魯邑史記集解

陽虎居之以爲政　夏四月單武公劉桓公敗尹氏于窮谷　秋齊侯鄭伯盟于鹹徵會于衛衛侯欲叛晉諸大夫不可使北宮結如齊而私於齊侯曰執結以侵我齊侯從之乃盟于瑣　齊國夏伐我陽虎御季桓子公斂處父御

孟懿子將宵軍齊師齊侯聞之隋伏而待之處父曰虎不圖禍而必死苦夷曰釋文夷作黄疑刻本之訛虎陷二子於難不待有司余必殺汝虎懼乃還不敗　冬十一月戊午單子劉子逆王于慶氏晉籍秦送王己巳王入于王城館于公族黨氏而後朝于莊宮

八年春王正月公侵齊門于陽州士皆坐列

惠棟曰坐爲坐作列爲表正行列司馬法曰徒以坐固

又云行慎行列

曰顔高之弓六鈞皆取而傳觀之陽州人出顔高奪人弱弓籍丘子鉏擊之與一人俱斃

說文𡚁顚仆也𡚁或從犮杜本此

偃且射釋文一云偃且人姓名且音子餘反檢世族譜無此人一讀者非也子鉏中頰犮

吳越春秋迎風則偃背風則仆仆是前覆偃是卻倒高

已被擊而仆轉而仰且射子鉏犮言善射也廣雅偃僵

也

顏息射人中眉退曰我無勇吾志其目也

服虔云志中其目是非其誠詐以自矜儀禮疏

師退冉猛僞傷足而先其兄會乃呼曰猛也殿　二月己

丑單子伐穀城劉子伐儀栗辛卯單子伐簡城劉子伐盂

以定王室　趙鞅言於晉侯曰諸侯惟宋事晉好逆其使

猶懼不至今又執之是絕諸侯也將歸樂祁士鞅曰三年止之無故而歸之宋必叛晉獻子私謂子梁曰寡君懼不得事宋君是以止子子姑使溷代子石經代誤作伐子梁以告陳寅陳寅曰宋將叛晉是棄溷也不如待之樂祁歸卒於大行

地理志河內郡山陽野王皆大行山在西北

士鞅曰宋必叛不如止其尸以求成焉乃止諸州

桉昭七年傳子產爲豐施歸州田於韓宣子宣子以易原縣於樂大心是州境與宋接壤或州地此時尚屬樂大心未可知

公侵齊廩丘之郛

風俗通郭亦謂之郛郛者亦大也初學記本此

主人焚衝

說文作幢云陷陳車也高誘淮南王書注衝車大鐵著其轅端馬被甲車被兵所以衝於敵城也

或濡馬褐以救之

高誘淮南王書注褐毛布如今之馬衣杜本此

遂毀之主人出師奔

賈逵以爲主人出魯師奔走而郤退言魯無戰備也本疏

桉杜注屈曲當以賈義爲長

陽虎僞不見冉猛者曰猛在此必敗猛逐之顧而無繼僞顛虎曰盡客氣也　苫越生子將待事而名之陽州之役獲焉名之曰陽州　夏齊國夏高張伐我西鄙晉士鞅趙鞅荀寅救我公會晉師于瓦范獻子執羔趙簡子中行文子皆執雁魯於是始尚羔

賈逵云周禮公之孤四命執皮帛卿三命執羔大夫再命執雁魯廢其禮三命之卿皆執皮帛至是乃始復禮尚羔鄭衆云天子之卿執羔大夫執雁諸侯之卿當天子之大夫故傳曰惟卿爲大夫當執雁而執羔僭天子之卿也魯人效之而始尚羔記禮所從壞本疏

晉師將盟衛侯于鄟澤釋文鄟本又作甎說苑亦同趙簡子曰羣臣誰敢盟衛君者涉佗成何曰我能盟之衛人請執牛耳成何曰衛吾溫原也焉得視諸侯將歃涉佗捘衛侯之手及捥

說文捘推也春秋傳曰捘衛侯之手擥手擥也桉說文推排也排擠也是捘有排擠之義故杜注捘擠也捥當從說文作擥馬融長笛賦云探拏捘臧李善注引廣雅曰捘桉之也惠棟曰捥經傳皆作擥郊祀志曰海上燕齊之間莫不搤擥游俠傳曰搤擥而游談師古曰擥古手腕字今傳作捥者儀禮士喪禮曰設決麗於擥鄭康成注云古文捥作擥史記樊于期偏袒搤捥索隱曰捥

古脘字史記多古文今人知者鮮矣

衛侯怒王孫賈趨進曰盟以信禮也有如衛君其敢不唯禮是事而受此盟也衛侯欲叛晉而患諸大夫王孫賈使次于郊大夫問故公以晉詬語之

廣雅詬恥也杜本此

且曰寡人辱社稷其改卜嗣寡人從焉大夫曰是衛之禍豈君之過也公曰又有患焉謂寡人必以而子與大夫之子爲質大夫曰苟有益也公子則往羣臣之子敢不皆負羈紲以從將行王孫賈云苟衛國有難工商未嘗不爲患使皆行而後可公以告大夫乃皆將行之行有日公朝國

人使賈問焉曰若衛叛晉晉五伐我病何如矣皆曰五伐我猶可以能戰賈曰然則如叛之病而後質焉何遲之有乃叛晉晉人請改盟弗許　秋晉士鞅會成桓公侵鄭圍蟲牢報伊闕也遂侵衛　九月師侵衛晉故也　季寤公鉏極公山不狃皆不得志於季氏叔孫輒無寵於叔孫氏叔仲志不得志於魯故五人因陽虎陽虎欲去三桓以季寤更季氏以叔孫輒更叔孫氏己更孟氏冬十月順祀先公而祈焉　辛卯禘于僖公壬辰將享季氏于蒲圃而殺之戒都車

惠棟曰戒讀爲駴鄭康成曰疾雷擊鼓曰駴易歸藏曰

君子戒車小人戒徒

曰癸巳至成宰公斂處父告孟孫曰季氏戒都車何故孟孫曰吾弗聞處父曰然則亂也必及於子先備諸與孟孫以壬辰爲期陽虎前驅林楚（公羊作林南）御桓子虞人以鈹盾夾之陽越殿將如蒲圃桓子咋謂林楚（石經初本咋作作）

桉考工記鐘侈則柞讀如咋咋然之咋聲大外也說文無咋字杜注咋暫也蓋取廣雅（廣雅乍暫也）从乍字得訓玉篇从鄭訓云聲大也今考諎聲大也言或從口讀若笮則咋蓋諎字之誤

曰而先皆季氏之良也爾以是繼之對曰臣聞命後陽虎

爲政魯國服焉違之徵𠬝𠬝無益於主桓子曰何後之有而能以我適孟氏乎對曰不敢愛𠬝懼不免主桓子曰往也孟氏選圉人之壯者三百人以爲公期築室於門外林楚怒馬公羊傳作臨南騬馬

高誘淮南王書注怒讀如强弩之弩方言曰弩猶怒也匡謬正俗云怒字古讀有二音今山東河北人讀書但知怒有去聲不言本有二讀會不尋究失其眞矣

及衢而騁

說文四達謂之衢

陽越射之不中築者闔門有自門間射陽越殺之陽虎劫

公與武叔以伐孟氏公斂處父帥成人自上東門入與陽氏戰於南門之內弗勝又戰于棘下陽氏敗陽虎說甲如公宮取寶玉大弓以出舍于五父之衢寢而爲食其徒曰追其將至虎曰魯人聞余出喜於徵死

說文徵召也桉說文从釋言杜本此陸粲附注後錄云桉上文林楚曰陽虎爲政魯國服焉違之徵死此陽虎自言當云魯人聞余出喜於脫死不當云徵死徵字誤也

何暇追余從者曰嘻速駕公斂陽在公斂陽請追之孟孫弗許陽欲殺桓子孟孫懼而歸之子言辨舍爵

鄭元禮記注辨徧也杜本此

於季氏之廟而出陽虎入于讙陽關以叛

地理志泰山郡鉅平應劭曰左氏傳陽虎入于酄陽關以叛今陽關亭是也

鄭駟歂嗣子大叔爲政

九年春宋公使樂大心盟于晉且逆樂祁之尸辭僞有疾乃使向巢如晉盟且逆子梁之尸子明謂桐門右師出曰吾猶衰絰而子擊鐘何也右師曰喪不在此故也旣而告人曰己衰絰而生子余何故舍鐘子明聞之怒言於公曰右師將不利戴氏不肯適晉將作亂也不然無疾乃逐桐門右師

鄭駟歂殺鄧析文選注引作鄧晳而用其竹刑君子謂

子然於是不忠苟有可以加於國家者弃其邪可也靜女之三章取彤管焉竿旄詩作竿旄何以告之取其忠也故用其道不弃其人詩云蔽芾甘棠勿翦勿伐漢書引作勿鬋召伯所茇

說文茇舍也从　犮聲詩曰召伯所废

思其人猶愛其樹況用其道而不恤其人乎子然無以勸能矣　夏陽虎歸寶玉大弓書曰得器用也凡獲器用曰得得用焉曰獲六月伐陽關陽虎使焚萊門師驚犯之而出奔齊請師以伐魯曰三加必取之齊侯將許之鮑文子諫曰臣嘗爲隸於施氏矣魯未可取也上下猶和衆庶猶睦能事大國而無天菑若之何取之陽虎欲勤齊師也齊

師罷大臣必多死亡己於是乎奮其詐謀夫陽虎有寵於季氏而將殺季孫以不利魯國而求容焉親富不親仁君焉用之君富於季氏而大於魯國茲陽虎所欲傾覆也

韓非子載其語曰陽虎有寵於季氏而欲伐季孫貪其家也今君富於季而齊大於魯陽虎所以盡詐也

魯免其疾而君又收之無乃害乎齊侯執陽虎將東之陽虎願東乃囚諸西鄙盡借邑人之車鍥其軸

說文鍥鎌也按爾雅釋詁契滅殄絕也郭璞注今江東刻斷物爲契邢昺疏引左傳及杜注並作契則鍥似當作契爲正說文契刻也廣雅同杜本此

麻約而歸之載蔥靈

賈逵云蔥靈衣車也有蔥有靈本疏尚書大傳曰未命爲士不得有飛軨鄭元注云如今窗車也軨與靈古字通桉說文軨車轖間横木从車令聲輕字注云軨或从霝司馬相如說今左傳作靈古字假借耳

寢於其中而逃追而得之囚於齊又以蔥靈逃奔宋遂奔晉適趙氏仲尼曰趙氏其世有亂乎

韓非子曰陽虎逐於魯疑於齊走而之趙趙簡子迎而相之左右曰虎善竊人國何故相也簡主曰陽貨務取之我務守之遂執術而御之陽虎不敢爲非以善事簡

主與主之强幾至於霸也

秋齊侯伐晉夷儀敝無存之父將室之辭以與其弟曰此役也不死反必娶於高國先登求自門出死於霤下東郭書讓登犁彌從之曰子讓而左我讓而右使登者絶而後下書左彌先下書與王猛息猛曰我先登書斂甲曰曩者之難今又難焉猛笑曰吾從子如驂之靳

說文靳當膺也按毛詩小戎云游環脅驅傳曰游環靳環也

晉車千乘在中牟

按杜注非管子曰築五鹿中牟鄴者三城相接也是中

牟在鄴與五鹿之間趙獻侯徙都中牟卽此今考中牟城在湯陰西二十里張守節正義云鄴西牟山爲趙中牟者是矣

衞侯將如五氏卜過之龜焦

說文㸐灼龜不兆也春秋傳曰龜㸐不兆讀若焦棜今本㸐作焦義通

衞侯曰可也衞車當其半寡人當其半敵矣乃過中牟中牟人欲伐之衞褚師圃（水經注引作褚師固）亾在中牟曰衞雖小其君在焉未可勝也齊師克城而驕其帥又賤遇必敗之不如從齊乃伐齊師敗之齊侯致禚媚杏於衞齊侯賞犂彌

犁彌辭曰有先登者臣從之皙幘

詩毛傳皙白也說文𪙻齒相值也一曰齧也春秋傳曰皙𪙻桉杜注取此云齒上下相值則杜時本尚作𪙻可知後乃誤作幘耳惠棟曰傅遜云皙白皙幘以巾髮弁賤所服此說非也古者有冠無幘秦漢以來始有其制此傳幘字說文引作𪙻今桉顧炎武引傅氏云云惠氏亦引之檢傅書並無此條蓋惠承顧之誤又說文收幘字明非後出之字惠氏以幘爲𪙻之省文亦未的

而衣貍製

說文製裁也服虔云貍製貍裘也詩疏說苑吳赤市使於

智氏假道於衛甯文子具紵絺三百製將以送之惠士奇云左傳貍製注云裘此云紵絺非裘也乃衣耳裘名爲製不見經傳杜注誤惠棟云傳云貍製故注云裘貍裘也哀廿七年陳成子救鄭及濮雨成子衣製杖戈注云製雨衣也杜皆望文爲義然以製爲裘似有脫文

公使覘東郭書曰乃夫子也吾貺子

爾雅貺賜也杜本此

公賞東郭書辭曰彼賓旅也乃賞犁彌齊師之在夷儀也

齊侯謂夷儀人曰得敝無存者以五家免

服虔云是時齊克夷儀而有之旣爲齊有故齊得優其

爲役也本疏

乃得其尸公三襚之與之犀軒與直蓋而先歸之坐引者

以師哭之

儀禮士喪禮疏引傳文並引注云坐而飯食之核當是

服注

親推之三

十年春及齊平　夏公會齊侯于祝其實夾谷

服虔云地二名水經注

孔丘相犂彌史記孔子世家作犂鉏齊世家作犂鉏　言於齊侯曰孔丘知禮

而無勇若使萊人

服虔以爲東萊黃縣是史記索隱

以兵劫魯侯必得志焉齊侯從之孔丘以公退曰士兵之

兩君合好而裔夷之俘

廣雅裔遠也杜本此

以兵亂之非齊君所以命諸侯也裔不謀夏夷不亂華俘

不干盟兵不逼好於神爲不祥於德爲愆義於人爲失禮

君必不然齊侯聞之遽辟之將盟

賈逵云不書盟諱以三百乘從齊師本疏桉不書盟賈據

宣七年黑壤例

齊人加於載書曰齊師出竟而不以甲車三百乘從我者

有如此盟孔丘使兹無還揖對曰而不反我汶陽之田吾以共命者亦如之齊侯將享公孔丘謂梁丘據曰齊魯之故吾子何不聞焉事既成矣而又享之是勤執事也且犧象不出門

鄭司農云明堂位云犧象周尊也周禮疏服虔云犧象饗禮犧尊象尊也嘉樂鐘鼓之樂也詩疏王肅以爲犧尊象尊爲牛象之形背上負尊本疏

嘉樂不野合饗而既具是弃禮也若其不具用秕稗也

說文秕不成粟也稗禾别也杜本此

用秕稗君辱弃禮名惡子盍圖之夫享所以昭德也不昭

不如其已也乃不果享齊人來歸鄆讙龜陰之田

服虔云三田汶陽田也龜山名山陰之田得其田不得其山也史記集解

晉趙鞅圍衛報夷儀也初衛侯伐邯鄲午於寒氏城其西北釋文一本或作城其西北隅而守之宵熸及晉圍衛午以徒七十人門於衛西門殺人於門中曰請報寒氏之役涉佗曰夫子則勇矣然我往必不敢啓門亦以徒七十人旦門焉步左右皆至而立如植日中不啓門乃退反役晉人討衛之叛故曰由涉佗成何於是執涉佗以求成於衛衛人不許晉人遂殺涉佗成何奔燕君子曰此之謂弃禮必不鈞詩曰

人而無禮胡不遄死涉佗亦遄矣哉　初叔孫成子欲立武叔公若藐固諫曰不可成子立之而卒公南使賊射之不能殺公南爲馬正使公若爲郈宰武叔既定使郈馬正侯犯殺公若弗能其圉人曰吾以劒過朝公若必曰誰之劒也吾稱子以告必觀之吾僞固而授之末則可殺也使如之公若曰爾欲吳王我乎遂殺公若侯犯以郈叛武叔懿子圍郈弗克秋二子及齊師復圍郈弗克叔孫謂郈工師駟赤曰郈非惟叔孫氏之憂社稷之患也將若之何對曰臣之業在揚水卒章之四言矣釋文本或作揚之水卒章叔孫稽首駟赤謂侯犯曰居齊魯之際而無事必不可矣子盍求事

於齊以臨民不然將叛侯犯從之齊使至駟赤與郈人爲之宣言於郈中曰侯犯將以郈易於齊於字從石經改正齊人將遷郈民衆兇懼駟赤謂侯犯曰衆言異矣子不如易於齊與其死也猶是郈也而得紓焉何必此齊人欲以此逼魯必倍與子地且盍多舍甲於子之門以備不虞侯犯曰諾乃多舍甲焉侯犯請易於齊齊有司觀郈將至駟赤使周走呼曰齊師至矣郈人大駭介侯犯之門甲以圍侯犯駟赤將射之侯犯止之曰謀免我侯犯請行許之駟赤先如宿

郡國志東平國無鹽本宿國任姓杜同此

侯犯厰每出一門郈人閉之及郭門止之曰子以叔孫氏之甲出有司若誅之羣臣懼死駟赤曰叔孫氏之甲有物

椄杜注云物識也周禮閽人職曰潛服賊器不入宫注云賊器盜賊之任器兵物皆有刻識惠棟曰刻識之語出於漢時梁冀傳曰刻其毛以爲識是也

吾未敢以出犯謂駟赤曰子止而與之數駟赤止而納魯人侯犯奔齊齊人乃致郈　宋公子地嬖蘧富獵十一分其室而以其五與之公子地有白馬四地理志引作駟師古曰四馬曰駟公嬖向魋魋欲之公取而朱其尾鬣以與之漢書作予地怒使其徒抶魋而奪之魋懼將走公閉門而泣之目盡腫母弟

辰曰子分室以與獵也而獨卑魋亦有頗焉子爲君禮不過出竟君必止子公子地出奔陳公弗止辰爲之請弗聽辰曰是我廷吾兄也

詩毛傳廷誑也

吾以國人出君誰與處冬母弟辰暨仲佗石彄出奔陳

武叔聘于齊齊侯享之曰子叔孫若使郈在君之他竟寡人何知焉屬與敝邑際故敢助君憂之對曰非寡君之望也所以事君封疆社稷是以敢以家隸勤君之執事夫不令之臣天下之所惡也君豈以爲寡君賜

十一年春宋公母弟辰暨仲佗石彄公子地入於蕭以叛

秋樂大心從之大爲宋患寵向魋故也　冬及鄭平始叛晉也

十二年夏衛公孟彄伐曹克郊還滑羅殿未出不退於列其御曰殿而在列其爲無勇乎羅曰與其素厲寧爲無勇

仲由爲季氏宰

服虔云仲由子路史記集解杜取此

將墮三都

服虔云三都三家之邑也同上

於是叔孫氏墮郈季氏將墮費公山不狃叔孫輒帥費人以襲魯公與三子

服虔云三子季孫孟孫叔孫也同上

入于季氏之宮登武子之臺

酈道元云曲阜上有季氏宅宅有武子臺今雖夷猶高數丈水經注

費人攻之弗克入及公側

服虔云人有入及公之臺側同上

仲尼命申句須樂頎

服虔云魯大夫同上杜取此

下伐之費人北國人追之敗諸姑蔑二子奔齊遂墮費將墮成公斂處父謂孟孫墮成齊人必至於北門

服虔云公斂處父成宰也同上

且成孟氏之保障也無成是無孟氏也子爲不知釋文一本僞作爲

陳樹華曰昭十五年傳昭伯之從弟會爲讒於臧氏而逃於季氏史記作僞讒是皆爲讀僞之證定八年以爲公期築室於門外杜注云不欲使人知故僞築室於門外陸氏雖音於僞反依注似應讀爲僞也此處傳文作爲故杜注云陽不知若本作僞則無煩注矣後人不識古文多假借往往改易今據釋文定作爲漢書郊祀志曰問之果爲史記封禪書作果是僞書是又爲卽僞之

證

我將不墮冬十二月公圍成弗克

十三年春齊侯衛侯次于垂葭實郹氏使師伐晉將濟河諸大夫皆曰不可邴意茲曰史記作秉意茲可銳師伐河內傳必數日而後及絳絳不三月不能出河則我既濟水矣乃伐河內齊侯皆斂諸大夫之軒惟邴意茲乘軒齊侯欲與衛侯乘與之宴而駕乘廣載甲焉使告曰晉師至矣齊侯曰比君之駕也寡人請攝乃介而與之乘驅之或告曰無晉師乃止　晉趙鞅謂邯鄲午曰歸我衛貢五百家吾舍諸晉陽史記衛貢作衛氏

服虔云往年趙鞅圍衞衞入恐懼故貢五百家鞅置之

邯鄲又欲更徙之晉陽史記集解

午許諾歸告其父兄父兄皆曰不可衞是以爲邯鄲

服虔云午之諸父兄及邯鄲中長同上

而寘諸晉陽絕衞之道也不如侵齊而謀之乃如之而歸

之于晉陽趙孟怒召午而囚諸晉陽使其從者說劍而入

涉賓不可乃使告邯鄲人曰吾私有討於午也二三子唯

所欲立遂殺午趙稷

服虔云稷午子同上

涉賓以邯鄲叛夏六月上軍司馬籍秦圍邯鄲邯鄲午荀

寅之甥也荀寅范吉射之姻也而相與睦故不與圍邯鄲將作亂董安于聞之戰國策作董閼安于韓非子作董閼于淮南王書作董閼於告趙孟曰先備諸趙孟曰晉國有命始禍者死爲後可也安于曰與其害於民寧我獨死請以我說趙孟不可秋七月范氏中行氏伐趙氏之宮趙鞅奔晉陽晉人圍之范皋夷無寵於范吉射而欲爲亂於范氏史記作范皋繹

服虔云皋夷側室子同上

梁嬰父嬖於知文子

賈逵云梁嬰父晉大夫也同上

文子欲以爲卿韓簡子與中行文子相惡魏襄子亦與范

昭子相惡故五子謀將逐荀寅而以梁嬰父代之逐范吉射而以范皐夷代之荀躒言於晉侯曰服虔云荀躒知文子君命大臣始禍者死載書在河今三臣始禍賈逵云范中行趙也同上而獨逐鞅刑已不鈞矣史記作均請皆逐之冬十一月荀躒韓不信魏曼多奉公以伐范氏中行氏弗克史記躒作櫟不信作不佞魏曼多作魏侈又作魏哆索隱曰侈本亦作哆蓋哆字誤而代數錯也世本獻子生簡子取取生襄子多桉左傳云魏曼多是也則哆是襄子中間少簡子一代

二子將伐公齊高彊曰三折肱知爲良醫惟伐君爲不可
民勿與也我以伐君在此矣三家未睦可盡克也克之君
將誰與若先伐君是使睦也弗聽遂伐公國人助公二子
敗從而伐之丁未荀寅士吉射奔朝歌韓魏以趙氏爲請
　服虔云以其罪輕于荀范也
十二月辛未趙鞅入于絳盟于公宮　初衛公叔文子朝
而請享靈公退見史鰌而告之史鰌曰子必禍矣子富而
君貪罪其及子乎文子曰然吾不先告子是吾罪也君旣
許我矣其若之何史鰌曰無害子臣可以免富而能臣必
免於難上下同之戍也驕其亾乎

世本衞獻公生戍子當當生文子拔傳作發　拔生朱爲公
叔氏鄭康成云朱春秋作戍今考檀弓公叔木有同母
異父之昆弟𤰞鄭氏注云木當爲朱春秋作戍衞公叔
文子之子定公十四年奔魯
富而不驕者鮮吾惟子之見驕而不亾者未之有也戍必
與焉及文子卒衞侯始惡於公叔戍以其富也公叔戍又
將去夫人之黨夫人愬之曰戍將爲亂
十四年春衞侯逐公叔戍與其黨故趙陽奔宋戍來奔
梁嬰父惡董安于謂知文子曰不殺安于使終爲政於趙
氏趙氏必得晉國盍以其先發難也討於趙氏文子使告

於趙孟曰范中行氏雖信爲亂安于則發之是安于與謀亂也晉國有命始禍者死二子旣伏其罪矣敢以告趙孟患之安于曰我死而晉國寧趙氏定將焉用生人誰不死吾死莫矣乃縊而死趙孟尸諸市而告於知氏曰石經知字下增范氏二字非唐刻不必從主命戮罪人安于旣伏其罪矣敢以告知伯從趙孟盟而後趙氏定祀安于於廟　頓子牄欲事晉背楚而絕陳好二月楚滅頓　夏衛北宮結來奔公叔戍之故也　吳伐越越子句踐禦之陳於檇李句踐患吳之整也使死士

賈逵云死罪人史記集解鄭衆云死士欲以士報恩者也同上

再禽焉不動使罪人三行屬劍於頸而辭曰二君有治臣奸旗鼓不敏於君之行前不敢逃刑敢歸死遂自剄也師屬之目越子因而伐之大敗之靈姑浮以戈擊闔廬闔廬傷將指取其一屨還卒於陘去檇李七里

桉檇李城左右水口皆名曰涇如圖經所著風涇中涇等是也疑古即有是名此傳陘或當作涇蓋去檇李城七里均屬水鄉矣

夫差使人立於庭苟出入必謂己曰夫差而忘越王之殺而父乎則報曰唯不敢忘三年乃報越　晉人圍朝歌公會齊侯衛侯於脾上梁之間謀救范中行氏也諸本皆脫也字今從

石經增入

桉地理志東郡范縣圖經晉大夫士會邑春秋莊公三十一年築臺於秦司馬彪郡國志曰范縣有秦亭地形志東平郡與范縣俱治秦城卽秦亭也是范氏食邑與魯最爲密邇魯之助范氏亦出於不得已上年城莒父及霄亦然皆魯之西境與范氏食邑附近之地

析成鮒小王桃甲率狄師以襲晉戰於絳中不克而還士鮒奔周小王桃甲入於朝歌秋齊侯宋公會於洮范氏故也　衛侯爲夫人南子召宋朝

賈逵云南子宋女史記集解杜取此

會於洮

服虔以會於洮屬上爲義言衛侯爲夫人南子召宋朝故與宋公會於洮本疏

大子蒯聵獻盂于齊史記仲尼弟子作蕢聵桉蒯與蕢通檀弓屠蒯作杜蕢可證也過宋野野人歌之曰既定爾婁豬盍歸吾艾豭

說文豬豕而二毛叢居者豭牡豕也小尒疋及鄭元禮記注艾老也杜本此

大子羞之謂戲陽速曰史記速作遬

賈逵云戲陽速大子家臣史記集解杜取此

從我而朝少君釋文本作小君少君見我我顧乃殺之速曰諾乃

朝夫人夫人見大子大子三顧速不進夫人見其色啼而走曰蒯聵將殺余公執其手以登臺大子奔宋盡逐其黨故公孟彄出奔鄭自鄭奔齊大子告人曰戲陽速禍余戲陽速告人曰大子則禍余大子無道使余殺其母余不許將戕於余

趙岐孟子注戕猶殘也虞翻易注戕殺也杜并用此

若殺夫人將以余說余是故許而不爲以紓余死諺曰民保於信吾以信義也　冬十二月晉人敗范氏中行氏之師於潞獲籍秦高彊又敗鄭師及范氏之師于百泉

桉金史地理志衞州蘇門有百門陂亦曰百門泉定十

四年晉人敗鄭師及范氏之師於百泉卽百門泉矣百與北音相近故或亦作北

十五年春邾隱公來朝子貢觀焉

漢書五行志作子贛師古曰贛音貢桉説文貢獻功也从貝工聲贛字注云賜也从貝贛省聲子貢名賜自應作贛此處及哀七年十二年並作貢字十五年已後並作贛蓋後人傳寫之譌耳

邾子執玉高其容仰公受玉卑其容俯子貢曰以禮觀之二君者皆有死亾焉夫禮死生存亾之體也

禮器禮也者猶體也廣雅禮體也

將左右周旋進退俯仰於是乎取之朝祀喪戎於是乎觀之今正月相朝而皆不度心已亾矣嘉事不體何以能久高仰驕也卑俯替也驕近亂替近疾君爲主其先亾乎

吳之入楚也胡子盡俘楚邑之近胡者楚旣定胡子豹又不事楚曰存亾有命事楚何爲多取費焉二月楚滅胡

夏五月壬申公薨仲尼曰賜不幸言而中是使賜多言者也　鄭罕達敗宋師于老丘　齊侯衞侯次于蘧挐謀救宋也　秋七月壬申姒氏卒不稱夫人不赴且不祔也

葬定公雨不克襄事

桉襄當訓舉薛綜西京賦注襄舉也若杜訓作成恐非

本義

禮也葬定姒不稱小君不成喪也　冬城漆書不時告也

春秋左傳詁卷十九

春秋左傳詁卷二十

陽湖洪亮吉學

傳

哀公元年春楚子圍蔡報柏舉也里而栽

說文栽築墻長版也春秋傳曰楚圍蔡里而栽杜本此

廣丈高倍夫屯晝夜九日如子西之素蔡人男女以辨

桉士虞禮明日以其班祔鄭康成云班或爲辨史記辨於羣神徐廣曰辨音班是此辨字義當作班也襄廿五年男女以班劉炫曰哀元年蔡人男女以辨與此同

使疆於江汝之閒而還

服虔云：蔡使楚疆於故江國與汝水之間，其意言蔡割地以賂楚也。本疏

蔡於是乎請遷于吳。

吳王夫差敗越于夫椒，

賈逵云：夫椒，越地。史記集解 校：說苑作夫湫，湫與椒古字通。

報檇李也。遂入越。越子以甲楯五千保于會稽。外傳及史記吳世家保並作棲，越世家作保棲於會稽，國策作保於會稽之上。

賈逵云：會稽，山名。同上 地理志：會稽郡山陰，會稽山在南。杜本此

使大夫種因吳大宰嚭

高誘淮南王書注：大夫種，姓文氏，會稽鄞人。校：誘注呂

覽又云種楚郢人今呂覽本訛郢爲鄞又爲鄒並非也
錢少詹大昕亦定爲郢人說文嚭大也春秋傳吳有大
宰嚭
以行成
服虔云行成求成也史記集解
吳子將許之伍員曰不可臣聞之樹德莫如滋去疾莫如
盡釋文去疾本又作去惡
桉戰國策引作書云樹德莫如滋除害莫如盡蓋此二
語乃逸書也與今僞泰誓不合
昔有過澆

賈逵云過國名也同上

殺斟灌以伐斟鄩

賈逵云斟灌斟鄩夏同姓也夏后相依斟灌故曰滅夏后相也同上

滅夏后相

汲郡古文云帝相九年居於斟灌廿六年寒促使其子澆帥師滅斟灌廿八年寒促使其子澆弑帝公羊傳曰君死於位爲滅服虔云夏后相啟之後史記集解桉正義襄四年傳云澆用師滅斟灌此云殺斟灌者王肅云滅殺也古者滅殺尊卑同名

后緡方娠

賈逵云緡有仍之姓也同上說文娠女身動也春秋傳曰后緡方娠桉漢書注應劭曰娠動懷任之意左傳曰邑姜方娠孟康曰娠音身廣疋娠傳也漢書身多作娠古今字詩生民疏引作后緡方震郭璞爾雅注娠猶震也是一本又作震

逃出自竇歸於有仍古今人表作有扔師古曰扔音仍潛夫論引作奔於有仍

生少康焉

服虔云后緡遺腹子同上

爲仍牧正

王肅云牧正牧官之長同上

惎澆

小爾疋惎忌也說文惎毒也杜本此

能戒之澆使椒求之逃奔有虞

賈逵云有虞帝舜之後同上

爲之庖正王符引作胞以除其害虞思於是妻之以二姚而邑

諸綸

賈逵云綸虞邑同上郡國志梁國虞縣有綸城少康邑杜本此

有田一成

賈逵云方十里爲成同上

有衆一旅

賈逵云五百人爲旅同上杜並本此

能布其德而兆其謀

趙岐孟子注兆始也杜本此

以牧夏衆撫其官職

服虔云因此基業稍收夏遺民餘衆撫修夏之故官憲典同上

使女艾諜澆王符引作誘澆

說文諜軍中反間也韋昭國語注諜候也杜本此

使季杼誘豷

廣雅誘致也

遂滅過戈復禹之績釋文績一本作迹祀夏配天

服虔云以鯀配天也同上

不失舊物

賈逵云物職也同上

今吳不如過而越大於少康或將豐之不亦難乎句踐能親而務施施不失人親不弃勞與我同壤而世爲仇讐於是乎克而弗取將又存之違天而長寇讐後雖悔之不可食已姬之衰也日可俟矣釋文俟本又作竢介在蠻夷而長寇讐

以是求伯必不行矣弗聽退而告人曰越十年生聚而十年教訓

服虔云令少者無娶老婦老者無娶少婦女十七不嫁男二十不娶父母有罪也將生子以告與之醫饋之餼也死者釋其征必哭泣葬埋如其子也孺子遊之必餔歠之也非手所種夫人所織不用十年不收於國本疏

二十年之外吳其爲沼乎三月越及吳平吳入越不書吳不告慶越不告敗也　夏四月齊侯衞侯救邯鄲圍五鹿

吳之入楚也使召陳懷公懷公朝國人而問焉曰欲與楚者右欲與吳者左陳人從田無田從黨檀弓疏引傳陳人下多有田二

字逢滑當公而進曰臣聞國之興也以福其亡也以禍今吳未有福楚未有禍楚未可弃吳未可從而晉盟主也若以晉辭吳若何公曰國勝君亡非禍而何對曰國之有是多矣何必不復小國猶復況大國乎臣聞國之興也視民如傷是其福也其亡也以民爲土芥

方言芥草也廣雅同杜本此

是其禍也吳志賀循傳引云國之興也視民如赤子其亡也以民爲草芥楚雖無德亦不艾殺其民吳日敝於兵暴骨如莽足利本後人記曰異本莽上有草字而未見德焉天其或者正訓楚也禍之適吳其何日之有陳侯從之及夫差克越乃修先君之怨秋八月吳侵陳修舊怨

也　齊侯衛侯會於乾侯救范氏也師及齊師衛孔圉鮮虞人伐晉取棘蒲　吳師在陳楚大夫皆懼曰闔閭惟能用其民以敗我於柏舉今聞其嗣又甚焉將若之何子西曰二三子恤不相睦無患吳矣昔闔廬食不二味居不重席室不崇壇器不彤鏤

說文彤丹飾也鏤剛鐵可以刻鏤杜本此校家語車不彤幾器不彫鏤彫一本亦作彤

宮室不觀舟車不飾衣服財用擇不取費在國天有菑癘親巡孤寡諸本巡下有其字今从石經本刪而共其乏困在軍熟食者分而後敢食

服虔云以其半分軍士而後自食其餘若簞醪注流也本疏桉何休公羊注分半也杜注云偏非本訓其所嘗者卒乘與焉勤恤其民而與之勞逸是以民不罷勞死知不曠吾先大夫子常易之所以敗我也今聞夫差次有臺榭陂池焉宿有妃嬙嬪御焉一日之行所欲必成玩好必從珍異是聚觀樂是務視民如讎而用之日新夫先自敗也已說苑引作夫差先自敗已釋文云本或作夫差先自敗者非安能敗我

冬十月諸本作十一月今从石經删晉趙鞅伐朝歌

二年春伐邾將伐絞邾人愛其土故賂以漷沂之田而受盟　初衛侯遊于郊子南僕

賈逵云僕御也史記集解

公曰余無子將立女不對他日又謂之對曰郢不足以辱稷

服虔云郢自謂已無德不足以汙辱社稷同上

君其改圖君夫人在堂三揖在下

服虔云三揖卿大夫士士揖庶姓時揖異姓天揖同姓

本疏鄭司農云卿大夫士皆君之斤揖周禮注杜本此

君命祇辱夏衛靈公卒夫人曰命公子郢爲大子君命也

對曰郢異於他子且君沒於吾手若有之郢必聞之且亾

人之子輒在乃立輒六月乙酉晉趙鞅納衛大子于戚宵

迷陽虎曰右河而南必至焉

水經注右河而南必至焉今頓丘衛國縣西戚亭是也

爲衛之河上邑

使大子絻八人衰絰僞自衛逆者

服虔云衰絰爲若從衛來迎大子也史記集解

告於門哭而入遂居之　秋八月齊人輸范氏粟鄭子姚子般送之士吉射逆之趙鞅禦之遇于戚陽虎曰吾車少以兵車之旆與罕駟兵車先陳罕駟自後隨而從之彼見吾貌必有懼心於是乎會之必大敗之從之卜戰龜焦樂丁曰詩曰爰始爰謀爰契我龜謀協以故兆詢可也

惠士奇曰詢宜屬上讀

簡子誓曰范氏中行氏反易天明斬艾百姓欲擅晉國而滅其君寡君恃鄭而保焉今鄭爲不道弃君助臣二三子順天明從君命經德義除詬恥在此行也克敵者上大夫受縣下大夫受郡

桉今說文本引作上大夫受郡誤今考水經注引說文云故春秋傳曰上大夫縣下大夫郡可以證今說文刻本及高誘注之失

士田十萬庶人工商遂人臣隸圉免志父無罪

服虔云趙鞅入晉陽以叛後得歸改名志父春秋仍舊

猶書趙鞅釋文韋昭國語注志父簡子之後名也杜本此

君實圖之若其有罪絞縊以戮桐棺三寸不設屬辟鄭元禮記注作屬椑

荀卿子曰罪人之葬棺椁三寸衣衾三領不得飾棺屬辟

素車樸馬

荀卿子曰若馭樸馬楊倞注未調習之馬

無入於兆下卿之罰也甲戌將戰郵無卹御簡子古今人表作郵亾恤外傳作郵無正

服虔云王良也本疏

衛大子爲右登鐵上水經注引傳作鐵上文選注同

京相璠曰鐵丘名也水經注杜同此

望見鄭師衆大子懼自投於車下子良授大子綏而乘之

曰婦人也簡子巡列曰畢萬匹夫也七戰皆獲有馬百乘

死於牖下羣子勉之死不在寇繁羽御趙羅宋勇爲右羅

無勇麇之廣韻引作之

說文稛豢束也廣疋稛束也桉稛麇字同杜本此

吏詰之御對曰痁作而伏

說文痁有熱瘧也廣韻痁瘧也

衛大子禱曰曾孫蒯聵敢昭告皇祖文王烈祖康叔文祖

襄公鄭勝亂從晉午在難不能治亂使鞅討之蒯聵不敢自佚備持矛焉敢告無絕筋無折骨無面傷鄭衆周禮注引作無破骨無面夷以集大事無作三祖羞大命不敢請

晉語曰死不敢請韋昭注言不敢請歸之神也

佩玉不敢愛鄭人擊簡子中肩斃于車中

爾雅斃踣也鄭元禮記注斃仆也杜本爾疋

獲其蠭旗大子救之以戈鄭師北獲溫大夫趙羅大子復伐之鄭師大敗獲齊粟千車趙孟喜曰可矣傅傁曰雖克鄭猶有知在憂未艾也初周人與范氏田公孫尨稅焉趙氏得而獻之吏請殺之趙孟曰爲其主也何罪止而與之

田及鐵之戰以徒五百人宵攻鄭師取蠭旗於子姚之幕
下獻曰請報主德追鄭師姚般公孫林殿而射前列多死
趙孟曰國無小旣戰簡子曰吾伏弢
說文弢弓衣也杜本此
嘔血外傳作咯血釋文嘔本又作喀
廣雅嘔吐也杜本此
鼓音不衰今日我上也大子曰吾救主於車退敵於下我
右之上也郵良曰我兩靷將絕吾能止之我御之上也駕
而乘材兩靷皆絕外傳作兩鞁
說文靷引軸也

吳繼庸如蔡納聘而稍納師師畢入衆知之蔡侯告大夫殺公子駟以說哭而遷墓冬蔡遷于州來

三年春齊衛圍戚求援于中山　夏五月辛卯司鐸火火踰公宮桓僖災救火者皆曰顧府南宮敬叔至命周人出御書俟於宮曰庀女

鄭司農周禮注庀具也杜本此

而不在夙子服景伯至命宰人出禮書

檀弓有子服伯子鄭元注云蓋仲孫蔑之兄孫子服景伯

以待命命不共有常刑校人乘馬巾車脂轄釋文本又作鎋同百

官官備府庫愼守官人肅給濟濡帷幕鬱攸從之

爾雅鬱氣也攸所也火氣出之所也惠士奇曰襄九年

奔火所意亦同杜注不明晰

蒙葺公屋自大廟始外內以悛

按杜訓悛作次無此義訓疑當從方言悛改也蓋謂內

外皆改次耳漢書公孫宏傳有功者上無功者下則羣

臣悛李奇注曰言有次序也悛逡字同

助所不給有不用命則有常刑無赦公父文伯至命校人

駕乘車季桓子至御公立于象魏之外命救火者傷人則

止財可爲也命藏象魏

服虔云象魏闕也法令縣之朝謂其書爲象魏（御覽杜取此）

曰舊章不可亾也

應劭風俗通引曰舊章不可無也按此則亾當讀爲無

陸氏無音蓋讀好字

富父槐至曰無備而官辦者猶拾瀋也（高誘淮南王書注引此瀋作潘）

說文瀋汁也春秋傳曰猶拾瀋也釋名云宋魯人皆謂汁爲瀋

於是乎去表之稾（稾从石經宋本改正）道還公宮孔子在陳聞火曰其桓僖乎

服虔云桓僖當毀而魯祀未禮之廟故孔子聞有火災

知其爲桓僖也史記集解

劉氏范氏世爲婚姻萇宏事劉文公故周與范氏趙鞅以爲討六月癸卯周人殺萇宏

莊子外篇胠篋萇宏胣釋文崔云讀若拖或作施字胣裂也韓非子難言篇亦云萇宏分胣淮南王書萇宏鈹裂而死一云車裂而死司馬云胣剔也一云刳腸曰胣桉崔本或作施字哀二十七年國人施公孫有山氏義當同雜篇外物又云萇宏死於蜀藏其血三年而化爲碧

秋季孫有疾命正常曰無死南孺子之子男也則以告而

立之女也則肥也常季孫卒康子即位既葬康子在朝南氏生男正常載以如朝告曰夫子有遺言命其圉臣曰南氏生男則以告於君與大夫而立之今生矣男也敢告遂奔衛康子請退公使其劉視之則或殺之矣乃討之召正常

服虔云召而問見欬意本疏

正常不反　冬十月晉趙鞅圍朝歌師于其南荀寅伐其郛

說文郛郭也

使其徒自北門入已犯師而出癸丑奔邯鄲十一月趙鞅

殺士皐夷惡范氏也

四年春蔡昭侯將如吳諸大夫恐其又遷也承

詩毛傳承止也桉易繫辭傳云小人不威不懲字亦作承廣雅懲恐也蓋諸大夫懲前事欲止其行耳二義並通杜注云承音懲反覺迂曲

公孫翩逐而射之入於家人而卒以兩矢門之衆莫敢進文之鍇後至曰如牆而進多而殺二人鍇執弓而先翩射之中肘鍇遂殺之故逐公孫辰而殺公孫姓公孫盱盱从釋文石經改正

夏楚人既克夷虎乃謀北方左司馬販申公壽餘葉公諸梁致蔡於負函致方城之外於繒關曰吳將泝江

入鄀

三倉逆流行水曰泝衆經音義杜本此

將奔命焉爲一昔之期

廣雅昔夜也穀梁曰入至於星出謂之昔

襲梁及霍

服虔云梁霍周南鄙也水經注京相璠曰霍陽山在周平城東南同上杜本此

單浮餘圍蠻氏蠻氏潰蠻子赤奔晉陰地司馬起豐析

京相璠曰南鄉淅縣有故豐鄉春秋所謂豐析也水經注郡國志南陽郡析有豐鄉城杜同此

與狄戎以臨上洛

地理志宏農郡上洛禹貢洛水出冡領山

左師軍於菟和右師軍於倉野

水經注丹水自倉野又東歷菟和山卽春秋所謂左師軍於菟和右師軍於倉野者也

使謂陰地之命大夫士蔑曰晉楚有盟水經注引作晉楚之盟好惡同之若將不廢寡君之願也不然將通於少習以聽命

京相璠曰楚通上洛阨道也水經注桉水經注丹水出商縣東南流注歷少習武關桉此則少習非卽武關乃商洛中之阨道耳京相璠說甚明杜注誤

士蔑請諸趙孟趙孟曰晉國未寧安能惡於楚必速與之士蔑乃致九州之戎將裂田以與蠻子而城之且將爲之卜蠻子聽卜遂執之與其五大夫以畀楚師于三戶服虔云三戶漳水津也史記正義竹書紀年壬寅孫何侵楚入三戶郛酈道元云春秋之三戶矣司馬致邑立宗焉以誘其遺民而盡俘以歸　秋七月齊陳乞弦施衛甯跪救范氏庚午圍五鹿九月趙鞅圍邯鄲冬十一月邯鄲降荀寅奔鮮虞趙稷奔臨十二月弦施逆之遂墮臨國夏伐晉取邢任欒鄗地理志趙國襄國故邢國也廣平國任師古曰本晉邑

常山郡關桉後漢改欒城縣鄗世祖卽位改名高邑說

文鄗常山縣

逆時陰人盂壺口

地理志太原郡盂晉大夫盂丙邑上黨郡壺關桉逆時

當卽漢曲逆縣水經注引左傳亦作曲逆云中山曲逆

也

會鮮虞納荀寅于柏人

地理志趙國柏人師古曰本晉邑

五年春晉圍柏人荀寅士吉射奔齊初范氏之臣王生惡

張柳朔

墨子所染篇范吉射染於長柳朔王胜惠棟曰王胜即王生也古張字省作長見楚相孫叔敖碑

言諸昭子使爲柏人昭子曰夫非而讐乎對曰私讐不及公好不廢過惡不去善義之經也臣敢違之及范氏出張柳朔謂其子爾從主勉之我將止死王生授我矣吾不可以僭之遂死于柏人　夏趙鞅伐衛范氏之故也遂圍中牟　齊燕姬生子不成而死

服虔云燕姬齊景公嫡夫人昭七年燕人所歸不成未冠也御覽

諸子鬻姒之子荼嬖

服虔云諸子諸公子鬻姒景公妾也淳于人所納女荼

安孺子同上晏子春秋淳于人納女于景公生孺子荼史

記景公寵妾芮姬生子荼田完世家作芮子桉惠氏云

淳于人未詳所出豈未見晏子耶

諸大夫恐其爲大子也言於公曰君之齒長矣未有大子

若之何

服虔本上無大字爲子爲大子也荼少故恐立之言君

長未有大子一旦不諱當若之何欲其早立長也同上

公曰二三子閒於憂虞則有疾疢亦姑謀樂何憂於無君

服虔云言二三子當國家閒暇無憂虞惟恐疾疢在其

閒今無疾疢何不自謀自樂何憂無君乎

公疾使國惠子高昭子立荼

服虔云國惠子國景之子國夏也高昭子高偃之子高張也同上桉今本作高偃

寘羣公子於萊釋文羣或作諸

服虔云寘置萊齊東鄙邑欲使遠齊同上及史記集解杜取此

秋齊景公卒冬十月公子嘉史記作壽公子駒公子黔奔衛公子鉏史記作駔公子陽生來奔萊人歌之曰景公死乎不與埋史記三不皆作弗三軍之事乎不與謀史記無之字師乎師乎何黨之乎史記何作胡

服虔云萊人見五公子遠遷鄙邑不得與景公葬埋之事及國三軍之謀故愍而歌師衆也黨所也言公子徒衆何所適也史記集解杜取此

鄭駟秦富而侈嬖大夫也而常陳卿之車服於其庭鄭人惡而殺之子思曰詩云不解於位民之攸暨諸本作塈非不守其位而能久者鮮矣商頌曰不僭不濫不敢怠皇詩作追命以多福

桉此約詩意言之故與詩本文不同

六年春晉伐鮮虞治范氏之亂也　吳伐陳復修舊怨也楚子曰吾先君與陳有盟不可以不救乃救陳師于城父

齊陳乞僞事高國者每朝必驂乘史記驂作參所從必言諸大夫曰彼皆偃蹇

廣雅偃蹇夭撟也王逸楚詞章句偃蹇高貌

將弃子之命皆曰高國得君必逼我盍去諸固將謀子子早圖之圖之莫如盡滅之需事之下也及朝則曰彼虎狼也見我在子之側殺我無日矣請就之位又謂諸大夫曰二子者禍也恃得君而欲謀二三子曰國之多難貴寵之由盡去之而後君定既成謀矣盍及其未作也先諸作而後悔亦無及也大夫從之夏六月戊辰陳乞鮑牧及諸大夫以甲入于公宮昭子聞之與惠子乘如公戰于莊敗國

人追之國夏奔莒遂及高張晏圉弦施來奔

服虔云圉晏嬰之子同上

秋七月楚子在城父將救陳卜戰不吉卜退不吉王曰然則死也再敗楚師不如死弃盟逃讐亦不如死死一也其死讐乎命公子申為王不可則命公子結亦不可則命公子啟五辭而後許釋文辭本又作辤說文辭不受也受辛宜辭也辤籀文將戰王有疾庚寅昭王攻大冥卒于城父子閭退曰君王舍其子而讓羣臣敢忘君乎從君之命順也立君之子亦順也二順不可失也與子期子西謀潛師閉塗史記作伏師閉塗徐廣曰塗一作壁陸粲附注曰列女傳亦作壁壁軍壘也逆越女之子章

服虔云閉塗不通外使也越女昭王之妾史記集解杜本此立之而後還是歲也有雲如衆赤鳥夾日以飛三日說苑引作有雲如飛鳥夾日而飛楚子使問諸周太史說苑引作楚子乘馹東而問諸太史州黎鄭司農云太史主天道周禮注服虔云諸侯皆有太史主周所賜典籍故曰周太史一曰是時往問周太史本疏曰其當王身乎若禜之可移於令尹司馬王曰除腹心之疾而寘諸股肱何益不穀不有大過天其夭諸有罪受罰又焉移之遂勿禜初昭王有疾卜曰河爲祟王弗祭大夫請祭諸郊王曰三代命祀祭不越望

服虔云謂所受王命祀其國中山川爲望史記集解

江漢雎漳楚之望也

桉家語作沮漳文選注云睢與沮通地理志南郡臨沮漳水所出東至江陵入陽水陽水入沔應劭曰沮水出漢中郡房陵東入江

禍福之至不是過也不穀雖不德河非所獲罪也遂弗祭

孔子曰楚昭王知大道矣其不失國也宜哉夏書曰惟彼陶唐帥彼天常（釋文或作天道非）有此冀方今失其行亂其紀綱乃滅而亾

賈服孫杜皆不見古文以爲逸書解爲夏桀之時惟王肅云太康時也（本疏）逸書滅亾謂夏桀也（本疏五十八）桉杜注

取此黄仲元云服虔釋左傳之文以亂其紀綱爲桀時今考孔氏正義據梅賾僞書博學如陸德明亦未省察高誘淮南王書注云冀九州中謂今四海之内

又曰允出兹在兹由己率常可矣　八月齊邴意兹來奔陳僖子（史記作田釐子）使召公子陽生

賈陸以傳文相連爲遣意兹來召又怪其日月錯誤云其說未聞（本疏）

陽生駕而見南郭且于曰嘗獻馬於季孫不入於上乘故又獻此請與子乘之出萊門而告之故闞止知之（戰國策引作監止史記同）

史記田完世家云子我者監止之宗人也惠士奇曰呂覽以闞止爲宰予高誘云宰予字子我史記亦言宰我與田常作亂皆秦漢人相傳之語未必然也

先待諸外公子曰事未可知反與壬也處戒之遂行逮夜至於齊國人知之僖子使子士之母養之與饋者皆入冬十月丁卯立之將盟鮑子醉而往其臣差車鮑點曰此誰之命也陳子曰受命於鮑子遂誣鮑子曰子之命也鮑子曰女忘君之爲孺子牛而折其齒乎而背之也悼公稽首曰吾子奉義而行者也若我可不必亾一大夫若我不可不必亾一公子義則進否則退敢不惟子是從廢興無以

亂則所願也鮑子曰誰非君之子乃受盟使胡姬以安孺子如賴史記漢書並作晏孺子蓋安與晏古字通也

郡國志濟南郡菅縣有賴亭

去鬻姒殺王甲拘江說囚王豹于句竇之丘公使朱毛告於陳子曰微子則不及此然君異於器不可以二器二不匱君二多難敢布諸大夫僖子不對而泣曰君舉不信羣臣乎以齊國之困困又有憂少君不可以訪是以求長君庶亦能容羣臣乎不然夫孺子何罪毛復命公悔之毛曰君大訪於陳子而圖其小可也使毛遷孺子於駘

賈逵云駘齊邑史記集解

不至殺諸野幕之下葬諸殳冒淳

七年春宋師侵鄭鄭叛晉故也晉師侵衛衛不服也　夏公會吳于鄫吳來徵百牢子服景伯對曰先王未之有也吳人曰宋百牢我魯不可以後宋且魯勞晉大夫過十吳王百牢不亦可乎景伯曰晉范鞅貪而棄禮以大國懼敝邑故敝邑十一牢之君若以禮命於諸侯則有數矣若亦弃禮則有淫者矣

孔安國書傳淫過也杜本此

周之王也制禮上物不過十二

賈逵云周禮王令諸侯享禮十有二牢上公九牢侯伯

七牢子男五牢史記集解以爲天之大數也今弃周禮而曰必百牢亦惟執事吳人勿聽景伯曰吳將亡矣棄天而背本不與必棄疾於我乃與之大宰嚭召季康子康子使子貢辭太宰嚭曰國君道長而大夫不出門此何禮也對曰豈以爲禮畏大國也大國不以禮命於諸侯苟不以禮豈可量也寡君既共命焉其老豈敢弃其國大伯端委以治周禮周禮後漢書注引傳治竝作持

王肅云委貌之冠元端之衣也本疏

仲雍嗣之斷髮文身羸以爲飾

説文羸袒也桉説文羸或从果故今本轉作羸潛夫論

又引作保今攷釋文贏本又作保蓋本此

豈禮也哉有由然也反自鄙以吳爲無能爲也　季康子欲伐邾乃饗大夫以謀之子服景伯曰小所以事大信也大所以保小仁也背大國不信伐小國不仁民保於城城保於德失二德者危將焉保孟孫曰二三子以爲何如惡賢而逆之對曰禹合諸侯於塗山水經注引合作會塗作嵞

地理志九江郡當塗應劭曰禹所娶塗山國也有禹墟杜本此

執玉帛者萬國

桉水經注以塗山爲郎山陰之會稽山譏杜爲誤但引

國語吳伐越爲吳伐楚則道元失之

今其存者無數十焉惟大不字小小不事大也知必危何故不言

服虔以二句亦爲孟孫之言謂諸大夫誡此知伐邾必危何故不早言也本疏

魯德如邾而以衆加之可乎不樂而出秋伐邾及范門猶聞鍾聲大夫諫不聽茅成子請告於吳不許曰魯擊柝聞於邾吳二千里不三月不至

鄭司農云柝戒者所擊也周禮疏

何及於我且國內豈不足成子以茅叛

郡國志山陽郡高平侯國有茅鄉城杜同此

師遂入邾處其公宮衆師晝掠邾衆保于繹

地理志魯國騶嶧山在北桉嶧繹古字同杜同本此

師宵掠以邾子益來獻于亳社囚諸負瑕

應劭曰負瑕在瑕丘縣西南水經注杜本此

負瑕故有繹邾茅夷鴻以束帛乘韋自請救于吳曰魯弱晉而遠吳馮恃其衆而背君之盟辟君之執事以陵我小國邾非敢自愛也懼君威之不立君威之不立小國之憂也若夏盟於鄫衍秋而背之成求而不違四方諸侯其何以事君且魯賦八百乘君之貳也邾賦六百乘君之私也

以私奉貳惟君圖之吳子從之　宋人圍曹鄭桓子思曰
宋人有曹鄭之患也不可以不救冬鄭師救曹侵宋初曹
人或夢衆君子
服虔云衆君子諸國君本疏
立于社宮
賈逵云社宮社也史記集解杜取此　鄭衆云社宮中有室屋者
同上
而謀亾曹曹叔振鐸請待公孫彊許之旦而求之曹無之
戒其子曰我死爾聞公孫彊爲政必去之及曹伯陽卽位
好田弋曹鄙人公孫彊好弋獲白雁獻之且言田弋之說

說之因訪政事大說之有寵使爲司城以聽政夢者之子乃行彊言霸説於曹伯曹伯從之乃背晉而奸宋

服虔云以小加大水經注

宋人伐之晉人不救築五邑於其郊曰黍丘揖丘大城鍾邘

八年春宋公伐曹將還褚師子肥殿曹人詬之不行師待之公聞之怒命反之遂滅曹執曹伯陽諸本並脫陽字从石經增及司城彊以歸殺之

吳爲邾故史記作騶又作鄒索隱云騶與鄒通將伐魯問於叔孫輒叔孫輒對曰魯有名而無情伐之必得志焉退而告公山不狃公山不狃曰非禮也君子違不適讎國

桉後漢書袁紹傳曰且君子違難不適讎國注引左傳公山不狃曰君子違難不適讎國注中難字蓋涉漢書本文而誤也

未臣而有伐之奔命焉死之可也所託也則隱且夫人之行也不以所惡廢鄉今子以小惡而欲覆宗國不亦難乎若使子率子必辭王將使我子張病之王問於子泄對曰魯雖無與立必有與斃諸侯將救之未可以得志焉晉與齊楚輔之是四讎也夫魯齊晉之脣脣亡齒寒君所知也不救何爲三月吳伐我子泄率故道險從武城初武城人或有因於吳竟田焉拘鄫人之漚菅者曰

說文漚久清也惠棟曰鄭康成注考工記引作渥菅釋文渥烏豆反與漚同是渥爲古文漚也

何故使吾水滋

說文茲黑也从二元春秋傳曰何故使吾水茲案石經及諸刻本並作滋陸氏不引說文但言字林云黑也或字林作滋

及吳師至拘者道之以伐武城克之王犯嘗爲之宰澹臺子羽之父好焉國人懼懿子謂景伯若之何對曰吳師來斯與之戰何患焉且召之而至又何求焉吳師克東陽而進舍于五梧明日舍於蠶室公賓庚公甲叔子與戰于夷

獲叔子與析朱鉏獻于王王曰此同車必使能國未可望也明日舍於庚宗諸本於作于从石經訂正遂次於泗上微虎欲宵攻王舍私屬徒七百人三踊於幕庭卒三百人有若與焉及稷門之內或謂季孫曰不足以害吳而多殺國士不如已也乃止之吳子聞之一夕三遷吳人行成將盟景伯曰楚人圍宋易子而食析骸而爨猶無城下之盟我未及虧而有城下之盟是弃國也吳輕而遠不能久將歸矣請少待之弗從景伯負載造於萊門

鄭元詩箋云載猶戴也惠棟曰劉炫以負載爲負戴器物說較杜爲是

乃請釋子服何於吳吳人許之以王子姑曹當之而後止吳人盟而還　齊悼公之來也季康子以其妹妻之即位而逆之季魴侯通焉女言其情弗敢與也齊侯怒夏五月齊鮑牧帥師伐我取讙及闡　或譖胡姬於齊侯曰安孺子之黨也六月齊侯殺胡姬　齊侯使如吳請師將以伐我乃歸邾子邾子又無道吳子使大宰子餘討之囚諸樓臺栫之以棘

說文栫以柴木壂也从木存聲本又作存杜本此廣疋栫栫也栫今作籬字

使諸大夫奉大子革以爲政　秋及齊平九月臧賓如如

齊涖盟齊閭丘明來涖盟且逆季姬以歸嬖鮑牧又謂羣公子曰使女有馬千乘乎公子愬之公謂鮑子或譖子子姑居於潞以察之若有之則分室以行若無之則反子之所出門使以三分之一行半道使以二乘及潞麇之以入遂殺之　冬十二月齊人歸讙及闡季姬嬖故也

九月春齊侯使公孟綽辭師于吳釋文綽本又作卓同吳子曰昔歲寡人聞命今又革之不知所從將進受命於君　鄭武子賸之嬖許瑕求邑無以與之請外取許之故圍宋雍丘宋皇瑗圍鄭師每日遷舍壘合鄭師哭子姚救之大敗二月甲戌宋取鄭師子雍丘使有能者無死以郟張與鄭羅歸

夏楚人伐陳陳卽吳故也　宋公伐鄭　秋吳城邗溝通江淮

地理志廣陵國江都渠水首受江北至射陽湖水經注晉吳將伐齊北霸中國自廣陵城東南築邗城城下掘深溝謂之韓江亦曰邗溟溝自江北通射陽湖西北至末口入淮

晉趙鞅卜救鄭遇水適火

服虔云兆南行適火卜法横者爲土立者爲木邪向徑者爲金背徑者爲火因兆而細曲者爲水本疏

占諸史趙史墨史龜史龜曰是爲沈陽可以興兵利以伐

姜不利子商伐齊則可敵宋不吉史墨曰盈水名也子水位也名位敵不可干也故炎帝爲火師姜姓其後也水勝火伐姜則可史趙曰是謂如川之滿不可游也鄭方有罪不可救也救鄭則不吉不知其他陽虎以周易筮之遇泰䷊之需䷄曰宋方吉不可與也微子啟帝乙之元子也宋鄭甥舅也祉祿也若帝乙之元子歸妹而有吉祿我安得吉焉乃止　冬吳子使來儆師伐齊

說文儆戒也

十年春邾隱公來奔齊甥也故遂奔齊　公會吳子邾子郯子伐齊南鄙師於息齊人弒悼公赴於師吳子三日哭

于軍門之外

服虔云諸侯相臨之禮 史記集解

徐承帥舟師將自海入齊齊人敗之吳師乃還　夏趙鞅帥師伐齊大夫請卜之趙孟曰吾卜於此起兵事不再令卜不襲吉

廣雅云襲重也 杜本此

行也於是乎取犁及轅

京相璠曰濟南梁鄒縣有袁水者也 水經注

毀高唐之郭侵及賴而還

服虔云賴齊邑 史記集解

秋吳子使來復儆師　冬楚子期伐陳吳延州來季子救陳謂子期曰二君不務德而力爭諸侯民何罪焉我請退以爲子名務德而安民乃還

十一年春齊爲鄎故國書高無丕帥師伐我及清（諸本丕皆作平依此傳改）

郡國志濟北盧縣有清亭（杜同此）

季孫謂其宰冉求曰齊師在清必魯故也若之何求曰一子守二子從公御諸竟（御字从釋文改）季孫曰不能求曰居封疆之間季孫告二子二子不可求曰若不可則君無出一子帥師背城而戰不屬者非魯人也魯之羣室衆於齊之兵

車一室敵車優矣子何患焉二子之不欲戰也宜宜字下石經旁增哉字係後人所加不可從政在季氏當子之身齊人伐魯而不能戰子之恥也大不列於諸侯矣季孫使從於朝俟於黨氏之溝武叔呼而問戰焉對曰君子有遠慮小人何知懿子強問之對曰小人慮才而言量力而共者也武叔曰是謂我不成丈夫釋文丈夫或作大夫非是也退而蒐乘孟孺子泄帥右師顏羽御邴泄爲右冉求帥左師管周父御樊遲爲右季孫曰須也弱有子曰

劉攽春秋權衡曰桉有子當作子有子有者冉求字也仲尼門人字多云子某者不得云有子也傳寫誤之矣

就用命焉季氏之甲七千冉有以武城人三百爲已徒卒老幼守宮次于雩門之外五日右師從之公叔務人家語作公叔務人遇人入保負杖而息禮記檀弓作公叔禺人遇負杖入保者息孔疏云禺務聲相近聲轉字異也見保者而泣曰事充政重上不能謀士不能死何以治民吾旣言之矣敢不勉乎師及齊師戰于郊禮記作戰於郎齊師自稷曲師不踰溝樊遲曰非不能也不信子也請三刻而踰之如之衆從之師入齊軍右師奔齊師從之陳瓘陳莊涉泗孟之側復入以爲殿抽矢策其馬曰馬不進也

桉孟之側字反與楚大夫子反字側同

林不狃之伍曰走乎不狃曰誰不如曰然則止乎不狃曰

惡賢徐步而死師獲甲首八十齊人不能師宵諜曰齊人遁冉有請從之三季孫弗許孟孺子語人曰我不如顏羽而賢於邴泄子羽銳敏

高誘戰國策注銳精也詩毛傳敏疾也杜本此

我不欲戰而能默釋文本亦作嘿泄曰驅之公爲與其嬖僮汪錡乘皆死皆殯禮記作與其鄰重汪錡往皆死焉孔子曰能執干戈以衛社稷可無殤也冉有用矛於齊師故能入其軍孔子曰義也

夏陳轅頗出奔鄭初轅頗爲司徒賦封田以嫁公女有餘以爲己大器國人逐之故出道渴其族轅咺進稻醴粱糗服脯焉釋文服亦作鍜桉當作鍛

說文糗熬米麥也脯乾肉也

喜曰何其給也對曰器成而具曰何不吾諫對曰懼先行

爲郊戰故公會吳子伐齊五月克博壬申至於嬴

地理志博縣嬴縣並屬泰山郡杜本此

中軍從王胥門巢將上軍王子姑曹將下軍展如將右軍

齊國書將中軍高無丕將上軍宗樓將下軍陳僖子謂其

弟書爾死我必得志宗子陽與閭丘明相厲也桑掩胥御

國子公孫夏曰二子必死將戰公孫夏命其徒歌虞殯

賈逵云虞殯歌詩本疏杜取此

陳子行命其徒具含玉釋文本又作唅初學記引亦同公孫揮命其徒曰

人尋約

詩毛傳八尺曰尋杜本此

吳髮短東郭書曰三戰必死於此三矣使問弦多以琴曰

吾不復見子矣陳書曰此行也吾聞鼓而已不聞金矣甲

戌戰于艾陵展如敗高子國子敗胥門巢王卒助之大敗

齊師獲國書公孫夏閭丘明陳書東郭書革車八百乘甲

首三千以獻于公將戰吳子呼叔孫曰而事何也對曰從

司馬王賜之甲劒鈹曰奉爾君事敬無廢命叔孫未能對

衛賜進曰州仇奉甲從君而拜公使太史固歸國子之元

寘之新篋褽之以元纁釋文別本無之字

說文褻袿衣也桉杜注褻薦也未知何據

加組帶焉寘書於其上曰天若不識不衷何以使下國

吳將伐齊越子率其衆以朝焉王及列士皆有饋賂吳人皆喜惟子胥懼曰是豢吳也夫

服虔云豢養也穀食曰豢杜取此

諫曰越在我心腹之疾也壤地同而有欲於我

呂覽載子胥語曰夫吳之與越接土鄰境壤交通屬習俗同言語通我得其地能處之得其民能使之越於我亦然

夫其柔服求濟其欲也不如早從事焉得志於齊猶獲石

田也

王肅云石田不可耕史記集解杜取此

無所用之越不爲沼吳其泯矣使醫除疾而曰必遺類焉

者未之有也盤庚之誥曰其有顛越不共

服虔云顛隕也越墜也顛越無道則割絶無遺也同上

則劓殄無遺育無俾易種于茲邑

孔安國書傳劓割也殄絶也育長也俾使也杜本此

是商所以興也今君易之將以求大不亦難乎弗聽使於

齊屬其子於鮑氏爲王孫氏

服虔云鮑氏齊大夫同上桉史記說苑吳越春秋並云吳

王使子胥於齊子胥屬其子於齊鮑氏而還報吳是則子胥實身自使齊杜注私使人至齊之說非也

反役王聞之使賜之屬鏤以死

服虔云屬鏤劍名賜使自刎同上 桉荀子成相篇剄而獨鹿棄之江宥坐篇又云子胥磔姑蘇東門外桉屬鏤獨鹿音同吳語盛以鴟夷而投之江賈逵云鴟夷革囊也

將死曰樹吾墓檟史記檟作梓世家列傳並同 檟可材也吳其亡乎三年其始弱矣盈必毀天之道也 秋季孫命修守備曰小勝大禍也齊至無日矣 冬衛大叔疾出奔宋初疾娶於宋子朝其娣嬖子朝出孔文子使疾出其妻而妻之

服虔云孔文子衛卿也同上

疾使侍人誘其初妻之娣寘於犂而爲之一宮如二妻文子怒欲攻之仲尼止之遂奪其妻或淫于外州外州人奪之軒以獻恥是二者故出衛人立遺使室孔姞疾臣向魋納美珠焉與之城鉏宋公求珠魋不與由是得罪及桓氏出城鉏人攻大叔疾衛莊公復之使處巢死焉殯於鄖葬於少禘初晉悼公子慭釋文慭作整亾在衛使其女僕而田大叔懿子止而飲之酒遂聘之生悼子悼子卽位故夏戊爲大夫悼子亾衛人翦夏戊孔文子之將攻大叔也訪於仲尼仲尼曰胡簋之事則嘗學之矣

賈逵服虔等注並云夏曰胡本疏杜取此禮記明堂位周之八簋

甲兵之事未之聞也退命駕而行曰鳥則擇木木豈能擇鳥

服虔云鳥喻已木以喻所之之國史記集解杜注上句取此

文子遽止之曰圉豈敢度其私訪衛國之難也家語訪將作防止魯人以幣召之乃歸　季孫欲以田賦

賈逵以爲欲令一井之間出一丘之稅井別出馬一匹牛三頭本疏

使冉有訪諸仲尼仲尼曰丘不識也三發卒曰子爲國老

待子而行若之何子之不言也仲尼不對而私於冉有曰君子之行也度於禮施取其厚事舉其中斂從其薄如是則以丘亦足矣若不度於禮而貪冒無厭則雖以田賦將又不足且子季孫若欲行而法則周公之典在若欲苟而行又何訪焉弗聽

十二年春王正月用田賦　夏五月昭夫人孟子卒昭公娶于吳故不書姓死不赴故不稱夫人不反哭故不言葬小君孔子與弔適季氏季氏不絻放絰而拜　公會吳于橐皐吳子使大宰嚭請尋盟

賈逵云尋溫也論語疏　桉言尋盟者以前盟已寒更溫之

使熱杜取服說言尋之言重也義亦通然賈義爲長矣

公不欲使子貢對曰盟所以周信也故心以制之玉帛以奉之言以結之明神以要之寡君以爲苟有盟焉弗可改也已若猶可改日盟何益今吾子曰必尋盟若可尋也亦可寒也

服虔云尋之言重也溫也寒歇也亦可寒而歇之儀禮疏禮記疏並同杜取此　按儀禮有司徹篇乃執燅尸鄭注云古文燅或作尋記或作燖春秋傳曰若可燖也亦可寒也賈疏云大記或作燖者按郊特牲云血腥爛祭用氣也注云爛或爲燖又引服注云云杜注本諸服氏惟尋有溫義

杜所未取鄭引傳直作㝷字則漢人訓如此與下文寒字對也

乃不㝷盟　吳徵會于衞初衞人殺吳行人且姚而懼謀於行人子羽子羽曰吳方無道無乃辱吾君不如止也子木曰吳方無道國無道必弃疾於人吳雖無道猶足以患衞往也長木之斃無不摽也

說文摽擊也廣疋同杜本此

國狗之瘈無不噬也

說文噬啗也喙也廣疋噬齧也桉杜注本廣疋

而況大國乎秋衞侯會吳于鄖公及衞侯宋皇瑗盟而卒

辭吳盟吳人藩衛侯之舍

鄭元周禮注藩盾盾可以藩衛者如今之扶蘇與梭杜

注雖本廣疋然究不若鄭義爲得其實

子服景伯謂子貢曰夫諸侯之會事旣畢矣侯伯致禮地主歸餼

服虔云致賓禮於地主本疏

以相辭也今吳不行禮於衛而藩其君舍以難之子盍見大宰嚭諸本無嚭字今从石經增乃請束錦以行語及衛故大宰嚭曰寡君願事衛君衛君之來也緩寡君懼故將止之子貢曰衛君之來必謀於其衆其衆或欲或否是以緩來其欲來

者子之黨也其不欲來者子之讎也若執衛君是墮黨而崇讎也

韋昭國語注墮毀也杜本此

夫墮子者得其志矣且合諸侯而執衛君誰敢不懼墮黨崇讎而懼諸侯或者難以霸乎大宰嚭說乃舍衛侯衛侯歸效夷言子之尚幼曰君必不免其死於夷乎執焉而又說其言從之固矣　冬十二月螽季孫問諸仲尼仲尼曰丘聞之火伏而後蟄者畢今火

詩毛傳火大火也杜本此

猶西流司歷過也　宋鄭之間有隙地焉曰彌作頃丘玉

暢嵒戈錫

桉郭忠恕佩觿嵒嵒二字注云上五咸翻山高皃下尼輒反地名則當讀作聶僖元年次於聶北說文引作嵒北或嵒聶古字通集韻嵒逆吸切音岌地名春秋取宋師於嵒據此則聶爲嵒之誤審矣今定作嵒字下皆同

子產與宋人爲成曰勿有是及宋平元之族自蕭奔鄭鄭人爲之城嵒戈錫九月宋向巢伐鄭取錫殺元公之孫遂圍嵒十二月鄭罕達救嵒丙申圍宋師

十三年春宋向魋救其師鄭子賸使徇曰得桓魋者有賞魋也逃歸遂取宋師于嵒獲成讙郜延

說文郜周文王子所封國按春秋時郜邑屬宋延蓋郜邑大夫也

以六邑爲虛　夏公會單平公晉定公吳夫差于黃池

六月丙子越子伐吳爲二隧

顧炎武云隊卽古隧字吳語句踐命范蠡古庸率師沿海泝淮以襲吳蓋越兵入吳一襲淮一泝江所謂二隧也戰國策呂氏春秋淮南王書皆作干隧干隧地無考疑二隧之誤

疇無餘謳陽自南方先及郊吳大子友王子地王孫彌庸壽於姚自泓上觀之彌庸見姑蔑之旗曰

郡國志會稽郡姑末劉昭注左傳爲姑蔑杜同此

吾父之旗也不可以見讎而弗殺也大子曰戰而不克將亾國請待之彌庸不可屬徒五千王子地助之乙酉戰彌庸獲疇無餘地獲謳陽越子至王子地守丙戌復戰大敗吳師獲大子友王孫彌庸壽餘姚丁亥入吳吳人告敗于王王惡其聞也

服虔云惡其聞諸侯史記集解杜取此

自剄七人於幕下

服虔云以絕口同上杜取此

秋七月辛丑盟吳晉爭先吳人曰於周室我爲長晉人曰

於姬姓我爲伯趙鞅呼司馬寅外傳作董褐

賈逵等皆云董褐司馬寅也本疏

曰日旰矣大事未成二臣之罪也建鼓整列二臣死之長幼必可知也對曰請姑視之反曰肉食者無墨今吳王有墨國勝乎大子死乎且夷德輕不忍久請少待之乃先晉人

賈逵云外傳曰吳先歃晉亞之先叙晉晉有信又所以外吳同上

吳人將以公見晉侯子服景伯對使者曰王合諸侯則伯帥侯牧以見於王伯合諸侯則侯帥子男以見於伯自王

不以下朝聘玉帛不同故敝邑之職貢於吳有豐於晉無及焉以爲伯也今諸侯會而君將以寡君見晉君則晉成爲伯矣敝邑將改職貢魯賦於吳八百乘若爲子男則將半邾以屬於吳而如邾以事晉且執事以伯召諸侯而以侯終之何利之有焉吳人乃止既而悔之將囚景伯景伯曰何也立後於魯矣將以二乘與六人從遲速惟命遂囚以還及戶牖

地理志陳留郡東昏劉昭注郡國志引陳留志曰故戶牖鄉杜本此

謂大宰曰魯將以十月上辛有事於上帝先王季辛而畢

何世有職焉自襄以來未之改也若不會祝宗將曰吳實然且謂魯不共而執其賤者七人何損焉大宰嚭言於王曰無損於魯而祇爲名不如歸之乃歸景伯吳申叔儀乞糧於公孫有山氏曰佩玉縈兮

廣雅縈聚也季善引倉頡篇亦同

余無繫之旨酒一盛兮余與褐之父睨之

說文睨衺視也廣雅睨視也杜本此

對曰粱則無矣麤則有之若登首山以呼曰庚癸乎則諾

桉庚癸吳越之市語也越絕書計倪內經庚貨之戶曰穡比疏食故無賈又云壬癸無貨蓋庚癸食之最麤者

耳與上句麤則有之正相應杜注非也

王欲伐宋殺其丈夫而囚其婦人大宰嚭曰可勝也而弗能居也乃歸冬吳及越平

十四年春西狩于大野叔孫氏之車子鉏商獲麟史記作獲獸賈逵云周在西明夫子道繫周本疏服虔云言西者有意於西明夫子有立言立言之位在西方故著於西也車車士微者也子姓鉏商名同上又曰大野藪名魯田圃之常處蓋今鉅野是也史記集解杜取此王肅云車士將車者也子姓鉏商名本疏地理志山陽郡鉅野大野澤在北兗州藪

以爲不祥以賜虞人仲尼觀之曰麟也然後取之

服虔云麟非時所常見故怪之以爲不祥也仲尼名之曰麟然後魯人乃取之也明麟爲仲尼至也本疏史記集解同

小邾射以句繹來奔曰使季路要我吾無盟矣使子路子路辭季康子使冉有謂之曰千乘之國不信其盟而信子之言子何辱焉對曰魯有事于小邾不敢問故死其城下可也彼不臣而濟其言是義之也由弗能　齊簡公之在魯也闞止有寵焉

賈逵云闞止子我也史記集解杜取此

及即位使爲政陳成子憚之驟顧諸朝諸御鞅言於公史記

作御鞅

賈逵云鞅齊大夫也同上杜取此

曰陳闞不可並也君其擇焉弗聽子我夕

賈逵云郈闞止也史記索隱服虔云夕省事集解取此

陳逆殺人逢之

服虔云子我將往夕省事於君而逢逆之殺人也同上

遂執以入陳氏方睦

服虔云陳常方欲謀有齊國故和其宗族同上

使疾而遺之潘沐

服虔云使陳逆詐病而遺之同上說文潘淅米汁也鄭元

禮記注潘米瀾杜本說文

備酒肉焉饗守囚者醉而殺之而逃子我盟諸陳於陳宗

服虔云子我見陳逆得生出而恐爲陳氏所怨故與盟

而請和也陳宗宗長之家同上

初陳豹欲爲子我臣

賈逵云豹陳氏族也同上杜取此

使公孫言已

賈逵云公孫齊大夫也同上

已有喪而止既而言之曰有陳豹者長而上僂望視事君

子必得志欲爲子臣吾憚其爲人也故緩以告子我曰何

害是其在我也使爲臣他日與之言政說遂有寵謂之曰我盡逐陳氏而立女若何對曰我遠於陳氏矣

服虔云言我與陳疏遠也同上

且其違者

服虔云違者不從子我者同上

不過數人何盡逐焉遂告陳氏子行曰彼得君弗先必禍子

服虔云彼謂闞止也子謂陳常也同上

子行舍於公宮

服虔云止於公宮爲陳氏作內間也同上

夏五月壬申成子兄弟四乘如公

服虔云成子兄弟八人二人共一乘故四乘同上

子我在幄出逆之遂入閉門

服虔云成子兄弟見子我出遂突入反閉門子我不得

復入同上

侍人御之

服虔云閹豎以兵御陳氏同上

子行殺侍人

服虔云舍于公宮故得殺之同上

公與婦人飲酒於檀臺

服虔云當陳氏入時飲酒於此臺同上

成子遷諸寢

服虔云欲從公令居寢也同上

公執戈將擊之大史子餘曰

服虔云齊大夫同上

非不利也將除害也陳子出舍於庫聞公猶怒將出

服虔云出奔也同上

曰何所無君子行抽劍曰需事之賊也誰非陳宗所不殺子者有如陳宗

服虔云陳宗先祖鬼神也本疏

乃止子我歸帥屬徒各本脫帥字从石經增入

服虔云會徒衆史記集解按服注徒字上似脫屬字

攻闈與大門

服虔云宮中之門曰闈大門公門也同上按服用爾雅釋宮文後漢書注引爾雅又云宮中小門謂之闈此云闈與大門是闈爲小門也

皆不勝乃出陳氏追之失道於弇中適豐丘

賈逵云陳氏邑也同上杜取此

豐丘人執之以告殺諸郭關

服虔云齊關名同上

成子將殺大陸子方

服虔云子方子我之黨大夫東郭賈也同上

陳逆請而免之以公命取車於道及耏衆知而東之出雍

何陳豹與之車弗受曰逆爲余請豹與余車余有私焉事

子我而有私於其讎何以見魯衞之士

服虔云子方將欲奔魯衞也同上

東郭賈奔衞庚辰陳恆執公於舒州

賈逵云陳氏邑也同上史記齊世家常執簡公於徐州索隱徐字從人說文作䣄音舒戰國策楚威王戰勝於徐州高誘注徐州或作舒州是時屬齊桉舒徐䣄古字通

公曰吾早從鞅之言不及此　宋桓魋之寵害於公公使夫人驟請享焉而將討之未及魋先謀公請以鞌易薄公曰不可薄宗邑也

地理志山陽郡薄臣瓚曰湯所都按此卽南亳也亳薄古字通故公以爲宗邑

乃益鞌七邑而請享公焉以日中爲期家備盡往公知之告皇野曰余長魋也今將禍余請卽救司馬子仲曰有臣不順神之所惡也而況人乎敢不承命不得左師不可請以君命召之左師每食擊鐘聞鐘聲公曰夫子將食既食又奏公曰可矣以乘車往曰迹人來告曰逢澤有介麇焉

麇或作麋从石經及宋本訂正困學記聞引左傳亦作麇

廣疋介獨也方言獸無偶曰介玉篇同桉說文麇麞也籀文作麕玉篇麞鹿屬亦作獐陸佃埤雅麞如小鹿而美今考麇既是麞其物本小何得云介且麇書於經又屢見於傳自當作麇爲是

公曰雖魋未來得左師吾與之田若何君憚告子野曰嘗私焉君欲速故以乘車逆子與之乘至公告之故拜不能起司馬曰君與之言公曰所難子者上有天下有先君對曰魋之不其宋之禍也敢不惟命是聽司馬請瑞焉以命其徒攻桓氏其父兄故臣曰不可其新臣曰從吾君之命

遂攻之子頎騁而告桓司馬司馬欲入子車止之曰不能事君而又伐國民不與也祇取死焉向魋遂入於曹以叛六月使左師巢伐之欲質大夫以入焉不能亦入于曹取質魋曰不可既不能事君又得罪于民將若之何乃舍之民遂叛之向魋奔衛向巢來奔宋公使止之曰寡人與子有言矣不可以絕向氏之祀辭曰臣之罪大盡滅桓氏可也若以先臣之故而使有後君之惠也若臣則不可以入矣司馬牛

說文春秋傳曰司馬牼字牛

致其邑與珪焉而適齊向魋出於衛地公文氏攻之

王符潛夫論衛之公族有公文氏

求夏后氏之璜焉與之他玉而奔齊陳成子使爲次卿司馬牛又致其邑焉而適吴吴人惡之而反趙簡子召之陳成子亦召之卒於魯郭門之外阬氏葬諸丘輿　甲午齊陳恒弑其君壬于舒州孔丘三日齊而請伐齊三公曰魯爲齊弱久矣子之伐之將若之何對曰陳恒弑其君民之不與者半以魯之衆加齊之半可克也公曰子告季孫孔子辭退而告人曰吾以從大夫之後也故不敢不言　初孟孺子泄將圉馬於成成宰公孫宿不受曰孟孫爲成之病不圉馬焉孺子怒襲成從者不得入乃反成有司使孺

子鞅之秋八月辛丑孟懿子卒成人奔喪弗內袒免哭于衢聽共弗許懼不歸

十五年春成叛于齊武伯伐成不克遂城輸　夏楚子西子期伐吴及桐汭

水經注沔水下南江又東與桐水合元和郡縣志桐汭在廣德州西五十里桜桐水本合南江至山陰入海杜注云西北入丹陽湖者蓋西晉時南江已湮故桐水就近入丹陽湖耳說見集中

陳侯使公孫貞子弔焉及艮而卒將以尸入

服虔云在牀曰尸在棺曰柩本疏

吳子使大宰嚭勞且辭曰以水潦之不時無乃廪然隕大夫之尸以重寡君之憂寡君敢辭上介芋尹蓋對岳本以上介絶句秦本以辭字爲句上介屬下

桉注云蓋陳大夫貞子上介蓋謂貞子上介耳觀下注備使云備猶副也意義自明蓋本副介宰嚭尊稱之曰上介耳釋文云寡君敢辭上介絶句是也

曰寡君聞楚爲不道薦伐吳國滅厥民人寡君使蓋備使弔君之下吏無祿使人逢天之慼大命隕隊諸本作隧从石經改正絶世于良廢日共積一日遷次今君命逆使人曰無以尸造于門是我寡君之命委于草莽也且臣聞之曰事死如

事生禮也於是乎有朝聘而終以尸將事之禮又有朝聘而遭喪之禮若不以尸將命是遭喪而還也無乃不可乎以禮防民猶或踰之今大夫曰死而弃之是弃禮也其何以爲諸侯主先民有言曰無穢虐士備使奉尸將命苟我寡君之命達于君所雖隕于深淵則天命也非君與涉人之過也吴人内之　秋齊陳瓘如楚過衞仲由見之曰天或者以陳氏爲斧斤既斲喪公室而他人有之不可知也其使終饗之亦不可知也若善魯以待時不亦可乎何必惡焉子玉曰然吾受命矣子使告我弟　冬及齊平子服景伯如齊子贛爲介見公孫成曰人皆臣人而子刊本並脱子字

據宋本增入　有背人之心況齊人雖爲子役其有不貳乎子周公之孫也多饗大利猶思不義利不可得而喪宗國將焉用之成曰善哉吾不早聞命陳成子館客曰寡君使恒告曰寡人願事君如事衞君景伯揖子贛而進之對曰寡君之願也昔晉人伐衞齊爲衞故伐晉冠氏喪車五百因與衞地自濟以西禚媚杏以南書社五百

服虔云書籍也史記集解杜取此

吳人加敝邑以亂齊因其病取讙與闡寡君是以寒心若得視衞君之事君也則固所願也成子病之乃歸成公孫宿以其兵甲入于嬴　衞孔圉取大子蒯聵之姊生悝

說文悝周也春秋傳曰孔悝

孔氏之豎渾良夫長而美孔文子卒通於內大子在戚孔姬使之焉大子與之言曰苟使我入獲國服冕乘軒三死無與與之盟爲請於伯姬閏月良夫與大子入舍於孔氏之外圃

服虔云圃園史記集解杜取此

昏二人蒙衣而乘

服虔云二人謂良夫大子蒙衣爲婦人之服以巾蒙其頭而共乘也同上

寺人羅御如孔氏孔氏之老欒寧問之史記寧作甯下同

服虔云家人稱老問其姓名同上

稱姻妾以告

賈逵云婚姻家妾也同上

遂入適伯姬氏

服虔云入孔氏家適伯姬所居同上

旣食孔伯姬杖戈而先

服虔云先至孔悝所同上

大子與五人介輿豭從之

賈逵云介被甲也輿豭豚欲以盟同上杜取此

迫孔悝於厠釋文孔悝本又作叔悝彊盟之遂劫以登臺

服虔云於衛臺上召衛羣臣同上

欒寧將飲酒炙未熟聞亂使告季子

服虔云季路爲孔氏宰故告之同上杜取此

召獲駕乘車史記獲作護

服虔云召獲衛大夫駕乘車不駕兵車也言無距父之意同上

行爵食炙

服虔云欒寧使召季路乃行爵食炙同上王充論衡車行酒騎行炙桉古人皆以車騎行酒炙正義云此句顛倒非

奉衞侯輒來奔

服虔云召獲奉衞侯同上

季子將入遇子羔將出禮記檀弓作高子皋亦作子皋又云季子羔皋羔古字通

賈逵云子羔衞大夫高柴孔子弟子也將出奔同上杜取此

曰門已閉矣季子曰吾姑至焉史記焉作已子羔曰弗及不踐其難史記不作莫

賈逵云家臣憂不及國不得踐履其難同上鄭衆云是時輒已出不及事不當踐其難子羔言不及以爲季路欲死國也同上

季子曰食焉不辟其難

服虔云言食悝之祿欲救悝之難此明其不死國也同上

子羔遂出子路入及門公孫敢門焉曰無入爲也史記作公孫敢闔門無作毋鄭元禮禮記注古文毋爲無

服虔云公孫敢衛大夫言輒已出無爲復入同上按莊子盜跖篇子路欲殺衛君而事不成身葅於東門之上據此則子路所入之門蓋東門也

季孫曰是公孫也求利焉而逃其難由不然利其祿必救其患有使者出乃入曰大子焉用孔悝雖殺之必或繼之

王肅云必有繼續其後攻大子

且曰大子無勇若燔臺半必舍孔叔大子聞之懼下石乞

盂黶敵子路史記作壺黶又作狐黶桉盂壺狐並音同服虔云二子蒯聵之臣敵當也同上杜取此以戈擊之斷纓史記作割纓子路曰君子死冠不免服虔云不使冠在地同上杜取此結纓而死孔子聞衛亂曰柴也其來由也死矣史記作由也其死矣檀弓引傳亦同或一本多其字也孔悝立莊公莊公害故政欲盡去之先謂司徒瞞成曰寡人離病於外久矣子請亦嘗之歸告褚師比欲與之伐公不果

十六年春瞞成褚師比出奔宋衛侯使鄢武子告于周曰蒯聵得罪于君父君母逋竄于晉晉以王室之故不弃兄

弟寘諸河上天誘其衷獲嗣守封焉使下臣肸敢告執事

王使單平公對曰肸以嘉命來告余一人往謂叔父余嘉乃成世復爾祿次敬之哉方天之休弗敬弗休悔其可追

夏四月己丑孔丘卒公誄之

鄭司農云誄爲積累其生平之德行以錫之命而爲其辭也注周禮　說文讄禱也累功德以求福論語曰讄曰禱爾於上下神祇从言纍省聲或不省作讄誄字注云諡也从言耒聲是誄讄有別今經典相承作誄而人罕知當作讄矣

旻天不弔　家語文選注並引作旻天不弔說文引傳作旻天不憖疑有脫誤玉篇亦同

桉鄭司農周禮解引此傳作閔天不淑莊述祖曰古文叔與弔字形相近故經典從叔之字多作弔莊子弔詭卽諔詭是也杜注昭二十六年與此傳皆訓弔爲至似誤

不慭遺一老

爾雅慭彊也說文慭問也謹敬也一曰說也一曰且也詩鄭箋慭者心不欲而自彊之辭應劭王肅並云慭且也一老謂孔子也杜本此

俾屏余一人以在位

詩毛傳屏蔽也杜本此

煢煢余在疚鄭司農周禮注引作嬛嬛予在疚詩哀此惸獨孟子引作煢蓋古字通

說文嬛才緊也春秋傳曰嬛嬛在疚又宊字注云貧病也詩曰煢煢在宊

烏乎哀哉諸刋本皆作嗚今从前傳及宋本改正尼父無自律

爾雅律法也杜本此

子贛曰君其不沒於魯乎夫子之言曰禮失則昏名失則愆

桉大戴記孔子語云禮失則壞名失則惽

失志爲昏失所爲愆生不能用𠈍又誄之非禮也家語史記漢書並作𠈍而誄之禮記引傳文亦同今刋本亦有作而者已改正稱一人史記漢書並作稱余一人漢書余作

予非名也

服虔云天子自謂余一人非諸侯所當名也史記集解杜取此

君兩失之　六月衞侯飲孔悝酒於平陽

郡國志東郡燕縣有平陽亭杜同此酈道元云廩延南故城即衞之平陽亭也

重酬之大夫皆有納焉醉而送之夜半而遣之載伯姬於平陽而行水經注引作載伯姬於平陽行於延津及西門使貳車反祏於西圃

五經異義曰或曰卿大夫有主不答曰卿大夫非有土之君不得合享昭穆故無主古春秋左氏傳曰衞孔悝

反祏於西圃祏石主也言大夫以石爲主禮無明文大夫士無昭穆不得有主今山陽民俗有石主元之聞也以下鄭氏駮少牢饋食士大夫祭禮束帛依神特牲饋食士祭禮也結茅爲神象也孝子既葬心無所依以虞而立主以事之惟天子諸侯有主卿大夫無主尊卑之差也卿大夫無主者依神以几筵故少牢之祭但有尸無主三王之代小祥以前主用桑者始死尚質故不相變既練易之遂藏於廟以爲祭主孔悝石主者祭其所出之君爲之主耳又鄭志張逸問許氏異義駮衛孔悝之反祏有主者何謂也荅曰禮大夫無主而孔獨有者或時

末代之君賜之使祀其所出之君主諸侯不祀天而魯郊諸侯不祖天子而鄭祖厲王皆時君之賜也按正義譏鄭非是

子伯季子初爲孔氏臣新登于公請追之遇載祏者殺而乘其車許公爲反祏遇之曰與不仁人爭明無不勝必使先射射三發皆遠許爲許爲射之殪或以其車從得祏於槖中孔悝出奔宋　楚大子建之遇讒也自城父奔宋又辟華氏之亂於鄭鄭人甚善之又適晉與晉人謀襲鄭乃求復焉鄭人復之如初晉人使諜於子木諸本作誄今改正請行而期焉子木暴虐於其私邑邑人訴之鄭人省之得晉諜

焉遂殺子木其子曰勝在吳子西欲召之葉公曰吾聞勝

也詐而亂無乃害乎子西曰吾聞勝也信而勇不爲不利

舍諸邊竟使衛藩焉葉公曰周仁之謂信率義之謂勇吾

聞勝也好復言而求死士殆有私乎復言非信也期死非

勇也

桉漢書韓王信傳李奇注引傳曰期死非勇也以生非

任也下五字未知所出

子必悔之弗從召之使處吳竟爲白公

服虔云白邑名楚邑大夫皆稱公史記集解杜注上句取此

請伐鄭子西曰楚未節也不然吾不忘也他日又請許之

未起師晉人伐鄭楚救之與之盟勝怒曰鄭人在此讎不遠矣勝自厲劍子期之子平見之曰王孫何自厲也曰勝以直聞不告女庸爲直乎將以殺爾父平以告子西子西曰勝如卵余翼而長之楚國第我死令尹司馬非勝而誰勝聞之曰令尹之狂也得死乃非我子西不悛勝謂石乞淮南王書作石乙曰王與二卿士皆五百人當之則可矣乞曰不可得也曰市南有熊宜僚者釋文熊宜僚者或作熊相宜僚後漢書注亦同桉石經熊字下後人亦旁增相字不可从

淮南王書作宜僚高誘注曰宜僚姓也名熊勇士居楚市南

若得之可以當五百人矣乃從白公而見之與之言說告之故辭承之以劒不動高誘淮南王書承作舉勝曰不爲利諂不爲威惕傳咸左傳詩諂字作啗義亦通不泄人言以求媚者去之吳人伐愼

地理志愼縣屬汝南郡杜本此

白公敗之請以戰備獻

服虔云欲陳士卒甲兵如與吳戰時所入獻捷本疏

許之遂作亂秋七月殺子西子期史記期作綦于朝而劫惠王子西以袂掩面而死子期曰昔者吾以力事君不可以弗終抉豫章以殺人而後死石乞曰焚庫弒王不然不濟白公曰不可殺王不祥焚庫無聚將何以守矣乞曰有楚國

而治其民以敬事神可以得祥且有聚矣何患弗從葉公在蔡方城之外皆曰可以入矣子高曰吾聞之以險徼幸者其求無饜偏重必離聞其殺齊管修也而後入

淮南王書九日葉公入風俗通管修自齊適楚爲陰大夫椄裴松之管寧傳注引傅子云昔田氏有齊而管氏去之今考修之適楚自在田氏未篡之先傅子所言恐不足據

白公欲以子閭爲王子閭不可遂劫以兵子閭曰王孫若安靖楚國匡正王室而後庇焉啓之願也敢不聽從若將專利以傾王室不顧楚國有死不能遂殺之而以王如高

府

賈逵云高府府名也史記集解淮南王書闔閭伐楚五戰入郢燒高府之粟梭此則高府蓋宮中府名

石乞尹門圍公陽穴宮史記圍公陽作屈固負王以如昭夫人之宮

服虔云昭王夫人惠王母越女也同上

葉公亦至及北門或遇之曰君胡不胄國人望君如望慈父母焉盜賊之矢若傷君是絕民望也若之何不胄乃胄而進又遇一人曰君胡胄國人望君如望歲焉日日以幾

六經正誤云日日作日月誤若見君面是得艾也

應劭漢書注乂安也杜本此乂艾古字同

民知不死其亦夫有奮心（風俗通民作人夫作無）猶將旌君以狗於國而又掩面以絶民望不亦甚乎乃免冑而進遇箴尹固帥其屬將與白公子高曰微二子者楚不國矣棄德從賊其可保乎乃從葉公使與國人（釋文一本作使與國人如字與謂與廢也挍石經及諸刊本皆作與今仍之）以攻白公白公奔山而縊

淮南王書十九日而擒白公

其徒微之

爾雅匿微也舍人云匿藏之微也說文微隱行也春秋傳曰白公其徒微之淮南王書白公死於浴室高誘注楚殺白公於浴室之地挍呂覽作法室高誘注法室司

寇也

生拘石乞而問白公之死焉對曰余知其死所而長者使余勿言曰不言將亨（亨字後人妄加四點今从石經訂正）乞曰此事也（从石經及宋本增也字）克則爲卿不克則亨固其所也何害乃亨石乞王孫燕奔頯黃氏

桉頯當是頯字之誤今訂正說文頯从頁頯聲渠追切音亦同

沈諸梁兼二事（諸刊本脫沈字今从石經增入）國寧乃使寧爲令尹使寬爲司馬而老于葉

衛侯占夢嬖人求酒於大叔僖子不得與卜人比而告公曰君有大臣在西南隅弗去懼害乃

逐大叔遺遺奔晉　衛侯謂渾良夫曰吾繼先君而不得其器若之何良夫代執火者而言曰疾與亾君皆君之子也召之而擇材焉可也若不材器可得也豎告大子大子使五人輿豭從已劫公而強盟之且請殺良夫公曰其盟免三死曰請三之後有罪殺之公曰諾哉

十七年春衛侯爲虎幄於藉圃成求令名者而與之始食焉大子請使良夫良夫乘衷甸

說文佃中也春秋傳曰乘中佃一轅車玉篇引左傳同

杜本此

兩牡紫衣

也武王以爲軍率是以克州蓼釋文蓼本又作鄝服隨唐大啟羣蠻彭仲爽申俘也文王以爲令尹實縣申息朝陳蔡封畛於汝唯其任也何賤之有子高曰天命不謟西京賦天命不滔李善注引左傳文云滔謟古字通令尹有感於陳天若亾之其必令尹之子是與君盍舍焉臣懼右領與左史有二俘之賤而無其令德也王卜之武城尹吉使帥師取陳麥陳人御之敗遂圍陳

秋七月己夘楚公孫朝帥師滅陳　王與葉公枚卜子良以爲令尹沈尹朱曰吉過於其志葉公曰王子而相國過將何爲他日改卜子國而使爲令尹　衛侯夢于北宮見人登昆吾之觀被髮北而而譟曰

說文譟擾也

登此昆吾之虛緜緜生之瓜余爲渾良夫叫天無辜公親筮之胥彌赦占之曰不害與之邑寘之而逃奔宋衛侯貞卜其繇曰如魚竀尾

說文竀正視也从穴中正見也桉杜注竀赤色蓋取賈義亦因音同故改從經字爲訓

衡流而方羊裔焉

鄭衆以爲魚勞則尾赤方羊游戲喻衛侯淫縱本疏賈逵云竀赤也魚勞則尾赤衡流方羊不能自安裔水邊言衛侯將若此魚春秋疏服氏以爲魚勞詩疏廣雅仿佯徙倚

賈逵云紫衣君服本疏杜取此

狐裘至袒裘不釋劒而食大子使牽以退數之以三罪而殺之　三月越子伐吳吳子御之笠澤夾水而陳石經及諸刊本作禦今从釋文改畫一越子爲左右句卒使夜或左或右鼓譟而進吳師分以御之越子以三軍潛涉當吳中軍而鼓之吳師大亂遂敗之　晉趙鞅使告于衞曰君之在晉也志父爲主請君若大子來以免志父不然寡君其曰志父之爲也衞侯辭以難大子又使椓之

說文椓擊也廣雅諑諻也桉椓諑古字通楚辭謠諑謂余以善淫王逸章句方言楚以南謂愬爲諑又譖也呂

覽曰椓崔杼之子令之爭

夏六月趙鞅圍衛齊國觀陳瓘救衛得晉人之致師者子玉使服而見之曰國子實執齊秉索隱引傳文作秉又服注云云是服注本作秉今據改

服虔云秉權柄也史記索隱

而命瓘曰無辟晉師豈敢廢命子又何辱簡子曰我卜伐衛未卜與齊戰乃還　楚白公之亂陳人恃其聚而侵楚楚既寧將取陳麥楚子問帥於大師子穀與葉公諸梁子穀曰右領差車與左史老皆相令尹司馬以伐陳其可使也子高曰率賤民慢之懼不用命焉子穀曰觀丁父鄀俘

也桉尋賈義裔焉二字亦少逗下云大國滅之將亾無礙其羊亾爲韻也莊述祖又云裔焉二字宜向下讀高誘呂覽注焉猶於也顧炎武云言其邊於大國將見滅而亾

大國滅之將亾闔門塞竇乃自後踰

傳遜云竇古字作窬說文亦引圭竇作圭窬窬與踰自爲韻惠棟云未有𧮂詞而無韻者從杜讀則失韻矣竇字讀度又讀徒踰亦有平去兩音

冬十月晉復伐衛入其郛將入城簡子曰止叔向有言曰怙亂滅國者無後衛人出莊公而與晉平晉立襄公之孫

般師而還史記作班師注引左傳亦同十一月衛侯自鄄入

地理志鄄城縣屬濟陰郡

般師出初公登城以望見戎州

賈逵云戎州戎人之邑史記集解杜取此桉隱七年戎伐凡伯於楚丘是戎邑近衛

問之以告公曰我姬姓也何戎之有焉翦之呂覽作殘之公使匠久公欲逐石圃未及而難作辛巳石圃因匠氏攻公公閉門而請諸本閉作閤从石經宋本訂正弗許踰於北方而隊折股戎州人攻之大子疾公子青踰從公戎州人殺之公入於戎州己氏初公自城上見己氏之妻髮美使髡之以爲呂姜髢

説文鬄髲也鬄或從也也聲廣雅鬄爲之髲杜本此

既入焉而示之璧曰活我吾與女璧己氏曰殺女璧其焉往遂殺之而取其璧衞人復公孫般師而立之十二月齊人伐衞衞人請平立公子起執般師以歸舍諸潞

服虔云起靈公子史記集解杜取此

公會齊侯盟於蒙

地理志泰山郡蒙陰禹貢蒙山在西南杜本此

孟武伯相齊侯稽首公拜齊人怒武伯曰非天子寡君無所稽首武伯問於高柴曰諸侯盟誰執牛耳季羔曰鄫衍之役吴公子姑曹發陽之役衞石魋武伯曰然則彘也

注云鬷武伯名也魯於齊爲小國故曰鬷也周禮疏

宋皇瑗之子麇有友曰田丙而奪其兄劖般邑以與之

說文劖宋地讀若讒桉今本作劖轉寫誤蓋般爲劖大夫因以爲號

劖般慍而行告桓司馬之臣子儀克子儀克適宋告夫人曰麇將納桓氏公問諸子仲初子仲將以杞姒之子非我爲子麇曰必立伯也是良材子仲怒弗從故對曰右師則老矣不識麇也公執之皇瑗奔晉召之

十八年春宋殺皇瑗

汲郡古文云宋殺其大夫皇瑗於丹水之上丹水壅不

首曰寡人不佞不能事越以爲大夫憂拜命之辱與之一簞珠

說文簞笥也杜本此

使問趙孟曰句踐將生憂寡人寡人死之不得矣王曰溺人必笑吾將有問也史黯何以得爲君子

高誘曰史黯史墨也桉黯蓋史墨字小徐說文繫傳以爲墨字子黶黯黶音同古字蓋通

對曰黯也進不見惡退無謗言王曰宜哉

二十一年夏五月越人始來　秋八月公及齊侯邾子盟于顧齊人責稽首因歌之曰魯人之皐

呂覽曰子胥高蹶高誘注蹶蹈也傳曰魯人之高使我高蹈瞋怒貌桉據釋名高與皐通

數年不覺使我高蹈

廣疋高遠也衆經音義引廣雅蹈行也杜本此

唯其儒書以爲二國憂是行也公先至于陽穀齊閭丘息曰君辱舉玉趾以在寡君之軍羣臣將傳遽以告寡君比其復也君無乃勤爲僕人之未次請除館於舟道辭曰敢勤僕人

二十二年夏四月邾隱公自齊奔越曰吳爲無道執父立子越人歸之大子革奔越　冬十一月丁卯越滅吳請使

流桉世族譜瑗皇父充石八世孫緩充石十世孫則爲從孫非從子杜注云緩瑗從子當有一誤

公問其情復皇氏之族使皇緩爲右師　巴人伐楚圍鄾初右司馬子國之卜也觀瞻曰如志故命之及巴師至將卜帥王曰寧如志何卜焉使帥師而行請承王曰寢尹工尹勤先君者也三月楚公孫寧吳由于薳固敗巴師於鄾故封子國於析君子曰惠王知志夏書曰官占惟能蔽志昆命於元龜

陳樹華桉孔疏云夏書作先與今本合陸氏釋文云能作克二者必有一誤但書作克左傳作能義本相通疑

因孔安國書傳先斷人志後命於元龜之文後人傳寫遂僞作先耳

其是之謂乎志曰聖人不煩卜筮惠王其有焉　衛石圃逐其君起史記作曼專

桉專當作專專圃音同後刋本譌作專耳

起奔齊衛侯輒自齊復歸逐石圃而復石魋與大叔遺

十九年春越人侵楚以誘吴也　夏楚公子慶公孫寬追越師至冥

桉此冥卽冥阨在今信陽州非越地杜注誤

不及乃還　秋楚沈諸梁伐東夷三夷男女及楚師盟於

敖　冬叔青如京師敬王崩故也

二十年春齊人來徵會夏會於廩丘爲鄭故謀伐晉　鄭人辭諸侯秋師還　吳公子慶忌

高誘戰國策注曰慶忌吳王僚之子淮南王書注又云吳王僚之弟子

驟諫吳子曰

服虔云驟數也詩疏

不改必亾弗聽出居於艾

地理志艾縣屬豫章郡杜本此

遂適楚聞越將伐吳冬請歸平越遂歸欲除不忠者以説

于越吳人殺之　十一月越圍吳趙孟降於褭食楚隆曰三年之褭親暱之極也主又降之無乃有故乎趙孟曰黃池之役先主與吳王有質曰好惡同之今越圍吳嗣子不廢舊業而敵之非晉之所能及也吾是以爲降楚隆曰若使吳王知之若何趙孟曰可乎隆曰請嘗之乃往先造於越軍曰吳犯閒上國多矣聞君親討焉諸夏之人莫不欣喜唯恐君志之不從諸本作之志今从石經改正請入視之許之告於吳王曰寡君之老無恤使陪臣隆敢展謝其不共黃池之役君之先臣志父得承齊盟曰好惡同之今君在難無恤不敢憚勞非晉國之所能及也使陪臣敢展布之王拜稽

吳王居甬東

賈逵云甬東越東鄙甬江東也史記集解韋昭吳語注曰今勾章東海外州也杜本此

辭曰孤老矣焉能事君乃縊

史記吳世家遂自剄死

越人以歸

二十三年春宋景曹卒季康子使冉有弔且送葬曰敝邑有社稷之事使肥與有職競焉

桉杜注競遽也非義訓李賢後漢書崔駰傳注競時謂趨時也此競字亦當訓趨賢用漢儒義訓最多此亦當

是

是以不得助執紼使求從輿人曰以肥之得備彌甥也

薛綜西京賦注彌遠也杜本此

有不腆先人之産馬使求薦諸夫人之宰其可以稱旌繁

乎

說文緐馬飾也春秋傳曰可以稱旌緐乎又總字注曰

緐或从㝸㝸籀文弁

夏六月晉荀瑤伐齊高無丕帥師御之知伯視齊師馬駭

遂驅之曰齊人知余旗其謂余畏而反也及壘而還將戰

長武子請卜知伯曰君告於天子而卜之以守龜於宗祧

吉矣吾又何卜焉且齊人取我英丘君命瑤非敢燿武也諸本誤作耀今從石經宋本改治英丘也以辭伐罪足矣何必卜壬辰戰於犂丘齊師敗績知伯親禽顔庚　秋八月叔青如越始使越也越諸鞅來聘報叔青也

二十四年夏四月晉侯將伐齊使來乞師曰昔臧文仲以楚師伐齊取穀宣叔以晉師伐齊取汶陽寡君欲徼福於周公願乞靈於臧氏臧石帥師會之取廩丘軍吏令繕將進萊章曰君卑政暴往歲克敵今又勝都天奉多矣又焉能進是躛言也

服虔云躛僞不信言也字林作衞云夢言意不慧也釋文

陸粲云躗者踶蹋之義此當作讆說文字林皆云讆夢言不慧也三蒼曰謊言廣雅云寱言也此謂晉人妄語若夢中謊寱之言耳今桉說文噧字注云高氣多言也从口蠆省聲春秋傳曰噧言疑卽此躗言或傳寫有異耳存攷

役將班矣晉師乃還餼臧石牛

服虔云生牲禮記疏

大史謝之曰以寡君之在行牢禮不度敢展謝之邾邾子又無道越人執之以歸而立公子何何亦無道　公子荊之母嬖將以爲夫人使宗人釁夏獻其禮對曰無之公怒

曰女爲宗司立夫人國之大禮也何故無之對曰周公及武公娶於薛孝惠娶於商自桓以下娶於齊此禮也則有若以妾爲夫人則固無其禮也公卒立之而以荆爲大子國人始惡之　閏月公如越得大子適郢將妻公而多與之地公孫有山使告於季孫季孫懼使因大宰嚭而納賂焉乃止

二十五年夏五月庚辰衛侯出奔宋

服虔云此下但有適城鉏以鉤越無奔宋之事其說未聞本疏

衛侯爲靈臺於藉圃與諸大夫飲酒焉褚師聲子韤而登

席

說文韈足衣也惠棟曰宣二年左傳云晉侯飲趙盾酒其右提彌明趨登曰臣侍君宴過三爵非禮也遂扶而下服虔本作遂跣以下注云趙盾徒跣而下走此本書燕飲解韈之明文也左傳古文盡爲杜預所改故學者有疑義莫能詳焉閻璩云杜氏謂見君解韈見君字不確須易爲古者燕飲解韈耳

公怒辭曰臣有疾異於人若見之君將㱿之諸本㱿誤殼从說文玉篇改正

說文㱿歐貌春秋傳曰君將㱿之玉篇同引左傳作君

將彀焉廣雅彀吐也桉釋文作嗀與說文玉篇合但字體微異耳

是以不敢公愈怒大夫辭之不可褚師出公戟其手曰必斷而足聞之褚師與司寇亥乘曰今日幸而後亾公之入也奪南氏邑而奪司寇亥政公使寺人納公文懿子之車於池初衞人翦夏丁氏以其帑賜彭封彌子彌子飲公酒納夏戊之女嬖以爲夫人其弟期大叔疾之從孫甥也少畜於公以爲司徒夫人寵衰期得罪公使三匠久公使優狡盟拳彌而甚近信之故褚師比公孫彌牟公文要司寇亥司徒期因三匠與拳彌以作亂皆執利兵無者執斤使

拳彌入於公宮而自大子疾之宮譟以攻公鄄子士請御之彌援其手曰子則勇矣將若君何不見先君乎君何所不逞欲

說文逞通也楚謂疾行爲逞春秋傳曰何所不逞欲

且君嘗在外矣豈必不反當今不可衆怒難犯休而易間也乃出將適蒲彌曰晉無信不可將適鄄

漢書地理志河東郡蒲反故曰蒲濟陰郡鄄城

彌曰齊晉爭我不可將適泠彌曰魯不足與請適城鉏以鉤越釋文本或作拘同

晉灼漢書注鉤致也

乃適城鉏彌曰衛盜不可知也請速自我始乃載寶以歸公爲支離之卒因祝史揮以侵衛衛人病之懿子知之見子之請逐揮文子曰無罪懿子曰彼好專利而妄夫見君之入也將先道焉若逐之必出於南門而適君所夫越新得諸侯將必請師焉揮在朝使吏遣諸其室揮出信弗內五日乃館諸外里遂有寵使如越請師　六月公至自越季康子孟武伯逆于五梧郭重僕見二子曰惡言多矣君請盡之公宴於五梧武伯爲祝惡郭重曰何肥也季孫曰請飲彘也以魯國之密邇仇讎臣是以不獲從君克免於大行又謂重也肥公曰是食言多矣能無肥乎飲酒不樂

公與大夫始有惡

二十六年夏五月叔孫舒帥師會越臯如古庸（石經作古庸廿七年越子使古庸來聘宋元明本皆誤作后今从石經改正）

桉廣韻古字注云又姓左傳越大夫古庸是一確證

宋樂茷納衛侯文子欲納之懿子曰君愎而虐少待之必毒於民乃睦於子矣師侵外州大獲（諸本師上衍衛字从石經刪）出御之大敗掘褚師定子之墓焚之于平莊之上

桉玉篇搰胡没切掘也左師傳曰搰褚師定子之墓焚之本又作掘

文子使王孫齊私於臯如曰子將大滅衛乎抑納君而已

乎皐如曰寡君之命無他納衛君而已文子致衆而問焉曰君以蠻夷伐國國幾亾矣請納之衆曰勿納曰彌牟亾而有益請自北門出衆曰勿出重賂越人申開守陴而納公公不敢入師還立悼公南氏相之以城鉏與越人公曰期則爲此令苟有怨於夫人者報之司徒期聘于越公攻而奪之幣期告王王命取之期以衆取之公怒殺期之甥之爲大子者遂卒於越　宋景公無子取公孫周之子得與啟畜諸公宮史記作公孫紳

史記宋世家曰宋公子特攻殺大子而自立是爲昭公

索隱曰特一作得桉左傳景公無子取元公庶曾孫公

子周之子得及啟畜於公宮及景公卒先立啟後立得是爲昭公與此全乖未知大史公何據而爲是說

未有立焉於是皇緩爲右師皇非我爲大司馬皇懷爲司徒靈不緩爲左師樂茷爲司城樂朱鉏爲大司寇六卿三族降聽政因大尹以達大尹常不告而以其欲稱君命以令國人惡之司城欲去大尹左師曰縱之使盈其罪重而無基能無敝乎冬十月公遊於空澤

水經注獲水東南逕空桐澤北澤在虞城東城左傳遊於空澤卽此郡國志梁國虞有空桐地杜同此

辛巳卒於連中大尹興空澤之士千甲奉公自空桐入如

沃宮使召六子曰聞下有師君請六子畫六子至以甲劫之曰君有疾病請二三子盟乃盟於少寢之庭曰無爲公室不利大尹立啟奉喪殯于大宮三日而後國人知之司城茷使宣言於國曰大尹惑蠱其君而專其利今君無疾而死諸本今誤令从石經宋本改

汲家古文瑣語曰初刑史子臣謂宋景公曰從今以往五祀日臣死後五年五月丁亥吳亡後五祀八月辛巳君薨刑史子臣至死日朝見景公夕而死後吳亡景公懼思刑史子臣之言將死日乃逃於瓜圃遂死焉求得已蟲矣

死又匿之是無他矣大尹之罪也得夢啟北首而寢於盧門之外已爲烏而集於其上（諸刊本烏誤鳥从宋本改正）咮加於南門尾加於桐門曰余夢美必立大尹謀曰我不在盟無乃逐我復盟之乎使祝爲載書六子在唐盂將盟之祝襄以載書告皇非我皇非我因子潞門尹得左師謀曰民與我逐之乎皆歸授甲使徇於國曰大尹惑蠱其君以陵虐公室與我者救君者也衆曰與之大尹徇曰戴氏皇氏將不利公室與我者無憂不富衆曰無別戴氏皇氏欲伐公樂得曰不可彼以陵公有罪我伐公則甚焉使國人施於大尹大尹奉啟以奔楚乃立得司城爲上卿盟曰三族共政無

相害也　衛出公自城鉏使以弓問子贛且曰吾其入乎子贛稽首受弓對曰臣不識也私於使者曰昔成公孫于陳甯武子孫莊子爲宛濮之盟而君入獻公孫于齊子鮮子展爲夷儀之盟而君入今君再在孫矣內不聞獻之親外不聞成之卿則賜不識所由入也詩曰無競惟人四方其順之

正義曰詩周頌烈文之篇若得其人則四方諸侯皆順從之矣棪此則當作順甚明顧氏石經作訓反云順非失於詳審

若得其人四方以爲主而國於何有

二十七年春越子使后庸來聘且言邾田封于駘上

桉駘上卽襄四年之狐駘正屬邾魯之界

二月盟于平陽三子皆從康子病之言及子贛曰若在此吾不及此夫武伯曰然何不召曰固將召之文子曰他日請念　夏四月己亥季康子卒公弔焉降禮　晉荀瑶帥師伐鄭次於桐丘鄭駟宏請救於齊齊師將興陳成子屬孤子三日朝

服虔云屬會也孤子死事者之子也御覽

設乘車兩馬繫五邑焉

服虔云乘車兩馬大夫車服也繫五邑加之五邑也一

曰兩飾同上

召顏涿聚之子晉曰隰之役而父死焉以國之多難未女恤也

桉古今人表有顏濁鄒師古曰即顏涿聚子也服虔云隰之役在哀二十三年

今君命女以是邑也服車而朝毋廢前勞乃救鄭及留舒

惠棟曰鄭康成引作柳舒孔氏曰留柳不同蓋所據書异裴松之三國志注云古劉留聊柳同用丣字以从聲故也

違穀七里穀人不知及濮雨不涉

地理志陳留郡封丘濮渠水首受泲東北至都關入羊
里水
子思曰大國在敝邑之宇下是以告急今師不行恐無及
也成子衣製
桉杜注定九年製裘也此又云製雨衣也皆望文生義
非本訓今考王逸楚辭章句云製裁也葢衣之未有裏
者今人所云衣片是也
杖戈立于阪上馬不出者助之鞭之知伯聞之乃還曰我
卜伐鄭不卜敵齊使謂成子曰大夫陳子陳之自出陳之
不祀鄭之罪也寡君瑤察陳衷焉

廣疋𡱝善也杜本此

謂大夫其恤陳乎若利本之顛瑤何有焉成子怒曰多陵人者皆不在

爾雅在終也

知伯其能久乎中行文子告成子曰有自晉師告寅者將爲輕車千乘以厭齊師之門則可盡也成子曰寡君命恒曰無及寡無畏衆雖過千乘敢辟之乎將以子之命告寡君文子曰吾乃今知所以亾君子之謀也始衷終皆舉之而後入焉今我三不知而入之不亦難乎　公患三桓之侈也欲以諸侯去之三桓亦患公之妄也故君臣多間

賈逵云間隙也史記集解杜取此

公遊于陵阪

服虔云陵阪地名同上

遇孟武伯于孟氏之衢曰請有問於子余及死乎對曰臣無由知之三問卒辭不對公欲以越伐魯而去三桓秋八月甲戌公如公孫有陘氏因孫於邾乃遂如越國人施公孫有山氏　悼之四年晉荀瑤帥師圍鄭未至鄭駟宏曰知伯愎而好勝早下之則可行也乃先保南里以待之知伯入南里門於桔柣之門鄭人俘酅魋壘古今人表作鄭酅魋絫賂之以知政閉其口而死將門知伯謂趙孟入之對曰主在

此知伯曰惡而無勇

高誘呂覽注惡醜也杜本此

何以爲子對曰以能忍恥庶無害趙宗乎知伯不悛趙襄子由是甚知伯

小爾雅甚忌也梭較杜訓爲長

遂喪之知伯貪而愎故韓魏反而喪之